Dr. phil. Dieter Schickling, geboren 1939 in Frankfurt am Main, hat Germanistik, Anglistik und Philosophie studiert und 1964 promoviert. Er war lange Jahre in politischen Redaktionen tätig und arbeitet jetzt im Produktionsbereich des Süddeutschen Rundfunks.
Neben seiner beruflichen Tätigkeit schrieb er ein Richard-Wagner-Buch und verfaßte eine Händel-Dokumentation sowie zahlreiche Hörfunksendungen über Händel, Mozart, Berlioz, Wagner und Mahler.

Dieses Buch wurde auf chlor- und säurefreiem Papier gedruckt.

Vollständige Taschenbuchausgabe Februar 1992
Droemersche Verlagsanstalt Th. Knaur Nachf., München
© 1989 Deutsche Verlags-Anstalt GmbH, Stuttgart
Umschlaggestaltung Adolf Bachmann
Umschlagabbildung Gemäldeausschnitt Giacomo Puccini von A. Rietti
(Foto Archiv für Kunst und Geschichte, Berlin)
Druck und Bindung Ebner Ulm
Printed in Germany 5 4 3 2 1
ISBN 3-426-02436-5

Dieter Schickling:
Giacomo Puccini

Der alte Puccini, etwa 1923/24

Inhalt

Vorwort 7

I   Eine Annäherung – Puccini von außen . . 9

II Ein Leben und das Werk 19

1   22 Jahre in Lucca (1858–1880) 20
2   Milano Metropolis (1880–1885) 35
3   Der Anfang: *»Le Villi«* 61
4   Ricordis neuer Mann (1885–1889) 66
5   Der Irrweg: *»Edgar«* 76
6   Um Verdis Nachfolge (1889–1893) 82
7   Der eigene Weg: *»Manon Lescaut«* 99
8   Weltruhm (1893–1896) 109
9   Das Meisterwerk: *»La Bohème«* 128
10 In einem gärenden Land (1896–1900) . . . 137
11 Politik nach Noten: *»Tosca«* 150
12 Sehnsüchte und ein Unfall (1900–1904) . . 159
13 Exotische Moderne: *»Madama Butterfly«* . . 188
14 Lebenskrisen (1904–1910) 201
15 Eine neue Welt: *»La Fanciulla del West«* . . 252
16 Im Angesicht des Kriegs (1911–1915) . . . 262
17 Wien, nicht du allein: *»La Rondine«* 294
18 Kriegsjahre (1915–1919) 301
19 Auf der Suche nach der verlorenen
    Einheit: *»Il Trittico«* 319
20 Not des Alters (1919–1924) 330
21 Leben aus Eis: *»Turandot«* 377
22 Brüssel, November 1924, und
    das Nachspiel 387

III Heute – Eine Entfernung 395

Anhang

A Zur Quellenlage der Puccini-Forschung . . 404
B Chronologisches Verzeichnis von
   Puccinis Aufenthalten, Reisen und
   Theaterbesuchen 409
C Quellennachweise und Anmerkungen . . . 437
D Literaturverzeichnis 457
E Verzeichnis der Abbildungen 464
F Dank 465
G Register 466

Vorwort

Auch von durchschnittlichen Musikfreunden wird man selten richtige Antworten auf die Fragen erhalten, wann Puccini gestorben ist und wann seine letzte Oper »Turandot« uraufgeführt wurde. Die Feststellung, daß beides tief in unserem Jahrhundert geschah, 1924 und 1926, stößt meistens auf überraschtes Erstaunen. Eher hätte man ihn zu Verdis Generation gezählt (der fast ein halbes Jahrhundert älter war) oder gar in die Gegend Rossini-Donizetti-Bellini. Umgekehrt kann man nur staunen, daß einer der meistgespielten Komponisten der internationalen Opern-Literatur (mit Mozart und Verdi teilt er sich seit Jahrzehnten die Spitze) so falsch einsortiert wird und daß beim »breiten« Publikum so wenig *über* ihn bekannt ist, wo man *von* ihm doch so vieles kennt.

Das hat natürlich Gründe. Es gibt gerade unter Fachleuten eine verbreitete Neigung, Puccini nicht ernst zu nehmen und sich folglich auch nicht für Details zu interessieren – eine solche Haltung schlägt aufs Publikum durch. Gerade sein Erfolg mit einem nicht-»progressiven« Œuvre mitten im musikalischen 20. Jahrhundert rückt ihn in die Nähe der Unterhaltungsmusik, der Operette vom Lehárschen Typus, jeglicher beliebigen Filmmusik aus der Hoch-Zeit von Ufa, Hollywood und Cinecittà. Wäre da Puccinis richtiger Platz, so erübrigte sich selbstverständlich jede genauere Beschäftigung mit den Umständen seines Lebens und seines Werks, weil die dann ziemlich gleichgültig wären. Daß dem nicht so ist, versucht dieses Buch darzulegen.

Ich bin in den letzten Jahren oft gefragt worden, warum ich ausgerechnet eine Biographie Puccinis schriebe. Darauf weiß ich keine einfache Antwort. Die eine oder andere komplizierte läßt sich vielleicht aus diesem Buch erschließen. Ausgangspunkt jedenfalls war meine eigene Irritation über das Auseinander-Driften von »E«- und »U-Musik« etwa seit dem Ausgang des vorigen Jahrhunderts. Die Gründe für diese Entwicklung sind wohl kaum musikalische in einem engeren technischen Sinn, sondern haben gewiß mit gesellschaftlichen Bedingungen zu tun. Sie theoretisch zu fassen, ist schwer, vielleicht zu schwer. Deshalb habe ich mich lieber mit einem praktischen Beispiel für eine Art »Schnittstelle« zwischen beiden Bereichen beschäftigt – und das ist Puccini ohne Zweifel (ein anderes ebenso populäres Beispiel wäre etwa Johann Strauß). Ob sich daraus theoretische Schlußfolgerungen ziehen lassen, mag offen bleiben; ich sah mich dazu nicht in der Lage.

Während der unter solchen Aspekten begonnenen Arbeit hat diese unter der Hand sich noch ganz anders entwickelt. Die Erkenntnis, daß die Puccini-Literatur von Fehlern und Irrtümern wimmelt, produzierte zunächst die Notwendigkeit, alles mögliche richtigzustellen. Daraus ergab sich allmählich eine äußerst umfangreiche Forschungsarbeit mit teilweise fast kriminalistischem Einschlag. Allerdings ließen sich bei weitem nicht alle ihre Ergebnisse für den Text verwerten – er wäre zu umfangreich geworden und schwer lesbar. Jedenfalls aber war die Arbeit an diesem Buch für mich über weite Strecken nicht nur anstrengend, sondern auch lustvoll. Ich hoffe, das ist kein schlechtes Zeichen.

I Eine Annäherung – Puccini von außen

Lucca erkennt man am besten von oben. Das Straßengewirr mit seinen rotbraunen Dächern bricht sich außen an einem grünen Ring, in den friedfertige Bürger die alten Festungsmauern verwandelt haben. Droben kann man spazierengehen: in drei Viertelstunden läßt Lucca sich zu Fuß umrunden, in 15 Minuten durchqueren. Nur wenige Tore führen nach draußen, und drinnen drängen sich auf zwei Quadratkilometern Tausende von Häusern, Dutzende von Palästen und Kirchen.

Es gibt auch zwei Theater: eines aus römischen Zeiten unter freiem Himmel, das nur noch so heißt; denn das Volk hat längst von ihm Besitz ergriffen und sich in den zyklopischen Mauern Wohnungen eingerichtet, ja ganze Häuser, die das römische Gestein als Wände nutzen. Den Innenraum hat man geschichtsbewußt und respektvoll geschont. Aber hier werden dennoch keine antiken Tragödien mehr gegeben – hier wird allenfalls Markt gehalten. Das zweite Theater trägt den Namen der Lilie, der bourbonischen Wappenblume: Teatro del Giglio, ein Provinzbau, der den bescheidenen Ansprüchen von zwei Jahrhunderten genügte; aber auch hier wird heute nur noch selten Theater gespielt.

In diesem Lucca ist Giacomo Puccini geboren und aufgewachsen.

Lucca lebt. Wenn man durch die engen Straßen geht und über die paar weiten Plätze, wenn man zwischen anarchisch parkenden Autos den Weg zu Bars und Boutiquen findet, dann ist man trotz allen zeitbedingten Veränderungen von Puccinis Lucca nicht sehr weit entfernt.

Das Geburtshaus, Via di Poggio 30, steht mitten in der alten Stadt, in einem schmalen Gäßchen, ein paar Schritte nur entfernt von der Piazza San Michele, Luccas schönstem Platz. Die Familie Puccini wohnte im zweiten Stock des alten viergeschossigen Hauses. Dort, zwischen noch immer bevölkerten Wohnungen und einer Metzgerei im Erdgeschoß, befindet sich heute ein Museum: Giacomo, der reich gewordene Sohn, hat die alte Wohnung seinen Erben erhalten, wenn er sie auch nach seinem Weggang aus Lucca nie mehr selbst benutzte.

Wer Lucca erlebt, kann etwas von Puccini verstehen.

Lange war die Stadt eine der vielen italienischen Republiken, deren Adelsgeschlechter die Politik bestimmten. Napoleon setzte 1805 seine Schwester Elisa auf den Thron des zu diesem Zweck errichteten Fürstentums. Das wurde dann bourbonisch und fiel schließlich an das habsburgische Großherzogtum Toskana: die Stadt hatte ihre jahrhundertealte Selbständigkeit endgültig verloren. Von nun an wurde sie hineingezogen in den Kampf um die Einheit Italiens. Durch Volksabstimmung bekannte sich die Toskana 1860 zum neuen gemeinsamen Staat Italien.

Als Puccini auf die Welt kam, gehörte seine Heimatstadt zu einem spätabsolutistischen Fürstentum, in seinem zweiten Lebensjahr wurde sie Teil einer konstitutionellen nationalen Monarchie, als Puccini starb, hatte bereits die Herrschaft des Faschismus begonnen – und die Toskana war eines seiner ersten Zentren.

Wer Luccas Geschichte kennt, kann mehr von Puccini verstehen.

Die italienischen Stadtrepubliken waren über Jahrhunderte Orte höchster kultureller Präsenz. Das gilt nicht nur für die bildende Kunst, sondern auch für die musikalische. Luccas Musikleben hält beinahe jeden Vergleich aus: die edelste und festlichste der freien Künste gedieh immer, unabhängig davon, welches Geschlecht gerade das Geschick der Stadt lenkte. Ob reiche Aristokraten oder Napoleons emporgekommene Schwester oder bourbonische Fürsten oder ein Großherzog aus dem Hause Habsburg: Musik war der Herrschaft Nahrung, und deshalb brauchte man deren Beherrscher und schätzte sie.

Länger als ein Jahrhundert vor Giacomo Puccinis Geburt bestimmten schon seine Vorfahren Luccas musikalische Welt. Sie waren aus den nahen Bergen gekommen. Das winzige Dörfchen Celle, zwanzig Kilometer nördlich von Lucca, gilt als Ursprung der Musikerfamilie Puccini. Dort, wohin auch heute nur ein schmaler Weg emporführt, steht das uralte gedrungene Bauernhaus, das über Puccinis Tod hinaus im Besitz der Familie geblieben ist – heute ein rührend kleines Museum. Die Familie scheint seit langem dort gelebt zu haben, vielleicht hatte sie auch schon lange Kontakte zur Musik und zu Lucca.

Aber erst ein 1712 geborener Jacopo leitete die Entwicklung ein, die dazu führte, daß sein Geburtsort heute amtlich Celle dei Puccini heißen darf. Als ganz junger Mann muß er Celle verlassen haben, schon in den frühen 30er Jahren des 18. Jahrhunderts studierte er Musik in Bologna, kehrte in die Regionalmetropole Lucca zurück, wurde dort Leiter des Stadtorchesters und Organist der Kathedrale: Mit 28 Jahren stand er auf der höchsten Stufe der Leiter in Luccas musikalischer Gesellschaftsordnung.

Die Ämter blieben von nun an für 125 Jahre im Familienbesitz. Wieso ausgerechnet aus einem bescheidensten Bergbauerndorf eine Musiker-Dynastie von schließlichem Weltruhm entstanden ist, bleibt für immer offen; der Zufall spielt auch hier seine unaufklärbare Rolle. Jedenfalls folgten auf Jacopo sein Sohn Antonio, sein Enkel Domenico und sein Urenkel Michele. Sie alle haben pflichtgemäß Unmengen von Musik komponiert, hauptsächlich geistlichen Charakters, aber auch schon die eine oder andere

Oper. Vieles davon ist erhalten geblieben, aber noch kaum näher untersucht geschweige denn aufgeführt worden. Vielleicht lohnt es auch die Mühe nicht: es mag Dutzendware gewesen sein, wohl nicht besser als des jüngsten und berühmtesten Giacomo frühe Versuche auf dem geistlichen und theatralischen Feld.

Die lucchesischen Puccinis waren jedoch nicht nur engstirnige Provinzmusiker. Der ältere Jacopo kannte den berühmten Bologneser Komponisten Padre Martini und korrespondierte mit ihm. Antonio und Domenico hatten Kontakte mit Mozart. Antonio wurde von Paganini sehr geschätzt, Domenico studierte in Neapel bei Paisiello, Michele bei Donizetti und Mercadante.

Michele ist Giacomo Puccinis Vater. Für gewöhnliche Begriffe hatte er ein merkwürdiges Leben. Sein Vater starb, als der Sohn eineinhalb Jahre alt war. Der immerhin schon 68jährige Großvater, der sich längst zur Ruhe gesetzt hatte, übernahm wieder die öffentlichen Ämter, vermutlich um der sonst mittellosen Familie Einnahmen zu verschaffen. Schon mit 18 Jahren, 1831, wurde Michele dann Domorganist, offenbar ohne gründliche Ausbildung, denn die holte er erst ein paar Jahre später bei einem zweijährigen Urlaub in Neapel nach. Erst spät, wohl 1850, hat Michele geheiratet; seine Frau Albina Magi, die 1830 geboren wurde, war 17 Jahre jünger als er, er selbst bei der Heirat schon in den späten Dreißigern. Und mit 50 Jahren starb er.

Wer Puccini verstehen will, muß die Geschichte seiner Familie kennen.

Die Stadt, die Landschaft, die Geschichte, die Herkunft, die Familie – auf untergründige Weise prägen sie Giacomo Puccinis Leben und Werk. Da ist viel Tradition, und das heißt auch Routine. Viel Provinzialität, und das heißt auch Verlangen nach Ruhm. Viel Enge, und das heißt auch Engstirnigkeit. Viel Sehnsucht, und das heißt auch Tollkühnheit. Viel Geborgenheit, und das heißt auch Angst.

Puccinis musikalische Anfänge haben nichts Bemerkenswertes, nichts was aufhorchen läßt. Seine frühen Kompositionen sind Gelegenheitswerke eines Kleinstadt-Profis, den die stolze und traditionsbewußte Familie auf die Schule schickt, damit er sein Handwerk besser lerne – und was wäre Musik anderes in diesen Kreisen? Viel mehr lernte er auch nicht: die ersten beiden Opern sind bestenfalls nicht schlechter als die vielen Dutzend anderen, die jedes Jahr in Italien für den unersättlichen Bedarf der damals noch zahllosen kleinen Opernhäuser geschrieben wurden – schnell und schlecht aufgeführt und ebenso schnell und gut vergessen.

Aber plötzlich trat eine eigentlich unerwartbare Entwicklung ein. Von der dritten Oper an wurde jedes neue Stück ein Welterfolg. Puccini, der nie einen »Brotberuf« ausgeübt, nicht einmal eigene Werke dirigiert hat, erlangte allein aus den Aufführungs-Tantiemen und dem Noten-Verkauf einen für Komponisten vorher wie nachher unvorstellbaren Reichtum. Er verwendete ihn aber gewissermaßen »nach innen«. Er versteckte Bargeld selbst vor seiner Frau, aber er verteilte es auch in kleinen Dosierungen an Bittsteller, die sich zahlreich an ihn wandten. Zwar baute und kaufte er ein paar Häuser, aber es sind bescheidene italienische Landhäuser − keine einzige pompöse Villa ist darunter, wie etwa die aus der Armut kommenden Sänger Caruso oder Gigli sie sich errichteten, damit jeder sehen konnte: Seht, wie weit ich es gebracht habe! Aber wie Caruso und Gigli suchte Puccini seine Häuser da, wo er geboren war: sie liegen alle in der Toskana, keines der drei, die er behalten hat, ist vom anderen mehr als 15 Kilometer entfernt.

Für seine Zeit reiste Puccini viel: zweimal war er in den USA, einmal in Südamerika, einmal in Ägypten, einmal in Spanien, häufig in England, Frankreich, Ungarn, Österreich und Deutschland. Aber so etwas wie ein »Weltbürger« wurde er nie, französisch sprach er schlecht, vom Deutschen und vom Englischen kannte er nur ein paar Brocken. Er war und blieb ein Italiener, der auch im Ausland am liebsten mit Italienern umging und italienisch speiste. Und wenn er − auch darin typischer Italiener − über sein Vaterland schimpfte und klagte: nur hier fühlte er sich wirklich wohl, und am wohlsten dann, wenn er in seiner vertrautesten Umgebung war. Schon Reisen nach Rom, in die neue und im übrigen Italien wenig geliebte Hauptstadt, waren ihm lästig; selbst das ihm vertrautere Mailand verließ er lieber, als daß er es betrat.

Außer für Häuser in der Heimat gab Puccini sein Geld für Fahrzeuge aus, für Autos und Motorboote. Sie konnten ihm nicht stark genug sein. Der so ungern weg wollte, brauchte das Bewußtsein der Möglichkeit, schnell weg zu können. Die flinken Untersätze sind ganz offensichtlich Objekte einer Ersatzbefriedigung, Symbole einer Freizügigkeit, nach der Puccini sich sehnte und vor der er doch floh.

Puccini brauchte die Geborgenheit der Herkunft, der Familie, der vertrauten Umwelt − und haßte sie zugleich. Daraus entsteht Verachtung, aber auch Verachtung seiner selbst, weil er sich von den zugleich als hemmend empfundenen Zwängen nicht freizumachen vermochte. Puccinis manische und hektische Jagd-Leidenschaft − übrigens auch sie eine Spezialität italienischer Männer − hat wohl damit zu tun. Wie so mancher Jäger liebte er Tiere − und liebte es über alles, auf sie zu schießen. Mitleid

Celle

*Lucca, Via di Poggio, 2. Stock
und Torre del Lago (Mitte)*

Chiatri

und Selbstmitleid, Verachtung und Selbstverachtung, Zynismus und Weinerlichkeit, protziges Männergehabe und panische Schüchternheit – das ist die nur scheinbar widersprüchliche Mischung, die Puccini seiner Herkunft, seiner Erziehung, seinem Milieu, seiner Zeit, seiner kleinen toskanischen Welt verdankt.

Immer wieder hat Puccini andere Objekte der Zuneigung gesucht, außerhalb seiner gewohnten Umgebung. Die unzähligen flüchtigen Flirts und die wenigen länger dauernden Liebes- und Freundschaftsbeziehungen

Boscolungo Abetone

Puccinis Häuser

Viareggio

Torre della Tagliata

gelten Frauen aus dem lockeren Künstler-Milieu (bis hin zu veritablen Dirnen, aber das mag Zufall sein) oder aus der großbürgerlichen und adligen Gesellschaft, und auch hier ist der Gegensatz nur scheinbar. Beide Gruppen waren jedenfalls »anders«, und das vor allem machte ihre Faszination aus. Selten wurden sie um ihrer selbst willen geliebt, sondern als Ausweg aus der eigenen Enge. Selbstverständlich wurde dieser Ausweg im letzten Augenblick dann doch vermieden, denn das hätte ja den Verzicht auf die wahren Bedürfnisse der engen Geborgenheit zur Folge gehabt.

Puccinis Leben ist ein Musterbeispiel für das Leben eines gewöhnlichen Mannes – und nicht nur eines italienischen Mannes. Es sind aber die noch immer so »intakten« italienischen Gesellschaftsverhältnisse, die das besser sichtbar werden lassen. Er hat unter all dem gelitten: unter der aristokratisch-selbstbewußten Identität Luccas, unter der Tradition seiner ins Bürgertum aufgestiegenen Familie, unter der durch Faszination verschleierten Verachtung, die die neuen demokratischen Herren für die nützlichen Clowns der Massenunterhaltung hegten (nämlich für die Opernkünstler), unter dem Unwertbewußtsein eines Mannes, der nichts anderes konnte als das: Melodien komponieren und dafür Geld empfangen.

Vieles davon ist in Puccinis Werk eingegangen.

Dieses Werk ist unziemlich schmal: zwölf Opern, darunter eine unvollendet und drei (eigentlich sogar vier) Einakter, nicht einmal zwanzig Stunden Musik alles in allem, und sie ist auch noch knapp formuliert: die Zweistundengrenze wird bei kaum einem Stück überschritten. Daneben gibt es fast nichts, nur ein paar Jugendkompositionen und ganz wenige spätere Gelegenheitsstückchen.

Zum Vergleich: Richard Wagners Œuvre nimmt (bei etwa gleich langem Leben) mehr als die doppelte Aufführungszeit in Anspruch, und nebenher hat Wagner anders als Puccini noch einige tausend Seiten theoretischer Erörterungen verfaßt. Wer solche Zollstock-Kategorien als unangemessen empfindet, dem sei ein Blick auf die Musik selbst empfohlen: man lese Puccinis vergleichsweise einfache kompositorische Strukturen neben den komplizierten Gebilden Wagners, und man muß sich dringend fragen, was der italienische Komponist die ganze Zeit getan hat.

Nein: er hat nicht bloß Enten gejagt und Frauen nachgestellt. Er hat sich vielmehr mit jedem Stück abgequält, jahrelang. Er hat mühsam Stoffe gesucht und vor allem verworfen; er hat sich von seinen Librettisten unzählige Szenarien anfertigen lassen und noch mehr Text-Varianten; er hat selbst nach der Komposition vieles wieder umgestoßen und neu begonnen; er hat sogar aufgeführte und gedruckte Werke mehrfach verändert, so daß es von allen mehrere Versionen mit zum Teil erheblichen Abweichungen gibt. Seine handschriftlichen Partituren sind chaotische Abbilder von Unsicherheit – ganz anders als etwa Wagners wunderbar sauber geschriebene Noten, die keine Korrektur mehr nötig hatten.

Zwischen den Uraufführungen von Puccini-Opern liegen immer mehrere Jahre, und das nicht wegen irgendwelcher äußeren Umstände, sondern wegen Puccinis Schaffensprozesses selbst. Er brauchte lange, um die einfachen Gesten des Stoffs, des Texts und der Musik zu finden, auf die es ihm ankam. Das Einfache, das schwer zu machen ist: Puccini hat in seiner Arbeit Brechts politisch bezogene Formel als Künstler gelebt.

Die Mühe der Einfachheit ist seine große Leistung. Aber sie macht sein Werk zugleich anfällig für professionelle Kritik. Wie, so mag und darf man fragen, sind die ewigen Oktav-Parallelen um eine Melodie herum zu rechtfertigen, wie die zwar effektvoll wirkenden aber doch oft platten Modulationen? Das alles kennt man als Mittel etwa von Film-Begleitmusiken, und Puccini litt auch unter dem sich ihm aufdrängenden Verdacht: ob er nicht etwa weit zurück sei hinter seiner ästhetischen Gegenwart. Deshalb auch hat er mit gespannter Aufmerksamkeit beobachtet, was sich in der musikalischen Nachbarschaft ereignete. Er war auf der Höhe seiner Zeit und zugleich voller Angst, sie zu verpassen. Er wollte zeitgemäß sein, er wollte zu den Menschen seiner Zeit sprechen und zugleich zu den Menschen aller denkbaren Zeiten. Sein Anspruch war hoch, so hoch wie etwa der von Wagner, aber anders als dieser zweifelte er ständig, ob er seinen Anspruch auch einlösen könnte.

Ein wichtiger Gesichtspunkt dabei ist sicher, daß Puccini zu einer Generation gehört, für die Wagner (und der mit diesem gleichaltrige Verdi) zu den Großvätern zählte. Wer an der Wende vom 19. zum 20. Jahrhundert lebte, hatte einen anderen Erfahrungshorizont: einen engeren, aber vielleicht auch menschlicheren. Man mußte die eigenen Probleme nicht mehr in die Form mythischer Geschichten kleiden, sondern konnte sie ziemlich offen darlegen. Puccini, der nichts anderes wollte als das, hat deshalb Probleme moderner Menschen ohne mythische Vermittlung, aber dennoch in der konventionellen Form der Oper abgehandelt, und dieses inzwischen einigermaßen sonderbar wirkende Verfahren macht den Reiz seines Werks aus, aber zugleich auch seine Fragwürdigkeit. Wagners »Ring« wäre als moderner Film bloß lächerlich, aber Puccinis Opernstoffe könnten ohne weiteres verfilmt werden, weil sie selbst in einem historischen Gewand Stoffe von heute und für heute sind und keinen »hohen« literarischen Anspruch erheben.

Auch musikalisch steht Puccini an einer Schnittlinie von ernsthafter Komposition traditionellen Anspruchs und von jedem Anspruch sich entziehender Unterhaltungsmusik. Seitdem erst sind beide Bereiche scharf geschieden. Puccini hat seine kompositorischen Mittel noch aus der musikalischen »Hochsprache« bezogen; aber die gleichen Mittel wurden wenig später zur Sprache des beiläufigen Schlagers. Puccini ahnte diese Konsequenz, und er suchte sich ihr durch stilistische Raffinesse zu entziehen. Er wagte nicht den Weg Mahlers, der die Banalität des ererbten musikalischen Materials im schrillen Tonfall seines sinfonischen Orchesters bloßlegte und damit aufhob. Er wagte erst recht nicht den Ausbruch der Schönberg, Webern, Berg aus dem klassischen System, womit sie sich ein neues Material schufen – obwohl er diesen Ausbruch fasziniert beobachtete. Wie als Mensch war er auch als Musiker mutlos. Er glaubte, mit Hilfe kleinerer Retuschen die Tradition bewahren zu können, weil er sie bewahren wollte, und geriet damit ausweglos in Rechtfertigungszwänge.

Daß er seine am wenigsten erfolgreichen Stücke für seine besten hielt oder sie ihm jedenfalls die liebsten waren, erklärt sich daraus: er wollte fürs Publikum schreiben, aber er hatte eine abgrundtiefe Angst vor dem Beifall von der falschen Seite. Blieb der Beifall aus, so lag für ihn die Vermutung von Qualität näher. Und je schwerer ihm die Produktion einer dann so einfach klingenden Passage fiel, um so mehr war sie ihm wert.

Puccinis Werk ist unter dem Gesichtspunkt musikalischen Rangs nicht besonders hoch einzuordnen. Aber es ist aufschlußreich als Reflex einer gesellschaftlichen, historischen und menschlichen Situation. Es redet von unseren Themen, und es tut dies mit einer Musik, die wir inzwischen als gewöhnlich empfinden mögen. Aber sie ist lange vor ihrer hoffnungslosen Banalisierung formuliert worden – als Ausdruck einer nahezu unerträglichen Spannung.

Diese Spannung macht Puccinis Werk bedenkenswert. Mühsam zu komponieren am Rand des Abgrunds, der jegliche Komposition als absurd erscheinen läßt: das ist denn doch auch eine tapfere Haltung – oder eine törichte. Diese Haltung ist untrennbar mit dem Leben des Mannes Puccini verbunden, färbt es und wird von ihm gefärbt. Puccinis Biographie schreiben heißt deshalb auch eine gesellschaftliche und künstlerische Situation um die Jahrhundertwende beschreiben.

Da unsere eigenen Wurzeln tief in diese Zeit hineinreichen, betrifft eine solche Biographie Giacomo Puccinis nicht zuletzt uns selbst.

II Ein Leben und das Werk

1

22 Jahre in Lucca
1858–1880

Am 22. Dezember 1858 wird Giacomo Puccini in Lucca geboren. Es war eine aufregende Zeit.

Krieg lag in der Luft, Krieg zwischen Österreich und seinen ober- und mittelitalienischen Fürstentümern (wozu auch die Toskana und damit Lucca gehörte) auf der einen Seite und Frankreich und dem Königreich Sardinien-Piemont auf der anderen.

In den ersten Januar-Tagen des Jahres 1859 mehrte sich die Unruhe. Der piemontesische König Vittorio Emanuele sprach vom »Schmerzensschrei«, »der aus so vielen Teilen Italiens an unser Ohr dringt« – das Wort verbreitete sich wie ein Lauffeuer, und noch am selben Abend kam es nach der Gewohnheit des italienischen Risorgimento zu einer angemessenen nationalen Demonstration während einer Aufführung von Bellinis »Norma« in der Mailänder Scala, also mitten in der Hauptstadt des österreichischen Italien.

In Puccinis Lucca spürte man unmittelbar nichts von dem im Mai beginnenden kurzen Krieg: er spielte sich grausam und verlustreich fern im Norden ab, in der Lombardei. Aber das liberale Bürgertum hoffte auch hier in der Toskana vom Geist dieses Kriegs zu profitieren, von seinem »befreienden« Charakter, der das vorsichtige Macht-Kalkül mitteleuropäischer Kaiser aushebeln würde. Es war, natürlich, kein Krieg des Volkes – oder allenfalls in dem Sinn, wie alle neueren Kriege eben auch Kriege des Volkes sind: es hatte die Opfer zu stellen. Jedenfalls war die italienische Einigungsbewegung nie und nirgendwo eine Volksbewegung. Ihre Anführer waren bürgerliche Intellektuelle, vielleicht mit Ausnahme Garibaldis, dessen Freischaren sich aber auch vor allem aus bürgerlichen Intellektuellen rekrutierten, aus den gebildeten Nicht-Beschäftigten oder Unter-Beschäftigten, kein Bauer gehörte dazu.

Als alles vorüber war, die Österreicher besiegt und der habsburgische Großherzog von Toskana verjagt, stimmte das Volk ab: im März 1860 votierten 95 Prozent der toskanischen Bevölkerung und auch 95 Prozent der Bewohner von Puccinis Vaterstadt für das neue Königreich Italien. In den folgenden Monaten eroberte Garibaldis berühmte Freischar das Königreich beider Sizilien, und der piemontesische Regierungschef Cavour ließ die Hälfte des Kirchenstaats besetzen. Außer dessen Kerngebiet rund um Rom und den nach wie vor österreichischen Besitzungen Venetien und Südtirol, gehörte nun die ganze Halbinsel zu einem italienischen Staat, wie er seit der römischen Antike nicht mehr bestanden hatte.

Giacomo Puccini ist zu dieser Zeit gerade zwei Jahre alt. Man weiß nicht, wie in seiner Familie über die dramatischen politischen Entwicklungen dieser beiden Jahre gedacht wurde, aber es läßt sich vermuten. Der Vater Michele war schon unter den Bourbonen Domorganist geworden, hatte dem Musikleben Luccas auch unter den Habsburgern gedient und behielt seine Stelle im italienischen Königreich. Das Amt war den Puccinis gewiß wichtiger als die Herren, zu deren Ehren sie es ausübten. Aber sie gehörten doch auch zu jener intellektuellen Mittelschicht, die die Einigung Italiens vorantrieb. Bei der toskanischen Volksabstimmung werden sie für den Anschluß an den neuen Staat gestimmt haben, der ihnen nichts verdarb und vieles verhieß: vielleicht sogar eine Entgrenzung aus dem kulturellen Provinzialismus.

Auf dem kleinen Giacomo ruhen die Hoffnungen der Familie. Er ist der erste Sohn. Vier Töchter hat seine Mutter zuvor in ihrem riesigen prachtvollen Ehebett geboren (und zwei folgen noch) – offenbar sehr zum Mißvergnügen ihres Mannes, der sich für die Töchter durch einen befreundeten Priester angeblich die sonderbarsten und ungewöhnlichsten Taufnamen aussuchen ließ, um seine Mißachtung der weiblichen Sprößlinge und seine Enttäuschung über ihr Geschlecht für jedermann sichtbar zu machen. Die bösartige Geschichte klingt nicht unglaubwürdig, denn tatsächlich trägt nur die älteste Tochter einen gängigen Namen: Otilia; die anderen heißen Tomaide, Nitteti, Iginia, Ramelde und Macrina – man wird lange suchen müssen, bis man Italienerinnen mit solchen Namen findet.

Als dagegen der Sohn am 23. Dezember 1858 in der Kirche San Giovanni getauft wird, erhält er die Namen aller seiner musikalischen Vorfahren und den des ältesten als ersten: Giacomo Antonio Domenico Michele Secondo Maria. Die Taufurkunde gibt auch den genauen Zeitpunkt der Geburt an: am frühen Morgen des 22. Dezember um zwei Uhr. Daß dieses Datum lange Zeit ungewiß war, ist nicht nur Schuld flüchtiger Biographen bis in unsere Zeit: Puccini selbst nannte immer den 23. als Geburtsdatum, vermutlich weil im katholischen Italien die Taufe als quasi geistliche Geburt zählt und nicht der banale körperliche Vorgang.

Giacomo wird in eine typische italienische Großfamilie hineingeboren.

Der Sohn:
Giacomo Puccini in seiner Schulzeit

Ihr Haupt ist noch immer die Großmutter Angela, die über achtzigjährige Witwe Domenicos, der schon seit fast einem halben Jahrhundert tot ist. Dann sind da: sein Vater Michele, 45 Jahre, seine Mutter Albina, 28 Jahre, und vier Schwestern im Alter von acht, sieben, vier und zwei Jahren.

Es ist keineswegs eine arme Familie. Man muß sie vielmehr dem gehobenen Bürgertum zurechnen, für die Verhältnisse ihrer Zeit jedenfalls. Das heißt: die Puccinis sind nicht reich und weit entfernt vom Luxus des Adels; aber sie sind auch weder Bauern, die auf die Gunst des Wetters und der Marktpreise für Obst, Getreide und Gemüse hoffen müssen, noch sind sie ans Existenzminimum gefesselte Industriearbeiter. Mittendrin leben sie – in einem Spektrum, das von beinahe grenzenlosem Überfluß bis zu nacktem Elend reicht. Ihnen gehört eine stattliche, ja beinahe herrschaftliche Wohnung, weit größer, als jeder soziale Wohnungsbau sie heute zuließe, und daneben das alte Haus auf dem Land in Celle mit dem entsprechenden Grundbesitz. Sie haben zwei Dienerinnen, was bei der Kinderzahl sicher begreifbar, aber für eine in der Literatur immer wieder gern als arm dargestellte Familie durchaus nicht selbstverständlich ist.

Auch ihr sozialer Status darf nicht zu gering eingeschätzt werden. Der

Die Eltern:
Michele Puccini   Albina Puccini

Vater beherrscht als Domorganist und Musikdirektor die wichtigste Sparte des kulturellen Lebens in Lucca, die Mutter stammt aus einer musikalischen Familie: ihr Bruder Fortunato Magi war später immerhin Konservatoriumsdirektor in Venedig. Die Großmutter ist eine geborene Cerù – ebenfalls eine angesehene lucchesische Familie. Giacomos Vetter Roderigo Biagini ist bald Kanonikus der Kathedrale von Lucca und Sekretär der Akademie der Wissenschaften und der Künste. Auch die Töchter verheiratet man in der Folge gut: Otilia mit dem Arzt und späteren Bürgermeister von Lucca Massimo Del Carlo, Tomaide mit dem Französisch-Lehrer Enrico Gherardi, Nitteti mit dem Anwalt Alberto Marsili, Ramelde mit dem Finanzamtsleiter Raffaello Franceschini; Iginia geht ins Kloster, wo sie es zur Oberin bringt. Eine ordentliche Familie also, aufs beste eingerichtet und wohl vorbereitet für die gerade beginnende Zeit eines bürgerlichen Nationalstaats in Italien.

Um sich besser zu vergegenwärtigen, unter welchen Verhältnissen Puccini aufwuchs, lohnt sich ein Blick auf die wirtschaftliche Situation der Italiener im ersten Jahrzehnt des neuen Königreichs. Die Löhne stiegen bis 1870 um etwa zwanzig Prozent, die Preise für Grundnahrungsmittel sanken zunächst und schwankten von der Mitte des Jahrzehnts an sehr stark. Durchschnittsberechnungen zeigen, daß ein Arbeiter 1870 real etwa 25 Prozent mehr verdiente als zu Beginn des Jahrzehnts.

Natürlich geben Statistiken nicht die konkrete Lage einer realen Familie wieder, aber sie lassen sie besser einschätzen. Allerdings ist zu beachten, daß die Familie Puccini keine Arbeiterfamilie war, sondern in ihren Einkünften von der Wertschätzung abhing, die der künstlerische Beruf des Familienvaters in der politischen und kirchlichen Gesellschaft Luccas genoß. Ihre Lage in den Anfangsjahren des Königreichs Italien, wie gesagt, ist nicht gerade üppig, aber deutlich über dem Durchschnitt. Sie wird jedoch bedrohlich, als am 23. Januar 1864 der Vater Michele stirbt, erst fünfzig Jahre alt. Eine Woche später berechnet ein städtischer Beamter in einem amtlichen Gutachten auf vielen Seiten, was der Witwe als Pension zusteht: 72 Lire im Monat.

Das ist zwar nicht so wenig, wie italienische Puccini-Biographen zu glauben neigen, da sie in Lire-Millionen zu denken gewohnt sind: zu dieser Zeit verdiente ein durchschnittlicher italienischer Arbeiter oder Handwerker kaum mehr als die Hälfte. Rechnet man Albina Puccinis Pension aber unter Berücksichtigung damaliger und heutiger Preise für Nahrungsmittel in gegenwärtige Kaufkraft um und bedenkt man, daß davon keine Sozialversicherung und so gut wie keine Steuern zu bezahlen waren, so dürften die 72 Lire etwa heutigen 850000 brutto oder 1200 Mark entsprechen, bei kostenloser Wohnung. Es läßt sich ermessen, was das für eine alleinstehende Frau mit sieben Kindern zwischen 16 Monaten und 13 Jahren und mit einer auch noch zu versorgenden Schwiegermutter bedeutet. Ein Vierteljahr nach Micheles Tod gebiert Albina ein weiteres Kind, einen zweiten Sohn, der begreiflicherweise den Namen des Vaters erhält.

Karg wird es nun in der Familie Puccini zugegangen sein, aber der gesellschaftliche Rang zumindest bleibt erhalten, auch die beiden Dienerinnen lebten noch in den achtziger Jahren in der Familie. Finanziell mag die weitverzweigte Verwandtschaft geholfen haben; vor allem der Dottore Nicolao Cerù hat dabei eine wichtige Rolle gespielt, ein Vetter von Giacomos Mutter, also sein Onkel zweiten Grades. Er wird nicht nur als der körperlich größte Mann Luccas geschildert, sondern auch als sein großherzigster, der ein Waisenheim finanzierte und »Vater der armen Kinder« genannt wurde. Die Kinder der Puccini-Familie haben für ihn dazugehört.

Bei der Trauerfeier für den gestorbenen Musikchef der Stadt spricht Giovanni Pacini, der Gründer der seinen Namen tragenden angesehenen Musikschule Luccas – Michele war zuletzt auch ihr Direktor gewesen. Mit einer knappen Bemerkung erwähnt Pacini die sechs Töchter und verweist dann nachdrücklich auf das Bürschchen (»garzoncello«), der der einzige Erbe des musikalischen Ruhms der Puccinis sei und der ihn eines Tages vielleicht wieder aufleben lassen werde.

Über Giacomo Puccinis Kindheit ist sehr wenig bekannt. Jedenfalls erhält er eine ordentliche Schulbildung, sehr wahrscheinlich als externer Absolvent der geistlichen Seminare, die den lucchesischen Hauptkirchen San Michele und San Martino angegliedert waren. Schon das hebt ihn über den Durchschnitt hinaus, denn nur vierzig Prozent der Kinder zwischen sechs und zwölf Jahren besuchten in der Provinz Lucca zu dieser Zeit überhaupt eine Schule. Die in den Seminaren gebotene schlichte musikalische Bildung, vor allem für Chorknaben-Auftritte im Gottesdienst, hat der Sohn der führenden Musiker-Familie Luccas allerdings kaum nötig, um mit der Musik vertraut zu werden. Den ersten Unterricht wird er noch vom Vater erhalten haben. Eine einzige und schon zu Puccinis Lebzeiten verbreitete rührende Anekdote deutet darauf hin – und sie klingt wegen ihrer Absonderlichkeit authentisch: der Vater legte Münzen auf die Orgeltasten, durchs begierige Einsammeln löste der kleine Giacomo die Töne aus. Freude an der Musik, hervorgerufen durch den Anreiz eines finanziellen Lohns: selten ist der Zusammenhang von musikalischer Produktion mit ihrem Geldwert so unverhüllt dargestellt worden. Das Bewußtsein davon bewahrt Puccini sein Leben lang.

Im übrigen gilt er als schlechter Schüler, nicht nur in den gewöhnlichen Fächern, was ja angeblich jeden anständigen Künstler ehrt. Vielmehr scheinen auch seine musikalischen Fähigkeiten sich nur mühsam entwickelt zu haben. Sein Onkel Fortunato Magi übernimmt nach Micheles Tod nicht nur dessen Domorganisten-Amt und die Professur am Institut Pacini, sondern auch Giacomos Musikausbildung. Auch Magi gehört übrigens zu denen, die die vaterlose Familie unterstützen: für einige Monate überläßt er ihr die Hälfte seines Gehalts. Im Gesangsunterricht soll er bei jedem falschen Ton den Delinquenten gegen das Schienbein getreten haben. Nun war Magi aber kein alter verknöcherter Pauker, sondern ein begabter junger Musiker und Lehrer. Kaum zu glauben, Magis Schienbeintritte seien nur Ausfluß einer mittelalterlich grausamen Pädagogik gewesen: Puccinis musikalische Leistungen müssen auch dem Lehrer weh getan haben.

Inzwischen wächst Puccini in seiner Großfamilie heran, in einer ganz weiblichen Umgebung: Großmutter, Mutter, sechs Schwestern, zwei Dienerinnen: der fünf Jahre jüngere Bruder Michele ist neben ihm der einzige

»Mann«. Es ist nicht pure Spekulation, wenn man die psychischen und künstlerischen Folgen dieser Situation bedenkt. Auffälligerweise pflegte Puccini sein Leben lang Männerfreundschaften und »männliche« Hobbies: Jagd, Autos, schnelle Motorboote, Hausbauten. Frauen blieben ihm immer etwas unheimlich. In den Opern aber werden sie die Starken sein, die wahren Helden der Geschichten, die sich sogar als Opfer (die sie meistens sind) noch auf mehr oder weniger subtile Art an den Männern rächen – während die von allem Anfang ziemlich tölpelhaft wirken, nicht verstehen, was die Frauen tun, und auch nicht, was sie selbst ihnen antun. Niemand kann für seine Geschichte. Aber es ist auch im Fall Puccinis offensichtlich, wie sehr sein Leben und sein Werk durch seine frühe Geschichte geprägt werden.

Während Giacomo die seminaristische Grundschule besucht, wanderte das Zentrum der italienischen Nationalpolitik immer mehr aus dem frankophilen piemontesischen Nordwesten ins Herz des Landes, in seine Toskana. 1865 wurde der Regierungssitz nach Florenz verlegt. 1866 brachte der preußisch-österreichische Krieg Italien unverhofft in den Besitz Venetiens. 1870 schließlich gelang im Windschatten des deutsch-französischen Kriegs die Einverleibung Roms und des Rest-Kirchenstaats ins italienische Reich.

Als Puccinis Kindheit endet, ist die sogenannte Einigung Italiens vollzogen, die gerade sein erstes Lebensjahrzehnt in Anspruch genommen hat. Um diese Zeit wechselt Giacomo von der Seminarschule ans Istituto musicale Pacini, eine Art Gymnasium mit musikalischem Schwerpunkt. Denn Begabung hin oder her: seine Pflicht als ältester Sohn ist es, in die beruflichen Fußstapfen der Vorfahren zu treten und professioneller Musiker zu werden.

Das Institut war noch vom bourbonischen Herzog Carlo Lodovico 1842 in den Rang einer öffentlichen Schule erhoben worden, und das fürstliche Dekret regelte in 39 peniblen Artikeln, wie die musikalische Ausbildung sich zu vollziehen habe. Die Schulordnung war zeitgemäß streng – wer zwölfmal im Jahr fehlte, wurde ausgeschlossen – und sie verlangte natürlich Schulgeld, von dem die Professoren bezahlt wurden. Mit der Abschlußprüfung erwarb man den Titel eines »maestro compositore« und das Recht, eigene Musikschulen zu eröffnen. Das Istituto Pacini bot eine vollständige und solide Berufsausbildung, musikalisch gründlich, wie es dazumal auch in der italienischen Provinz üblich war.

Aber Puccinis Fall ist das nicht unbedingt. Schlecht und recht absolviert er den Unterricht. Kommentar eines Lehrers: »Er kommt nur in die

Schule, um seinen Hosenboden abzusitzen. Er paßt auf nichts auf. Er klopft immer auf seinen Tisch, als ob das ein Klavier wäre. Niemals liest er ein Buch.« Vielleicht interessiert er sich da doch schon nur noch für das Machen von Musik. Bücher wird er auch später wenig lesen, es sei denn als mögliche Vorlagen für Opernlibretti. Aber die Musik: da erhält er sogar Preise, 1875 zum Beispiel den ersten in der Orgelklasse.

Seine Entwicklung bestimmen zunächst seine Lehrer: nach Magi, der 1873 Lucca verlassen hatte, vor allem Carlo Angeloni. Der war, 1834 geboren, am Institut Pacini zuständig für Gesang und Kompositionstheorie. Schon die frühesten Puccini-Biographen reden von einem engen und herzlichen Verhältnis des Schülers zu diesem seinem Lehrer. Angeloni soll auch Puccinis Jagd-Leidenschaft geweckt und ihm Orgelspieler-Jobs in Kirchen und musikalische Auftritte bei Familienfeiern vermittelt haben. Mag sein. Aber als der angeblich so geliebte Lehrer ein Vierteljahrhundert später stirbt, wird der inzwischen weltberühmte einstige Schüler sich ziemlich brüsk von ihm distanzieren und die Ehrungen in beider Vaterstadt hartnäckig boykottieren. Es scheint eher so zu sein, daß Puccini alles, was Unterricht hieß, als notwendiges Übel betrachtete. Nie wird er ein gutes Wort für diese Zeit finden, die in doppelter Hinsicht eine harte Zeit für ihn ist: eine Zeit der Lehrjahre (und daß die nach dem abgeschmackten Satz keine Herrenjahre sind, erfuhr Puccini intensiv genug) und eine Zeit bitterer Geldsorgen für einen attraktiven jungen Mann mit menschlichen und gesellschaftlichen Ambitionen.

Um sich die leisten zu können, sucht Puccini Nebenbeschäftigungen. Am einfachsten (und am schlechtesten bezahlt) sind die Dienste als Orgelspieler in den nicht gerade wichtigsten Kirchen der Stadt. Schon besser ist es, wenn man selbst Unterricht gibt. Puccinis Schüler – der einzige für sein ganzes Leben – heißt Carlo Della Nina, ist mit Puccini gleichaltrig, stammt aus einer Schneider-Familie des zehn Kilometer entfernten Dorfs Porcari und kommt jeden Sonntag in einer Kutsche nach Lucca zum Unterricht, vier Jahre lang, von 1874 bis 1878. Seine Familie muß wohlhabend gewesen sein, wenn sie ihrem Carlo diesen ungewöhnlichen Luxus gönnte.

Puccinis kompositorische Tätigkeit beginnt im Zusammenhang mit seinen Gottesdienst- und Unterrichtsverpflichtungen. Das meiste, was man davon weiß, ist bloß anekdotisch. Immerhin scheinen bei der Familie Della Nina einige Manuskripte erhalten geblieben zu sein. Darunter befinden sich Märsche, wie man sie zum Ende des Gottesdiensts zu spielen pflegte, sogar buchstäbliche Opern-Zitate kommen darin vor: aus »Rigoletto« und aus »Il Guarany«, der 1870 an der Mailänder Scala uraufgeführten seinerzeitigen Erfolgsoper des Brasilianers Carlos Gomes, die im Herbst 1876 auch im lucchesischen Teatro del Giglio gespielt wurde. Das erklärt auch die oft erzählte Geschichte, daß Puccinis Orgelspiel mit seinen unkirchlichen Einsprengseln die fromme Gemeinde irritiert habe. Man kann sich das gut vorstellen. Zwar ist eine charakteristische Differenz zwischen geistlicher und weltlicher Musik gegen Ende des 19. Jahrhunderts (und erst recht in Italien) kaum wahrnehmbar; aber die lucchesischen Kirchenbesucher, die in ihren besseren Kreisen sicher auch die Besucher des lucchesischen Theaters waren, machten da feine Unterschiede: was sie aus der Oper wiedererkannten, bereitete ihnen in der Kirche ein heuchlerisches Entsetzen.

Noch entsetzter wären sie wohl gewesen, hätten sie vom Lebenswandel ihres Orgelspielers gewußt. Puccini hat gegenüber seinem späteren priesterlichen Bekannten Don Pietro Panichelli zwar darauf hingewiesen, daß die meisten der über seine Jugendzeit umlaufenden Anekdoten erfunden seien, aber einige dabei ausdrücklich als zutreffend bezeichnet. So bekennt er, Geld unterschlagen zu haben, das er für sein Orgelspiel bekam und das natürlich eigentlich bestimmt war, in den knappen Familienhaushalt einzufließen. Und einmal stiehlt er Pfeifen aus einer Kirchen-Orgel, um sie als Altmetall zu verkaufen. Daß er in einem Bordell in der Via della Dogana, ganz nahe beim Dom, verkehrte und dort eine Freundin namens Lola hatte, hat er verständlicherweise weder dem Padre Panichelli anvertraut noch sonst bestätigt, aber es ist alles andere als unwahrscheinlich.

Lucca war in den siebziger Jahren ein ziemlich loses Pflaster, eine liberale Kleinwelt, die den freien Geist der bürgerlichen Rebellion gegen die erst kürzlich vergangene spät-absolutistische Herrschaft der Bourbonen und Habsburger atmete. Ort dieses gerade im neuen konstitutionellen Königreich sprießenden weltlichen Denkens waren die Cafés, die mehr noch als heute Luccas Zentrum durchsetzten. Sie waren auch literarische Treffpunkte, angefüllt von Musik, Tabakdunst, Debatten, Politik, Geschwätz und Weltverbesserung – eines hieß geradezu programmatisch »Caffè Filarmonico«. Mit einem anderen ist schon der junge Puccini besonders verbunden, mit dem Caffè Caselli in der Via Fillungo, der alten Hauptstraße (heute heißt es »De Simo«), das dem Vater seines Freundes Alfredo Caselli gehörte und das noch für Jahrzehnte sein Haupt-Stützpunkt in Lucca bleiben wird. Hier trifft Puccini sich mit seinen Kumpanen, raucht, trinkt, redet, spottet über die spießige Erwachsenenwelt, zu der man bald gehören möchte und der man doch zu entkommen trachtet.

Es ist eine auch von musikalischen Interessen geprägte Knaben-Gesellschaft, und die Stadt bietet ihr reichen Stoff. Nicht nur im traditionellen Bereich der Kirchenmusik, sondern auch in der Oper, die die jungen Instituts-Schüler verständlicherweise viel mehr interessiert, und sei es aus Opposition gegen ihren ziemlich konventionellen Unterricht in Fugen und spätbarockem Kontrapunkt. Das kleine Teatro del Giglio hatte schon seit einem halben Jahrhundert ein bemerkenswertes Repertoire. In den kurzen Herbst- und Frühlings-Spielzeiten wurde alles aufgeführt, was auf dem italienischen Musikmarkt neu und populär war: jede Menge Rossini, Bellini, Donizetti, Mercadante, auch ein früher Meyerbeer (»Il crociato in Egitto«), Gounods »Faust« und 1865 sogar des Deutschen Flotow Sentimental-Hit »Martha«. Von 1843 an beherrschte das Werk Giuseppe Verdis auch Luccas Bühne: die meisten seiner Stücke wurden hier nachgespielt, fast immer sehr bald nach der Uraufführung, kaum ein Jahr, in dem nicht eine Verdi-Oper auf dem lucchesischen Spielplan stand.

Als Puccini alt genug ist, um ins Theater gehen zu können, sagen wir ab 1870, sieht das Programm des Teatro del Giglio so aus (ohne die heute völlig unbekannt gewordenen Namen): 1871 »Faust« von Gounod und Rossinis »Cenerentola«, 1872 Verdis »Vespri Siciliani« und Donizettis »Lucrezia Borgia«, 1873 Bellinis »Norma« und Verdis »Forza del Destino«, 1876 Gomes' »Il Guarany«, 1877 Rossinis »Guglielmo Tell«, 1879 »Maria di Rohan« von Donizetti, 1880 »La Traviata«. Nicht alles wird Puccini gesehen haben dürfen, manches verhinderten wohl die zeitgenössischen Moral- und Jugendschutz-Vorstellungen. Aber immerhin: es ist eher unwahrscheinlich, daß sein erstes Opern-Erlebnis jene »Aida«-Aufführung 1876 in Pisa war, die alle Biographen erwähnen.

Immerhin aber maß der schon weltberühmte Puccini diesem Ereignis eine besondere Bedeutung zu. Er erinnerte sich noch 1903, daß er damals zu Fuß nach Pisa gewandert sei. Danach gibt es Abweichungen in der Darstellung der näheren Umstände. Wahrscheinlich ist, daß der erst siebzehnjährige Puccini den Weg nicht allein unternahm, wahrscheinlich auch, daß die Freunde noch in der Nacht nach Hause liefen – alles andere wäre zu teuer gewesen. Rund sieben Stunden mögen die vierzig Kilometer hin und zurück beansprucht haben: so etwas nimmt man wohl auch damals nicht nur eben mal so auf sich, da ist gewiß Begeisterung und Begierde im Spiel. Sie hören den neuen Ton in diesem Stück, den erheblichen Abstand zur »Sizilianischen Vesper« oder der »Macht des Schicksals«, das klingt nach unserer Zeit, das ist modern, aufregend.

Puccinis eigene Musikpraxis hingegen ist alles andere als das, aber sie entfernt sich immerhin auch von den Standards seines Schulunterrichts und seines kirchlichen Orgelspiels: Puccini wirkt zum Zweck des weiteren Gelderwerbs in einer Tanzkapelle mit. In Lucca musizieren sie im Caffè Buon Gusto, was »guter Geschmack« heißt und auf seine verfeinerte Kultur gegenüber den anderen puren Schwatzbuden hinweist: es ist Luccas beste Stube und liegt wie Casellis Café in der Via Fillungo. Mehr Publikum und sicher auch mehr Geld tragen aber auswärtige Auftritte ein: vor allem im zwanzig Kilometer nördlich gelegenen vornehmen Kurort Bagni di Lucca, aber selbst im entfernten Seebad Lerici soll die Truppe engagiert gewesen sein.

Der Chef des Tanzkapellen-Unternehmens war sicher nicht der Pianist Puccini, wie seine Biographen suggerieren, sondern gewiß der Geiger Augusto Michelangeli. Er war mehr als 25 Jahre älter und in Lucca ein prominenter Musiker, der am Istituto Pacini unterrichtete und auch im Teatro del Giglio dirigierte. Offenbar ist es also so, daß der junge Puccini in Michelangelis renommierter Kapelle hin und wieder mitspielen durfte. Später hat er seinem Bandleader eines der drei Menuette für Streichquartett gewidmet (über die noch zu reden sein wird): es ist jenes, das dann das Thema für den Beginn von »Manon Lescaut« liefern sollte, für die Oper, die Puccinis Weltruhm begründete.

In den siebziger Jahren verkleinert sich die Puccinische Großfamilie: Anfang 1870 stirbt die jüngste Tochter, die erst siebenjährige Macrina; Mitte 1872 heiratet Otilia, die älteste, und sie bleibt in Lucca: ihr Mann Massimo Del Carlo ist hier Arzt; Anfang Oktober 1875 tritt Iginia, die vierte Tochter, in den Orden der Augustinerinnen ein: ihre weiteren 47 Jahre verbringt sie unter dem Namen Suor Giulia Enrichetta im bescheidenen Kloster von Vicopelago, nur fünf Kilometer vom Elternhaus entfernt im Süden Luccas; manchmal ist sie das geistliche Gewissen des weltlichen Giacomo, manchmal wird er sie besuchen, voller Rührung über eine solche ihm sehr fremde Existenz.

Im übrigen spiegeln sich auch im Lucca des heranwachsenden ältesten Puccini-Sohns die politischen Enttäuschungen, die die Vorschußlorbeeren des neuen Staats schnell welken ließen: Enttäuschungen darüber, daß bloß banale Korruption an die Stelle des gewohnten Absolutismus trat, daß der Überschwang des Neubeginns rasch im gewöhnlichen Alltag der gewöhnlichen Politik strandete. Die Not des Landes und vor allem des unterprivilegierten Teils seiner Bevölkerung zeigte sich nicht nur in den sozialen Unruhen, die das junge Italien von Anbeginn bewegten, sondern auch in einer dramatischen Auswanderungsstatistik. Von dieser Emigrationswelle war auch Puccinis Vaterstadt betroffen: vor 1876 gingen jährlich mehr als 3000 Luccheser ins Ausland, darunter etwa 400 nach Übersee. Bald wird es auch in der eigenen Familie einen einschlägigen (und tragischen) Fall geben.

Das politische Leben Italiens in Giacomo Puccinis Jugendzeit stellt sich dar als eine Mischung aus revolutionärem Aufbruch, bürokratischer Kleinkrämerei, sozialen Spannungen, wirtschaftlicher Depression, aufklärerischem Freidenkertum, klerikaler Reaktion – ein Durcheinander, das bis heute eine Konstante der italienischen Gesellschaft geblieben ist. Vieles davon mag auch in Puccinis lucchesischen Kreisen diskutiert und umstritten worden sein – sein späteres Leben und seine späteren Anschauungen reflektieren oft genug diese Konflikte.

Der junge Puccini kann in solcher Umgebung kaum »unpolitisch« gewesen sein, denn in einem ernstlichen Sinn war er dies auch später nie. Aber er war nicht Politiker und nicht intellektueller Denker, sondern Musiker. Für ihn bedeutet der neue Staat vor allem die Möglichkeit, Musik zu machen, ohne einem Fürsten dienen zu müssen. Die Emanzipation von der Abhängigkeit des musikalischen Brotberufs heißt aber auch Emanzipation von den Schranken der lucchesischen Bürger- und Aristokraten-Welt, heißt Flucht aus Lucca, Flucht in die wahre und einzige Metropole Italiens: er mußte nach Mailand. Dort bestand nicht nur das angesehenste Konservatorium des ganzen Landes, dessen Abschlußexamen dem Schüler eines Provinz-Instituts nur nützen konnte. Dort ließen sich auch die Beziehungen knüpfen, die ein junger Komponist brauchte, um Erfolg zu haben. Dort gab es schließlich das bedeutendste Opernhaus des Königreichs und eines der ersten in der Welt überhaupt: das ehrwürdige Teatro alla Scala.

Handwerklich ist Puccini bestens ausgebildet. Neben dem soliden Curriculum des Istituto Pacini bürgt dafür allein schon die Tradition seiner Vorfahren. Davon konnte er lernen, und er hat es getan. Die in respektabler Fülle erhaltenen überwiegend fragmentarischen Kompositionen aus seiner frühen Zeit zeigen solides Gesellentum, wenn auch nicht mehr. Von Meisterschaft ist das alles weit entfernt, auch frei von Andeutungen einer künftigen Genialität.

Dennoch hat Puccini vieles davon aufbewahrt und 1901, als er schon berühmt war, seinem alten Istituto Pacini geschenkt. Es ist schwer auszumachen, was davon noch seiner Zeit in Lucca zuzuordnen ist und was bereits den Mailänder Konservatoriumsjahren. Nur zwei vollständige Kompositionen werden in der Literatur schon sicher in die lucchesische Schulzeit datiert: ein »Vexilla regis prodeunt« für zweistimmigen Männerchor und Orgel und die Romanze »A te« für Singstimme und Klavier. Wenig davon ist je veröffentlicht worden, und es lohnt auch wohl kaum die Mühe.

Häufiger in der Literatur erwähnt sind ein paar Werke für größere vokale und instrumentale Besetzungen – kein Wunder, da sie sich doch leichter auf die spätere Karriere des Opernkomponisten Puccini beziehen lassen. Aber auch sie sind ausnahmslos unveröffentlicht, unaufgeführt und zumeist unbekannt. Ein »Preludio sinfonico« in e-Moll trägt am Schluß das Datum des 5. August 1876. Verschollen ist eine Hymne mit dem Titel »I figli dell' Italia bella«, angeblich ein Wettbewerbsstück anläßlich einer Ausstellung lucchesischer Kunst-Altertümer im Jahr 1877. Der vorgeschriebene Text beginnt mit einem pathetischen Vierzeiler, der sinngemäß etwa lautet: »Deine Söhne, schönes Italien, sind eins im Wunsch und eins im Herzen: Oh! stünde doch wieder auf dein Stern deines alten Glanzes!« Am Wettbewerb beteiligte sich unter anderem Puccinis Freund Carlo Carignani, bald der Verfertiger fast aller seiner Klavierauszüge. Die Jury rät Puccini, noch etwas gründlicher zu studieren.

Dennoch hat er bald öffentlichen Erfolg mit einer Motette für Bariton-Solo, vierstimmigen gemischten Chor und großes Orchester, deren Partitur er am 25. April 1878 abschließt. Das auf einen lateinischen Text zu Ehren des lucchesischen Stadtpatrons San Paolino geschriebene Stück des immerhin schon fast Zwanzigjährigen ist ein musikalisch banales und ganz unselbständiges Werk. Wäre es nicht aus der Feder des später so berühmten Puccini, verdiente es keinerlei Beachtung. Ungewiß ist das Datum der Uraufführung: wahrscheinlich unmittelbar nach der Fertigstellung Ende April oder Anfang Mai 1878. Sicher ist, daß diese Motette zusammen mit einem gerade fertig gewordenen neuen Credo für vierstimmigen Chor am Morgen des 12. Juli 1878, dem Namensfest des heiligen Paolino, in der ihm geweihten Kirche wenige Schritte von Puccinis Geburtshaus aufgeführt wird und viel Beifall findet – auch protektionistischen Beifall: im Lokalblatt »Il Moccolino« schreibt der Onkel Nicolao Cerù: »Auch die jungen Katzen fangen Mäuse« – soll heißen: der Apfel fällt nicht weit vom Stamm (der musikalisch erfolgreichen Vorfahren).

Zwei Jahre später verwendet Puccini das Credo als Teil einer ganzen Messe, angeblich seine Examensarbeit für das Abschlußdiplom des Istituto Pacini; auch die Motette soll vielen Angaben in der Literatur zufolge in die Messe eingegangen sein, was außer in Anklängen der Schreibweise jedoch nicht zutrifft. Das Werk ist wie schon die Motette bemerkenswert stark besetzt. Neben dem vierstimmigen Chor sieht es ein großes romantisches Orchester vor, was einen Hinweis gibt auf Luccas reiche musikalische Möglichkeiten. Dazu kommen zwei oder drei männliche Solo-Partien; überraschenderweise fehlen solistische Frauenstimmen – vielleicht hat Puccini für die geplante Aufführung keine ausreichend guten Sängerinnen zur Verfügung gehabt.

Die Messe ist über weite Strecken ein bemerkenswert gut »gemachtes« Stück Musik, zugleich wirkt sie aber auch seltsam altfränkisch und angestrengt in ihrem Versuch, die erlernte Technik angemessen vorzuführen. Keineswegs vermittelt sie den Eindruck jugendlicher Spontaneität und Frische – kaum eine Stelle, an der sich bereits an den späteren Puccini denken ließe. Einen gewissen Reiz bieten allenfalls die enge Stimmführung im Kyrie und eine extensive Chromatik (auch im »Cum sancto spiritu«), die wohl »Modernität« signalisieren möchte; oder die Violinenbegleitung zum Tenorsolo »Gratias agimus tibi«, der man schon so etwas wie einen künftigen Puccini-Klang anzuhören meint; oder der aufgelockerte Orchestersatz im Schluß-Fugato des Credo. Die vielleicht schönste Stelle der ganzen Messe ist das schlichte Streicher-Nachspiel zum Chorsatz »Confiteor unum baptisma«, das mit frei verteilten Akzenten und kurzen Fermaten den Duktus mancher späteren lyrischen Passagen vorwegnimmt, die Puccini berühmt gemacht haben. Überhaupt fällt auf, daß die Orchester-Behandlung in der Messe wesentlich fortgeschrittener ist als der vokale Teil, der sehr konventionell an der katholischen Kirchenmusik-Tradition des 19. Jahrhunderts klebt: der früheste Puccini scheint eher auf dem Weg zum Sinfoniker zu sein als zum Komponisten italienischer Opern.

Zwei Stücke aus der Messe hat Puccini in spätere Werke übernommen. Das Kyrie erklingt im »Edgar« wie das Zitat eines fremden Kirchengesangs, als wäre der nicht von Puccini selbst. Ebenso ist das Agnus Dei als Tanz-Madrigal (!) in den zweiten »Manon-Lescaut«-Akt eingefügt, womit es in doppeltem Sinn zum Zitat »aus alter Zeit« wird: zum einen nämlich für das modern überreizte nervöse Personal der »Manon« ein Zitat aus der Zeit, da man noch Madrigale sang, und zum anderen für den Komponisten der »Manon« ein Zitat aus einer Zeit, da er noch komponierte wie ein Schüler der lucchesischen Kirchen-Klassik. So wendete Puccini sich bald mit heimlicher Kritik von seinem ersten umfangreichen Werk ab, das im ganzen zufällig klingt, manchmal schlimm, manchmal nicht ganz schlecht, aber nie wirklich gut. Es zeigt, was Puccini im Istituto Pacini als Handwerk gelernt hat (und das war offenkundig ziemlich viel); es zeigt auch, was Puccini dem zeitgenössischen Musiktheater abgelauscht hat, und wie intensiv er sich damit beschäftigte.

Alles in allem ist die Messe eine Ansammlung von Versatzstücken, zeitgenössische Konfektionsware, wie sie in Italien und anderswo massenhaft produziert wurde – bestimmt zum alsbaldigen Verbrauch und dann zum Verschwinden in lokalen Archiven. Sein Leben lang ist Puccini nicht auf die Idee gekommen, das Stück noch einmal aufführen zu lassen, obwohl es angesichts seines Ruhms dafür gewiß hohes Interesse gegeben hätte. Zum ersten und einzigen Mal wird die Messe am Paolino-Fest 1880, am 12. Juli, gespielt, vermutlich in der Kirche San Michele. Erneut erhält Puccini viel Beifall für sein Werk: er könnte in Lucca einen Weg machen. Aber nicht *seinen* Weg. Er hat einen anderen Traum. Und der heißt zunächst Mailand.

Bleibt das Problem, wie der Traum sich bezahlen läßt. Denn allein aus dem Portemonnaie der Familie ist das nicht denkbar. Schließlich hat die verwitwete Mutter noch immer drei unverheiratete erwachsene Töchter und den jüngeren Bruder zu versorgen. Aber man weiß in solchen Kreisen auch, wie sich weitere Geldquellen anzapfen lassen. Die Mutter schreibt geradewegs an die Königin Margherita mit der Bitte um ein Stipendium für ihren begabten Sohn Giacomo. Und die Königin erhört die Bitte: für ein Jahr gewährt sie eine monatliche Dotation von hundert Lire, weitere Unterstützungen leistet Onkel Cerù. Giacomo hat für sich allein nun weit mehr Geld zur Verfügung als seine Familie für ihre vielen Köpfe zusammen. Im Herbst 1880 reist er nach Mailand ab.

2

Milano Metropolis
1880–1885

Am 14. Oktober 1880 bestätigt der Sekretär des Mailänder Konservatoriums, daß Sig. Giacomo Puccini sein Aufnahmegesuch für die Kompositionsklasse abgegeben habe. Als Adresse nennt der künftige Student die Via Unione 7, bei Carlo Biagini, »Vertreter des Vaters«. Dieser Carlo Biagini, der in Puccinis Briefen aus Mailand öfters genannt wird, ist sein 14 Jahre älterer Vetter, der Sohn von Michele Puccinis Schwester Chiara.

Puccini braucht einen solchen »Erziehungsberechtigten«, weil er 22 Jahre alt ist und die Volljährigkeit erst mit 25 eintritt. Er hat jedoch allenfalls in den ersten Tagen tatsächlich bei ihm gewohnt, obwohl er während seiner ganzen Studienzeit Biaginis Adresse offiziell als die seine angibt, was wohl aus rechtlichen Gründen notwendig war. Nach wenigen Wochen teilt er der Mutter jedenfalls schon eine neue Adresse mit: Via (heute Corso) Monforte 26. Es ist ein ansehnliches großbürgerliches Miethaus, nur ein paar hundert Meter vom Konservatorium entfernt. Sein Äußeres widerlegt alle Behauptungen, Puccini habe in seiner Mailänder Studienzeit in ärmlichsten Unterkünften gehaust.

Als Puccini in Mailand sein mutmaßlich erstes eigenes Zimmer bezieht, hat er die Aufnahmeprüfung am Konservatorium schon hinter sich. Sie muß Ende Oktober oder Anfang November stattgefunden haben, und sie ist ihm leichtgefallen: kein Problem für den bestens trainierten Zögling des Istituto Pacini. Allerdings gibt es ein besonderes Problem: eigentlich ist er schon zu alt, um am Konservatorium studieren zu können. Sein gutes Prüfungsergebnis – das beste von allen – überwindet jedoch diese Hürde, und anscheinend ist auch ein bißchen Protektion im Spiel: sein früherer Lehrer Fortunato Magi hat offenbar eine wirkungsvolle Empfehlung an den Konservatoriums-Professor Antonio Bazzini geschrieben.

Überhaupt nutzt Puccini in diesen ersten Tagen in Mailand verständlicherweise alle Beziehungen, die sich ihm bieten. Er verkehrt mit seinem wenig älteren lucchesischen Landsmann Alfredo Catalani, der unmittelbar vor seinen ersten Opernerfolgen steht, und er läßt sich für dreißig Lire (fast ein Drittel seines monatlichen Deputats) Hosen schneidern, um in angemessen eleganter Kleidung die Signora Lucca aufsuchen zu können, die siebzig Jahre alte Chefin des gleichnamigen renommierten Musikverlags, der unter anderem die italienischen Rechte an den Werken Richard Wagners besitzt: ein musikalischer Habenichts stellt schon früh die Weichen für seine kommerzielle Zukunft.

Finanziell geht es Puccini, auch wenn er nicht gerade am Hungertuch nagt, natürlich nicht glänzend. Die Preise in Mailand sind hoch – da geht man lieber früh zu Bett und nährt sich von hausgemachter Gemüsesuppe. Ausdrücklich bedankt er sich bei der Mutter, weil sie ihm eine Postkarte mit bezahlter Rückantwort geschickt hat.

Mitte November beginnt der Unterricht. Die ersten Kompositionsstunden hat Puccini bei Professor Bazzini, von dessen eigenen Werken man dem Namen nach eine Oper »Turanda« kennt (uraufgeführt 1867 an der Scala); nennenswert ist sie allerdings vor allem deshalb, weil sie den gleichen Stoff behandelt, den der berühmte Schüler am Ende seines Lebens vertonen wird.

Puccinis Leben in den ersten Mailänder Wochen scheint ganz auf das begonnene Studium konzentriert, jedenfalls stellt er das seiner Mutter gegenüber so dar. Aber in den Briefen wird zwischen den Zeilen auch erkennbar, was er nach dem lucchesischen Provinz-Dasein an Freiheit und großstädtischer Urbanität hinzugewinnt. Um halb neun steht er jeden Morgen auf und geht zum Unterricht; an freien Tagen übt er statt dessen zwei Stunden Klavier – nach der Selbstunterricht-Methode des Antonio Angeleri, dessen Lehrbuch er sich zugelegt hat. Viel scheint es ihm nicht geholfen zu haben: Puccini gilt zeit seines Lebens als sehr mäßiger Klavierspieler (noch im Alter fürchtete er sich vor dem Wunsch der königlichen Prinzessinnen, ihnen vorzuspielen). Danach geht er aus, vermutlich in eines der zahlreichen Kaffeehäuser, wie Puccini sie von seinem lucchesischen Lebenswandel gewöhnt ist, wo man die Mailänder Kultur-Schickeria und Künstler-Bohème sehen kann und wo man sich selbst sehen lassen muß. Die berühmtesten Cafés, das Biffi und das Stoker (heute Savini), werden in der berühmten glasdachüberspannten Galleria betrieben – einer europäischen Architektur-Sensation, die erst ein Dutzend Jahre alt ist. Um ein Uhr kehrt Puccini nach Hause zurück, studiert für die Kompositions-Klasse Bazzinis, übt wieder am Klavier und liest klassische Werke, als erstes Arrigo Boitos Faust-Oper »Mefistofele«, die, 1868 uraufgeführt, inzwischen zu einem Welterfolg geworden war; sein sizilianischer Studienkollege Alberto Favara hat ihm die Partitur geliehen. Um fünf Uhr geht er eine Minestrone essen, und zwar gleich drei Teller davon, weil sie ihm bei besucht er die Bizetsche »Carmen«, die er eine »bellissima opera« nennt: »welche Fülle!« Es ist Puccinis erstes bekanntes musikalisches Urteil, und es bezieht sich auf ein neues Stück, in dem er offensichtlich dieses Neue hört, den anderen Klang gegenüber selbst den jüngsten, aber eben doch in der Nachahmung des mittleren Verdi konventionell erstarrten italienischen Novitäten.

Im übrigen beklagt er sich heftig über die hohen Preise der Scala, die ihn anscheinend noch immer von einem Besuch des ersten italienischen Opernhauses abhalten: »verdammtes Unglück!« Was das Theater betreffe – und da denkt er sicher schon an seine eigene Produktion als Komponist –, stehe es auch ganz schlecht: Frau Lucca sei in den Klauen Ricordis, und folglich könne man nichts von ihr erwarten. Das heißt wohl: die alte Verfechterin eines modernen italienischen Musiktheaters à la Wagner, mit der Puccini seit seiner Ankunft in Mailand Kontakte zu knüpfen sucht, ist der Macht des großen Traditionsverlags unterworfen, der vor allem Verdi propagiert, also die Konvention. Wie soll ein junger Komponist da vorankommen?

Dabei ist Puccini noch weit vom eigenen und eigenständigen Komponieren entfernt. Seine Sache ist es zu lernen. Das tut er vor allem im Theater. Die Schwester Ramelde informiert er Anfang Februar 1881 über die neuesten und nächsten Scala-Premieren: Verdis »Ernani« und die Neufassung von dessen »Simone Boccanegra«, Webers »Freischütz«, und er fragt, ob sie zu Hause eine Frackweste haben. Anfang März bedankt er sich bei der Mutter für Geld, Hosen und Schuhe und erwähnt die Premiere der »Mignon« von Ambroise Thomas im Teatro Manzoni und wieder den »Simone Boccanegra«, wo ein Platz 50 Lire koste und dennoch schon alles ausverkauft sei.

Es bleibt ungewiß, was Puccini davon selbst gesehen hat. Manchmal klingen seine Schilderungen, als wolle er nur die heimische Familie beeindrucken. Denn er muß mit seinem Geld sparsam umgehen, auch wenn er immer wieder erfinderisch bleibt im Anzapfen weiterer Quellen. Und er hält sein Geld zusammen. Schon Anfang Februar 1881 verläßt er das Zimmer im schönen Haus der Via Monforte, weil es ihm mit 25 Lire Monatsmiete zu teuer ist, und bezieht ein anderes in der Via Zecca Vecchia 10, das er aber auch bereits nach knapp drei Monaten aufgibt. Vermutlich dann erst, ab Mai 1881, hat er für längere Zeit im Vicolo San Carlo 2 gewohnt, was den meisten Biographen als Puccinis eigentliche Studenten-Adresse gilt. In all diesen Zimmern zusammen mögen die seit frühester Zeit überlieferten Anekdoten spielen, wonach Puccini mit Hilfe aller Einfachheit so gut schmeckt, dann etwas anderes, was den Magen füllt, und ein Stück Käse. Er trinkt einen halben Liter Wein dazu und raucht anschließend in der Galleria eine Zigarre. Er bleibt dort, »wie allgemein üblich auf- und abgehend«, bis neun Uhr (!). Zu Hause arbeitet er noch ein wenig an Kontrapunkt-Studien, aber still, weil man um diese Zeit nicht mehr Klavier spielen darf. Dann endlich ins Bett, wo er noch ein paar Seiten eines Romans liest.

Manchmal wandert er mit Freunden hinaus aus der Stadt, so einmal in das zwanzig Kilometer entfernte Käsedorf Gorgonzola, von wo sie mit der Dampf-Straßenbahn nach Mailand zurückfahren. Man spürt, wie Puccini den Stolz kaum unterdrücken kann, mit dem er der Mutter im kleinen Lucca beiläufig von so weltstädtisch modernen Einrichtungen erzählt, wobei er schnell beruhigend hinzufügt, daß etwas derartig Grandioses nur 15 Centesimi koste, um sofort wieder die Schilderung phantastischer Schauspiele anläßlich der Mailänder Nationalausstellung folgen zu lassen.

Puccinis erste Berichte über sein Mailänder Leben klingen zufrieden. Aber dann bricht plötzlich ein sonderbarer Wunsch heraus: er hätte gern einen Kanister Olivenöl aus Lucca, um Bohnen zu kochen, die hier nur mit Leinöl oder Sesamöl zubereitet werden und die er deshalb nicht essen kann. Geradezu flehentlich mischt sich die Bitte um die heimatliche Spezialität mit der Klage darüber, daß er aus Geldmangel nicht in die Oper gehen könne, und mit der Sehnsucht, die Mutter wiederzusehen, obwohl er sie so oft geärgert habe, weil er eine Bestie und ein Schuft gewesen sei.

Die frühen Briefe sind charakteristisch für den Puccini eines ganzen künftigen Lebens. Sie enthalten bereits diese typische Mischung aus trockenen quasi »technischen« Informationen, Beschwörungen ländlicher Idyllen, Sehnsucht nach menschlicher Nähe, Gier nach den Werken anderer Musiker, zerknirschten Selbstvorwürfen. Da er später kaum mehr an einem Menschen so sehr hing wie an seiner Mutter, kommt das selten so deutlich heraus wie gerade hier – seine Lehrzeit bietet in seinen Äußerungen einen Schlüssel für das Verständnis des Menschen Puccini.

Giacomos eindringliche Signale an die Mutter zeitigen übrigens den zu erwartenden Erfolg. Er erhält nicht nur das gewünschte Öl, mit dem die kleine lucchesische Kolonie in Mailand sich vergleichsweise opulente Abendessen bereitet, sondern wohl auch zusätzliches Geld, damit er endlich ins Theater gehen kann: Ende November oder Anfang Dezember sieht er im Teatro Dal Verme Meyerbeers »Etoile du Nord« auf einem billigen Platz der Steh-Gallerie und im Teatro Carcano Aubers »Fra Diavolo«, wofür er eine Karte geschenkt bekommen hat. Im Dal Verme des Klaviers die Geräusche des Kochens übertönte, das ihm und seinen Kumpanen von den jeweiligen Wirtinnen oder Wirten untersagt war.

Ähnliche wirtschaftliche Überlegungen lassen ihn die bevorstehende Heirat seiner zweitältesten Schwester Tomaide begrüßen und vom (teuren) Besuch Nittetis, der dritten, bei der Mailänder Nationalausstellung abraten. Emphatisch betont er jedoch, daß er auf die Möglichkeit hofft, irgendwann einmal selbst zum Unterhalt der Großfamilie beitragen zu können.

Die Aussichten dafür sind einstweilen nicht übermäßig gut. Denn Puccini ist nichts anderes als einer von vielen hundert Schülern eines italienischen Konservatoriums, wenn auch des renommiertesten. Da hilft es wenig, daß er zu den besten Studenten gehört. Die guten Noten sind seiner Begabung zuzuschreiben, nicht seinem Fleiß. Schon zwei Monate nach Studienbeginn trifft ihn eine disziplinarische Verwarnung: »Im Fall seines fortgesetzten unentschuldigten Fehlens verhängt der Akademische Rat mit Beschluß vom 26. Januar 1881 eine Geldstrafe von 10 Lire.« Sein Lehrer Bazzini, inzwischen Direktor des Konservatoriums, bestätigt das in einem Brief an die offenbar beunruhigte Mutter: Giacomo sei zwar begabt, aber etwas faul und besuche nicht alle Kurse; trotz seiner, Bazzinis, Empfehlung könne er auch kaum mit einer gewinnbringenden Position rechnen, weil die Konkurrenz in Mailand groß sei.

Tatsächlich hat Puccini den Konservatoriums-Unterricht wohl überwiegend als Fron empfunden. In einem erhaltenen Notizheft dieser Zeit stehen Randbemerkungen wie »O weh!!! Au!!! O Gott!!! Um Gottes willen Hilfe!!! Es ist genug!!! Zu viel!!! Ich sterbe!!! Jetzt geht es ein bißchen besser!« Auch in der Komposition, seinem eigentlichen Fach, fühlt er sich nicht übermäßig wohl. Man kann das verstehen. Aller zeitgenössischen Musikpraxis zum Trotz lehrte auch das Mailänder Konservatorium nichts als die traditionellen Grundlagen der kompositorischen Technik: Harmonie, Kontrapunkt, klassische Instrumentation. Das verbürgte zwar solides Handwerk, muß aber die jungen Musiker fast zur Verzweiflung getrieben haben, weil sie auf etwas ganz anderes zielten, auf die moderne Oper vor allem. Statt dessen hatten sie Fugen und Quartette anzufertigen. Die gern erzählte Geschichte, Puccini habe seinem neuen Lehrer Ponchielli (seit dem Erfolg seiner Oper »La Gioconda« 1876 an der Spitze der italienischen Musiktheater-Hierarchie gleich hinter Verdi) mehrmals die gleiche Fuge, nur in verschiedenen Tonarten, abgeliefert, klingt insofern durchaus nicht unwahrscheinlich, zumal auch Ponchielli wohl mit Fugen nicht allzu viel im Sinn hatte.

Kein Wunder, daß Puccini sich mehr für das interessiert, was sich auf den Mailänder Bühnen abspielt. Einen großen Eindruck scheint ihm der »Freischütz« gemacht zu haben, der – immerhin schon 60 Jahre alt – 1881 an der Scala aufgeführt wurde und es auf (beträchtliche) zwölf Vorstellungen brachte. Um diese Zeit studiert Puccini die geradezu avantgardistische Instrumentationslehre von Hector Berlioz – an einer Stelle, die den »Freischütz« betrifft, hat er in sein Exemplar Edelweiße eingelegt.

Aus Puccinis zweitem Studienjahr sind keinerlei Briefe und nur wenige andere Dokumente bekannt. Interessant ist vor allem ein Ausgabenverzeichnis, das den Titel »La vie de Bohème«, die Jahreszahl 1881 und die Buchstaben »G-C-M« trägt. Mit G ist natürlich Giacomo selbst gemeint, mit C gewiß Carlo Biagini. Das M wird gelegentlich als Chiffre für Puccinis Bruder Michele verstanden, der aber zu dieser Zeit noch nicht in Mailand war. Viel wahrscheinlicher handelt es sich dabei um Pietro Mascagni. Offenbar residierte diese Dreier-Wohngemeinschaft in Carlo Biaginis Wohnung an der Piazza Santo Stefano Nr. 11, 2. Stock.

Mascagni stammte aus Livorno und war fünf Jahre jünger als Puccini. Er ist wenig später als er ans Mailänder Konservatorium gekommen, und bei ihrem gemeinsamen Lehrer Ponchielli werden sie sich kennengelernt haben. Daß sie zusammen wohnten, ist bekannt, wann und wie lange das war, dagegen ungewiß. Jedenfalls fällt in ihre gemeinsame Zeit, die Ende 1881 begonnen haben dürfte, eine für beide äußerst wichtige Erfahrung: die Begegnung mit dem Werk Richard Wagners. Es ist eine Begegnung eher abstrakter Art: sie kaufen sich gemeinsam eine »Parsifal«-Ausgabe und teilen die Kosten – eine enorme Ausgabe in Anbetracht der finanziellen Mittel, die den beiden Studenten zur Verfügung stehen.

Sie können bis dahin keinen einzigen Ton einer Wagner-Oper gehört haben. Zwar hatte es im vergangenen Jahrzehnt eine ganze Reihe von Aufführungen gegeben, aber immer an Orten, die Puccini zur jeweiligen Zeit wohl kaum erreichen konnte. Wagners italienischer Ruhm ist für ihn ein Ruhm vom Hörensagen, aber offenbar groß genug, um ihm nachzueifern. In einem der Unterrichts-Notizhefte findet sich der folgende ironische Nachruf auf sich selbst: »Giacomo Puccini. Dieser große Musiker wurde in Lucca im Jahr... geboren, und man kann ihn mit Recht den Nachfolger des berühmten Boccherini nennen [der ebenfalls aus Lucca stammte]. Er war schön und äußerst klug und besaß auf dem Feld der italienischen Kunst den Atem einer Kraft, die gleichsam ein Widerhall der Wagnerischen von jenseits der Alpen war!« Die Stelle, die etwa aus der Mitte von Puccinis Mailänder Studienzeit stammt, ist von höchstem Interesse. Denn sie sagt, daß nicht mehr der italienische Nationalheld Verdi das Ziel der eigenen kompositorischen Entwicklung ist, sondern der deutsche Opern-Sinfoniker Wagner.

Das zweite Konservatoriums-Jahr schließt Puccini wieder mit hervorragenden Noten ab, besser noch als das erste. Offenbar hat er Bazzinis Rat, nur gehörig fleißig zu sein, beherzigt. Die einzige bekannte Komposition dieses Jahres neben seinen Unterrichts-Pflichtstücken ist ein »Preludio sinfonico« in A-Dur für Orchester. Es ist ein ziemlich langweiliges Stück mit vor allem durch Blechbläser-Instrumentation künstlich hergestellten Höhepunkten, ungefähr auf dem kompositorischen Niveau der lucchesischen Messe. Kaum eine melodische Formel, kaum eine Harmonie, kaum eine instrumentale Farbe weist auf den künftigen Puccini hin. Aufs neue ist dieses Orchesterwerk eine Demonstration von Gewöhnlichkeit: der begabte Schüler des renommierten Mailänder Konservatoriums ist offensichtlich wenig fähig, aus seiner Begabung mehr zu machen als Dutzende seiner inzwischen längst namenlosen Kommilitonen.

Sein drittes Studienjahr beginnt Puccini in großer Geldnot. Das Stipendium der Königin war, soweit wir wissen, nur für das erste Jahr gewährt, das zweite wohl durch familiäre Mittel finanziert worden, und die scheinen nun allzu knapp zu werden. Jedenfalls schreibt Puccini einen Brief an den Bürgermeister von Lucca mit der Bitte um Unterstützung. Er betont darin seine Studienerfolge und die Notwendigkeit, noch ein weiteres Jahr in Mailand zu lernen. Besonders hebt er hervor, daß er bisher noch nie etwas von der Stadt verlangt habe. Wahrscheinlich wurde seine Bitte nicht erfüllt. Vielleicht gründet sich auch darauf seine lebenslange Abneigung gegen die Vaterstadt und die Verachtung für ihre Behörden. Noch einmal scheint die Familie eingesprungen zu sein, denn Puccini dankt dem Onkel Cerù für alles, was der für ihn tue, und bittet um etwas zusätzliches Geld, weil er wegen des kalten Winters Kohlen kaufen müsse und weil Cerùs übliche Unterstützung nur für das Notwendigste reiche.

Der Brief enthält darüber hinaus eine interessante Bemerkung; sein Bruder Michele soll einen gewissen Medarse Cappelletti fragen, ob er noch nichts über das kleine Libretto wisse, das er ihm versprochen habe. Er brauche es schnell, damit er endlich etwas machen könne. Puccini denkt also da offenbar schon an die Komposition einer Oper, die ihn über die Pflichtarbeiten am Konservatorium hinausbringt. Vielleicht hat er an einem solchen Bühnenwerk tatsächlich gearbeitet; denn es existieren Skizzen zu einem Stück mit Singstimme und Orchesterinstrumenten, mit einer Szenenanweisung und der Angabe eines Personennamens; es ist datiert

»16. Dezember 1882, 3 Uhr nachts« und enthält die Bemerkung »schöne Schweinerei, das sage ich dir, o Giacomo«. Sollte Puccini inzwischen Cappellettis Libretto erhalten und daran mühsam zu komponieren begonnen haben?

Der Unterricht langweilt ihn natürlich wie immer, und er erfüllt seine Schüler-Pflichten nur nachlässig. Das rügt auch sein Lehrer Ponchielli, der gegenüber Puccinis Mutter die große Begabung ihres Sohns hervorhebt – aber: fleißiger müsse er sein! Ein weiteres Studienjahr würde ihm guttun, auch wenn er die Abschlußprüfung im Sommer sicher bestehe. Jedenfalls müsse er andere Autoren kennenlernen und »schreiben, schreiben, Musik hervorbringen«. Statt dessen hat Puccini vorwiegend Unsinn im Kopf. In ein musikalisches Notizheft aus diesem Jahr kritzelt er Ponchielli-Karikaturen, unterlegt Noten mit seinem eigenen lang ausgehaltenen Namen und gibt dem Stück die ironische Vortragsbezeichnung »Grandioso quasi Mastodontico« und »mit größter Emphase«. Im Karneval Anfang Februar zieht er mit anderen Schülern zum Haus Ponchiellis, wo sie eine chaotische Katzenmusik veranstalten und anschließend unter Puccinis Leitung einen Doppelkanon aufführen, den der Lehrer rasch für sie geschrieben hat.

In Lucca hat inzwischen seine jüngste und liebste Schwester Ramelde geheiratet. Ihr Mann Raffaello Franceschini wird bald Puccinis willfähriger Kumpan für allerlei Unternehmungen werden. Er ist Steuerbeamter im nahen Pescia, aber die Familie wohnt zunächst viele Jahre lang in einem stattlichen Haus in Lucca in der Via Galli Tassi – nach dem Tod der Mutter ist das auch Puccinis Adresse, wenn er in Lucca ist. Die Franceschinis müssen ziemlich wohlhabend gewesen sein, sei es aus Tradition, sei es wegen der Einkünfte Raffaellos.

Seine Fähigkeiten schult Puccini nun gemäß Ponchiellis Rat vor allem durch Theaterbesuche. Er sieht die neue Oper seines lucchesischen Landsmanns Catalani, »Dejanice«, die kein Erfolg ist, ihm aber sehr gefällt. Hingegen langweilt ihn Gounods Oratorium »La Rédemption«. Aber er nimmt sich auch den anderen Teil von Ponchiellis Empfehlung zu Herzen: er schreibt noch und noch eigene Musik. Schließlich geht es auf das Schlußexamen zu, und da gilt es sich zu üben für den weiteren Berufsweg.

Die meisten der erhaltenen Skizzen, der halbfertigen und fertigen Stücke dürften aus dieser Zeit, der ersten Hälfte des Jahres 1883, stammen; denn eine ganze Reihe ihrer Themen ist in die bald darauf begonnene Oper »Le Villi« eingegangen.

Außerdem sind Vertonungen von Texten Antonio Ghislanzonis bekannt, von denen zwei jedenfalls in den letzten Wochen der Studienzeit entstanden sind. Ghislanzoni (1824–1893) war eine der vielen farbigen Figuren der Mailänder Künstler-Bohème in der zweiten Jahrhunderthälfte: Sänger, Kontrabaß-Spieler, Theater-Impresario, journalistischer Vielschreiber, zuletzt Gastwirt in den Bergamasker Alpen, nicht weit von Mailand entfernt. Seine Kneipe war ein beliebtes Ausflugsziel der städtischen Musikerszene. Da auch Ponchielli in der Nähe ein Ferienhaus hatte, wird Puccini den berühmten Autor (er war Verdis »Aida«-Librettist) bei einer solchen Besuchsgelegenheit kennengelernt haben.

Über Puccinis Ghislanzoni-Vertonungen herrscht in der Literatur einiges Durcheinander, weshalb sie hier etwas näher beschrieben werden sollen. Es handelt sich um die vier Stücke »Salve del Ciel Regina«, »Ad una morta!«, »Melanconia« und »Storiella d'amore«. Von »Storiella d'amore« existieren lediglich autographe Skizzen, aber in der Harvard University gibt es eine komplette Abschrift von anderer Hand, die Puccini am 8. Juni 1883 in Mailand signiert und einer Signorina Emilia Sanpietro gewidmet hat. Fünf Takte des mittleren Lento-Teils tauchen wörtlich im Terzett des dritten »Edgar«-Akts auf (bei Ziffer 36). Das kleine Liedchen wird wenige Monate später als erste Komposition Puccinis veröffentlicht werden.

Auch von »Ad una morta!« (»Auf eine Tote!«) gibt es als Autograph nur eine erste Seite und eine weitere, auf der Puccini mit einer Instrumentierung für Orchester begonnen hat, aber wiederum eine vollständige Abschrift von anderer Hand in der Harvard University. In diese Reinschrift, die in Einzelheiten von der autographen Skizze abweicht, hat Puccini selbst den Text eingetragen und einige Vortragsbezeichnungen ergänzt. Am Schluß hat er das Exemplar signiert und mit »Mailand 27. Juli 1883« datiert; es befand sich ebenfalls im Besitz von Emilia Sanpietro. Eine kurze Wendung (Takt 13–15) hat Eingang gefunden in die 1884 für »Le Villi« nachkomponierte Arie »Torna ai felici dì« (dort S. 90, Takt 2–4, auf die Worte »ridean i fior, fioria per me l'amor«). Die Stelle war ihm offenbar wichtig, denn gerade hier hat er in der fertigen Abschrift beim Klavier zusätzlich ein vierfaches und für den Sänger ein dreifaches piano notiert. Solche scheinbaren Kleinigkeiten sprechen dafür, daß Puccini seinen Kompositionen allmählich eine höhere Bedeutung beimißt. Die Sorgfalt in der Bezeichnung des Vortrags wird später charakteristisch für seine Schreibweise sein (schon in der »Storiella«-Skizze sind einmal in drei Takten vier oder fünf Nuancen des Grundtempos angegeben), ebenso die Verwendung von abgelegenen b-Tonarten: »Ad una morta!« hat sechs b vorgezeichnet, steht also in es-Moll (das Tenorsolo im Gloria der Messe hatte bereits fünf b: Des-Dur). Erwähnenswert ist eine Bemerkung im Entwurf von »Ad una morta!«: zu einer geplanten Modulation notiert Puccini »à la Wagner«.

Die beiden anderen Ghislanzoni-Lieder gelten allgemein als mindestens zwei Jahre älter. Ich halte es jedoch für mehr als wahrscheinlich, daß sie aus dieser Zeit des Frühjahrs 1883 stammen. Denn einmal spricht nichts dafür, daß Puccini Ghislanzoni schon früher kannte, zum anderen wurde dessen Text des »Salve del Ciel Regina« nicht vor 1882 veröffentlicht, und zwar in derselben Sammlung, die auch »Storiella d'amore« enthält. Dieses »Salve Regina« hat übrigens nichts mit dem Text der liturgischen Antiphon zu tun, die seit dem Mittelalter immer wieder vertont worden ist. Das Lied für Sopranstimme und Klavier oder Harmonium geht bald darauf in das Finale des ersten Teils der »Villi« ein (Nr. 5 »Preghiera«), und zwar nicht nur in einzelnen Takten, sondern mit seinem fast vollständigen musikalischen Material.

Das Autograph des vierten Stücks schließlich, »Melanconia«, ist seit langem verschollen; es soll Fassungen für Gesang und Klavier und für Gesang und Streichorchester enthalten haben. Sein wenig charakteristisches Thema eröffnet später das Duett Nr. 4 des ersten »Villi«-Akts. Ich vermute, daß die in der Literatur angegebene Jahreszahl 1881 ein früher Lesefehler ist und das Lied zeitlich zu den drei anderen Ghislanzoni-Stücken gehört, womit sich aus den vier Vokalwerkchen eine Art Zyklus bildet. Das macht es für Puccini auch möglich, ihr in der Stimmung verwandtes Material für »Le Villi« zu verwenden – mit Ausnahme der »Storiella d'amore«, die ja während der »Villi«-Komposition bereits gedruckt wurde und deshalb als Selbst-Plagiat nicht geeignet war: es hätte bemerkt werden können.

Anfang Juni 1883 beginnen die Abschlußprüfungen am Konservatorium. Von den schriftlichen Aufgaben sind noch zwei vorhanden: eine Ausarbeitung für vier Instrumente mit den Vermerken »erhalten um 5.40 Uhr nachmittags« und »1883/Milano« und eine »Lyrische Szene« mit den Anfangsworten »Mentìa l'avviso« für Gesang und Klavier. Es handelt sich anscheinend um Hausaufgaben; denn die von Puccini mit »6 Uhr nachmittags Sonntag 10. Juni 1883« datierte »Scena Lirica« enthält auf der letzten Seite noch die Worte »lästige Zahnschmerzen, die mich von 7 bis 2 Uhr gepeinigt haben« – das hätte ein Student wohl kaum auf eine Examensarbeit geschrieben. Das Stück vertont einen Text aus Felice Romanis Melodrama »La Solitaria delle Asturie o sia La Spagna ricuperata«, und auch das verweist es unter die Pflichtaufgaben des Examens; denn Romani (1788–1865) war der Operntextdichter weit zurückliegender Generationen, der Libretti unter anderem für Rossini, Bellini, Donizetti und Mercadante geschrieben hatte – von ihm hätten Puccini und seine jungen Studienkollegen freiwillig gewiß keinen Text gewählt. Für die Beurteilung durch die Lehrer hat Puccini die Arbeit offensichtlich noch einmal sauberer geschrieben, und dieses Manuskript trägt denn auch neben seiner eigenen die Unterschriften der Prüfungskommission: Bazzini, Ponchielli, Panzini, Saladino, Dominiceti. Selbst diese Examensarbeit schlachtet Puccini später aus: sie wird zur Arie des Des Grieux »Donna non vidi mai« im ersten Akt der »Manon Lescaut«.

Ein paar Tage später schreibt Puccini seiner Mutter, Ponchielli habe ihm gerade gesagt, es steht gut mit seinem Examen. Aber der schwierigste Teil, so fügt er hinzu, komme erst noch. Er arbeite auch schon heftig an seinem Stück – das ist ohne Zweifel das »Capriccio sinfonico«, die »freie« Examensarbeit, die bei bestandener Prüfung zur öffentlichen Aufführung bestimmt ist, als Ausweis sozusagen der erfolgreichen und fortschrittlichen Bildungstätigkeit des Konservatoriums.

Puccinis Erwartungen erfüllen sich: er erreicht eines der besten Ergebnisse. Das bedeutet, daß sein Orchesterstück in einigen Tagen aufgeführt werden wird. Aber Ponchielli feilt noch gemeinsam mit Puccini daran. Der schreibt nach Hause, daß er nach einer erfolgreichen Aufführung Ricordi, dem mächtigen Verleger, durch dessen Freund (also wohl Ponchielli) vorgestellt werde, und auch die Verlegerin Lucca erhalte das Werk. Darum müsse er sich aber noch den ganzen Monat Juli kümmern, so daß er – wie schade – noch lange nicht nach Lucca kommen könne.

Die praktisch denkende Mutter hält sich nicht lange bei der Freude über Giacomos erfolgreiches Studium auf. Schon gleich danach schreibt sie an Ponchielli, was denn nun werden solle: schließlich müsse man heute mehr denn je ein sicheres Einkommen haben. Höflich aber bestimmt fordert sie den Lehrer ihres Sohnes auf, sich für seinen Schüler bei den Verlegern Ricordi und Lucca zu verwenden. Puccini ist wütend, als er von diesem Brief erfährt. So etwas habe bei Leuten wie Ponchielli und Bazzini keinen Sinn, sondern wirke sich eher negativ aus: verflucht sei, wer dieses Empfehlungs-Wesen erfunden habe!

Die erste Probe für das »Capriccio sinfonico« ist am 10. Juli. Puccini und Ponchielli befürchten das Schlimmste: das Stück ist schwierig, und das Orchester besteht fast nur aus unerfahrenen Studenten des Konservatoriums. Aber wenigstens der Dirigent ist ein Profi, und zwar einer der prominentesten in Italien: Franco Faccio, der musikalische Chef der Scala. Puccini fühlt sich getröstet, weil die Professoren Dominiceti, Bazzini und

Ponchielli sein Werk loben. Das tut nach dem Konzert am 14. Juli überwiegend auch die Kritik, die vor allem den in Italien so seltenen sinfonischen Charakter hervorhebt.

Dieses Urteil läßt sich nur begreifen, wenn man die fast völlige Unkenntnis der Sinfonik des 19. Jahrhunderts beim italienischen Publikum in Betracht zieht. Denn in Wahrheit ist das »Capriccio sinfonico« eine Art Potpourri-Ouvertüre zu einer nicht geschriebenen Oper, eine Aneinanderreihung von ungefähr sieben verschiedenen Themen ohne jede »sinfonische« Verarbeitung, aufs schlichteste dreiteilig strukturiert: langsam, schnell, langsam. Es ist allerdings kein schlechtes Stück: die Themen haben Charakter, die Melodien rhythmischen Schwung, die Harmonik geht deutlich über Puccinis lucchesische Tradition hinaus – man hört, was er in Mailand gelernt hat. Aber man hört auch, daß er alles andere ist als ein Sinfoniker, sondern vielmehr ein Erfinder melodisch atmender Floskeln, die nach dem Wort verlangen, nach der menschlichen Sprache. Kein Wunder, daß die charakteristischsten Themen des »Capriccio« weiterverwendet wurden: in den »Villi«, im »Edgar« und in der »Bohème«.

Das »Capriccio« wird am 16. Juli im Abschlußkonzert mit den besten Studenten-Stücken wiederholt, und am selben Tag erhält Puccini auch sein Diplom, das bestätigt, daß er das Studium der Komposition mit 163 von 200 möglichen Punkten abgeschlossen habe – ein ausgezeichnetes Ergebnis, das ihm auch eine bronzene Ehrenmedaille einträgt. Für Puccini endet an diesem Tag eine lange Etappe seines bisherigen Lebens. Das Lernen ist vorbei, nun geht es darum, sich im Beruf des Komponisten zu bewähren. Vorbei ist die Zeit der Unterstützungen, von wem auch immer. Der älteste Sohn der Familie hat sein seit Jahren programmiertes Ziel erreicht, er ist Absolvent des renommiertesten Konservatoriums, »Maestro di musica«: viel Ehre, zunächst allerdings wenig Brot. Den Erfolg seines Orchesterstücks noch in den Ohren, macht Puccini sich auf, seine Zukunft als Komponist zu gestalten.

Am Abend der Uraufführung, um 11 Uhr, schreibt er aus der Trattoria »Aida«, einem seiner Stammlokale, wohl mitten im Trubel der Examensfeier an die Mutter, der Erfolg befriedige die anspruchsvollsten Hoffnungen. Nun müsse er zu Ponchielli, der in Ferien sei, um sich von ihm Rat zu holen, und dann zur Signora Lucca, die sich ebenfalls im Urlaub befinde, um mit ihr irgendeinen Abschluß zu machen, und sei es nur ein kleiner. Nebenbei bittet er noch einmal um 50 Lire, wahrscheinlich für die Reise, worum er Cerù nicht anzugehen wage, der für ihn schon zu viel getan habe. Am selben Abend schreibt auch Ponchielli einen Brief an Puccinis

Mutter: trotz dem »Capriccio«-Erfolg dürfe man sich eine Karriere nicht zu leicht vorstellen; er selbst habe sehr lange dafür gebraucht und bescheidene Ämter in der Provinz annehmen müssen, bis er es dahin gebracht habe, wo er nun sei – Geduld sei angezeigt. Albina Puccini wird das sehr eingeleuchtet haben, ihrem Sohn kaum. Geduld ist eines seiner schwächsten Talente.

Als in den nächsten Tagen in den Zeitungen die guten Kritiken über sein Stück erscheinen, verteilt Puccini sie sofort in zahlreichen Exemplaren nach Lucca. Sein Stolz ist verständlich, und Trommeln gehört natürlich auch zum Handwerk. Außerdem schickt er der Mutter die »Capriccio«-Partitur. Sie soll sie kopieren lassen und dann sofort zurückschicken, weil er für Frau Lucca einen Klavierauszug machen lassen wolle. Offenbar ist das die Absicht: Puccini will sich im Verlag Lucca gedruckt sehen. Sein bisher größtes Werk – außer der Motette und der Messe, aber die zählen jetzt nicht mehr – soll unter die Leute kommen.

Um den 20. Juli fährt Puccini nach Lecco zu Ponchielli, wo er vier Tage bleibt. Und dort entsteht ein ganz neuer Plan: Puccini soll sich an einem Wettbewerb des Verlags Sonzogno beteiligen. Während nämlich Ricordi der Traditionsverlag war und Lucca der deutschen Moderne, vor allem Wagner, nahestand, bemühte Sonzogno sich besonders um die Förderung einer neuen italienischen Musik. Sein gerade ausgeschriebener Wettbewerb ermutigte »junge Musiker italienischer Nationalität«, für einen Preis von 2000 Lire eine einaktige Oper einzureichen, mit dem zusätzlichen Versprechen der Aufführung in einem Mailänder Theater.

Anscheinend war es Ponchiellis Idee, seinen besten Schüler in diesen Wettbewerb zu schicken. Und er hat auch einen Librettisten zur Hand: Ferdinando Fontana, einen jener bizarren schwärmerischen Bohèmiens, von denen es in Mailand und Umgebung wimmelt, Verfasser zahlloser Theaterstücke und Opernlibretti. Fontana schlägt ein Thema vor, das Puccinis angeblicher »Art der sinfonisch beschreibenden« Komposition besonders entspreche. Damit ist natürlich der deutsch-wagnerianische Stil gemeint, und in einem einigermaßen absurden Kurzschluß gilt dafür dann auch gerade ein in Deutschland spielender Stoff als geeignet: die künftige Schwarzwald-Oper »Le Willis« (so der ursprüngliche Titel) wird am Rand der norditalienischen Alpen geboren. Die schöne Aussicht auf einen Opernerfolg inspiriert Puccini zugleich zu Geldbitten an die Mutter: er hat für 15 Tage Pension in Mailand zu bezahlen (offenbar hatte er seine letzte Studentenwohnung schon aufgegeben), und er müsse eine versetzte Uhr und eine Krawattennadel für 20 Lire auslösen.

Ponchielli ist kein Sprüche-Klopfer. Kaum daß Puccini weg ist, verfolgt er zielstrebig die Interessen seines Schülers. Er schreibt an Fontana, um die bisherigen Vereinbarungen zu fixieren: billig müsse das Libretto sein, denn Puccini habe kein Geld. Fontana antwortet postwendend: er wolle Puccini gern helfen, obwohl er selbst ständig am Rand der Pleite sei. Normalerweise mache er deshalb nichts unter 300 Lire pro Akt. In diesem Fall aber sei er großzügig: 100 Lire für das Libretto und weitere 200, wenn Puccini den Wettbewerb gewinne. Das ist deutlich genug: Fontana ist an dem bescheidenen Geschäft aufs höchste interessiert, und Ponchielli reicht den Vorschlag sofort mit der Bitte um Zustimmung an Puccini weiter. Der akzeptiert das Angebot offenbar sogleich; denn Fontana bestätigt schon am 2. August, daß der Komponist das Libretto in wenigen Wochen erhalten werde. Am 5. August kündigt Puccini der Mutter an, daß er in den nächsten Tagen nach Lucca komme. Die Arbeit an seiner ersten Oper beginnt.

Sehr viel wissen wir nicht über diese Zeit. Es fehlen die Briefe an die Mutter, weil Puccini offenbar fast immer in Lucca ist. Ein einziger Brief Fontanas dorthin ist bekannt; er enthält den Text fast der ganzen ersten Szene und den Anfang der zweiten und wird wohl noch aus dem August stammen, denn nach Fontanas eigener Angabe hat er schon im September das Libretto der »Willis« beendet und an Puccini geschickt. Mitte September hält dieser sich einige Tage in Mailand auf, vielleicht um mit Fontana zu sprechen, sicher aber auch wegen anderer geschäftlicher Kontakte. Erfolgreicher Kontakte: am 4. Oktober druckt die Zeitschrift »La Musica Popolare«, die dem Verleger Sonzogno gehört, Puccinis Lied »Storiella d'amore«. Dadurch schlägt Puccini zwei Fliegen mit einer Klappe: erstens ist endlich und zum ersten Mal etwas von ihm veröffentlicht, und zweitens läßt er sich als begabter junger Komponist ausgerechnet von dem Verlag feiern, der den Opern-Wettbewerb ausgeschrieben hat.

Inzwischen wird Puccini für die Komposition die Zeit knapp. Die handschriftliche Partitur der »Willis«, geschrieben auf mehreren verschiedenen Papierformaten, wie sie ihm gerade zur Hand waren, beginnt als ziemlich sauberes Manuskript und wird dann immer chaotischer, flüchtiger, undeutlicher. Manche Stellen in den späteren Teilen sind kaum zu entziffern. Der 31. Dezember ist der letzte Termin für die Ablieferung, und just an diesem Tag geht die Oper auch erst beim Preisgericht ein, als zwanzigster Beitrag, wie ein Vermerk auf der ersten Seite festhält. Jetzt hilft nur noch Warten, wobei Puccini sich gute Chancen ausrechnen kann: in der Jury sitzen nicht nur sein Lehrer und Förderer Ponchielli und der

Puccini und sein erster Librettist Fontana (links)

Dirigent der »Capriccio«-Aufführungen Franco Faccio, sondern auch weitere Professoren des Konservatoriums, die er gut kennt.

Ende Januar 1884 zieht Puccini wieder auf einige Dauer nach Mailand. Er wohnt jetzt im Haus Nr. 2 der Piazza San Simpliciano. Nachdem die Arbeit an der Oper bewältigt ist, wäre ein weiteres Bleiben in Lucca verlorene Zeit. Denn Wettbewerb hin oder her: seine Zukunft als Komponist kann sich nur in Mailand entscheiden. Wieder bemüht er sich bei Ponchielli um eine Empfehlung an Ricordi, die jener zusagt, aber anscheinend verzögert. Möglicherweise hielt er doch weniger von den Leistungen seines ehemaligen Schülers, als der glaubte. Puccini sucht auch Kontakt zu seinem bereits erfolgreichen Landsmann Catalani – vergeblich, denn der ist nicht in Mailand, und die Mutter warnt auch: Catalani gelte in Lucca als Egoist. Besser kommt Puccini beim Verlag Lucca voran. Dort wird sein »Capriccio« als Klavierauszug zu vier Händen erscheinen, was immerhin ein paar Einnahmen aus dem Verkauf für den häuslichen Gebrauch begabter höherer Töchter verspricht: im März wird der Druck veröffentlicht.

In dieser Zeit erkrankt die Mutter, immer wieder erkundigt Giacomo sich besorgt nach ihrer Gesundheit. Ihre Sorge dagegen ist der Sohn. Wo bleibt nur sein Erfolg? Man kann sich ihre Empfindungen gut vorstellen:

dem Erben der lucchesischen Musikdirektoren-Dynastie stünde mit seinem glanzvollen Examen am besten italienischen Konservatorium in Lucca das Amt seiner Väter offen; statt dessen treibt er sich auf dem schwierigen freien Musikmarkt in Mailand herum, hat kaum Erfolgsaussichten, verdient kein Geld, belastet noch immer den kargen Familien-Etat, und das in einem Alter von 25 Jahren! So wird Albina Puccini gedacht haben. Sie hat fast nichts davon geschrieben. Einmal: »Aber ich bin traurig, weil du nichts findest.« Das ist schon alles. Sie muß eine verständnisvolle Mutter gewesen sein, die ihrem Sohn einen Horizont zugesteht, der nicht der ihre ist, die ihn nicht mit Ermahnungen überhäuft, die nahegelegen hätten, sondern eher ermuntert und unterstützt. Eine tapfere Frau. Sie konnte über einen Schatten springen, der im Lucca des Jahres 1884 sicher viel größer war, als er es heute immer noch wäre.

Mitte Februar erfährt Puccini, daß die Entscheidung des Wettbewerbs am Monatsende fallen wird. Die Aufregung steigt. Endlich stellt Ponchielli ihn auch Ricordi vor, aber Puccinis Eindruck ist nicht gut: der Verleger macht ihm wenig Hoffnungen. Vielleicht wissen er und Ponchielli schon, wie der Wettbewerb ausgehen und daß Puccini keinen Preis erhalten wird. Ein paar Tage darauf ist das auch für Puccini die unverhüllte und bittere Wahrheit. Die heute längst vergessenen Gewinner heißen Luigi Mapelli (kurioserweise hatte auch für ihn Fontana das Libretto geschrieben) und Guglielmo Zuelli, sie teilen sich die Prämie von 2000 Lire, Puccini geht leer aus. Aber es ist nicht nur dieses Geld, es gibt nun auch keine Aussicht auf eine Aufführung, keine auf einen Ankauf und den Druck der Partitur, nicht einmal eine lobende Erwähnung, wie sie drei weiteren Werken zuteil wird, darunter dem seines Studienfreunds Favara und einer Oper von Francesco Spetrino, der zwanzig Jahre später als Kapellmeister für das italienische Repertoire an der Wiener Hofoper die Aufführungen der »Bohème« und der »Butterfly« dirigieren wird.

Puccini ist vom niederschmetternden Ergebnis des Wettbewerbs zunächst wie gelähmt. Schon gar nicht trösten ihn die wohlgemeinten Ratschläge der Mutter: er solle bei Agenturen vorsprechen, Unterricht geben und Ponchielli bitten, Ricordi zur Verpflichtung Puccinis als Dirigent für die Aufführung einer Ponchielli-Oper zu veranlassen. Gedanken, die Puccini gewiß völlig fern liegen. Er wird immer nur Komponist sein wollen. Zu unterrichten oder Werke anderer aufzuführen, ja selbst eigene, kommt ihm nie in den Sinn. Hörbar seufzend schickt ihm die Mutter wieder einmal Geld, 50 Lire, und eine Liste von Büchern, die er in Mailand zu Geld machen könnte. Wenigstens ist sie gerade ein anderes familiäres Problem losgeworden: als letzte Tochter heiratet Nitteti; ihr Mann, der Anwalt Alberto Marsili, verdient, so sagt man, 3000 Lire im Jahr.

Ende März kommt Michele Puccini für einige Tage nach Mailand. Auch der Bruder will ans Konservatorium und hat die Aufnahmeprüfung zu absolvieren. Natürlich kümmert sich der Großstadt-erfahrene Giacomo um den Zwanzigjährigen, den »kleinen« Bruder. Zusammen pflegen sie im »Aida« zu essen, für eineinhalb Lire ein ganzes Menü aus Suppe, zwei Gerichten und einem Achtel Wein. Michele wohnt allerdings nicht bei Giacomo, weil der zu wenig Platz hat.

Um diese Zeit zeigt sich plötzlich am Horizont von Puccinis Zukunft ein Schimmer von Hoffnung. Vermutlich durch Fontanas Vermittlung bietet sich ihm die Gelegenheit, im Salon des reichen und kunstbegeisterten Exzentrikers Marco Sala seine Oper am Klavier vorzuspielen. Angeblich sollen unter anderen Giovannina Lucca und Catalani dabeigewesen sein, jedenfalls aber ist Arrigo Boito da, der berühmte Komponist des »Mefistofele«, der für Verdi das (noch nicht komponierte) Libretto des »Otello« geschrieben hat. Die Runde ist sich einig: diese »Willis« sind bei dem Wettbewerb zu Unrecht durchgefallen, man muß etwas für sie tun. Am selben Abend entsteht der Plan, aus eigener Kraft eine Aufführung zustande zu bringen, im Teatro Dal Verme, wo die Kostüme 250 Lire kosten würden, weitere 200 Lire wird man fürs Kopieren der Stimmen brauchen. Fontana übernimmt es, das Geld aufzutreiben, und Puccini kümmert sich sofort bei seinen preiswerten lucchesischen Kontakten um die Kopien, wofür er alle erreichbaren Verwandten und besonders Cerù um Spenden bittet – mit Erfolg.

Dazwischen besorgt er für den Bruder Michele noch einen Arbeitsplatz in Mailand: bei dem Musikalienhändler Pigna, der neben einem Geschäft in der Galleria auch einen Verlag betreibt. Anfang Mai tritt Michele die Stelle an. Giacomo ist inzwischen an die Piazza Beccaria 13 umgezogen, aber das hat wohl nichts mit Michele zu tun; denn sie wohnen zumindest in der nächsten Zeit nicht zusammen, wie es die meisten Biographen irrtümlich annehmen.

Mitte Mai hat Fontana das meiste Geld beisammen. Der Börsenmakler Vimercati hat 60 Lire gespendet, von Marco Sala und einer »Unbekannten« kommen je 50 Lire, 50 von Boito, 20 von Salas Brüdern. Das wenige, was fehlt, denkt er noch leicht zu kriegen. Er besorgt auch die Korrekturen des Textbuchs für den Druck und bittet Puccini, sich nur um die Proben zu kümmern.

Die Mutter, die wegen ihres schlechten Gesundheitszustands auf dem

Land war, hat inzwischen die guten neuen Nachrichten gehört. In ihrem erfreuten Brief an den Sohn steht die durch unleserliche Wörter verstümmelte Bemerkung, über »la Capua« gebe es nichts Neues, Giacomo solle selbst schreiben. Die Stelle macht es möglich, etwas Licht in die dunkle Geschichte einer anderen Komposition Puccinis zu bringen, der Menuette für Streichquartett.

Die drei Stücke von musikalisch äußerst einfachem Zuschnitt werden gelegentlich zu Puccinis frühesten Werken gezählt, meistens aber in die Zeit der beginnenden »Manon«-Arbeit datiert, also um 1890. Veröffentlicht wurden sie jedoch sehr wahrscheinlich 1884. Denn der Verleger der drei Menuette ist eben jener Alessandro Pigna, mit dem Puccini in diesen Wochen offenbar so engen Kontakt pflegte, daß er seinen Bruder in dessen Geschäft unterbringen konnte. Und die zunächst so rätselhafte »Capua« im Brief der Mutter ist die Widmungsträgerin des ersten der Menuette, Ihre Königliche Hoheit Vittoria Augusta di Borbone, Principessa di Capua. (Auch die beiden anderen Menuette tragen Widmungen: an den lucchesischen Geiger Augusto Michelangeli, Puccinis früheren Tanzkapellen-Chef, und an den Jugendfreund Carlo Carignani.)

Damit wird der Zusammenhang klar: Puccini hat sich im Frühjahr 1884 bemüht, die Einwilligung der Prinzessin zu erhalten, daß er ihr das Stück im Druck widmen dürfe; offenbar ist es der Mutter aber nicht gelungen, diese Zustimmung herbeizuführen, weshalb sie den Auftrag an Giacomo zurückgab, weil die Veröffentlichung wohl unmittelbar bevorstand. Vittoria Augusta, eine nicht ganz standesgemäße Verwandte der neapolitanischen Bourbonen, wohnte in der Villa Marlia, wenige Kilometer nördlich von Lucca. Auch für den jungen Puccini mag sie eine Art Idol gewesen sein, die höchstgeborene Frau in der engen lucchesischen Gesellschaft, aus königlichem Geblüt. Es ist unwahrscheinlich, daß er von ihr finanziell unterstützt wurde, denn die Capuas hatten selbst kein Geld, jedenfalls kein Geld übrig. Vielleicht hat er dort mal zum Tanz aufgespielt und Vittoria Augusta bei hohen Festen in Lucca gesehen. Jedenfalls signalisiert die Widmung eines Stücks, dessen Schwesterstücke Freunden zugeeignet sind, so etwas wie eine heimliche Freundschaft, natürlich aber auch sein Streben nach Höherem: mit der Widmung an eine feine Adresse macht sich schließlich auch der Widmer fein.

Wenn die drei Menuette also ziemlich gewiß 1884 gedruckt wurden, ist damit natürlich nicht gesagt, daß sie auch erst damals entstanden sind. Vielleicht handelt es sich tatsächlich um ältere Stücke, die er bei seinem Bekannten Pigna los wurde. Ihr Stil läßt darüber keine sichere Entscheidung zu. Die äußerst konventionelle Regelmäßigkeit der Menuett-Form spricht eher für ein früheres Kompositionsdatum als das aufregende und aufgeregte Jahr 1884.

Zurück in diesen Mai. In Lucca herrscht größte Nervosität: Wird es mit Giacomos Premiere wieder eine Enttäuschung geben? So schnell wie möglich möchte man das Ergebnis wissen, zumal die Mutter, deren Krankheit immer schlimmer wird, Aufmunterung braucht. In den letzten Tagen vor der Aufführung kommt endlich auch Fontana nach Mailand, der sich bisher vor dem Proben-Streß gedrückt und ihn allein Puccini überlassen hatte.

Aber der erntet dann auch die Früchte: am 31. Mai wird seine erste Oper zum ersten Mal aufgeführt, immerhin im Dal Verme, dem zweitbesten Mailänder Opernhaus. Es wird ein sensationeller Erfolg. Bereits nach dem Einleitungschor wird Puccini hervorgerufen, ebenso nach dem anschließenden Walzer, dem Duett des ersten Teils und der »Preghiera«, die diesen Teil beschließt. Das zum zweiten Teil überleitende Intermezzo, ein rein orchestrales Stück also, muß sogar zweimal wiederholt werden. Puccini zählt, wie er der Mutter sofort in einem Telegramm mitteilt, daß er achtzehnmal durch den Beifall auf die Bühne gerufen worden sei. Dabei war die Aufführung selbst – kein Wunder – offenbar nicht besonders gut, und der zweite Teil des kurzen Werks (es dürfte in dieser Fassung deutlich weniger als eine Stunde gedauert haben) wird in den Kritiken als abfallend empfunden. Jedenfalls: die Zuschauer und die von ihnen angesteckten Rezensenten jubilieren. Sie mögen auch verführt worden sein vom Charme des Neuen, des Noch-nicht-Arrivierten, vom Kitzel des Durchfalls bei einem offiziösen Wettbewerb, auch von dem linkischen jungen Komponisten, der angeblich keine geeignete Kleidung für seinen ersten großen öffentlichen Auftritt besaß und deshalb nur in einem braunen statt im üblichen schwarzen Anzug vor sein Publikum tritt.

Der Erfolg für die »Willis« bleibt unerwartet konstant. Für die dritte und »letzte« Vorstellung werden sie als die »mit so viel Beifall aufgenommene Opera-Ballo« angekündigt. Am Tag danach gibt es wegen des Erfolgs noch eine ursprünglich nicht vorgesehene vierte Aufführung. Zumindest an dieser nehmen der Konservatoriumsdirektor Bazzini und Boito, einer der Initiatoren des ganzen Unternehmens, teil. Nun muß auch noch das Liebesduett wiederholt werden und, wie schon üblich, zweimal das Finale des ersten Teils – das Publikum will es so. Der Impresario – Bruder Michele behauptet, der habe an den vier Abenden 9000 Lire eingenommen – überreicht Puccini am Ende einen Lorbeerkranz. Danach wird ausgiebig gefeiert, und zwar im gewohnten Restaurant »Aida« gleich neben dem Theater, wo Puccini jetzt auch auf einen Streich seine angesammelten Schulden bezahlen kann. Der plötzliche »Reichtum« und die Hoffnung auf noch größeren muß Puccini tief beeindruckt haben. Noch Jahrzehnte später erzählte er, wie er mit den »Willis«-Tantiemen in der Tasche in einem einfachen Mailänder Restaurant ein feudales Menü bestellt habe, der Wirt das für einen Scherz hielt und das gewöhnliche Essen servierte, worauf der empörte Stammgast zahlte und das Lokal nie mehr betrat. Solch gesellschaftlicher Hochmut paßt nicht recht zu Puccini – und schon gar nicht, daß er sich dessen im Alter noch rühmte. Aber die Geschichte, gerade weil sie sicher übertrieben ist, wirft ein Schlaglicht auf die Bedeutung, die Geld für Puccini hatte, seitdem er genug davon besaß: es legte seinen Stellenwert in der Gesellschaft fest, ersetzte Titel und Ränge, die ihm als Komponist und als Abkömmling einer kleinbürgerlichen Familie nicht zukamen.

Am Tag nach der letzten »Willis«-Vorstellung fährt Puccini mit Fontana zu Vertragsverhandlungen zu Ricordi, wahrscheinlich in dessen Sommer-Villa in Bellano am Comer See. Dort wird abends mit einem großen Essen das Ergebnis gefeiert: Italiens damals wie heute führender Musikverlag kauft die Rechte für Druck, Aufführung und Übersetzung der »Willis« für alle Länder und erteilt den beiden Autoren den Auftrag für eine weitere Oper. Anschließend verkündet Ricordis Zeitschrift »Gazzetta musicale« den Vertragsabschluß. Puccini erhält für die ungestörte Arbeit an dem künftigen Werk einen monatlichen Sold von 200 Lire, immerhin das Doppelte seiner Studien-Alimentation und das Vierfache eines durchschnittlichen Arbeiterlohns. Dagegen scheint der neue Verleger die Absicht hintertrieben zu haben, die »Willis« gleich noch einmal im Teatro Manzoni aufzuführen. Giulio Ricordi, praktisch schon der Leiter des Verlags, obwohl sein Vater Tito noch bis 1888 lebte, war klug und erfahren genug, um bei allem Erfolg die Schwächen des Stücks zu erkennen. Dabei hatte er es vermutlich gar nicht gesehen. Gatti-Casazza, der spätere Leiter der Scala und der Metropolitan Opera, behauptet, Ricordi sei während der »Willis«-Aufführungen in Rom gewesen und habe seiner Frau Giuditta telegrafiert, sie solle die Rechte kaufen, wenn sie es für richtig halte – ein eheliches Urvertrauen, das Musikgeschichte schrieb. Aber ihm sagte auch eine Partitur genug, war er doch selbst ausgebildeter Musiker, der unter dem sonderbar deutschtümelnden Pseudonym J. Burgmein einige erfolgreiche Kompositionen im leichteren Genre veröffentlichte.

Giulio Ricordi ist eine der ganz großen Musikverleger-Figuren, in einer wahrhaft genialen Mischung aus Qualitätsbewußtsein und Geschäftsinstinkt. Der Verlag war mit den Erfolgen Rossinis und dann Verdis groß geworden, aber der war jetzt alt. »Aida«, seine letzte Oper, lag über ein Dutzend Jahre zurück, die letzte veröffentlichte Komposition, das Requiem, auch schon mehr als ein Jahrzehnt. Seit langem arbeitete der 70jährige Star-Komponist an der neuen Oper »Otello«, aber niemand wußte, wann und ob sie fertig würde – und vielleicht wäre sie überhaupt die letzte. Deshalb sind die Versuche Ricordis verständlich, junge Komponisten zu finden, die einmal – vor allem geschäftlich – Verdis Nachfolge antreten könnten. Dafür mußte man natürlich investieren, Investitionen sind das auf die Zukunft; Ponchielli und Catalani gehörten dazu, und nun ist auch Puccini eine solche Investition, eine riskante allerdings.

Ricordi sah sehr wohl, wie lang der Weg des Anfängers noch wäre, bis er Verdis Rang und Ruhm erreichen und damit dann auch dem Verlag Gewinn bringen könnte, wenn überhaupt je. Als erstes mußte etwas mit dieser einzigen Oper geschehen, dem kleinen Pflänzchen Hoffnung. Länger mußte sie werden und dramaturgisch besser, den Sängern mehr Möglichkeiten bieten, italienischer klingen. Deshalb wird eine Umarbeitung beschlossen, bevor weitere Aufführungen in Frage kommen. Diese Arbeit kann Puccini am besten im ruhigeren Lucca leisten. Sogleich nach der Rückkehr von Ricordi reist er dorthin ab.

Am Bahnhof in Lucca empfängt die ganze Familie den erfolgreichen Heimkehrer. Auch in den heimatlichen Zeitungen stehen hymnische Berichte über die Uraufführung seiner Oper. Hätte Puccini gewußt, daß sein Name sogar bis ins ferne Sant'Agata gedrungen ist, er wäre wohl noch stolzer gewesen. Denn von dort schreibt der alte Verdi in diesen Tagen an seinen Freund, den Grafen Arrivabene: »Ich habe viel Gutes über den Musiker Puccini sagen hören. Ich habe einen Brief gesehen, der alles Gute über ihn sagt. Er folgt den modernen Tendenzen, und das ist natürlich, aber er bleibt der Melodie verbunden, die weder modern noch altmodisch ist. Es scheint jedoch, daß das sinfonische Element bei ihm vorherrscht! Nicht schlimm. Es ist nur notwendig, daß man damit vorsichtig umgeht. Oper ist Oper; Sinfonie ist Sinfonie, und ich glaube nicht, daß es schön ist, in eine Oper ein sinfonisches Stück einzufügen, allein wegen des Vergnügens, das Orchester tanzen zu lassen.«

In Lucca wird Puccini statt von seinem Ruhm zunächst von dem besorgniserregenden Gesundheitszustand seiner Mutter in Anspruch genommen. Er besteht darauf, sie sofort zu einem bekannten Arzt in Pisa zu bringen. Der stellt einen Magenkatarrh und Leberbeschwerden fest, eine allzu harmlose Diagnose bei einer Frau, der es immer schlechter geht und die in einem Monat sterben wird.

Daneben beginnt Puccini mit der Umarbeitung der »Willis«. Anscheinend läßt er zunächst einzelne Nummern sauber kopieren, vielleicht weil er durch seine Partitur selbst nicht mehr durchfindet. Fontana schickt Verse für eine neue Romanze der Anna, die zwischen die Chorszene des Anfangs und das Duett des Liebespaars Anna und Roberto eingefügt werden soll. Außerdem kündigt er »zwei oder drei Themen zur Auswahl bezüglich der Sinfonie ›Lucca‹« an. Das klingt einigermaßen rätselhaft. Vielleicht sind die Texte für die in Lucca neu zu gestaltende »Sinfonia« in den »Willis« gemeint, das instrumentale Stück zwischen dem ersten und zweiten Teil, das als zweisätzige »Parte sinfonica« den zweiten Akt der Neufassung eröffnet, eine Art sinfonische Dichtung zu einem gesprochenen Text, der die Ereignisse während Robertos Aufenthalt in Mainz schildert. Zwar hat ein solches orchestrales Zwischenspiel schon in der Urfassung existiert, aber in seiner heute bekannten Gestalt ist es jüngeren Datums.

Puccini aber fährt zunächst einmal nach Turin, wo eine Aufführung seines »Capriccio sinfonico« geplant ist. Für diese Reise gibt es keine künstlerische Notwendigkeit, sie dient vor allem der Eigen-Reklame. Puccini hat sehr früh begriffen, daß man nicht einfach nur gut komponieren, sondern auch als Person vorhanden sein muß, um dem Publikum eine Identifikation zu ermöglichen. Gerade Musik, diese so abstrakte wie emotionale Kunst, wird am liebsten konsumiert, wenn sie sich an eine Figur knüpfen läßt, an ein Gesicht, einen Menschen. Deshalb ist Puccini immer gern präsent, wenn seine Musik aufgeführt wird, bietet sich als Mensch dar, der diese Musik geschaffen hat, dessen Teil sie ist.

Puccini kommt zum ersten Mal nach Turin. Es ist eine prächtige Stadt, jahrhundertelang war sie Sitz der Herzöge von Savoyen und dann der Könige von Piemont. Zwar hatte sie 1865 ihren Vorrang als Hauptstadt des neuen Königreichs Italien verloren, aber noch immer repräsentieren ihre Gebäude und Straßen den Geist einer großen Residenz. Anders als das hektisch wachsende Mailand der Geschäftswelt und der jungen Industrie ist Turin 1884 noch eine festgefügte Stadt mit einem einheitlichen Gesicht. Bevor die Proben beginnen, nutzt Puccini die Zeit noch zu einem anderen Unternehmen, das offenbar seine Mutter gewünscht hat: er sucht den Priester Don Giovanni Bosco auf, der vor allem durch seine pädagogische Arbeit mit verwahrlosten Kindern bekanntgeworden ist und schon damals in Italien im Ruf der Heiligmäßigkeit steht (er wurde tatsächlich 1934 heiliggesprochen). Don Bosco soll der kranken Mutter helfen. Aber wie das bei noch lebenden Heiligen der Fall zu sein pflegt, weiß der fromme Mann nur bescheidenen Trost: Albina werde gesund werden, wenn sie auf Gott vertraue. Don Bosco verspricht für sie zu beten.

Dann gewinnt die angezeigte Musik-Politik die Oberhand. Zweimal speist Puccini mit dem Grafen Valletta, Turins führendem Musikkritiker, auch Faccio, der Dirigent, ist dabei. Die Aufführung des »Capriccio« im Konzertsaal des Ausstellungsgeländes am 6. Juli wird deshalb nicht nur ein Publikumserfolg – das Stück muß wiederholt werden –, sondern es wird auch von Valletta in der »Gazzetta piemontese« in den höchsten Tönen gelobt. Der Erfolg ist so bemerkenswert, daß das »Capriccio« in einem der Schlußkonzerte der Turiner Ausstellung noch einmal aufgeführt wird. Noch am Abend der ersten »Capriccio«-Aufführung fährt Puccini nach Mailand zurück und reist gleich weiter nach Caprino Bergamasco, wo Fontana meistens wohnt, um mit ihm endlich direkt die Neufassung der Oper zu besprechen.

Doch dann kommen dramatisch schlechte Nachrichten aus Lucca. Puccini eilt nach Hause, wo seine Mutter am 17. Juli im Alter von 54 Jahren stirbt. Es ist ein schwerer Schlag für Giacomo, obwohl er längst mit ihrem Tod hatte rechnen müssen. Sie war und blieb für ihn die wichtigste und vorbildlichste Frau seines Lebens, gegen die er alle weiteren abwägen und zu leicht befinden wird. »Ich denke immer an sie«, schreibt er ein paar Tage später an die Schwester Ramelde, »und heute nacht habe ich auch von ihr geträumt. Deshalb bin ich heute noch trauriger als gewöhnlich. Welchen Triumph mir auch die Kunst bereiten wird, ich werde immer wenig zufrieden damit sein, weil mir die liebe Mama fehlt.«

Puccini bleibt nur kurz in Lucca und erledigt die Formalitäten nach dem Tod der Mutter. Um den geplanten Verkauf des Nachlasses, soweit er nicht auf die Kinder verteilt wird, wird sich dann der unersetzliche Onkel Cerù kümmern. Ende des Monats ist Puccini schon in Mailand und nimmt die Arbeit an den »Willis« wieder auf.

Er beginnt mit der neuen Romanze der Anna, deren Text er schon seit Mitte Juni besitzt, ohne etwa mit ihm zufrieden zu sein. Dennoch wird die Komposition im August fertig, und Puccini spielt sie Ricordi vor, der begeistert ist. Anfang September schickt Fontana zwei nachträgliche neue Text-Versionen, aus denen Puccini sich eine dritte bastelt. Seine später immer größer werdende Änderungssucht gegenüber seinen Librettisten nimmt hier ihren Anfang.

Daneben beschäftigt er sich mit dem Orchester-Zwischenspiel, das nun der Beginn des zweiten Akts werden soll, während die Oper in der Urfassung bekanntlich einaktig war. Er braucht einen Text für den langsamen Anfang des Intermezzos, wo der Chor psalmodierend den Trauerzug mit der toten Anna kommentieren soll, ferner einen für die Szene des Roberto im zweiten Akt und für Änderungen im Finale. Zurückgezogen lebt er im sommerlich ausgestorbenen Mailand. Er muß sich auch mit dem neuen Opern-Projekt befassen, für das er bei Ricordi unter Vertrag steht. Denn Fontana drängt wieder: er soll sich für einen seiner Vorschläge entscheiden, weil er auch in Ricordis Auftrag für Zuelli, den Gewinner des Sonzogno-Wettbewerbs, ein Libretto schreiben solle. Ob der künftige »Edgar«-Stoff schon unter Fontanas Vorschlägen ist, ist unbekannt.

Ab Oktober ist Puccini in Lucca. Dort hat er das Vergnügen, in Ricordis »Gazzetta musicale« vom 19. Oktober seine erste mehrseitige Biographie zu lesen. Auch sie ist vom fleißigen Fontana verfaßt, voller Überschwang, Lobhudelei und Ungenauigkeit. Immerhin gilt Puccini öffentlich schon als so wichtig, daß sein Lehrer Bazzini sich beschwert, weil er in diesem Text nicht vorkomme. Fontana schiebt deshalb in der Folgenummer eine entsprechende Ergänzung nach.

In diesem Oktober vollendet Puccini das neue Finale des zweiten »Willis«-Akts. Es wird auch höchste Zeit, denn der Verlag mahnt: er muß schließlich noch die Stimmen für die Aufführungen herstellen. In der Original-Partitur findet sich das »Gran Scena e Duetto finale« überschriebene Stück nur in einer Reinschrift von anderer Hand; Puccini hat es aber selbst am 28. Oktober 1884 in San Martino in Colle datiert. Dort, wenige Kilometer östlich von Lucca, hatten seine Schwester Ramelde und ihr Mann Raffaello Franceschini ein Haus, das Puccini offenbar die nötige Ruhe bot. In diesem Teil der Oper taucht zum ersten Mal die neue Variante des Titels auf: »Villi«, die italienisierte Form des allzu deutsch und fremdartig klingenden »Willis«. Puccini ist damit aber noch nicht am Ende seiner Arbeit: die ebenfalls nur in Reinschriften erhaltenen beiden Sätze des Orchesterstücks am Anfang des zweiten Akts tragen von seiner Hand die Daten des 10. und 21. November. Danach fährt er nach Mailand, um im Kontakt mit Ricordi die kommenden Aufführungen vorzubereiten.

Die erste ist in Turin, seit seinen beiden »Capriccio«-Erfolgen ein gutes Pflaster für Puccini. Mitte Dezember reist er zu den Proben dorthin. Mit dem Orchester ist er zufrieden, weniger mit den Sängern. Der Impresario des Teatro Regio zahlt ihm 25 Lire am Tag, weshalb er sich zunächst eines der besten Hotels leisten kann. Als aber auch Fontana in Turin eintrifft, zieht er mit diesem gern wieder in ein Privathaus. Schließlich muß man ja nicht das Geld zum Fenster hinauswerfen. Am Tag der Generalprobe klagen die beiden Autoren in einem gemeinsamen Brief an Ricordi über die zu erwartende Dürftigkeit der Aufführung: das Orchester schwach, die Sänger unfähige Notlösungen, der Dirigent von etwas kühlem Temperament, der Chor ganz dünn, manchmal höre man ihn überhaupt nicht, das Ballett unbeschreiblich, mit einem zweitklassigen Tänzer als Choreographen. Während Puccini ziemlich verzweifelt ist – schließlich handelt es sich um seine erste ernsthafte Opern-Premiere nach der halb improvisierten Uraufführung eines Anfänger-Stücks –, glaubt Fontana dennoch an einen Erfolg. Für die Scala allerdings, fügt er hinzu, müsse alles sorgfältiger vorbereitet werden.

Der Ausgang gibt beiden ein bißchen Recht. Zwar schreibt Puccinis Bekannter aus dem letzten Sommer, der Graf Valletta, eine äußerst wohlwollende Kritik und zwei Wochen hinterher noch einen freundlichen und beruhigenden Brief; aber das Publikum der Premiere am 27. Dezember scheint nicht gerade begeistert: es ist unruhig und ruft den Komponisten nur viermal auf die Bühne. Puccini kehrt rasch nach Mailand zurück, damit er sich um die noch viel wichtigere Aufführung an der Scala kümmern kann, am besten und renommiertesten Theater Italiens.

Der Klavierauszug der Neufassung, den Ricordi im Januar 1885 veröffentlicht und der den Aufführungen in Turin und Mailand zugrunde liegt, ist Arrigo Boito und Marco Sala gewidmet, den Männern also, die ein knappes Jahr zuvor engagiert dafür sorgten, daß die erfolglose Wettbewerbs-Oper nicht sofort in einem Archiv verschwand. Nun ist sie Puccinis erster Bühnenerfolg, wenn auch nach der Sensation der Uraufführung im Teatro Dal Verme jetzt in der Scala und trotz Franco Faccios Leitung ein eher gedämpfter. Die Mailänder Kritik läßt an den Interpreten fast kein gutes Haar. Nur Romilda Pantaleoni wird gelobt, zwei Jahre später Verdis erste »Otello«-Desdemona. Trotzdem kommt es nach der Premiere am 24. Januar 1885 zu einer Serie von dreizehn Scala-Aufführungen, was für ein ganz ordentliches Publikumsinteresse spricht.

Übrigens erfährt auch wieder der alte Verdi Neues und wenig Hoffnungsvolles über Puccinis Oper, und zwar durch einen Brief seiner langjährigen Freundin Teresa Stolz (sie war die erste Aida auf italienischem Boden): »Gestern abend habe ich der Premiere der ›Villi‹ von Puccini beigewohnt. Vor allem wurde das Interesse des Publikums nicht sehr angeregt... Der zweite Akt beginnt mit einem beschreibenden Orchesterstück, währenddessen man hinter einem Schleier den Trauerzug für das Mädchen sieht... Die Tänze offenbaren überhaupt nichts Neues, vielmehr erinnern sie an die Musik von Bizet... Danach erscheint der Tenor, um eine ganz dramatische Szene zu singen, das sehr ausgearbeitete Orchester deckt die Stimme des Tenors ganz und gar zu, man sieht ihn den Mund öffnen und gestikulieren, aber man hört nur ab und zu irgendeinen Schrei in der Höhe und Schluß. Auch dieses Stück hatte keinerlei Wirkung, alles beschreibende Musik, so daß der Sänger gleichsam wie ein Schauspieler wirkt.«

Der Brief macht in seiner herben Kritik ein bißchen von dem Abstand sichtbar, der Puccinis musikalische Dramaturgie von der klassischen Kunst Verdis trennt. Während wir heute in dieser Erstlingsoper eine eher konventionelle Romantik hören, wirkte sie auf die Zeitgenossen als Produkt eines rabiaten Realismus, als Zeichen einer neuen Epoche, die mit der Hoch-Zeit des italienischen Belcanto nur noch wenig zu tun hatte.

Puccini selbst war über die Wirkung seines Stücks unsicher genug. Offenbar noch während der Scala-Aufführungen und in höchster Eile (das Autograph ist nicht ausgeschrieben, sondern überläßt die selbstverständlichen Ergänzungen in der Partitur dem Kopisten) hat er eine Tenor-Arie nachkomponiert, die die krasse Wirkung der »ganz dramatischen Szene« zwischen Roberto und den Villi-Hexen als Belcanto-Idylle abfangen soll. Vermutlich wurde die Arie bereits in den späteren Scala-Vorstellungen gesungen. Sie ist das letzte Stück, das Puccini für seine erste Oper komponiert hat. Die ist nun endlich fertig.

3

Der Anfang:
»*Le Villi*«

Daß Puccinis erste Oper ausgerechnet im Schwarzwald spielt, bedeutet ein Programm. Mit dem deutschen Ambiente – wie dramaturgisch belanglos es auch immer sein mag – verneigen sich die beiden jungen Autoren gleichsam symbolisch vor der Autorität der modernen Oper, die aus dem Norden kommt und eben nicht aus der Tradition des italienischen 19. Jahrhunderts.

Den Stoff des Stücks hat zuerst Heinrich Heine verbreitet. Er erzählte 1834 (in »Deutschland II: Elementargeister«) eine österreichische Sage slawischen Ursprungs über »die gespenstischen Tänzerinnen, die dort unter dem Namen ›die Willis‹ bekannt sind«: »Die Willis sind Bräute, die vor der Hochzeit gestorben sind. Die armen jungen Geschöpfe können nicht im Grabe ruhig liegen, in ihren toten Herzen, in ihren toten Füßen, blieb noch jene Tanzlust, die sie im Leben nicht befriedigen konnten, und um Mitternacht steigen sie hervor, versammeln sich truppenweis an den Heerstraßen, und wehe dem jungen Menschen, der ihnen da begegnet! Er muß mit ihnen tanzen, sie umschlingen ihn mit ungezügelter Tobsucht, und er tanzt mit ihnen, ohne Ruh und Rast, bis er tot niederfällt.«

Vielleicht war Puccinis Librettist Fontana mit dem Stoff nur aus seiner bekanntesten szenischen Gestaltung vertraut, aus Adolphe Adams Ballett »Giselle ou Les Wilis« (1841), für das Théophile Gautier das Buch geschrieben hatte, der Vater von Richard Wagners letzter großen Liebe, Judith Gautier. Es mag aber auch sein, daß Fontana die Heinesche Quelle unmittelbar kannte, zumal er offenbar ein Deutschland-Faible hatte: er übersetzte später Eugen d'Alberts Oper »Tiefland« ins Italienische und auch Franz Lehárs »Lustige Witwe«. Jedenfalls war Heine ein besonders geeigneter Gewährsmann – hatte er doch den Stoff zu Wagners »Fliegendem Holländer« und wichtige Anregungen für den »Tannhäuser« geliefert. Heine – Gautier – Wagner – die verschachtelte Kombination garantierte hinreichend die Verknüpfung mit den modischen Tendenzen der neuen Oper, die eben deutsche Tendenzen waren und denen sich die jungen Italiener vor allem verpflichtet fühlten.

Fontanas »Villi«-Libretto ist ein ziemlicher Schmarren. Es besteht aus der Aneinanderreihung weniger Gesangsnummern in dürftigen Versen und mit geringstmöglicher Charakterisierung der drei Personen: Guglielmo mit dem schönen deutschen Familiennamen Wulf, seine Tochter Anna und ihr Verlobter Roberto. Dazu kommen zwei Chor- beziehungsweise Ballettgruppen: die Dorfbewohner und die Villi-Tanzgeister. Dramaturgisch ist das Stück in zwei Bilder gegliedert. Im ersten feiert die Schwarzwälder Bevölkerung die Verlobung Annas und Robertos und verabschiedet diesen, der nach einer Romanze seiner Braut und einem gemeinsamen Duett sofort nach Mainz reisen muß, um eine ihm dort zugefallene Erbschaft in Empfang zu nehmen. Die Katastrophe der Handlung wird überhaupt nicht vorgeführt, sondern in drei Gedichtstrophen berichtet, die wohl vor den beiden Sätzen des musikalischen Zwischenspiels oder währenddessen rezitiert werden sollen (die Partitur gibt darüber keinen genauen Aufschluß): in Mainz ist Roberto von einer »Sirene« zu einer »obszönen Orgie« verführt worden, so daß er Anna vergaß und die vor Kummer starb. Nun erwarten die Villi-Geister den Liebesverräter, um ihn zu Tode zu tanzen. Das anschließende zweite Bild (in der endgültigen Fassung zusammen mit dem einleitenden Orchester-Intermezzo der zweite Akt) besteht aus Robertos Rückkehr, seiner Auseinandersetzung mit der als Rachegeist auftretenden Anna und dem Schlußchor der Villi, die den Abtrünnigen unbarmherzig töten. Des Vaters letztes Libretto-Wort »Gott ist gerecht« hat Puccini nicht mehr vertont, und so endet das Werkchen mit einem quasi satanischen »Osanna« der Villi.

Literarisch und dramaturgisch ist das ganze ein Nicht-Stück. Die Schuld daran ist sicher nicht dem Librettisten allein anzulasten. Vor allem in der Zeit der Umarbeitungen nach der Uraufführung hätte Puccini Gelegenheit genug gehabt, seine eigenen Wünsche durchzusetzen. Er hat sie nicht genutzt, und das heißt wohl (anders als in späteren Fällen): er hatte gar keine besonderen Wünsche.

Tatsächlich kam die dürre Struktur des »Villi«-Librettos offenbar stofflichen Vorstellungen und inneren Überzeugungen Puccinis sehr entgegen. Unverhüllt und deutlicher als je wieder in Puccinis künftigen Stücken bildet die Handlung sein Konzept des Verhältnisses von Männern und Frauen ab: die Frau ist das Opfer des Mannes; hilflos sieht sie sich seinen Taten ausgeliefert, letztlich bleibt ihr nur der Tod. Dem Mann geht es allerdings kaum anders: auch ihn treiben fremde Mächte – die Berufung, eine Sehnsucht, das Schicksal –, und das verkörpert sich in einer anderen Frau, die nicht die »reine« Geliebte ist, sondern ein böser Dämon. In den

»Villi« wird von dieser anderen Frau nur im Intermezzo-Gedicht geredet (die »Sirene«), in der nächsten Oper tritt sie als Gegenspielerin dann wirklich auf. Fast alle künftigen Puccini-Opern variieren nur noch mehr oder weniger intensiv das thematische Geflecht von Reinheit, Schuld, Verderben und Sühne. Aus einem solchen eher primitiven Bild der Welt und ihrer Menschen hat Puccini seine musikalische Inspiration gewonnen und sie mit großer Mühe wiederum in einfach klingende melodische Formeln gekleidet, die so zum angemessenen klanglichen Abbild ihres literarischen Gegenstands werden.

Je weniger plump und direkt die psychologischen Beziehungen der in seinen Opern handelnden Menschen sind, um so hintergründiger und »besser« wird Puccinis Musik. Daß die Musik der »Villi« zu seinen schlechteren gehört, hat nicht zuerst mit seiner Unerfahrenheit zu tun, sondern vor allem damit, daß der Stoff zu einfach ist, um Puccinis kompositorische Anstrengung genügend herauszufordern. Er erlaubt ihm, es sich leicht zu machen, und er machte es sich zu dieser Zeit noch gern leicht.

Das melancholische Orchester-Vorspiel hat mit seinen das Stück vorwegnehmenden Themen den Charakter einer kleinen Potpourri-Ouvertüre. Sie paßt dadurch natürlich nicht zur folgenden ersten Szene, dem Jubel-Gesang auf die frisch Verlobten, allenfalls im ebenso konventionellen Duktus, der auch diesem Eingangschor anhaftet. Der klingt, als stamme er noch aus der Zeit der lucchesischen Messe und enthält tatsächlich Skizzen älteren Ursprungs; merkwürdigerweise ist es Puccini nie recht gelungen, sich in seinen (wenigen) Chorsätzen von dieser Tradition freizumachen. Anscheinend haben Chöre als nicht-individualisierte Menschen-Ansammlungen ihn nicht besonders inspirieren können.

Mit einer chromatischen Fortissimo-Rückung wird die anschließende Walzer-Szene eingeleitet. Sie besitzt eine bemerkenswerte Leichtigkeit und erinnert mit ihren Dorfmusik-Assoziationen sehr an den Anfang des »Freischütz«, den Puccini um diese Zeit, wie wir wissen, außerordentlich schätzte: für ihn war das offenbar das »Deutsche«, das er dem Stoff zuliebe seiner Musik geben zu müssen glaubte.

Die am Anfang der Umarbeitungsphase nachkomponierte Romanze der Anna (Nr. 3) ist das erste Stück eigenen Charakters. Die Gesangsstimme ist mit vielen Verzierungen und rhythmischen Feinheiten äußerst genau notiert, so daß sich bei präziser Ausführung der Eindruck von ganz frei artikulierten melodischen Linien einstellt: Belcanto und doch in der Nähe einer dramatisch-natürlichen menschlichen Sprache – das Ideal Wagners und seiner jungen italienischen Nacheiferer.

Der zweite Akt beginnt mit dem schon öfter erwähnten »sinfonischen Teil« des zweisätzigen Orchester-Intermezzos. Während des ersten Satzes, der »L'Abbandono« überschrieben ist, »Verlassenheit«, sieht man hinter einem Vorhang den Trauerzug für die tote Anna über die Bühne ziehen, wozu der Chor hinter der Szene Klagegesänge für die »reine Jungfrau« respondiert. Das Orchesterstück selbst rechtfertigt ein wenig das zeitgenössische Kritiker-Urteil, Puccini komme es besonders auf die Sinfonik an: es verwendet viel Engagement auf die Behandlung des Orchesters, mit allerhand rhythmisch raffinierten Triolen und Synkopen und mit häufigem und oft schwierig auszuführendem Lautstärke-Wechsel (manchmal wird innerhalb eines einzigen Tons ein Übergang vom Fortissimo zum »äußersten« oder »gleichsam unhörbaren« Pianissimo verlangt). Zum zweiten Chor-Einsatz gegen Ende mutet Puccini dem Hörer eine chromatische Orgie in der Orchesterbegleitung zu: vier Takte lang ein Aufwärts- und Abwärtsschreiten über die ganze Zwölfton-Skala einer Oktave – eine tiefe Verbeugung vor Wagners »Tristan«-Melodik, in ihrer Kühnheit allerdings verschleiert durch den vom Chor in hoher Lage durchgehend gehaltenen Grundton f.

Der zweite Intermezzo-Satz, »La Tregenda«, »Hexenjagd«, der eine Musik für den Tanz der Villi darstellt, klingt wesentlich konventioneller. Er ist ganz auf die beifallstreibende Wirkung des Balletts abgestellt, mit großflächigen Synkopen-Passagen, wie Puccini sie gewiß von Berlioz kannte, dessen »Symphonie fantastique« als Assoziation für den programmatischen Inhalt der »Tregenda« ja auch nahe genug lag.

Der eigentliche zweite Akt beginnt mit einer Arie des verzweifelten Vaters (Nr. 8). Die Einleitung mit ihren chromatischen Hörnern klingt sehr »deutsch«, während die Arie selbst in der ganzen Oper das dem mittleren Verdi ähnlichste Stück ist. Handwerklich ist das beachtlich gut gemacht – es zeigt sich gerade an dieser Arie, wie viel Puccini im Konservatorium gelernt und wie genau er in den Mailänder Theatern zugehört hat: wenn er konventionell komponieren wollte, so beherrschte er die Technik dieser Konvention ziemlich perfekt.

Das Gegenteil wird gleich im nächsten Stück demonstriert, in der vergleichsweise riesigen »Scena drammatica« des Roberto (Nr. 9), die allein beinahe ein Fünftel der ganzen Oper ausmacht. Das dimensional Unförmige sprengt bereits die Fesseln der gepflegten italienischen Opern-Tradition. Und endlich instrumentiert Puccini hier auch über die orchestrale Konvention hinaus: charakteristische Passagen liegen einmal nicht in den Streichern, sondern in den rhythmisch differenzierten Holzbläsern, dem

Solo-Fagott ist gar der Schluß der ganzen Szene anvertraut. Kernstück ist die zuletzt nachkomponierte und eingeschobene Romanze »Torna ai felici dì«. Es ist die den künftigen Puccini am deutlichsten ankündigende Passage der »Villi«, das erste jener vielen Moll-Ariosi, die immer wie Fragmente großer Melodien klingen, weil ihre Aufschwünge schon abbrechen, wenn man gerade ihren Beginn zu erwarten meint. Ein bereits ganz reifes Stück, versehen mit den Zutaten, die die »schönen Stellen« Puccinis tatsächlich so »schön« machen, weil sie von angestrengtester Einfachheit sind: die oktavierende Verstärkung der Singstimme durch die Melodieinstrumente des Orchesters, die Grundierung durch einen harmonisch dicht gefüllten, aber jegliche polyphone Irritation vermeidenden Baß, die raffiniert-interessante Gestaltung des Orchestersatzes durch »pure« Instrumentation. Ein charakteristisches Beispiel dafür ist der Akkord, der die beiden Strophen der Romanze einleitet, in Wahrheit der ganz schlichte Dreiklang der b-Moll-Tonika, der seine eindringliche Wirkung nur durch die weite instrumentale Auseinanderfaltung zwischen dem tiefen b der Bässe und dem hohen f der Flöten erhält.

Die Schlußszene mit der rachedurstigen Anna, dem schuldzerknirschten Roberto und den dämonisch mordenden Tanzgeistern kehrt musikalisch zu den dem Stoff angemessenen Klischees zurück, einschließlich eines ziemlich deutlichen Plagiats (S. 118–121) des gleichgestimmten Pandämoniums aus Berlioz' »Damnation de Faust«. Dieser Schluß arbeitet aber auch schon mit dem künftigen Puccinischen Stereotyp der bekräftigenden Wiederholung: die ehemals Liebenden rekapitulieren musikalisch ihr früheres Duett und schmettern im Haß noch einmal die Töne ihrer alten Liebe heraus – so wie die Villi-Geister noch einmal den Verlobungswalzer der Dorfbevölkerung aufnehmen. Es ist eine primitive Umdeutung der Wagnerschen Leitmotivtechnik, wie Puccini sie sich von nun an eigensinnig zunutze macht und aus der er Effekte gewinnt, von denen Wagner nicht geträumt hat (und von denen er in seiner künstlerischen Ernsthaftigkeit auch nicht hätte träumen wollen).

»Le Villi« sind mit allen ihren Entlehnungen und Ungeschicklichkeiten doch bereits eine vehemente Ankündigung des künftigen Puccini, das Jugendwerk eines ziemlich alten Anfängers. Ohne Zweifel rechtfertigt es noch in seiner Unvollkommenheit oder gerade in ihr die Hoffnungen, die Puccinis Förderer darauf setzten. Allerdings ist es kaum mehr als ein Fingerabdruck, den Experten bekannt, aber ansonsten eher ein Geheimtip. Alle Beteiligten haben mit diesem Stück einen Wechsel auf die Zukunft unterschrieben, und diese Zukunft hatte sogleich schon begonnen.

4

Ricordis neuer Mann
1885–1889

Am 1. Februar 1885, eine Woche nach der Scala-Premiere der »Villi« und offenbar noch ganz unter dem Eindruck der mehr als zurückhaltenden Kritik, veröffentlicht Giulio Ricordi in seiner Verlagszeitschrift »Gazzetta musicale« eine geradezu beschwörende Verteidigung des neuen Haus-Komponisten: sein Vertrauen in Puccinis Talent sei außerordentlich groß, und in einigen Jahren möchte er nicht mehr nur von Talent, sondern von Genie reden können. Puccini müsse sich nur erinnern, daß er Italiener sei und dürfe sich dessen nicht schämen. Wenn er seine fruchtbare Phantasie von allen Fesseln befreie, werde er Ruhm gewinnen, und zwar italienischen Ruhm.

Ricordis Plädoyer ist nur scheinbar an die Leser seiner Zeitung gerichtet, in Wahrheit gilt es Puccini selbst. Den klugen und publikumserfahrenen Verleger beunruhigt, daß Puccinis »deutscher« Stil nicht recht ankommt. Er braucht aber einen Verdi-Nachfolger vor allem für den italienischen Markt und nicht einen quasi europäisch-internationalen Modernisten. Offenbar traut er sich auch genug Kraft zu, Puccini auf diesen Weg zu bringen – und das obwohl der Librettist vertragsgemäß wieder Ferdinando Fontana sein soll und obwohl der Stoff ihrer gemeinsamen nächsten Oper anscheinend schon feststeht; sie wird »Edgar« heißen und noch nördlicher spielen als die »Villi«, in Flandern.

Um sich auf das neue Projekt zu konzentrieren, fährt Puccini nach dem Abschluß der Mailänder »Villi«-Aufführungen nach Lucca. Es fragt sich, ob es nur arbeitstechnische Gründe sind, die ihn in seine Heimatstadt ziehen. Dort gibt es nämlich zudem eine Frau, die bald die Frau seines künftigen Lebens sein wird: Elvira Bonturi, verheiratete Gemignani. Aber auch unabhängig von Elvira hat der Ortswechsel praktische Seiten: bei seiner Familie, vor allem bei seiner Schwester Ramelde und ihrem Mann Raffaello Franceschini, lebt er billiger als in Mailand und mit mehr Ruhe für die Arbeit. Allerdings behält er zunächst noch die Mailänder Wohnung an der Piazza Beccaria. Für einige Tage kommt Fontana nach Lucca, um die gemeinsame Arbeit zu besprechen, die trotz dem bereits ein Jahr alten

Vertrag mit Ricordi noch in den Anfängen steckt. Anscheinend einigen Komponist und Librettist sich auf einen ersten Textbuch-Entwurf: Ende Juni schickt Fontana schon das Libretto des zweiten Akts.

Daneben betreibt Puccini die Vermarktung seines einzigen existierenden Werks. Aus Bologna fragt der dortige Dirigent Luigi Mancinelli nach den »Villi«, und das ist eine besondere Ehre. Denn Mancinelli ist neben dem Scala-Musikchef Faccio *die* italienische Interpreten-Kapazität: er war noch mit Wagner befreundet und hatte dessen »Lohengrin« und »Tannhäuser« in Bologna dirigiert. Daß so jemand sich für Puccinis Opern-Erstling interessiert, muß auf den Theater-Anfänger geradezu elektrisierend wirken: mit unterwürfigsten Komplimenten sucht er den berühmten Mancinelli weiter für sich einzunehmen. Und das gelingt: Anfang November werden die »Villi« im Teatro Comunale von Bologna unter Mancinelli aufgeführt. Puccini ist natürlich dort und bedankt sich anschließend aufs herzlichste.

Inzwischen arbeitet er an der neuen Oper. Seinem Librettisten teilt er im November mit, daß er den ganzen Anfang bis zum Auftritt der Tigrana schon komponiert habe und dringend auf den Text des neuen zweiten Akts warte. Zugleich lehnt er die Aufführung der »Villi« in Lucca ab, das dort zur Verfügung stehende Orchester sei zu schlecht. Die ersten Bühnen-Erfahrungen haben ihm also schon genügt, um nicht mehr bedenkenlos jede Aufführung zu wünschen. Der Ruhm ist das eine, aber er ist nur zu bewahren und zu mehren, wenn ein gewisses Qualitätsniveau gehalten wird. Puccini ist frühzeitig anspruchsvoll, zu Recht, wie die Entwicklung seiner Karriere zeigt, die sehr wesentlich auf diesem Anspruch beruht.

In den ersten Wochen des neuen Jahrs 1886 teilt Puccini Fontana mit, er habe den Trauermarsch gefunden, die »Zigeunerin und die Romanze des Tenors beendet und fast den Chor«. Das bezieht sich auf den Schluß des heutigen zweiten Akts und den Beginn des dritten, die Komposition ist also bereits ziemlich weit fortgeschritten. Puccini ist offenbar mit Leib und Seele dabei und grüßt von Elvira, womit er sie zum ersten uns bekannten Mal erwähnt.

Über dem Anfang dieses Verhältnisses liegt ein dichter Schleier aus Ungewißheiten. Die Biographen haben sich überwiegend entschieden, den Ausbruch der Liebe auf den Herbst 1884 zu datieren. Manche meinen darüber hinaus, Puccini hätte Elvira Musikunterricht erteilt, und die beiden hätten sich schon gekannt, bevor die nur eineinhalb Jahre jüngere Elvira einen Narciso Gemignani heiratete, über den man ebenfalls wenig weiß. Die detailreichsten Angaben liefert wie häufig Dante Del Fiorentino. Danach war Gemignani Handelsreisender für die »Martinazzi Liquor and

Wine Company«, und das Ehepaar wohnte in Lucca an der Piazza Bernardini. Aber Del Fiorentino ist üblicherweise auch unzuverlässig. Sicher ist, daß Elviras und Giacomos gemeinsamer Sohn Antonio Ende März 1886 gezeugt wird, denn er ist am 22. Dezember dieses Jahrs geboren. Bald darauf verläßt Elvira ihren Mann und mit Puccini zusammen Lucca.

Die Geschichte bedeutet einen ungeheuerlichen Skandal, den man sich gar nicht dramatisch genug vorstellen kann. Eine verheiratete Frau, die zwei kleine Kinder hat, läuft in einer katholischen italienischen Provinzstadt ihrem Mann davon und folgt einem zwar nicht unbekannten, aber doch durch seinen Künstlerberuf am Rand der ordentlichen Gesellschaft angesiedelten Musikanten, von dem sie schwanger ist. Den betroffenen Familien muß es die Schamröte ins Gesicht getrieben haben. Sonderbar ist übrigens, daß Elvira ihre sechsjährige Tochter Fosca mitnimmt und den jüngeren Sohn Renato bei ihrem Mann zurückläßt. Noch sonderbarer, daß dieser das auch akzeptiert, obwohl er alles bürgerliche Recht auf seiner Seite weiß. Es sieht beinahe so aus, als hätte Narciso Gemignani geglaubt, daß Fosca Puccinis Tochter war (der sie auch immer liebevoll als solche behandelt hat). Das aber würde bedeuten, daß es zwischen Elvira und Giacomo bereits eine heftige Liebe gab, bevor dieser zum Studium nach Mailand ging.

Im Mai bittet Puccini seinen Verleger, die monatliche Dotation, die eigentlich im Juni abläuft, zu verlängern. Die Oper sei so schwierig, daß er sie nicht in dem einen Jahr, seit er das Libretto habe, vollenden könne. Außerdem müsse er auch noch einen Bruder unterstützen. Letzteres ist wohl eine Verschleierung der wahren Situation: tatsächlich muß Puccini eine Frau mit ihrer (seiner?) Tochter versorgen – die Finanzprobleme des in Mailand studierenden Michele werden ihn kaum so stark interessiert haben, zumal es dafür ja auch die gut verheirateten Schwestern gab.

In diese Zeit fällt ein bemerkenswertes Ereignis: die »Villi« werden in Buenos Aires gespielt, zum ersten Mal außerhalb Italiens, der erste Schritt also zum internationalen Ruhm.

Im Sommer und Herbst arbeitet Puccini anscheinend vor allem in der Nähe seines im alpinen Caprino Bergamasco ansässigen Librettisten. Am Ende des dritten »Edgar«-Akts steht das Datum des 13. Juli 1886 und der Ort San Simone, ein Flecken, der zu Vacallo beim schweizerischen Chiasso gehört; der Anfang der gesamten Partitur ist am 12. September in Sant' Antonio d'Adda datiert, direkt bei Fontanas Wohnort; und danach wohnt Puccini in Caprino Bergamasco selbst. Leider bietet das Autograph des »Edgar« nur geringen Einblick in Puccinis Schaffensprozeß, weil es über viele Jahre immer wieder dem jeweils neuesten Bearbeitungsstand angepaßt wurde: ganze Seiten sind herausgeschnitten und neue eingefügt worden, so daß die wirre Reihenfolge von Komposition und Instrumentation sich kaum rekonstruieren läßt.

Fontana ist in dieser Zeit nicht nur Puccinis Librettist, sondern auch besorgter Helfer in seiner schwierigen familiären Lage. Im November – Elvira ist im achten Monat schwanger – beschafft Fontana dem Paar eine Wohnung in Monza, dicht bei Mailand und mit diesem durch eine Pferde-Straßenbahn verbunden. Daß sie nicht in Mailand selbst wohnen, hat wohl finanzielle, aber vor allem gesellschaftliche Gründe: in dem damals idyllischen Städtchen ist die hochschwangere Elvira eher den neugierigen Blicken der Mailänder Bekannten entzogen, auch den Blicken des strengen Giulio Ricordi. Einen Monat später wird am 22. Dezember ihr Sohn geboren und auf den Namen Antonio Ferdinando Maria getauft.

Unter allen privaten Schwierigkeiten kümmert Puccini sich um den bescheidenen künstlerischen Ruhm, den seine »Villi«-Oper ihm beschert. Anfang 1887 steht sie im Programm des Opernhauses von Triest. Es ist die zweite Aufführung im Ausland, denn Triest gehörte damals noch zu Österreich. Puccini fährt zur Vorbereitung Ende Januar, einen Monat nach der Geburt seines Sohns, selbst für einige Tage in die istrische Hafenstadt. Dadurch verpaßt er die Mailänder Uraufführung von Verdis jahrelang mit Spannung erwartetem »Otello« am 5. Februar, denn am selben Abend ist Puccinis Triester Premiere. Er bleibt noch zur zweiten Vorstellung, nach der ihm eine »prächtige Krone« überreicht wird, und eilt dann nach Mailand, um wenigstens die zweite »Otello«-Aufführung sehen zu können.

Eine Äußerung Puccinis über seinen Eindruck von »Otello« ist nicht bekannt. Aber das neue Stück des Altmeisters muß ihn tief bewegt haben. Nach der langen Unterbrechung seiner Komposition für die Bühne vollzog Verdi hier eine Entwicklung, die auf allerhöchstem Niveau dem musikalischen »Geist der Zeit« entsprach: in einem sehr eigenständigen Sinn wird Wagner verarbeitet, wird durchkomponiert und nicht mehr auf »Nummern« hin geschrieben, aber das alles durchaus mit den Mitteln der italienischen Oper, die »Otello« doch ganz und gar bleibt. Verdi lieferte damit gleichsam den Beweis für die Möglichkeit eines »italienischen« Musikdramas und setzte sich so mit 73 Jahren gewissermaßen an die Spitze der jungen Bewegung. Auch ohne deutschen »Sinfonismus« brachte er das in der italienischen Oper gewöhnlich unterentwickelte Orchester zum Reden, gab ihm eine im Süden bisher nie erreichte, ja kaum angestrebte Konsistenz. Für Puccini bedeutet das inmitten seiner Arbeit am »Edgar«

viel. Er begreift, daß die Oper, die er praktisch schon für fertig hielt, ganz anders werden muß, und er beginnt an einigen Stellen neu zu komponieren und vor allem zu instrumentieren. Einen Monat nach »Otello« schreibt er an seinen Schwager Franceschini, er arbeite wie ein Hund, zehn Stunden am Tag und in der Nacht. Was einmal als Fortsetzung des vorgeblich deutschen »Villi«-Stils begonnen wurde, wird nun italienisiert, umgemodelt in Richtung auf Verdis musikdramatische Sprache. Puccinis Kurswechsel und die darin spürbare Unsicherheit über seinen eigenen Weg hat für die musikalische Qualität des »Edgar« verheerende Folgen.

Ende März 1887 begibt Puccini sich für einige Zeit nach Lucca, und zwar mit Elvira. Das ist überraschend, denn ihre skandalträchtige Flucht ist ja erst ein Jahr her. Vielleicht hat die schiere Not die beiden in das gesellschaftlich riskante Unternehmen getrieben, weil sie hier mit Hilfe der Verwandtschaft billiger leben können. Sehr wahrscheinlich bezieht sich auf diesen Aufenthalt auch der einzige bekannte Brief des verlassenen Ehemanns Gemignani, gerichtet an einen Freund: »Ich war überrascht zu hören, daß Elvira in Lucca ist, und noch mehr, daß sie in dem Haus wohnt, in dem Herr Puccini wohnt. Die Sache scheint mir nicht richtig zu sein, daß sie in ihre eigene Stadt kommt, in der alle ihre Verwandten leben... Signora Elvira ist ihr eigener Herr, aber ich hielte es für ratsam, daß sie sich für eine andere Stadt entscheidet.«

Elvira und Giacomo müssen offenbar bald solchem sozialen Druck weichen. Im Juni ist Puccini jedenfalls wieder in Mailand, von wo er seinem Schwager Franceschini mitteilt, er sei mit dem vierten »Edgar«-Akt auf dem besten Weg und habe die beiden ersten Akte schon instrumentiert. Zugleich bittet er, ihm Kleider zu schicken, weil er kein Geld hat, um sich welche zu kaufen. Es scheint, daß die Puccinis erst kurz zuvor die Wohnung in Monza aufgegeben haben; aus wirtschaftlichen Gründen leben sie meistens getrennt: Elvira mit den Kindern bei ihrer Mutter und ihrer Schwester in Florenz, Giacomo da, wo er gerade unterkommen kann. Wahrscheinlich ist es diese Zeit, in der er in Mailand das Zimmer seines Bruders Michele mitbewohnt, wovon die Biographen immer berichten. Danach kehrt Puccini wieder nach Caprino Bergamasco zurück, in Fontanas Sommerfrische, wo er zuvor schon war, wo er die nächsten Monate bleiben wird und wo auch der Bruder Michele seine Ferien verbringt.

So sind die Puccinis weit weg, als in ihrem Land eine neue politische Epoche beginnt. Elf Jahre lang hatte die sogenannte Sinistra regiert, worunter man sich keine sozialistische »Linke« vorstellen darf, sondern allenfalls eine frühe äußerst bürgerliche Sozialdemokratie; als ihr Anführer Agostino Depretis Ende Juli 1887 starb, folgt ihm der starke Mann seines Kabinetts, der bereits fast siebzigjährige Francesco Crispi, die beherrschende Figur der italienischen Politik im folgenden Jahrzehnt. Er betrieb sofort die Lösung Italiens von seinem bisher so wichtigen Handel mit Frankreich und entfachte einen veritablen Zollkrieg gegen den alten Bündnispartner, was das Land in den nächsten Jahren in erhebliche ökonomische Turbulenzen stürzte.

Für die in den südlichen Alpen entstehende Oper Puccinis und Fontanas ist in diesem Zusammenhang manches Bemerkenswerte festzuhalten. Das Buch des »Edgar« geht auf ein nicht für die Bühne bestimmtes Lesedrama Alfred de Mussets zurück (»La coupe et les lèvres«, 1832), des hochromantischen Vorläufers der zeitgenössischen französischen Dekadenz. Man möchte vermuten, daß der frankophile Ästhet Giulio Ricordi bei der Stoffwahl Regie geführt hat. Aber der Deutschland-Freund Fontana hat dem Original den französischen Charakter gehörig ausgetrieben: den Ort der Handlung transferiert er aus dem österreichisch-verdächtigen Tirol ins nordische Flandern, gibt dem in der Vorlage »Frank«(reich) heißenden Helden den entschieden germanischen Namen Edgar (während Frank nun der schwächliche Bruder der Heldin heißt) und bezieht als Folie die Schlacht von Courtrai (Kortrijk) in die Handlung ein, wo 1302 die Flamen ein französisches Heer schlugen, das Flandern okkupieren wollte.

Ohne Zweifel sind diese Veränderungen vor dem Hintergrund der politischen Zeitstimmung zu sehen. Puccini, dem Weltkind in der Mitten, der immer am liebsten mit allen Menschen und ihren Ländern gut Freund bleiben wollte, wird das vermutlich recht gleichgültig gewesen sein. Aber auch ohne daß er es will, zollt er so dem Zeitgeist seinen Tribut, ist er eingebunden in das komplizierte Geflecht der Politik, die in seinem Vaterland widerstreitend betrieben wird.

In seinem Bewußtsein interessiert ihn ganz anderes. Aus seinem alpinen Ferienort schreibt er optimistische Briefe an die Schwester Ramelde: »Edgar« ist fast fertig und soll in Rom uraufgeführt werden, vielleicht aber auch in der Scala, Ricordi sei mit seiner Arbeit sehr zufrieden und mache ihm große Hoffnungen. Auch wolle Mancinelli den »Edgar« für Madrid. Übermütig unterschreibt er einen dieser Briefe mit »Giacomo Puttani« (puttana heißt Hure) – im Familienkreis sind dazumal derartige Sexualscherze und auch fäkalische Sprachspiele durchaus üblich: je stärker die gesellschaftliche Ächtung dieser Sphäre, um so offener anscheinend der Umgang mit ihr in der Diskretion der familiären Korrespondenz.

Traurig bleiben allein die ewigen Geldsorgen. Fontana muß in einem

Brief an den Verlag für Puccini um einen Vorschuß bitten, um die Bezahlung von Reisekosten und um Notenpapier. Tatsächlich sind Teile der »Edgar«-Partitur auf Notenpapier der Firma Ricordi geschrieben, es ist wohl die Arbeit dieses Spätsommers. Der heutige Beginn des dritten Akts (der wievielte Beginn mag es sein?) trägt ausdrücklich ein Datum dieser Zeit: »Formorone caprino Bergamasco settembre 1887«.

Leider zerschlagen sich die Aufführungs-Hoffnungen. Ende Oktober ist »Edgar« fertig, aber niemand will ihn spielen. Nun nutzt der Aufenthalt in den Bergen nichts mehr, im November fährt Puccini nach Mailand, wo er anscheinend wieder Micheles Kammer mitbewohnt. Doch auch die direkten Kontakte in der italienischen Musik-Hauptstadt führen zu keinem Ergebnis. Zwar verlängert Ricordi den Vertrag, aber die Scala wird, so Puccini, von (dem Konkurrenz-Verlag) Lucca beherrscht – soll heißen: das Haus ist ganz auf die Neuinszenierung des bei Lucca verlegten »Lohengrin« konzentriert und hat deshalb für den »Edgar« keinen Platz. Freude macht ihm nur die Geburt des ersten Kinds seiner Lieblingsschwester Ramelde; zwar sei es leider nur eine Tochter, aber immerhin befriedigt ihn der Name: es ist der der Mutter, Albina.

Am Beginn des neuen Jahrs 1888 ist Puccini in Neapel, wo die »Villi« geprobt werden. Es wird das erste (und vorletzte) Fiasko seiner Karriere: am 15. Januar 1888 pfeift das neapolitanische Publikum die »Villi« und ihren Komponisten aus. Puccini ist schwer getroffen. Am Tag nach der Premiere schon fährt er eilig über Lucca zurück nach Mailand und berichtet der Schwester mit mühsam unbekümmertem Ton, daß Freunde ihm zu Ehren ein Protest-Bankett geben wollen, Protest sozusagen gegen den süditalienischen Unverstand, auch Ricordi nehme ihm den Reinfall von Neapel überhaupt nicht übel.

Trotzdem sitzt der Schock über die Unberechenbarkeit des Publikums tief, das der Oper bisher überall zugejubelt oder zumindest freundlich zugehört und sie nun plötzlich verdammt hat. Die Angst davor verläßt Puccini sein Leben lang nicht mehr. Nie mehr wird er sicher sein, ob eine bevorstehende Aufführung einen Erfolg oder einen Mißerfolg verspricht. Und obwohl die Mißerfolge äußerst selten bleiben, traut er dem Frieden nie: schon die Findung von Stoffen und erst recht die Ausführung all ihrer Details werden in Zukunft von fortwährenden Zweifeln über die Wirkung auf »das Publikum« begleitet sein, das Puccini sich von nun an vor allem als fremd und feindselig vorstellt, aber zugleich als die höchstrichterliche Instanz, vor der es zu bestehen gilt. Das Publikum, als wäre es eine einzige personal faßbare Figur, nimmt für Puccini die Gestalt eines lohnenden oder strafenden quasi göttlichen Wesens an. Der neapolitanische Schreck hat sicher tiefer die dramatischen Motive und selbst die musikalische Struktur seiner Opern beeinflußt, als er es sich klarzumachen vermochte und je einzugestehen bereit gewesen wäre.

Die authentischen Zeugnisse über die folgenden Monate sind ungewöhnlich karg, gerade ein halbes Dutzend Briefe lassen sich dem Jahr 1888 zuordnen. Es ist, als sei Puccini untergetaucht, deprimiert über die Unmöglichkeit, seine längst fertige zweite Oper zur Aufführung zu bringen. Dabei ist sie für ihn, je länger er warten und suchen muß, durchaus nicht fertig: im Autograph findet sich am Ende des zweiten Akts, den er schon ein Jahr zuvor als »instrumentiert« bezeichnet hatte, die Datierung »4. Mai 1888, 11 ½ Uhr abends – es regnet! –«

Viel wird er aber am »Edgar« in dieser Zeit nicht mehr gearbeitet haben. Denn es existieren Hinweise auf andere Kompositionen – untrügliches Zeichen dafür, daß Puccini innerlich sich von der Oper gelöst hat und anderen Projekten zuwendet. Ein undatierter Brief aus dem Jahr 1888 aus Mailand, in dem steht, mit »Edgar« sei es vor dem nächsten Winter nichts, teilt auch mit, er arbeite an einer »dritten Oper«. Es muß offen bleiben, welches Stück Puccini damit meint, sicher nicht die tatsächliche dritte Oper »Manon Lescaut« (von der erst viel später als von einem neuen Thema die Rede ist), sehr viel wahrscheinlicher handelt es sich um ein dann nicht weiterverfolgtes Projekt.

Am 1. März 1888 komponiert Puccini die »Mattinata« (das heißt Morgenständchen) »Sole e amore« für Gesang und Klavier, die im selben Jahr in der Genueser Musikzeitschrift »Paganini« erscheint. Das kurze Lied enthält das Quartett-Thema des dritten »Bohème«-Akts. Das könnte bedeuten, daß es ein Teil der Arbeit an jener »dritten Oper« wäre. Aber ein sehr vorläufiger, denn der vertonte Text ist ganz gegen Puccinis Übung ungereimte Prosa und endet mit einem (ebenfalls vertonten) Datum: »il primo di marzo dell'ottantotto«. Dann wäre das also ein von Puccini selbst der Musik eher zufällig unterlegter Text, dessen für die Öffentlichkeit unbegreiflichste Stelle, das komponierte Datum, Puccini bei der Zeitschriften-Publikation geändert hat in eine (immer noch genügend sonderbare) Widmung an die Zeitschrift: »al Paganini G. Puccini«.

Weit rätselhafter noch ist ein Stück namens »Solfeggi«, das Puccini in diesem Jahr 1888 geschrieben haben soll. Dem Titel nach müßte es sich um eine pädagogische Arbeit handeln, denn »Solfeggio« bedeutet eine von Singübungen ausgehende Art musikalischer Elementarlehre. So etwas aber hat Puccini zu dieser Zeit wie zu jeder anderen denkbar fern gelegen.

Zumal es keinerlei Hinweis auf ein irgendwo existierendes Manuskript gibt, glaube ich nicht, daß ein solches Werk je existiert hat.

Am 2. Juni 1888 wird in Bologna, zum ersten Mal in Italien, Wagners »Tristan und Isolde« aufgeführt. Das Werk gehört jetzt nicht mehr dem Verlag Lucca, denn den und dessen Wagner-Rechte hat ein paar Tage zuvor Puccinis Verlag Ricordi gekauft. Es ist nicht bekannt, ob Puccini die Premiere oder eine der folgenden Vorstellungen besuchte. Ausgeschlossen aber ist das nicht. Denn nun läßt sich sein persönliches Interesse am Werk Wagners auch noch mit dem geschäftlichen seines Verlags in Verbindung bringen. Und er verknüpft beide Interessen sogleich intensiv: Ende Juli fährt er zu den Bayreuther Festspielen.

Puccinis Aufenthalt dort im Jahr 1888 – abgesehen von dem »kleinen Grenzverkehr« 1887 nach Triest seine erste Auslandsreise – ist in der Literatur bisher völlig übersehen worden. Aber die »Fremden-Liste«, das »Vollständige Verzeichnis der zu den Bühnenweihfestspielen ... anwesenden Festgäste«, weist unter dem 1. August 1888 »Puccini, Giocoma (!) aus Mailand« aus, zusammen mit seinem Textdichter »Fontona (!), Ferdinando«. Es ist unwahrscheinlich, daß Puccini und Fontana diesen Besuch auf eigene Faust unternommen haben und ganz sicher nicht auf eigene Kosten, angesichts ihrer beengten finanziellen Möglichkeiten. Wollte Ricordi – und nur er kommt als Finanzier in Frage – ihnen eine Art Bildungsurlaub ermöglichen, etwa im Hinblick auf eine dritte gemeinsame Oper? Oder ist diese Reise schon ein Vorspiel zu der des nächsten Jahrs, wo es um Kürzungsvorschläge für die von Ricordi in der Scala geplante italienische Erstaufführung der »Meistersinger« gehen wird? Jedenfalls ist es so gut wie sicher, daß Puccini und Fontana in diesem Bayreuther Sommer die beiden dort aufgeführten Stücke gehört und gesehen haben: »Parsifal« und die ersten Festspiel-»Meistersinger«.

Wer Wagners Festspielhaus kennt, kann ermessen, welches Erlebnis das für jemanden gewesen sein muß, der bis dahin Wagners reife Musik nur aus der Lektüre von Partituren kannte und im übrigen lediglich die italienische Musikpraxis des späten 19. Jahrhunderts gewohnt war. Es ist für immer schade, daß Puccini selten gewillt war, sich über derartige Erlebnisse schriftlich zu äußern: es gibt keinerlei Zeugnisse über seinen ersten Eindruck von Bayreuth. Dem künftigen Werk läßt sich aber anhören, wie beeindruckt er war.

Von Bayreuth kehrt Puccini nach Vacallo zurück und bleibt dort lange, mindestens bis in den November. An »Edgar« korrigiert er, wie ein Klagebrief Ricordis zeigt, immer noch herum, die Partitur wird aber jetzt endlich, in diesem Herbst 1888, abgeschlossen. Puccini geht es nun zunächst vor allem um die Qualität der Uraufführung an der Scala.

Die Hoffnungen der Beteiligten sind hochgespannt. Freunde aus Lucca reisen einige Tage vor der Aufführung an, und einer von ihnen berichtet nach Hause, auch Verdi werde erwartet. Der aber kommt nicht. Auch sonst verläuft die Sache schlechter als angenommen. Das gern begeistert sein wollende Publikum bleibt am Abend des 21. April 1889 merklich kühl. Die auf hohes Lob vorbereiteten Kritiker (da scheint Ricordi einige Voraus-Propaganda geleistet zu haben) halten sich äußerst zurück: sie schreiben zwar lange Artikel, die den Ablauf der Vorstellung ausführlich schildern, aber keinerlei Hymnen auf den jungen großen Puccini anstimmen, sondern ihm eher Eklektizismus vorwerfen: da klinge manches nach Gounod, anderes nach Bizet.

Kein Reinfall wie die »Villi« in Neapel, aber auch wahrhaftig nicht der Erfolg, den das zweite Werk des neuen Sterns am italienischen Opern-Himmel auch für seinen Verlag hätte bringen sollen. Vier Jahre Arbeit sind praktisch umsonst gewesen. »Edgar« wird in den nächsten Tagen noch zweimal gespielt, dann ist Schluß. In der Scala wird die Oper zu Puccinis Lebzeiten nie mehr aufgeführt.

5

Der Irrweg:
»*Edgar*«

»Edgar« ist eine ganz besonders schlechte Oper, viel schlechter als »Le Villi«. Soweit ich weiß, ist es das einzige Bühnenwerk Puccinis, das nie in einer anderen Sprache gespielt wurde und jedenfalls am seltensten von allen.

Später verachtete Puccini selbst den »Edgar« zutiefst. Schon beim Druck des Klavierauszugs der zweiten Fassung von 1892 ließ er die Widmung an J. Burgmein weg (Giulio Ricordis Pseudonym), sicher um den väterlichen Verleger-Freund vor der Identifizierung mit einem solchen Stück zu schützen. Und als Puccini seiner Freundin Sybil Seligman viele Jahre später einen Klavierauszug schenkte, versah er ihn mit sarkastischen Glossen. »Lüge!« schrieb er neben Edgars Ausruf im Finale, daß er lebe, und den »Entsetzen«-Schrei des Chors kommentierte er mit »Wie recht sie haben!« Den Titel paraphrasierte er als »E Dio ti GuARdi da quest'opera«: »Und Gott schütze dich vor dieser Oper«. Alle Vorwürfe bezog er später in erster Linie auf sich selbst: »Das Libretto des ›Edgar‹, bei allem Respekt vor dem Andenken von Freund Fontana, ist ein Schnitzer, den wir zu zweit gemacht haben. Aber meine Schuld ist größer als seine.«

Tatsächlich liegt vieles am Textbuch. Aus Mussets romantisch verstiegenem Lese-Drama »La coupe et les lèvres« (»Der Becher und die Lippen«) über einen faustischen Helden mit Erlösungs-Sehnsucht hat Fontana nichts weiter übernommen als ein paar szenische Motive und dabei vor allem das Spektakel gesucht. Die übrig bleibende Handlung ist von einem so absurden Unsinn, daß es fast nicht möglich ist, sie auch nur nachzuerzählen. Eine Inhaltsangabe muß dennoch gewagt werden, und sei es nur der historischen Wahrheit wegen. Sie ist keineswegs als Parodie zu verstehen.

Edgar, der Held, steht zwischen zwei Frauen, deren Namen schon alles sagen: zur unschuldig reinen Fidelia fühlt er sich scheu hingezogen, aber die verworfene Tigrana sucht ihn für sich zu gewinnen. Komplizierterweise ist Fidelias Bruder Frank der schlimmen Tigrana verfallen, die ihn jedoch zurückweist. Tigrana, vor 15 Jahren als von durchziehenden »Ungarn und Mauren« zurückgelassenes Kind ins Dorf gekommen, provoziert mit allzu weltlichen Gesängen die frommen flandrischen Landbewohner, die sie deshalb bedrohen. Edgar verteidigt sie und kommt in diesem Zusammenhang auf die wenig begreifliche Idee, sein eigenes Haus anzuzünden. Frank sucht ihn vergeblich davon zurückzuhalten, was beinahe zu einem Duell zwischen beiden führt. Gualtiero, Fidelias und Franks Vater, wirft sich dazwischen, und Edgar entflieht zusammen mit Tigrana.

Im zweiten Akt befinden wir uns am Rand einer »Orgie«, die im »prächtigen Palast« Edgars stattfindet, ohne daß wir erfahren, wie er zu diesem gekommen ist. Tigrana besingt in einem Trinklied mit Chor den Becher (den Rausch also) als Symbol des Lebens und stellt ihn den Lippen (also der Liebe) gegenüber. Edgar aber ist dieses Treibens müde und läßt sich auch von der lockenden Tigrana nicht mehr halten – erst recht als überraschend Frank mit einem Trupp Soldaten erscheint und Edgar nicht weniger überraschend seiner Sympathie versichert. Edgar erkennt seine geistig-moralische Rettung im Kampf für das flandrische Vaterland gegen den Angriff Philipps von Frankreich und begibt sich in denselben, während die zurückbleibende Tigrana schwört, daß Edgar entweder ihr oder dem Tod gehören müsse.

Der dritte Akt spielt zwei Tage nach der Schlacht von Courtrai im Jahr 1302, wo die Flamen ein französisches Okkupationsheer schlugen. Er beginnt mit einem Trauerzug für den angeblich als Held gefallenen Edgar, den Frank (rühmend), Fidelia (trauernd) und das Volk (überhaupt) lobpreisen. Aber ein Mönch mischt sich ein: habe Edgar nicht sein Haus angezündet, sei er nicht mit Tigrana auf und davon gegangen, sei er nach göttlichem und menschlichem Gesetz nicht ein Verworfener? Das wankelmütige Volk bestätigt das und ist sofort bereit, den gerade gerühmten Helden nun zu verdammen. Allein Fidelia verteidigt ihn, weil sie ihn liebt. Und damit rührt sie wiederum die Herzen der Menge zugunsten ihres Edgar. Dann aber tritt Tigrana auf, beschreibt ausführlich ihre Schönheit und ihre Freude darüber, daß sie lebt, während der treulose Edgar tot ist. In einem anschließenden ziemlich zusammenhanglosen Terzett mit Frank und dem Mönch wird die Frage erörtert, ob Edgar gar das Vaterland für ein Schmuckstück verraten habe. Voller Wut reißen die Soldaten den Sarg des entzauberten Helden auf und finden ihn leer, woraufhin der Mönch sich als lebendiger Edgar zu erkennen gibt und als erlöst empfindet: man fragt sich einigermaßen ratlos, wovon, wozu oder weshalb erlöst. Fidelia zeigt nun unbegreiflicherweise noch immer ihre Liebe zu Edgar, der aber flieht vor der empörten Menge.

Im vierten Akt trauert Fidelia ihrem erneut entschwundenen Liebsten nach und spricht sich darüber des längeren mit Vater und Bruder aus.

Plötzlich jedoch kehrt Edgar zurück, erklärt ihr nun endlich seine Liebe und seine Absicht, ordentlich zu heiraten. Als er Fidelia nach einem ausführlichen Duett verläßt, um den Plan sofort in die Tat umzusetzen, taucht Tigrana auf und tötet Fidelia, die bei Edgars Rückkehr mit dem Hochzeitszug nur noch »Mein Edgar!« singen kann und »Ich liebe dich!«, bevor sie stirbt. Während Edgar, Frank und Gualtiero verzweifelt sind, schleppt das Volk Tigrana zum Schafott.

Wenn Puccini sich später mehr Schuld an solchem Nonsens zuschrieb als seinem unseligen Librettisten, so ist das nicht einfach als Selbstkritik daran zu verstehen, daß er sich nicht genügend ins Entstehen des Textbuchs einmischte. Viele »Edgar«-Kritiker beschränken sich auf diesen Aspekt, verweisen auf Puccinis spätere intensive Mitarbeit an seinen Libretti und tun so, als habe er das gerade aus dem dramaturgischen Fiasko seiner zweiten Oper gelernt. Den Fakten entspricht dies jedoch nicht. Tatsächlich haben Fontana und Puccini beim Entwurf des Texts eng zusammengearbeitet, und die späteren Revisionen sind sogar weitgehend Puccinis eigenes Werk. Seine eigene Kritik zielt in Wahrheit viel tiefer. Sie meint gar nicht in erster Linie das Libretto, sondern die Oper im ganzen. »Edgar« ist ein wirres Konglomerat aus musikalischen und musikdramatischen eigenen Ideen und fremden Einflüssen. Man merkt ihm an, daß Puccini nach der kleinen und schnell hingeworfenen Skizze der »Villi« etwas Neues, Großes, Bedeutendes suchte – und es nicht fand. Während aber die »Villi« durchaus einen eigenen Charakter bewahren, fällt bei »Edgar« die enorme Abhängigkeit von anderen auf – was allerdings kein Zeichen von schwacher Inspiration ist, sondern eher von Unsicherheit. Die musikalische Praxis des »Edgar« ist unüberhörbar geprägt von einem Charakter ohnmächtiger Stückelung. Dem Klang fehlt, von wenigen Ausnahmen abgesehen, jede stilistische Konsistenz – was ein deutlicher Rückschritt hinter die »Villi« ist, deren Kürze immerhin noch so etwas wie Geschlossenheit des musikalischen Bilds gewährleistet hatte.

Puccini hat an keiner anderen seiner Opern nachträglich so umfangreiche Änderungen vorgenommen wie am »Edgar«. Schon die Umarbeitung für die Inszenierungen 1892 in Ferrara, Madrid und Brescia reduziert das Stück um den ganzen vierten Akt und die drei ersten Akte noch einmal um ein Fünftel ihres ursprünglichen Umfangs. Die endgültige Fassung von 1905 ist gar nur noch gut halb so lang wie die erste. Allerdings greifen diese Kürzungen kaum in die dürftige Substanz des Werks ein. Sie eliminieren vor allem musikalische Wiederholungen und komprimieren Arien- und Ensemble-Teile. Sie berühren jedoch erheblich die dramaturgische Struktur, indem sie der ohnehin kaum begreiflichen Handlung jeden Rest von Verständlichkeit austreiben. Besonders in der letzten Fassung hat Puccini eine Reihe logischer Bezüge zu Mussets Vorlage gestrichen, womit das ganze nur noch absurder wird. Die Kürzungen haben »Edgar« gewiß nicht besser gemacht.

Der krasseste Eingriff ist der schlichte Verzicht auf den vierten Akt. Daß so etwas überhaupt möglich war, demonstriert die Fragwürdigkeit des gesamten Konzepts. Dabei geschah nämlich nichts anderes, als daß Fidelias Ermordung durch Tigrana per Szenenanweisung ans Ende des dritten Akts vorverlegt wurde, ohne daß an der schon vorhandenen Musik irgend etwas anderes geändert werden mußte, als die Entsetzensschreie des Chors einzufügen. Sowohl die Handlung wie die Musik des ehemaligen vierten Akts werden durch diese Kürzung also als überflüssig ausgewiesen, was genug über die dramaturgische Notwendigkeit von beiden sagt.

Gekürzt hat Puccini in den späteren Fassungen vor allem die Partie der Tigrana. In der Urfassung spielte sie (jedenfalls quantitativ) die Hauptrolle, was zu Puccinis fortschreitender Operndramaturgie immer weniger paßte: denn zu dieser gehört viel eher der Fidelia-Typ, die Frau nicht als Dämon, sondern als Schlachtlamm, fehlerhaft zwar, sittlich anfällig und manchmal betrügerisch, aber immer hilflos. Deshalb mußte er Tigranas Partie kürzen – nie mehr danach hat er eine Hauptrolle für einen Mezzosopran geschrieben, und vor Turandot, seiner letzten Frauen-Figur, hat er nie mehr einer den gleichsam heldischen Charakter der Tigrana zugestanden.

Der musikalisch beste Teil der ganzen Oper ist der Beginn des dritten Akts. Wenn auch das Anfangsthema des Vorspiels überdeutlich an den Pilgermarsch aus Berlioz' Sinfonie »Harold in Italien« erinnert, hat das Stück doch einen eigenen und eigenartigen Charakter, und in seinem Mittelteil entfaltet sich endlich einer der großen fragmentarischen Bögen, für die Puccini zu Recht berühmt geworden ist. Mosco Carner hat an dieser Passage überzeugend die typische Bauweise Puccinischer Melodien demonstriert. Sie tendieren mit ihrem charakteristischen Intervall der fallenden Quinte immer nach unten und kämpfen scheinbar gegen diese Tendenz, indem ihre kurzen zweitaktigen Phrasen in Terzen sequenzierend nach oben versetzt sind. Das gibt diesen Melodien, wie Carner formuliert, einen Charakter von Mattigkeit und Schwäche, etwas Rückgratloses und Neurasthenisches, es sind »müde« Melodien. Sie prägen in ihrer Abkehr von allem Heldisch-Triumphalen bald Puccinis ganzes Werk und sind seine eigentliche Erfindung.

Dieses kompositorische Niveau wird in der anschließenden Musik zum

Trauerzug für den vermeintlich toten Edgar gehalten. Raffiniert sind die lateinisch psalmodierten Worte des Requiems in einen verqueren Rhythmus umgebogen, wie selbstverständlich fügen sich im zweiten Teil des Stücks zwei Themen aus dem Orchester-»Capriccio« des letzten Konservatoriumsjahrs ein, ein kurzer Verzweiflungsausbruch der Fidelia (vor Ziffer 6) hat den ekstatischen Gestus der Musik, die Jahrzehnte später Turandot charakterisieren wird. Es läßt sich begreifen, warum Toscanini dieses »Edgar«-Reqiem für Puccinis eigene Trauerfeier 1924 im Mailänder Dom auswählte.

Das folgende Arioso der Fidelia (»Addio mio dolce amor«) verdankt sein Thema einem sicher bereits am Konservatorium entstandenen Adagietto für Orchester. Es geht dann in das zukunftsträchtige Mittelthema des Vorspiels über – sicher mit ein Grund dafür, warum Puccini dieses Arioso später noch als gut gelten ließ. Dasselbe Urteil gewährte er Fidelias zweitem Stück. Dieses »Nel villagio d'Edgar« ist in der Tat in seinem selbstverständlichen Fluß das beste Solo der Oper und eine Vorankündigung künftiger Puccini-Arien. Übrigens ist es ihm bis ins Alter gefolgt: seinen Duktus wollte er im unvollendeten Schlußduett der »Turandot« noch einmal aufnehmen.

Der ehemalige vierte Akt existiert nur noch im Klavierauszug der Erstausgabe; die Partitur ist verschollen, seit Puccini sie sich Anfang 1901 vom Verlag Ricordi auslieh. Das um ein Viertel gekürzte Vorspiel zu diesem Akt hat er in der zweiten Fassung an den Anfang des ganzen Werks gestellt. Es ist ein gefälliges Stück, das Themen der Oper aufnimmt, aber in seiner Ausführlichkeit (147 Takte) weder an den Beginn des vierten Akts paßte noch gar vor die Oper überhaupt. Puccini hat dieses Vorspiel in der endgültigen Version von 1905 deshalb auch wieder weggelassen, was zu einiger Verwirrung in der Forschung geführt hat, die es fälschlich als eine Neukomposition betrachtete. Auch die weitere Musik des vierten Akts ist übrigens zum Teil nicht schlecht. Vor allem das außerordentlich lange Duett zwischen Fidelia und Edgar (Puccinis erstes wirklich großes Liebesduett) besitzt seine schönen Stellen. Kein Wunder, daß er einen Teil davon viel später für das Duett des dritten »Tosca«-Akts verwendet hat.

Der frühe und schnelle Verzicht auf diesen vierten Akt hatte dramaturgische Gründe. Leider bedeutete das aber keine Verbesserung der Dramaturgie des »Edgar« insgesamt, eher im Gegenteil. Musikalisch und inhaltlich wäre eine durchgehende Neufassung sicher wirkungsvoller gewesen, unter Beibehaltung der vieraktigen Struktur. Ob sie überhaupt möglich war und das Werk gerettet hätte, muß dennoch fraglich genug bleiben.

Es mag sein, daß sich in »Edgar« Fortschritte in Puccinis harmonischer Schreibweise ausmachen lassen. Im ganzen jedoch bedeutet diese Oper für ihn einen Rückschritt. Nach dem bescheidenen Genie-Streich der »Villi« ist das eine ganz und gar von anderen abhängige unsichere Arbeit, und das nicht nur in ihrer konventionellen Personen-Dramaturgie mit den platten Wagner- und Bizet-Assoziationen: etwa Fidelia = Elisabeth = Micaela, Tigrana = Venus = Carmen, Edgar = Tannhäuser = José, Frank = Wolfram. Vielmehr will die Musik auch noch so tun, als sei sie die Fortsetzung Verdis mit Ponchiellis oder Catalanis Mitteln. Die von Verdis altmeisterlichem und zugleich modernem »Otello« ausgelösten Impulse haben den Komponisten Puccini offenbar so vollständig irritiert, daß er sich in »Edgar« auf den Weg zu einem krudesten Verismus begeben hat, der zweifellos dem Zeitgeschmack entsprach, aber auch nur diesem. Dessen Protagonisten sind längst vergessen, und Puccini wäre es auch, wenn er bei »Edgar« stehengeblieben wäre. Aber er hat aus dieser mühsamen Arbeit mehr gelernt als das Schreiben dissonanter Akkorde: nämlich was ein Irrweg ist. Puccini zieht sich gewissermaßen an den eigenen Haaren aus dem Sumpf, die Umkehr folgt sofort.

Um Verdis Nachfolge
1889–1893

Ein paar Abende nach der Uraufführung des »Edgar« diskutieren Puccini und Fontana fünf Stunden lang mit Giulio Ricordi, was nun weiter zu tun sei. Puccini schlägt Änderungen vor, tiefgreifende offenbar, denn der Verleger erklärt es sofort für unmöglich, solche Änderungen noch für die bis Ende Mai 1889 laufende Scala-Saison zu verwirklichen. Schließlich müßten dann ganz neue Stimmen geschrieben werden. Es wird beschlossen, »Edgar« im Mai nicht mehr zu geben, sondern für die Eröffnung der Winterspielzeit gründlich zu überarbeiten.

Eine Woche später fährt Puccini für ein paar Tage zur Erholung nach Cernobbio am südlichen Ende des Comer Sees. Fontana begleitet ihn und auch der Freund Carignani, der Anfertiger des Klavierauszugs, weil sie sofort mit den Änderungen des »Edgar« beginnen wollen. Von dort schreibt Puccini an Ricordi, er denke an »Tosca«, und der Verleger solle doch bitte bei Victorien Sardou, dem Autor des französischen Bühnenstücks, die Opernrechte erwerben. Noch ist die »Edgar«-Zukunft nicht kanalisiert, da hat bereits die Suche nach einem neuen Stoff begonnen. Der Hinweis auf »Tosca« kam von Fontana – jedenfalls behauptete der das Jahre später. Das Schauer-Drama liegt auch durchaus auf der »Edgar«-Linie, sein kruder Sex-and-crime-Naturalismus paßt ganz zu Fontanas und Puccinis Vorstellungen von einer effektvollen Oper. Aber es scheint, daß Ricordi damit überhaupt nicht einverstanden ist: Puccini wird die »Tosca« erst ein Jahrzehnt später komponieren dürfen.

Mitte Mai kehrt er nach Mailand zurück. Hier verhandelt er, offenbar durch Ricordis Vermittlung, erfolgreich mit Giuseppe Giacosa, einem der prominentesten Feuilletonisten und Bühnenautoren, über ein neues Libretto, das anscheinend in Rußland spielt, das ihn aber bald nach dem Vertragsabschluß (das Buch soll bis November geliefert werden) schon wieder wenig überzeugt. Denn inzwischen kennt Puccini einen neuen Stoff, der ihn viel mehr reizt: »Manon Lescaut« nach der Erzählung des französischen Rokoko-Abbé Prévost; wir wissen nicht, wer ihn darauf gebracht hat. Bevor er sich jedoch damit und mit den daraus entstehenden

Problemen des Giacosa-Vertrags beschäftigen kann, erwartet ihn eine ganz andere Aufgabe: Ricordi schickt ihn wieder zu den Bayreuther Festspielen.

Vom Jahr zuvor kennt Puccini Bayreuth schon. Nun aber darf er sich nicht einfach nur an den Wagner-Aufführungen ergötzen, sondern muß sich besonders um die »Meistersinger« kümmern. Denn diese vom Stoff her »deutscheste« Oper Wagners soll im nächsten Winter zum ersten Mal in Italien aufgeführt werden, und Ricordi denkt, daß sie dafür einiger Änderungen bedarf, vor allem erheblicher Kürzungen, da einem italienischen Publikum ein so langes Stück nicht zuzumuten sei.

Der interessanteste Beleg für Puccinis Bayreuth-Aufenthalt Ende Juli 1889 ist ein Brief, den Giulio Ricordi an ihn geschickt hat und den wir nur in Mareks englischer Übersetzung kennen. Der Text, der ironisch mit pseudo-deutschen Wortungetümen spielt (»Schinkennbruk«, »Meistersingerschapfgrübeliwagnerelizt« u.a.) und den Ricordi als »Königlischerbuckdruckereistempelmaschinenstaupfeditor« unterschreibt, macht noch einmal den Sinn der Reise klar: »Tito [Ricordis Sohn] schreibt mir aus London, daß die Oper schön, aber furchtbar, entsetzlich lang ist!! Daß das Publikum interessiert ist, aber auch gelangweilt! Sie werden sehen, daß die Kürzungen, die in Wien gemacht wurden, tatsächlich zu wenig sind und nicht ausreichen; unser Publikum, wie wagnerianisch es auch sein mag, wird das nicht tolerieren. Deshalb müssen wir versuchen, die Oper schlank und wirkungsvoll zu machen.«

Puccini dehnt seinen Aufenthalt nicht übermäßig aus und kehrt in den letzten Juli-Tagen schon wieder zurück. Sicher hat er in Bayreuth die erste »Meistersinger«-Vorstellung dieses Jahres am 24. Juli gesehen, vielleicht auch schon den »Tristan« und ganz sicher den »Parsifal« am 25. Juli. Denn er hat später geäußert, er habe »Parsifal« noch unter dem Uraufführungs-Dirigenten Hermann Levi gehört, und der hatte im Jahr zuvor nicht in Bayreuth dirigiert, wohl aber diesmal. Eine »glänzende Aufführung« nennt er das, »großartiger Eindruck«.

In seinem Sommer-Domizil in Vacallo wartet auf Puccini viel Arbeit. Neben den von Ricordi gewünschten Kürzungsvorschlägen für die »Meistersinger« sind die »Villi« erneut zu überarbeiten, weil weitere Aufführungen bevorstehen, ebenso »Edgar«, dessen Klavierauszug veröffentlicht werden soll, und schließlich muß die neue Oper komponiert werden. Puccini ist – jedenfalls was seine Aufträge angeht – auf dem besten Erfolgsweg. Voller Neid beklagt sich der ältere lucchesische Kollege Catalani, daß er von Ricordi gegenüber Puccini zurückgesetzt werde: »Mich erschreckt der Gedanke, was meine Zukunft sein kann, jetzt, wo es nur noch einen einzigen Verleger gibt, und dieser Verleger will über niemand anderen reden hören als über Puccini... Auch in der Kunst gibt es ›Dynastien‹, und ich weiß, daß Puccini der Nachfolger Verdis werden muß.«

Puccinis ganzes Interesse gilt »Manon Lescaut«, und der Librettist ist kein anderer als Ruggero Leoncavallo, ein da noch gänzlich unbekannter Musiker aus Neapel, der sich sein Geld bisher als Klavierspieler in Cafés verdient hat und an einer monumentalen Opern-Trilogie arbeitet, die er Ricordi verkaufen will. Anscheinend hat der ihn statt dessen mit Puccini zusammengebracht und ihm den Libretto-Auftrag gegeben.

Die neue Arbeit ist für die nächste Scala-Saison vorgesehen, drei Spielzeiten hintereinander stehe er also auf dem Programm des führenden italienischen Theaters, teilt er stolz seiner Schwester Tomaide mit. Nach »Edgar« 1889 und dessen für 1890 geplanter Reprise kann das nur bedeuten, daß »Manon Lescaut« für den Winter 1890/91 gedacht ist, Puccini also innerhalb eines Jahrs mit der Komposition fertig zu werden meint. Er täuscht sich darin (wie meistens) erheblich, und wie das »Otello«-Erlebnis die Fertigstellung des »Edgar« verzögerte, hat sicher die genauere Beschäftigung mit den »Meistersingern« Puccini Erkenntnisse gebracht, die die Entstehung der »Manon«-Komposition beträchtlich verlängerten, sie aber auch zu seinem ersten Meisterwerk werden ließen.

Zunächst jedoch beherrschen familiäre Probleme Puccinis erste Tage in Mailand. Michele hat sich zur Auswanderung nach Südamerika entschlossen, offensichtlich deprimiert über die Aussichten auf eine Musiker-Karriere in der Heimat und nicht fähig zu jenem überwältigenden Selbstvertrauen, das seinem Bruder Giacomo über alle Enttäuschungen hinweghilft. Aber auch eine Auswanderung kostet Geld. Sehr wahrscheinlich um dieses Geld zu beschaffen, haben die Brüder um diese Zeit die ihnen seit dem Tod der Mutter gemeinsam gehörende Wohnung in der lucchesischen Via di Poggio verkauft. Der Käufer ist Raffaello Franceschini, der wohlhabende Schwager. Die Wohnung bleibt also in der Familie, und ihre Überschreibung ist gewiß nur eine Art Sicherheit für das von Franceschini gezahlte Geld – Puccini hat die Wohnung fast auf den Tag genau fünf Jahre später zurückgekauft. Der Erlös ermöglicht übrigens nicht nur Micheles Reise nach Südamerika, sondern dient anscheinend auch dazu, daß Giacomo sich in Mailand wieder eine ständige Wohnung nach all den Vagabunden-Jahren mit und ohne Familie leisten kann: in dem bürgerlich-ordentlichen Haus Via Solferino 27. Es ist seine Stadt-Adresse für mehr als ein Jahrzehnt.

Michele Puccini fährt Anfang Oktober 1889 nach Buenos Aires. Dort schlägt er sich mit privatem Unterricht durch und nimmt schließlich eine

Stelle als Musiklehrer an einer Schule in Jujuy im äußersten Norden Argentiniens an, mitten in den Anden.

Giacomo hingegen hat sich mit seinen anstehenden guten Geschäftsaussichten zu befassen. Ricordi schließt einen Vertrag über das »Manon«-Libretto mit dem Theater-Autor Marco Praga und dem Versdichter Domenico Oliva. Anscheinend treten die beiden jetzt an die Stelle des bisherigen Librettisten Leoncavallo, mit dem Puccini aus welchen Gründen auch immer nicht zurechtkommt, und Ende Oktober sind auch bereits die ersten drei Akte des Librettos fertig.

Anfang 1890 teilt Puccini dem Bruder im fernen Argentinien mit, daß er an »Manon« arbeite und danach »den ›Buddha‹ machen« werde. Man pflegt allgemein daraus zu schließen, Puccini habe einen solchen indischen Stoff im Sinn gehabt; ich vermute jedoch, daß damit das alte Giacosa-Projekt gemeint ist, denn »Buddha« war der unter Freunden gängige Scherzname für Giacosa.

In diesen recht unruhigen Tagen schreibt Puccini eine seiner wenigen Gelegenheitskompositionen: das Streichquartett mit dem Titel »Crisantemi«. Es ist dem Andenken des am 18. Januar 1890 gestorbenen Amedeo von Savoyen gewidmet, des zweiten Sohns König Vittorio Emanueles II. Puccini hat das Stück nach eigener Angabe in einer Nacht komponiert, und es wird unmittelbar danach mit großem Erfolg im Mailänder Konservatorium und in Brescia aufgeführt. Sein eher bescheidener musikalischer Wert ist durch die Aufnahme einiger Wendungen in »Manon Lescaut« nachträglich gleichsam geadelt worden.

Inzwischen haben »Villi«-Aufführungen in Verona und Brescia stattgefunden, mit recht gutem Erfolg. Die in Brescia dirigiert ein junger Mann namens Arturo Toscanini. Der 23jährige, ein aufsteigender Stern am Himmel des italienischen Operntheaters, befaßt sich hier wohl zum ersten Mal mit einem Werk Puccinis – bald wird er für den Komponisten der Dirigent sein, der allein die musikalische Struktur seiner Stücke versteht und zu verwirklichen fähig ist: trotz allen persönlichen Haß- und Liebe-Differenzen hat Puccini bis an sein Lebensende kompetente Aufführungen seiner Opern bald nur noch von Toscanini erwartet.

In den nächsten Wochen gilt Puccinis Interesse der geplanten Scala-Reprise des »Edgar«. Aber dann erkrankt der Tenor, und das Stück muß wieder einmal verschoben werden, vielleicht auf den Herbst. Der neue Rückschlag trifft Puccini auch finanziell, hatte er doch im Hinblick auf die erwarteten Tantiemen von 2000 bis 3000 Lire sich schon Vorschüsse geben lassen. Mitte April stirbt zu allem Unglück auch noch Alberto Marsili, der

Mann seiner Schwester Nitteti – deprimiert weist Puccini darauf hin, daß seine wirtschaftliche Lage ihm keine Unterstützung der Schwester erlaube. Als würde das nicht reichen, meldet sich der gute alte Doktor Cerù und verlangt das Geld zurück, mit dem er Puccinis Studium finanziert hat, zuzüglich der Zinsen bis zum heutigen Tag. In völliger Verkennung der Realität und wohl auf lucchesisches Stadt-Geschwätz hin hält er Puccini offenbar für einen reichen Mann, der allein mit den »Villi« 40000 Lire verdient habe – Puccini weist ihm nach, daß es nur ungefähr 6000 sind.

Die finanzielle Misere läßt Puccini mit einem verzweifelten Plan spielen: soll er nicht seinem Bruder nach Südamerika folgen? Wenn es dort Arbeit für ihn gäbe (Arbeit als Musiklehrer!?), würde er sofort abreisen, und wenn Michele ihm das Geld für die Reise schickte. Wie Cerù sich in der Einschätzung von Puccinis finanziellen Möglichkeiten irrt, so täuscht dieser sich über die ökonomischen Verhältnisse seines Bruders. Aber es ist wohl auch

Onkel Nicolao Cerù aus Lucca

nicht ganz ernst gemeint: Puccini fährt nicht nach Argentinien, sondern wendet sich um so intensiver dem neuen Stück zu: er beginnt im März 1890 mit der Instrumentation von »Manon Lescaut«. Das bedeutet: ein ziemlich großer Teil des Librettos, sicher der ganze erste Akt, muß schon komponiert sein. In diese Kompositions- und Instrumentationsarbeit sind ganz offensichtlich die Erfahrungen eingeflossen, die Puccini aus der »Meistersinger«-Partitur gewonnen hatte.

Wie wir wissen, hat Puccini sich seit seiner Mailänder Studienzeit intensiv mit Wagner beschäftigt. Er hat die »Parsifal«-Partitur gelesen, Wagners letztes Werk, und er hat auch das eine oder andere frühere Stück im Theater gesehen. Aber erst im Zusammenhang mit Ricordis Kürzungswünschen für die »Meistersinger« mußte er genauer hinschauen. Und das hat sein kompositorisches Bewußtsein gründlich infiziert. Puccini kann den sprachlichen Witz der »Meistersinger« kaum verstanden haben, der das

Bruder Michele aus Südamerika

Libretto zu Wagners bestem Operntext macht. Aber er hat offenbar sehr genau verstanden, wie sich daraus Musik bildet, die dem »italienischen« Charakter am nächsten steht. Er hat vor allem die Natürlichkeit und Freiheit der Deklamation lesend und hörend begriffen, die Entwicklung melodischer Kantilenen aus dem quasi rezitativischen Dialog und ihre technische Bedingung: die Takt- und Tempo-Wechsel, die sich dem Duktus des Texts anschmiegen und damit die verschiedenen Personen charakterisieren. Er hat den »Meistersingern« abgelauscht, daß eine moderne Oper keine verschleierte Folge von »Nummern« mehr sein darf, sondern dramatische Ausdrucksmusik von ekstatischer Gebärde, die einen bis dahin unerhörten musikalischen Realismus hervortreibt. Von hier hat er wohl auch jene dann für ihn typische Technik gewonnen, Strophenlied-Ariosi immer wieder zu unterbrechen, um die dramaturgisch »richtige« Situation zu bewahren, ebenso wie die nicht weniger typischen Oktaven-Parallelen an melodisch besonders eindringlichen Stellen: Wagner verwendet in den »Meistersingern« dieses Verfahren, das später als Puccinis instrumentaler Primitivismus beschrieben und auch kritisiert werden wird.

Manches Charakteristische der »Meistersinger« hat Puccini geradezu ausdrücklich nicht übernommen: die Dichte des musikalischen Satzes, die Vielfalt der orchestralen Farben, die Raffinesse der Instrumentation. Manches hat er auf ein bescheidenes Maß reduziert: Wagners subtile Leitmotiv-Technik gerät bei Puccini fortan zu plakativ-verständlicher Direktheit. Im ganzen aber hat die genaue Beschäftigung mit Wagners Oper Puccinis musikalisches Weltbild zutiefst verändert. Mit »Manon Lescaut« entsteht von nun an nicht einfach eine bessere, sondern vielmehr eine ganz andere Oper.

Dazwischen aber macht Puccini auch ganz andere Erfahrungen. Sein Studienfreund Pietro Mascagni gewinnt den zweiten Wettbewerb für Opern-Einakter des Verlags Sonzogno – jenen Wettbewerb, in dem er selbst sechs Jahre zuvor gescheitert war. Am 17. März 1890 wird im römischen Teatro Costanzi (der heutigen Opera di Roma) Mascagnis »Cavalleria rusticana« mit überwältigendem Erfolg uraufgeführt. Das erste Glückwunsch-Telegramm stammt von Puccini: das Stück, das bis heute den italienischen Opern-Verismus dieser Jahre repräsentiert, ist Fleisch von seinem Fleisch, so haben sie sich gemeinsam die Zukunft des musikalischen Theaters in Italien vorgestellt. Zu Verdi redet Puccini über das Stück allerdings anders: da er annimmt, daß der Altmeister von derartiger Kunst nichts hält, benimmt er sich ganz opportunistisch und sagt nur alles Schlechte darüber. Es ist dies übrigens, bald nach der »Cavalleria«-

Uraufführung, die einzige Begegnung der beiden – sonderbar genug. Danach fährt Puccini für einen langen Sommer- und Herbst-Aufenthalt nach seinem gewohnten schweizerischen Vacallo, um endlich intensiv zu arbeiten.

Seit Mitte Mai war schon ein neuer zweiter Akt fertig, und Anfang Juni hatte ihm Praga den letzten Akt, das große Duett, geliefert. Oliva besucht Puccini in Vacallo, liest ihm die ersten Verse des Duetts vor und berichtet Ricordi, sie seien bald mit der Arbeit fertig. Aber diese Rechnung ist ohne den Wirt gemacht. Puccini ist mit seinen Librettisten überhaupt nicht zufrieden. In einem langen Brief an Ricordi kritisiert er die Änderungen, die die beiden am ersten Akt vorgenommen haben. Praga, als erfolgreicher Komödienschreiber weit prominenter als Puccini selbst, hat genug von den Mäkeleien und wirft den Bettel hin. Erneut wird Leoncavallo beteiligt, während Oliva weiter die ständig neuen Entwürfe in Verse bringt und Puccini die Instrumentation des ersten Akts fortsetzt. Im Oktober schreibt Oliva einen neuen »zweiten Teil des dritten Akts«, die Szene der Einschiffung in Le Havre, die heute für sich allein der dritte Akt ist.

Im Januar 1891 beendet Puccini die Instrumentation des ersten »Manon«-Akts. Aber in dieser ernsten Arbeitsphase machen ihm seine familiären Verhältnisse Sorgen. Anscheinend stören ihn die Frau und die beiden Kinder erheblich. Trotz Elviras anfänglichem Widerstand gelingt es ihm schließlich Ende März, sie samt Tochter zu ihren Verwandten nach Florenz zu schicken (wohin er ihr glühende Sehnsuchtsbriefe schreibt), während der Sohn bei Puccinis Schwester Tomaide in Lucca untergebracht wird. Kaum ist das alles geregelt, trifft Puccini ein schwerer Schlag: in Rio de Janeiro ist Michele am 12. März 1891 gestorben. Die Nachricht erreicht die Puccinis Anfang April, Einzelheiten erfahren sie von südamerikanischen Freunden erst Wochen später. Danach hatte Michele in Jujuy eine Liebesaffäre mit der Frau eines Senators. Es kam zu einem Duell, bei dem Michele den Ehemann verletzte, worauf er fliehen mußte: zunächst nach Buenos Aires, dann ins brasilianische Rio. Dort wurde er bald darauf das Opfer einer Gelbfieber-Epidemie.

Micheles Tod ist für Giacomo ein entsetzliches Ereignis, es schmerzt ihn sogar mehr als der Tod der Mutter: »Ich kann die Stunde nicht erwarten, wo auch ich sterbe: was soll ich noch auf der Welt? Ich bin am Ende.« In einer der äußerst seltenen Wendungen, die einen Einblick in Puccinis Denken erlauben, heißt es sogar: »Gott, wenn es ihn gibt, ist sehr grausam!«

Anfang Mai reist er nach Lucca, und für ein paar Tage trifft er sich im nahen San Martino mit Elvira. Als die wieder nach Florenz zurückgekehrt ist, macht die Zimmerwirtin Puccini heftige Vorwürfe, weil sie erfahren hat, daß die beiden nicht verheiratet sind – ihre gesellschaftliche Situation, jedenfalls außerhalb des liberalen Mailand, scheint ihm immer weniger erträglich. Dabei wird er von einer intensiven Sehnsucht nach Elvira gepeinigt – wenigstens wenn sie weg ist –, vor allem auch von sexueller Sehnsucht. »Topizia« nennt er sie in seinen Briefen, »Mäuschen«, oder »Porchizia«, »Schweinchen«, und er schwärmt von ihren »kleinen Orgien«.

»Manon« soll jetzt für die Aufführung in der nächsten Karnevalssaison in Turin fertig werden. Dahinter steht der Druck Giulio Ricordis. Der ärgert sich über die Verzögerung der Komposition, obwohl Olivas Libretto fertig sei, der erste Akt auch schon instrumentiert, der vierte komponiert, ebenso die Hälfte des dritten, dessen andere Hälfte skizziert – nur noch der zweite Akt fehle, und da müsse das Ganze doch bald zu schaffen sein. Das Durcheinander zeigt, wie kreuz und quer Puccini an dem Stück gearbeitet hat und wie diskontinuierlich es entsteht, in diesem Ausmaß ein einmaliger Fall in seinem Werk und ein Hinweis auf die hektischen Irritationen, die ihn dabei bewegen.

Zunächst jedoch kümmert sich Puccini vor allem um die »Edgar«-Aufführung in Lucca, die erste Vorstellung einer Puccini-Oper in seiner Vaterstadt und die erste des »Edgar« überhaupt seit den drei dürftigen Scala-Abenden vor mehr als zwei Jahren. Der Plan ist bereits im Mai entstanden, nachdem er zwei Jahre zuvor schon einmal vergeblich erwogen worden war; in einem Brief an den Bürgermeister von Lucca formuliert Puccini seine Forderungen: das Orchester muß groß und erstklassig sein, und auch von den Sängern hat er ganz konkrete Vorstellungen, was das Unternehmen nicht billig machen wird: 6000 Lire werde es die Stadt wohl kosten.

Um diese Zeit schafft Puccini sich ein neues ständiges Domizil in Torre del Lago am See von Massaciuccoli. Alle Spekulationen, wann Puccini diesen Platz kennengelernt habe, sind allein deshalb gegenstandslos, weil der See nur zwanzig Kilometer von Lucca entfernt ist und Puccini ihn also natürlich schon seit seiner Kindheit kannte. Eine Bewertung der noch am ehesten verläßlichen Quellen ergibt jedoch, daß der Entschluß, sich hier niederzulassen, erst in diesem Sommer 1891 gefaßt worden ist. Anfang Juli hält Puccini sich jedenfalls dort auf und wohnt zunächst bei einem gewissen Andreozzi. Dann mietet er zwei Zimmer im Haus eines Bauern namens Venanzio Barsuglia und zieht dort mit Elvira ein. Die abgelegene Bleibe soll selbstverständlich die Möglichkeit eröffnen, endlich mit Elvira zusammenleben zu können, ohne andauernd auf Heimlichkeiten angewiesen zu sein.

Aber Torre del Lago wird bald viel mehr für ihn: seine eigentliche Heimat bis an sein Lebensende und noch darüber hinaus, denn dort ist er auch begraben. Hier hat er von Anfang an die Freunde gefunden, die ihm behagten. Sie waren einfache Bauern oder arme Künstler, die sich wie er selbst in die ländliche Idylle begeben haben und die über alle privaten Interessen hinaus eine Leidenschaft eint: die Jagd. Carner hat zwar mit Recht darauf hingewiesen, daß man Puccinis und seiner Freunde Jagd-Fetischismus angesichts italienischer National-Gepflogenheiten nicht psychologisch überbewerten solle. Dennoch sind gerade diese Gepflogenheiten eines Gedankens wert. Denn sie repräsentieren jenen Männlichkeitswahn, der Puccinis Verhältnis zu seinen Mitmenschen lebenslang bestimmt hat: er unterschied genau zwischen seinen zärtlichen Frauenfreundschaften und den robusten Beziehungen zu Männern, mit denen er insbesondere auf die Jagd ging, wo man wehrlose Tiere tötete. Der scharfe moralische Gegensatz hat sich nicht zuletzt in seinen Opern niedergeschlagen.

Ende August verläßt er sein neues Refugium, um in Lucca die bevorstehende »Edgar«-Aufführung zu überwachen. Ihn deprimiert die musikalische Qualität der Proben; aber Giulio Ricordi tröstet ihn: so sei das nun einmal, und er könne nichts tun. Die Premiere findet am 5. September statt – in der zwar überarbeiteten, aber noch immer vieraktigen Fassung. Trotz vorhergehenden publizistischen Scharmützeln (da der Bürgermeister mit Puccini verschwägert war, munkelte man von familiärer Protektion) wird die Aufführung ein Triumph: vierzigmal wird Puccini hervorgerufen, sieben Stücke müssen wiederholt werden. Im Publikum ist neben allerlei musikalischer Prominenz auch die Principessa di Capua, jene Widmungsträgerin des einen Menuetts. Als Puccini nach Torre del Lago zurückkehrt, bereitet das Dorf ihm einen überwältigenden Empfang mit anschließendem Besäufnis auf seine Kosten.

»Edgar« wird in Lucca insgesamt dreizehnmal gespielt; es gibt die übliche Ehrenvorstellung für den Komponisten mit den ebenso üblichen Geschenken: ein Lorbeerkranz mit vergoldeten Früchten, eine bronzene Blumenvase, ein Schreib-Necessaire mit Nickel-Leuchtern, ein bronzenes Tintenfaß in Form eines Hummers, eine Keramikputte, die auf der Mandoline spielt, und schließlich ein Brillantring, in den sinnigerweise die Porträts von Wagner und Verdi und eine Widmung an Puccini eingraviert sind.

Es ist interessant, daß in den lucchesischen Zeitungsrezensionen bereits die Frage diskutiert wird, ob der vierte Akt des »Edgar« nicht überflüssig sei. Das Thema schneidet der Kritiker Carlo Paladini an, ein Bekannter Puccinis und bald sein erster ausführlicherer Haus-Biograph. Der Gedanke dürfte kaum auf seinem eigenen Mist gewachsen sein; viel eher wohl gibt er damit Überlegungen von Puccini selbst wieder. Offenbar ist dieser sehr tiefgreifende Plan während der Erfahrungen mit der Neuaufführung in Lucca entstanden.

Für »Manon Lescaut« findet Puccini jetzt einen zusätzlichen neuen Textdichter, zu Leoncavallo, Praga und Oliva nun schon den vierten: Luigi Illica. Er ist einer der fruchtbarsten italienischen Autoren: seit 1883 sind zehn Stücke von ihm an Mailänder Theatern uraufgeführt worden; auch Libretti hat er schon geschrieben. Jetzt arbeitet er mit Alberto Franchetti an einer Columbus-Oper und mit Catalani an dessen »Wally«. Er ist mit Ferdinando Fontana befreundet, und von dem soll der Hinweis auf Illica für die Neufassung des »Manon«-Librettos gekommen sein. Als erstes geht es um einen neuen Anfangsteil des zweiten Akts, dessen dramaturgischen Sinn als Liebesidyll Puccini dem neuen Mitarbeiter ausführlich darlegt, aber auch um einige kleinere andere Varianten. Schwierigkeiten gibt es zudem mit dem schon seit Jahren geplanten und immer wieder verschobenen »Edgar« in Madrid: der für die Titelrolle vorgesehene Tenor steigt aus den Proben aus. Flehend wenden Puccini und Ricordi sich an den berühmten Francesco Tamagno, Verdis ersten Otello, und der sagt glücklicherweise zu. Das rettet endlich den Madrider »Edgar«, wenn er auch noch einmal um drei Wochen in den März verschoben werden muß.

Dadurch fällt der historische Ruhm der ersten Aufführung der dreiaktigen Neufassung unverhofft dem italienischen Ferrara zu. Dort trifft Puccini einen für seine Zukunft bald besonders wichtigen Mann: den ganz jungen Giulio Gatti-Casazza, der schon wenige Jahre später Direktor der Scala und dann der New Yorker Metropolitan Opera wird. Sie machen gemeinsame Spaziergänge, Puccini klagt über seine Armut und erzählt von seinen Hoffnungen auf »Manon Lescaut«. Obwohl er den »Edgar« also fast schon abgeschrieben hat und angesichts des schlechten ferraresischen Ensembles sogar erwägt, die Aufführung abzusagen, wird die am 2. Februar 1892 ein großer Erfolg: die Romanze des Frank, das neue Duett des zweiten Akts, das Vorspiel des dritten und Fidelias Szene müssen wiederholt werden, auch der vorgezogene neue szenische Schluß macht »größten Effekt«. Kurz danach erscheint diese Neufassung im Druck.

Wenig später reist Puccini nach Madrid – es ist sein erster längerer Aufenthalt im Ausland. Die Menschen sind ihm fremd, weil er ihre Sprache nicht versteht – am liebsten wäre er wieder zu Hause und vor allem bei Elvira, die er aber zugleich auch wieder absichtsvoll eifersüchtig zu machen sucht: hier gebe es schöne Frauen, und er werde von allen bewundert, aber treu sei er trotzdem. Das sind die Wechselbäder, in denen er sich wohl fühlt und in die er auch seine Frau zu tauchen liebt; die aber hatte solchen Sadismus nicht so gern, wie Puccini in seinem Masochismus es sich wünschte.

Die Proben gestalten sich vor allem für das Orchester und den Dirigenten Mancinelli schwierig, weil (anders als der Klavierauszug für die Sänger) Partitur und Stimmen immer wieder handschriftlich korrigiert und schwer zu lesen sind. Deshalb gehen die Vorbereitungen zur Aufführung langsam voran. Außer von Tamagno hält Puccini nicht viel von den Interpreten einschließlich Chor und Orchester. Auch die Presse benimmt sich in ihren Vorberichten recht unfreundlich. In den Briefen an Elvira klagt er über Spanien überhaupt: ein Scheiß-Land sei das.

Am 19. März 1892 ist endlich die Premiere – ein relativ glücklicher Erfolg. Das Vorspiel (also das vom ehemaligen vierten Akt hierhin versetzte und noch einmal gekürzte Stück) muß schon wiederholt werden und dann drei weitere Nummern; der Tenor Tamagno wird umjubelt. Bei der zweiten Vorstellung empfängt die regierende Königinwitwe Maria Christina den Komponisten in ihrer Loge, um ihm zu gratulieren.

Kurz darauf tritt Puccini die Rückreise an. Frühe Quellen wollen wissen, daß er dabei einen kurzen Abstecher nach Paris machte, dessen weltstädtischer Charakter ihm aber einen solchen Schrecken eingejagt haben soll, daß er nach nur vier Stunden Aufenthalt wieder in Richtung Italien geflohen sei.

Im April erholt Puccini sich von den Madrider Strapazen und von der Trennung von Elvira mit ihr wohl in Torre del Lago. Illica, der dringend auf seine Rückkehr zur gemeinsamen Arbeit wartet, korrespondiert inzwischen mit Ricordi über den Fortgang des »Manon«-Librettos. Er versucht, manche Ungereimtheiten zu beseitigen, die durch die vielen verschiedenen Autoren und durch Puccinis ständig wechselnde Vorstellungen in das Buch geraten sind. Es läßt sich diesen Briefen entnehmen, daß die von Illica konzipierte Handlung des Stücks erheblich von der heute bekannten Oper abweicht: seine Fassung ist ausführlicher, ereignisreicher, kontinuierlicher, auch logischer. Und sie endet mit einer Art seliger Apotheose des Liebespaars, offenbar unter Verzicht auf den bereits vorliegenden letzten Akt mit dem Liebes- und Todesduett. Das aber war überhaupt nicht nach Puccinis Geschmack. Seine Interventionen gegen Illicas Text zielen aufs genaue Gegenteil: auf Diskontinuität, Handlungsarmut, Moment-Beschreibungen. Ihn interessieren menschliche Situationen und nicht die Folgerichtigkeiten von Geschichten. Es ist die Haltung eines hoch-nervösen modernen Musikers, dem logische Handlungsabläufe wenig bedeuten und menschliche Ur-Mythen viel.

Am 5. Juni 1892 datiert Puccini den Schluß des Orchester-Intermezzos vor dem heutigen dritten Akt, während sein Verleger und sein derzeitiger Librettist nebenbei urheberrechtliche Probleme gegenüber den drei vorigen Libretto-Dichtern im Hinblick auf die Veröffentlichung der »Manon Lescaut« erwägen müssen. In diesem Zusammenhang wird auch Giacosa als erfahrener Autor und Autoren-Funktionär herangezogen – und anscheinend nur in diesem Zusammenhang; entgegen manchen Behauptungen in der Literatur gibt es keinen Beleg dafür, daß er mit dem »Manon«-Libretto anderweitig und direkt zu tun hatte.

Als Puccini sich Mitte Juli für die letzte Kompositions-Phase hinauf nach Vacallo begibt – das auf Meereshöhe gelegene Torre del Lago ist ihm dafür zu heiß –, schreibt ihm gleich Ricordi; in diesem Brief ist nicht nur von vier eigenen Versen des Verlegers für »Manon« die Rede, sondern auch schon von neuen Stoffen: von »La Bohème« und von »La Lupa« – kurz vor der Fertigstellung der »Manon Lescaut« müssen Ricordi und sein Komponist natürlich an die Zukunft denken.

In Vacallo ergänzt und korrigiert Puccini zunächst den ersten Teil des zweiten »Manon«-Akts, also bis hin zum Intermezzo. Dafür läßt er sich von Leoncavallo noch einmal ein paar Verse vor dem Beginn des Finales schreiben. Das bedeutet immerhin entgegen fast der gesamten Puccini-Literatur, daß der erste Autor noch bis in die letzte Phase am »Manon«-Libretto beteiligt war. Dabei hatte Leoncavallo seinen großen eigenen Erfolg gerade hinter sich: am 21. Mai dieses Jahres war im Mailänder Teatro Dal Verme unter Toscaninis Leitung sein »Bajazzo« uraufgeführt worden, nach Mascagnis »Cavalleria rusticana« die zweite sofort auch international erfolgreiche Oper des italienischen Verismus, die Leoncavallo in nur fünf Monaten und als Reaktion auf Mascagnis junges Erfolgsstück komponiert hatte. Oft und gern wird die Geschichte erzählt, daß Leoncavallo, in einem Puccini benachbarten Ferienhaus in Vacallo wohnend, eine Fahne mit einem Zirkus-Clown aufgezogen habe, um triumphierend auf seinen Bajazzo hinzuweisen, worauf Puccini auch eine Fahne hißte, auf die eine große Hand gemalt war: »große Hand« heißt auf italienisch »manone«. Die Geschichte (wenn sie stimmt) kann nur in den letzten Juli-Tagen dieses Jahrs spielen und keineswegs als Ausdruck von Feindschaft interpretiert werden, vielmehr als heiteres Spiel zwischen Freunden.

Leoncavallo ist aber natürlich jetzt nur noch ein peripherer »Manon«-Librettist, ebenso wie Oliva, der ebenfalls sich erneut daran betätigt und zusammen mit Illica den Druck vorbereitet. Anfang August schickt Ricordi Probeabzüge davon und bittet Puccini dringend um seine Korrekturen. Vor allem sind ihm zu viele Personen in dem Stück, was allein dazu tauge, die Theater-Agenten zu verschrecken. Er verlangt auch so schnell wie möglich die Partitur, weil Carignani mit der Anfertigung des Klavierauszugs beziehungsweise mit der Korrektur der schon fertigen Teile beginnen müsse. Ricordi macht noch weitere szenische Änderungsvorschläge und berichtet, daß Verdi sich interessiert nach Puccini erkundigt habe.

Am Schluß des heutigen dritten Akts steht im Partitur-Autograph »Vacallo Oktober 92«. Damit ist, da der folgende letzte Akt bereits vorher im wesentlichen fertig war, die Komposition beendet. Aber auch in diesem Stadium scheut Puccini sich nicht, noch weitere Änderungen vorzunehmen, vor allem Kürzungen im letzten Akt, damit das riesige Duett, das den ganzen Akt ausmacht, nicht zum Duett des »Tristan« werde. Die Assoziation ist interessant genug, denn Geist und Musik der »Manon Lescaut« haben zweifellos manches mit Wagners glühendem Liebesdrama zu tun.

Am 20. November kündigt Ricordis Zeitung »Gazzetta musicale« zum ersten Mal einen fremdsprachigen Puccini-Klavierauszug an: die »Villi« erscheinen in deutscher Fassung – es ist zugleich die letzte noch einmal um fast hundert Takte gekürzte Version seines schon so oft geänderten Opern-Erstlings. Daß ausgerechnet in Deutschland Puccini erstmals nicht im italienischen Original gespielt wird, hat natürlich kulturelle und (in einem weiteren Sinn) politische Hintergründe. Immer enger hatte Italien sich in den vergangenen Jahren an den nördlichen Dreibund-Partner angeschlossen. Obwohl als kultureller Bezugspunkt nach wie vor Frankreich galt (was ja auch Puccinis Verwendung französischer Stoffe von »Edgar« bis »Tosca« belegt), war Deutschland das politische Vorbild. Der preußische Ordnungsstaat repräsentierte für viele Italiener, vor allem für die Oberschicht, den angestaunten Gegensatz zu ihren maroden Verhältnissen, obwohl nicht zuletzt die von Deutschland abgekupferte expansionistische Großmachtpolitik die politischen, wirtschaftlichen und sozialen Probleme Italiens verschärft hatte. In Deutschland jedenfalls schien alles in Ordnung, und die italienischen Sympathien wurden von dort erwidert, zumindest auf kulturellem Gebiet. Die südlichen musikalischen Novitäten dieser Jahre feierten Triumphe: »Cavalleria rusticana« und der »Bajazzo« wurden in Dutzenden deutscher Theater gespielt und standen an erster und an dritter Stelle der deutschen Opern-Aufführungsstatistik.

Auf dieser Welle trieb schließlich auch Puccini. Ohne Zweifel hat Ricordis Verlagspolitik sich an die Erfolge der Sonzogno-Autoren Mascagni und Leoncavallo angehängt, als er »Le Villi« unter Verwendung ihres ursprünglichen Titels als »Die Willi's« ins Deutsche übertragen ließ. Das schon Jahre alte Stück war ja eine Art Vorläufer der veristischen Mode, und es spielte schließlich sogar in Deutschland. Wie bei »Cavalleria rusticana« war Hamburg der Premierenort, aber es folgte kaum etwas nach: ein Jahr später gab es noch eine Inszenierung in Frankfurt und dann lange nichts mehr. Der erhoffte Erfolg in Deutschland blieb aus, die verfeinerten Nachfolge-Modelle der neunziger Jahre gefielen verständlicherweise besser als der veraltete Prototyp von 1884.

Im November 1892 reist Puccini in den für ihn sehr hohen Norden, nach Hamburg, neben Manchester der nördlichste Ort, den er überhaupt je betreten hat. Anders als seinerzeit in Bayreuth ist er allein, was ihm angesichts seiner vollständigen Sprach-Unkundigkeit sehr zu schaffen macht. Vermutlich bezieht sich auf diesen Aufenthalt die überlieferte Anekdote, er habe sich sehr einseitig ernähren müssen, weil er im Restaurant nur »cotolette mit kartoffeln« habe bestellen können. Jedenfalls beklagt er seine Verständigungsprobleme und nennt die Deutschen ungeschliffene Menschen (»orsi«).

Die Sänger findet er bescheiden, das Orchester allerdings sehr gut. Kein Wunder, der Dirigent heißt Gustav Mahler. Der 32jährige begann gerade seine zweite Spielzeit als Hamburger Kapellmeister, aber er war schon Chef der Budapester Oper gewesen und hatte kürzlich mit einem Wagner-Zyklus in London gastiert. Es ist anzunehmen, daß Mahler die »Willi's« so gut dirigiert hat wie nur eben möglich. Puccinis Musik hat er dennoch nie besonders geschätzt, auch nicht die der folgenden Opern, und das vielleicht gerade wegen dieser frühen Erfahrung. Nie mehr hat er eine Puccini-Oper dirigiert, und zu Puccinis Leidwesen hat er die Aufführung seiner Werke an der Wiener Hofoper später lange verhindert. Zu viel trennte Mahlers musikalische Welt von der Puccinis, obwohl sie sich auf tiefgründige Weise nahe sind: Mahler hat in seine Sinfonien immer wieder als Bruchstücke eine Sentimentalität montiert, die aus Puccinis Musik scheinbar so ungebrochen redet, obgleich sie auch dort Gefühle wie aus einer anderen Welt auszudrücken scheint.

Am Tag der Hamburger Premiere, der sieben weitere Aufführungen folgen, ein durchschnittliches Ergebnis, am 29. November 1892 also, schickt Puccini einen Brief in Gedichtform an Illica, in dem er seine Reisepläne mitteilt: Berlin, Dresden, Wien, Mailand. Die Reiseorte sind sehr vermutlich in der Absicht gewählt, dort weitere »Villi«-Aufführungen zu vereinbaren – erfolglose Versuche allesamt. In Wien lernt er immerhin Angelo Eisner kennen, einen mit der österreichischen Musikszene gut vertrauten schriftstellernden reichen Baron, der für die nächsten Jahrzehnte so etwas wie sein Privat-Agent in der k.u.k. Hauptstadt wird. Noch in Wien erreicht ihn auch ein Brief Ricordis, der Puccinis aktuelle Sorgen, kurz vor der »Manon«-Uraufführung, widerspiegelt. Das ist erstens die Angst, die Oper werde unter dem Vergleich mit Jules Massenets seit acht Jahren berühmtem Stück über denselben Stoff leiden (Puccini erwägt deshalb in letzter Minute offenbar noch eine Änderung des Titels, wovon Ricordi wegen völliger Lächerlichkeit dringend abrät), und das ist zweitens die Suche nach einem neuen Libretto – da kann Ricordi ihn beruhigen: Illica habe eine schöne Handlung gefunden. Die »Bohème« ist damit allerdings noch nicht gemeint.

Nach der Rückkehr lehnt Puccini einen Illica-Stoff mit dem vorläufigen Titel »Le Nozze di Nane« ab (den dann sein lucchesischer Freund Gaetano Luporini komponierte) – vielleicht war das der neue Stoff, von dem die ganze Zeit die Rede gewesen ist. Jedenfalls beklagt Illica sich heftig bei Ricordi über Puccinis Arbeitsweise; der sei nicht bereit, ein Libretto zu komponieren, wie es ist, sondern pfusche im Geschäft der Textdichter herum, obwohl die schließlich besser wüßten, was ein gutes Buch sei.

Illica trifft damit den Nagel auf den Kopf. Puccini war es immer völlig gleichgültig, was seine Librettisten für gut hielten – er komponierte nur, was *er* gut fand. Es überrascht nicht, daß ein solches Verhalten den Librettisten nicht paßte. Aber Puccinis Erfolg gab ihnen unrecht: er war es, der ihre bescheidene Dutzendware vor der Vergessenheit rettete.

Spätestens am 1. Januar 1893 ist Puccini schon in Turin für die Proben zur »Manon«-Premiere. Ricordi mahnt ihn zur Geduld mit den Puccini unzureichend scheinenden Sängern: bessere seien nicht zu finden. Der Verleger kann sich an den Vorbereitungen kaum beteiligen, denn er ist mit einem ihm weit wichtigeren Projekt beschäftigt, der Scala-Uraufführung von Verdis neuester Oper »Falstaff«. Dennoch kommt er zu zwei Probentagen, und Puccini ist sich des Erfolgs dann auch sicher: trotz den schlechten Sängern fänden hier alle das Stück phantastisch.

Die erste Aufführung ist am 1. Februar 1893, und der Erfolg ist tatsächlich überwältigend: ein Triumph beim Publikum, höchster Respekt bei den Kritikern. Puccini befindet sich in einem Glückstaumel. Die Stadt Turin gibt zu seinen Ehren ein Festbankett im Grand Hotel et d'Europe, dem feinsten Haus am Platz. Elvira ist dabei und der Freund Alfredo Caselli aus Lucca, der ihm für diesen Anlaß eine Dankrede geschrieben hat, da Puccini sich solcher Worte kaum mächtig fühlt. Er vergißt die auswendig gelernte Rede denn auch prompt, kann nur »Danke für alles!« stammeln und wirft vor Aufregung sein Champagnerglas um.

Der »Manon«-Erfolg hat geradezu explosiven Charakter. Noch im selben Jahr wird die Oper in einem runden Dutzend italienischer Städte nachgespielt, dazu kommen Buenos Aires, Rio de Janeiro, Petersburg, Madrid, Hamburg. Der Verlag bietet neben dem Klavierauszug und Einzelstücken bald auch Bearbeitungen für elf verschiedene Instrumental-Kombinationen an: die Haus- und Freiluftmusik hat sich des Stücks sofort bemächtigt, untrügliches Zeichen für seinen Erfolg und für Puccinis nun nie mehr endenden Ruhm.

Am 9. Februar, dem Tag der »Falstaff«-Uraufführung, signiert Giuseppe Verdi in Mailand eine Fotografie für Puccini. Der Achtzigjährige, der mit einer überwältigenden musikalischen Komödie sein riesiges Lebenswerk abschließt, hat seinen Nachfolger gefunden.

7

Der eigene Weg:
»*Manon Lescaut*«

Wenn man den Roman des Abbé Prévost »Die Geschichte des Chevalier Des Grieux und der Manon Lescaut« (1731) liest, wird schnell deutlich, was Puccini an dem Stoff so sehr gereizt hat, daß er die Verschiebung des Vertrags mit Giacosa über das russische Sujet durchsetzte und einstweilen auf »Tosca« verzichtete.

Der Roman ist ein einziges mit den moralistischen Klischees des 18. Jahrhunderts nur notdürftig verschleiertes Hohes Lied der Liebe. Das Liebespaar wird weitab von jeder Idealisierung dargestellt. Sie sind keine hehren Helden, sondern recht banale Menschen. Des Grieux ist der schönen Manon Lescaut von Anfang bis Ende völlig hörig, bis hin zu geradezu amoralischen Verhaltensweisen, die der Autor nicht einmal tadelt, sondern wie selbstverständlich berichtet. Die Liebe macht den Mann zum kleinen Gauner, zum Spieler und Mörder. Manon auf der anderen Seite wird als eine psychisch sehr komplexe Frau charakterisiert, die von Liebe, Leichtfertigkeit und Genußsucht zugleich erfüllt ist.

Als der aus dem Benediktinerorden entsprungene Mönch Prévost seinen Roman schrieb, war er etwa so alt wie Puccini, als der sich mit dem Stoff beschäftigte. Die beiden mögen sich im gleichen Gemisch von Erfahrungen und Befürchtungen getroffen haben, besonders in den Befürchtungen. Puccini lebte seit Jahren in einer gesellschaftlich ebenso prekären Beziehung zu einer Frau, wie sie die des adligen Des Grieux zu einem bürgerlichen Mädchen anderthalb Jahrhunderte zuvor gewesen war. Puccini hing an seiner Frau in einer ununterscheidbaren Mischung von Zuneigung, Angst, Überdruß, Sehnsucht, Fluchtwünschen, Verlangen. Prévosts psychologisch eindrucksvolle Rationalisierung eines solchen Verhältnisses muß Puccini tief berührt haben.

Die persönliche Betroffenheit durch diesen Stoff hat ihn alle Bedenken überwinden lassen, die gegen seine Komposition sprachen. Vor allem nämlich: er war als Vorlage für das Musiktheater nicht neu. Unter anderem gab es von Halévy ein Ballett und von Auber eine Oper gleichen Titels, besonders aber Jules Massenets 1884 in Paris uraufgeführte »Manon«, die längst einen Siegeszug um die Welt angetreten hatte – in Italien erschien sie allerdings erst ein Dreivierteljahr nach Puccinis Stück. Es spricht manches dafür, daß Puccini das dramaturgische Konzept seiner eigenen Prévost-Oper ausdrücklich als Gegensatz zu Massenets Stück entwickelt hat, und zwar mit der Absicht, sich der literarischen Vorlage enger anzuschließen als der französische Komponist und seine Librettisten. Die waren ungefähr der Handlung gefolgt, hatten aber die Motive gründlich verändert: Manon und Des Grieux werden als Falschspieler verhaftet und nicht als sexuell illegales Paar, Manon stirbt schon vor ihrer Deportation nach Amerika an gebrochenem Herzen.

Puccinis ursprünglicher Entwurf bleibt näher bei Prévost. Noch mit dem Leoncavallo zunächst ersetzenden Librettisten Marco Praga waren folgende Szenen vereinbart: 1. die Begegnung zwischen Manon und Des Grieux in einer Postkutschen-Station in Amiens, 2. ihr Zusammenleben in einer elenden Pariser Wohnung, 3. Manon im luxuriösen Haus des Steuereinnehmers Geronte, die Entdeckung ihrer Liebe zu Des Grieux und (deshalb) ihre Verhaftung, 4. der Tod in einer amerikanischen Wüste. Im ersten und zweiten Bild stimmt das mit Massenets Oper überein. Erst sehr spät haben Puccini und der gerade zuständige seiner vielen Mitarbeiter das anfängliche Liebesidyll (2. Bild) verworfen und zusätzlich jene überwältigende Szene der Einschiffung der Deportierten in Le Havre erfunden, die bei Prévost nur knapp erwähnt wird, aber den gesellschaftskritischen Geist seines Romans besser trifft als der ganze Massenet und Puccinis ursprüngliches Szenario zusammen. In den Momentaufnahmen der Manon-Des Grieux-Beziehung ist deren Essenz sinnvoller verdichtet, als es in einem chronologischen Nachvollzug der Roman-Handlung möglich gewesen wäre.

In der endgültigen Fassung repräsentieren der erste Akt den lockeren Anfang einer Liebe, der zweite die komplexe Psyche einer Frau zwischen Genußsucht und selbstvergessener Leidenschaft, der dritte die Grausamkeit einer spießigen, bigotten und insgesamt der Menschlichkeit feindlichen Umwelt, der vierte ein tragisches Ende in der ganz ins Private zurückgenommenen Katastrophe. Puccinis Dramaturgie ist von enormer Modernität und entfernt sich in ihrem offenbar sehr bewußten Verzicht auf eine kontinuierliche Beschreibung von Motivationen von der scheinbaren Logik gewöhnlicher Opern-Handlungen des 19. Jahrhunderts, ist dabei zugleich aber auch näher an Konzepten des 20. Jahrhunderts – man denke etwa an Alban Berg, dessen »Lulu« in der dramaturgischen Diskontinuität sowohl wie in der Darstellung einer starken, unabhängigen, emanzipierten

Frau geradezu handgreifliche Parallelen besitzt zu Puccinis »Manon Lescaut« und zu der insofern ähnlichen darauf folgenden »Bohème«. René Leibowitz hat darauf hingewiesen, daß Alban Berg das Werk Puccinis gut gekannt haben müsse.

Es ist nicht besonders überraschend, daß Puccini schon in unmittelbarer Nachbarschaft der Uraufführung Änderungen an der Komposition seiner Oper vornahm. Sie war sehr spät fertig geworden, und Ricordi hatte sie gleichsam Seite für Seite gedruckt, wie Puccini ihm die Partitur lieferte und wie dessen Freund Carignani daraus den Klavierauszug fertigte, der für die Proben mit den Sängern notwendig war. Als der erste Klavierauszug erschien, ein paar Wochen vor der Uraufführung, war er schon überholt: Hopkinson hat bereits für das Premierenjahr 1893 drei verschiedene Fassungen nachgewiesen, die alle gedruckt wurden. Der größte Unterschied besteht dabei in einer Neukomposition des ersten Finales, die Illica vorschlug, nachdem er die Mailänder Aufführung von Massenets »Manon« gesehen hatte. Die Änderung sollte einem besseren Verständnis der Figur von Manons Bruder dienen und gab ihm hier deshalb eine ausführlichere Szene mit dem reichen Geronte, während das ursprüngliche lange und konventionelle Chor-Finale auf ein Drittel zusammengestrichen wurde.

Danach erfuhr nur noch der letzte Akt eine gravierende Änderung: Manons Arie »Sola, perduta, abbandonata« wurde in einer Fassung von 1909/10 ganz gestrichen, was eine abermalige Verdichtung der ohnehin gleichsam oratorischen Schlußszene bewirkt, aber doch nicht Puccinis »letzten Willen« darstellt; denn für die legendäre Scala-Aufführung Ende 1922 unter Toscanini fügte Puccini die Arie wieder ein. Die heute vom Verlag angebotene gedruckte Partitur bietet ungefähr den Stand von Ende 1893. Trotz allen subtilen philologischen Problemen gibt sie wieder, was Puccini zwischen 1889 und 1892/93 komponiert hat, und das ist in seinem Inhalt und in seiner musikalischen Gestalt nach den mehr oder weniger gescheiterten ersten Schritten mit »Le Villi« und »Edgar« eben das, was Puccini schaffen wollte: ein Meisterwerk.

Der Anfang ist eines von Puccinis notorischen Selbst-Plagiaten: er verwendet das Thema eines der drei bereits Jahre alten Menuette für Streichquartett. Aber bei identischem musikalischen Material ist der Ton völlig anders geworden. Der harmlose vierstimmige Satz hat sich in eine Musik verwandelt, die die turbulente Stimmung einer Kneipe in Amiens charakterisiert. Technisch vollbringt Puccini das dadurch, daß er das Thema in die hohen Holzbläser und Violinen legt und die konventionelle Gegenstimme des Violoncellos ersetzt durch Staccato-Akzente der Blechbläser und Pizzicati der tiefen Streicher. Die scheinbar kleine Veränderung weitet den Klangraum erheblich und bringt ein ganz neues Klangbild hervor: das traditionelle Menuett scheint zwar noch immer als Form-Muster durch – »Manon Lescaut« spielt schließlich in der Zeit des Rokoko –, aber es ist Musik kurz vor 1900 geworden, die das 18. Jahrhundert bloß reflektiert.

Das knappe Orchestervorspiel geht ohne Zäsur in die Anfangsszene über, einen Chor mit tenoralem Vorsänger. Die Szene besitzt nach den vielen mühsamen Chor-Stellen der früheren Puccini-Opern eine bemerkenswerte musikalische Frische, sie entbehrt des gewohnten Nummern-Charakters. Gleichsam beiläufig wird darin auch der männliche Held eingeführt: Des Grieuxs Beteiligung an dem eigentlich konventionellen Genre-Bild ist bis hin zu seinem ersten kurzen Arioso »Tra voi, belle, brune e bionde« von genialer Leichtigkeit. Dabei nimmt Puccini diesem Stückchen seine mögliche Belanglosigkeit, indem er im Mittelteil den Gesang nur von den Holzbläsern in Quinten-Parallelen begleiten läßt, was die scheinbar so lockere Situation schon fahl einfärbt.

Mit der Ankunft der Postkutsche, aus der Manon mit ihrem Bruder und der alte Geronte aussteigen, wird der heitere musikalische Gestus der Einleitungsszene instrumental abgeblendet, ohne daß ein erkennbarer kompositorischer Bruch eintritt: Puccini beherrscht die so schwierige Kunst des Übergangs bereits perfekt. Der erste Dialog zwischen Des Grieux und Manon mit seinen irritierenden Blechbläser-Akzenten über schwirrenden Streicher-Akkorden signalisiert, daß die Geschichte nicht nur weitergeht, sondern sehr vermutlich kein gutes Ende finden wird.

Daraus entwickelt sich ein weiteres Des Grieux-Arioso, »Donna non vidi mai simile a questa!«, für das Puccini thematisch seine alte Examensarbeit verwendet hat, die Gesangsszene »Mentìa l'avviso« von 1883. Es ist eines seiner so typischen Tenorstücke mit den kurzen melodischen Bögen, die abwärts zielen, mit den Oktav-Begleitungen des Orchesters, nun aber schon kunstvoll zwischen verschiedenen Instrumenten-Gruppen wechselnd. Das Thema gewinnt als Des Grieuxs Liebesmelodie von jetzt an leitmotivisches Gewicht und damit eine strukturelle Bedeutung, wie sie Puccini in den Opern zuvor kaum nutzte.

In die folgende Chorszene ist der Dialog eingefügt, in dem Lescaut seine Schwester an Geronte verschachert. Auch hier wird durch ständig fließende Übergänge jeder Nummern-Charakter vermieden; Puccini beachtet Wagners musikdramatische Lehren sorgfältig. Wieviel Puccini sogar technisch aus seinem Wagner-Studium gelernt hat, zeigen die gleich anschließenden Passagen, vor allem die große Freiheit selbst der instrumentalen Deklamation beim Gespräch zwischen Edmondo und Des Grieux (etwa nach Ziffer 52); und zu Manons Wieder-Auftritt nimmt das Orchester geradezu eine meistersingerische Klanggestalt an (vor Ziffer 53), als handle es sich um Evchen.

Das zweite Manon-Des Grieux-Duett setzt diesen Stil fort, übrigens auch in der Disposition des Dialogs: bis auf die vier kurzen Takte des Liebesbekenntnisses gehen die Stimmen nie zusammen, sondern wechseln sich ab, auch hierin Wagners Theorie der Natürlichkeit im Musikdrama folgend und nicht der italienischen Operntradition. Ganz schlackenlos ist das alles aber noch nicht bewältigt, wie etwa der völlig unvermittelte und unerklärliche Tanzrhythmus (bei Ziffer 60) zeigt, der wie aus Südamerika und in einem aufdringlichen Fortissimo ertönt.

Das Finale nach Manons und Des Grieuxs gemeinsamer Flucht ist wie gesagt später neu getextet und neu komponiert worden: Lescaut tröstet den ausgetricksten Geronte mit der Hoffnung auf Manons Luxus-Bedürfnisse, die sie in Paris sehr bald dazu bringen würden, den armen Des Grieux zu verlassen und Gerontes Reichtum zu erliegen. Mit der Wiederaufnahme des »Tra voi«-Ariosos durch den Chor kommt der erste Akt zu einem eleganten und knappen Schluß.

Der zweite spielt im Haus Gerontes, dem Manon gemäß Lescauts Prophezeiung bereits als Mätresse gehört. Unter Gesichtspunkten einer kontinuierlichen dramaturgischen Logik ist es sicher ein Fehler, daß Puccini das ursprüngliche zweite Bild, Manons und Des Grieuxs Liebesidyll, gestrichen hat und von ihm nur noch in einem kurzen Solo des Lescaut im nächsten Bild berichtet. Aber im abrupten Nebeneinander von Liebesausbruch und Verrat an der Liebe aus Genußsucht zeichnet die Dramaturgie der Oper sehr genau den Charakter Manons nach, der sich ja gerade aus so scheinbar schroffen Gegensätzen konstituiert. Puccini vollzieht den Bruch auch kompositorisch. Die Musik am Anfang des zweiten Akts präsentiert ein nachgemachtes Rokoko, in einer atmosphärisch dichten Instrumentation, die von Flöte, Harfe, Triangel und Streichern beherrscht wird; aber die ganze akustische Szenerie ist von einer marionettenhaften Starre, die sich von der lockeren Frische des ersten Akts absichtsvoll kraß unterscheidet. Diese Starre setzt sich noch bis in Manons Arie »In quelle trine morbide« mit ihrer anfänglichen synkopierten Holzbläser-Begleitung fort. Erst im zweiten Teil der Arie, wenn Manon sich an ihr Zusammenleben mit Des Grieux erinnert, beginnt das melodische Leben des ersten Akts wieder zu blühen.

Aber die Musik ist von nun an vom Verlust ihrer Naivität infiziert. Sie erscheint zunehmend eingetrübt, rauh, quälerisch, manchmal gar schrill wie in den pausen-durchsetzten Achtel-Triolen zu Lescauts Bericht von Des Grieuxs Verzweiflung (nach Ziffer 8) oder in der schrecklich klingenden Modulation durch weit voneinander entfernte Tonarten am Ende des Duetts Manon–Des Grieux (vor Ziffer 10) – das wirkt so unbeholfen, daß es bei Puccinis technischen Fähigkeiten um diese Zeit Absicht sein muß.

Puccini schiebt dann, um die Atmosphäre des Hauses Geronte und Manons Situation noch genauer zu charakterisieren, eine merkwürdige Szene ein, wo Sänger ein von Geronte geschriebenes Madrigal vortragen und Manon Tanzunterricht erhält. Das Madrigal besteht aus der Musik des »Agnus Dei« von Puccinis Jugend-Messe, wodurch der dort bereits beschriebene »doppelte« Zitat-Charakter noch eine bissige Pointe erhält, weil das Stück als Werk Gerontes ausgegeben wird, des geilen alten Bösewichts. Das dann erklingende Menuett als Musik für die Tanzstunde enthält Fragmente aus den beiden anderen der drei Menuette, deren zweites Puccini ja schon im vorigen Akt verwendet hatte. Die Passage, Madrigal plus Menuett, hat im ganzen etwas Rührendes, aber auch Tiefsinniges. Sie greift auf sehr frühe Kompositionen Puccinis zurück und stellt sie zugleich inhaltlich in einen ironischen Zusammenhang: Puccini konstatiert für sich (und für die Kenner unter seinen Freunden: nur wenige können die Anspielung verstanden haben) den Abschied von seiner Vergangenheit und von seiner musikalischen Herkunft aus der Provinz. Die Veranstaltung in Gerontes Haus hat erkennbar provinziellen Charakter, und sie wird sehr rasch abgelöst von etwas, was für Puccini und nicht nur für ihn Welt-Musik ist: auf den musikalisch historisierenden Rückblick folgt der aktuellste Italo-Wagner.

Mitten in der Szene nämlich noch vollführen die Violinen eine abwärtsrasende Figur (bei Ziffer 22), die direkt aus dem dritten »Meistersinger«-Akt, von der Nürnberger Festwiese, zu stammen scheint, und mit dem Auftritt des Des Grieux beginnt die Musik sich in das Gewand von Wagners »Tristan und Isolde« zu kleiden. Natürlich ist dieses Gewand zu weit für die darin steckenden Figuren. Zwar hat der zweite »Tristan«-Akt erkennbar Pate gestanden für die Musik des nun folgenden Duetts zwischen Manon und Des Grieux. Aber das chromatische Pathos ist aus zweiter Hand, das große Vorbild zu übermächtig, um dem Nachahmer trotz all seiner hier schon bemerkenswerten Instrumentationskünste Luft zum Atmen zu lassen, irgendwann weicht Puccini ganz schlicht in einen über sieben Takte völlig unbegleiteten Gesang aus (vor Ziffer 31) – und da, in der Kapitulation von Wagners kompositorischer Meisterschaft, ist der italienische Nachfahre am überzeugendsten, weil nur in der äußersten Ökonomie der musikalischen Mittel ein Gegengewicht zu Wagners exorbitantem Reichtum zu schaffen ist.

Erst im zweiten Teil vermag das Duett ganz aus dem »Tristan«-Schatten zu treten. Mit Des Grieuxs »Nel occhio tuo profondo« schreibt Puccini eines seiner überwältigendsten Themen, das natürlich alle Zutaten solcher Themen enthält: die fallende Linie, die Triolen-Bewegung, die Orchester-Farbe in der Oktaven-Begleitung. So etwas hätte Wagner nicht komponiert, und in der Verknüpfung dieses ekstatischen melodischen Einfalls mit der Technik des »Tristan«-Duetts zerbricht Puccini alle Konventionen und wird »er selbst«. Von diesem Augenblick an zeigt die Fortführung der Musik, daß es einen neuen großen Komponisten gibt, nach Verdi und Wagner und vor Mahler und Schönberg. Der Gewinn zeigt sich alsbald. Von nun an besitzt Puccinis Orchester eine Selbständigkeit, mit der er Verdis »Otello«-Orchester zumindest einholt. Es hat vielleicht sogar einen größeren Reichtum der Farben, klebt weniger an den Singstimmen, charakterisiert Situationen, die ein Libretto nur andeuten kann.

Der Rest des Akts ist dunkel eingefärbt. Gerontes Drohung, die unerlaubt Liebenden der Justiz auszuliefern, und der wegen Manons Charakter scheiternde Fluchtversuch (sie mag sich von ihrem Schmuck nicht trennen) sind in einer vergleichsweise strengen Fugato-Form gestaltet – Fuga heißt wörtlich ja auch Flucht. Vertrackte Rhythmus-Wechsel und eine heftige Beschleunigung am Ende fegen die Banalität hinweg, die Manons Verhaftung und ihre und Des Grieuxs Verzweiflung musikalisch leicht auslösen könnten. Die mit den Mitteln des ausgehenden 19. Jahrhunderts auf die Spitze getriebene musikalische Ekstase entschuldigt die Anleihen, die Puccini in der zweiten Hälfte seines Akts beim zweiten »Tristan«-Akt gemacht hat.

Zwischen den zweiten und den dritten Akt hat Puccini ein Orchester-Intermezzo eingeschoben. Das Verfahren war beliebt, er selbst hatte es schon in den »Villi« angewandt, um einen auf der Bühne nicht dargestellten Handlungs-Zeitraum zu vertreten; und das Intermezzo aus Mascagnis »Cavalleria rusticana« war längst ein auch außerhalb der Oper geschätzter Hit geworden. Puccinis »Manon«-Intermezzo sollte ursprünglich das Ende des ersten Teils des zweiten Akts sein, dessen zweiter Teil dann also die Einschiffungsszene in Le Havre gewesen wäre, der heutige dritte Akt. Das heißt jedenfalls, daß dieses Intermezzo enger an den heutigen zweiten Akt gekoppelt ist als an den dritten, ein Nachspiel also und kein Vorspiel zu Le Havre. In Bühnenaufführungen der »Manon Lescaut« herrscht darüber allgemeine Unsicherheit; meist wird das Stück nach der Pause als Präludium zum dritten Akt gespielt, was verständlich ist und auch der gedruckten Partitur entspricht, aber dennoch nicht sinnvoll. Im übrigen ist es eine sehr gut geschriebene Orchester-Komposition, wohl Puccinis beste, die in der Oper den Transport der verurteilten Manon nach Le Havre überbrückt, von wo sie in die französischen Kolonien in Nordamerika deportiert werden soll. Der Anfang des Intermezzos mit den Soli eines Violoncellos und einer Viola verdankt seinen Duktus sehr offenkundig dem Vorspiel zum dritten Akt der »Meistersinger«, nach dem das ganze Stück modelliert zu sein scheint.

Puccinis über die Prévostsche Vorlage hinausgehende eigentliche Erfindung ist der heutige dritte Akt der »Manon Lescaut«. Inhaltlich behandelt er den fehlschlagenden Versuch, Manon mit Gewalt zu befreien, und ihre und ähnlicher Leidensgenossinnen Einschiffung nach Amerika. Die düstere Geschichte findet ihr Pendant in einer musikalisch tief grundierten Gestaltung: abgrunddunkle Orchesterfarben charakterisieren den traurigen Zustand der Handlung, eingeschlossen das erotisch irisierende Lied eines Lampenanzünders, das als Reflex der »hohen« Handlung das erste Modell für ähnliche Passagen vor allem in Puccinis Spätwerk ist.

An das Scheitern von Manons Befreiung schließt sich fast nahtlos der düstere »Appello« an, der Aufruf der für die Deportation bestimmten Frauen. Das ist eine dramatisch äußerst eindrucksvolle Szene mit einem raffiniert komponierten Ineinander der vielen beteiligten Stimmen. Puccini hat diesen Akt als letztes Stück seiner Oper geschrieben, und es ist das beste geworden: eine düstere Szene voller Emotion, frei von aller Konventionalität, sparsam, mit Ausnahme des Schlusses, wo das Orchester das große Thema aus dem zweiten Akt herausschmettert, was ohne Zweifel kein besonders guter Einfall Puccinis war. Er hat sich später übrigens angeblich darauf berufen, daß seine Inspiration für das Finale dieses Akts aus einem Bericht über das Jammern der Patienten in einem Irrenhaus stamme. Die Anekdote klingt nicht unwahrscheinlich: wer emotional so empfänglich war wie Puccini, mußte durch eine solche Erzählung tief beeindruckt werden, und man hört der Szene an, mit wieviel Engagement sie komponiert worden ist.

Der vierte Akt ist ein ganz ungewöhnliches Stück. Er spielt in einer »endlosen Einöde an der Grenze des Territoriums von New Orleans«. Die amerikanische Szenerie stammt aus Prévosts Original. Dort wie in der

Oper sind Manon und Des Grieux auf der Flucht aus der französischen Strafkolonie ins Indianergebiet und zu den englischen Besitzungen weiter nördlich. Aber das Motiv dafür – Des Grieux glaubt den Neffen des französischen Gouverneurs im Duell getötet zu haben – ist bei Puccini verschwunden. Die Flucht ist hier eine gleichsam abstrakte existentielle Situation, die aus der Handlung überhaupt nicht mehr begründet wird. Das erinnert wiederum an den Schluß von »Tristan und Isolde«, wo der »Liebestod« des Titel-Paars sich ebenfalls um keine »logische« Legitimation bemüht.

Der Akt ist insgesamt ein einziges Duett mit einem eingeschobenen Monolog der Manon. Wie wir gesehen haben, hat Puccini an dem Stück viel herumgebastelt, vor allem immer wieder gekürzt, wobei schließlich zeitweise sogar der ganze Monolog entfiel, und zwar gerade mit der Absicht, eine allzu deutliche »Tristan«-Nähe zu vermeiden. Musikalisch lebt der Akt außer von den Erinnerungsmotiven der vorausgehenden Bilder vom thematischen Material des Streichquartetts »Crisantemi«, das auch im dritten Akt schon einmal kurz auftauchte. Bemerkenswert ist, daß es sich hierbei um ein ziemlich neues und auch ziemlich bekanntes Stück handelt. Puccini hat also, anders als sonst, in Kauf genommen, daß die im Januar 1890 geschriebene und zwei Monate später veröffentlichte Elegie wiedererkannt wurde. Vielleicht kann man sie selbst sogar schon als Komposition für »Manon Lescaut« betrachten, denn um diese Zeit war Puccini ja bereits mitten im ersten Akt, und der Tod des beliebten Königsbruders hat ihn möglicherweise gerade zur Todesmusik der Manon inspiriert. Dann wäre das Streichquartett also eine Art vorweggenommene Nebennutzung der Oper. Anders läßt sich Puccinis auffällige Abweichung von seiner sonst geübten Praxis, nur öffentlich unbekannte eigene Werke in den Opern zu verwenden, kaum erklären.

Der vierte Akt beginnt mit einer ekstatischen Orchestergebärde, einem zweimal vom Pianissimo zum Fortissimo anschwellenden und wieder zum Pianissimo zurückkehrenden Oktav-Aufschwung. Die etwas larmoyante »Crisantemi«-Musik erhält durch Rückerinnerungs-Motive und durch die Vielfalt der instrumentalen Farben einen Reichtum, den man dem originalen Streichquartett nicht zutrauen würde (man höre zum Beispiel die fahlen Sforzato-Akkorde der Holzbläser nach Ziffer 2 oder den synkopierten Streicher-Rhythmus vor Ziffer 18). Manons Arie »Sola, perduta, abbandonata« ist ein etwas uneinheitliches Stück, eher in der Art eines Wagnerschen Monologs. Vielleicht hat das Puccini eine Zeitlang bewogen, es zu kürzen und gar für eine komplette Streichung freizugeben. Dabei hat es durchaus seine Reize, so im Einsatz einer hinter der Szene spielenden Fern-Flöte.

Danach wird die Musik gewissermaßen ausgezehrt und immer mehr abgedunkelt. Kaum hörbar zu spielende Geräusch-Instrumente wie kleine und große Trommel und Tamtam (der großen Trommel ist einmal ein fünffaches Piano vorgeschrieben) färben das ohnehin düstere Klangbild ins Nachtschwarze, und mit dem Orchester-Aufschwung des Anfangs endet die Oper, wie der Akt begonnen hatte.

Prévosts halbwegs glückliches Ende (Des Grieux kehrt nach Manons Tod nach Frankreich zurück und gedenkt nun geläutert unter Freunden weiterzuleben) hat Puccini vermieden: in der unendlichen Wüste Amerikas wirft Des Grieux sich über Manons Leiche. Puccini kennt auf der Opernbühne keine Erlösung, sondern nur Verzweiflung, weil sie für ihn ein Spiegel des Lebens ist. Zum ersten Mal hat er mit »Manon Lescaut« den Opern-Typus geschaffen, der von nun an seinen Ruhm in der ganzen Welt etabliert. Sobald er von diesem Modell abweicht (»Fanciulla del West«, »Rondine«), ist Mißerfolg die Strafe.

Zunächst aber hat Puccini keinen Grund, das »Manon«-Modell abzuändern. Das nächste Opernprojekt folgt ihm beinahe wie ein Plagiat: Puccini und seine Berater glauben jetzt wirklich das Rezept zu kennen, das die Gunst des Publikums garantiert.

8

Weltruhm
1893–1896

Auf der Rückfahrt in der Eisenbahn von den Turiner »Manon«-Vorstellungen nach Mailand Mitte Februar 1893 soll Puccini zum ersten Mal konkret von seiner nächsten Oper gesprochen haben: von »La Bohème«. Seine beiden Mitreisenden, der Rechtsanwalt Carlo Nasi und der Musikkritiker Edoardo Augusto Berta, bieten sich als Librettisten an.

Die Geschichte ist nicht ganz unwahrscheinlich, denn von diesem Stoff war ja früher schon die Rede gewesen. Aber sie könnte auch ein nachträglich zurechtgemachtes Zeugnis für Puccinis Priorität in der »Bohème«-Komposition sein; denn kurz darauf kommt es darüber zu einem heftigen Streit mit seinem früheren Freund und Librettisten Leoncavallo, der die gleiche Absicht hat.

Es ist offensichtlich, daß die beiden unabhängig voneinander die Idee verfolgten und erst bei einem Gespräch Mitte März zufällig bemerkten, daß sie am selben Stoff arbeiteten. Zwar bringt das keine urheberrechtlichen Probleme, denn das 1851 in Paris erschienene Buch »Szenen aus dem Leben der Bohème« von Henri Murger war nicht mehr geschützt und sein Autor schon 1861 gestorben. Aber es machte doch keinen guten Eindruck, und vor allem mußten beide befürchten, daß der andere mit der Uraufführung zuvorkommen und damit den Erfolg des eigenen Werks schmälern könne.

Am 20. März veröffentlicht deshalb »Il Secolo«, die Zeitung von Leoncavallos Verlag Sonzogno, die offizielle Ankündigung, der Maestro komponiere die »Bohème«, tags darauf antwortet Puccini im »Corriere della Sera«, er tue das gleiche, und zwar arbeite er schon seit der »Manon«-Uraufführung ernsthaft an dieser Idee. Das ist gewiß absichtlich so mißverständlich formuliert, denn mehr als eine Idee war es bisher wohl tatsächlich nicht. Puccini gibt sich gelassen: »Er mag komponieren, ich werde komponieren. Das Publikum wird richten.«

In Wahrheit aber ist Eile vonnöten. Am 22. März hat Giacosa bereits einen Handlungsentwurf Illicas gelesen, der ihm bis auf den letzten Akt gut gefällt, und er freut sich auf die Zusammenarbeit. Er kommt nun endlich ins Geschäft, das wegen »Manon« ausgesetzt war. Mitte April treffen sich Puccini, Illica und Giacosa zu einem ersten ausführlichen Gespräch, bald darauf liegt Giacosa schon ein Entwurf Illicas für den ersten Akt vor, den er in Verse bringen soll.

Währenddessen sind Verhandlungen über weitere »Manon«-Aufführungen nach dem Turiner Premieren-Erfolg zu betreiben. Allerdings kommen zunächst nur Provinzbühnen in Frage. Die erste ist das ferne italienische Theater in Buenos Aires, dann das kleine und damals noch österreichische Trient, wo allerdings Carlo Carignani dirigieren wird, der Freund

Das Erfolgs-Trio: Puccini-Giacosa-Illica

und (als Klavierauszug-Verfertiger) beste Kenner der Oper, dann Rio de Janeiro.

Privaten Ärger macht, daß der Schwager Franceschini offenbar Puccinis Geburtswohnung in Lucca verkaufen will. Er versichert ihm, daß er mit »Manon« demnächst so viel Geld verdienen werde, daß er seine auf fünf Jahre befristete Rückkauf-Option wahrnehmen könne: niemals dürfe das Haus, in dem er geboren sei, in andere Hände geraten.

Am 1. Juni findet in Ricordis Büro eine gemeinsame Lesung dessen statt, was vom »Bohème«-Libretto bisher vorhanden ist, und alle Beteilig-

Für Jahrzehnte der Wunsch-Librettist: Gabriele D'Annunzio

ten sind voller Optimismus. Sie vereinbaren, gegenüber jedermann über den Fortschritt des Librettos zu schweigen, damit der Konkurrent Leoncavallo daraus keine Hinweise erhalte. Zugleich beklagt Ricordi aber auch, daß Puccini in einem Übermaß dazu neige, Proben zweitrangiger Aufführungen seiner Opern zu besuchen, statt sich um das neue Werk zu kümmern, wo doch der Wettlauf mit Leoncavallo das drängendere Problem sei.

Dann folgt endlich die sommerlich-herbstliche Erholung in Torre del Lago. Dafür hat Puccini sich sein erstes Fahrzeug gekauft, ein Fahrrad der Marke Humbert, vorsichtigerweise noch auf Monatsraten, aber es ist schon der erste erhebliche Luxus, den die »Manon«-Aussichten erlauben. Das Gefährt, weit entfernt von seiner späteren Vervollkommnung, ist damals noch eine technische Sensation, die Puccinis torrelaghesische Nachbarn zum Staunen bringt – und zum Lachen über seine ersten Fahrübungen.

Ende Juli arbeitet Illica am »Quartier Latin« und am »Cortile della casa di via Labruyère N. 8«, dem geplanten und später gestrichenen dritten Akt, während Giacosa den damaligen zweiten, die »Barriera«, schon in Verse gebracht hat.

Um diese Zeit soll Puccinis alter Lehrer Bazzini ihm die Kompositions-Professur am Mailänder Konservatorium angeboten haben, die wegen Catalanis frühem Tod (er war gerade 39jährig gestorben) frei ist. Trotz seiner ungewissen Zukunft lehnt Puccini das ab; jemandem etwas zu lehren, ist seine Sache nicht, er kann nichts anderes als komponieren.

Am 3. September ist er bei der »Manon«-Premiere in Lucca, die der Uraufführungsdirigent Alessandro Pomè leitet und die auch Mascagni und Puccinis neuer Dirigenten-Favorit Leopoldo Mugnone besuchen. Es findet auch eine Gala-Vorstellung statt, in Anwesenheit des Kultusministers und Schriftstellers Ferdinando Martini (mit dem Puccini viele Jahre später wegen eines Librettos verhandeln wird), und der übliche Ehrenabend für den Komponisten mit den ebenso üblichen Geschenken: Lorbeerkronen, ein Goldring und sogar ein Gewehr, überreicht von seinen Jagd-Freunden. Insgesamt gibt es in Lucca 14 »Manon«-Vorstellungen, das durchschnittliche Maß.

Anfang Oktober erklärt Giacosa plötzlich seinen Rücktritt von der gemeinsamen Arbeit am »Bohème«-Libretto. Aus den veröffentlichten Dokumenten ist der Grund dafür nicht recht nachvollziehbar. Die Vermutung liegt jedoch nahe, daß es schon jetzt Puccinis ständige Änderungswünsche sind, die ihn zur Verzweiflung getrieben haben. Puccini kommt die Demission anscheinend nicht ungelegen: er ist ohnehin bereit, sich von dem Bohème-Stoff zu trennen. Als er Ende Oktober zur ersten fremdsprachigen »Manon Lescaut« nach Hamburg fährt, schreibt er von dort wie beiläufig an Illica, man könne schließlich auch etwas anderes finden.

Puccini löst damit hektische Aktivitäten zwischen Illica und Ricordi aus. Die Konkurrenz Leoncavallos spielt dabei eine Rolle, die Ehre, die auf dem Spiel steht, für Ricordi wohl auch die Konkurrenz zum Nachbarverlag Sonzogno und das Geld, das er bereits für das Projekt ausgegeben hat in Form der monatlichen Vorschüsse an Puccini – seit der »Manon« sind das 600 Lire, doppelt soviel wie vorher, nachdem Puccini anfangs sogar nur 200 Lire im Monat erhalten hatte. Gekränkt weist der Verleger darauf hin, daß es schließlich der Komponist gewesen sei, der trotz allen Schwierigkeiten diesen Stoff so unbedingt gewollt habe, und er erwartet ein definitives Gespräch nach Puccinis Rückkehr aus Deutschland.

Durch den Briefwechsel ziehen sich schwer verständliche Anspielungen auf das Verhältnis zu Frankreich. Vielleicht weist das auf einen tieferen Grund für Puccinis Abrücken von der »Bohème« hin. Im August waren in Aigues-Mortes an der französischen Mittelmeerküste italienische Gastarbeiter von der einheimischen Bevölkerung angegriffen und vertrieben worden, was in Italien zu antifranzösischen Demonstrationen führte. Mag sein, daß Puccini es seitdem für wenig opportun hielt, nach »Manon Lescaut« schon wieder eine in Frankreich spielende Oper zu schreiben, und sich nach einem politisch passenderen Thema umsah.

In Hamburg wird, da die Hauptdarstellerin erkrankt, der Termin für die »Manon«-Premiere verschoben, und so lange kann Puccini nicht bleiben, weil er Verpflichtungen in Italien hat. Er verläßt Hamburg deshalb noch vor der Aufführung, was ihm sicher um so leichter fällt, als Gustav Mahler, der Chef des Hauses, das Werk nicht selbst einstudiert und dirigiert. Wegen seiner früheren Abreise kann Puccini am 4. November bei der »Manon«-Premiere in Bologna sein und am nächsten Abend zum gleichen Anlaß in Rom, wo er einen neuen Triumph erlebt: dreißig Vorhänge, die Tenor-Arie des ersten Akts, das Madrigal und das Duett des zweiten sowie das Finale des dritten Akts müssen wiederholt werden.

Ricordi schickt den trotz allen Bedenken schließlich beendeten ersten Libretto-Akt an Puccini (Giacosa hat seinen Absprung offenbar nicht wahr gemacht) und ermahnt ihn, nicht mitten im Rennen auszusteigen. Illica bleibt skeptisch: er zweifelt an Puccinis Neigung, diese »Bohème« zu komponieren und beschäftigt sich selbst schon mit einem anderen Projekt: für den Komponisten Franchetti soll er Sardous »Tosca«-Stück in ein Libretto verwandeln.

Nach ausführlichen Gesprächen in Mailand reist Puccini mit Elvira zu »Manon«-Proben nach Neapel. Seit dem »Villi«-Debakel vor sechs Jahren ist das für ihn ein schwieriges Pflaster, und Puccini arbeitet bis zur Erschöpfung, um eine gute Aufführung zustande zu bringen. Die Mühe lohnt sich: die Premiere am 21. Januar 1894, zum ersten Mal mit dem geänderten Finale des ersten Akts, wird wie bisher überall ein Erfolg; das neue Finale muß wiederholt werden, außerdem im zweiten Akt Manons Arie, das Madrigal und das Finale sowie das Finale des dritten Akts – 43mal wird Puccini auf die Bühne gerufen.

Mit der nächsten Aufführung, am 7. Februar in der Mailänder Scala, ist

Puccini allerdings überhaupt nicht zufrieden: außer dem Tenor Cremonini, der schon die Uraufführung gesungen hatte, findet er alle Sänger und Musiker schrecklich, es fehle die Seele (»l'anima«), die für »Manon Lescaut« so notwendig sei. Wenigstens erreicht er, daß die besonders schlechte Sängerin der Titelrolle nach einigen Vorstellungen durch die junge Ericlea Darclée ersetzt wird (sie wird später Puccinis erste Tosca sein). Voller Hohn weist er darauf hin, daß dem Publikum, dem dummen, das alles gleichgültig sei: ihm gefalle das Stück trotzdem. Und er selbst findet natürlich auch nichts dabei, sich mit dem Ensemble bei einem Festbankett feiern zu lassen. Dabei ist, neben seinem alten Förderer Arrigo Boito, dem Librettisten der beiden letzten Verdi-Opern, der sizilianische Dichter Giovanni Verga, der bald eine gewichtige Rolle in Puccinis weiteren Plänen spielen wird.

Um diese Zeit erzwingt Puccini, daß der vorgesehene dritte »Bohème«-Akt, der Hof in der Rue Labruyère, gestrichen wird. Illica ist damit überhaupt nicht einverstanden, weil dann die Trennung zwischen Mimi und Rodolfo nicht mehr gezeigt werde (Mimi läßt sich da mit einem adligen Studenten ein) und man folglich den letzten Akt kaum begreifen könne. Es ereignet sich hier das gleiche wie zuvor schon bei »Manon Lescaut«: Puccini zieht es vor, die logischen Verknüpfungen einzelner menschlichen Situationen von der Bühne und sozusagen in die Pausen zwischen den Akten zu verbannen. Ihm geht es um die Situationen für sich allein, nur sie entzünden seine Inspiration, »Logik« behindert sie. Vielleicht auch war ihm der Labruyère-Akt atmosphärisch zu nahe bei der Quartier-Latin-Szene und inhaltlich zu nahe bei der Flatterhaftigkeit seiner Manon Lescaut. So verzichtet er lieber auf eine solche zusätzliche Legitimation für die Handlung und plädiert wie in »Manon« für vier »diskontinuierliche« Bilder: Begegnung und Liebe zwischen Mimi und Rodolfo in der Dachwohnung der Bohèmien-Freunde, weihnachtlicher Trubel im Quartier Latin, Liebeskonflikte in der kalten Szenerie der Zollstation an der Pariser Stadtgrenze, Mimis Tod in Rodolfos Armen. Die knappe Beschreibung verdeutlicht die Belanglosigkeit des Stoffs, die Illica mit manchem Recht beklagte und die Puccini wohl auch lange zögern ließ, ihn überhaupt zu komponieren. Es wird noch Monate dauern, bis er die erste Note zu Papier bringt, nachdem er den Versuch gemacht hat, einen ganz anderen Stoff für seine nächste Oper zu finden.

Mitte März reist Puccini in die heimatliche Toskana zu drei Terminen: erstens zur Jagd in Torre del Lago mit seinem Schwager Franceschini, zweitens zur Überführung der sterblichen Überreste des früh verstorbenen

Landsmanns und Konkurrenten Catalani nach Lucca und drittens zur Premiere der »Manon Lescaut« in Pisa. Dort dirigiert Toscanini zum ersten Mal die Oper. Einen Monat später folgt ihm ein anderer Pult-Star: in Budapest hört Puccini die »Manon« auf ungarisch unter dem schon berühmten Arthur Nikisch, der bald darauf als Chef der Berliner Philharmoniker und des Leipziger Gewandhausorchesters Europas führender Konzertdirigent sein wird. Der Erfolg selbst bei den Magyaren begeistert ihn so (und auch der Stolz auf seine beginnende internationale Weitläufigkeit), daß er einen Brief an Illica in diesen Tagen mit dem Ausruf »Eleyen!« beginnt und sich scheinheilig dafür entschuldigt, daß er keine Ruhe zur Arbeit in Torre del Lago findet.

Und die nächste Auslandsreise steht bereits kurz bevor. In London verhandelt Ricordi selbst über die englische Premiere der »Manon Lescaut«. Die Direktion der Covent-Garden-Oper wollte sie angeblich eigentlich nicht, aber Ricordi soll die Aufführung erzwungen haben, indem er nur um diesen Preis den dort sehnlich gewünschten Verdischen »Falstaff« freigab. Das Theater hat sich für die Erpressung auf seine Weise gerächt: »Manon« wird ganze zweimal gespielt.

Anfang Mai fährt Puccini also nach London. Zum ersten Mal ist er in dem Land, das ihn überwältigt und ihm immer viel bedeuten wird, obwohl es ihn vor der Kälte und Nässe schaudert und er seine Sprache trotz vielen englischen Freunden nie lernt. Die Premiere ist am 14. Mai. Obwohl die in Mailand vor drei Monaten ausgetauschte Olga Olghine die Manon singt, gibt es einen großen Erfolg, den Puccini angesichts der dürftigen Qualität der Aufführung wieder einmal nicht versteht. In einer gerade bei aller Distanz zur italienischen Oper scharfsinnigen und ausführlichen Rezension schreibt der sich als Musikkritiker sein Geld verdienende George Bernard Shaw resümierend: »Kommt man nun zu Puccini..., dann ist das Gelände wahrhaftig so umgewandelt, daß man sich in ein neues Land versetzt glauben könnte. In ›Cavalleria‹ und ›Bajazzo‹ kann ich nichts finden als Donizettische Oper, die rationalisiert, konzentriert, vollgestopft und durch und durch modernisiert ist; in ›Manon Lescaut‹ hingegen ist der Bereich der italienischen Oper durch Einverleibung deutschen Geistes erweitert... Puccini sieht mir mehr wie der Erbe Verdis aus als irgendeiner seiner Nebenbuhler... Man wird verstehen, wie in mir der überraschende neue Gedanke auftaucht, die italienische Oper habe eine Zukunft so sehr wie eine Vergangenheit...«

Puccini bleibt natürlich ein paar Tage in London, wo er unter anderem bei dem in England lebenden Freund und Musiker Paolo Tosti und beim italienischen Botschafter speist. Über Mailand kehrt er dann endlich für einige Zeit nach Torre del Lago zurück. Anscheinend kommt auch Illica dorthin; offenbar haben sie die Szene des Quartier Latin fixiert, die nun ein eigener zweiter Akt werden soll; aber das übrige ist noch immer unsicher. Vor allem denkt Puccini heftig an jenen Stoff: an die Erzählung »La Lupa«, »Die Wölfin«, von Giovanni Verga. Es ist eine heißblütige und grausige Geschichte von der Liebe einer sizilianischen Frau, der »Wölfin«, zu einem viel jüngeren Mann, den sie mit ihrer Tochter verheiratet, aber weiterhin mit ihrer Leidenschaft verfolgt, worauf dieser sie mit einer Axt erschlägt.

Verga ist damals schon einer der prominentesten italienischen Autoren – auf einer anderen Erzählung von ihm beruht Mascagnis Oper »Cavalleria rusticana«. Verga ist sozial besonders engagiert, denn er ist Sizilianer, und Sizilien ist seit Jahren Italiens soziales Problemgebiet Nummer eins.

Die Sache ist so ernst gemeint, daß Verga bereits in Ricordis Auftrag einen Libretto-Entwurf anfertigt und nach Mailand schickt. Ende Juni reist Puccini sogar zusammen mit zwei oder drei Freunden nach Sizilien, um mit Verga zu sprechen und um vor allem das lokale Milieu zu studieren, das er nicht kennt. Die subtropische Vegetation und das den Norditalienern schon afrikanisch erscheinende Klima berauscht sie, und voller Begeisterung machen sie einen Ausflug noch tiefer in den Süden: nach Malta.

Die ganze weite Reise hat höchstens zehn Tage gedauert. Angesichts der Entfernungen entfallen etwa fünf Tage auf Schiffspassagen oder Bahnfahrten. Mindestens einen Tag verbrachten sie in Neapel, bleiben für Sizilien und Malta zusammen noch allenfalls vier Tage: sehr gründlich kann sich Puccini mit dem Studium der sizilianischen Atmosphäre nicht beschäftigt und sehr ausführlich mit Verga nicht gesprochen haben. Volksmusik, wie er es sich anscheinend vorgestellt hatte, bekommt er überhaupt nicht zu hören. Dafür fotografiert er Menschen und Bauernhäuser, was für die Zeit immerhin bemerkenswert genug ist. In Malta sollen die Reisenden deshalb von den britischen Kolonialbehörden als mutmaßliche Spione verhaftet worden sein – aber angesichts der knappen Zeitverhältnisse kann es sich dabei allenfalls um eine sehr flüchtige Befragung gehandelt haben. Auf der Rückreise, auf einem der Schiffe zwischen Catania, Malta und Livorno, begegnet Puccini Richard Wagners Stieftochter Blandine von Bülow, der Frau des italienischen Grafen Gravina, und erzählt ihr von seinem Verga-Projekt. Natürlich ist die feine Dame mit so eindrucksvoller Verwandtschaft für Puccini eine ganz besondere Autorität, und daß sie von diesem

Thema aus Wollust und Blut samt seinem magisch-dumpfen Volkskatholizismus abrät, hat ihn nicht unbeeindruckt gelassen.

Als er Anfang Juli wieder in Torre del Lago ist, denkt er gründlich nach und teilt Ricordi das Ergebnis mit: man solle doch bitte noch warten, bis Vergas Erzählung als Theaterstück aufgeführt worden sei und man die Reaktion des Publikums kenne. Inzwischen, um den bedauerlichen Zeitverlust aufzuholen, habe er vor zwei Tagen mit der Komposition der »Bohème« begonnen. Zwar gefalle ihm die »Barriera« nach wie vor nicht, ein einziges Episoden-Tohuwabohu sei das und ohne jede Dramatik, Illica solle doch einmal auch andere Werke von Murger lesen, wo man kostbares zusätzliches Material finden könne.

Das ist der Durchbruch. Soziale und politische Verhältnisse hin oder her: Puccini hat sich endlich zu seinen eigenen Interessen bekannt, die zwar von den Zeitläuften beeinflußt werden, aber ihnen nicht unmittelbar gehorchen. Mit dem brüchigen und zeitlosen Liebesverhältnis von Mimi und Rodolfo kann er viel mehr anfangen als mit dem handgreiflichen Mythos von der Frau als männerfressender Figur, wie sie Vergas »Wölfin« darstellt, die zugleich eine aktuelle Realität besitzt: die unterdrückte und heftige Körperlichkeit sizilianischer Leidenschaft. Puccini braucht dagegen den direkten Bezug zur Banalität zwischenmenschlicher Beziehungen, um inspiriert zu werden. Der wörtlich verstandene Verismus, die »Wahrheit«, erschreckt ihn eher. Es überrascht nicht besonders, daß Puccini in dieser Situation auch einen Vorschlag zurückweist, den sein neapolitanischer Freund, der dortige Ricordi-Filialleiter Carlo Clausetti gemacht hat: nämlich Gabriele D'Annunzio als Librettisten zu gewinnen. Der spätere Ober-Mystiker des frühen Faschismus ist damals, 1894, noch weit von seinem künftigen Ruhm entfernt, aber immerhin schon (als Einunddreißigjähriger) so bekannt, daß Puccini ihn den »ersten Geist Italiens« nennen kann, von dem er schon »seit Jahren etwas lieblich Originales besitzen« möchte. Der Plan scheitert zunächst auch an D'Annunzios hohen Geldforderungen.

Nach solchen Umwegen reizt ihn jetzt endlich und viel mehr das bescheidene Bohème-Milieu, obwohl oder vielleicht auch weil es in der Grundstruktur der vorigen »Manon Lescaut« deutlich verwandt ist. Ricordi macht ihm zwar Vorwürfe, daß er so viel Zeit mit »La Lupa« verloren habe, an der Puccini sogar schon komponiert hatte, freut sich aber immerhin, daß er nun so ernsthaft zur »Bohème« entschlossen sei. Leider ist Illica gekränkt über Puccinis zahlreiche Änderungsabsichten und hat schon fast keine Lust mehr, am Libretto weiterzuarbeiten. Puccini versteht das, in gespielter oder echter Naivität, überhaupt nicht: schließlich seien sie sich doch über alles einig gewesen, und nur er wisse, was eine wirkungsvolle Oper benötige, während Illica allein am Ablauf der Handlung interessiert sei.

Endlich treffen sich Puccini, Ricordi und Illica in Mailand und bereinigen wieder einmal die atmosphärischen Störungen, wenn auch längst nicht die tatsächlichen. Denn kaum nach Torre del Lago zurückgekehrt, drängt Puccini schon wieder die Textdichter, ihm rhythmisch geeignete Verse für seine schon vorhandenen kompositorischen Einfälle zu liefern – ein Verfahren, das Illica und Giacosa erheblich stört; daß (nach Mozarts Diktum) der Text der Musik gehorsame Tochter sein soll, wollten sie nie akzeptieren, aber Puccini hat sie immer dazu gezwungen.

Anfang August 1894 beginnt Puccini mit der kontinuierlichen »Bohème«-Komposition, und gegen Ende des Monats ist er schon mit dem heutigen ersten Akt fertig. In Mailand liest Illica Ricordi das gesamte »Bohème«-Libretto in der derzeit gültigen Fassung vor, das dem Verleger zwar zu lang scheint, ihn aber am Ende fast zu Tränen rührt. Diese neueste Fassung wird der Einfachheit halber schon als Libretto gedruckt; Änderungen können dann jeweils gleich in den Satz übertragen werden. Denn die Zeit drängt: die Uraufführung der Oper ist bereits für das nächste Frühjahr geplant – eine allerdings um ein ganzes Jahr zu optimistische Annahme.

Der erste Schaffensrausch an seiner musikalisch vielleicht geschlossensten und durchgehend überzeugendsten Oper bedeutet eine besonders glückliche Zeit in Puccinis ganzem Leben. Zum ersten Mal wird in diesen Tagen ein Werk von ihm im tantiementrächtigen Nordamerika gespielt: »Manon Lescaut« in Philadelphia. Gleichzeitig geht Puccini in der viele tausend Kilometer entfernten Heimat seinem liebsten Vergnügen auf besonders intensive Weise nach: während einer nächtlichen Jagd auf dem Massaciuccoli-See wird er wegen Wilderei verhaftet. Beim folgenden Prozeß vor dem Tribunal von Bagni San Giuliano, der eher komischen Charakter hat, wird er natürlich freigesprochen, sicher nicht nur weil ihn ein veritabler Senator geschickt verteidigt, sondern auch weil der Jagdbesitzer Graf Ginori, dessen Villa Piaggetta Puccinis Torre del Lago am See gegenüber liegt, längst sein vertrauter Freund ist.

Überhaupt läßt sich in dieser Zeit der »Bohème«-Komposition kaum entscheiden, was Puccini mehr Freude gemacht hat: die Arbeit an der Oper oder das ländliche Künstler-Leben, das das großstädtische Künstler-Milieu des Stücks auf übermütige Weise spiegelt. Am ausführlichsten hat Ferruccio Pagni, der in Torre del Lago ansässige Maler, darüber berichtet, eines der ersten Mitglieder jenes sagenhaften Freundeskreises, der sich in einer schilfgedeckten Holzhütte gegenüber von Puccinis Haus traf. Sie gehörte dem Schuster Giovanni Gragnani, der »dalle Bande Nere« oder auch »gambe di merlo« genannt wurde und in der Bude die einzige Kneipe des Dorfs betrieb. Als Gragnani nach Amerika auswandert, kaufen die Freunde die Hütte und gründen darin den »Club La Bohème«, dessen »Statut« unter anderem vorschreibt, daß die »Mitglieder schwören, es sich gutgehen zu lassen und noch besser zu essen«; vom Präsidenten wird verlangt, daß er den Kassierer am Einzug der Mitgliedsbeiträge hindern müsse; dem Kassierer wiederum ist gestattet, mit der Kasse durchzubrennen; alle erlaubten Spiele sind streng verboten, ebenso Schweigen und Weisheit, außer in Sonderfällen.

Man kann sich denken, daß Puccini oft lieber in den Club geht als sich dem harten Kompositionsgeschäft zu widmen. Die Anekdoten, die sich um diese Situation ranken, sind Legion – die meisten besitzen vielleicht nur ein Körnchen Wahrheit, aber sie reflektieren etwas vom Geist jener Sommer- und Herbstwochen 1894 in Torre del Lago. Einmal engagiert Puccini einen Freund, der auf seinem Klavier aus »Bohème« spielt, damit Elvira glaubt, er arbeite, während er tatsächlich auf die Jagd geht. Das alles ist natürlich nicht die pure Faulheit. Puccini braucht vielmehr eine solche Atmosphäre, um sich für die Komposition zu konditionieren, und schließlich handelt die Oper ja auch über lange Strecken von einem sehr ähnlichen Freundeskreis.

Aus Paris schickt Illica ein Foto des »Bohème«-Autors Murger an Puccini, was diesen freut, aber nicht von neuerlichen Kürzungsvorschlägen abhält, nun zum eigentlich bereits fertigen Schlußduett des ersten Akts. Inzwischen ist auch noch Giacosa so wütend über von ihm entdeckte Änderungen im gedruckten Libretto, daß er sich weigert, die von Puccini gewünschten neuen Korrekturen vorzunehmen. Er verlangt vielmehr, daß der Komponist wieder zum Text der ersten Fassung zurückkehre. Aber wie immer verliert er im Prestige-Gerangel: auch an Hartnäckigkeit läßt sich Puccini durch niemanden übertreffen.

Anfang Dezember spielt er in Mailand Ricordi zum ersten Mal einige Stücke aus der »Bohème« vor, die dieser »benone« findet, äußerst gut. In diesem Dezember trifft Puccini bei einem Bankett des von Giacosa präsidierten Schriftstellerverbands auch den berühmtesten zeitgenössischen französischen Autor: Emile Zola, dessen »Abbé Mouret« ihn später als möglicher Opernstoff länger beschäftigen wird.

Puccini ist in dieser Zeit noch immer voll von geradezu unmäßigem Übermut. Mit beißendem Spott kommentiert er einen Prozeß, in den er im heimatlichen Torre del Lago schon wieder verwickelt ist, diesmal anscheinend wegen Ruhestörung. Dort wäre er dennoch lieber als im winterlich garstigen Mailand. Erst recht erhöht sich seine gute Stimmung, weil die Librettisten das Textbuch endlich zu seiner (allerdings nur vorläufigen) Zufriedenheit fertiggestellt haben. Er schreibt an Ricordi ein Dankgedicht für einen Neujahrskuchen und ein weiteres Poem an die Schwester Ramelde, das voller fäkalischer und obszöner Ausdrücke ist. Und am 21. Januar 1895 beginnt er mit der Instrumentation des ersten »Bohème«-Akts: nun ist er sich der Sache gewiß. Wie prominent er inzwischen geworden war, läßt sich übrigens an scheinbar kleinen Äußerlichkeiten ablesen: die Partitur der »Bohème« ist auf Notenpapier geschrieben, das vorgedruckt schon die Instrumente enthält – bequemes Arbeitsmaterial vom feinsten.

Sein späterer Librettist, Biograph und Briefe-Herausgeber Adami berichtet, Puccini habe um diese Zeit das Autograph seines »Capriccio sinfonico«, der Examensarbeit, aus dem Archiv des Mailänder Konservatoriums entliehen, weil der Anfang der »Bohème« ein Thema dieses Orchesterstücks verwendet und er deshalb die Partitur des Originals brauchte. Tatsächlich stimmt die Instrumentation am »Bohème«-Beginn mit der des »Capriccio«-Mittelteils überein, anders als im »Edgar«, wo Puccini den Anfang des »Capriccio« verwendet hat, aber offenbar ohne auf die originale Instrumentierung zurückgreifen zu können.

Diese erste Arbeit an der »Bohème«-Partitur geschieht in Mailand, wo Puccini weiterhin bleibt. In diesem Jahr 1895 hat er sich bis zum Herbst nie längere Zeit in Torre del Lago aufgehalten, und das kann nur bedeuten, daß ihm die Wohnung im Haus des Venanzio Barsuglia nicht mehr zur Verfügung steht. Darauf weist auch eine Bemerkung in einem Brief an den Schwager Franceschini hin – sicher aus dem Februar 1895: »Oh wenn ich erst mein Häuschen auf dem Land haben werde! Ich hoffe bald.« Diese Hoffnung beruht auf den Einnahmen aus dem anhaltenden Erfolg der »Manon Lescaut«, die unter anderem im Januar in Warschau gespielt wird, im Februar im ägyptischen Alexandria und, wie er dem Schwager triumphierend mitteilt, in Petersburg, Turin, Bari, Bologna, Parma, San Remo, Moskau »etc. etc.«. Zu den Aufführungen im russischen Kaiserreich (Odessa, Warschau, Petersburg, Moskau) hat man ihn sogar mit dem Angebot eingeladen, es würden alle seine Kosten bezahlt, aber er hat abgelehnt, vor allem wegen der befürchteten Kälte im für ihn so fernen Osten.

In der Scala besucht Puccini die Uraufführung von Mascagnis Jugend-

Oper »Guglielmo Ratcliff«, die ein Jahrzehnt nach ihrer Entstehung endlich einmal gespielt wird, mit einem gewissen Erfolg, obwohl Puccini sie monoton findet – das wird ihn an seine eigenen frühen Stücke erinnert haben. Anfang März fährt er zu einer weiteren »Manon«-Einstudierung nach Livorno. Mascagni hatte versprochen, die Puccini-Premiere in seiner eigenen Vaterstadt zu dirigieren. Der alte Freund sagt aber in letzter Minute ab, was Puccinis Unmut über das schlechte Ensemble noch vermehrt (auch die von ihm schon zuvor immer für unzureichend gehaltene Olga Olghine ist wieder als Manon dabei). Besonders verärgert ist Puccini darüber, daß seine lucchesischen Verwandten und Freunde die so nahe Vorstellung nicht besucht haben. Schließlich sei den Zeitungen zu entnehmen gewesen, daß er in Livorno weile, und er könne bei seiner Arbeitsüberlastung doch nicht jedem eigens eine Einladung schicken – der Ruhm beginnt den Preis der persönlichen Distanz und der familiären Entfremdung zu fordern.

Als er nach dem livornesischen Ärger wieder in Mailand ist, bittet er Giacosa dringend um den revidierten letzten »Bohème«-Akt: anscheinend komponiert er während der Instrumentierung des ersten am vierten weiter, der anfangs ja die gleiche szenische Situation wiederaufnimmt. Der zweite und dritte Akt bleiben dank solch ökonomischer Arbeitsweise vorerst ausgespart.

Aber Puccini weiß, welche Kompositionsmühe insgesamt noch auf ihn wartet. Dafür scheint ihm Mailand ungeeignet. Und weil er in Torre del Lago keine Wohnung mehr hat, beginnt er intensiv nach einem geeigneten Arbeitsplatz zu suchen. Ab Mitte Mai möchte er sich für drei Monate ganz der »Bohème« widmen, am liebsten in einer ruhig gelegenen Villa in den lucchesischen Bergen. Nicht zu steil soll die Gegend sein, weil er dort radfahren will, aber auch nicht zu teuer: obwohl der »Manon«-Erfolg inzwischen selbst die hinterste italienische Provinz erreicht hat und entsprechende Tantiemen an Puccini fließen, hält er sein Geld zusammen. Dabei sehnt er sich danach, die »Bohème« zu beenden: »Es ist notwendig, daß sie vollendet wird, und wenn die Welt einstürzt.« Schon am 8. Juni ist er in Mailand mit der Instrumentation des ersten Akts fertig, aber erst Ende des Monats kann er in die heimatliche Toskana fahren, wo Raffaello und Ramelde Franceschini ganz in ihrer Nähe endlich etwas Passendes für Giacomo gefunden haben: die stattliche Villa del Castellaccio nicht weit von Pescia: »Vierzig Zimmer, Wald, Garten, Fluß.«

Die »Bohème«-Produktionsgesellschaft war in der Zwischenzeit natürlich nicht untätig. Ricordi schildert in einem ersten Brief nach Castellaccio voller Begeisterung, wie gut der dritte Akt jetzt geworden sei und wieviel er sich von Puccinis Komposition erhofft. Puccini stürzt sich kopfüber in die Arbeit. Gleich in den ersten Tagen ist Carignani da, ganz offensichtlich um den Klavierauszug des ersten Akts anzufertigen, während Puccini am zweiten Akt komponiert und instrumentiert, womit er schon am 19. Juli fertig ist. Bereits vorher hat er mit der Komposition des dritten Akts begonnen. Die sich kreuzenden Daten zeigen, wie hektisch und unsystematisch Puccini arbeitet: er ist wieder einmal in einem äußerst intensiven Zustand der Inspiration.

Es überrascht nicht, daß Puccini an dem neuen dritten Akt sofort Text-Korrekturen wünscht, die sich aus seiner Komposition ergeben. Überraschender ist dagegen, daß um diese Zeit schon »Tosca« als Puccinis nächster Opernstoff feststeht. Tatsächlich hat also Franchetti wohl kurz zuvor den Kompositionsauftrag zurückgegeben; er ist ihm nicht etwa zugunsten Puccinis gewaltsam entzogen worden (wie viele Biographen wissen wollen), denn der hat in diesen Wochen sich gewiß nur um sein aktuelles Stück gekümmert, um die »Bohème«, und die Übereignung des »Tosca«-Stoffs und des schon vorhandenen Illica-Librettos eher beiläufig zur Kenntnis genommen.

Inzwischen interessieren sich bereits mehrere Theater für die Uraufführung der noch längst nicht fertigen »Bohème«: Rom, Turin, Triest, Neapel, sogar Warschau, wie Puccini seinem neapolitanischen Freund Clausetti stolz mitteilt. Auch läßt er Ricordi wissen, er habe den Kronprinzen getroffen, der sich sehr lobend über »Manon Lescaut« geäußert habe. Vielleicht soll der hochherrschaftliche Hinweis dem Verleger die Nachricht versüßen, daß Puccini noch eine Ergänzung im Finale des zweiten Akts der »Bohème« vornehmen will, so daß der Noten-Stich unterbrochen werden muß – ganz abgesehen von weiteren Änderungswünschen für den Text des dritten Akts.

Am 3. September ist die Komposition des dritten Akts beendet, am 10. beginnt Puccini die Instrumentation und beendet sie schon am 18. September, ein geradezu unglaubliches Tempo. Zwischendrin überfällt ihn die Sehnsucht nach dem so lange nicht besuchten Torre del Lago und den Freunden dort. Allmählich wird er all dieser intensiven Arbeit überdrüssig, die ihn nun schon seit Monaten gefangennimmt, und um so mehr freut er sich über Giulio Ricordis und Illicas Besuch. Puccini hat dem Verleger versprochen, daß er Partitur und Klavierauszug fertig vorfinden werde, was natürlich nur für die drei ersten Akte gilt, denn den vierten hat er gerade erst weiterzukomponieren begonnen.

Anders als Ricordi und die Librettisten will Puccini diesen Akt kurz halten, frei von allzuviel atmosphärischem Beiwerk, damit man möglichst schnell zum traurigen und rührenden Tod Mimis gelange. Puccini setzt sich natürlich durch: ein Solo Schaunards, ein sogenanntes »Credo« über die weibliche Untreue, wird gestrichen, ebenso ein Trinklied-Quartett. Selbst einzelne Verse werden auf Puccinis Wunsch immer wieder geändert, obwohl die Partitur der ersten Akte schon im Druck ist und Puccini noch in letzter Minute Vortragsbezeichnungen hineinkorrigiert.

Einmal beklagt Ricordi sich mitten in dem ganzen Hin und Her von Strichen, Ausbesserungen, Ergänzungen: »In Ihrer Partitur gibt es alle Arten möglicher und unmöglicher Zeichen. Es ist ein Wald von *p – pp – pppp*, von *f – ff – fff – ffff*, von Verlangsamungen und Beschleunigungen, so daß die Dirigenten den Kopf verlieren werden.« Aber Puccini weiß genau, warum er so schreibt: »Wenn ich damit übertrieben habe, dann deshalb, weil man, wie Verdi sagt, pppp schreiben muß, wenn man ein piano will.« Puccinis schlechte Erfahrungen mit dem Musikverstand seiner zeitgenössischen Interpreten gelten bedauerlicherweise noch heute.

In einem anderen Punkt setzt sich allerdings Ricordi durch. Gegen Puccinis Protest vergibt er die Uraufführung nach Turin – wie schon bei »Manon Lescaut«. Puccini hätte sie lieber in Rom oder Neapel gesehen. Kummer macht ihm vor allem, daß Mugnone nicht als Uraufführungsdirigent zur Verfügung steht, dem er am meisten »Seele« zutraut.

Anfang Oktober fährt Puccini mit Elvira nach Florenz zu einem Tournee-Gastspiel der berühmten Sarah Bernhardt mit Sardous »Tosca«-Bühnenstück. Offenbar sieht er hier zum ersten Mal das Drama, das er als nächstes komponieren soll, und es beeindruckt ihn wenig. Jedenfalls scheint ihm Illicas schon vorhandenes Libretto weit besser als das Original. Dennoch besucht er die Aufführung mehrfach, mindestens dreimal in den nächsten Wochen. Dann verläßt er die Villa del Castellaccio nach vier Monaten harter, aber noch längst nicht fertiger Arbeit. Und zwar geht er nach Torre del Lago. Damit steht fest, wann es Puccini gelungen ist, seine nächste Wohnung am Massaciuccoli-See zu mieten: in diesem Herbst 1895, nachdem er fast ein Jahr lang keine Bleibe mehr dort hatte. Diesmal aber liebt er es schon etwas feiner: Puccini steht jetzt das ganze Haus eines Grafen Grottanelli zur Verfügung, nicht mehr nur die zwei dürftigen Zimmer bei Venanzio Barsuglia, mit dem er sich seinerzeit die Küche teilen mußte.

Währenddessen bereitet Ricordi mit Illica, Giacosa und dem Bühnenbildner Hohenstein bereits die szenische Gestaltung vor. Puccini hat als Dirigenten jetzt Arthur Nikisch empfohlen, den er aus Budapest kennt, doch Ricordi ist entsetzt: ein noch so guter Ausländer sei in einem italienischen Theater unvorstellbar. Es komme nur Vanzo in Frage, den Puccini nun aber überhaupt nicht mag. Man stelle sich das lebhaft genug vor: zwei Monate vor der Uraufführung stehen weder der Dirigent noch irgendein Sänger fest, geschweige denn daß ein künftiger Mitwirkender bisher auch nur eine Note der noch gar nicht fertigen Oper gesehen hätte. Angesichts solcher allgemein üblichen Theaterpraktiken darf man von einer nennenswerten Aufführungsqualität kaum ausgehen.

In einer Nacht des späten November 1895 beendet Puccini in Torre del Lago die Komposition der »Bohème«. Pagni hat die Situation sehr schlicht und glaubwürdig beschrieben, bevor sie durch spätere Biographen immer weiter ins Romantische ausgeschmückt wurde. Danach schrieb Puccini die letzten Noten, während vier Maler-Freunde im selben Zimmer Karten spielten. »Ruhe, Freunde«, sagte Puccini plötzlich, »ich bin fertig!« Und dann spielt er ihnen den Schluß vor, der allen die Tränen eines schönen Schmerzes und eines melancholischen Glücks über die endliche Vollendung der so langen Arbeit in die Augen treibt. Gleich danach teilt Puccini die frohe Botschaft auch den Freunden in Lucca mit, und alle kommen zu einem ausgelassenen Kostümfest an seinen See, das in einer wilden Sauferei endet.

Aber Puccinis Arbeit ist noch nicht getan. Das Autograph der Partitur trägt am Ende das Datum des 10. Dezember, »12 Uhr nachts« – da also ist auch die Instrumentation beendet; aber es existiert eine Skizze zum vierten Akt, die noch zwei Tage später datiert ist. Puccini hat wirklich bis zum letzten Moment am schon fertigen Stück weitergearbeitet. Dem befreundeten Marchese Ginori vom Massaciuccoli-See bietet er die Widmung der Oper an, eine große Geste immerhin gegenüber jemandem, der mit dem Operngeschäft (anders als die vorigen Widmungsträger Boito und Ricordi) überhaupt nichts zu tun hatte. Aber Ginori ist ihm auf eine ganz besondere Weise nahe: er bedeutet die Verbindung zur feinen Gesellschaft des reichen Landadels, und vor allem kann er Jagd-Möglichkeiten im eigenen Besitz und bei anderen ebenso adligen Freunden besorgen. Das ist Puccini mindestens so wichtig wie die Anerkennung in der Welt der Kunst: die Anerkennung in der Welt der besseren Gesellschaft.

Puccini hat Ginori sogar eine eigene Komposition versprochen und Ende 1895 angefertigt: das Lied »Avanti Urania!« auf einen Text des gemeinsamen Freunds Renato Fucini für Gesang mit Klavierbegleitung. Über das Stück, das offenbar einem Ginori-Boot namens »Urania« gilt und seiner Frau gewidmet ist, herrschen in der Literatur allerlei irrige Vorstellungen, sowohl über die Entstehungszeit wie über die Besetzung. Der kurze flotte D-Dur-Marsch hat schon ein wenig den melodischen Geschmack der »Madama Butterfly«.

Um diese Zeit hat Giacosa bereits mit der Arbeit am »Tosca«-Libretto begonnen, also mit der Versifizierung von Illicas vorhandenem Prosa-Entwurf. Aber das ist für Puccini noch weit weg. Ihn beherrscht der Start der »Bohème«, und für den bestehen keineswegs die besten Aussichten. Wenigstens ist nun endlich ein Uraufführungs-Dirigent gefunden, und zwar der denkbar beste, auch wenn das da noch keiner der Beteiligten so sah: Arturo Toscanini. Aber der hat zunächst völlig andere Interessen: sechs Wochen vor der »Bohème« dirigiert er in Turin die erste italienische Aufführung der »Götterdämmerung«, ein Ereignis, das weit mehr Aufmerksamkeit beansprucht als die bevorstehende Premiere eines gerade am Anfang seines Ruhms stehenden zeitgenössischen Landsmanns. Wagners düsterer Mythos vom Scheitern jeder imperialistischen Machtpolitik paßt auch zum italienischen öffentlichen Bewußtsein dieser Tage viel besser als Puccinis sentimentale Künstler-Liebesgeschichte.

Denn die Regierung war gerade wieder einmal dabei, ihren innenpolitischen Schwierigkeiten durch einen verwegenen Ausflug in internationale Prestige-Handlungen zu entrinnen: Ministerpräsident Crispi verlangte für Italien ein koloniales Protektorat über Äthiopien. Aber das Unternehmen endete bald darauf in einem Desaster, das das italienische Selbstbewußtsein noch auf Jahrzehnte tief demütigte und einen der Gründe legte für den Faschismus: am 1. März 1896 schlugen die äthiopischen Eingeborenen die stolze italienische Armee bei Adua – 6000 Soldaten verloren an einem Tag ihr Leben, mehr als in den Einigungskriegen des Risorgimento zusammen.

Das war vier Wochen nach Puccinis Turiner Premiere. Aber das kriegerische Getöse aus Mittelafrika und die ihm antwortende Stimmung im heimatlichen Italien prägte natürlich Wochen vorher schon das öffentliche Leben mit nervöser Unruhe. Puccini, den solche Stimmungen nie unberührt ließen, wiewohl er sie sich kaum bewußt zu machen verstand, feiert in solcher Atmosphäre in Mailand zunächst noch einmal die glückliche Vollendung der »Bohème«, nach dem ländlichen Sauf-Fest von Torre del Lago nun auf gesellschaftlich höherer Ebene mit den Librettisten und dem Verleger, und fährt gleich danach, in den ersten Tagen des neuen Jahrs 1896, zu den Proben nach Turin. Schroff geht er mit Elvira um: sie sei wohl verrückt, hierherkommen zu wollen, wo er so viel Arbeit habe! Sie solle sich lieber darum kümmern, daß er neue Hemden und einen frischen Anzug bekomme, weil er ständig durchgeschwitzt sei.

*Zum ersten Mal: Uraufführung der
bekanntesten Puccini-Oper*

Begeistert ist er vom Orchester und von Toscanini, die seine Instrumentation (er nennt sie selbst »ein wahres Wunder! eine Miniatur«) so herrlich zum Klingen bringen. Allerdings arbeiteten sie auch »wie Hunde« – an einem Tag gibt Puccini folgende Probenzeiten an: von 11 bis 16.30 Uhr und dann abends von 20.30 Uhr bis Mitternacht oder gar bis ein Uhr.

Am 1. Februar 1896 ist endlich die Aufführung. Bis zum letzten Augenblick schwankt Puccini zwischen höchsten Hoffnungen und schwärzesten

*Für immer Puccinis bester Dirigent:
der junge Arturo Toscanini*

Befürchtungen. Das tatsächliche Ergebnis liegt in der Mitte. Das mit Angehörigen der königlichen Familie und Komponisten wie Mascagni und Franchetti glanzvoll durchsetzte Publikum ruft Puccini nach dem ersten Akt viermal vor den Vorhang, zweimal nach dem zweiten, fünfmal nach dem dritten und dreimal nach dem vierten. Das ist eher gewöhnlich und klingt nach Routine. Ein zweideutiges Bild bieten die Zeitungskritiken: manche halten Puccinis Stück für zu leichtgewichtig, anderen fällt gerade der lockere Ton seiner neuen Klangsprache auf, die zwar Wagner inhaliert hat, aber solche Erfahrungen nun italienisch bricht und das alles mit den Gefühlen der musikalischen Jahrhundertwende färbt.

Puccini macht die Reaktion auf seine Oper, in die er nach dem Welterfolg der »Manon Lescaut« so ungewöhnlich viel Mühe investiert hat, keineswegs sicher. Er hat mit der »Bohème« das musikalisch einheitlichste Stück seines ganzen Lebens komponiert, aber er betrachtete die Turiner Uraufführung später immer als einen Mißerfolg. Obwohl sie so »gut« ist, wuchs ihm die »Bohème« nie recht ans Herz. Die hier erreichte technische Perfektion war ihm anscheinend eher unsympathisch. Solche sensible Nervosität hat ihn unanfällig gemacht gegen die Verlockung, der Wiederholung von Erfolgen hinterherzurennen. Puccini wollte immer etwas noch Besseres.

Das Meisterwerk:
»*La Bohème*«

Der musikalische Rang der »Bohème« beruht sehr wesentlich auf ihrer »Dialektik von Strenge und Freiheit« (Leibowitz). Nie mehr danach und erst recht nicht davor besitzt Puccinis Musik eine so selbstverständlich klingende Lockerheit, die aber nur herauskommt, wenn seine penible Schreibweise beachtet wird. Nichts ist hier beliebig und dem interpretatorischen »Gefühl« überlassen, sondern alles besitzt Genauigkeit und Präzision, damit das »Leichte« hervortritt, das aber so schwer ist. Keine Frage, daß Puccini da viel gelernt hat vom Duktus des Verdischen »Falstaff«, den er in den Jahren seiner Arbeit an der »Bohème« sicher sehr genau studierte.

Puccinis Anstrengung, diese Oper so gut wie nur irgend möglich zu schreiben, hat gewiß auch mit ihrem Stoff zu tun. Obwohl der heute, losgelöst von seinen historischen Bedingungen, »zeitlos« und beliebig wirkt, besaß er für Puccini dennoch Aktualität, denn er bewältigte damit die Situation seiner eigenen Jugend. Wie Henri Murgers »Bohème« ein Abbild des Paris der 40er Jahre ist, so ist Puccinis »Bohème« ein Abbild seines Studentenlebens in Mailand zu Anfang der 80er Jahre. Natürlich gibt es da keine plumpen Parallelitäten, sondern eher eine instinktive atmosphärische Gemeinsamkeit, aber die immerhin war Puccini bei der Wahl des Stoffs, bei der Arbeit am Libretto und schließlich bei seiner Komposition gegenwärtig. Von höchster Symbolkraft ist es, daß er an den Anfang des Stücks, quasi als Leitmotiv des Bohème-Lebens, ein Thema aus seinem »Capriccio sinfonico« setzte, das seinerseits die Quintessenz des Studiums am Konservatorium darstellt. Die fiktive Situation der Pariser Lebenskünstler verschmilzt mit der realen des Mailänder Kompositionsschülers.

Puccini kannte Paris nicht, als er mit der »Bohème« beschäftigt war. Und doch soll ein so distanzierter Kritiker wie Debussy behauptet haben, niemand habe das Paris dieser Zeit so gut beschrieben wie Puccini in der »Bohème«. Der Grund dafür ist, daß Puccini eben nicht Paris beschrieben hat, sondern das Paradigma irgendeiner mitteleuropäischen Großstadt und damit auch sich selbst in Mailand. Beide »Bohèmes«, die von Murger wie die von Puccini, reflektieren substantielle eigene Erfahrungen, und das gibt ihnen ihre stilistische Glaubwürdigkeit.

Murgers »Szenen aus dem Leben der Bohème« waren zunächst als einzelne Zeitschriften-Feuilletons über mehrere Jahre gestreut erschienen. Das erklärt, warum auch noch ihre Zusammenfassung alles andere ist als ein »Roman« im Sinne des 19. Jahrhunderts. Das Buch hat keine kontinuierliche Geschichte, springt zeitlich vor und zurück, führt Personen ein, die dann wieder ohne irgendeine Erklärung verschwinden, manche Episoden wiederholen sich sogar in ihrer inhaltlichen Struktur, nur mit anderen Personen. Murger hat vor der geschlossenen Veröffentlichung als Erzählwerk (1851) seinen »Szenen« schon selbst eine einheitlichere Fassung gegeben: 1849 in dem Bühnenstück »La Vie de Bohème«, das er zusammen mit dem erfahrenen Theaterautor Théodore Barrière schrieb und das teilweise erheblich von den erzählten »Scènes« abweicht. Puccini und seine Librettisten sind diesem Drama höchstens in Details gefolgt, vermutlich auch deshalb, weil es anscheinend noch urheberrechtlich geschützt war.

Illicas und Giacosas (und Puccinis) Libretto trifft den Geist seiner Vorlage ziemlich genau. Dabei kommt keine der vier Szenen der Oper bei Murger in dieser Weise vor. Sie sind vielmehr zusammengesetzt aus zahlreichen Details, die in der Erzählung verstreut enthalten sind und zum Teil in ganz anderem Zusammenhang stehen. Diese Verdichtung hat dem Libretto gut getan, es gewinnt dadurch dramatische Geschlossenheit. Anders als im Buch ist in der Oper die Liebesgeschichte zwischen Mimi und Rodolfo der rote Faden, an dem die Handlung sich entlangbewegt. Dabei wurde die Figur der Heldin allerdings gründlich verändert. Murgers Mimi ist eine Verwandte der Prévostschen Manon Lescaut: leichtfertig, liebeshungrig, lebenslustig. Vielleicht um diese Parallele zu vermeiden, haben die Librettisten der Oper aus Mimi ein sentimentalisch-reines Mädchen gemacht und ihr fast alle koketten Züge genommen. Ihre Geschichte wurde (wie schon in Murgers Bühnenfassung) mit der von Francine verschmolzen, in der Erzählung eine Episoden-Figur mit einem Schicksal, das dem der Opern-Mimi sehr ähnlich ist.

Sicher war es vor allem Puccini selbst, der diese »Reinigung« seiner Heldin betrieb. Daß die Konzeption der Librettisten ursprünglich anders war und näher bei Murger, sieht man vor allem in dem dramaturgisch besonders heiklen dritten Akt, der »Barriera«, der Puccini so lange (und wohl deshalb) nicht gefallen hat. Daß Rodolfo in diesem Akt Mimi verläßt beziehungsweise sie in die Arme eines reichen Liebhabers treibt, wird damit begründet, daß er ihr angesichts ihrer tödlichen Krankheit ein warmes Zuhause verschaffen will. Es ist jedoch eine Passage stehengeblieben (»Mimi ist eine Kokette, die mit allen tändelt« – bei Ziffer 19), die zu dieser Motivation überhaupt nicht mehr paßt, da sie (wie bei Murger) Mimi die Schuld an der Trennung zuschreibt und Rodolfos Eifersucht als echt und nicht nur gespielt darstellt.

Mit der »reinen« Mimi gewann Puccini aber nicht nur seinen ureigenen Frauen-Typ zurück, der ihm mit der komplexen Manon Lescaut abhanden gekommen war. Sondern er erreichte auch in der Gesamt-Anlage der Oper eine größere dramaturgische Stringenz: als Typen sind nun die edle sterbenskranke Mimi und die kokette aber gutmütige Musetta deutlich gegeneinander abgegrenzt, ebenso der lyrisch liebende Rodolfo gegen den Erz-Bohèmien Marcello.

Ein Vergleich mit dem gleichzeitig entstandenen Libretto Leoncavallos zeigt, daß Puccinis Buch dem des Konkurrenten gerade deshalb überlegen ist, weil es sich nicht sklavisch an Murgers Geschichten hält. Leoncavallo versuchte Logik in die Handlung zu bringen und dabei Murger treu zu bleiben – diese Quadratur des Kreises konnte einfach nicht gelingen. Puccinis absichtsvoll diskontinuierliche Szenenfolge ist Murgers Geist viel näher, weil sie dessen sprunghaftes Erzählen mit den originären Mitteln einer Theater-Dramaturgie nachvollzieht. Er wußte, warum er immer soviel Mühe auf ein stimmiges Libretto verwandte, bevor er sich zum Komponieren entschloß.

Musikalisch hat Puccini nach der Uraufführung der »Bohème« nicht mehr allzu viel geändert. Ein einziger größerer Eingriff findet sich bei Musettas Auftritt im zweiten Akt durch die Einfügung einer längeren Szene. Im übrigen handelt es sich nur um nicht sehr wesentliche Kürzungen und Ergänzungen, die überwiegend wie auch diese größere wohl schon im Premierenjahr vorgenommen wurden. »La Bohème« war von Anfang an ein geschlossenes und keiner ernsthaften Korrektur mehr zugängliches Stück – auch von Puccinis eigenem Verständnis her eben ein Meisterwerk.

»La Bohème« beginnt mit dem Thema des schnellen Mittelteils aus dem »Capriccio sinfonico«. Puccini hat diese Übernahme wie meistens in solchen Fällen bewundernswert in den neuen Zusammenhang integriert – man könnte auch umgekehrt sagen: den neuen Zusammenhang dem alten Modell angepaßt. Thematisch beherrscht die »Capriccio«-Musik den ganzen ersten Teil des Akts. In die Nischen ihres peitschenden Rhythmus schmiegen sich die Dialoge zwischen den Freunden Rodolfo, Marcello und Colline.

Rodolfos kurzes Auftritts-Arioso »Nei cieli bigi« (»Unter dem grauen Himmel«), das im weiteren Verlauf zu einem seiner Hauptthemen wird, soll wiederum eine Übernahme sein: es war angeblich bereits für »La Lupa« komponiert worden, wo es kurioserweise den strahlenden Himmel Siziliens besungen haben soll. Die ganze Szene mit ihren zahlreichen Taktwechseln und farbigster Instrumentierung klingt wie eine freie, spontane Improvisation und ist doch musikalisch aufs genaueste aus vorhandenem Material konstruiert.

Mit dem Erscheinen Mimis ändert sich auch musikalisch die Szenerie. Zaghaft tastet sich Akkord zu Akkord, mit vorweggenommenen fragilen leitmotivischen Elementen aus Mimis klanglicher Sphäre, aber bei alledem wird eine äußerste Vielfalt der orchestralen Farben bewahrt.

Aus der erregten Suche nach Mimis verlorenem Schlüssel entwickelt sich fast unvermittelt, nur durch eine plötzliche Tempo-Rückung in weniger als die halbe Geschwindigkeit angekündigt, Rodolfos berühmte Arie »Che gelida manina«. Der Form nach ist es natürlich keine klassische Arie, sondern ein durch Wagners Bruch mit der Nummern-Oper bestimmter epischer Monolog. Inhaltlich läßt er die Handlung nicht stocken, sondern treibt sie mit der Selbst-Schilderung von Rodolfos Existenz voran. Musikalisch enthält er die Elemente, die solche Soli in Puccini-Opern von nun an immer charakterisieren: die Deklamation in der Nähe der gesprochenen Sprache (was eine komplizierte rhythmische Notierung mit unzähligen Triolen in verschiedenen Ton- und Pausen-Längen verlangt), damit zusammenhängend synkopierte Einsätze der Singstimme auf schwachen Taktteilen, sozusagen »hinter« dem Orchester, und vor allem das unspektakuläre Ende nach einem Höhepunkt im Mittelteil – diese Stücke sind nicht auf den Beifall des Publikums hin geschrieben, sondern trachten ihn zu verhindern, indem sie gleichsam rezitativisch enden; erst seit jedermann diese Arien als Einzelstücke aus Radio-Wunschkonzerten kennt, wissen auch Theater-Auditorien, wo sie zu klatschen haben, um damit Puccinis realistisches Dialog-Konzept zu zerstören.

In solch natürlichem Sinn geht Rodolfos Solo fast unmerklich in das der Mimi über, das von einer überwältigenden deklamatorischen Freiheit charakterisiert ist, inhaltlich auch wieder nicht anhält, sondern vom Leben der Sängerin redet, und an den melodischen Höhepunkten extensiv Puccinis berühmte Oktaven-Verdopplung demonstriert, also eine parallele Begleitung der Singstimme in den führenden Orchestergruppen. Bei aller offenkundigen Primitivität des Verfahrens kann man sich seiner starken Wirkung kaum entziehen, und man sollte nicht vergessen, daß erst die Profanierung in den Niederungen der Alltags-Musik diese Technik ihres Reizes beraubt hat: nämlich daß sie eine knappe melodische Floskel für ganz kurze Zeit »leuchten« lassen kann; inzwischen natürlich hat sie der übermäßige und unökonomische Gebrauch für alle künftigen Zeiten entwertet.

Auch Mimis Arie endet auf kaum überbietbare Weise unspektakulär in einem vielsilbigen einaktigen Rezitativ auf nur drei Tönen – das Stück versandet gegen alle Opern-Tradition in absichtlicher und realistischer Belanglosigkeit, aus der das den Akt beendende Liebesduett sich erhebt, gleichsam aus einem musikalischen Nichts, den Zuhörer genauso plötzlich überfallend, wie die Liebe die beiden Personen auf der Bühne überfällt. Puccini hat mit solchen Stücken das überraschte Publikum quasi zum Komplizen seiner Komposition gemacht. Übrigens legt er auch hier den musikalischen Höhepunkt bereits an den Anfang und nimmt dem Schluß seinen normalerweise gewohnten Effekt: wenn der Vorhang fällt, ist die Bühne leer, und das Liebespaar hört man nur noch von draußen singen – an einer konventionellen Stelle zerbricht Puccini die konventionellen Erwartungen seines Publikums und zwingt es, eine »normale« Situation auf der so überaus unnormalen Opernbühne zu akzeptieren.

So psychologisch dezent der erste Akt endet, so schrill beginnt der zweite. Er ist eines der berühmtesten Beispiele für die um diese Zeit (aber meist in ganz anderer Musik) aufkommende Technik der Montage. Dieser »Bohème«-Akt wurde komponiert, als Gustav Mahler mit seiner 3. Sinfonie begann, einem der großräumigen Montage-Werke der musikalischen Weltliteratur. Die Montage macht sich zunutze, daß der Hörer ihre Elemente kennt und sich folglich in vertrauter Umgebung wähnt. Aber dieses Wähnen ist natürlich ein Wahn. Denn widersprüchliche Elemente zusammenzufügen bedeutet keine Addition von schon Vorhandenem, sondern eine neue Wirklichkeit.

Puccini rechtfertigt seine Montage natürlich durch eine Anknüpfung an den Realismus der Szene. Wir befinden uns vor dem Café Momus im Quartier Latin; die Straße ist voller Menschen, die die Regieanweisung aufzählt: Bürger, Soldaten, Dienstmädchen, Jugendliche, Kinder, Studenten, Näherinnen, Polizisten, fliegende Händler. Ein chaotisches Treiben also, Anlaß genug, auch die Musiken all dieser Gruppen durcheinanderzumischen und dazu die Themen der Bohèmiens, die hier wieder mit Rodolfo und seiner neuen Freundin Mimi zusammentreffen. Puccinis Verfahren ist äußerst raffiniert; um es ganz zu begreifen, müßte man es geradezu von Takt zu Takt verfolgen.

Die Handlung führt als frische Figur Musetta ein, Marcellos Dauer-

Liebe, die aber gerade ein Verhältnis mit dem reichen alten Alcindoro hat. Begleitet von Girlanden der Flöte und der Klarinette beginnt sie ihr berühmtes Walzerlied »Quando me'n vo«. In Puccinis originaler Komposition (nicht in der Fassung, wie wir sie aus Einzel-Schallplatten-Aufnahmen kennen) ist dieses Stück das klassische Beispiel für eine von ihm künftig oft angewandte Technik: die »Störung« schöner Melodien. Puccini läßt die Arie nämlich nicht für sich als geschlossene Nummer stehen, sondern verschmilzt sie mit der Handlung, indem er andere ständig dazwischenreden läßt. Der Belcanto, der »schöne Gesang«, bleibt zwar erhalten, aber er ist zugleich integraler Bestandteil der dramatischen Situation (so hatte Wagner sich einmal umgekehrt den »Tristan« als »italienische« Oper vorgestellt) – der Sänger soll weder tatsächlich noch gar musikalisch an die Rampe treten, sondern Darsteller einer wahrhaftigen Geschichte bleiben. In dieser Anlage von Musettas Lied hat Puccini wiederum den Versuch gemacht, der Kunstform Oper auch noch am Ende des 19. Jahrhunderts einen vernünftigen Sinn zu geben und sie aus dem Ghetto ihrer kulturgeschichtlichen Absurdität zu erlösen.

Musikalisch hat das Lied eine umstrittene Geschichte. Angeblich wurde es ursprünglich für den Stapellauf eines Schiffs komponiert. Für diese Behauptung existiert jedoch keine dokumentarische Quelle. Viel wahrscheinlicher ist, daß der später gelegentlich im Programm von Blaskapellen auftauchende »Walzer« eine nachträgliche Bearbeitung des Musetta-Lieds ist und nicht etwa eine ihm vorausgehende originale Komposition.

Die letzte Strophe wird mit einem orgiastischen Aufschwung des Orchesters eingeleitet und dann überhaupt nicht mehr von der Protagonistin gesungen, sondern im wesentlichen von ihrem Freund Marcello, was sowohl die dramaturgische »Wahrheit« stützt als auch den Montage-Charakter bekräftigt. Dann mischt sich, den Walzer-Takt schroff zerschneidend, der Marschrhythmus einer Militärkapelle hinein, die Gassenjungen grölen eine Phrase, die aus der kirchlichen Ministranten-Gregorianik stammt, bis sich alles im Marschrhythmus mit versprengten Floskeln aus den anderen musikalischen Welten sammelt.

Es entsteht so nicht nur einfach ein farbiges Genre-Bild. Vielmehr bricht die musikalisch verschränkte Montage den Folklorismus auf: wir befinden uns dank dieses Verfahrens nicht in einem angeblichen Paris von 1830, sondern bei einem italienischen Komponisten von 1895. Die Montage rekonstruiert eine künstlerische Wahrheit, die ihren einzelnen Elementen nicht zukommen könnte.

Der dritte Akt bietet atmosphärisch eine ebenso krasse Differenz zum zweiten, wie dieser sich vom ersten unterschied. Nach dem ausgelassenen Treiben im Quartier Latin spielt er an einer Zollstation im Süden von Paris mitten im Winter, der dem Weihnachtsabend folgt. Es liegt Schnee. Im Orchester spielen über einem endlos langen Quinten-Orgelpunkt der Violoncelli vor allem Flöten, Harfen und Violinen, unterstützt von einzelnen Triangel-Schlägen und rhythmisch notiertem Gläser-Klingen aus der benachbarten Kneipe. Diese Instrumentation ist von klirrender Kälte, und der ungewöhnliche Effekt der leeren Quinten über eine so lange Strecke hat bei den zeitgenössischen Kritikern erhebliche Irritationen hervorgerufen, während der uralte Verdi gerade diese Stelle sehr gelobt haben soll. Der ganze Anfang des Akts ist nichts als fröstelnde Atmosphäre – die Wärme der Kneipe, aus der Fetzen von Musettas Walzer und ein Chor fröhlicher Zecher dringen, ist unsichtbar hinter die Szene verlegt. Nur langsam kommt eine Handlung in Gang: Mimi, von Motiven ihres Arien-Themas angekündigt, ist auf der Suche nach Rodolfo.

Es folgt die dramaturgisch fragwürdige Szene, in der Rodolfo seine doppelte Motivation für die Trennung von Mimi erläutert. Auch musikalisch stimmt etwas nicht in dieser Passage: Rodolfos Schilderung von Mimis bedrohlichem Husten (»Una terribil tosse«) und der für ihn daraus zu ziehenden Konsequenzen vollzieht sich in der Musik auf ein ekstatisches Thema (6 Takte nach Ziffer 21), das überhaupt nicht zum vergleichsweise banalen Zusammenhang des Texts paßt. Es scheint mir so gut wie sicher, daß diese Musik ursprünglich anders gedacht war – etwa für einen echten und nicht nur vorgetäuschten Eifersuchtsausbruch. Die mühsamen Änderungen am Charakter der Mimi von Murgers Vorbild zu Puccinis Wunschbild haben auch noch in der Musik Schlacken hinterlassen – der von Puccini so gefürchtete Barriera-Akt geht trotz seiner großen musikalischen Schönheit musikdramaturgisch nicht auf.

Das gilt auch noch für den Übergang in das Duett zwischen Mimi und Rodolfo, das sich bald durch die Hinzufügung eines keifenden Streits von Musetta mit Marcello zum Quartett erweitert, eigentlich nur bestehend aus zwei raffiniert parallel geführten Duetten. In Mimis einleitendem »Ascolta« (Ziffer 27) fallen Wort- und Musik-Akzent ganz gegen Puccinis sonstige Praxis deutlich auseinander, so daß auch diese Melodie wohl ursprünglich zu einem anderen Text gehört, wobei Puccinis erprobte Übernahmetechnik jedoch diesmal erstaunlicherweise gar nicht gut funktioniert.

Das melodische Material des »Halb-Quartetts« Mimi–Rodolfo stammt aus dem Lied »Sole e amore« von 1888, eine – auch durch seine klare

Instrumentierung – unerhört schöne Passage. Die erneute Übernahme demonstriert wiederum, daß Puccini den dritten »Bohème«-Akt sozusagen bereits komponiert hatte, bevor er richtig wußte, was sein Inhalt sein würde. Abgesehen von dem frostigen Quinten-Anfang gehört die gute Musik offenbar nicht recht zur Handlung des Akts – seine Brüchigkeit ist unverkennbar, wenn man nicht nur bewußtlos der Musik lauscht. Auf ganz merkwürdig äußerliche Weise hat Puccini endlich dem Akt so etwas wie Geschlossenheit zu geben versucht: an den Anfang und den Schluß hat er zwei jeweils gleiche kadenzierende Akkord-Schläge im Fortissimo des Orchesters gesetzt, was weder zum Anfang noch zum Schluß paßt – eine gleichsam verzweifelte Geste, die Einheit bestätigen soll, wo keine besteht.

Mit dem vierten Akt begibt Puccini sich wieder auf sichereres Gebiet: er kehrt zunächst zur Stimmung des ersten Akts zurück. Wir sind erneut in der Bohèmien-Dachstube, und die Männer-Freunde sind so allein und auf sich verwiesen wie zu Beginn der Oper. Marcello und Rodolfo hängen den Erinnerungen an ihre verflossenen Geliebten nach – Anlaß für die Musik, mit wenig neuem Material in altbekannten Motiven die bisherige Geschichte zu reflektieren. Puccini hat während der Entstehung des Librettos und noch bis kurz vor Ende der Komposition darauf gedrängt, diese Anfangsszene abzukürzen – mit dem sicheren Instinkt des Musikers, der sich hier nur wiederholen konnte. Dennoch ist sie beinahe immer noch zu lang, weil sie wie der erste Teil des ersten Akts nur bohèmische Atmosphäre wiedergibt.

Erst mit dem Erscheinen von Musetta und Mimi ändert sich nicht nur das szenische, sondern auch das musikalische Bild, gleich zu Anfang mit einem äußerst dissonanten Akkord, der mit einem Sforzato von Holzbläsern und Solo-Bratsche über einem Quinten-Tremolo der Bässe instrumentiert und kaum mehr tonal interpretierbar ist, bevor er sich in den »korrekten« Dominantakkord von a-Moll auflöst (23 Takte vor Ziffer 13). Knappe Bläser-Synkopen (vor Ziffer 14) drücken die Erregung der Situation aus: Mimi ist todeskrank zu Rodolfo geflohen, sie will in der Kälte seiner Dachstube sterben, um da die Wärme der Liebe zu finden.

In den Überlegungen, wie man Geld auftreiben könnte, um für die frierende Mimi einen warmen Muff zu besorgen, singt Colline ein etwas alleinstehendes Lied auf seinen alten Mantel, den er zu diesem Zweck verkaufen will. Puccini fängt die sonderbare Stelle musikalisch mit Akkord-Zitaten aus dem letzten Akt der »Manon Lescaut« ab, wie er gleich darauf Mimis Solo »Sono andati« mit Klängen beginnt, die deutlich an die letzte Manon-Arie erinnern. Der merkwürdige Reflex auf die vorige

Oper läßt sich nur als Versuch erklären, Mimis Figur und Schicksal eben doch als Ergebnis leichtfertigen weiblichen Tändelns darzustellen – was zur Mimi der Oper wenig paßt, wenn auch zur Mimi in der Erzähl-Vorlage des Henri Murger. Puccini ging da offenbar einiges im Kopf herum, und das waren anscheinend nicht nur kompositorische Probleme, sondern vor allem solche seiner eigenen männlichen Existenz, die (im Leben bewußt, im Kunstwerk wohl eher unterbewußt) eines sehr bestimmten Bilds von der Frau bedarf – eines so reizvollen wie angsterzeugenden Bilds zugleich.

Der bald danach eintretende Tod ist gleichsam beiläufig gestaltet: Mimi scheint einzuschlafen, was die Musik (vor Ziffer 29) durch eine Deklamation auf gleicher Tonhöhe über sechs Takte nachvollzieht. Die Heldin stirbt also ohne große Geste, ganz unspektakulär, so wie der Tod wohl »wirklich« sein mag. Was »La Bohème« an ihrem tränenseligen Schluß gerade noch vor dem Abgleiten in die übliche schlechte Sentimentalität bewahrt, ist eben diese wirklichkeitsnahe Beobachtung eines Sterbens: es wird nicht in strahlender Kantilene der Sterbenden vorgeführt, sondern in einem fast unmerklichen Verlöschen der Stimme.

Das Verfahren charakterisiert insgesamt die Technik des reifen Puccini, die eine Technik an der Schwelle des 20. Jahrhunderts ist. Hier sollen nicht mehr gesellschaftliche Theater-Ereignisse verhandelt werden, sondern Geschichten von real existierenden Menschen, gleich aus welcher Zeit. Seit längerem schon hat es Puccini wenig interessiert, was ein gewöhnliches Opern-Publikum auf der Bühne zu sehen wünschte. Er kümmerte sich nur noch darum, was er selbst für interessant hielt. Deshalb hat er auf »La Bohème« so viel Mühe verwandt, und deshalb hat er diesen Anspruch nie mehr verringert.

In einem gärenden Land
1896–1900

Stücke wie »La Bohème« hätte Puccini nun gewiß serienweise komponieren können, nachdem das Mischungs-Rezept aus Realismus und Sentimentalität feststand. Aber er wollte das nicht.

Was ihn jetzt ausschließlich interessiert, ist eine möglichst perfekte Aufführung dieser Oper, bevor er sich der nächsten zuwendet. Er will das Eisen des neuen Stücks schmieden, solange es heiß ist. Turin mit seinem lauen Erfolg ist ihm nicht gut genug. In Rom, Neapel, Palermo und Florenz stehen weitere Aufführungen bevor, mit anderen und vielleicht besseren Möglichkeiten.

Zusammen mit Giulio Ricordi überwacht er in Rom die Proben im Teatro Argentina, ist begeistert von der neuen Musetta-Darstellerin, der gerade zwanzigjährigen Rosina Storchio (sie wird acht Jahre später die erste Butterfly sein) und hofft auf einen glänzenden Erfolg. Aber der hält sich auch jetzt wieder in Grenzen; jedenfalls werden die beiden ersten Akte bei der Premiere am 22. Februar 1896 eher kühl aufgenommen, am Ende allerdings jubelt das Publikum, erst recht als Puccini das Komturkreuz des italienischen Kronen-Ordens überreicht wird. Die zweite Vorstellung, die zugunsten der Verwundeten im afrikanischen Krieg stattfindet (die in Wahrheit verheerenden Verluste in Äthiopien werden erst einige Tage später bekannt), besucht sogar die Königin Margherita.

Nur kurz danach ist bereits die Premiere in Neapel, ein ziemlich kräftiger Erfolg: drei Stücke müssen wiederholt werden, 35mal wird der Komponist auf die Bühne gerufen. Dennoch ist Puccini noch nicht recht zufrieden – der Siegeszug seiner bis heute erfolgreichsten Oper bewegt sich anfangs außerordentlich langsam. Immerhin tröstet die Entwicklung am Uraufführungs-Theater: innerhalb von knapp zwei Monaten haben dort inzwischen 24 Vorstellungen der »Bohème« stattgefunden – das Turiner Publikum hat sich also schon am süffigen Klang der Oper berauscht, und die geradezu sensationelle Aufführungsdichte kündigt die künftige Erfolgs-Explosion an: in den folgenden drei Jahren, bevor Puccinis nächstes Stück erscheint, wird »La Bohème« in mehreren Dutzend Theatern auf vier Kontinenten gespielt werden – so etwas hat es bisher wirklich nur bei Verdi gegeben.

Als Puccini nach Palermo reist, ist das alles noch keine Realität, sondern allenfalls eine selbstbewußte Hoffnung. Aber die »Bohème«-Premiere im palermitanischen Teatro Politeama Garibaldi am 24. April wird dann der endgültige Durchbruch. Schon während des ersten Akts wird Puccini zweimal auf die Bühne gerufen und dann immer wieder. Rodolfos Arie muß wiederholt werden, ebenso Musettas Walzer, das Quartett des dritten Akts und das letzte Finale – zwanzigmal kommt Puccini am Ende vor den Vorhang. Es gibt Ehrenbankette und die übliche Ehrenvorstellung mit den vielen praktischen und kuriosen Geschenken für den Komponisten. Einmal spielt Puccini bemerkenswerterweise schon »als besondere Neuigkeit etwas aus seiner nächsten Oper ›Tosca‹«: ein für ihn ganz ungewöhnliches Verfahren; denn noch nicht einmal das Textbuch ist fertig, und doch glaubt er sich seiner Sache schon so sicher, daß er sich öffentlich dazu bekennt. Vielleicht auch haben ihn die Gastlichkeit und der Enthusiasmus der Sizilianer verführerisch überwältigt.

Überschwenglich bedankt er sich hinterher bei dem Dirigenten Leopoldo Mugnone für seine Gastfreundschaft und für seine musikalische Arbeit: neben Toscanini komme nur er als Puccini-Dirigent ernsthaft in Frage. Der Brief ist im übrigen ein typisches Dokument Puccinischer Depressionen. Trotz den jüngsten und anhaltenden Erfolgen beklagt er sich über seine angebliche öffentliche Geringschätzung; und außerdem: er werde zwar »Tosca« komponieren, aber sehr zuversichtlich sei er nicht darüber, weil er keine geeignete Darstellerin der Titelrolle sehe.

Mit Illica bespricht er das neue Stück, fährt Anfang Juni zur Arbeit nach Torre del Lago und entschließt sich zu einer guten Tat: seiner vor sechs Jahren jung verwitweten Schwester Nitteti Marsili setzt er eine monatliche Rente von 30 Lire aus, immerhin fünf Prozent seiner eigenen regelmäßigen Einkünfte. Nach allerlei Auseinandersetzungen über die ersten Libretto-Entwürfe beginnt er, Mitte August 1896, zögernd mit der Komposition der »Tosca«.

Inzwischen erläutert Giacosa dem Verleger sehr scharfsinnig das Grundproblem dieser Oper: sie ist ein hochdramatisches Theaterstück mit permanenten Auseinandersetzungen zwischen konfliktreichen Figuren, was zu ständigen Duetten führe. Es sei überaus schwierig, die notwendigen solistischen Lyrismen einzufügen – eigentlich zu schwierig für einen im übrigen vielbeschäftigten Mann wie ihn. Zwar werde er Anfang September den zweiten Akt fertig haben und sogar schon einen Teil des dritten, aber er werde sich auch gern aus dem ganzen Geschäft zurückziehen, weil sein Teil der Arbeit ohnehin nicht gebührend gewürdigt werde.

Das ist Giacosa, wie er wehleidig leibt und lebt. Wie immer reden Ricordi, Illica und Puccini ihm gut zu, und wie immer macht er seine ohnehin nur verhaltenen Drohungen nicht wahr: Puccini hat mit dem geistigen Masochisten Giacosa längst den Mitarbeiter gefunden, den er immer zu brauchen glaubte – der literarischen Qualität ihrer gemeinsamen Libretti hat das allerdings nicht besonders gutgetan.

Damit Ricordi nicht unruhig wird, lobt Puccini die beiden inzwischen bei ihm eingetroffenen Akte über den grünen Klee und behauptet noch einmal, er habe wirklich schon mit der Arbeit begonnen. In Wahrheit hat er im Sommer und Herbst 1896 praktisch nichts an »Tosca« getan. Er braucht vielmehr nach dem »Bohème«-Streß der letzten Jahre ein paar Monate entspannten Nichtstuns, er geht zur Jagd, fährt zu festlichen Gelagen mit Freunden in die Maremmen und besucht hier und da »Manon«- und »Bohème«-Vorstellungen. Auch als er Anfang Dezember in Mailand eintrifft, beherrschen andere Interessen sein Leben, vor allem die propagandistisch wichtige Scala-Inszenierung der »Bohème«, die am 15. März 1897 ein kräftiger Erfolg wird.

In diese Zeit fällt Puccinis erster nachweisbarer Kontakt mit Giovanni Pascoli, einem der seinerzeit bedeutendsten Dichter Italiens. Der hat offenbar über einen gemeinsamen Bekannten angefragt, ob Puccini nicht einen Text von ihm vertonen wolle. Puccini lehnt höflich ab: Pascoli möge ihm, wenn er wolle, zwar Vorschläge machen, aber er sei jetzt ganz mit »Tosca« beschäftigt und könne sich um nichts anderes kümmern. Anders als die großbürgerliche Raffinesse D'Annunzios hätte Pascolis volkstümlicher Lyrismus wohl sogar ganz gut zu Puccini gepaßt, aber vielleicht hätte er ein »richtiges« Opernlibretto denn doch nicht zustande bringen können, das immer auch einen gewissen Verzicht auf literarische Qualität verlangt.

Um den 10. April bricht Puccini nach England auf, zur ersten fremdsprachigen »Bohème«. Tito Ricordi, Giulios Sohn, begleitet ihn. Nach kurzem Aufenthalt in London reisen sie nach Manchester zu den Proben. Puccini ist entsetzt, nicht nur über die schauderhafte Qualität der Carl-Rosa-Company, die die Oper aufführt, sondern vor allem über das Klima – ein Horror für den sonnenverwöhnten Toskaner: »Ich bin hier allein in diesem schrecklichen Land: Nebel, Regen, Kälte.« Am 22. April ist die Premiere, die trotz den schlechten Voraussetzungen ein Erfolg wird – Puccini hatte in letzter Minute noch ein paar Proben selbst geleitet. Schon am Tag nach der Premiere kehrt er eilends nach London zurück, in einem Salonwagen, den die britische Eisenbahn für ihn und die hauptstädtischen Zeitungskritiker eigens an den Zug gehängt hat.

Als er in den ersten Maitagen nach Mailand zurückkehrt, genießt er schadenfroh den Mißerfolg der gerade in Venedig uraufgeführten Leoncavallo-»Bohème«. Er liest das Libretto und die Partitur und findet beide schlecht, ein Urteil, das er mit Mascagni teilt. Mit Leoncavallos Name (leone = Löwe, cavallo = Pferd) treibt er wenig geschmackvolle Wortspiele, meistens nennt er ihn »Leonbestia« oder »Leonasino« (asino = Esel), auch »Bisbestia« (»Doppeltier«).

Für Puccini wird es nun allmählich höchste Zeit, die Arbeit der nächsten Monate zu planen. Denn noch ist er mit »Tosca« nicht sehr weit, und das eineinhalb Jahre nach der Uraufführung der vorigen Oper. Deshalb sucht er für den Sommer einen »angenehmen und grünen Platz«. Zunächst aber muß er auf Ricordis Wunsch nach Berlin, zur ersten deutschen »Bohème«-Aufführung. Die Premiere ist am 22. Juni – zum ersten Mal beginnt eine Puccini-Oper ihren deutschen Weg in der Hauptstadt, am wichtigsten Platz des Reichs. »Tosca« kommt bei alledem wenig voran.

In diesem Sommer begegnet Puccini anscheinend zum ersten Mal Enrico Caruso, dem bald berühmtesten Sänger der alten und der neuen Welt. Die Geschichte dieser Begegnung ist häufig aufs Romantischste erzählt worden und immer wieder so, als sei Caruso gleichsam Puccinis Entdeckung. Daran ist so gut wie nichts Wahres. Caruso war einer von vielen jungen italienischen Provinz-Tenören; er hatte 1894 debütiert und auch schon den Des Grieux gesungen. Als er für eine »Bohème« im August 1897 in Livorno engagiert wird, nutzt er die geringe Entfernung, um den Meister selbst zu besuchen und ihm vorzusingen, und der findet ihn – kein Wunder – gut. Das ist alles. Zwar ist Caruso für das folgende Vierteljahrhundert Puccinis feinster Tenor, aber bemerkenswerterweise singt er keine der beiden nächsten Uraufführungen, sondern erst die dritte, die »Fanciulla del West« 1910 in New York, und das bleibt dann auch die einzige.

Mitte September fährt Puccini nach Wien. »La Bohème« wird am 5. Oktober im Theater an der Wien aufgeführt – nicht in der Hofoper, wie er es gern wollte. Deren ganz neuer Direktor Gustav Mahler hatte im Mai in Venedig beide »Bohèmes« gesehen und zwar die von Puccini empfohlen, aber sein Vorgänger hatte die von Leoncavallo angenommen, die Mahler ein paar Monate später selbst dirigierte. Während der Premiere von Puccinis Oper soll Mahler in seiner Loge höhnisch gelacht haben (warum auch immer), was Puccini ihm jedenfalls lebenslang übelnahm. Natürlich ist die Aufführung dennoch wie gewohnt erfolgreich; interessanterweise kritisiert der alte Eduard Hanslick, der eingefleischte Wagner-Feind, Puccinis Stück besonders scharf – er muß die untergründige Bewußtseinsverwandtschaft noch immer gehört haben. Puccini selbst ist mit der Aufführung nicht besonders glücklich und reist nur wenige Tage danach ab.

Zu Hause ist sein Ansehen kräftiger. Ende November fährt er nach Rom, um als Mitglied in der staatlichen Musikkommission zu wirken. Gegen dieses Amt, das eine erhebliche Bestätigung seines Ruhms bedeutet, hat er sich ein paar Tage gesträubt, aber der publicitybewußte Ricordi zwingt ihn, es anzunehmen. In Rom begegnet er übrigens zum ersten Mal dem jungen Priester Pietro Panichelli, der von nun an einer seiner treuesten Freunde sein wird – und einer seiner frühen Biographen.

Sicher hat Puccini sich in den vergangenen Monaten mit der »Tosca«-Komposition beschäftigt, wenn auch nur flüchtig und gelegentlich, weil die äußeren Ablenkungen ihm kaum die notwendige Konzentration gestatteten. Jetzt, da die Sache allmählich ernster wird, stellen sich seine üblichen Zweifel ein: er beginnt an ganz andere Stoffe zu denken. Von Alphonse Daudets »Tartarin de Tarascon« ist die Rede und von einer »Maria Antonietta« – beide Projekte, vor allem das letztere, das der Theateragent Schürmann ihm in Rom vorgeschlagen hatte, werden Puccini noch jahrelang beschäftigen.

Im Dezember 1897 komponiert er eine »Inno a Diana«, ein bescheidener Marschgesang, der den italienischen Jägern gewidmet ist und dessen Text von dem neapolitanischen Journalisten Carlo Abeniacar stammt.

Immerhin aber arbeitet Puccini auch an der »Tosca« und versucht die verlorene Zeit aufzuholen. Don Pietro Panichelli versorgt ihn mit Informationen über den Klang der größten Glocke des römischen Petersdoms – was den Anfang des dritten Akts betrifft und woraus sich schließen läßt, daß Puccini unter allen Störungen schon ziemlich weit voraus denkt. Panichelli schreibt ihm auch auf, wie in Rom das »Te Deum« gesungen wird – Puccini wünscht das für das Finale des ersten Akts.

Es scheint, daß er erst in diesem Januar 1898 mit der kontinuierlichen Komposition begonnen hat. Ein mit Änderungen Puccinis und mit Notenskizzen versehenes Manuskript des Librettos zum ersten Akt trägt auf dem Umschlag das Datum des 1. Februar 1898, was ebenfalls diese Annahme stützt. Manchmal arbeitet er bis vier Uhr in der Nacht. Er fühlt sich »wie in einem Kerker« und weicht allen »Verführungen« aus, die ihn an die geliebte Jagd erinnern. Auch den Kauf eines dreirädrigen Autos verwirft er, weil ihn der Preis von 2000 Lire schreckt. An Toscanini schreibt er, die Komposition gehe gut voran, und der »liebe schöne Arturetto« müsse ihr »Entjungferer« sein, der Uraufführungsdirigent also.

Seine vierte Leidenschaft (nach Jagd, Frauen und Fahrzeugen) geht er entschlossener an: den Immobilien-Erwerb. Anfang April verhandelt er durch Vermittlung des lucchesischen Marchese Mansi mit einem Grafen Minutoli über den Kauf eines Anwesens in Aquilata, nicht weit vom Massaciuccoli-See. Dort will er eine Villa bauen, zu der möglichst auch etwas bäuerliches Land gehören soll – ein eigener Wohnsitz anstelle des vom Grafen Grottanelli gemieteten Hauses in Torre del Lago. Den Maler-Freund Pagni beauftragt er, sich Aquilata genau anzusehen. Auch von einer Villa in Monte San Quirico ist die Rede, direkt bei Lucca, und von einem Haus in Richtung Chiatri, in den Bergen zwischen Lucca und Viareggio.

Dann fährt er endlich zusammen mit Elvira und Fosca nach Paris, zur ersten französischen »Bohème«. Es wird ein unerwartet langer Aufenthalt, zweieinhalb Monate. Puccini versäumt damit eine politisch hocherregte Zeit in Italien und die schwerste Krise des jungen Nationalstaats.

Seit Anfang 1898 hatte sich die politische Lage zugespitzt. In Rom wurde wegen öffentlicher Demonstrationen für einige Tage der Ausnahmezustand verhängt, im März griffen die Unruhen auf die Toskana über, aber die wirkliche Explosion geschah Anfang Mai in Mailand aus Anlaß einer erneuten Erhöhung der Lebensmittelpreise: vier Tage lang lieferten sich Demonstranten und Truppen Straßenkämpfe, wobei die Armee Kanonen einsetzte und mindestens 80 Menschen tötete. Die Staatsmacht griff auch hier zum probaten Mittel des Ausnahmezustands und ließ viele linker Neigungen Verdächtige verhaften. Der Ruf nach dem starken Mann war so unüberhörbar, daß die amtierende Regierung schließlich zurücktrat und der König Mitte Juni den General Pelloux zum Ministerpräsidenten berief. Er galt als Nationalheld, weil seine Artillerieeinheit 1870 die römische Porta Pia zusammengeschossen und damit den Einmarsch ins päpstliche Rom vorbereitet hatte. Pelloux erhielt Handlungsvollmachten, wie sie nur ein Diktator zu haben pflegt, und Italien entfernte sich damit weit von den prinzipiell demokratischen Grundregeln seiner Verfassung. Daß dieses Regime sich nicht lange danach wieder wie selbstverständlich verabschiedete und so die Rückkehr zum Parlamentarismus ermöglichte, gehört zu den überwältigenden Geheimnissen dieses Landes – wie der ziemlich vergleichbare Sturz des Faschismus ein halbes Jahrhundert später.

Mit dem Amtsantritt von Pelloux aber war Italien zunächst eine Militärdiktatur geworden, und das muß man wissen, wenn man sich Puccinis Leben und seine künstlerische Arbeit in dieser Zeit vergegenwärtigt. Auf dem Höhepunkt der Krise ist er weit weg in Paris; aber die Wogen der italienischen Politik, und sei es nur der kleinen, schlagen doch bis hin zu ihm. Und er stellt sich auf die Seite des populären autoritären Zeitbewußtseins: »Ich würde das Parlament und die Abgeordneten abschaffen, so lästig sind mir diese ewigen Geschwätz-Fabrikanten. Wenn ich zu bestimmen hätte, würde ich gern zum seligen ›Carlo Dolovio‹ zurückkehren!« (gemeint ist der verflossene lucchesische Bourbonen-Herzog Carlo Lodovico). Gegen Ende seines Lebens wird Puccinis Verhältnis zu Mussolini noch einen Beleg für derart schlichte Denkweisen liefern, die um so politischer sind, je unpolitischer zu sein sie vorgeben.

Puccinis Zeit in Paris ist anfangs ganz von den »Bohème«-Proben beansprucht, von denen er glaubt, daß sie eine glänzende Aufführung hervorbringen werden. Endlich redet er auch mit Sardou, damit dieser der schon ziemlich fortgeschrittenen Veränderung seines »Tosca«-Stücks zu einem Opernlibretto zustimmt. Der alte Erfolgsschreiber ist überwiegend am Geld interessiert: zunächst verlangt er die immense Summe von 50000 Francs, gibt sich dann aber mit 15 Prozent der Einnahmen zufrieden, was immer noch ganz schön viel ist. Dafür zeigt er sich jedoch auch angetan von Illicas und Giacosas Szenario, wobei man zweifeln muß, ob er viel davon begriffen hat. Jedenfalls macht er einige dramaturgische Änderungsvorschläge. Es läßt sich nicht mehr rekonstruieren, was genau ihr Inhalt war. Wir kennen nur eine durch Puccinis Äußerung gegenüber seinen Biographen überlieferte groteske Anregung: Tosca soll bei ihrem selbstmörderischen Sprung von der Engelsburg in den Tiber stürzen – was angesichts der geographischen Verhältnisse natürlich nicht möglich ist. Sardou, so Puccini, war das ziemlich gleichgültig; aber es scheint eher, daß Puccini und seine Biographen dieses Detail übertreiben, um die eigenständige Leistung des italienischen Teams hervorzuheben. Die ist in Wahrheit allerdings nicht allzu groß. Denn anders als in den vorigen Puccini-Opern handelt es sich hier nicht um die Bühnen-Adaption einer epischen Vorlage, sondern lediglich um die Verkürzung eines schon vorhandenen Theaterstücks unter den Bedingungen des Operngesangs – was selbstverständlich viel leichter war.

Nach einem Monat in Paris wird Puccini das Getriebe der Weltstadt allmählich lästig. Bei aller Liebe zum Trubel sehnt er sich nach seiner Toskana. Dabei ist er entsetzt über die dramatischen Ereignisse in seinem Vaterland. Zeitungsberichte von den Straßenkämpfen in Mailand erschrecken ihn tief, und er bittet eindringlich um genauere Informationen, weil er von tausend Toten gehört hat.

Anfang Juni kommt Illica nach Paris, findet die Inszenierung ausgezeichnet, hilft Puccini bei den »Tosca«-Diskussionen mit Sardou und reist rasch wieder ab. Auch andere Freunde aus der Heimat besuchen Puccini: Caselli aus Lucca und Luigi Pieri aus Mailand, um die Premiere mitzuerleben. Die verzögert sich noch einmal um ein paar Tage, und dann findet sie endlich statt: am 13. Juni 1898. Im großen und ganzen wird es ein Erfolg, wenigstens beim Publikum, während die Zeitungskritiken eher zurückhaltend sind. Trotzdem ist Puccini zufrieden, galt es doch den stolzen Franzosen zu beweisen, daß auch ein Italiener eine gute »französische« Oper komponieren könne. Die zweite Vorstellung besucht auch Felix Faure, der Präsident der Republik. In der Woche danach verläßt Puccini Paris, um sich sogleich in die »Tosca«-Komposition zu stürzen.

Zuerst bleibt er zwei bis drei Wochen in Torre del Lago, bis ihm der Marchese Mansi seine eigene Villa in Monsagrati über dem Freddana-Tal zur Verfügung stellt, zehn Kilometer nordwestlich von Lucca und auch nur fünfzehn Kilometer von Torre del Lago entfernt. Am 20. Juli zieht Puccini mit der Familie in das ruhig gelegene und luxuriöse Haus.

Anscheinend ist vom ersten »Tosca«-Akt zu diesem Zeitpunkt schon ziemlich viel komponiert, denn das Partitur-Autograph trägt am Anfang die Datierung »August 98« und am Ende des Akts »18. August 98«. Puccini ist da also bereits mit der Instrumentation fertig, für die er folglich nur wenige Tage gebraucht hat. Dennoch (oder deswegen) bedeuten diese ersten vier Wochen in Monsagrati eine harte Zeit. Wegen der Hitze kann er nur nachts arbeiten, von zehn Uhr am Abend bis vier Uhr morgens. Don Pietro Panichelli, den hilfsbereiten Priester in Rom, bittet er noch einmal um liturgische Verse, die als Chorgemurmel vor das große Te Deum am Schluß des Akts passen; aber dessen Vorschläge befriedigen ihn nicht. Den lucchesischen Freund Guido Vandini jagt er zu allen möglichen Priestern, um etwas Geeignetes zu finden – wenn sie ihm nicht hälfen, träte er zum Protestantismus über und schreibe einen Trauermarsch auf die Religion. Aber dann hilft er sich selbst: er verwendet die Einleitungsformel für den priesterlichen Segen »Adiutorium nostrum in nomine Domini«, was zwar keineswegs an diese Stelle gehört, aber Puccinis klanglicher Vorstellung entspricht, und das ist ihm wichtiger als die liturgische Korrektheit. In der Eile, die er jetzt hat, läßt er seinen sonst so peniblen Detail-Fetischismus gern auch einmal beiseite.

In seinen persönlichen Angelegenheiten kommt er weniger gut voran. Noch immer ist der Aquilata-Kauf nicht vollzogen, schließlich scheitert er ganz, und Puccini sieht sich nach etwas anderem um: noch von Monsagrati aus fährt er in das abgelegene Dörfchen Chiatri, von wo man sogar den

Massaciuccoli-See sieht und das Meer dahinter. Ein paar Wochen später kauft er dort ein Grundstück für den Bau einer Sommervilla.

Puccini bleibt bis Ende September in Monsagrati. Ganz sicher hat er hier nach Fertigstellung des ersten Akts (an dem natürlich wie üblich noch viel geändert wurde) intensiv an der Komposition des zweiten gearbeitet, bevor er nach Torre del Lago zurückkehrt. Aber nach den beiden anstrengenden Kompositionsmonaten läßt er es nun etwas gemächlicher angehen. Sein sich nähernder 40. Geburtstag bedrückt ihn: die Zahl bedeutet ihm Alter, Abschied von der Jugend, melancholisch meditiert er über den Sinn seiner Arbeit – es ist die übliche Erschöpfung mitten in einer Schaffensphase.

Um diese Zeit scheint das Wiegenlied »E l'uccellino« entstanden zu sein, eine äußerst schlichte Komposition auf einen Text des alten Freunds Renato Fucini, von dem auch schon der Schiffsgesang »Avanti Urania!« stammte. Das Lied ist Memmo Lippi gewidmet, dem kleinen Sohn des ganz jung gestorbenen lucchesischen Arztes Guglielmo Lippi, geboren erst nach des Vaters frühem Tod. Sicher hat Puccini dabei auch an seinen verstorbenen Bruder Michele gedacht, der ebenfalls erst nach dem Tod des Vaters zur Welt gekommen war. (Memmo Lippi starb übrigens im Zweiten Weltkrieg in einem deutschen Konzentrationslager.)

Ein weiteres Nebenwerk ist in die erste Hälfte des Jahrs 1899 zu datieren: der Marsch »Scossa elettrica« (»Elektrischer Schlag«) für Klavier, samt einer Bearbeitung für Blaskapelle. Wie das Lied wurde auch dieses Stück dann im Herbst publiziert, in einem Sonderheft zu Ehren Alessandro Voltas anläßlich eines Weltkongresses der Telegraphisten in Como, Voltas Vaterstadt. Das alles sind sicher Zerstreuungsversuche angesichts der schwierig unfertigen »Tosca«.

Nebenher kümmert er sich um den Hausbau in Chiatri, der aufwendig und kompliziert ist; denn es führt noch keine Straße in das kleine Bergdorf, und alles Material muß von Lastochsen hinaufgetragen werden, fünf Kilometer weit und über fast dreihundert Meter Höhenunterschied. Das verteuert und verzögert den Bau, weshalb Puccini nach wie vor daran denkt, im Frühjahr in Torre del Lago und im Sommer in einem gemieteten Haus in den Bergen zu arbeiten, vielleicht in Abetone (das ist der Apenninen-Paß auf der Straße von Lucca nach Modena – später wird er auch dort ein eigenes Haus haben).

Zum Jahreswechsel schreibt Puccini zwei fäkalisch-obszöne Gedichte über seine Vaterstadt und ihre Bewohner, die er verachtet, zumindest seit sie ihm den Ehebruch mit Elvira vorwarfen. Das eine heißt ganz direkt

»Kacke von Lucca«, und Puccini hat es vermutlich an seine Schwester Ramelde geschickt; das andere, »Die Gipsfiguren«, an Alfredo Caselli gerichtet, spielt mit Sexual- und Kastrations-Assoziationen. In ein Steuerformular trägt er als Beruf ironisch »Trompeter« ein, und dem Neffen Carlo Del Carlo schickt er eine Karte mit einer Frauenfigur und der Anmerkung: »Es würde genügen, wenn ich sie hätte!«; dabei klagt der gerade 40jährige erneut, daß man alt werde – die Midlife-crisis schüttelt Puccini mit voller Wucht.

Anfang Januar 1899 entschließt er sich, zur Wiederaufnahme der »Bohème« für ein paar Tage nach Paris zu fahren. Mindestens zweimal trifft er Sardou, amüsiert sich über dessen Gleichgültigkeit gegenüber Realitäten (die berühmte Anregung, daß der Tiber auch zwischen Engelsburg und Peterskirche fließen könne) und ist zugleich beeindruckt von dessen feuriger Vitalität. Immerhin besteht Sardou darauf, daß Tosca am Ende der Oper Selbstmord begeht und nicht nur wahnsinnig wird, wie Puccini und seine Librettisten es bis dahin anscheinend entgegen der Vorlage planten – da zumindest haben sie dann nachgegeben.

Der Schwester Tomaide schildert er seinen Zwiespalt zwischen dem Weltruhm, wie er ihn in Paris gerade wieder empfunden hat, und der Sehnsucht nach einem zurückgezogenen Leben, sei es in Torre oder in Chiatri oder selbst in Mailand, wo er nichts als die Arbeit kenne. Da ist viel effektheischende Heuchelei im Spiel, aber unterbewußt doch auch das Bekenntnis zu seinen wahren »Idealen«. Beiläufig erfahren wir, daß Puccini zu dieser Zeit stattliche 95 Kilo wiegt.

Nach der Rückkehr bleibt er einen Monat in Mailand, was anscheinend ganz der Komposition des zweiten »Tosca«-Akts dient, und fährt dann endlich für fast ein Vierteljahr nach Torre del Lago. Dort beginnt er am 23. Februar mit der Instrumentation des Akts, eine ihm sehr langweilig erscheinende Arbeit, weshalb er sich wieder einmal nach der Anwesenheit seiner ihm sonst nicht so interessanten Frau sehnt. Mit Giacosa korrespondiert er über den Text des dritten Akts, anscheinend komponiert er daran bereits während der Instrumentation des zweiten.

Überraschend ergibt sich eine neue Situation: in Torre del Lago kann Puccini das Haus des Jagdhüters Venanzio kaufen, in dem er vor Jahren zur Miete wohnte, bevor er in der Villa des Grafen Grottanelli eine bessere Bleibe fand. Jetzt bietet sich plötzlich die Gelegenheit, auch im geliebten Torre del Lago einen eigenen Besitz zu erwerben, und Puccini greift sofort zu. Giuseppe Puccinelli, dem Architekten von Chiatri, wird ebenfalls die Aufsicht über die notwendigen Umbau-Arbeiten in Torre del Lago übertragen, und so entstehen in diesem Jahr 1899 sehr nahe beieinander zwei dauerhafte Puccini-Häuser. Aber es hält ihn nicht für den ganzen Sommer in der Hitze der sumpfigen Ebene. In Torre del Lago stellt er zwar am 16. Juli noch die Instrumentation des zweiten Akts fertig, aber schon zwei Tage vorher erkundigt er sich bei dem Freund Bastiani in Bagni di Lucca, ob man ein Klavier nach Abetone transportieren könne und was die Monatsmiete dafür koste; auch den Preis für eine Kutsche dorthin möchte er wissen.

Es scheint, daß Puccini tatsächlich in diesem Sommer 1899 zum ersten Mal in Abetone gearbeitet hat, dem 1400 Meter hoch gelegenen Dorf am Apenninen-Paß, wo er sich bald selbst ein Haus kaufen wird. Großen Spaß machen ihm diese letzten Arbeiten nicht, aber schließlich muß die Oper endlich fertig werden.

Im September kehrt Puccini nach Torre del Lago zurück und macht sich an die Instrumentation des dritten Akts, die er stückweise an Ricordi schickt; am 29. September um 4.15 Uhr morgens ist er fertig. Allerdings fehlt noch der Anfang, wo Puccini aus der Ferne das Lied eines Hirtenjungen erklingen lassen will, aus atmosphärischen Gründen im römischen Dialekt, den seine Librettisten anscheinend nicht genügend beherrschen. Der Rhythmus steht schon fest, die Komposition ist also bereits vorhanden. Durch Vermittlung der Freunde Vandini und Panichelli in Rom erhält Puccini zwei Vorschläge des Literaten Luigi Zanazzo, von denen er einen auswählt, mit leichten metrischen Veränderungen. Als Zanazzo dafür allerdings nach einer Beteiligung an den Autorenrechten fragt, weist Puccini das zurück: schließlich kämen die Verse nur in der Musik vor, nicht im Libretto. Im zu Ende instrumentierten Autograph des Akt-Anfangs – er trägt das Datum des 17. Oktober 1899 – fehlen vielleicht auch deshalb vorsichtshalber die Worte des römischen Dialekt-Helfers, um gar nicht erst irgendeinen Anspruch entstehen zu lassen.

Gravierender als dieses harmlose Geplänkel um Rechte ist ein unerwarteter und ungewöhnlich heftiger Angriff Giulio Ricordis auf die Musik des dritten »Tosca«-Akts. In einem langen Brief und unter vielen Entschuldigungen kritisiert er das letzte große Duett, das aus »Edgar« stamme (nämlich aus dessen gestrichenem vierten Akt) und deshalb vielleicht zu einem Tiroler Bauernmädchen passe, aber nicht zu einer Tosca und zu einem Cavaradossi. Es sei Puccinis unwürdig, in einem der schrecklichsten Augenblicke des Dramas seine Zuflucht zu einer anderen Oper zu nehmen.

Der völlig überraschte Komponist antwortet noch am selben Tag: zum ersten Mal teile er nicht die Meinung des Verlegers. Absichtlich habe er dem Duett einen »fragmentarischen« Charakter gegeben: »es kann nicht eine gleichmäßige und ruhige Situation wie in einem anderen Liebesgeschwätz sein«. Vielleicht müsse auch Ricordi das Stück nur hören, um seinen schlechten Eindruck zu verlieren. Schließlich kann er den Einwand gegen die »Edgar«-Übernahme nicht verstehen: das wüßten ja nur wenige, und für ihn passe die Musik, die »voller Poesie« sei. Puccini setzt sich auch diesmal durch, selbst gegen Ricordis harsche Kritik. Es bleibt bei dem Duett.

Inzwischen gehen die Arbeiten am Haus in Torre del Lago ihrem Ende entgegen. Die befreundeten Künstler Plinio Nomellini und Luigi de'Servi malen die Wohnhalle der Villa aus, und von Illica oder Clausetti wünscht sich Puccini ein kurzes Motto, das an der Fassade stehen und sinngemäß sagen soll: »Laßt mich in Ruhe!« Zugleich ist er schon wieder, kaum daß die letzte »Tosca«-Note geschrieben ist, auf der Suche nach einem neuen Stoff, weil er sich ohne Arbeit bereits zu langweilen beginnt.

Das erste Projekt sind Einakter des Neapolitaners Roberto Bracco, die Puccini aber nicht zusagen, wie er dem Vermittler Clausetti schreibt: »Weder der eine noch der andere verlassen den Bereich der menschlichen Schändlichkeiten, wo das Laster regiert. Ich wünschte mich in idealer Poesie und vielleicht idealer Choreographie zu bewegen oder in starken und großen, dramatischen, aufregenden Empfindungen, wo Gefühle sich erheben und Konflikte austragen, miteinander streiten, dramatische Spannung hervorbringen, gleichsam episch; alles in allem also möchte ich nicht so ganz irdisch sein ... Ich drücke mich schlecht aus, aber Du wirst mich verstanden haben: ›il faut frapper le public‹ (man muß das Publikum beeindrucken)!«

Bei so hohem und unklarem Anspruch fällt die Stoffsuche natürlich auch weiterhin schwer. Puccini liest Dostojewskijs »Aus einem Totenhaus«, findet, daß darin keine Handlung sei – man müsse sie erst schaffen, aber vielleicht gelinge das Illica. Er fragt nach dem vor Jahren erfolgreichen Rührstück »La glu« von Jean Richepin, denkt an »Pelléas et Mélisande« von Maeterlinck, an Zolas »Abbé Mouret« und auch wieder an Daudets »Tartarin«. Tito Ricordi kümmert sich um diese Vorschläge, und Illica verfaßt auch einen Entwurf für eine vierakige »Totenhaus«-Oper. Anfang Dezember kommen weitere Projekte hinzu: Puccini liest Balzacs ersten Erfolgsroman »Der Letzte der Chouans« und »Aphrodite« von Pierre Louÿs, weist Illica auf Dumas' »La Tour de Nesle« und auf Jugurtha hin, den afrikanischen König des zweiten vorchristlichen Jahrhunderts. Es fällt bei all diesen Plänen auf, daß sie ganz überwiegend der französischen Literatur gelten – sie ist und bleibt Puccinis wichtigster Bildungsstoff.

In der zweiten Dezemberhälfte reist Puccini nach Rom zu den »Tosca«-Proben. Elvira und Fosca begleiten ihn, und gemeinsam mit Leopoldo Mugnone, dem Uraufführungs-Dirigenten, und seiner Frau beziehen sie eine Privatwohnung in der Via Nazionale. Zur Bedienung haben sie Alice Manfredi dabei, die Tochter seines Kumpans Emilio aus Torre del Lago. So zu wohnen ist nicht nur billiger als in einem der dem Teatro Costanzi benachbarten Hotels, sondern bietet auch die Möglichkeit für Klavierproben mit den Solisten zu ungewöhnlichen Tageszeiten.

Die Proben sind anstrengend wie üblich, manchmal dauern sie zehn Stunden am Tag. Die Atmosphäre ist gespannt, gewiß auch aus politischen Gründen: noch immer lebt das Land unter dem Militärregime des Generals Pelloux, und immerhin handelt »Tosca« während einer republikanischen Revolte genau hundert Jahre früher gegen den von der neapolitanischen Königin Maria Carolina in Rom errichteten Polizeistaat.

Zur Generalprobe läßt Tito Ricordi vorsichtshalber außer den Mitwirkenden nur engste Bekannte zu. Als sich dann am Abend des 14. Januar 1900 der Vorhang zur Uraufführung hebt, herrscht im Publikum höchste Nervosität – es soll eine Bombendrohung gegeben haben, schließlich ist ein Minister anwesend, und es wird die Königin erwartet. Der heftige und lautstarke Besucheransturm auf das völlig ausverkaufte Theater führt dazu, daß Mugnone kurz nach dem Beginn die Vorstellung unterbricht und noch einmal beginnt. Dann aber geht alles erfolgreich zu. Die Tenor-Arie des ersten Akts muß wiederholt werden, Puccini wird danach dreimal auf die Bühne gerufen und siebenmal nach dem heftig beklatschten ersten Finale. Auch Toscas berühmte Arie des zweiten Akts erhält eine Wiederholung und fünf Hervorrufe. Cavaradossis Romanze im dritten Akt wird ein weiteres Mal verlangt, nachdem schon das Vorspiel einen Extra-Beifall erhalten hatte. Am Schluß wird Puccini sechsmal auf die Bühne gerufen.

Italiens zweitberühmtester lebender Komponist hat seine erwartete Bestätigung gefunden.

Politik nach Noten:

»*Tosca*«

»Tosca« ist vor allem auch ein politisches Stück. Das liegt zunächst am Stoff. Sardou hat in seinem Schauspiel eine historische Episode dramatisiert, in der gleichsam holzschnittartig ideologisch und politisch schärfste Gegensätze nebeneinander stehen. Das Drama spielt ganz genau am 17. Juni 1800 in Rom, drei Tage nach der Schlacht bei Marengo in der Poebene. Um die Zusammenhänge zu verstehen, muß man zeitlich etwas zurückgreifen.

In den Feldzügen der Jahre 1796 bis 1798 hatte die Armee des revolutionären Frankreich unter dem General Napoleon Buonaparte fast ganz Italien erobert und in den feudalistischen Fürstentümern einschließlich des Kirchenstaats Republiken nach französischem Vorbild errichtet. Während Napoleons ägyptischem Abenteuer 1798/99 brach dieser italienische Republikanismus unter dem vereinten Ansturm der alten europäischen Monarchien nach und nach wieder zusammen, auch die römische Republik, die von Truppen des neapolitanischen Königreichs besetzt wurde.

Dort gab es eine ganz besondere Feindin der Franzosen: Maria Carolina, die Frau des unbedarften Bourbonen-Königs Ferdinand IV. (übrigens eine Urgroßmutter jener Vittoria Augusta, der Puccini eines seiner frühen Menuette gewidmet hatte). Sie war eine Tochter der österreichischen Kaiserin Maria Theresia, und ihre Schwester Marie-Antoinette war als letzte vorrevolutionäre französische Königin auf dem Pariser Schafott gestorben. Unerbittlich bekämpfte die fromme Habsburgerin deshalb alle Erscheinungen der Revolution. Auch nachdem sie Rom gewissermaßen stellvertretend für den gerade nicht vorhandenen Papst erobert hatte (Pius VI. war kurz vorher im französischen Zwangsexil gestorben), ließ sie dort die Exponenten der vormaligen Republik erbarmungslos verfolgen. Da kehrte Napoleon endlich aus Ägypten zurück, machte sich als Konsul quasi zum Staatsoberhaupt, marschierte erneut in Italien ein und errang den entscheidenden Erfolg in der Schlacht von Marengo am 14. Juni 1800, wo seine Truppen die österreichische Armee des Generals Melas schlugen, nachdem es eine Zeitlang so ausgesehen hatte, als blieben die Österreicher siegreich.

In diesem historischen Augenblick spielt Sardous Stück. Rom steht unter neapolitanischer Polizeiherrschaft, und alle republikanischen Bestrebungen werden aufs härteste unterdrückt. Die Hoffnung der Republik-Sympathisanten richtet sich auf Napoleons militärische Aktion im fernen Norden, die monarchistisch-frommen Reaktionäre bauen auf seine Niederlage. In vier Hauptfiguren spiegelt Sardou die schroffen politischen und seelischen Kontraste: in Tosca, der berühmten Sängerin, die ihre anerzogene Frömmigkeit bewahrt hat, nun aber einen freigeistigen Maler liebt; in diesem liberalen Intellektuellen Cavaradossi, der sich nicht nur um seine bildende Kunst kümmert, sondern durch die politischen Ereignisse und durch seine Herkunft aus einer römisch-pariserischen Aufklärer-Familie zum republikanischen Parteigänger wird; in dem allmächtigen Polizeichef Scarpia, der eine psychoanalytisch bewundernswerte Mischung aus rücksichtsloser Grausamkeit und religiös-sexueller Obsession darstellt; und in dem verfolgten ehemaligen republikanischen Funktionär Angelotti, der aus einer der besten römischen Familien stammt, aber aus Überzeugung zum Kämpfer für die Befreiung vom feudalistischen Joch geworden ist, wofür er seit Monaten im Kerker büßt.

Sardou bringt die politisch-ideologischen Konflikte dieser Tage auf einen dramatischen Punkt, aber es kann selbstverständlich keine Rede davon sein, daß der französische Theater-Konfektionär strikt der Historie gefolgt wäre. Vor allem an der gewöhnlich für geschichtlich gehaltenen Figur des Angelotti läßt sich Sardous eher assoziatives Verfahren besonders gut nachvollziehen. Dieser Cesare Angelotti ist einem real existierenden Menschen nachgebildet, der in der Wirklichkeit Liborio Angelucci hieß, jedoch nichts von Sardous heldischer Zuspitzung hat. Nichts auch davon, daß er der Bruder einer Gräfin Attavanti gewesen sei, die im Stück und in der Oper Toscas fatal endende Eifersucht auslöst. Die Attavanti-Verbindung stellt sich vielmehr her durch eine ziemlich abstruse Assoziation des auf Details versessenen Sardou. Ein anderer römischer Revolutionär war nämlich der Priester Carlo della Valle, der mit Angelucci in Verbindung stand. Offenbar erinnerte der Name dieses Priesters Sardou an die Kirche S. Andrea della Valle, und in dieser Kirche, wo der erste »Tosca«-Akt spielt, gibt es eine Kapelle der Familie Attavanti, die im übrigen mit der ganzen Geschichte gar nichts zu tun hat. Um die Verwirrung vollkommen zu machen, spricht Sardou auch noch von einer Angelotti-Kapelle, was die italienischen Opern-Autoren wenigstens korrigiert haben.

Sardou kam es selbstverständlich überhaupt nicht auf geschichtliche Genauigkeit an, sondern vielmehr vor allem auf das sentimental-sadistische

Beziehungssystem seiner Theaterfiguren. Dennoch verdient festgehalten zu werden, daß er dieses Personalgefüge einer politischen Kontroverse zuordnete, die er selbst nationalistisch gesehen haben mag, weshalb sein Stück einen kaum verdeckten patriotischen Charakter besitzt: die freiheitsliebenden italienischen Anhänger der französischen Republikaner leiden unter der monarchistisch-polizeistaatlichen Unterdrückung durch ihre reaktionären Landsleute. Daß Ricordi, Illica und schließlich Giacosa und Puccini diesen Stoff aufgriffen, hat wiederum mit dem politischen Zustand ihrer eigenen italienischen Nation zu tun und mit den autoritäten Tendenzen ihrer aktuellen Oberschicht, die schließlich offen zutage traten, als Puccini mitten in der »Tosca«-Kompositon war, an der Schwelle vom ersten zum zweiten Akt.

Es ist gut vorstellbar, daß bei der Verwandlung eines erfolgreichen französischen Theaterstücks in eine auf Erfolg hoffende italienische Oper die politischen Implikationen des Stoffs keine besondere Rolle spielten. Carner hat ausführlich dargelegt, wie Sardous ziemlich sorgfältige Personen-Charakterisierung und -Motivierung und die Logik seiner Handlung bei Illica/Giacosa/Puccini schroff verkürzt werden, wodurch manche grundlosen Ungereimtheiten entstehen (wie auch in Puccinis anderen Opern nach literarischen Vorlagen). Liest man das Libretto, so besitzen die handelnden Personen wenig Profil und wirken eher hölzern. Vom historischen Hintergrund, den Sardou detailliert verständlich zu machen sucht, bleibt fast nichts übrig, die Figuren geraten in eine fast abstrakte Konstellation von Konflikten, wie sie immer und überall stattfinden könnten: die Orts- und Zeitbestimmung »Rom, Juni 1800« wirkt dieser Beliebigkeit kaum entgegen.

An solcher Entpolitisierung sind sicher auch die Erfordernisse des musikalischen Theaters schuld. Aber nicht nur diese: Sardous politisches »Programm« interessierte die italienischen Autoren zunächst vielleicht nicht besonders. Puccini, bekanntlich nicht gerade ein Freund revolutionärer Umtriebe, war jedoch sensibel genug zu empfinden, was an Zündstoff in dem Thema steckte. Dieses Gefühl ist geradezu handgreiflich in seine Musik geflossen, die »Tosca« zu seiner ungewöhnlichsten Oper macht: nie zuvor und nie mehr danach hat Puccini so »dramatisch« komponiert, hat er sich von dem am wenigsten »privaten« seiner Stoffe zu so plakativer Musik verführen lassen.

Von der Kritik ist »Tosca« schon immer zwiespältig betrachtet worden, und die Vorbehalte sind geblieben. Sie betreffen gerade diese Plakativität, die als Ausfluß der textlichen Kolportage gilt: Musik selbst also als Kolportage. Die Sache ist nicht ganz so einfach. René Leibowitz etwa hat darauf aufmerksam gemacht, daß die Harmonik der »Tosca« in manchem auf Schönberg verweist. Das beginnt gleich mit den ersten Fortissimo-Akkorden, die Scarpias Motiv bilden: unverbunden stehen in zwei Takten B-, As- und E-Dur-Dreiklänge nebeneinander, eine Tonartenfolge, der eher das Modell der Ganztonleiter zugrunde liegt als das klassische Dur–Moll-System.

Nach diesem Aufschrei öffnet sich der Vorhang, während das Orchester in einer chromatisch abstürzenden Synkopen-Figur mit einem Taktwechsel mittendrin Angelottis Flucht aus der Engelsburg in die schützende Familienkapelle von S. Andrea della Valle malt. Die Hektik dieser Musik formt auf engstem Raum bereits zwei später immer wieder leitmotivisch genutzte Felder: die Welt des Polizeityrannen Scarpia mit ihrem tonalitätsfernen Blechbläserklang und den Bereich der verfolgten und gefolterten Revolution mit ihrer schmerzlichen Chromatik. Diese potenziert sich in einem quasi bitonalen Akkord (3–5 Takte vor Ziffer 5), der dem E-Dur-Klang ein leiterfremdes f beimischt.

Abrupt wechselt diese düstere Farbe in die banale Leichtigkeit der Musik des Meßners, der dem in der Kirche an einem Bild arbeitenden Maler Cavaradossi Pinsel bringen will. Trotz des vorgeblich heiteren Klangs gehört der Meßner auch musikalisch auf die Seite der frömmelnden Unterdrücker jeglicher Freiheit, was sich sogleich akustisch dadurch ausdrückt, daß er sein Angelus-Gebet starr auf einem einzigen Ton rezitiert – es ist das zweite und nur scheinbar andere Gesicht von Scarpias brutaler Macht der Unfreiheit.

Mit Cavaradossis Auftritt fügt sich eine vierte musikalische Ebene hinzu, die wiederum der Revolutions- und Fluchtmusik Angelottis korrespondiert, aber deren Atemlosigkeit mit weit ausschwingenden Bögen ergänzt: es ist die Freiheit noch vor dem Einbruch der Angst.

Aus diesen musikalischen Sphären, die Puccini in den ersten paar Minuten der Oper exponiert, baut er praktisch die ganze Komposition auf: »Tosca« ist sein am stärksten leitmotivisch geprägtes Stück, deshalb auch musikalisch sein »klarstes« und vordergründigstes. Cavaradossis erster Gesang, das berühmte »Recondita armonia«, ist tatsächlich wieder beinahe eine richtige Arie, offen herausgestellt wie kaum in einer früheren oder späteren Puccini-Oper. Aber eben nur beinahe; denn Puccini nimmt den geradezu klassischen Fetzen der traditionellen italienischen Gesangsnummern-Oper (die als Muster bei ihm immer gegenwärtig ist) sofort störend und störrisch zurück: schon im achten Takt des erwarteten »schönen

Stücks« mischt sich unter die Stimme Cavaradossis die des Meßners, der nun immer wieder dazwischenredet, dem Tenor sozusagen die Luft wegnimmt. Und wo dieser den Höhepunkt erreicht und der Beifall einzusetzen hätte, singt der andere und spielt das Orchester weiter. Das Ende des Stücks tritt erst ein, als der Tenor längst vergessen ist, jeder Beifall also ins Leere ginge. Puccinis spröde Anlage dieses Stücks hat natürlich kein Publikum je gehindert, unmittelbar nach Cavaradossis Kadenz vom hohen b herab zu klatschen, und kein Plattenproduzent hat sich gescheut, bei Einzelaufnahmen die Zwischentexte des Meßners und seinen Schluß wegzulassen. Sie versündigen sich damit am Geist von Puccinis Komposition, die sehr absichtsvoll beides will: die weite Melodie und die Störung zugleich. Ihre Wahrheit ist die einer gebrochenen Welt, auch einer gebrochenen musikalischen Welt also. Puccinis Opern sind allezeit voll von solchen Gebärden der Zurücknahme großer Gesten.

Als der über Caravadossis weltliche Bewunderung für sein eigenes Madonnenbild entsetzte Meßner die Kirche verlassen hat, tritt endlich die Titelheldin auf, Tosca, und noch einmal kommt eine leitmotivisch differenzierte musikalische Welt hinzu, die ihren Charakter vom Schwanken zwischen Naivität (gleich Eifersucht gleich Frömmigkeit gleich Starre) und Liebe (gleich Freiheit gleich Größe) bezieht. In dieser Musik mischen sich also die Sphären von Scarpia/Meßner und Angelotti/Cavaradossi, und daß diese Tosca ausgerechnet diesen Cavaradossi liebt, hat Puccini kompositorisch manche Probleme gemacht.

Nur mühsam kommt ihre Zwiesprache musikalisch in Gang, kaum läßt sich sagen, wo das beginnt, was man in der Opern-Konvention ein Duett nennt. Insofern spiegelt die Musik sehr passend die Situation dieser schwierigen Liebe, aber die lange Passage ist Puccini nicht besonders überzeugend geraten: sie ist eine wenig glückliche Mischung aus dramatischem Dialog und kurzatmigem Liebes-Melos, das sich textlich auch noch fatalerweise auf Toscas Eifersucht bezieht – eine schlecht geeignete Grundlage für die subtile musikalische Psychologie, die hier angebracht gewesen wäre.

Auch der weitere kompositorische Verlauf ist unter dem Niveau des »Manon«- und »Bohème«-Autors. Mit Hilfe einer äußerst vordergründigen Leitmotiv-Technik rettet Puccini sich über Cavaradossis Fluchthilfe für Angelotti und über den Beginn des zweiten Akt-Teils, wo der zurückkehrende Meßner die Botschaft vom Sieg über Napoleon verkündet – worüber die hinter ihm hereinströmenden Geistlichen und Chorsänger in ein geradezu »Edgar«-würdiges Entzücken geraten. Erst mit Scarpias Auftritt gewinnt die Musik die Kraft ihres Anfangs zurück, erst recht mit dem prunkvollsten Akt-Finale, das Puccini vor »Turandot« jemals geschrieben hat – »meyerbeerisch« nennt es Carner mit einigem Recht, dabei aber besser als der beste Meyerbeer.

Es ist eine luxuriös instrumentierte Szene. Unter Scarpias ekstatischem Monolog spielen im vollen Orchester zusätzlich hohe und tiefe Glocken (in einem 73 Takte langen zweitönigen Ostinato-Baß), eine Orgel, eine rhythmisch genau eingebundene Kanone aus der Ferne und schließlich, als Scarpia aus seinen brünstigen Sehnsuchtsbekenntnissen zu Tosca in den Gesang des Sieges-Te-Deums einfällt, auch noch vier Hörner und drei Posaunen auf der Bühne. Äußerst effektvoll wirkt die vom Chor mit Sprechstimmen deklamierte Einleitung zum Te Deum, jenes »Adiutorium nostrum«, das Puccini so lange gesucht und dann selbst gefunden hatte. Mag dieses Finale musikalisch auch nicht besonders wertvoll sein, so ist es doch in einer Weise wirkungsvoll, daß seine ganze Äußerlichkeit in dramatische Qualität umschlägt und so diesem Drama der krassen Äußerlichkeiten in einem vieldeutigen Sinn gerecht wird.

Der zweite Akt lebt anfangs von einem dramaturgisch geschickten Einfall: während Scarpia in seinem Büro des Palazzo Farnese seine polizeistaatlichen Fäden zieht, feiert im Stockwerk darunter die Königin ein Fest zu Ehren des Generals Melas und seines angeblichen Siegs über Napoleon. Die Opernautoren haben hier Teile von Sardous zweitem und viertem Akt übereinander geblendet. Scarpias bösartige Bekenntnisse zum Lebensgenuß durch Machtausübung werden grundiert von einer aus der Ferne erklingenden Gavotte, einer zerbrechlichen Tanzmusik, kammermusikalisch vorgetragen von einer Flöte, einer Bratsche und einer Harfe. In Scarpias Wut darüber, daß seine Häscher Angelotti nicht gefunden haben, und in seine Freude über die vorsorgliche Verhaftung Cavaradossis ertönt dann aus dem Festsaal eine Kantate für fünfstimmigen Chor mit dem Solo der Sopran-Primadonna Tosca.

In Sardous Stück stammt diese Kantate vom neapolitanischen Hofkapellmeister Giovanni Paisiello, der sie dort auch selbst dirigiert. Angeblich hatte Puccini ursprünglich vor, Originalmusik von Paisiello zu verwenden, benutzt dann aber doch eine eigene. Dem Text nach ist es gut möglich, daß es sich dabei um jene obskure »Cantata a Giove« handelt, die in der Puccini-Literatur gelegentlich erwähnt wird, ohne daß je eine authentische Spur von ihr gefunden worden wäre. Vielleicht ist sie in Wahrheit nichts anderes als eben diese Komposition für »Tosca«, und schlecht informierte Freunde, die noch nichts von der Oper wußten, haben sie nur irrtümlich für ein eigenes Stück gehalten.

Die musikalisch recht belanglose Kantate wird dramaturgisch als Kontrast zur sichtbaren Handlung eingesetzt: während »unter« der Bühne Gott als König der Könige gepriesen wird, versucht auf der Bühne der Büttel der Königin, Cavaradossi das Geständnis abzuringen, wo Angelotti sich versteckt habe. Als das keinen Erfolg zeigt, wirft Scarpia zornig das Fenster zu, und die Kantate bricht dadurch mitten in der Kadenz ab – ein ziemlich primitiver Effekt, der auf musikalisch schlichteste Art dem szenischen Vorgang folgt. Solche Stellen haben Puccini einigermaßen zu Recht den Vorwurf eingetragen, »Tosca« sei vor allem ein Produkt der Theater-Kolportage. Die sich anschließende Folterszene hat konservativen Kritikern bis heute wahrhaftige Schmerzen bereitet; zwar spielt sie sich nicht vor unseren Augen ab, aber sie ist durch Cavaradossis Schreie hinter der Szene und mehr noch durch die Musik des Orchesters deutlich präsent. Es ist eines der krassesten Beispiele des italienischen Opern-Verismus, das mit den gepflegten Konventionen bürgerlichen Theaters entschieden bricht und sich um die gewohnte und erwartete Stilisierung gar nicht erst bemüht: nie ist bis dahin Grausamkeit so offen komponiert worden, und erst Komponisten, die durch die Psychologie Nietzsches und Freuds gegangen sind – Schönberg etwa oder Alban Berg – haben auf subtilere Weise überholt, was Puccini hier vorgeprägt hat.

Danach hat Puccini eine der wenigen großen Solo-Szenen dieser Oper eingefügt: Toscas sogenanntes Gebet »Vissi d'arte«, ein in seiner Anlage ganz konventionelles Stück, das ihm noch jahrelang dramaturgisch erhebliche Schwierigkeiten gemacht hat und das er gelegentlich ganz streichen wollte, weil es die Handlung hemme. Ohne Zweifel tut es das; zugleich aber macht es manches verständlich von Toscas komplizierter Seele, die zugleich Gott und einen Menschen liebt. Die melodisch überwältigende Linie rechtfertigt den Menschen Puccini gegen den Opernkomponisten: Toscas Gesang mit seiner zuerst zurückgenommenen und dann weit ausschwingenden Melodie repräsentiert gegen jeden vernünftigen Handlungsverlauf die Menschlichkeit dieser ansonsten so grausamen Oper.

Als Tosca schließlich Scarpia umbringt, folgt dieser in jeder Hinsicht unerhörten Tat die musikalisch stärkste Passage der ganzen Oper. In einem langen Nachspiel und in fahlen Bläserakkorden, von Tamtam, großer Trommel und Harfe grundiert, blendet Puccini die äußerliche theatralische Wirkung der Kriminal-Kolportage weg. Die Stelle hat ihn übrigens sehr bewußt beschäftigt: im Libretto war der letzte Satz gestrichen worden (»E avanti a lui tremava tutta Roma«, »Und vor ihm zitterte ganz Rom«). Puccini verlangte energisch seine Wiederaufnahme, damit er daraus scheinbar nichts machte, in Wahrheit aber alles: die Worte werden auf einer Tonhöhe deklamiert, aber rhythmisch genau dem Duktus gesprochener Sprache angepaßt. Wie Puccini hier an einer der dramatischsten Stellen seines Werks Sprechgesang an die Stelle von Musik setzt und die Musik des Orchesters in Einzelakkorden gleichsam auszehrt, das negiert (lange bevor von eigentlich neuer Musik die Rede sein kann) den traditionellen Form-Kanon der italienischen Oper entschiedener, als es irgendein kühner Akkord vermöchte. Die Absicht ist offenkundig: die musikalische Konvention, die ein rasches Ende verlangt hätte, wird aufgehoben, zugleich der vordergründige Effekt des Mordes gebrochen und dem Stück damit seine künstlerische Würde zurückgegeben, die in dieser Krimi-Atmosphäre verlorenzugehen drohte. In der Zurücknahme des grellen Effekts bewahrt sich Puccini seine künstlerische Integrität.

Dem dritten Akt geht eine lange Einleitung voran, bis auf das kurze Lied des Hirten ganz ohne Text. Allein die Musik schildert Umgebung, Situation und Szene, die am Ende der Nacht auf der Plattform der Engelsburg spielt. Vier Hörner tragen im Unisono und fortissimo ein signalartiges Thema vor, Holzbläser und hohe Streicher begleiten dann das Lied des in der Ferne mit seiner Herde vorbeiziehenden Hirtenknaben, und schließlich ertönen in verschiedenen Höhen und Rhythmen die Morgenglocken der benachbarten Kirchen, elf insgesamt. Ihr Klang umfaßt fast die ganze diatonische Leiter. Dadurch entstehen im Zusammenklang mit dem leitmotivisch sich fortbewegenden Orchester wie zufällig wirkende sonderbare harmonische Gebilde, bis das ganz tiefe Kontra-e der Petersglocke zum Einsatz von Cavaradossis künftigem Arien-Thema die e-Moll-Tonart endgültig festigt.

Zwei Solo-Bratschen und vier Solo-Celli leiten zu dieser zweiten Tenor-Arie über, »E lucevan le stelle«, ein kurzes, trauriges und berühmtes Stück, das in den Worten »e muoio disperato« (»und ich sterbe verzweifelt«) gipfelt, für Puccini ein künftig gern benutztes Zitat im wirklichen Leben. Dann folgt das Duett, das so sehr Giulio Ricordis Mißfallen fand, weil es Musik aus dem alten »Edgar« verwendet. Aber es zeigt sich, daß Puccinis Instinkt richtig war, als er die dortige Liebeslyrik hierhersetzte: es wäre schade, wenn das recht schöne Stück im gestrichenen vierten »Edgar«-Akt begraben geblieben wäre. Das Duett endet in einem unbegleiteten Unisono-Triumphgesang, eine ebenso schlicht gemachte wie wirkungsvolle Stelle.

Danach bewegt das Stück sich schnell auf sein finsteres Ende zu, ohne daß sich musikalisch noch Bemerkenswertes ereignete, nichts als gewöhnlichste Theatermusik. Am Schluß schmettert das Orchester mit voller Kraft das Thema von Cavaradossis letzter Arie heraus, ein Effekt, wie Puccini ihn in seiner ganzen Vordergründigkeit immer liebte.

Alles in allem: »Tosca« ist eine effektvoll und routiniert gemachte Oper, kaum mehr. Sie hat ihre »schönen Stellen«, aber außer den Anfängen des ersten und dritten und dem Ende des zweiten Akts nichts Großes. Der Stoff, politischer als irgendein anderer, den Puccini je bearbeitet hat, hat seine ohnehin schwer entflammbare Inspiration nicht befeuert. An musikalischer Frische bleibt »Tosca« weit hinter »Manon Lescaut« und »La Bohème« zurück, an Raffinesse kann sie es mit den folgenden Stücken erst recht nicht aufnehmen. Die Musik demonstriert Puccinis Unterforderung durch das Sujet. Sie fiel ihm allzu leicht, und sie fiel deshalb auch leicht aus. Über der »Tosca«-Komposition geriet Puccini nicht ins Schwitzen, und am Ende war er nicht bis zur Erschöpfung müde wie sonst, sondern bereits begierig auf das nächste Stück. Es dauerte nur wenige Monate, bis er es fand.

12

Sehnsüchte und ein Unfall

1900–1904

Puccinis Rückkehr nach Torre del Lago nach der römischen »Tosca«-Uraufführung bedeutet keineswegs Ruhe und Erholung, vielmehr setzt sich die hektische Betriebsamkeit der letzten Wochen fort. Schon Mitte Februar muß er nach Turin, wo die zweite »Tosca«-Inszenierung bevorsteht. Am 20. Februar ist die Premiere, in der selben Besetzung wie in Rom, allerdings mit einem anderen Dirigenten: Alessandro Pomè, der hier vor sieben Jahren schon die erste »Manon Lescaut« geleitet hatte.

Ein Brief aus den Turiner Probentagen belegt, daß Puccini unmittelbar

Der Erfolgsmensch: Puccini um 1900

zuvor zum ersten Mal direkten Kontakt mit D'Annunzio hatte, der offenbar bei ihm in Torre del Lago gewesen ist. Sie haben dabei ein Opernprojekt über den Grafen Ugolino della Gherardesca erörtert, dessen schreckliches Ende als Verräter der ghibellinischen Partei in Dantes »Göttlicher Komödie« beschrieben ist. Es wird nichts daraus.

Um die Premiere in Turin herum entwickelt Puccini eine merkwürdig intensive Reisetätigkeit. Gleich nach der Aufführung samt Bankett fährt er nach Mailand, am nächsten Tag wieder zurück zur zweiten Vorstellung und nach dieser erneut nach Mailand, um sofort für nur zwei Tage nach Torre del Lago zu reisen.

Es scheint, daß dieses sonderbare weil äußerst unbequeme Hin- und Herfahren zusammenhängt mit einer der heftigsten und rätselhaftesten Amouren in Puccinis Leben. Ganz sicher hat er in den paar Probentagen in Turin jene junge Frau kennengelernt, die in der Literatur und in einigen Briefen »die Piemontesin« genannt wird und von der man kaum etwas anderes weiß als den Vornamen (falls nicht auch der ein Pseudonym ist): Corinna. Sie soll eine Studentin gewesen sein, vielleicht am Polytechnikum im Turiner Castello del Valentino, und habe Lehrerin werden wollen. Man hat wegen der Seltenheit des Frauenstudiums in dieser Zeit auf Corinnas gehobene Herkunft geschlossen, was auch erklären könnte, warum die Spuren der Affäre später so sorgfältig verwischt wurden, daß in den verbliebenen Briefen nur noch vage Andeutungen existieren.

Jedenfalls spricht manches dafür, daß Puccini in diesen Tagen seine vielen Bahnfahrten zusammen mit jener Corinna unternahm, um mit ihr allein zu sein; denn im Turiner Hotel wohnten schließlich auch seine eigene Frau Elvira und seine fast erwachsene (Stief-)Tochter Fosca. Die Beziehung zu Corinna dauert drei Jahre – in ihrem Zusammenbruch hat sie, wie wir noch genauer sehen werden, nicht nur die engere Familie beschäftigt, sondern auch Puccinis professionelle Partner Ricordi und Illica, und an Intensität wird ihr (ein Jahrzehnt später) nur noch das Verhältnis mit der deutschen Baronin Stengel vergleichbar sein: Corinna ist Puccinis zweite große Liebe nach Elvira und auch schon die vorletzte, neben den vielen kleinen und flüchtigen Beziehungen.

Der »Tosca«-Erfolg in Rom und Turin zieht lawinenartig weitere Aufführungsabsichten herbei. Zunächst steht die wichtige Premiere in der Mailänder Scala an. Während der Proben liest Puccini den umfangreichen zeitgeschichtlichen Roman »Cento anni, 1750–1850« des Altrevolutionärs Giuseppe Rovani, natürlich im Blick auf seinen nächsten Opernstoff, aber er verwirft die Sache schnell: er brauche »etwas Einfacheres, Zarteres,

Leidenschaftlicheres«. Dazwischen wird die Aufführung am 17. März ein riesiger Erfolg: zwölf ausverkaufte Vorstellungen, die Puccini auch als die besten bisher überhaupt erscheinen – kein Wunder, wo doch mit Toscanini sein bedeutendster Dirigent am Pult steht.

Ende März beschließt der Stadtrat von Viareggio (wozu Torre del Lago gehört), Puccini zum Ehrenbürger zu ernennen. Anfang April kehrt er dorthin zurück, wo die neue und so lange ersehnte Villa endlich fertig geworden ist. Intensiv korrespondiert er mit Illica, dem er nicht ganz wahrheitsgemäß versichert, daß er mit D'Annunzio nicht »für alles Gold der Welt« etwas im Sinn habe. Vielmehr verweist er ihn auf das schon früher erwogene »Tartarin-de-Tarascon«-Projekt nach Daudet, aber auch auf die Erzählungen des seinerzeit beliebten Trivialisten Charles Paul de Kock. Auch von zwei Goldoni-Stoffen ist die Rede.

In all diesen Überlegungen für die nächste Oper ist deutlich, daß Puccini am liebsten ein komisches Thema bearbeiten würde, etwas also, was er bisher noch nie komponiert hat. Mehrfach erwähnt er Verdis »Falstaff«, vor dessen Konkurrenz er sich zwar fürchtet, die er aber offenbar für zwingend hält, wenn er Verdis Nachfolger im italienischen Musikleben bleiben will.

Das erste Juni-Wochenende verbringt Puccini heimlich mit Corinna in Torre del Lago, nachdem er mit ihr die Tage zuvor schon anonym im Mailänder Hotel du Nord neben dem Hauptbahnhof gewohnt hat. Wahrscheinlich bezieht sich auf diese Flitterwoche auch die von Pagni berichtete Episode, wie das Paar im Bahnhof von Pisa auf den Zug nach Genua wartet und dort von jemandem erkannt wird, der die Geschichte dann Puccinis in Pisa lebender Schwester erzählt und damit erwartbar schwierige familiäre Verwicklungen auslöst. Torrelaghesische Dorferzählungen wollen wissen, daß Elvira später den beiden bei einem ähnlichen Treffen im Pinienwald von Viareggio gefolgt sei, die Nebenbuhlerin mit einem Schirm traktiert und ihr die Nase zerkratzt habe.

Auf der Juni-Reise von Mailand nach Torre del Lago findet der Liebhaber immerhin Zeit, Illica ausführlich über seine Vorstellungen zum »Tartarin« zu schreiben, der schließlich so gut wie sicher scheint, als Puccini nach London aufbricht: zur zweiten ausländischen »Tosca«-Aufführung nach einer exotisch-fernen in Buenos Aires.

Puccini genießt seinen ersten längeren Aufenthalt in der britischen Metropole intensiv. Mit Bekannten aus der italienischen Kolonie trifft er sich häufig im heimatverbindenden Restaurant Pagani, er speist beim italienischen Botschafter und wird ins Haus des Bankiers Rothschild eingeladen. Er streift durch die Londoner Slums, die ihn sehr interessieren. Er begegnet, wie er der zu Hause gebliebenen Elvira tückisch mitteilt, schönen Frauen, die ihn aber angeblich nicht beeindrucken.

Am wichtigsten für seine nächste Zukunft wird jedoch, daß er am 21. Juni im Duke of York's-Theater ein Stück namens »Madame Butterfly« sieht. Die Legende will wahrhaben, daß Puccini sogleich nach der Vorstellung David Belasco, den Autor des Stücks, in der Garderobe aufsuchte und bedrängte, ihm die Rechte zur Komposition abzutreten. Das allerdings ist falsch: Puccini gefiel das japanische Ambiente zwar ganz gut, aber es dauerte eine ziemliche Weile, bis er es als Stoff für eine eigene Oper akzeptierte. Noch unter dem Eindruck der Aufführung, von der er bei seiner englischen Sprachunkenntnis fast kein Wort verstanden haben kann, schreibt er, es sei »eine sehr schöne Sache, aber nicht für Italien«.

David Belasco (1853–1931) war eine äußerst pittoreske Figur des amerikanischen Sprechtheaters um die Jahrhundertwende. Er schrieb Unmengen von erfolgreichen Boulevard-Stücken, revolutionierte aber auch als für diese Zeit ungewöhnlich anspruchsvoller und genau arbeitender Regisseur die schlampige Theaterpraxis. Es mag die dadurch erreichte optische Qualität gewesen sein, die Puccini an Belascos »Butterfly« faszinierte und ein paar Jahre später noch einmal an dessen »Girl of the Golden West«, seiner übernächsten Oper.

Am 12. Juli ist die Londoner Premiere der »Tosca«. Zum ersten Mal in Covent Garden erringt eine Puccini-Oper einen wirklichen Erfolg, einen »vollständigen Triumph« gar. Puccini kann fürs nächste Jahr schon die amerikanische Erstaufführung vereinbaren und fährt stolz nach Paris, wo er Zola nach den Rechten an dessen »Abbé Mouret« fragt, die aber schon an Massenet vergeben sind.

Weniger harmonisch sind seine privaten Verhältnisse. Nach dem Großstadt-Getriebe sehnt er sich in die Idylle seines Torre del Lago und kann überhaupt nicht begreifen, warum seine Familie von diesem Landleben wenig hält und lieber in Mailand bleiben will: was konnte den beiden Frauen auch die jagdbesessene Männerwelt des Massaciuccoli-Sees bieten? Puccini versteht das nicht. Zornig beharrt er darauf, daß er nun Ruhe brauche – selten hat er die wahren Bedürfnisse seiner Familie nachvollziehen können.

In diesen zeitlichen und inhaltlichen Zusammenhang gehört auch ein berühmter Brief, den Puccini an Alfredo Caselli schreibt. Er zählt einen Teil der Großstädte auf, die er kennt: London, Paris, Manchester, Brüssel, Mailand, die er (mit der Ausnahme Manchester) schön und reizvoll und lebendig findet, denen er aber den höheren Wert von Torre del Lago gegenübergestellt als eines unübertrefflichen Naturraums, tauglich vor allem für die Jagd: »höchste Freude, Paradies, Eden, Olymp, ›elfenbeinerner Turm‹, ›geistliches Gefäß‹, Königsschloß... 120 Einwohner, 12 Häuser«. Die in Anführungszeichen gesetzten Bezeichnungen sind Lobpreisungen Marias in der Lauretanischen Litanei der katholischen Liturgie: Puccinis Liebe zu Torre del Lago hat, halb ironisch, halb ernsthaft, immer gleichsam religiöse Züge.

Ende Juli ist Puccini wieder in Torre del Lago und kann befriedigt davon Kenntnis nehmen, welche angenehme Höhe seine Einkünfte inzwischen erreicht haben: allein im ersten Halbjahr 1900 27000 Lire, etwa das Achtzigfache eines durchschnittlichen italienischen Arbeitereinkommens. Nach heutigen Begriffen ist Puccinis bereits ein mehrfacher Einkommensmillionär.

Er kehrt zurück in ein hoch erregtes Land. General Pelloux war es auch als halbautoritärem Ministerpräsidenten in den zwei Jahren seine Regimes weder gelungen, der sozialen Unruhe Herr zu werden, noch die Staatsfinanzen zu sanieren. Bei den Parlamentswahlen am 28. Juni errangen die Sozialisten starke Gewinne, und Pelloux trat sofort zurück. Einen Monat später, am 29. Juli, ein paar Tage nach Puccinis Rückkehr aus London und Paris, wurde König Umberto in Monza von einem linken Anarchisten ermordet – aus Rache für die bei den Mailänder Streiks vom Militär erschossenen Arbeiter. Auf Umberto folgte als neuer König sein 31jähriger Sohn Vittorio Emanuele III. Seine Regierungszeit dauerte fast ein halbes Jahrhundert, bis ans Ende des Zweiten Weltkriegs.

Die aufregenden Ereignisses dieses Sommers, insbesondere das Attentat auf Umberto, haben keine Spuren in Puccinis erhaltener Korrespondenz hinterlassen – sie dreht sich wie meist nur um sein Werk. Dennoch ist klar, daß ihn das alles tief berührt hat. Für einen bequemen Konservativen seiner Prägung muß ein Königsmord etwas Schreckliches gewesen sein, wenn er auch mit der früheren königlichen Familie wenig im Sinn hatte – vielleicht hat er sogar bei der herrischen Maria Carolina von Neapel in der »Tosca« an die ähnlich reaktionäre und bigotte eigene Königin Margherita gedacht. Zum neuen Herrscherpaar allerdings fühlt er sich viel mehr hingezogen, sie sind ihm als Bürger gleichsam näher, der jungen Königin Elena wird er die nächste Oper widmen.

Bis zu dieser ist aber der Weg noch weit. Puccini beklagt sich bei Ricordi, daß er bisher weder von Illica noch von Giacosa einen neuen Vorschlag habe; zu »Maria Antonietta« mag er nicht zurückkehren, weil der Stoff zu alt und zu sehr von der »Farbe der Revolution« getränkt sei –

gewiß ist das vor allem eine Anspielung auf die aktuellen Ereignisse und Ausdruck der Abneigung, gerade jetzt einen Königsmord auf der Bühne zu zeigen. Als ernsthafte Möglichkeit wird endlich auch Belascos »Butterfly« erwogen, an die Puccini »immer denkt« und derentwegen Ricordi nach New York schreiben soll.

Wenige Tage später fährt Puccini nach Lucca zu »Tosca«-Proben. Die Premiere ist am 3. September: 27mal muß der Komponist vor den Vorhang treten, weil das begeisterte Publikum (darunter D'Annunzio und dessen Freundin Eleonora Duse, die große Tragödin) das stürmisch verlangt. 17 Vorstellungen werden in Lucca gespielt, eine ungewöhnlich hohe Zahl für das Teatro del Giglio.

Als Puccini Anfang Oktober zu einer »Bohème«-Aufführung nach Brüssel reist, muß er dort anfangs neben den Proben noch familiäre Probleme bewältigen. Elvira hat ihm einen bösen Brief geschrieben, und er antwortet traurig und bekümmert, wie es seine Art ist: er fühle sich wie ein Fremder im eigenen Haus, weil Elviras im übrigen nette Verwandtschaft ihre Intimität der früheren Jahre störe – eine bequeme Entschuldigung für sein Verhältnis mit Corinna, wie er sie aber für sein schuldbewußtes Selbstgefühl braucht. Wieder spielt das Thema des Landlebens eine Rolle, das er so sehr liebt und das seine Frauen so sehr verabscheuen. Insbesondere die Villa in Chiatri mißfällt ihnen als Sommerwohnsitz wegen ihrer extremen Einsamkeit, während Puccini sie sich als idealen Arbeitsplatz erträumt hat. Hinzukommen väterliche Proteste gegen Foscas derzeit bevorzugten Freund, einen Cello-Spieler, was dem Star-Komponisten allein schon unwürdig scheint. Dann wäre ihm sogar der Tenor Leonardi lieber gewesen (Fosca hat den dann bald auch tatsächlich geheiratet!). Der Brief ist ein eindrucksvolles Dokument zur Psychologie des Mannes Puccini: auf engstem Raum demonstriert er seine pure Ich-Bezogenheit, seine wehleidige Depressivität und das völlige Unverständnis für die menschlichen Bedürfnisse seiner Familie, die ihn einfach nicht verstehen wolle, während er seinerseits sie überhaupt nicht verstehen kann.

Aus Belgien korrespondiert Puccini auch mit Illica, und zwar ausdrücklich über die »Maria Antonietta«, die trotz den politischen Bedenken nun im Vordergrund seines Interesses steht. Er regt an, der unglücklichen Königin eine Revolutionärin als Kontrast gegenüberzustellen, musikalisch eine Altistin. Offenbar denkt Puccini an eine ähnliche Konstellation wie in »Edgar«, vielleicht der Versuch, die Scharte des damaligen Mißlingens auszuwetzen. Schließlich war dieser Frauen-Kontrast dramaturgisch wie musikalisch ein Erfolgsrezept Verdis (zuletzt in »Don Carlos« und »Aida«), aber Puccini ist er bisher nicht gelungen, und er läßt die konventionelle Idee auch schnell wieder fallen. In seinem persönlichen Konflikt zwischen Elvira und Corinna ist der Gegensatz in seiner gleichsam natürlichen Bedeutung ihm jetzt zum ersten Mal handgreiflich begegnet.

Noch bevor die »Bohème«-Premiere am 25. Oktober über die Bühne des Brüsseler Théâtre de la Monnaie geht, hört Puccini in einem Konzert die beiden jüngsten sinfonischen Dichtungen von Richard Strauss, »Don Quixote« und »Ein Heldenleben«. Der Berliner Hofkapellmeister dirigiert selbst, und Puccini schreibt dem Komponisten, der bald sein einziger Erfolgs-Konkurrent auf der internationalen Opernbühne sein wird, einen höflich-bewundernden Brief, bemerkenswerterweise in französischer Sprache.

Im November besucht Puccini »Tosca«-Proben in Bologna mit zwei für das Stück neuen Sängern: Ada Giacchetti und Enrico Caruso – seit der gemeinsamen »Bohème« 1897 in Livorno waren sie ein Paar, bis sie sich 1908 trennten. Ihn findet Puccini »göttlich«, die Aufführung insgesamt trotz dem bewährten Erst-Dirigenten Mugnone ziemlich schlecht. Am Premierentag, dem 17. November, hält Puccini noch eine vierstündige Probe ab, weil ihm die Regie nicht gefällt. Damit überanstrengt er die Giacchetti so, daß sie in der Aufführung fast ohne Stimme ist.

Über die neue Oper ist noch immer nichts entschieden, was Puccini ganz krank macht. Er wird von allen möglichen Seiten mit Vorschlägen überschwemmt: Hauptmanns »Weber« sind darunter, Victor Hugos »Les Misérables«, Rostands fast neue Komödie »Cyrano de Bergerac« und das Drama »Lea« des erst vor kurzem im Duell getöteten sozialistischen Politikers Cavallotti. Illica hat ein Szenario nach Benjamin Constants autobiografischem Roman über sein Verhältnis zu Madame de Staël »Adolphe« entworfen; aber nichts davon paßt Puccini. Er schreibt an D'Annunzio, der ihm den Entwurf eines Librettos über den mittelalterlichen Astrologen Francesco Stabili versprochen hatte, genannt »Cecco d'Ascoli«. Noch immer aber setzt Puccini die meisten Hoffnungen auf »Butterfly« und wartet sehnsüchtig auf Nachricht aus New York. Sollte er die Rechte erhalten, so denkt er an zwei Akte, von denen der erste in Nordamerika, der zweite in Japan spielen könnte.

Anfang Dezember verläßt Puccini Torre del Lago und trifft mit Corinna zusammen, vielleicht in Turin, vielleicht aber auch schon im abgelegenen neuen Haus in Chiatri. Gegenüber dem Freund Pagni rühmt er sich eines siebenmaligen Geschlechtsverkehrs und stimmt ein Preislied auf das »Ficken« an, »einziger Trost der schmachtenden Menschheit!«

Dann steht in Mailand das nächste große Ereignis bevor: das Scala-Debut des inzwischen schon berühmten Caruso. Es geschieht in einer Wiederaufnahme der »Bohème« unter Toscanini. Aber Caruso ist nicht bei bester Gesundheit und enttäuscht das erwartungsvolle Publikum so sehr, daß sich kein Beifall rührt, nicht einmal an den Akt-Schlüssen. Puccini ist so deprimiert, daß er zu Beginn des letzten Bilds das Theater verläßt. Er flieht für wenige Tage nach Torre del Lago und verzichtet damit sogar auf Toscaninis ersten Mailänder »Tristan«.

Im Januar 1901 schickt ihm der Verlag Ricordi eine Kopie der ersten drei »Edgar«-Akte und das Original des vierten (das seitdem verschwunden ist). Mangels anderer Arbeit will Puccini sich an eine Neufassung machen, vielleicht in der Hoffnung, daß sein inzwischen so großer Ruhm auch dem bisher erfolglosesten Stück auf die Beine helfen könnte.

Am 27. Januar stirbt in Mailand der Meister aller italienischen Maestri, Giuseppe Verdi. Puccini schickt sofort ein Beileidstelegramm und akzeptiert die ihm vom Bürgermeister Riccioni angebotene offizielle Vertretung der Stadt Viareggio bei den bevorstehenden Trauerfeierlichkeiten. Er nimmt am Gedenkkonzert in der Scala teil, das Toscanini dirigiert und bei dem Giacosa Gedenkworte spricht.

Puccinis Beziehung zu Verdi ist auf fast rätselhafte Weise undeutlich. Sie haben sich offenbar überhaupt nur einmal getroffen, obwohl sie vom selben Verlag vertreten wurden, Giulio Ricordi mit beiden befreundet war und sie sich oft gleichzeitig in Mailand aufhielten. Man weiß nicht einmal, ob Verdi je eine Oper des fast ein halbes Jahrhundert jüngeren Kollegen gesehen hat, der immerhin nach ihm der führende und international erfolgreichste italienische Komponist war. Zumindest aber hat Verdi Puccinis Partituren gekannt; ganz zuletzt noch äußerte er sich gegenüber dem Dirigenten Mugnone verblüfft und voller Neid darüber, daß in »Tosca« das Glockengeläut ganz Roms erklinge, während er selbst aus Kostengründen gezögert habe, im »Trovatore« auch nur eine einzige Glocke zu verwenden.

Es scheint fast, als hätte eine unüberbrückbare Scheu Puccini gehindert, dem großen alten Mann der italienischen Musik zu begegnen, als sei er ihm geradezu ausgewichen. Vielleicht fürchtete er Verdis strenges Urteil über eine Musik, die sich doch weit von der Belcanto-Klassizität entfernt hatte und für Verdi in der Nähe der neumodischen Operette angesiedelt scheinen mußte. Auch war Puccini zu schüchtern und unbegabt, um über seine und andere Musik theoretisch zu diskutieren – was Verdi ganz gern tat, weshalb es bei einer Begegnung unweigerlich zu einer solchen Diskussion gekommen wäre. Vier Jahre später hat Puccini dem auf sehr weite Distanz verehrten Verdi, der ihn musikalisch kaum beeinflußt hat, dann eine ebenso eigenartige Reverenz erwiesen: in dem fast geheim gehaltenen kurzen Requiem, von dem noch die Rede sein wird.

Auch um einen anderen Toten geht es in diesen Tagen: am 13. Januar ist Carlo Angeloni gestorben, Puccinis alter Lehrer aus Lucca. Aber hier benimmt Puccini sich viel abweisender als im Fall Verdi. Zwar schickt er einen Kranz zu Angelonis Beerdigung, nimmt an dieser selbst aber nicht teil und lehnt auch die Präsidentschaft im Komitee für die Angeloni-Ehrungen ab. Er begründet das mit Arbeitsüberlastung; die Wahrheit aber ist, daß er die lucchesischen Aktivitäten zu Ehren Angelonis für ungerecht hält, solange nicht ebensolche den Musikern der eigenen Familie zuteil geworden sind, vor allem dem Vater Michele, aber auch dem Onkel Fortunato Magi.

Anfang März erhält Puccini aus Amerika eine Übersetzung der Erzählung »Madame Butterfly« von John Luther Long, auf der Belascos Einakter beruht. Er schickt den Text sofort an Illica, betont aber, daß er bei Belasco vieles schöner fand. Jedenfalls sei er von dem Gegenstand ganz gefangen. Illica macht sich sogleich an den Entwurf eines Szenarios.

In Torre del Lago findet Puccini die Endabrechnung des Architekten Puccinelli für die Villa in Chiatri vor – und ist empört. Er hatte zum Beispiel nicht gedacht, daß der Architekt tatsächlich alle seine Fahrten bezahlt haben will, die durch Puccinis ständige Änderungswünsche notwendig geworden waren, sondern das wohl eher für Freundschaftsdienste gehalten. Überhaupt hätten die Arbeiten viel zu lange gedauert und seien teilweise schlecht ausgeführt, nicht einmal eine Heizung gebe es, und das im 20. Jahrhundert! Und zu teuer sei das Haus sowieso, gern wolle er es zu seinen Selbstkosten sofort wieder verkaufen.

Der Brief ist ein eindrucksvolles Dokument für Puccinis übellaunige Sparsamkeit: er hatte viel mehr Geld als er brauchte und trachtete immer ängstlich, es zusammenzuhalten. Die Geschichten über seinen sonderbaren Geiz – sicher ein Reflex frühkindlicher Erfahrungen und Ängste – sind Legion. Eine der schönsten erzählte später sein »Verwalter« Arnaldo Gragnani, der von Puccini für seine Tätigkeit 45 Lire pro Monat erhielt, im Februar jedoch nur 42, weil der nur 28 Tage habe. Und der Maler Galileo Chini fiel einmal aus allen Wolken, als Puccini in einem Café in Viareggio einem Akkordeon-Spieler ein Trinkgeld von 50 Lire gab, damals rund drei Tagelöhne, weil so etwas bei ihm ganz ungewöhnlich war.

Zurück ins Frühjahr 1901. Während Puccini inzwischen den »Edgar«

Ein paar von Puccinis Motorfahrzeugen

Das erste Auto:
De Dion Bouton, 1901

Der »Syde-Car« aus dem Ersten Weltkrieg

bearbeitet – er mache eine »Galvanoplastik« daraus, schreibt er an Illica –, beschäftigt ihn intensiv weiter die »Butterfly«, um so mehr, als Ricordi von dem Stoff gar nicht angetan ist. Zwar ist jetzt endlich aus Amerika die Zustimmung zum Erwerb der Opernrechte eingetroffen; aber kaum ist die Sache perfekt, treten die üblichen ersten Schwierigkeiten mit den Librettisten auf. Illica und Giacosa sind der Meinung, man könne sich ganz und allein auf Longs Erzählung stützen, während Puccini immer wieder auf

Das zweite:
Clément-Bayard, 1902

Die Motorjacht
»Cio-Cio-San«

Belascos Theaterfassung beharrt. Illica vermutet, Puccini finde die nur deshalb so eindrucksvoll, weil er kein Wort davon verstanden habe; sie aber könnten nach Longs Vorlage selbst viel bessere Szenen schreiben und seien mehr als bloße Dramen-Übersetzer, wie sie es bei der »Tosca« hätten sein müssen. Vom Stoff ist allerdings auch der immer skeptische Giacosa angetan.

Mitte Mai gibt Puccini in Mailand keine eigene Adresse an, sondern diejenige Ricordis. Dadurch läßt sich einigermaßen genau bestimmen, wann er die langjährige Wohnung in der Via Solferino 27 aufgegeben hat: im April 1901. Die nächste ist seine letzte und dauerhafteste in Mailand: im zweiten Stock der Via Verdi 4, praktischerweise direkt neben der Scala. Im Lauf dieses Jahres noch muß er dort eingezogen sein.

Allmählich will er nun Nägel mit Köpfen machen. Er bemüht sich um eine Zusammenkunft mit beiden Librettisten, nachdem die »Butterfly«-Diskussionen bisher haupsächlich in Zweiergesprächen oder brieflich stattgefunden haben.

Daneben befaßt Puccini sich mit persönlichen Angelegenheiten. Seine inzwischen familienweit bekannte Affäre mit Corinna hat zu Hause verständlicherweise heftige Spannungen ausgelöst. Nicht nur Elvira, sondern auch seiner moralisch strengen Schwester Ramelde verspricht er seine »Genesung«, also Besserung – was er natürlich nicht so ernst meint, wie er es schreibt. Über die erotischen Probleme tröstet er sich mit einer Anschaffung, von der er schon lange geträumt hat und die er sich nun endlich gönnt: mit dem Komponistenkollegen Giordano macht er sich Ende Mai auf die Suche nach einem Auto und kauft schließlich sein erstes von vielen noch folgenden, einen französischen De Dion Bouton mit fünf PS.

Mit ihm fährt er für einen Monat in Begleitung seiner ganzen Familie nach Cutigliano am Fuß des Abetone-Passes. Merkwürdig wirkt dieser Aufenthaltsort, wo doch die neue Villa in Chiatri gerade fertig geworden ist, ebenfalls in den Bergen. Aber es ist verständlich, daß seine Familie diese abgelegene Behausung von Anfang an haßte, die der Frau, der erwachsenen Tochter und dem pubertären Sohn keinerlei gesellschaftliche Bewegungsmöglichkeiten bot. Puccinis Umgebung tat alles, um ihm gemeinsame Aufenthalte dort zu verleiden, bis hin zu erfundenen Gespenstergeschichten. Vielleicht auch wollte Elvira nicht dorthin, weil sie Chiatri für Puccinis einsames Seitensprung-Liebesnest hielt, jetzt gerade mit Corinna. Jedenfalls also gibt Puccini nach und akzeptiert für diesen Sommer Cutigliano, eine vielbesuchte und lebensvolle Mittelgebirgs-Frische.

Was die Arbeit betrifft, ist das hier für ihn verlorene Zeit. Er hat noch keine Textvorlage und kann deshalb nicht mit der Komposition beginnen, wonach er sich – fast zwei Jahre seit der »Tosca«-Vollendung – heftig sehnt. Puccini beendet den für ihn so desolaten Sommeraufenthalt bald und kehrt nach Torre del Lago zurück. Mitte September kommt wenigstens der Vertrag über die Nutzungsrechte an der Belasco-Dramatisierung zustande, und gegen Ende des Monats erhält Puccini schließlich den so lange ersehnten ersten Libretto-Akt, mit dem er sehr zufrieden ist.

Währenddessen sorgen sich seine Mitarbeiter mehr um seine moralische Situation. Ricordi schreibt an Illica, bei Puccinis derzeitigem Zustand sei mit einer Konzentration auf die gemeinsame Arbeit kaum zu rechnen. Sicher meint das die notorische Corinna-Beziehung. Und ebenso sicher verkennen Ricordis Bedenken, wie sehr eine solche Beziehung den Komponisten Puccini beflügelt: je mehr er aus der gesellschaftlich halbwegs akzeptierten Ordnung ausbrach, um so mehr bot ihm das die musikalische Inspiration, auf die der Verleger und die Librettisten ängstlich hofften.

Vielleicht in dieser Zeit schreibt Puccini ein weiteres Nebenwerk, das Klavierlied »Terra e mare«, bescheiden in seinem Anspruch wie die meisten dieser Stücke. Es vertont einen Text des Lyrikers und Wagner-Anhängers Enrico Panzacchi und wurde 1902 in dem Jahrbuch »Novissima« veröffentlicht. Ich glaube jedoch nicht, daß Puccini noch später als Oktober/November 1901 Zeit und Lust gefunden hat, so etwas Beiläufiges zu verfassen. Denn in diesen Tagen hat er offenbar auch mit der »Butterfly«-Komposition begonnen: eine Skizze des Beginns der ersten Szene trägt das Datum des 23. November 1901. Illica bittet er um einen Entwurf für das »Intermezzo« (heute der Schluß des zweiten Akts), und er denkt dabei schon an den eindrucksvollen Effekt eines mit geschlossenem Mund singenden Chors. Bereits mitten in der Komposition, ist er etwas besorgt, weil er nur wenig japanische Volksmusik kennt: dürftig sei, was er bisher gefunden habe.

Das ist eine interessante Neuigkeit. In keiner seiner vorigen Opern hat Puccini den Versuch gemacht, ihr historisches Kolorit in der Musik nachzuvollziehen – was zumindest in »Edgar« und »Manon Lescaut« möglich gewesen wäre. Jetzt aber, wo er zum ersten Mal einen geographisch exotischen Stoff bearbeitet, scheint es ihm selbstverständlich, solche Exotik auch musikalisch zu gestalten. Es ist dies jedoch nicht in erster Linie ein Ansatz des musikalischen Realismus, sondern viel eher der Versuch, die eigene Musiksprache durch die Hereinnahme anderer, »fremdartiger« Elemente zu erweitern und das gewissermaßen realistisch zu legitimieren. Solcher Exotismus ist in der Musik nicht neu, aber er erlebt in diesen Jahren kurz nach 1900 eine Hochkonjunktur, weil er sich mit Bestrebungen verbindet, das traditionelle System der europäischen Dur-Moll-Musik zu überwinden. Es ist kein Wunder, daß der für solche Entwicklungen immer sensible Puccini zu den ersten gehört, die sie aufgreifen – wie zur gleichen Zeit und unabhängig von ihm Debussy, beide lange bevor fernöstliche Musikfarben etwa bei Lehár zur harmlosen Mode verkamen. Es ist nicht zu übersehen, daß in den musikalischen Exotismus der Jahrhundertwende auch politische

Tendenzen hineinreichen. »Madama Butterfly« spielt ausdrücklich vor dem Hintergrund des westlichen Asien-Kolonialismus und verknüpft die individuelle Tragik ihrer Handlung mit der Kritik am imperialistischen Verhalten der westlichen Eindringlinge in eine andere Kultur. Der häßliche Amerikaner steht insofern auch für die europäischen Kolonialisten, zu denen Italien gehören wollte.

Ende Januar 1902 entwirft Puccini für eine Porträt-Postkarte einen kurzen künstlerischen Lebenslauf, der die bisherigen Opern aufzählt und »Butterfly« als nächste nennt, die wichtigsten Orden erwähnt und sein Alter ausdrücklich verschweigt: daß er gerade 43 Jahre alt ist, findet Puccini schon peinlich, allzu greisenhaft für einen ordentlichen italienischen Macho.

Anfang Februar besucht er eine »Bohème«-Aufführung in Monte Carlo, bei der Caruso singt und als seine Partnerin Nellie Melba, die berühmte australische Sopranistin, die die Rolle mit Puccini selbst einstudiert hatte – wahrscheinlich kurz zuvor in Torre del Lago und wohl kaum in Lucca, wie sie sich später zu erinnern glaubte. Dann arbeitet Puccini in Mailand intensiv weiter an der »Butterfly«. In der Komposition des ersten Akts ist er bereits beim Auftritt der Heldin angekommen und verlangt von Giacosa Verse in einem bestimmten, der schon vorhandenen Musik entsprechenden Rhythmus. Dringend erwartet er den Rest des noch immer nicht ganz fertigen Librettos.

Ab Mitte Februar ist Puccini viel unterwegs zwischen Torre del Lago, Mailand und Rom. Aus Capalbio, seinem bevorzugten Jagdplatz in den Maremmen, teilt er Elvira mit, seine Liebesaffäre mit Corinna sei nur noch ganz schwach, und in Wahrheit liebe er nur sie – so klingt ein Beweis fürs glatte Gegenteil. Ende März ist Puccini wieder in Torre del Lago – von wenigen kurzen Reisen abgesehen für den langen Rest des Jahres: es ist die intensivste und konzentrierteste Zeit der »Butterfly«-Komposition.

Gleich zu Anfang lädt er mehrmals Giacosa zur gemeinsamen Arbeit am Libretto ein, aber der kommt nicht. Sicher fürchtete er (und zu Recht) des Komponisten gewalttätigen Einfluß. Es wird weiterhin nur schriftlich verhandelt. Puccini komponiert an den Pinkerton-Passagen im ersten Akt und bemüht sich, ihn »so amerikanisch wie möglich singen zu lassen«. Wegen des japanischen Ambiente rät ihm Illica, sich die Schauspielerin Sada Yacco anzusehen, die gerade auf Tournee in Italien ist, und mit ihr zu reden. In Rom hatte Puccini sie schon verpaßt, und er trifft die Japanerin auch nicht in Mailand.

Zu Hause interessiert Puccini sich außerdem für den in Lucca stattfindenden Prozeß gegen den kalabresischen Banditen Musolino, ein seinerzeit äußerst berühmter Fall nach Art des Michael Kohlhaas — vielleicht hoffte Puccini dabei auf einen ganz aktuellen Opernstoff: ein »schuldloser Verbrecher« ist (in der exotischen Verkleidung des amerikanischen Wilden Westens) schließlich auch der männliche Held seines übernächsten Stücks.

Während die Beteiligten das Libretto des zweiten »Butterfly«-Akts diskutieren, ist Puccini Anfang Mai in der Komposition mit dem Auftritt der Titelheldin im ersten fertig, der ihm sehr wirkungsvoll erscheint, wenn auch »ein wenig ›italienisch‹«. Was ihn jedoch befriedigt, ist die »Farbe« seiner Musik, um die er sich intensiv kümmert: Anfang Juni bittet er den ihm wohl aus Brüssel bekannten belgischen Musikologen Gaston Knosp um Auskünfte über Rhythmen und Melodik asiatischer Musik (Knosp betrieb damals im Auftrag der französischen Regierung einschlägige Studien in Indochina). In der zweite Monatshälfte erhält Puccini dann endlich den Text, den die Beteiligten für das fertige Libretto halten — bei des Komponisten bekannter Arbeitsweise allerdings eine allzu kühne Vermutung.

Immerhin arbeitet der in dieser Zeit offenbar äußerst intensiv, wofür auch der Mangel an Briefen ein Beweis ist. Neben »Butterfly« kümmert ihn nur ein weiteres Thema: das zweite neue Auto. Es ist ein Clément-Bayard, der zum gerade defekten De Dion Bouton hinzukommt. Anfang August holt Puccini den Wagen in Mailand ab, zusammen mit seinem »Chauffeur« Guido Barsuglia, dem Sohn jenes Venanzio, dessen Haus Puccinis erstes längeres Domizil in Torre del Lago war und schließlich das Grundstück für seine jetzige Villa.

Wegen der kurzen Reise nach Mailand gibt es übrigens einen Ehekrach. Elvira, die nicht ganz zu Unrecht bei allen Ausflügen Giacomos Corinna in der Nähe wähnt, möchte gern mit, was Puccini ablehnt — angeblich weil die lange Rückfahrt im Auto für sie zu anstrengend sei. Dabei hat Elvira neben ihrer Eifersucht noch einen anderen guten Grund, nach Mailand zu wollen: dort wohnt seit kurzem ihre Tochter Fosca, die gerade Salvatore Leonardi geheiratet hat, jenen Sänger und dann Theateragenten, den Puccini schon vor zwei Jahren als Schwiegersohn hatte akzeptieren wollen. Aber Foscas Wegzug hat nicht nur »eine große Leere« hinterlassen, sondern auch die Ehekrisen offener und härter gemacht: es fehlt ihr dämpfendes Temperament.

Am 4. September beendet Puccini die Komposition des ersten »Butterfly«-Akts und beginnt schon bald mit dem zweiten. Eine Woche später gibt er Carlo Paladini ein langes Interview. Er geht darin noch einmal auf seine anderen Opernpläne ein, erwähnt ausdrücklich D'Annunzios »Cecco d'Ascoli«-Projekt und den »Cyrano de Bergerac« und beschreibt dann ausführlich den »Butterfly«-Stoff. Interessanterweise läßt sich dem Interview auch entnehmen, daß Puccini Pierre Lotis Roman »Madame Chrysanthème« kennt, die heimliche Grundlage der »Butterfly«-Erzählung des John Luther Long und somit sozusagen die Großtante von Belascos Stück. Puccinis Schilderung des »Butterfly«-Inhalts setzt außerdem einen anderen Akzent als dann die Oper, die wir kennen. Pinkerton wird als überaus sympathischer Typ beschrieben, der Butterfly ernstlich liebt und nur durch die Pflicht als Marineoffizier für Jahre von ihr entfernt wird, weshalb er sie vergißt und eine andere, eine amerikanische Frau heiratet: wie hätte er wissen können, daß die Japanerin so dauerhaft an ihm hängt? Das ist Puccinis eigener Ansatz: er überträgt *seine* Beziehung zu Frauen begreiflicherweise auf Pinkerton, ein Mann ist halt ein Mann, und die Frauen sind leider ganz anders; da ist keinerlei Schuldbewußtsein im Spiel. Erst die Ereignisse der folgenden Monate haben Puccini reifer werden und damit auch den Mann Pinkerton anders sehen lassen.

In dieser Zeit, Anfang September, trifft Puccini mehrmals die Frau des japanischen Botschafters, die ihm Ratschläge zur Musik ihrer Heimat gibt und einige der japanischen Namen als nicht authentisch kritisiert (dennoch sind manche davon so im endgültigen Text stehengeblieben).

Kurz darauf fährt Puccini zur ersten fremdsprachigen »Tosca«-Aufführung, auf deutsch in Dresden. Die Premiere ist am 21. Oktober. Was dazumal ein Signal für den internationalen Erfolg ist, hat ungewöhnlich lange auf sich warten lassen. Immerhin liegt die Uraufführung schon fast drei Jahre zurück. Die Aufführung findet auch nicht wie von Puccini gewünscht in der Wiener Hofoper statt, sondern eben im eher provinziellen Dresden, dessen große Zeit als Uraufführungsplatz für die Opern von Richard Strauss gerade erst beginnt. Es dirigiert natürlich der Chef persönlich: Ernst von Schuch, dessen Werktreue gerühmt wird. Der Erfolg ist wie üblich triumphal, die Kritik wie üblich distanziert.

Inzwischen tritt die Arbeit an »Butterfly« in ein entscheidendes und kritisches Stadium. Puccini schlägt Mitte November »radikale Änderungen« vor: er will aus den bisher vorgesehenen drei Akten (Begegnung und Heirat zwischen Butterfly und Pinkerton – amerikanisches Konsulat – Butterflys Tragödie) zwei machen, indem der Konsulat-Akt entfällt, der ursprünglich eine »westliche« Abwechslung ins sonst rein japanische Ambiente bringen sollte. Offenbar haben Puccini seine ersten Kompositions-Arbeiten an diesem zweiten Akt zu solchen Änderungsüberlegungen bewogen. Ihm ist nämlich nichts Rechtes eingefallen, und das heißt für ihn immer, daß etwas an der Dramaturgie nicht stimmt. Er will also Belascos Drama, das nur Butterflys Warten auf Pinkertons Rückkehr und die Tragödie enthält, wieder als großen zweiten Akt einsetzen, während bis jetzt offenbar geplant war, Handlungs- und Motivationsteile daraus wie in Longs Erzählung im amerikanischen Konsulat spielen zu lassen. Zwar werde ein solcher neuer zweiter Akt dadurch ungewöhnlich lang – etwa eineinhalb Stunden schätzt Puccini –, aber damit könne man das Publikum »fesseln«, weil es logisch sei: noch immer wirkt sein überwältigender Eindruck von Belascos Drama nach.

Die Reaktionen der Librettisten und des Verlegers sind zwiespältig. Giacosa und Ricordi bewahren eine vorsichtige Skepsis, während Illica kooperationswillig genug ist, um nach Torre del Lago zu kommen. Er bleibt fast eine Woche, und in dieser Zeit erledigen die beiden die Umarbeitung in die zweiaktige Fassung. Puccini ist von diesem Fortschritt so beruhigt, daß er Ende November mit der Instrumentierung des längst fertig komponierten ersten Akts beginnt. Schließlich gibt sich auch Ricordi halbwegs zufrieden, obwohl er befürchtet (sicher aufgrund eines Mißverständnisses), die Oper werde zu kurz und müsse mit einem Stück wie dem »Bajazzo« angefüllt werden.

Im selben Brief zeigt Ricordi sich aber entsetzt über Puccinis psychischen und physischen Zustand, den Illica offenbar beklagt hat: er könne nun nichts mehr tun, weil alle Worte in den Wind geredet seien. Puccini werde wohl zwar diese Arbeit an »Butterfly« fertig bringen, aber dann sei er endgültig »für die Kunst und für die Freunde verloren«. Ricordis extrem skeptische Äußerung kann sich eigentlich nur auf das nach wie vor und intensiv anhaltende Verhältnis zu Corinna beziehen, das Puccini auf eine alle künstlerischen Verpflichtungen übersteigende Weise beschäftigt, offenbar bis hin zum möglichen Verzicht auf seinen Beruf und auf sein ohnehin prekäres Familienleben. Die dramatische Form von Ricordis Kommentar weist einmal mehr darauf hin, daß diese »Corinna« in höchsten gesellschaftlichen Kreisen angesiedelt sein muß und daß eine für alle Beteiligten anscheinend denkbare Verbindung zwischen ihr und Puccini dessen kompositorische Laufbahn definitiv beendet hätte. Man wüßte allzu gern, wer Corinna wirklich war, aber ihre Anonymität ist wie gesagt perfekt geschützt worden.

Nach den langen Auseinandersetzungen über die Form der »Butterfly«, zuletzt Anfang 1903 in Mailand, ist Puccini von seinem Sieg über die Textpartner so beruhigt, daß er »für fünf oder sechs Tage mit Elvira, im

Auto« nach Torre del Lago zurückkehren will: »Gott gebe, daß es gutgeht«. Es werden jedoch nicht fünf oder sechs Tage, sondern unfreiwillig viele Monate.

Zwar gibt Gott eine gute Reise, aber vier Tage später ist er nicht mehr so einsichtsvoll: am 25. Februar hat Puccini einen spektakulären Autounfall – es ist eines der berühmtesten Ereignisse seines Lebens und ein folgenreiches. Die Geschichte ist immer wieder erzählt worden, und alle ihre Schilderungen beruhen auf einer Reportage, die samt vielen Fotos in der »Musica e Musicisti«-Ausgabe vom 15. März erschien, ganz frisch also, und ihr Autor ist Alfredo Caselli, Puccinis alter Freund aus Lucca, auch die Fotos stammen von ihm. Das verleiht dem Bericht eine hohe Authentizität, und die Geschichte geht so: Puccini ist mit Elvira, dem Sohn Tonio und dem Chauffeur Guido Barsuglia in Lucca, besteht trotz Casellis Einspruch darauf, bei regnerischem Wetter noch in der Nacht zurück nach Torre del Lago zu fahren, sein von dem Chauffeur gesteuertes Auto kommt fünf Kilometer hinter Lucca in einer scharfen Kurve von der Straße ab und stürzt fünf Meter tief. Oder vielmehr: es rumpelt wohl eher den Hang hinab, sicher ohne sich zu überschlagen; denn die Beschädigungen des Wagens (es ist übrigens der De Dion Bouton, nicht der Clément-Bayard, wie manchmal zu lesen ist) sind nicht allzu schwer, nicht einmal die freistehende Lenksäule ist gebrochen. Wahrscheinlich ist das Auto am Ende nur seitlich umgekippt: keineswegs ein Totalschaden, das Gefährt konnte nach einigen Reparaturen weiter benutzt werden. Elvira und Tonio kommen mit dem Schrecken davon, der Chauffeur bricht sich den Oberschenkel, Puccini das rechte Schienbein. Der Chauffeur kommt für drei Wochen ins Krankenhaus, und für Puccini beschließt man einen Transport per Kutsche und Boot zu seiner Villa in Torre del Lago.

Der Tag, an dem all das geschah, hat einen geradezu symbolischen Charakter: am nächsten Morgen, am 26. Februar, stirbt der erst 47jährige Narciso Gemignani, Elviras vor zwei Jahrzehnten verlassener Ehemann, und damit verschwindet zugleich das Hindernis für die Legalisierung des Verhältnisses zwischen Elvira und Giacomo – da eine Scheidung im damaligen Italien nicht möglich war, konnten die beiden nicht heiraten, solange Gemignani lebte. Selbstverständlich wurden sie deshalb von der Kirche als »öffentliche Sünder« betrachtet, und der Pfarrer von Torre del Lago, Don Giuseppe Michelucci, hat die nur für heutige Ohren amüsant klingende Geschichte erzählt, in welche Konflikte ihn Puccinis Wunsch stürzte, dessen Haus zu segnen.

Puccini fühlt sich schrecklich. Als die Ärzte den ersten Verband abnehmen, stellen sie einen Blutandrang im Bein fest und zögern deshalb, die »endgültige Vorrichtung« anzubringen (wohl einen Gehgips). Puccini muß so lange völlig still liegen, was ihn fast verrückt macht, aber die kleinste Bewegung bereitet ihm Schmerzen. »Rovinato« nennt er sich, zugrunde gerichtet. Drei Frauen pflegen ihn: Elvira, ihre Schwester Ida Razzi und seine verwitwete Schwester Nitteti. Er erhält Hunderte von Briefen und Telegrammen, eines sogar vom König, und viel Besuch von Freunden aus dem Dorf und der Umgebung.

Er langweilt sich schrecklich und ist zutiefst deprimiert, sein Selbstmitleid kennt keine Grenzen: »Nichts interessiert mich... Ich merke, ich bin im Gefängnis, ständig bewacht und beobachtet. Verdammtes Leben... Niemand versteht mich... Mein ganzes Leben ist zerstört.«

Er liest viel, Gorki-Erzählungen und das Stück »Monna Vanna« von Maeterlinck, das ihm nicht gefällt, ißt eine Menge, weil er nach dem Unfall stark abgemagert ist – »eine Diät von fünf Mahlzeiten am Tag mit Strychnin und Karlsbader Wasser« nennt er das – und raucht mehr als dreißig Zigaretten täglich. Fast drei Wochen nach dem Unfall erhält er unter schrecklichen Qualen endlich die Gips-Bandage. Aber er muß nach wie vor im Bett liegen, wenn er nun auch nachts wenigstens schmerzfrei schlafen kann.

Puccinis Krankheit bringt auch die Wende in seinem Verhältnis mit Corinna. Als erste stellt seine klösterliche Schwester Iginia einen Zusammenhang zwischen beidem her. An die Schwester Tomaide schreibt sie: »Mich schaudert wegen der Gefahr, in der sich der arme Giacomo befand: in einem Augenblick das Leben seines Körpers zu verlieren und, mehr noch, seiner Seele... Eine Hoffnung, daß dieser Schlag jene Seele aufrütteln könnte und sie aus der Hölle zum Herrn zieht... Jesus hat ihm diesen Schlag nicht umsonst versetzt; man könnte glauben, es sei ein Wink seiner Gerechtigkeit, aber ich glaube, es ist eine Tat seiner Barmherzigkeit, daß er ihn liebt und nicht verlieren will.«

Läßt man den religiösen Grundton außer acht, so mag Puccini gar nicht sehr anders gedacht haben. Es bedeutete viel für ihn, durch den Unfall gerade in seiner Körperlichkeit getroffen zu werden, die er in der Beziehung zu Corinna ausleben wollte, nachdem Elvira mit ihm »alt« geworden war. Er besaß zudem einen Sinn für Symbole und Zeichen, und das war für ihn ohne Zweifel eines: ein Warnsignal für sein weiteres Leben. Da ihm das höher stand als seine Liebe zu Corinna, hat er sich wohl auf seinem langen Krankenlager, mit viel Zeit zum Nachdenken, eines Neuen besonnen. Während er bis dahin anscheinend durchaus bereit war, Elvira zu verlassen und Corinna zu heiraten, dreht er diese Pläne jetzt um. Dabei hilft seine Umgebung kräftig nach: im April korrespondiert die Schwester Ramelde mit Illica über die Möglichkeit, die gesetzlich vorgeschriebene Wartezeit von zehn Monaten für die Wiederverheiratung einer Witwe zu verkürzen, damit Giacomo und Elvira so schnell wie möglich vor den Traualtar treten können.

Seit Anfang April hat sich wenigstens Puccinis psychischer Zustand gebessert. Er hat nichts an dem ziemlich albernen Gedanken auszusetzen, daß der Verlag die Situation des Komponisten publikumswirksam ausschlachten will durch die Veröffentlichung eines Bilds von ihm im Bett, umgeben von den weiblichen Titelfiguren seiner Opern einschließlich Butterfly; Pascoli soll dazu ein Sonett schreiben.

In diesem April schließt Puccini auch seinen ersten und einzigen Vertrag für eine Schallplatten-Komposition. Es handelt sich dabei um den 1907 von der Plattenfirma Gramophone & Typewriter veröffentlichten Titel »Canto d'anime«, den Puccini aber sicher erst nach der »Butterfly«-Uraufführung komponiert hat und nicht schon sogleich im Jahr 1903. Überhaupt benimmt er sich zu dem ganzen Unternehmen ziemlich distanziert, nichts Schwieriges wünscht er sich von Illica als Text. Entgegen manchen gelegentlich anzutreffenden Behauptungen hielt er von der Technik der Schallplatte nicht viel, kein Wunder bei ihrer damaligen Qualität und bei Puccinis Qualitätsanspruch. An den immerhin seit 1899 schon zahlreichen Aufnahmen von Stücken aus seinen Opern interessierten ihn ausschließlich die Tantiemen.

Mitte Mai erfährt Puccini von seinem Arzt, daß die Heilung seines Beins noch drei Monate dauern wird: »ich Armer, arme ›Butterfly‹!!« Ende Mai hat er aber eine Idee: wenn er statt des Klaviers einen Flügel benutzte, könnte er mit hochgelegtem Bein daran arbeiten. Und so geschieht es: Anfang Juni nimmt Puccini endlich wieder die Komposition der »Butterfly« auf.

Der so ersehnte Neubeginn wird erheblich gestört durch einen enorm umfangreichen Brief Giulio Ricordis – nach einem für Puccini unverständlich langen Schweigen des Verlegers. In äußerst gewundenem Stil und mit vielen Entschuldigungen klagt Ricordi darüber, daß Puccini sich einer niedrigen, hurenhaften, obszönen Frau hingegeben habe, die den genialsten italienischen Künstler von seiner nationalen Pflicht abhalte. Seine physische Krankheit sei also die Folge einer psychischen. Er müsse sich endlich wieder aufraffen zu seiner eigentlichen Aufgabe, was derzeit heiße: die »Butterfly« zu komponieren.

Puccini nimmt diesen ziemlich ungehörigen Eingriff in seine privaten Verhältnisse eher gelassen hin, da er sich offenbar sowieso entschlossen hat, das von Ricordi kritisierte Corinna-Verhältnis zu lösen. Vergleichsweise milde kommentiert er Giulios strengen Brief, den er nur ungerecht gegenüber der betroffenen Frau findet und im ganzen übertrieben. Längst ist er nämlich inzwischen mit der »Butterfly«-Fortführung beschäftigt, wofür ihm Giacosa die endgültige Fassung versprochen hat. Der Librettist bringt sie mit, als er zusammen mit Tito Ricordi Anfang Juni Puccini besucht. Das Stück ist für den Komponisten nun praktisch schon Geschichte, und er wendet sich deshalb bereits der Zukunft zu. Er denkt an Victor Hugos »Notre-Dame de Paris«, woraus man fünf oder sechs kurze, effektvolle, sensationelle Bilder von je 20 Minuten Länge machen könne.

Inzwischen hat er die mühevolle und schmerzhafte Behandlung seines Beins satt. Ende Juni zieht er einen neuen Arzt hinzu, den Professor Novaro aus Genua, und der tröstet ihn: er werde in einem Monat wieder laufen können. Weniger fröhlich ist Puccini über die Honorarforderung des Arztes: »1000 Lire, 1000 Lire, 1000 Lire!« Anfang Juli hält er sich mindestens eine Woche lang in Genua auf, zweifellos zur Behandlung durch Novaro.

Inzwischen sieht Puccini sich nach einem Haus für den Sommer um. Chiatri kommt wieder nicht in Frage, weil es nur per Esel zu erreichen ist, und Puccini kann mit seinem Bein noch nicht reiten. Aber dann entschließt er sich überraschend schnell und kauft Ende Juli eine kleine Villa in Boscolungo am Abetone-Paß, wo er sich schon lange auskennt. Am 1. August zieht er dort ein. Er muß immer noch seinen Streckverband tragen, kann aber an Stöcken gehen, was ihm Schmerzen bereitet. Zwei in Boscolungo ihren Urlaub verbringende Chemiker untersuchen zudem Puccinis Urin und finden keinen Zucker, was ihn außerordentlich beruhigt – zu Unrecht, denn seit dieser Zeit hat Puccini bis an sein Lebensende Probleme mit einem Diabetesleiden.

Er arbeitet viel in diesem Sommer. Während er noch immer nicht mit der Instrumentation des ersten »Butterfly«-Akts fertig ist – auf eine durchgestrichene leere Seite des Partitur-Autographs hat er sarkastisch geschrieben: »das schönste Stück der Oper!« –, kommt er in Boscolungo mit der Komposition des zweiten Akts gut voran. Als er Anfang September hinunter nach Torre del Lago fährt, ist das »nächtliche Intermezzo« fertig, also der Summchor am Ende des heutigen zweiten Akts und das Orchestervorspiel zum heutigen dritten, ebenso Butterflys Wiegenlied, und Puccini arbeitet schon am Terzett Sharpless-Pinkerton-Suzuki, wobei er sogar bereits Skizzen für die Schlußzene hat. Es fehlen also in der Komposition nur noch wenige Seiten.

Gleich nach der Rückkehr verhandelt Puccini in Torre del Lago mit Tito Ricordi, dem Scala-Direktor Gatti-Casazza und dem neuen Scala-Musikchef Cleofonte Campanini, Toscaninis Nachfolger, über eine Uraufführung in Mailand. Seine Befürchtungen gelten der Länge des Stücks: der erste Akt wird eine gute Stunde dauern, der zweite sogar noch deutlich mehr. Am 15. September beendet er schließlich die Instrumentation des ersten »Butterfly«-Akts, und am 20. reist er mit Elvira nach Paris, um die Proben für die dortige »Tosca«-Premiere zu überwachen.

Wie immer genießt er das Leben in Paris, erst recht nach den langen Krankheitsmonaten. Wegen der »Bohème« ist er hier so populär, daß Elvira in manchen Geschäften Rabatte erhält. Er läßt sein Bein massieren und sich einen neuen und leichteren »orthopädischen Apparat« anfertigen; in drei bis vier Wochen, so sagt man ihm, werde der Knochen genügend Festigkeit haben. Auch die Proben befriedigen ihn sehr, zumal der Stück-Autor Sardou sich intensiv daran beteiligt. Sie lassen ihn eine gute Aufführung unter Frankreichs derzeit bedeutendstem Dirigenten André Messager erwarten, der nicht nur Musikchef der Opéra comique ist, sondern auch des Londoner Covent Garden (als Komponist hatte er übrigens pikanterweise zehn Jahre zuvor eine »Madame Chrysanthème« auf die Bühne gebracht, nach dem Loti-Roman, der letzten Endes auch der »Madama Butterfly« zugrunde liegt).

In Paris, wo Puccini glücklicherweise (wie er das sieht) weit weg ist, beschäftigt ihn weiterhin die »Turin-Affäre« – will sagen: die Auflösung des Verhältnisses mit Corinna. Das klingt alles so, als spielten juristische Themen eine Rolle, vielleicht ein eventuell einklagbares Eheversprechen oder finanzielle Forderungen der einen oder der anderen Seite. Aber auch hier bleibt die wahre Geschichte hinter einem gleichsam undurchdringlichen Schleier verborgen, wie die Person Corinna selbst.

Am 13. Oktober findet die Pariser »Tosca«-Premiere statt. Noch während des ersten Akts schreibt Puccini einen hoffnungsvollen Brief an Giulio Ricordi, und das Ergebnis gibt ihm recht: es ist ein wahrhaftiger Triumph beim Publikum. Die Opéra comique nutzt die heiße Puccini-Konjunktur, um ein kleines Festival zu veranstalten. Innerhalb von acht Tagen setzt Direktor Carré viermal die »Tosca« und zweimal die »Bohème« auf den Spielplan, und immer sind die Einnahmen hoch.

Aber Puccini wird allmählich nervös. Es gilt die »Butterfly« zu Ende zu bringen, wofür er eine reichliche Arbeitsphase in Torre del Lago braucht:

nach mehr als einem Monat verläßt er Paris. Anscheinend ist Elvira schon früher allein zurückgefahren, denn Puccini täuscht nun bis auf Illica alle Freunde und Bekannten, indem er vorgibt, noch länger in Paris geblieben zu sein oder seinen Sohn in dessen Internat in St. Gallen besucht zu haben. Statt dessen fährt er offenbar nach Turin, um sich (ein letztes Mal?) mit Corinna zu treffen und die Trennung zu organisieren.

In Torre del Lago erreicht ihn Ricordis Ankündigung, er solle in die Ehrenlegion aufgenommen werden, und die noch nach Paris gerichtete Einladung der Wiener Hofoper, an ihrer »Bohème«-Premiere teilzunehmen. Endlich geht sein Traum in Erfüllung, am international bedeutendsten europäischen Opernhaus gespielt zu werden. Bis vor kurzem hätte er dafür alles stehen- und liegenlassen, jetzt aber siegt sein Stolz: leider könne er nicht kommen, weil er eine wichtige Arbeit für die nächste Saison beenden müsse. Außerdem hat er ein neues Fahrzeug zu testen, das er gleich nach der Rückkehr aus Paris erhalten hat: sein erstes Motorboot.

Am 24. November schreiben Giacomo und Elvira unabhängig voneinander Briefe an Illica, mit denen sie ihn flehentlich nach Torre del Lago einladen. Während Puccini in tiefster Depression beklagt, daß er ganz allein sei und niemand ihn liebe (»verstehst Du, niemand, und dabei nennen mich so viele einen beneidenswerten Mann«), redet Elvira deutlicher davon, was der Grund für diese Depression ist: Corinna verzichtet nicht so leicht. Sie hat Puccinis Briefe einem Turiner Anwalt übergeben, auch seinen Abschiedsbrief, wobei nicht recht auszumachen ist, was sie damit bezweckt. Elvira redet von Erpressung; aber es leuchtet auch nicht ein, weshalb Corinna Geld haben wollte, wie Puccinis Biographen im allgemeinen annehmen. Vielleicht war sie durch Puccinis Flucht nach seinen vielen Versprechungen so tief getroffen, daß sie in völliger Kopflosigkeit das ganze auf eine juristische Ebene zu schieben versuchte. Puccini jedenfalls empfindet das als furchtbaren Vertrauensbruch, und das erklärt den mitleiderregenden Ton seines Briefs an Illica.

Vielleicht ist seine völlige private Verzweiflung der Grund, warum er dann doch eine Blitzreise zur Wiener »Bohème« unternimmt. Er müßte dort die zweite Vorstellung am 27. November gesehen haben; denn am 29. bedankt er sich schon wieder aus Torre del Lago bei Gustav Mahler für die Aufführung, der aber bezeichnenderweise nicht selbst dirigiert, sondern das Francesco Spetrino überlassen hatte, dem für das italienische Repertoire engagierten Kapellmeister, der zwei Jahrzehnte zuvor einer von Puccinis erfolgreicheren Rivalen in Sonzognos Einakter-Wettbewerb gewesen war.

Welche Turbulenzen – heutigen Popmusik-Veranstaltungen vergleichbar – Puccini-Opern zu dieser Zeit auslösen konnten, zeigt ein kurioser Vorgang im apulischen Städtchen Foggia, wo die Polizei einschreiten muß, weil das Publikum bei einer »Tosca«-Aufführung die Wiederholung von Scarpias Ermordung verlangt. Es ist kaum wahrscheinlich, daß es sich dabei um einen rein ästhetisch-dramaturgischen Konflikt gehandelt hat. Welches Theater in Italien hätte sich damals aus künstlerischen Gründen solchen Forderungen widersetzt? Man muß vielmehr vermuten, daß die »Tosca«-Zuschauer in der süditalienischen Provinz einen Reflex der politischen Situation Italiens in diesen Wochen repräsentieren.

Die Unzufriedenheit mit der Entwicklung des Landes hatte sich in den letzten Jahren in einer dramatischen Steigerung der Streikhäufigkeit niedergeschlagen. Nicht zuletzt als Reaktion auf derart linke Aktionen formierte sich immer ausdrücklicher auch eine nationalistisch-autoritäre Rechte. Ihr literarischer Gott war D'Annunzio. Zudem wechselte im November 1903 die Regierung. Der mit allen Wassern gewaschene »Realpolitiker« Giovanni Giolitti, seit langem der wahre Kopf der bürgerlich-liberalen Fraktion im Parlament, wurde Ministerpräsident und bestimmte von nun an bis in den Weltkrieg die italienische Politik. Die Wirrnis der politischen Verhältnisse, die Unsicherheit über Italiens Zukunft, die Unzufriedenheit mit der wirtschaftlichen und sozialen Situation: das alles beherrschte zutiefst die Gefühle jedes bewußten Italieners am Ende des Jahres 1903. Puccini ist einer von ihnen.

In dieser Atmosphäre arbeitet er an der Vollendung der »Butterfly«, das heißt: an der Instrumentation des zweiten Akts, zu dem auch der heutige dritte gehört. Dabei denkt er aber auch bereits an die übernächste Zukunft und fragt Illica, ob er die Novellen von Anton Francesco Grazzini kenne (genannt Il Lasca, ein Florentiner Autor des 16. Jahrhunderts): ob das etwas für sie sei?

Währenddessen gehen die Konflikte um Corinna weiter, und Puccini schwankt wie ein Rohr im Wind. Schließlich tritt er eine Art Flucht nach vorn an: am 11. Dezember schreibt er dem Mailänder Freund Luigi Pieri mit einer Anspielung auf den bebenden 60-PS-Motor des neuen Boots, Elvira und er seien ein Paar, was die bevorstehende Heirat meint. Am selben Tag drückt er seinen Namens- und Datumsstempel in die »Butterfly«-Partitur, wenige Seiten vor dem Ende, an der Stelle, wo die Heldin sich zum Selbstmord vorbereitet.

Am 27. Dezember, abends um 23.10 Uhr, beendet er die Partitur von »Madama Butterfly«. Danach verschickt er die von Plinio Nomellini gezeichnete Karikatur einer Hochzeitsanzeige, auf der ein nackter Puccini eine idealisierte Elvira umfaßt – seine Blöße wird von einer Notenschrift verdeckt, er raucht eine Zigarette, und um seine Schulter hängt ein Spielzeugauto. Das gewiß von Puccini selbst inspirierte Blatt bietet reichlich Stoff für allerlei Freudsche Interpretationen.

Am 3. Januar 1904 findet die Hochzeit statt, fast zwanzig Jahre nach dem Beginn ihres Zusammenlebens. Es ist eine eher heimliche Veranstaltung mit einer Ziviltrauung im eigenen Haus durch den befreundeten Bürgermeister von Viareggio, Cesare Riccioni; als Zeugen fungieren Puccinis Schwager Giuseppe Razzi, der Ehemann von Elviras Schwester Ida, und der Dorfarzt Rodolfo Giacchi. Abends folgt die sakrale Zeremonie mit denselben Beteiligten in der Kirche von Torre del Lago. Puccini zeigt über diese späte Legitimierung seines langen Liebesverhältnisses nicht gerade Begeisterung. »Bist du nun beruhigt?«, fragt er die Schwester Ramelde und er fügt hinzu: »Iginia (die Schwester im Kloster) wird zufrieden sein.« Das gigantische Problem so vieler Jahre wird eher beiläufig erledigt, das scheinbar viel kleinere Problem der bevorstehenden »Butterfly«-Premiere beschäftigt in diesen Tagen alle deutlich mehr.

Schon drei Tage nach der Hochzeit fährt Puccini nach Mailand, wo die Proben beginnen. Die Arbeit an der ersten »Butterfly«-Inszenierung ist schwierig genug. Wegen der späten Vollendung der Komposition erhalten die Sänger ihre Partien stückweise und zum Teil unkorrigiert. Außerdem wird ein Schleier des Geheimnisses darüber gezogen: niemand soll vor der Premiere Näheres über das Werk erfahren. Seinen Schwestern schickt Puccini das einzige Exemplar des Librettos und verpflichtet sie zu völliger Verschwiegenheit. Die Darsteller dürfen ihre Noten nicht mit nach Hause nehmen, sondern müssen sie nach jeder Probe zurückgeben; kein Unbeteiligter wird zu den Proben zugelassen. Die Spannung des Publikums ist so groß, daß es schon zwei Wochen vor der Premiere keine Karten mehr gibt und Puccini sogar Schwierigkeiten hat, seine Freunde unterzubringen.

Kurz vor dem erwarteten großen Abend soll Puccini die »Butterfly« am Klavier Toscanini vorgespielt haben, der als Uraufführungs-Dirigent leider nicht zur Verfügung steht, weil er die Scala ein Jahr zuvor im Streit verlassen hat. Der Dirigent äußert Kritik an der Länge des Stücks (gemeint ist wohl besonders der zweite Akt): »Bei Wagner, ja! Bei Puccini, nein!«

Puccini kann dieser Einwand kaum gewichtig erscheinen sein; denn er ist bis zum Abend der Premiere sicher, daß die neue Oper wieder ein überwältigender Erfolg wird. Am Tag der Aufführung noch schickt er der

Hauptdarstellerin Rosina Storchio ein Billett, in dem er seine Gewißheit über den guten Ausgang formuliert.

Dann aber tritt wenige Stunden später an diesem 17. Februar 1904 die Katastrophe ein, der größte Mißerfolg, den Puccini als Opernkomponist je erlebt hat. Ricordis Verlagszeitschrift beschreibt den Abend so: »Gemekker, Getöse, Gebrüll, Gelächter, Geschrei, Hohnlachen, einzelne gewohnte Rufe nach Wiederholungen, um die Zuschauer absichtlich noch mehr aufzuregen – das war kurz gesagt der Empfang, den das Publikum der Scala der neuen Arbeit des Maestro Giacomo Puccini bereitete.«

Es ist bis heute kaum ganz auszumachen, was der wahre Grund für dieses Fiasko war. In den Zeitungskritiken, die natürlich von der Stimmung im Theater beeinflußt sind, ist vor allem davon die Rede, daß Puccini allzusehr auf dem mutmaßlichen Weg seines Erfolgs fortfahre, sich wiederhole, nichts Neues über seine vorigen Opern hinaus biete. Das klingt wie eine Kritik an mangelnder Modernität und kann insofern kaum ernst genommen werden. »Butterfly« ist kompositorisch schließlich ein erheblicher Schritt über die vorangegangenen Stücke hinaus, einerseits; und andererseits dürfte das Mailänder Scala-Publikum auf wirklich neue Musik nicht gerade begierig gewesen sein. Es finden sich in den Kritiken aber auch Anspielungen darauf, daß ein spektakulärer Mißerfolg von Anfang an geplant und organisiert gewesen sei – und damit kommt man der Sache schon ein bißchen näher.

»Madama Butterfly« ist ein Stück, das thematisch tief in die aktuelle Diskussion über den europäischen Kolonialismus eingreift. Letzten Endes schildert es die Vernichtung eines kolonialen »Objekts« durch den gedankenlosen Sexual-Imperialismus eines amerikanischen (= europäischen) Offiziers. Das ist eine in der emotional gesteigerten Form der Oper so heftige Art politischer Kritik, daß eine konservative Gegenwehr begreiflich erscheint. Sie läßt sich zwar kaum festmachen, mag aber dennoch der eigentliche Grund für den Uraufführungsskandal der »Butterfly« gewesen sein.

Puccini hatte mit alledem nichts im Sinn. Für ihn ist der Mißerfolg seiner Oper in erster Linie ein künstlerisches Desaster, und er leidet schwer darunter. Noch am selben Abend schickt er ein Telegramm ab: »Publikum hat Butterfly schlecht aufgenommen. Ich aber bin ruhig in meinem Bewußtsein als Künstler.« Ebenfalls am selben Abend noch setzt er zusammen mit Illica und Giacosa seine Unterschrift unter einen Text, mit dem die Autoren in Übereinstimmung mit dem Verleger die Partitur zurückziehen und der Direktion der Scala jede weitere Aufführung untersagen.

Puccini wäre jedoch nicht er selbst, hätte er nicht sofort mit der Bewältigung der Folgen begonnen. Die nächsten Tage gelten der brieflichen Aufarbeitung des Fiaskos. Obwohl Gatti-Casazza, der Scala-Direktor, berichtet, Puccini habe sich am Tag nach der Uraufführung den größten Teil der Schuld selbst zugeschrieben, klingen seine Briefe völlig anders: seine »Butterfly« sei die tiefstempfundene und eindringlichste Oper, die er je geschaffen habe, nur hätten die Mailänder »Kannibalen« keine einzige Note wirklich gehört. Nur wenige Änderungen will er vornehmen, ein paar kleine Striche und die Teilung des langen zweiten Akts in zwei getrennte Bilder. Am meisten bedauert er, daß Rosina Storchio nicht mehr für die Titelrolle zur Verfügung steht, weil sie zusammen mit Toscanini in Buenos Aires engagiert ist. In der Scala ist diese Oper, bald Puccinis zweitgrößter internationaler Erfolg nach der »Bohème«, zu seinen Lebzeiten nie mehr gespielt worden.

Schon eine Woche nach dem Premierenschock beginnen die angekündigten »kleinen« Umarbeitungen. Ende Februar fährt Puccini »zur Zerstreuung« nach Turin, um ein neues Fiat-Auto anzusehen, aber auch um die Stimmung dort für ein »Butterfly«-Wiederaufführung zu erkunden. Das Klima gefällt ihm, aber schon kurz darauf steht gegen sein eigenes Urteil zugunsten Turins ein anderer Ort für diese »Revanche« fest, offenbar eine Verlagsentscheidung: Brescia, nur eine Eisenbahnstunde von Mailand entfernt, halb so weit wie Turin.

Dankbar registriert Puccini in diesen Tagen, daß das Königspaar in Rom einer »Tosca«-Wiederaufnahme gnädig beigewohnt hat. Auch vernimmt er befriedigt, daß eine »hochgestellte Dame« (womit die Königin gemeint sein muß) von »Butterfly« ganz begeistert sei – schließlich ist die Oper ja auch ihr gewidmet. Puccini ist sich seiner Sache sehr sicher, haben doch bereits außer Brescia die Häuser von Turin, Buenos Aires und London »Madama Butterfly« angenommen.

Den März über arbeitet er an den »Butterfly«-Änderungen, wobei er schlecht vorankommt. In seiner gereizten Stimmung sieht er überall nur Feinde. Er bricht mit Paladini, seinem treuen Biographen, weil der schlecht über ihn geredet haben soll – das Zerwürfnis dauert 15 Jahre; er verdächtigt den neapolitanischen Freund Clausetti und den römischen Impresario Morichini, zur »Liga« seiner Gegner zu gehören. Und das alles werde von Mascagni inspiriert – obwohl der in diesen Tagen in einem Konzert in Rom sogar ein Orchesterstück von Puccini dirigiert: die »Tregenda« aus den »Villi«.

Zu dieser Zeit, in der ersten März-Hälfte, sind die meisten Änderungen an der »Butterfly«-Partitur schon erledigt, das heißt: erhebliche Kürzungen im ersten Akt, kleinere Retuschen im ersten Teil des zweiten Akts und weitgehende Neukomposition in dessen zweitem Teil, nämlich im Orchestervorspiel und im Duett Pinkerton-Sharpless, wobei der Tenor auch eine neue kurze Romanze erhält (»Addio fiorito asil«). Um den 20. März sind alle Umarbeitungen abgeschlossen, aber es werden nicht die letzten bleiben.

Puccini macht nun Zukunftspläne. Er liest »Romeo und Julia«, glaubt aber trotz Ricordis Empfehlung nicht, daß das ein Stoff für ihn ist. Statt dessen bittet er den Verlag, ihm zwei Romane des 1898 gestorbenen französisch-belgischen Symbolisten Georges Rodenbach zu beschaffen, »Bruges-la-Morte« und »Le Carillonneur«. Er zieht Giacosas Stück »La Contessa di Challant« von 1891 in Erwägung und fragt nach Illicas »Valeriano«.

Dann gefällt ihm die »Challant« nicht mehr. Aber er hat von einer Novelle des 16. Jahrhunderts gehört (von Matteo Bandello), die den gleichen Stoff behandelt und vielleicht weiterhelfen könnte: Puccini ist ganz aufs Mittelalter versessen. Er geht sogar noch weiter zurück und liest die Bibel – eine »außergewöhnliche Sache« nennt er die Geschichten, die er da offenbar unvermutet findet. Aber dann langweilt ihn das sonderbare Buch doch bald; einen legendären Stoff aus Lucca über die vom Teufel geholte Lucida Mansi läßt er auch fallen, nimmt aber nach Mailand wieder ein mittelalterliches Werk mit, die lucchesische Stadtchronik des Giovanni Sercambi aus dem frühen 15. Jahrhundert.

Nach Mailand fährt Puccini über Florenz, wo er sich anscheinend mit Valentino Soldani trifft, einem Journalisten und wenig erfolgreichen Verfasser historischer Dramen – der Beginn eines viele Jahre dauernden fruchtlosen Kontakts. Soldani bietet ihm ein Libretto über die heilige Margherita da Cortona an, das zu Puccinis derzeitiger Mittelalter-Leidenschaft paßt, aber auch ein bißchen zu seinem eigenen Leben. Margherita (1249–97) hatte als junge Frau neun Jahre lang unverheiratet mit einem Adligen zusammengelebt und ihm einen Sohn geboren, die Sünde büßte sie dann für den Rest ihres Lebens als Franziskanerin. Die Motiv-Verwandtschaft mit der späteren »Suor Angelica« ist unverkennbar; aber Puccini muß darin auch Parallelen zu seinem und Elviras Leben gesehen haben, und das hat ihn offenbar genug interessiert, um sich noch lange mit dem Stoff zu beschäftigen, obwohl er mit Soldani als Librettisten nie zurechtkam. Kurioserweise fällt ihm dazu auch noch ein, daß man die Geschichte vielleicht mit dem heiligen Franz von Assisi verknüpfen könnte (obwohl der schon

23 Jahre vor Margheritas Geburt gestorben war). Aber Liebe und Askese: das wäre so recht nach seinem Geschmack gewesen.

Bevor Puccini sich zu den letzten Proben nach Brescia begibt, rät er Illica erneut, ein Szenario von sieben oder acht kurzen Bildern nach Victor Hugos »Notre-Dame« zu entwerfen (wieder ein sattes Mittelalter). Mit den Proben ist er sehr zufrieden, vor allem mit der neuen Sängerin der Titelrolle, Salomea Krusceniski, wenn sie für ihn auch nicht die darstellerische Qualität der Storchio in der Uraufführung erreicht.

Die von Puccini bang erwartete Aufführung am 28. Mai wird ein triumphaler Erfolg. Sechs Passagen müssen wiederholt werden, mehrfach wird der Komponist während der Akte vom Beifall auf die Bühne gerufen. Die zweite Vorstellung ist eine Gala in Anwesenheit des Königs, der Puccini im Theater empfängt und auf die hohe Wertschätzung verweist, die seine Frau für die ihr gewidmete Oper empfinde.

Nun ist der Bann gebrochen, rätselhafterweise; denn soviel anders ist das Stück nicht und soviel anders auch nicht das Publikum, das es von Mailand bis hierher nicht weit hatte. Aber jedenfalls: von Brescia aus tritt »Madama Butterfly« ihren bis heute dauernden Siegeszug über die Bühnen der Welt an.

Exotische Moderne:
»*Madama Butterfly*«

Ausgangspunkt des Butterfly-Stoffs ist Pierre Lotis Roman »Madame Chrysanthème« (1887). Offenbar autobiographisch angeregt, beschreibt er in einer lockeren Tagebuchform den dreimonatigen Aufenthalt eines französischen Marineoffiziers namens Pierre in Nagasaki. Dort »heiratet« er, wie es der örtlichen Gewohnheit entspricht, eine Japanerin, die Kihou-San heißt, was Chrysantheme bedeutet. Mit ihr lebt er zusammen, bis sein Schiff die Stadt wieder verläßt.

Die handlungsarme Erzählung zielte anscheinend vor allem auf das zeitgenössische Interesse für ferne fremde Länder. Sie schildert ausführlich die japanische Landschaft und das Leben der sonderbaren asiatischen Menschen, die einem Europäer kaum begreifbar erscheinen. Dahinter tritt die Beziehung zwischen Pierre und seinem angetrauten Spielzeug Kihou-San weit zurück. In einem ernsthaften Sinn kann man von einer inneren Beziehung gar nicht sprechen: die beiden bedeuten sich gegenseitig so gut wie nichts, ohne daß daraus irgendwelche Konflikte entstünden.

Lotis Roman reiht eine Vielzahl ganz unerotischer und undramatischer Episoden aneinander – ein Reisebericht eher als eine menschliche Begebenheit. Als 1897 John Luther Long Motive der »Madame Chrysanthème« für seine Erzählung »Madame Butterfly« verwendete, blieb vom lockeren Geist des Vorbilds wenig übrig. Long übernahm die Grundkonstellation, die kurzfristige Heirat zwischen einer Japanerin und einem Ausländer, und ein paar Namen, wobei er den der weiblichen Hauptfigur abwandelte, die bei ihm nun Cho-Cho-San heißt (was Schmetterling bedeutet, auf englisch Butterfly). Er machte aber auch eine ganz neue Geschichte daraus, indem er ein angeblich wahres Ereignis mitverwendete.

Seitdem ist ausführlich nach der »historischen« Cho-Cho-San geforscht worden – gewiß eine vergebliche Mühe, weil derartige Vorgänge sich vielerorts vielfach ereignet haben: einheimisches Mädchen liebt Besatzungsoffizier, der ihr ein Kind macht und sie dann verläßt. Es mag gut sein, daß Long solche Geschichten aus Erzählungen seiner Schwester kannte, die die Frau eines amerikanischen Missionars in Nagasaki war.

Jedenfalls wandelt Long Lotis japanische Exoten-Idylle in ein handgreiflich menschliches Drama. Der französische ist nun ein amerikanischer Marineoffizier namens Benjamin Franklin Pinkerton, der in der Erzählung aber nur kurz am Anfang auftaucht. Er lebt mit Butterfly bereits zusammen, die Heirat wird nur erwähnt, ebenso die Schar der japanischen Verwandten, die Pinkerton aus dem Haus verbannt hat – was die Verstoßung Cho-Cho-Sans aus ihrer Familie bewirkte. Der weitaus größte Teil der Geschichte schildert Butterflys Warten auf ihren weggegangenen Mann, der an eine Rückkehr natürlich überhaupt nicht denkt, sondern längst zu Hause eine Amerikanerin geheiratet hat. Butterfly hat von ihm ein Kind, das sie »Trouble« nennt, »Sorge«.

Als Pinkerton so lange ausbleibt, geht Cho-Cho-San schließlich zu dem amerikanischen Konsul Sharpless, um sich nach westlichen Ehebräuchen und Rechtsverhältnissen zu erkundigen. Eines Tages erscheint Pinkertons Kriegsschiff wieder im Hafen von Nagasaki, und Butterfly wartet eine Nacht und dann tagelang schweigend und regungslos auf ihren Mann. Erneut sucht sie danach voller Verzweiflung den Konsul auf, der ihr in Pinkertons Namen Geld als eine Art Abfindung anbietet. Zufällig wird sie dabei Zeuge des Auftritts von Pinkertons Frau, die sich darum bemüht, das Kind mit nach Amerika zu nehmen. Butterfly entschließt sich zum Selbstmord, bricht den Versuch aber ab, als ihre Dienerin Suzuki das Kind ins Zimmer schickt. Die Erzählung endet mit dem rätselhaft offenen Satz: »Als Mrs. Pinkerton am nächsten Tag zu dem kleinen Haus auf dem Higashi Hill kam, war es ganz leer.«

Der Theater-Routinier David Belasco erkannte den melodramatischen Reiz von Longs Erzählung und machte zusammen mit dem Novellisten einen Einakter daraus, der im März 1900 in New York uraufgeführt und einen Monat später in London gespielt wurde, wo Puccini ihn im Juni sah. Das Stück beschränkt sich inhaltlich auf Butterflys Erwartung von Pinkertons Rückkehr, wobei die Gespräche mit Sharpless aus Longs Konsulats-Teilen einbezogen werden. Die einschneidendste Änderung ist, daß Butterfly am Schluß den Selbstmord tatsächlich vollzieht. Damit steigert Belasco Longs Melodramatik noch einmal in erheblichem Maß über die ursprünglich so harmlose Loti-Geschichte hinaus.

Belascos Text ist zum Bühnengebrauch bestimmt, literarische Ambitionen liegen ihm fern. Aber selbst bei der Lektüre spürt man, wie Belasco szenische Effekte äußerst geschickt als Teile der Handlung genutzt hat. Vieles vollzieht sich im stummen Spiel, in der Beleuchtung, in der Wirkung der Dekoration. Noch auf dem Papier mit seinen ausführlichen

Regieanweisungen ist nachvollziehbar, warum die Darbietung Puccini so sehr beeindruckt hat, obwohl er den englischen Text nicht verstand.

Was die gewiß eindringliche Inszenierung des Dramenautors ihm vor Augen führte, war ein Thema, das ihn menschlich selbst immer wieder bewegt hat: die unschuldige und mit aller Kraft liebende Frau, die an der nur kurze Zeit anhaltenden Liebe des Mannes verzweifelt. Das kannte er gut genug von der anderen Seite her, und deshalb hat der Künstler Puccini in der »Madama Butterfly« den Mann Puccini bereitwillig kritisiert: wie immer er in seinem Verhältnis zu Frauen sich wirklich benahm, wußte er doch, daß es ein falsches Verhältnis war und daß das Versagen auf der Seite der Männer lag. Wäre ihm das nicht bewußt gewesen, hätte er »Madama Butterfly« nicht komponiert – mit der kläglichen Figur des Pinkerton, der für alle Männer steht (auch eben für Puccini selbst), die Frauen als Werkzeuge ihrer Lust instrumentalisieren.

Der politische Aspekt der Geschichte wird für Puccini demgegenüber in einen ziemlich fernen Hintergrund getreten sein. Der kolonialistische Gestus des Eroberers Pinkerton ist nur das Gewand, das der eigentlich gemeinten menschlichen Konstellation Kontur gibt. Dennoch bleibt dieser politische Aspekt in der Anlage des Stücks und selbst in der Komposition gegenwärtig. Man kann es nicht von seinem Spielort trennen: männlicher und staatlicher Imperialismus sind unauflöslich miteinander verschränkt – »Madama Butterfly« ist somit von allem Anfang und bis heute im weitesten Sinn auch ein politisches Stück. Nicht umsonst wurde Belascos Untertitel beibehalten: »Eine japanische Tragödie« – was den politischen über den individuell-menschlichen Charakter hinaus betont, den Vorrang des Allgemein-Gesellschaftlichen vor dem zufälligen Einzelschicksal.

Die Dramaturgie der Oper war während ihrer Entstehung lange Zeit unklar. In einer frühen Phase wollte Puccini anscheinend dem Belasco-Drama als zweitem Akt einen ersten voranstellen, der Butterflys und Pinkertons (neu erfundenes) gemeinsames Leben in Amerika gezeigt hätte. Dann konzipierte Illica einen »Prolog«, der auf Loti zurückging und im wesentlichen die Heiratszeremonie und die erste Liebesbegegnung enthielt. Das machte den Amerika-Akt überflüssig, wodurch dieser Prolog zum heutigen ersten Akt wurde. Der zweite sollte dann Longs Konsulat-Bild sein, der dritte Butterflys Warten auf Pinkerton samt der Tragödie des Schlusses gemäß Belasco. Als Puccini – nach Jahren noch immer unter dem Eindruck des Theaterstücks – diesem als einheitlichem Schlußakt wieder größeres Gewicht verleihen und deshalb die Konsulatszene streichen wollte, bot sich konsequenterweise eine Zweiteilung an: zuerst Butterflys und Pinkertons Vermählung und Liebe und anschließend Belascos Tragödie. Das war die Fassung der Uraufführung in der Scala, und sie ist die dramaturgisch beste Lösung.

Puccini hat sie erst unter dem Druck des Mißerfolgs aufgegeben, den seine Umgebung irrtümlich auf die Überlänge des zweiten Akts zurückführte. Dieser wurde also geteilt, der Vorhang mitten in Butterflys nächtlichem Warten geschlossen. Damit geht der heute bekannten Fassung etwas von der ursprünglichen Unerbittlichkeit der Tragödie verloren. Aber nicht nur dadurch. Erst Puccinis weitere Änderungen im Zusammenhang mit der ersten Londoner Aufführung im Juli 1905 und dann vor allem aufgrund von Wünschen des Pariser Theaterdirektors Carré im Herbst 1906 berühren die »geistige« Dramaturgie dieser Oper zutiefst. Es ist deshalb unerläßlich, sich etwas näher mit der äußerst komplizierten Geschichte und Bedeutung der verschiedenen (und nicht präzise zählbaren) Fassungen von »Madama Butterfly« zu beschäftigen. Von da aus wird zugleich ein Blick möglich auf das schließlich nicht nur philologisch interessante Problem, was bei Puccini-Opern ein »authentischer« Text ist. Denn bei keinem anderen seiner Stücke ist die Lage so verworren und zugleich so instruktiv.

Bis vor kurzem wurden die von Puccini zumindest akzeptierten Kürzungen und Textänderungen in der Literatur allgemein als Verbesserungen des Werks als ganzem aufgefaßt. In Wahrheit jedoch ändern sie vor allem den Sinn des Stücks. Pauschal gesagt konzentrieren sie den Inhalt auf die individuelle Tragödie eines kleinen Mädchens, das von ihrem Geliebten verlassen wird und daran zerbricht. Gestrichen oder geglättet ist alles, was man den politischen Hintergrund nennen könnte: der Einbruch des westlichen (und männlichen) Imperialismus in die (weibliche) Welt des Fernen Ostens. In der neuerdings deutlich höher eingeschätzten Urfassung ist Pinkerton ein ziemlich unsensibler Kerl, der nichts sucht als ein erotisches Abenteuer und dafür eben die landesübliche Heirat eingeht, für ihn eine Scheinehe und nur für die Zeit seines kurzen Aufenthalts geschlossen. Über die japanischen Bräuche macht er sich fortwährend lustig.

Solche Verhaltensmuster eines modernen Pauschalreise-Touristen nach Fernost sind für die französische Aufführung 1906 gestrichen worden, darunter etwa die Anspielung darauf, daß Pinkerton Butterfly gekauft hat, Prostitution also. Gestrichen wurden aber auch die groteskesten Szenen mit Butterflys Verwandten einschließlich eines immer besoffenen Onkels, die bereits die Korruption des touristisch-kolonialistisch infizierten Japan zeigen. Eindeutig zielen die Striche darauf, diesen Zusammenhang zu unterdrücken. Das anspruchsvoll heikle Thema, das die liberalen Autoren

Illica und Giacosa unter Puccinis Mithilfe aus der Loti-Long-Belasco-Vorlage zu ihrem Libretto destilliert hatten, wandelte sich in eine rührselige Allerweltsgeschichte zwischen einem sympathischen Operntenor und einer liebenswerten Sopranistin.

Im zweiten Akt, in dem Pinkerton nicht auftritt, sind die Änderungen weitaus geringer. Aber auch hier zielt die einschneidendste auf die Unterdrückung des lokalen und zeitlichen Zusammenhangs. In ihrer Arie »Che tua madre« hatte Butterfly zunächst eine Vision für ihre verlassene Zukunft: sie stehe mit Pinkertons Kind bettelnd an einer Straßenecke, der Kaiser mit seinem Gefolge komme vorbei und mache das Kind wegen seiner blauen Augen und blonden Haare zu seinem ersten Paladin. Für die Pariser Fassung wurde der Text (unter Beibehaltung der Musik) in allgemeine Äußerungen der Klage über ihre hoffnungslose Situation ohne Pinkerton geändert, losgelöst von Zeit und Raum. Das nimmt Butterflys Verzweiflungsausbruch am Schluß der Arie auch viel von seiner dramatischen Wirkung als Kontrast zu der ursprünglichen Vision. Am Ende des Akts wurde ferner aus praktischen Gründen gekürzt: Butterflys Kind sollte nicht so lange auf der Bühne bleiben müssen. Der verständlichen sozialen Überlegung fielen leider ein schönes Wiegenlied und ein paar harmonische und modulatorische Feinheiten zum Opfer.

Im dritten Akt finden sich erneut sehr gravierende Änderungen. In der Urfassung erschien Pinkerton nur ganz kurz, gab dem Konsul Sharpless Geld für Butterfly und machte sich wieder davon. Schon für die zweite Fassung in Brescia erhielt er statt dessen, um nicht zu rüde und gefühllos zu erscheinen, ein ausführliches Duett mit Sharpless, einschließlich des Arioso »Addio fiorito asil«, und durfte sein schlechtes und reuiges Gewissen begründen – von Geld ist nicht mehr ausdrücklich die Rede. Insbesondere aber ist für Paris die Szene mit Kate, Pinkertons amerikanischer Frau, umgeschrieben worden. Während Kate zunächst den westlich großzügig gemeinten Vorschlag machte, Butterfly das Kind abzukaufen, spricht sie das in der letzten Fassung nicht mehr aus: Butterfly kommt von selbst auf den Gedanken, und die brutale Geste des Feilschens um das Kind des gemeinsamen Mannes wird von Kate weggenommen, ihr äußerst grausamer Auftritt geglättet. Auch sagt Butterfly darauf nicht mehr schlicht »Jetzt ist alles vorüber« (wie in den Fassungen bis einschließlich London ganz unpathetisch formuliert wurde, daß Butterfly keine Macht gegen den kruden sexuellen und familiären Ehe-Imperialismus hat); sondern nun wird ihre Hilflosigkeit auch noch ins rechte patriarchalische Licht gestellt: »Es sei! Ihm muß ich gehorchen!«

Erhebliche Kürzungen finden sich schließlich in dem langen Finale, das in der endgültigen Fassung direkter auf das schreckliche Ende mit Butterflys Selbstmord zustrebt. Ursprünglich entwickelte sich diese ihre Absicht nach dem Weggang von Kate und Sharpless nur zögernd im Dialog mit Suzuki und aus vielen musikalischen und verbalen Rückerinnerungen an ihr erstes und nun endgültig verlorenes Glück mit Pinkerton. Dadurch erschien Butterfly, wie sie eigentlich gemeint war: als kleines japanisches Mädchen, das angesichts der ihr von außen aufgezwungenen Entwicklungen nicht mehr weiß, was sie tun soll. Jetzt, von der Londoner Aufführung an, ist sie eine verzweifelt aber genau das Ende planende Heroine – der gewöhnliche Opernbetrieb hat von ihr Besitz ergriffen.

Die Qualität der Urfassung übertrifft deutlich die der heute gängigen. Allerdings kann nicht davon die Rede sein, daß diese Urfassung zugleich die »beste« »Butterfly«-Fassung wäre. Zweifellos bedeutet manche Änderung zwischen Mailand und Paris auch eine Verbesserung. Das mag für die eine oder andere Kürzung gelten, vor allem aber gilt es für die Musik, etwa für den schon in der Brescia-Fassung neu komponierten ersten Auftritt der Butterfly und für einige Instrumentations-Retuschen. Eine endgültige Entscheidung über die Gestalt einer im Sinn des Komponisten »definitiven« »Madama Butterfly« zu treffen, ist deshalb so gut wie unmöglich – vor allem weil sich kaum klären läßt, wieweit die einzelnen Änderungen nur dem angeblichen Zwang des aktuellen Aufführungserfolgs zuliebe vorgenommen wurden oder auch der sicheren Überzeugung des Komponisten entsprachen.

Es scheint, daß Puccini jedenfalls später einige Kürzungen zurücknehmen wollte: der für eine viel spätere Aufführung im Mailänder Teatro Carcano eingerichtete Klavierauszug enthält drei handschriftliche Passagen, die ein Kopist angeblich nach Puccinis Weisung geschrieben hat; es sind drei (von vier) Stellen im ersten Akt, die für die Pariser Aufführung von 1906 gestrichen worden waren. Unklar bleibt, ob das eine späte Bekräftigung der übrigen Striche bedeutet. Julian Smith hat darüber hinaus nachgewiesen, daß für den geplanten und dann bis nach der Pariser Aufführung verschobenen Druck der kompletten Partitur noch im Sommer 1906 Stellen gestochen wurden, die dann wieder entfielen oder sogar schon zuvor in der Londoner Fassung nicht mehr vorhanden gewesen waren.

Aus alledem läßt sich der Schluß ziehen, daß für die Aufführungen in London und Paris (und in geringerem Umfang wohl auch schon für die in Brescia) von Puccini Änderungen vorgenommen wurden, die nicht seiner vollen eigenen Überzeugung entsprachen. Welche das sind, läßt sich nicht in allen Fällen klären, so daß für heutige Aufführungen nichts anderes übrig bleibt als ein sorgfältiges Studium des gesamten verwirrenden Materials (das trotz jahrelanger Ankündigung noch immer nicht veröffentlicht ist) und ein darauf beruhendes diskutables Urteil von Dirigenten und Regisseuren. Wollte man sich nur auf Puccinis Autograph stützen, so ließe sich allenfalls die Brescia-Fassung rekonstruieren und mit Einschränkungen die der Mailänder Uraufführung, die aber beide erkennbar nicht in allem der Weisheit letzten Schluß darstellen. Eine im gewöhnlichen Sinn »authentische« »Butterfly«-Partitur wird es deshalb wie bei fast allen anderen Puccini-Opern nicht geben können.

Puccinis »Butterfly«-Musik übersteigt den Anspruch aller seiner vorangegangenen Kompositionen. Nie zuvor hat er harmonisch, rhythmisch und melodisch so kompliziert geschrieben, nie zuvor hat er dem so viel Bedeutung beigemessen. Wollte man Perioden abgrenzen, so beginnt mit »Madama Butterfly« Puccinis Spätwerk – nach den Jugendarbeiten bis »Edgar« und einer mittleren Periode von »Manon Lescaut« bis »Tosca«.

Während die Handlung einer Puccini-Oper hier zum ersten Mal den vertrauten mitteleuropäischen Boden verläßt, spielt sie zugleich zum ersten Mal in der »heutigen« Zeit (und ausdrücklich sogar zum einzigen Mal). Diese geographische Ferne und zeitliche Nähe haben das kompositorische Bild der »Butterfly« gleichsam durchtränkt: auf der einen Seite arbeitet Puccini mit Effekten fernöstlicher, also sehr traditioneller Musik; auf der anderen Seite nutzt er wie mancher Zeitgenosse in diesen Jahren solche Effekte für vergleichsweise kühne Ausbrüche aus der europäischen Kompositionstradition. Dahinter verbirgt sich, zumindest unterbewußt, ein Programm: aus dem Zusammenprall westlichen und östlichen Lebens gewinnt die Musik den Reiz einer Brüchigkeit, wie sie in Partituren dieses Jahrhunderts nicht allzu oft realisiert worden ist. Nach »Bohème« und gar nach »Tosca« ist »Madama Butterfly« in ihrer Musik ein auffällig uneinheitliches Stück, und nicht zuletzt das macht ihren »Fortschritt« aus.

Die Oper beginnt verblüffenderweise mit der Exposition einer vierstimmigen Fuge, einer Form, die für eine äußerst traditionelle europäische Musikkonvention steht. Sie wird in den Streichern geradezu schulmäßig bis hin zu einem Zwischenspiel ausgeführt, bevor sie sich im Übergang zum Dialog zwischen Pinkerton und dem japanischen Heiratsvermittler Goro verliert. So etwas hat Puccini seit der Jugend-Messe von Lucca nicht mehr gemacht, und die auf den ersten Blick kuriose Angelegenheit gewinnt ihren Sinn erst auf dem Hintergrund des angedeuteten absichtsvollen Konflikts zwischen traditionellem Komponieren und dem durch das japanische Kolorit ermöglichten Ausbruch daraus.

Die folgende Szene, in der Pinkerton sich das von Goro für ihn angemietete Liebesnest zeigen läßt, wird musikalisch von diesem Kontrast durchzogen: das Fugenthema auf der einen und exotisierende Bläserfiguren auf der anderen Seite. Dann wandelt die Szene sich zunächst ganz ins Westliche: der amerikanische Konsul Sharpless erscheint. Grundiert von ihrer gemeinsamen Hymne verkündet Pinkerton in seinem vergleichsweise langen Arioso »Dovunque al mondo«, wie unbekümmert ein Yankee sich in der ganzen Welt bewegen könne. In ihrem Zusammenhang ist die Stelle nur ironisch zu verstehen: vor dem ersten Aufschwung unterbricht Pinkerton sich selbst mit der Frage, ob Sharpless lieber Milchpunsch oder Whisky trinken wolle. Nach den Reinigungsbädern der späteren Fassungen ist das eine der ganz wenigen Episoden, die noch bis heute in krasser Form Pinkertons sorglosen Sexualimperialismus festhält (»ein leichtfertiges Evangelium« nennt das der Konsul) – bis hin zu der Stelle, wo er auf seine künftige »wahre Ehe und eine wahre amerikanische Braut« trinkt, unmittelbar vor der Scheinehe mit Butterfly.

Deren folgendem Auftritt liegt die Melodie eines originalen japanischen Volkslieds zugrunde. Mit diesem lokalen Kolorit legitimiert Puccini äußerlich die für diese Zeit an sich skandalöse Verwendung einer nicht mehr abendländischen Tonalität. Die für die Brescia-Aufführung neu gefaßte Passage ist eingehüllt in ein schwer durchhörbares Gespinst von chromatisch schillernden Quinten, von Sext- und Ganzton-Akkorden im Chor und im Orchester – die hohen Lagen erschweren zusätzlich die Erkennbarkeit. Unter dem Vorwand des exotischen Klangs mutet Puccini seinem Publikum hier insgeheim den Bruch mit der Tonalität zu.

Einfach und rührend ist Butterflys erstes Solo (»Ieri son salita«), die Erzählung, wie sie in der Mission gestern heimlich zum Christentum übergetreten sei, um denselben Gott zu haben wie ihr künftiger Mann. Die Pariser Fassung hat durch eine für ihren Geist bezeichnende Textänderung den Schluß verdorben: in einem schrillen Ausbruch packte Butterfly ursprünglich die Statuetten der Ahnen und schrie »Weg mit diesen!« Nun wirft sie sich zur selben Musik mit dem Ruf »Mein Liebster!« in Pinkertons Arme – was keinen Sinn gibt und die Härte ihres Abschieds aus ihrer alten ruhigen Welt übertönt.

Das Orchester nimmt Butterflys Ausbruch im Fortissimo auf und leitet über zu der von japanischen Glocken exotisch illustrierten Hochzeitszeremonie, die seit der Pariser Fassung nicht mehr durch die schreienden und fressenden Verwandten unterbrochen wird. Damit wird der Szene jener groteske Zug genommen, den sie dramaturgisch nötig hat. Jetzt wirkt sie belanglos und nur noch als ein Element, das die Handlung fortgehen läßt, ohne sie sinnreich zu charakterisieren.

Die sich anschließenden Gratulationen verwenden als Musik wieder ein japanisches Original. Danach hat Puccini Pinkertons Sauf-Szene mit Butterflys Alkoholiker-Onkel Yakusidé (der sogar ein eigenes Solo hatte) und mit den übrigen Verwandten gestrichen – überwiegend schon in der Brescia-Fassung, was wiederum schade ist, weil die Stelle wichtig war als Beispiel für Pinkertons aggressive Überheblichkeit (die Carcano-Fassung wollte diesen Strich zurücknehmen).

Sehr eindrucksvoll ist der Auftritt des »Onkel Bonze«, der Butterfly wegen ihres Abfalls vom shintoistischen Glauben verflucht. Der Chor begleitet die fast rezitativische Anklage des Bonzen mit melodisch nicht fixierten glissandierenden Heul-Lauten, die sich durch das japanische Ambiente rechtfertigen, tatsächlich aber Gebilde zur Auflösung der gewohnten melodischen Syntax darstellen.

Nach diesem heftigen Auftritt beruhigt Pinkerton die zutiefst irritierte Butterfly mit der schönsten Verführungsmusik (ab Ziffer 116), die Puccini je geschrieben hat. Ein irisierendes Streichergewebe in einem zwischen $\frac{3}{8}$-, $\frac{3}{4}$-, $\frac{2}{4}$- und $\frac{4}{4}$-Takten schillernden Rhythmus umspinnt den Gesang, der sich dadurch in äußerster Freiheit artikuliert, bei höchster Genauigkeit der Notierung. Wunderbar ist der Übergang ins große Schlußduett komponiert: mit synkopischen Vierteln der Geigen und Bratschen, die beim Einsatz des Tenors wieder eine freieste Deklamation suggerieren, weil kein starres Metrum die Musik einengt. Die Stelle verlangt von den Interpreten allerdings größte Präzision, damit dieser Eindruck von Freiheit deutlich wird – was leider selten zu hören ist.

Das Duett selbst schließlich – das längste geschlossene Stück, das Puccini je geschrieben hat – behält diesen freien Charakter über weite Strecken bei. Eine rhythmisch und harmonisch vielfältige Instrumentation bewahrt die Musik bei sorgfältiger Ausführung vor dem gefährlich nahen Abrutschen in die Schnulze. Darüber hinaus hat Puccini subtil gegen die oberflächliche Vermutung ankomponiert, hier finde ein harmlos-konventioneller Operndialog zwischen der Sopranistin und dem Tenor statt: an inhaltlichen Schlüsselstellen instrumentiert er sozusagen gegen den vordergründigen Wortlaut des Texts. So erklingt zu Pinkertons Aufforderung »sei mein!« (drei Takte vor Ziffer 133) ein dissonierender Orchesterakkord, der an der lauteren Absicht des Mannes zu Recht zweifeln läßt. Am Schluß strandet die Musik unaufgelöst in einem Sextakkord, dessen Charakter nur dadurch verschleiert ist, daß er pianissimo gespielt wird (während er später die ganze Oper in schrillem Fortissimo schließt). Aber auch so stellt das Duett schon alles andere als reines Glück dar, in seiner Musik kündigt sich deutlich das böse Ende an.

Nach der luxuriösen Klangpracht des ersten Akts beginnt der drei Jahre später spielende zweite völlig anders: ein sprödes Unisono von zwei Flöten, von den Geigen fortgesponnen, im Pizzicato der Bässe aufgenommen unter synkopierten Hörner-Akkorden – das erinnert an die rauschende Fuge am Anfang der Oper, aber nun klingt es matt, die Freude ist zerbrochen. In den Bratschen sinkt ein Melodien-Fragment herab, über fahlen gehaltenen Akkorden betet Suzuki, daß Butterflys Elend ein Ende nehmen möge. Die Bratschen-Phrase gewinnt beinahe leitmotivische Bedeutung, wie überhaupt der ganze Akt von Anfang an von Erinnerungsmotiven durchzogen ist – in einer Technik, die die Oper auf einmal wieder an Richard Wagner heranrückt, den Gott von Puccinis Jugend und wichtigsten Inspirator für seine drei ersten Bühnenwerke.

Es folgt Butterflys berühmteste Arie »Un bel dì, vedremo«, die – ein bei Puccini äußerst seltener Fall – ganz schulmäßig gebaut ist aus Hauptteil, Mittelteil, Wiederholung des Hauptteils und einer effektvollen Coda mit hohem b am Ende, worauf das Orchester ein Nachspiel des Hauptthemas folgen läßt, das »richtig« auf dem Ges-Dur-Akkord endet mit anschließender Generalpause für den Beifall. Für sich genommen ist das banal, im Zusammenhang der Stelle bezeichnet diese ungewöhnlich schlichte Ordnungsmäßigkeit jedoch präzise Butterflys Zustand: sie will nichts anderes sein als die gewöhnliche Ehefrau eines gewöhnlichen westlichen Mannes, der sie jedoch seit langem schon verlassen hat. Das Stück, das alle Sopranistinnen und Wunschkonzert-Hörer sehr lieben, erfüllt also gerade durch seine banale »Schönheit« eine dramaturgische Funktion: Puccini demonstriert hier erneut, daß er alles andere ist als ein naiver Komponist.

Die folgenden Szenen mit dem amerikanischen Konsul und mit dem in Butterfly verliebten reichen Fürsten Yamadori fallen sowohl dramaturgisch wie musikalisch etwas ab. Sie besitzen eine Art von Genre-Charakter, der der Stimmung des Aktanfangs nicht ganz würdig ist – bis hin zu einem veritablen Walzer (ab vier Takte nach Ziffer 36), der in diese Umgebung wirklich sehr wenig paßt. Es ist einigermaßen rätselhaft, wieso bei den vielen Änderungen diese ziemlich lange Passage nie angetastet wurde.

Danach erst gewinnen Handlung und Musik ihre vorige Höhe zurück. Zu einer neuen Melodie, die später das Thema des den Akt abschließenden

Summchors werden wird, liest Sharpless Pinkertons Brief vor, der von seiner Liebe brüsk als von einer vergangenen Episode seines Lebens redet. Als Butterfly das begreift, zerbricht ein schroffer Fortissimo-Schlag des Orchesters die bisherige Parlando-Idylle, und chromatische Bläserfiguren begleiten ihre plötzliche Erkenntnis, daß sie dann nur noch als Geisha leben oder besser sterben könnte. Psychologisch ist das sehr fein beobachtet: erst nach einer langen verhaltenen Passage über zerbrechlichen Akkorden erfolgt Butterflys Verzweiflungsausbruch. Das Orchester antwortet ihm in merkwürdigem Kontrast mit einer triumphalen Fortissimo-Geste, die dann aber ihre Rechtfertigung dadurch erfährt, daß Butterfly ihren und Pinkertons Sohn vorführt, das Pfand sozusagen für die erhoffte Fortsetzung ihrer Liebe.

Wie Butterfly Wechselbäder zwischen Hoffnung und Verzweiflung erlebt, so ergeht es auch dem Zuhörer mit der Musik dieses zweiten Akts, die neben sehr eindringlichen auch sehr banale Passagen besitzt, manchmal an der äußersten Grenze des Geschmacks – so etwa in Butterflys und Suzukis sogenanntem Blumenduett, das Puccini für Paris auch noch durch ein neu komponiertes Orchesterzwischenspiel (ab Ziffer 78) unnütz verlängert hat.

Sehr schön ausgehört ist dagegen wieder das Finale samt seiner Einleitung mit den zwischen Holzbläsern und Streichern wechselnden fragilen Akkorden (ab Ziffer 83) und dem expressiven Melos der gedämpften Streicher (ab Ziffer 89). Unmittelbar bevor der berühmte Summchor beginnt, ertönt eine für das volle Orchester instrumentierte Stelle (die neun Takte vor Ziffer 90), die in ihrer für Puccini überraschend intensiven Chromatik äußerst wagnerisch klingt – neben der Leitmotiv-Technik eine in dieser »exotischen« Oper immerhin merkwürdige weitere Verneigung vor dem Ahnherrn der modernen Musikdramatik und ein Bekenntnis zugleich gegen die konventionelle italienische Oper.

Noch merkwürdiger ist, was sich nun musikalisch begibt. Während Butterfly, ihre Dienerin Suzuki und das Kind bei hereinbrechender Nacht stumm und bewegungslos die Ankunft Pinkertons erwarten, dessen Schiff in den Hafen eingelaufen ist, singen nicht weiter erklärte Sopran- und Tenor-Stimmen hinter der Szene »mit geschlossenem Mund« die Musik, die zum ersten Mal erklungen war, als Sharpless Pinkertons Brief vorlas. Diese atmosphärisch sehr dichte Musik (wenn die Wiedergabe sie von der Grenzüberschreitung zum Kitsch fernhalten kann) reicht bis an den heutigen dritten Akt heran, in den der zweite in der Urfassung ohne Unterbrechung überging. Musikalisch folgt ein sehr langes Orchester-Intermezzo, jetzt das Vorspiel zum dritten Akt bei noch geschlossenem Vorhang, ein Fernchor der im Hafen arbeitenden Matrosen und schließlich die orchestrale Schilderung des Sonnenaufgangs unter Zuhilfenahme einer Vogelzwitschermaschine. Ursprünglich wollte Puccini an dieser Stelle (ab Ziffer 7) ein neues Instrument einführen, das er im Autograph der Partitur »cembalo a corde percosse« (also mit »angeschlagenen Saiten«) nennt. Wir wissen nicht, ob es je fertig oder benutzt wurde – in der ersten gedruckten Partitur von 1907 ist das rätselhafte Gerät durch Röhrenglocken ersetzt.

Das ganze Intermezzo ist sehr dicht komponiert und von höchster rhythmischer Komplexität. Szenisch sollte das ursprünglich alles währenddessen zu sehen sein: über rund 14 Minuten ein genau bezeichneter Wechsel vom Abend in die Nacht und wieder zum Tag, während die beiden Frauen und das Kind stumm im Vordergrund verharren. Das Konzept dieser Zeitraffung ist grandios – Belasco soll so schon sein Bühnenstück mit einer 14minütigen stummen Szene inszeniert haben, in der nur Lichtwechsel stattfanden. Es ist schade, daß theaterpraktische Gründe dieses Konzept zerschlagen haben, das mit der Musik noch erregender als im Sprechstück gewirkt haben muß.

Der Fernchor der Matrosen besitzt übrigens große Ähnlichkeit mit einer Stelle in Debussys 1902 uraufgeführter Oper »Pelléas et Mélisande«. Puccini hatte die bisher zwar noch nicht auf der Bühne sehen können, aber die Parallelität ist überdeutlich: Puccini muß zur Zeit der »Butterfly«-Komposition während seiner Krankheit nach dem Autounfall die Partitur des französischen Kollegen sorgfältig studiert haben – was auch Verwandtschaften im kompositorischen Verfahren überhaupt und manche »Impressionismen« der Klangfarben nahelegen. Man weiß, wie hoch Puccini überhaupt Debussy geschätzt hat.

Nach dieser langen stummen Szene beginnt die Handlung des dritten Akts mit einer sich immer düsterer einfärbenden Musik – es ist nur wenig übertrieben, darin manchmal eine gewisse Nähe zum Klang der »Götterdämmerung« zu empfinden. Sehr unpassend ist das schon für Brescia eingefügte kurze Pinkerton-Arioso »Addio fiorito asil«, ein schönes Stückchen zwar, aber offenbar nur geschrieben, um dem Tenor ein zusätzliches Solo zu geben. Puccini hat das wohl selbst so empfunden und deshalb in seinem üblichen Störverfahren Sharpless zweimal dazwischensingen lassen (sogar da, wo der Tenor zum hohen b aufsteigt), um den dramatischen Sinn noch ein wenig zu erhalten.

Mit dem Auftritt von Pinkertons Frau Kate zu dissonierenden ostinaten Quarten, dann Sexten und Quinten in den Holzbläsern und tiefen Streichern verdüstert sich erneut das musikalische Bild. Die Auszehrung der Musik in den Gesprächen Butterflys mit Suzuki und mit Sharpless nimmt mit ihrer tiefen Bläserfarbe hörbar Alban Bergs fast zwanzig Jahre späteren »Wozzeck« vorweg. Ein langer Orgelpunkt leitet Butterflys Selbstmordszene ein (ab drei Takte vor Ziffer 50), der dann von den Hörnern und vom Tamtam übernommen und später von einer Trompete auf dem Grundton h synkopisch gehalten wird, dissonierend zu den sich darüber abspielenden Modulationen. Das alles ist in seiner tiefen Schwärze Ausdrucksmusik von großer Qualität, wie Puccini sie bis dahin nicht geschrieben hat und wie sie auch in seinem späteren Werk so konzentriert kaum mehr vorkommt. Sogar bei ihm ungewöhnliche genaue Spielanweisungen (wie Gustav Mahler sie liebte) hat Puccini an der Stelle gegeben, damit auch ja herauskomme, was er meinte: »Die Pizzicati müssen mit der größten Kraft ausgeführt werden, gleichsam übertreibend.«

Der Schluß der »Butterfly« übertrifft an Intensität bei weitem die Todesszenen der vorausgehenden und auch aller folgenden Puccini-Opern. Die Situation der von ihrem Geliebten für immer verlassenen Frau – nur noch ein bißchen Geld hat er für sie übrig – weckte in Puccini eine heftige und alle Konvention deutlich übersteigende Inspiration. Ist es ganz falsch zu glauben, daß dabei persönliche Betroffenheit im Spiel war? Puccini arbeitete an diesem »Butterfly«-Schluß, während er mit Hilfe von Anwälten sein Verhältnis zu Corinna beendete, das drei Jahre gedauert hatte, so lange wie der Abstand von Liebe und Tragödie in dieser Oper.

Im letzten Takt schreit das Orchester in dreifachem Forte den unaufgelösten Sextakkord über der Tonika von h-Moll heraus – ein brutaler Schock sicher für das Mailänder Publikum, das darauf mit Totenstille reagierte. Aber Puccini hat diese durch ihre Gestaltung harmonisch kühnste Stelle seines ganzen Œuvre durch alle Fassungen beibehalten. Zwar wollte er nie schockieren. Und auch für diesen Akkord hätte er die Begründung parat gehabt, daß der Ausflug aus der gewöhnlichen abendländischen Tonalität durch den Stoff gerechtfertigt sei, also durch die Eigenart japanischer Musik. Es bleibt jedoch festzuhalten, daß Puccini in den ersten Jahren des Jahrhunderts seinen kühnsten Schritt von der überkommenen Tonalität hinweg wagte, noch bevor er die Versuche seiner Zeitgenossen (mit Ausnahme Debussys) kannte, und durchaus zeitgleich mit diesen. »Butterfly« spielt in seinem Werk insofern eine ähnliche Rolle wie »Elektra« in dem von Richard Strauss: ein großer Schritt aus der bisherigen Entwicklung nach vorn, und dann doch auch sogleich der Verzicht, auf diesem Weg weiterzugehen.

14

Lebenskrisen
1904–1910

Nach dem Mailänder Uraufführungsschock genießt Puccini den Erfolg von Brescia um so mehr und in vollen Zügen. Ganz begeistert ist er von dem Gedanken an seine nächste Oper: »Notre-Dame« nach Victor Hugo soll es sein. Das Stück könnte mit einem prunkvollen Prolog beginnen wie Boitos »Mefistofele«, mit Chorälen, Kinderchören, Glocken, Fugen – kurz: eine große Oper, wie er sie noch nie geschrieben hat. Dafür erwartet er so schnell wie möglich Illicas Entwurf. Sehr deutlich steht ihm schon vor Augen, wie das Stück gebaut und besetzt sein soll.

Mitte Juni 1904 fährt Puccini nach Acqui Terme in den Bergen nördlich von Genua zu einer lange geplanten Fangokur für sein Bein, bei der er sich schrecklich langweilt. Er sehnt sich danach, möglichst bald in die kühlen Hochwälder des Abetone zu kommen, wo sein jüngstes Haus in Boscolungo gerade renoviert wird.

Kurz vor der Abreise aus Acqui schreibt Puccini einen langen Brief an Valentino Soldani. Zwei seiner Stücke, die er gelesen hat, schiebt er gleich zur Seite, zweifelt auch an dessen schon kürzlich erörterter »Margherita da Cortona«, verweist auf Maeterlincks »Pelléas et Mélisande« und auf Gorkis Novellen, offenbar als Beispiele dafür, wie er sich seinen nächsten Stoff vorstellt: atmosphärische Bilder, die einen lyrischen Raum für die Musik schaffen – »Tragik und Gefühl sollten mit Komik gemischt sein: ich sehne mich nach etwas Großem, Neuem, Bewegendem und nie Gesehenem. Ich werde es finden«. In seiner spürbaren völligen Unsicherheit wünscht Puccini sich das nahezu Unmögliche, von höchster dramatischer wie musikalischer Qualität.

Anfang Juli trifft Puccini sich mit Soldani in Florenz. Dort holt er auch ein Auto ab, das er einen Monat zuvor bestellt hat, einen De Dion mit zwölf PS, 50 Stundenkilometer schnell, 8000 Lire teuer, offenbar der Ersatz für den seit dem Unfall nicht mehr sehr ansehnlichen 6-PS-De-Dion.

In dem neuen Wagen fährt er mit Elvira und dem Sohn Antonio hinauf nach Boscolungo, begeistert sich am Herumrasen in den Bergen, klagt aber zugleich über die vom Stoffmangel erzwungene künstlerische Untätigkeit. Er behilft sich mit Ausflügen in die weitere Umgebung und lädt alle Freunde und Verwandte ein, ihn hier zu besuchen – wobei ihm Illica und Vater und Sohn Ricordi am wichtigsten sind. Illica hat nämlich inzwischen einen Homer-Stoff vorgeschlagen, was Puccini in seinen hochfliegenden Plänen interessant genug findet; aber das Projekt verschwindet so schnell, wie es aufgetaucht ist.

Die sehnsüchtig erwarteten Gäste kommen nach drei Wochen und bleiben fast eine Woche lang. Puccini holt sie mit dem Auto am Bahnhof von Pracchia ab. Giulio Ricordi ist allerdings nicht dabei, nur sein Sohn Tito, der danach für die Hauszeitschrift stolz berichtet, mit des berühmten Komponisten feinem Auto brauche man für die dreißig Kilometer bergauf zwei, bergab sogar nur eineinhalb Stunden. Nach ihrer Abreise vergnügt Puccini sich mit einem neuen Gast: mit seinem Schwager Raffaello Franceschini fährt er Auto und geht auf die geliebte Jagd. Zwar steht für ihn nun fest, daß er »Notre-Dame« komponieren wird, einen »Koloß von Oper«, aber er schreibt an Soldani, daß dessen »Margherita« damit nicht aufgegeben sei. Auch fragt er bei Illica an, ob er »Don Pablo de Segovia« von Quevedo kenne, einen spanischen Roman aus dem 17. Jahrhundert, und »Le cabaret des trois vertus«. Ganz so definitiv will er sich anscheinend doch noch nicht festlegen.

Als er nach einer weiteren Kur in Montecatini Terme Mitte September nach Mailand zurückkehrt, herrscht dort die helle Aufregung. Zum ersten Mal hatten die Mailänder radikalen Sozialisten vom Mittel des Generalstreiks Gebrauch gemacht, der vom 15. bis zum 20. September 1904 das öffentliche Leben in weiten Teilen des Landes lahmlegte. Puccini ist fast während der ganzen Zeit in Mailand, aber in seinen Briefen kurz danach findet sich nicht einmal eine Anspielung darauf. Es könnte jedoch sein, daß gerade diese Ereignisse ihn fasziniert festhalten. Denn er fährt weder nach Torre del Lago noch in ein offenbar erwogenes weiteres Feriendomizil in Viareggio, sondern entschließt sich, allein im sonst so wenig geliebten Mailand zu bleiben. Und noch etwas anderes ist ungewöhnlich: ein plötzlich ganz heftiges und entschlossenes Interesse an den Gorki-Novellen, die Puccini während seiner Krankheit eineinhalb Jahre zuvor zum ersten Mal gelesen hat. Jetzt kristallisieren sich drei heraus: »Der Chan und sein Sohn«, »Sechsundzwanzig und eine« und »Die Holzflößer«. Dringend bittet Puccini Illica, an den russischen Autor zu schreiben. Es soll ein »dreifarbiges« Werk werden, ein Opernabend aus drei Einaktern – ein Gedanke, den Puccini ein Jahrzehnt später dann mit anderen Stoffen realisieren wird.

Gorkis drei Erzählungen stammen aus den Jahren 1895 und 1899, gehören also noch zu seiner »vorrevolutionären« Zeit. Nur im Kollektiv der 26 Bäcker enthalten sie eine Spur der späteren Sozialkritik und des politischen Engagements, dessentwegen die zaristische Regierung Gorki dann bald verhaften ließ (just um die Zeit von Puccinis Interesse für ihn) und schließlich ins Exil trieb. Alle drei Geschichten spielen aber sozusagen heimlich über dem despotisch-absolutistischen Untergrund der russischen Gesellschaft und wecken ebenso untergründig Puccinis Interesse. Bemerkenswerterweise besitzen sie alle die gleiche personelle Struktur: eine Männergruppe (einmal aus zwei, dann aus 27, dann aus drei Vertretern bestehend) jeweils gegenüber einer einzigen Frau, die mehr oder weniger ihr Opfer wird. Immer auch handelt es sich um gesellschaftlich zweifelhafte bis strafbare Situationen. In der ersten bringt der alte Chan seine junge Geliebte um, weil er sie nicht dem von ihm ebenso geliebten Sohn überlassen will; in der zweiten verführt ein militärischer Stenz ein reines Mädchen, das dafür von den armen unterdrückten Bäckern geächtet wird, die es zuvor als ihren Sonnenschein verehrten; in der dritten beobachtet ein impotenter junger Ehemann unter dem Spott eines starken Kollegen das Liebesverhältnis seiner Frau zu seinem eigenen Vater.

Erotischer Voyeurismus, grelle Sexualität und inzestuöse Konstellationen charakterisieren die drei Erzählungen – ein Konglomerat aus Angst und Lust, Gewalt und Sehnsucht. Puccinis kommende Opern werden auch davon handeln, und zwei von ihnen werden genau diese Personenkonstellation der einen Frau zwischen lauter Männern besitzen: die »Fanciulla del West« und der »Tabarro«. Inzwischen berührt ihn dieses Motiv anscheinend stärker als das einer konventionellen Dreiecksbeziehung: das Gorki-Tryptichon ist das interessanteste Stück, das Puccini nicht komponiert hat.

Den »Notre-Dame«-Stoff will er plötzlich nicht mehr, obwohl Giulio Ricordi den so liebt und gar nichts von der Tryptichon-Idee hält (die ja auch wirklich sehr ungewöhnlich und, soweit ich sehe, einmalig ist). Puccini aber bleibt hartnäckig: zwar könne man alles komponieren, vom Eisenbahnfahrplan bis zu Sardous »Dante«; er aber müsse seinem eigenen Temperament folgen.

Anfang Oktober bricht er mit Elvira nach London auf. Das für sein weiteres Leben wichtigste Ereignis in den zwei Wochen dort ist die Begegnung mit Sybil Seligman. Er lernt sie durch den gemeinsamen Freund Paolo Tosti kennen, den populären Liedkomponisten, der seit langem in London lebt und als Gesangslehrer in den besten Familien verkehrt, die königliche eingeschlossen. Tosti unterrichtete auch Sybil, die Frau des reichen Londoner Bankiers David Seligman, die eine schöne Stimme gehabt haben soll.

Puccinis Beziehung zu Sybil Seligman ist eine der eigentümlichsten seines Lebens. Sicher hat er sich zunächst heftig in die zehn Jahre jüngere, sehr attraktive Frau verliebt, wie es bei ihm üblich ist. Sybils Schwester behauptete jedenfalls später, am Anfang sei diese Beziehung keineswegs platonisch gewesen. Die Familientradition will allerdings bis heute wissen, daß Sybil jeden Sex haßte – weshalb sie auch so gut mit ihrem Mann auskam, der längst von ihr nichts mehr wollte, sich mit vielen Freundinnen vergnügte und froh war, wenn sie monatelang durch Europa reiste. Möglicherweise paßt beides gut zusammen: Puccini war in Sybil sein Leben lang verliebt, gerade weil sie ihm locker und mit Selbstverständlichkeit widerstand. So blieb ihr Verhältnis immer in einer faszinierenden Schwebe, unbelastet von sexuellen Spannungen, offen für engste Vertraulichkeit. Sybil wird nach der kurzen ersten Begegnung im Oktober 1904 bald Puccinis gute Fee, seine Londoner Agentin, Themen-Beraterin, Einkäuferin für allerlei englische Waren und vor allem seine Beichtmutter und Klagemauer in allen Unannehmlichkeiten des Lebens.

In den ersten Novembertagen kehrt Puccini über Paris nach Italien zurück, um rechtzeitig in Genua zu sein zur ersten »Butterfly« nach der von Brescia. Dirigent ist der junge Ettore Panizza, bald einer der meistbeschäftigten und vom Komponisten höchst geschätzten Puccini-Interpreten (er darf nicht verwechselt werden mit Arturo Panizza, der die »Villi«-Uraufführung leitete). Die Premiere am 19. November bringt den erwarteten großen Erfolg, ein begeisterter Genueser Buchhändler läßt seine gerade geborene Tochter auf den Namen Butterfly taufen, das arme Kind. Bei der neunten Vorstellung drängen sich 3000 Menschen im völlig überfüllten Theater.

Schwierigkeiten gibt es inzwischen mit dem neuen Sujet. Giulio Ricordi schreibt einen bösen Brief an Illica, in dem er anscheinend das »Butterfly«-Fiasko in der Scala auf den falschen Stoff zurückführt und nun energisch eine »große Oper« verlangt – sicher hatte er Verdis Spätwerk von »Don Carlos« bis »Falstaff« vor Augen und erwartete Ähnliches auch von Verdis Nachfolger. Puccini ist überrascht und gekränkt, aber auch folgsam: dann mache er halt die Große Oper, wenn sie auch nichts für sein »rachitisches Temperament« sei. Das dürfte »Notre-Dame« betreffen. Aber Puccini weicht weiter aus: er brauche »die große Leidenschaft, das Wahre, Erhabene, Sinnliche«, solle man nicht doch einmal an Dante denken (vielleicht das Stück von Sardou, den er gerade in Paris getroffen hatte)?

Im Dezember fährt Puccini mit Campanari, dem Anwalt des Ricordi-Verlags, nach Rom, um fast ein Jahr nach der Heirat den unehelichen Sohn Antonio als seinen eigenen legitimieren zu lassen. Und er arbeitet noch weitere Vergangenheit auf: am 14. Januar 1905 schreibt er ein Requiem, bestimmt zur Aufführung am 27. Januar, Verdis viertem Todesgedenktag, am Ende einer Trauermesse in der Kapelle des von Verdi gestifteten Mailänder Altersheims für Musiker, der Casa di Riposo. Es ist ein Stück für dreistimmigen Chor (Sopran, Tenor, Baß) mit Begleitung der Orgel oder eines Harmoniums und mit einem Bratschen-Solo. Vertont sind nur ein-

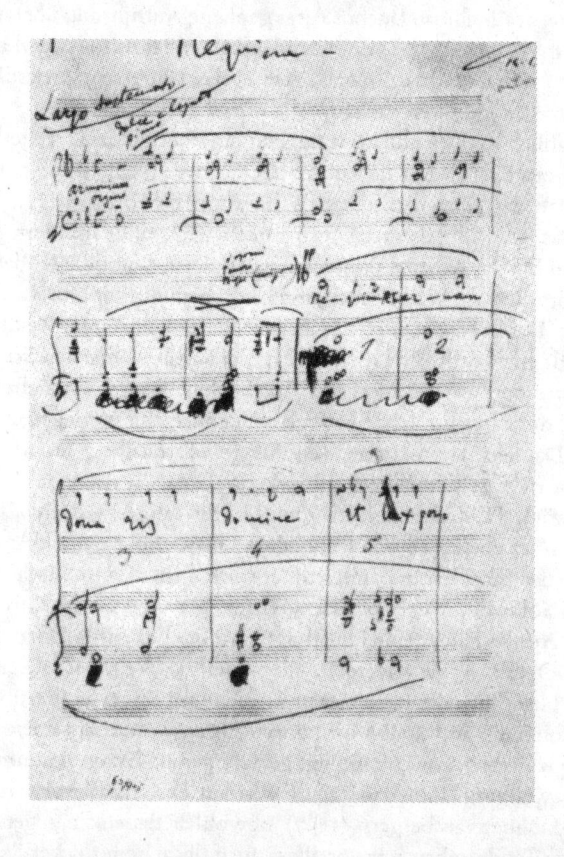

Die erste Seite des Requiem-Autographs

zelne Textpassagen aus der Liturgie der Totenmesse. Der knappe d-Moll-Satz von geradezu keuscher Einfachheit und mit seinem verhalten ekstatischen Solo der Viola im Mittelteil ist zu Puccinis Lebzeiten nicht veröffentlicht und nie öffentlich aufgeführt worden, denn die Messe in der Casa di Riposo war eine geschlossene Veranstaltung für höchstens hundert Menschen, einschließlich der dreißig Choristen von der Scala. Anscheinend war es Puccinis Wunsch, daß das Stück gleichsam geheim blieb – eine sehr eindringliche Demonstration seiner ängstlich-scheuen Distanz zu dem italienischen Nationalheros Verdi.

Ansonsten gilt Puccinis Arbeit in diesen ersten Wochen des Jahres einem Uralt-Werk: für eine in Buenos Aires geplante Aufführung überarbeitet er noch einmal den »Edgar«. Von Ricordi erhält er das Autograph des zweiten Akts, den er rabiat zusammenstreicht – das Hauptcharakteristikum der dritten und endgültigen Fassung.

Allmählich wird er nun auch ungeduldig über Soldanis weiterhin gelegentlich erwogene »Margherita da Cortona«: »Nein! nein! nein! Es ist besser, daß das bittere einsilbige Wort sofort hervorbricht!... Das ist es nicht, was ich will.« Er sucht noch immer nach einer »modern gebauten und gefühlvollen Arbeit«. Er hat von einer neuen Komödie Roberto Braccos gehört, der sich vor ein paar Jahren schon einmal als Librettist angeboten hatte. Das ist erneut ein Gedanke, der Puccini nun einige Zeit beschäftigen wird: eine komische Oper, eine »buffa italiana, ohne den Schatten der Geschichte oder irgendeine Lehre am Schluß: lustig, heiter, froh, unbeschwert, nicht bissig«. Schließlich glaubt er auch eine Vorlage gefunden zu haben: Daudets schon einmal ventilierten »Tartarin sur les Alpes« – das wäre der richtige komische Stoff, wie das Gorki-Tryptichon der richtige ernste wäre. Den anscheinend von Ricordi vorgeschlagenen »Wilhelm Tell« lehnt er ebenso ab wie Illicas alten Entwurf der »Maria Antonietta«. Einen neuen Stoff hat er damit immer noch nicht und unterschreibt einen Brief an Soldani mit »ex operista«, »ehemaliger Opernkomponist«.

Ende April erhält er eine Einladung nach Buenos Aires. Dort sollen fünf Puccini-Opern gespielt werden, alle außer »Le Villi«. Die Zeitung »La Prensa« bietet ihm die Reisekosten für sich und Elvira an, darüber hinaus freie Wohnung und 50000 Lire durch Ehrenabende zu seinen Gunsten. Daß er inzwischen zur Untätigkeit gezwungen ist, bringt ihn immer mehr zur Verzweiflung. Ein paar Tage favorisiert er Octave Mirbeaus Sozialdrama »Les mauvais bergers« (1897), obwohl er Bedenken gegen die linke politische Tendenz hat, wie vor allem auch Illica, dem solcher Sozialismus bei aller Liberalität denn doch zu weit geht: den »›Avanti‹ für die Bühne bearbeitet« nennt er das Stück empört. Dann denkt Puccini wieder fast ans Gegenteil, an eine »operetta«, eine gerade sehr beliebt werdende Form, der internationale Riesenerfolg von Lehárs »Lustiger Witwe« wird ein paar Monate später beginnen.

Aber plötzlich und überraschend lebt »Maria Antonietta« wieder auf, der alte Plan, bevor Puccini und Elvira ihre Südamerika-Fahrt beginnen. Es ist ihre erste große Schiffsreise und die erste auf einen anderen Kontinent. Elvira gefällt sie überhaupt nicht: zwischen Barcelona und Las Palmas gibt es unruhiges Wetter, ihr ist übel, sie liegt nur im Bett und kann nichts essen, auf den Kanarischen Inseln will sie beinahe die Reise abbrechen.

Am 23. Juni treffen sie schließlich in Buenos Aires ein, wo sie im palastartigen Gebäude der »Prensa« eine üppige Suite beziehen. Puccini wird fürstlich empfangen und behandelt. Er fühlt sich fast wie zu Hause, denn in Argentinien existiert eine große Kolonie italienischer Einwanderer, die das musikalische Idol aus der Heimat begeistert feiern. Mit Melancholie mag Puccini dabei daran gedacht haben, wie sein unglücklicher Bruder Michele hier vor vielen Jahren ärmlich gelebt hatte und gestorben war. Und noch etwas verknüpft ihn mit der Vergangenheit: er begegnet wieder seinem alten Freund Ferruccio Pagni aus Torre del Lago, der seit einem Jahr als Emigrant in Argentinien lebt. Puccini wird von Empfang zu Empfang gereicht, von Bankett zu Bankett. Man vergißt auch nicht, was sein liebstes Hobby ist: man lädt ihn zu einer großen Jagd ein, wo er sich aber zum peinlichen Erstaunen der argentinischen Nimrode als äußerst schlechter Schütze erweist.

Die Besetzungen der Puccini-Opern im Teatro Colon sind von erster Qualität: Rosina Storchio singt die Butterfly, Rina Giacchetti (Adas Schwester) die Sopranrollen in den vier anderen Opern, Giovanni Zenatello und Giuseppe Anselmi sind die Tenöre, Leopoldo Mugnone dirigiert. Am 8. Juli findet die erste (von nur zwei) »Edgar«-Vorstellungen statt, wonach Puccini trotz der Neubearbeitung und einem bescheidenen Erfolg sein negatives Urteil über das Stück bestätigt findet: »Es ist aufgewärmte Suppe, und das habe ich immer gesagt.«

Am 8. August verläßt Puccini Buenos Aires, am Hafen verabschiedet ihn die italienische Gemeinde und überreicht ihm einen bronzenen Lorbeerkranz. Ein paar Tage bleibt er noch in Montevideo, wo ihn das Konservatorium zum Ehrenmitglied ernennt, dann treten Elvira und er die Rückreise an, treffen am Abend des 5. September in Genua ein und fahren sofort nach Torre del Lago weiter. Eine Reise von über einem Vierteljahr ist zu Ende.

In mehreren Briefen betont Puccini seine Freude, von der Last des amerikanischen gesellschaftlichen Getümmels frei zu sein. Aber er erkundigt sich auch besorgt, wie weit Illica und Giacosa mit »unserem langen Drama« seien – gemeint ist die »Maria Antonietta«. Dennoch will er nicht, daß davon als von seiner nächsten Oper die Rede sei, weil er noch gar nicht wisse, ob er sie komponiere; jedenfalls habe er große Zweifel, aber die seien wie die Wolken, die je nach Wind die Sonne verdeckten oder enthüllten – ein schönes Bild für Puccinis unkalkulierbare Stimmungen.

Anfang Oktober reist er nach Mailand zu den Proben für »Madama Butterfly« im Teatro Dal Verme, die von dem 27jährigen Tullio Serafin geleitet wird. Aber Puccini bleibt entgegen seinen ursprünglichen Plänen nicht bis zur Premiere. Es liegt nahe zu glauben, daß er sich nach dem Uraufführungs-Fiasko zwanzig Monate zuvor in der Scala vor der zweiten Konfrontation der Oper mit dem Mailänder Publikum fürchtete. Die Angst war allerdings überflüssig: nach einem schwachen Erfolg am ersten Abend steht das Stück immerhin über zwanzigmal auf dem Spielplan. Puccini aber flieht. Früher als beabsichtigt fährt er nach London, wartet nicht einmal des Sohnes Antonio Abreise nach Mittweida ab, dessen neuem Internatsort bei Dresden.

London also. Dort war im Juli während Puccinis Argentinien-Aufenthalts »Madama Butterfly« zum ersten Mal in England gespielt worden, damals mit einer internationalen Spitzenbesetzung: Emmy Destinn, Caruso, Antonio Scotti, und mit einem gewaltigen Erfolg. Diesmal, bei der Wiederaufnahme, singen »nur« Rina Giacchetti und Zenatello und statt Campanini dirigiert Mugnone, im wesentlichen also das argentinische Team. Und wie in Buenos Aires findet wieder ein kleines Puccini-Festival statt, neben der »Butterfly« mit »La Bohème«, »Manon Lescaut« und »Tosca« – insgesamt 22 Vorstellungen in der zweimonatigen Herbstsaison.

Sicher aus dieser Zeit stammen einige (unveröffentlichte) Billette an Sybil Seligman, die belegen, daß diese zwei Londoner Wochen nach der ersten Begegnung vor einem Jahr die Hoch-Zeit seiner Liebe zu ihr waren: insbesondere ein hingekritzeltes Blatt, das in den Ausruf »adorata mia« mündet, »meine Angebetete«. Ein längerer Brief, um ein Uhr in einer Samstagnacht geschrieben, schildert Puccinis Schwierigkeiten, von seinen Probenverpflichtungen freizukommen, und er bemerkt scheu, er wage nicht zu sagen, was er für sie empfinde.

Daneben beginnt Sybil sich schon als Libretto-Beraterin zu betätigen. Sie weist Puccini auf Mérimée, Tolstois »Anna Karenina« und Bulwer-Lyttons »Letzte Tage von Pompeji« hin – was ihm alles nicht gefällt.

Immerhin interessiert er sich für ihren vierten Vorschlag: Rudyard Kiplings »The light that failed«.

Vor allem aber ist Puccini der Londoner »Butterfly«-Erfolg wichtig. Da die Premiere sich wie gewohnt verzögert, sagt er sogar die geplante Teilnahme an den Bologneser Proben ab. Dort arbeitet zum ersten Mal sein Liebling Toscanini an dem Stück, dem er fast blind vertraut, wenn er ihm auch den einen oder anderen Hinweis zukommen läßt, wie bestimmte szenische und musikalische Effekte zu bewerkstelligen seien.

Die englische Königin empfängt den berühmten italienischen Komponisten und zeichnet ihn mit einem Orden aus. Am 24. ist die »Butterfly«-Premiere, anschließend findet im Savoy-Hotel ein Bankett zu Ehren Puccinis statt. Der verläßt London bald danach und reist nach Bologna, wo er gerade noch zur Generalprobe ankommt, einen Tag vor der Aufführung am 29. Oktober. Die wird vom Publikum einigermaßen kühl aufgenommen, was Puccini dem Ensemble anlastet, während Toscanini wunderbar dirigiert habe; immerhin nimmt er anläßlich dieser Inszenierung zwei Striche vor, die ersten der grundlegenden Veränderungen nach der Brescia-Fassung.

Sofort nach der Premiere fährt er nach Torre del Lago. Hier beansprucht die Suche nach dem neuen Stoff zunächst seine ganze Aufmerksamkeit. Er liest Pierre Lotis Roman »Ramuntcho«, eine baskische Liebes- und Schmuggler-Geschichte, vielleicht in der Hoffnung, noch einmal bei dem Ur-Autor der »Butterfly« eine Anregung zu finden. Aber er verwirft den Gedanken sogleich und bleibt bei »Maria Antonietta«, sehr zu Illicas Freude, der an dem Szenario unablässig weitergearbeitet hat. Dann jedoch werden alle Pläne zunächst überschattet durch eine schwere Erkrankung Giacosas, der für sämtliche Projekte immer der unbestrittene Autor der endgültigen Libretto-Verse war und der griesgrämige Mittler zwischen allen Interessen, auf den man nicht glaubte verzichten zu können.

Puccini entzieht sich dem zusätzlichen Problem durch einen Jagdausflug auf das Schloß der Grafen Gherardesca in Bolgheri im Hinterland der toskanischen Küste südlich von Livorno. Aber er nutzt die Zeit offenbar nicht nur für die Jagd, sondern macht sich auch konzentriert Gedanken. Wieder stehen die drei Einakter nach Gorki für ihn im Vordergrund und danach erst »Maria Antonietta«. Unter dem Eindruck eines schroffen Vetos Giulio Ricordis gegen das Gorki-Projekt entwirft Puccini jedoch ein paar Tage später eine »Vision« der Antonietta-Oper, die seine Gorki-Interessen mit dem historischen Sujet insgeheim verknüpft. Nämlich: hier dürfe es nicht um eine geschichtliche Chronik gehen, sondern gewissermaßen um einen Urkonflikt. Hauptdarsteller sei das Volk und die »große französische Revolution in einem großartigen oder barbarischen Vorgang, ganz wie man sagen will... Hier braucht es Blut, Arterien, Leben...«

Es ist erstaunlich, wie hartnäckig Puccini an dem Gedanken festhält, eine Oper zu schreiben, die (wenn auch in geographisch oder historisch exotischem Milieu) mit den politischen Konflikten seiner Gegenwart zu tun hat – erstaunlich jedenfalls, wenn man von der üblichen Annahme ausgeht, er sei ein ganz und gar unpolitischer Mensch gewesen. In einem vordergründigen Sinn mag das gelten, nicht aber für ein ernsthaftes Verständnis dessen, was ihn in seinem kleinen alltäglichen Leben bewegte. Spätestens seit »Tosca« ist sein Werk von einem unterschwelligen Bezug zu den realen Problemen seiner Zeit getränkt. Gleichsam beiläufig schiebt er das von Frau Seligman empfohlene Versepos »Enoch Arden« von Alfred Tennyson beiseite – diese Geschichte eines Mannes, der auf seine Frau verzichtet, sei denn doch zu harmlos für das, was er sich unter einer starken Oper vorstelle.

Auch am Anfang des neuen Jahres 1906 geht der Kampf um den neuen Stoff mit unverminderten Verletzungen weiter. Während Puccini die belesene Freundin Sybil im fernen London um weitere literarische Ratschläge bittet, bombardiert er Soldani mit Ermunterungen und Änderungswünschen für die »Margherita«, um ihm schließlich rabiat mitzuteilen, daß alles vergebens gewesen sei: aus dieser so lange erträumten »heiligen Cortonesin« werde nun einmal nichts. Dann klopft er dem unglücklichen Autor noch freundlich auf die Schulter und beendet den mühseligen Versuch einer Zusammenarbeit für immer. Ebenso endgültig verläßt er zugleich auch das »Maria-Antonietta«-Projekt mit Illica und Giacosa, das zuletzt schon so sicher schien. Zwei Tage lang hofft er auf Kiplings von Sybil schon länger vorgeschlagenes »Light that failed«; aber dann liest er die Erzählung in französischer Übersetzung, findet sie völlig unmöglich und fragt die Freundin erstaunt, wie das wohl in einer Schauspielfassung in London ausgesehen habe, »mit dem Tod eines Blinden auf einem Kamel in Afrika«.

Schließlich ergibt sich eine neue Perspektive für die nächste Oper. Anscheinend hat der über die lange Schaffenspause seines Verlags-Stars besorgte Giulio Ricordi einen ersten ernsthaften Kontakt mit Italiens berühmtestem Dichter vermittelt, mit Gabriele D'Annunzio. Puccini fährt mit dem Auto nach Florenz, um sich mit dem Autor zu treffen. Er ist von D'Annunzio begeistert. Nach den vielen soliden Handwerkern, die ihm bisher seine Libretti verfertigten, hat er es zum ersten Mal mit einem geistreichen und Begeisterung vermittelnden Literaten zu tun, für den schon das Wort und nicht erst die Musik Kunst bedeutet. Es mag ihn allerdings verblüfft haben, daß D'Annunzio nicht nur einen Opernentwurf verspricht, sondern zugleich ernsthafte Diskussionen über finanzielle Fragen führt (dem luxusverliebten Dichter saßen viele Gläubiger im Nakken) und Marco Praga als seinen »Agenten« benennt, vor vielen Jahren einer der vielen Autoren des »Manon-Lescaut«-Librettos. Jedenfalls aber werden sie sich zunächst einmal einig, und Puccini stellt sogleich Giulio Ricordi ein erfolgreiches Arrangement mit D'Annunzio in Aussicht, erwähnt aber daneben Pierre Louÿs' Roman »Das Weib und der Hampelmann« (»La femme et le pantin«, 1898), den er »nicht fallengelassen« habe und über den er gern die Rechtslage geklärt wissen möchte – zum ersten Mal in den bekannten Dokumenten ist von dem Sujet die Rede, das Puccini von nun an über ein Jahr lang beschäftigen wird.

Die Lektüre des in Spanien spielenden Romans macht leicht begreiflich, was Puccini daran gereizt hat. Eine noch kindliche Frau, Conchita, führt den in sie bis zur Hörigkeit verliebten über zwanzig Jahre älteren Mateo scheinbar an der Nase herum, verweigert sich ihm und sucht ihn immer wieder, erklärt ihm ihre Liebe und gleich darauf ihren Haß, begibt sich in prostitutionsnahe Situationen und bewahrt doch gegen allen äußeren Schein ihre Jungfräulichkeit. Am Ende stellt sich heraus, daß sie auch noch eine Masochistin ist, die nur lieben kann, wenn sie geprügelt wird, und je mehr desto heftiger. Eine Carmen- und auch eine Salome-Atmosphäre umgibt diese Frauen-Figur, eine subtil-perverse Verruchtheit, den Gorki-Erzählungen nicht unähnlich, und das wird Puccinis Interesse erregt haben: ein neuer und tiefsinniger Aspekt der Frau, die ihn als Rätsel sein ganzes Leben lang aufs Intensivste beschäftigt hat und die diesmal den Mann zum Opfer macht. Rätselhaft bleibt allerdings auch, wie aus diesem Zwei-Personen-Roman eine Oper hätte werden sollen. Puccini hat lange gebraucht, bis er ihre dramaturgische Unmöglichkeit erkannte und schließlich auch den vermutbaren Skandal eines solchen Themas auf der Bühne fürchtete.

Noch aber ist er jetzt, im Februar 1906, guter Hoffnung, hat jedoch zunächst einmal neue Reisepläne: Anfang März fährt er mit Elvira nach Nizza. Eine Art frühe internationale Versicherungskarte weist aus, wie sie gereist sind: mit einem 15000 Francs wertvollen grünen Auto der Marke La Buire, Puccinis viertem also, von dem ich nicht weiß, wann er es in den letzten Monaten gekauft hat. In Nizza beschäftigt ihn offenbar besonders der Umgang mit Sybil Seligman, die gewiß der Grund für die ungewöhnlich lange Ausdehnung des Aufenthalts ist: sie verbringt hier mit ihrem kleinen Sohn Vincent winterliche Ferien.

Gleich nach der Rückkehr nehmen ihn die Geschäfte in Anspruch. Der Verlag Ricordi will angesichts der Forderungen D'Annunzios Puccini keine 30 Prozent der Theater-Tantiemen für die geplante neue Oper einräumen, im Gegenzug verlangt der allzeit geldbewußte Komponist 28 Prozent und eine Pauschale von 40000 Lire (wie für »Tosca«) und jetzt zusätzlich eine Bürgschaft auf die früheren Opern, das heißt wohl so etwas wie einen permanenten Überziehungskredit. Als er aber in der Mailänder Scala Franchettis Oper »La figlia di Iorio« nach D'Annunzios Drama sieht, erscheint ihm die Oper als »halbes Fiasko«, was ihn natürlich auch skeptisch macht im Hinblick auf die eigene Verbindung zu dem großen Literaten und ihn wieder an Illica und den Plan des Gorki-Tryptichons denken läßt. Dennoch ist am 15. April auf einem Briefbogen des Hotels »Della Ferrata« die Begegnung Puccinis mit vielen Freunden und Bekannten festgehalten: D'Annunzio, Giulio Ricordi, dessen Frau Giuditta und dessen Söhne Luigi und Manolo, Paolo Tosti und seine Frau Berthe, Marco Praga, der Pianist Ernesto Consolo und andere haben sich darauf verewigt – sicher ist es die vorweggenommene Feier des Vertrags über die D'Annunzio-Oper, der am nächsten Tag geschlossen wird: bis zum 31. Mai werde der Dichter dem Komponisten einen Entwurf vorlegen, nach einer Einigung darüber werde D'Annunzio innerhalb von sechs Monaten ein mindestens dreiaktiges Libretto schreiben; dafür soll der Autor 20000 Lire und 20 Prozent der Tantiemen erhalten, außerdem 15 Prozent aus dem Textbuch-Verkauf – eine für den Poeten äußerst günstige Abmachung.

Am 4. Mai bricht Puccini nach Budapest auf, von wo man ihn schon lange gelockt hat. Enge Kontakte pflegt er dort mit Ervin Lendvai, einem von ihm seit kurzem sehr geschätzten jungen ungarischen Musiker; besonders angetan ist er von Lendvais Schwester Blanka, die er später durch den Bruder häufig grüßen läßt (Greenfeld behauptet, sie hätten sogar eine Liebesbeziehung gehabt). Im Budapester Opernhaus findet zugleich ein veritables Puccini-Fest statt: »La Bohème«, »Tosca«, am 12. Mai schließlich die Premiere der »Madama Butterfly«, natürlich alle auf ungarisch. Puccini freut sich über den »gewaltigen erstaunlichen Erfolg« mit vierzig Hervor-rufen, wie er ihm in Budapest immer sicher ist.

Dennoch kann er nicht lange bleiben, weil sein Reiseprogramm wichtige Termine vorsieht. Schon am 16. Mai fährt er von Budapest nach Graz, um dort am Abend Richard Strauss' »Salome« zu erleben, dessen vor fünf

Monaten in Dresden mit sensationellem Erfolg uraufgeführte erste Meister-Oper. Strauss dirigiert selbst, und im Parkett hat sich neben Puccini viel musikalische Prominenz versammelt, Mahler an der Spitze, und dazu ein paar noch wenig bekannte »junge« Komponisten aus Wien: Schönberg, Zemlinsky, Alban Berg. Puccinis briefliches Urteil schwankt von Satz zu Satz, wie so oft, wenn er von einem Stück irritiert und fasziniert ist: »Salome ist die außergewöhnlichste schrecklich kakophonische Sache. Es gibt die schönsten orchestralen Sensationen, aber am Schluß langweilt es sehr. Es ist ein sehr interessantes Schauspiel.« Er hat künftig jede Gelegenheit genutzt, um die Oper wieder und wieder zu hören.

Über Mailand reist er sogleich weiter nach London. Auch hier stehen seine drei Erfolgsstücke auf dem Spielplan: »La Bohème« mit Nellie Melba, »Tosca« mit Rina Giacchetti, »Madama Butterfly« mit Emmy Destinn und alle mit Caruso und dem Dirigenten Campanini. Er sei hier »das Idol«, schreibt er in aller Bescheidenheit nach Hause, und: »Du kannst Dir nicht vorstellen, welchen Enthusiasmus es hier für meine Musik gibt.« Alle Vorstellungen sind ausverkauft, ja überfüllt.

Natürlich trifft Puccini wieder häufig die Seligmans, lädt sie für den Sommer nach Abetone ein und reist am 2. Juni wieder ab. Sybil begleitet ihn bis zur Kanalfähre nach Folkestone und schickt ihm reichlich Geschenke hinterher, auch ein Kissen für Elvira.

D'Annunzio hat zwar noch nichts von dem vereinbarten Libretto abgeliefert, aber er will bereits einen Vorschuß, 20000 Lire von dem gemeinsamen Freund Camillo Bondi gegen eine Verpfändung seiner gleich hohen Einnahmen für das Libretto, das er bis spätestens August abliefern werde; Puccini wiederum soll schon einmal 10000 Lire an Bondi zahlen – in Gelddingen war D'Annunzio immer so knapp wie beweglich. Zugleich stimmt Puccini – D'Annunzio hin oder her – einem Vertrag über »La femme et le pantin« zu und fragt bei Soldani an, ob der daraus einen Entwurf für vier in Spanien spielende Akte machen wolle, und wie schnell das gehe. Aber es freut ihn auch, daß D'Annunzio den Sommer in der Nähe verbringen will, in der Villa Versiliana im nur 15 Kilometer von Torre del Lago entfernten Pietrasanta. Er trifft sich mit ihm und schöpft erneut Hoffnung auf dessen Libretto – zumal Giulio Ricordi dem Louÿs-Stoff skeptisch gegenübersteht: das sei ein gefährliches Thema.

Dann erreichen Puccini beunruhigende Nachrichten aus Paris und Mailand. Tito Ricordi hat von Albert Carré, dem Direktor der Opéra comique, gehört, daß dieser für die Pariser Erstaufführung der »Butterfly« im

Herbst erhebliche Kürzungen und Änderungen beabsichtige. Giulio Ricordi ist strikt dagegen, weil er eine definitive Fassung der Oper wünscht und nicht eine von Aufführung zu Aufführung verschiedene. Tito aber scheinen Carrés Vorschläge teilweise plausibel, und er empfiehlt Puccini nach Paris zu kommen, um mit Carré zu sprechen. Der Komponist zögert nicht lange, zumal er dort wohl auch Maurice Vaucaire treffen kann, der nun an Soldanis Stelle das Libretto für »La femme et le pantin« schreiben soll. Auch diese Wahl überzeugt Ricordi übrigens nicht: er empfiehlt den altbewährten Illica.

Puccini wird zu Giulio Ricordis Überraschung innerhalb eines Tages mit Carré über die »Butterfly«-Änderungen einig. Die Premiere wird für Ende Oktober verabredet, Marguerite Carré, die junge Frau des Direktors, wird die Titelrolle singen und Alessandro Luigini, wie schon bei der ersten Pariser »Bohème«, dirigieren.

Nach der Rückkehr ist Puccini zunächst in Torre del Lago und dann in Boscolungo. Von hier aus besucht er wieder D'Annunzio in Pietrasanta und bespricht mit ihm einen neuen Plan: eine Oper in drei Akten und einem Prolog mit dem Arbeitstitel »La Rosa di Cipro«, die an die Stelle der ursprünglich vereinbarten »Parisina« treten soll, weil die (wie D'Annunzio ironisch bemerkt) »dem Meister zu weit und zu tief schien«. Aber auch mit der »Rose von Zypern« gibt es sofort Schwierigkeiten. Zwar wagt der schüchterne Puccini dem mehr als beredten Dichter nicht ins Angesicht zu widersprechen, aber kaum zurück in seinem sicheren Boscolungo nennt er das Stück schon »ein wenig romantisch« und meint, daß der Autor »immer etwas in den Wolken ist«. Und während D'Annunzio in einer begeisterten und begeistern sollenden Suada die noch gar nicht komponierte Musik schildert, die er beim Schreiben seiner ersten Libretto-Verse höre, sagt Puccini schon zwei Tage nach ihrem Treffen ein knappes Nein zu dem neuen Sujet. Dennoch kommt D'Annunzio wie geplant nach Boscolungo; aber es ergibt sich daraus nur, daß Puccini ihn um die Fortsetzung ihrer Freundschaft bittet und darum, daß er weiter nach einem geeigneten Stoff für ihn suchen solle. D'Annunzio ist danach noch eine ganze Weile ziemlich düpiert, nur sein Geldmangel und deshalb die Hoffnung auf das beträchtliche Honorar halten ihn bei der Stange.

Inzwischen sind auch die Seligmans da, Sybil, ihr Mann David und die beiden Söhne. Puccini fährt mit ihnen im Auto in der Gegend herum und schickt Sybil zärtlich-schüchterne Billets ins benachbarte Hotel. Manchmal weicht er ihr auch aus, beruft sich auf Augenschmerzen, um zu verbergen, daß er sie nicht brauchen kann, weil er viel Arbeit und Sorgen hat – zumal auch die Tochter Fosca zu Besuch kommt und den Trubel vermehrt, in dem ein Mensch wie Puccini zur Verzweiflung neigt.

Als wäre das alles nicht genug, beschäftigt Puccini sich auch intensiv mit dem anderen schon vertraglich vorfixierten Projekt, der Louÿs-Oper. Dem französischen Librettisten Vaucaire teilt er seine Kritik an den bisher vorliegenden Entwürfen mit und bittet ihn ebenfalls nach Boscolungo, wo dieser auch in der zweiten Augusthälfte eintrifft. Puccini erscheint die gemeinsame Arbeit erfolgversprechend, das heißt: er kann Vaucaire genauso knechten, wie er es früher mit Illica und Giacosa getan hat und wie es ihm mit D'Annunzio natürlich nicht möglich war. Giulio Ricordi signalisiert aus Mailand zwar seine Freude über die Einigung mit Vaucaire, äußert gleich darauf aber auch wieder scharfe Kritik an dem Thema: das sei ein »hysterischer« Stoff und passe nicht zu des Meisters hoher Kunst.

In diesen Tagen, am 2. September, stirbt Giacosa, seit mehr als einem Jahrzehnt Puccinis Vers-Autor für seine drei bisher und für immer erfolgreichsten Opern. Für die Zeitschrift »La Lettura«, deren Chefredakteur Giacosa gewesen war, verfaßt Puccini einen ganze sechs Zeilen langen Nachruf, der den Charakter ihrer Zusammenarbeit wahrhaftig umlügt: sie sei die »ruhigste und friedlichste« gewesen, niemals habe eine Wolke ihre Zusammenkünfte mit Illica und Ricordi getrübt. Die merkwürdige Kühle dieses Textes ist vielleicht am ehesten zu erklären mit Puccinis Sprachlosigkeit angesichts des ihn tief erschütternden Ereignisses – in Worten konnte er sich nie besonders gut ausdrücken.

Mit den Seligmans fährt er anschließend nach Chiatri und nach Torre del Lago – sie sollen seinen ganzen Besitz kennenlernen. Nach ihrer Abreise schickt er Sybil intensive Bekenntnisse seiner Liebe hinterher, verbunden mit ersten Zweifeln an der nun »Conchita« getauften Louÿs-Oper. Er bittet sie, sich um die Stücke von Oscar Wilde zu kümmern – vielleicht ein verspäteter Reflex des Eindrucks, den Richard Strauss' »Salome« in Graz auf ihn gemacht hatte, die ja ein Wilde-Drama kaum verändert auf die Opernbühne stellt. Am selben Tag aber unterzeichnen Puccini und Giulio Ricordi den Vertrag, der die Bezahlung des Komponisten für die »Conchita« regelt. Puccini erhält eine Pauschale von 70000 Lire, davon 20000 in Monatsraten zu 1000 Lire, weitere 20000 bei Ablieferung der Partitur und 30000 in Raten à 6000 Lire nach jeweils zehn Vorstellungen, abhängig also vom Erfolg der Oper. Außerdem stehen ihm 35 Prozent der Theater-Tantiemen zu. Zusätzlich wird eine Erhöhung der »Manon-Lescaut«-Tantiemen auf 36 Prozent für zehn Jahre vereinbart – offenbar lag Puccinis Anteil bei der frühen Oper bisher deutlich niedriger.

Das ist ein ziemlich attraktiver Vertrag, würdig zugeschnitten auf den Star des Verlags. Puccini bringt gemäß Ricordis Vorschlag auch seinen alten Librettisten Illica wieder ins Geschäft, weil ihm Vaucaires Arbeit allein nicht gut genug scheint. Parallel dazu drängt er Sybil, ihm Oscar Wildes fragmentarisch hinterlassenes und bisher noch nicht veröffentlichtes Drama »Eine florentinische Tragödie« zu schicken, das er offenbar aus einem Manuskript in Sybils Besitz kennt.

Mitte Oktober erhält Puccini von Ricordi den gerade fertiggestellten neuen französischen »Butterfly«-Klavierauszug, und der Verleger fragt Puccini ungläubig, ob er Carrés Änderungen so wirklich für verbindlich erklären wolle. Puccini und Illica treffen sich mit Ricordi in Mailand, um das und den ganzen »Conchita«-Komplex zu besprechen, bevor Puccini nach Paris aufbricht, diesmal wieder von Elvira begleitet.

Es wird ein unerwartet langer Aufenthalt. Am 23. Oktober beginnen die Proben, keine Rede mehr von der Premiere noch in diesem Monat. Am ersten Probentag trifft Puccini sich mit Vaucaire zum Abendessen, danach fühlt er sich krank und deprimiert, vor allem weil Frau Carré, um ihre Kräfte zu schonen, noch mehr Kürzungen wünscht als ohnehin schon vereinbart sind. Außerdem konkretisiert sich eine bereits länger ins Auge gefaßte Amerikareise im Anschluß an den Parisaufenthalt. Heinrich Conried, der Manager der New Yorker Metropolitan Opera, wünscht, daß Puccini am 15. Dezember abfährt – wo soll ihm da noch Zeit für Spanien bleiben, wohin er wegen der »Conchita«-Atmosphäre will, und gar für eine Erholung in Torre del Lago? Sybil bittet er um eine »Medizin, die die Moral hebt«, eine Art aufputschendes Rauschgift also, das er prompt erhält.

Ende Oktober werden die »Butterfly«-Proben unterbrochen, weil Madame Carré in Brüssel eine »Bohème« zu singen hat. Puccini vertreibt sich deshalb die Zeit mit Theaterbesuchen. Häufig trifft er Pierre Louÿs und arbeitet mit ihm am »Conchita«-Libretto. Der Dichter ist sehr freundlich und überglücklich, daß ein so berühmter Musiker seinen Stoff komponiert. Wahrscheinlich hat Puccini ihm da noch verschwiegen, wie sehr Illicas inzwischen vorliegende Entwürfe von Louÿs' Roman abweichen. Jedenfalls hält Puccini es für dringend notwendig, daß Illica nach Paris kommt, um mit ihm, Louÿs und Vaucaire das endgültige Libretto zu besprechen.

Schließlich beginnen auch wieder die »Butterfly«-Proben, wobei Frau Carrés schwache Fähigkeiten Puccini zu heftigen Verbalinjurien in einem Brief an Sybil hinreißen. Zusammen mit Vaucaire sieht er sich eine »voiturette« an, ein kleines Auto, das er auch kauft – es ist unklar, um welches Gefährt es sich dabei handelt.

Seine Diabetes macht ihm weiterhin zu schaffen, vor allem weil die vielen Empfänge (so bei einem russischen Großfürsten und bei der Familie Dreyfus) ihn an der Einhaltung einer sinnvollen Diät hindern; außerdem hat er Zahnschmerzen und ein quälendes Hühnerauge. Er schläft schlecht, während Elvira ihr eigenes bequemes Leben lebt: »Sie ist glücklich, wenn sie ihren Arsch ins Bett legen und neun oder zehn Stunden schlafen kann.« Dennoch ist er ihr treu und genießt nicht die vielen Huren, die es hier gibt – wie er Ramelde freimütig mitteilt. Am liebsten wäre er natürlich wieder einmal in Torre del Lago, auch wenn seine toskanische Verwandtschaft alles andere als freundlich zu ihm sei und er das Sprichwort »Parenti serpenti« (»Verwandte sind Schlangen«) bestätigt finde – da geht es um eine Straße nach dem unzugänglichen Chiatri, die nicht gebaut wird, obwohl sein Schwager Bürgermeister der dafür zuständigen Stadt Lucca ist.

Am meisten stört ihn die bevorstehende Reise nach New York. Sie ist ein hochbezahltes Public-relations-Unternehmen der Metropolitan Opera, für das Puccini zwei kostenlose Schiffspassagen und 8000 Dollar erhalten soll (zum Vergleich: Carusos Abendgage betrug zu dieser Zeit 1500 Dollar – schon immer wurden Sänger besser bezahlt als ihre Komponisten). Der Manager Conried will damit der Konkurrenz gegensteuern, die seinem Theater durch Oscar Hammersteins geplante neue Manhattan Opera entsteht. Der berühmte Komponist soll der Metropolitan sechs Wochen lang als öffentlichkeitswirksames Aushängeschild zur Verfügung stehen und als Ehrengast bei der Aufführung seiner Opern von »Manon Lescaut« bis »Madama Butterfly«. Der Augenblick ist günstig, denn die »Butterfly« erlebt gerade in ihrer englischen Fassung einen von Tito Ricordi organisierten und von der Henry Savage Company veranstalteten Triumphzug durch die Vereinigten Staaten. Dieses Eisen heißt es schmieden mit einer ersten italienischen »Butterfly« in Amerika, mit einer luxuriösen Besetzung und mit dem Komponisten bei den Proben und Aufführungen.

Der aber leidet inzwischen in Paris an seiner amerikanischen Zukunft so sehr wie an seiner französischen Gegenwart. Die Premiere ist jetzt auf Anfang Dezember verschoben, aber Puccini hat die Oscar-Wilde-Texte erhalten und läßt sich die »Florentinische Tragödie« übersetzen.

Er berichtet auch über andere Opern, die er in Paris sieht: Massenets »Ariane«, Camille Erlangers »Aphrodite« (übrigens auch nach einer Louÿs-Erzählung, die Puccini sieben Jahre zuvor einmal kurz als Opernstoff erwogen hatte); er findet sie zwar wunderbar inszeniert, versteht von der Musik aber »nicht eine Seite«. Dagegen berührt ihn Debussys »Pelléas et Mélisande« offenbar tief, die er jetzt zum ersten Mal auf der Bühne sieht – wahrscheinlich in der Matinée-Vorstellung des 11. November. Sein Urteil darüber enthält wieder jenes typische Schwanken von Satz zu Satz: die Oper besitze »außerordentliche harmonische Qualitäten und feine instrumentale Effekte, sie ist wirklich interessant, aber sie reißt einen nie hin, erhebt einen nicht, sie ist immer von einer düsteren Farbe, uniform wie die Kleidung eines Franziskaners. Es ist das Thema, das interessiert und als Schlepper für die Musik wirkt.« In Wahrheit aber hat Puccini von der »Pelléas«-Musik weit mehr profitiert als vom Thema des Stücks.

In diesen Tagen erhält Puccini einen Brief Giulio Ricordis, der besorgt über die Unklarheiten des nächsten Opernprojekts ist. Puccini sei ihm übrigens in jedem Sinn teuer: noch immer schreibe der Verlag bei der »Butterfly« rote Zahlen, und schließlich kosteten ihn auch Puccinis Reisen, königliche Suiten und Bankette ganz schön viel Geld. Wenn alle Geschäfte so liefen, sei er bald am Bettelstab, und vielleicht könne der gute Giacomo ihn dann einmal mit seinem 275-PS-Auto spazierenfahren. Der Brief gibt einen interessanten und überaus ironischen Einblick auch in die Geschäftsbeziehungen zwischen einem Komponisten und seinem Verleger.

Aber Puccini läßt sich wenig beirren. Zwar schreibt er »Conchita« noch nicht ganz ab; aber im Augenblick interessiert ihn Wildes »Florentinische Tragödie« viel mehr. Angesichts seiner sonstigen Projekte dieser Jahre ist das recht gut verständlich. Das nur aus einer Szene bestehende Drama enthält die Auseinandersetzung zwischen einem Florentiner Kaufmann und dem Sohn eines mächtigen Adligen, der die Frau dieses Kaufmanns liebt und von ihr wiedergeliebt wird, weil sie das öde Einerlei ihrer Ehe verachtet. Am Schluß tötet der Kaufmann den Adligen im Duell, und in einer überraschenden Wende »erkennt« die Frau wie »von einem Wunder geblendet« ihren neuen alten Mann: »Warum hast du mir nicht gesagt, daß du so stark bist?«

Für Puccini gehört diese Szene offenbar zu seinem Konzept eines Einakter-Tryptichons. Sie paßt durchaus zum Charakter der Gorki-Erzählungen und ist sicher von Puccini nicht als abendfüllende Oper gedacht gewesen, sondern vielleicht als Ersatz für die szenisch komplizierte »Holzflößer«-Geschichte Gorkis. Im übrigen nimmt der über weite Strecken tragikomisch monologisierende Kaufmann Simone (eine von Wilde'scher Ironie gebrochene Shylock-Figur) schon manches von Puccinis späterem Gianni Schicchi und vom Michele im »Tabarro« vorweg.

In diesen Tagen ist auch Sybil Seligman in Paris und wohnt in Puccinis Hotel de Londres. Vielleicht auch deshalb leidet er wieder unter Schlaflosigkeit, macht ihr poetische Komplimente und durchstreift mit ihr Paris. Endlich kommt auch Illica, vor allem wegen der ungeklärten Libretto-Verhältnisse. Er berichtet an Ricordi, in welch psychisch schlechtem Zustand Puccini sich befinde. In der Tat tragen die ewigen Verzögerungen erheblich zu seinem sich immer mehr steigernden Mißbehagen bei. Wildes »Florentinische Tragödie« gefällt ihm auf einmal ebensowenig wie »Conchita«, und dann trifft ihn auch noch der letzte Schlag: Madame Carré holt sich eine Erkältung, und die »Butterfly«-Premiere muß deshalb bis nach Weihnachten verschoben werden. Im Hinblick auf die Amerika-Verpflichtung entschließt sich Puccini, die paar Tage Pause zur dringend nötigen Auffrischungsreise nach Italien zu verwenden, wo er die Gelegenheit nutzt, die letzten Proben für die italienische »Salome«-Premiere in der Mailänder Scala zu besuchen.

Am 28. Dezember ist endlich, mit zwei Monaten Verspätung gegenüber der ursprünglichen Planung, die Pariser Premiere der französischen »Madame Butterfly«. Sie ist so stark besucht, daß Puccini nicht einmal für seinen Freund Schnabl weitere Plätze beschaffen kann als einen einzigen in seiner eigenen Loge. Puccini trauert Sybils Gesellschaft nach, nachdem sie wieder abgereist ist: in den ersten acht Tagen des neuen Jahrs 1907 schreibt er ihr mindestens fünf Briefe, einen mit der doppeldeutigen Grußformel »Love Giacomo«. Er berichtet ihr über den großen Erfolg der »Butterfly« auch in den nächsten Vorstellungen, die alle ausverkauft sind. Selbst für den Sohn Tonio kann er keinen Platz finden. Puccini wird weiter von Einladung zu Einladung herumgereicht und verkehrt in einer Mischung von Stolz und Überdruß mit seinen zahlreichen Freunden und Bekannten.

Während dieser turbulenten Tage bereitet er seine und Elviras Abreise nach New York vor. Es mag bei der Gelegenheit gewesen sein, daß ein anderer Freund, der gerade aus Amerika zurückgekommene Marchese Piero Antinori, ihn auf dort zu sehende Stücke des alten Bekannten Belasco hingewiesen hat, die im Milieu des Wilden Westens spielen: »The Girl of the Golden West« und »The Rose of the Rancho«. Puccini nimmt den Tip in all seinen Stoff-Zweifeln dankbar auf – das wäre immerhin einmal etwas ganz unerhört Neues.

Am 9. Januar verläßt er Paris und geht in Southampton mit Elvira an Bord der »Kaiserin Auguste Victoria«, eines Dampfers, dessen 40000-PS-Maschinen und dessen Luxus Puccini aufs höchste begeistern: ihre Kabine hat ein Bad, einen kleinen Salon und elektrisches Licht aus siebzig Glühbirnen; auf dem Schiff wachsen riesige Palmen in einem Wintergarten, es gibt zwei Restaurants und eine große Bierstube, Gymnastiksäle mit elektrisch bewegten Holzpferden, von denen die Amerikanerinnen an Bord sich »den ganzen Tag die Gebärmutter durchrütteln lassen«. Drei Orchester machen Musik, eine Bordzeitung erscheint auf deutsch und englisch, mit Nachrichten gespeist durch den Funktelegraphen. Die elektrische Heizung liefert immer warmes Wasser, sogar die Zigarrenanzünder werden elektrisch betrieben. Puccini schwelgt in solchem ihn immer faszinierenden Komfort, während Elivra wie gewohnt unter der schweren See leidet.

Am 18. Januar, mit einer Verspätung von einem Tag wegen dichten Nebels über dem New Yorker Hafen, legt das Schiff um sechs Uhr abends an, und Puccini erklärt den ihn erwartenden Journalisten, er habe die Absicht, *die* amerikanische Oper zu schreiben, die im Westen spiele, und er werde darüber mit Belasco reden. Danach hetzt er in seine Suite im zehnten Stock des Hotels Astor am Time Square und dann in die schon laufende Premieren-Vorstellung der »Manon Lescaut«. In der Direktionsloge erfährt er »nie erlebte außergewöhnliche Ovationen«: sechsmal muß er sich nach dem ersten Akt zeigen, siebenmal nach dem zweiten, nach dem dritten verbirgt er sich vor den Beifallsorgien des Publikums, um sich am Schluß noch viermal zu verbeugen.

Es ist ein in der Ankunftseile hektischer und Puccini überwältigender Empfang, den diese Neue Welt ihm bei seinem ersten Aufenthalt bereitet. Überwältigend wirkt auf ihn aber auch eine neue Sängerin: Lina Cavalieri, die er zwei Monate zuvor schon in Paris getroffen hatte und die jetzt als Partnerin Carusos die Manon singt. Anscheinend interessiert Puccini allerdings nicht nur ihre Stimme, sondern vor allem ihre Person. Ein Brief an die Schwester Ramelde, der wieder mit bemerkenswert offener Obszönität mitteilt, wie aufreizend Frauen in New York auf Puccini wirken, könnte sich vor allem auch auf die Cavalieri beziehen. Vielleicht war sie es, der er plötzlich sogar einen von seiner Mutter ererbten Ring schenkte, womit er Elviras berechtigte heftige Eifersucht auslöste.

Bevor nach dem fulminanten »Manon«-Start die Arbeit beginnt, derentwegen Puccini eigentlich hierher gekommen ist, sieht er am 22. Januar noch eine andere Sensationsvorstellung: die erste und für längere Zeit einzige amerikanische »Salome«. Sie ist in den prüden Vereinigten Staaten ein solcher Skandal, daß sie sofort wieder abgesetzt werden muß. Das kann mit Puccinis älteren Opern natürlich nicht passieren: »Tosca« mit Emma Eames (und einmal mit Lina Cavalieri) und »La Bohème« mit Marcella Sembrich stehen weiter auf dem Spielplan der Metropolitan Opera.

Daneben finden die Proben für die neue »Butterfly« statt, die Puccini sehr in Anspruch nehmen. Geraldine Farrar, die junge amerikanische Sopranistin, in Berlin berühmt geworden und jetzt für die Titelrolle neu in New York engagiert, hat einen Bericht darüber hinterlassen: Puccini zeigte sich unzufrieden mit ihr, weil sie nicht gewohnt war, bei den Proben mit voller Stimme zu singen, was Puccini jedoch erwartete.

Noch vor der »Butterfly«-Premiere scheint Puccini mindestens das Belasco-Stück gesehen zu haben, auf das er wegen des Milieus gespannt war: »The Girl of the Golden West«, noch im Januar in Belascos eigenem Theater. Die Legende will wissen, daß er sich zu diesem Stoff entschlossen habe, als der Bänkelsänger Jack Wallace sein rührend nostalgisches Lied sang, also fast gleich zu Anfang des Stücks. Die Legende ist so fragwürdig wie die ähnliche im Fall der »Butterfly«: es dauerte in Wahrheit noch Monate, bis Puccini den »Girl«-Stoff als Opernthema akzeptierte.

Eine Woche vor der »Butterfly«-Premiere schreiben Puccini und Elvira unabhängig voneinander Briefe an Sybil Seligman, die die nervöse Spannung verdeutlichen, unter der beide leiden. Puccini beklagt sich über seine Mühen mit der Probenarbeit, über die Farrar und den Dirigenten Vigna, aber auch über Elviras schlechte Laune wegen ihrer häufigen Einsamkeit. Elvira dagegen entschuldigt ihn: er sei zwar »schlimm wie ein Ungeheuer«, aber das liege an der Erschöpfung durch die Proben, und sie schiebt es auf die Umgebung: »dieses verfluchte Amerika!«

Zugleich geht bei Ricordi in Mailand eine Anfrage Gustav Mahlers ein, wann die deutsche »Butterfly«-Übersetzung fertig sei, weil er das Stück gern in seinem Wiener Spielplan hätte. Was wenige Jahre zuvor noch begierig aufgenommen worden wäre, stößt jetzt allerdings auf kühle Zurückhaltung: der Verlag zieht Berlin als deutschen Erstaufführungsort vor.

Mit der so wichtigen New Yorker Aufführung ist Puccini keineswegs zufrieden. Nach der zwar langwierigen aber überaus sorgfältigen Pariser Inszenierung ist er allein schon über die äußeren Bedingungen in New York entsetzt. Es gibt nur zwei Gesamtproben, die Generalprobe eingeschlossen. Dennoch ist die Aufführung am 11. Februar beim Publikum und bei der Presse ein prächtiger Erfolg, auf den Puccini mit einer heftigen Grippeerkrankung reagiert. Seine Zweifel am »Conchita«-Libretto haben sich noch einmal vermehrt, auch weil dessen moralisch schlüpfrige Passagen ihm nach der Erfahrung des New Yorker »Salome«-Skandals für einen weltweiten Erfolg gefährlich erscheinen. Allerdings ist er auch längst noch nicht vom »Milieu des Westens« überzeugt, das er sich in Theaterstücken angesehen hat – er empfindet es sogar als »geschmacklosen Mischmasch«.

Noch aber hat er die Hoffnung nicht ganz aufgegeben. John Luther Long, der Autor der »Butterfly«-Novelle, den er anläßlich eines externen Gastspiels der Metropolitan-Inszenierung in Philadelphia kennenlernt, verspricht ihm einen neuen Vorschlag. Außerdem will er noch ein anderes Belasco-Stück ansehen, »The Music Master«, und eines von Gerhart Hauptmann, bevor er New York verläßt. Jedenfalls hält er den Gedanken, sich allein auf »Conchita« konzentrieren zu müssen, für eine schwere Fron. Puccini ist allmählich, mehr als drei Jahre seit der Vollendung der letzten Oper, an einem kritischen Punkt seiner Karriere angekommen: »Ich bin meiner alten Opern so müde, daß es mich krank macht, sie in Stücke zerrissen zu sehen! Entweder muß ich meinen Beruf wechseln oder ein gutes Libretto finden.« Sein Mißmut geht so weit, daß er sogar Carusos jüngste Leistung in der »Butterfly« als dürftig empfindet.

Am Mittag des 21. Februar begibt Puccini sich ins Büro der Columbia-Schallplattengesellschaft, mit der er bisher noch nicht im Geschäft war, um anscheinend einige Aufnahmen vor allem aus der »Butterfly« zu vereinbaren. Bei dieser Gelegenheit werden zum einzigen Mal die Stimmen Elviras und des redescheuen Giacomo festgehalten, mit kurzen Dankadressen an das amerikanische Publikum, jede nicht einmal dreißig Sekunden lang. Puccinis »Rede« schließt pathetisch und effektvoll mit dem Ruf »America for ever«, und Elvira bedankt sich vor allem bei den amerikanischen Frauen, was immer das bedeuten mag. Die stürmisch expandierende Schallplattenindustrie hat Puccini in dieser Zeit anscheinend überhaupt ziemlich beschäftigt – entwickelte sie sich doch neben den Theater-Tantiemen immer mehr zu einer wichtigen Einnahmequelle, die das Nebengeschäft mit gedruckten Noten einzelner Stücke bald auf einen unbedeutenden Rang verdrängte. Aber die Rechtslage ist international keineswegs eindeutig geklärt, weshalb Puccini in einem offenen Brief an den New York Herald seine Ansichten über eine entsprechende Ausgestaltung des Urheberrechts äußert.

Eine Woche später gibt Puccini einen Abschiedsempfang in seinem Hotel-Appartement und betont noch einmal, wie sehr er auf einen amerikanischen Stoff hoffe, den er aber noch immer nicht gefunden habe. Belasco habe ihm jedoch ein noch nicht aufgeführtes neues Stück versprochen (vielleicht handelte es sich um »A Grand Army Man«). Öffentlich äußert er Zweifel an »Conchita«, vor allem auch wegen des Durchfalls der »Salome« in New York: das seien keine Stoffe für das amerikanische Publikum. An »König Lear« habe er schon gedacht, aber er fürchte sich vor Shakespeare (und sicher auch vor Verdi, dessen wichtigster Stofflieferant der Engländer gewesen war). Italienische historische Themen schließlich interessierten ihn gar nicht. Noch einmal lobt er sein Gastland, verspricht im nächsten Jahr wiederzukommen und verläßt am 28. Februar, nach sechs Wochen, Amerika.

Am 7. März legt das Schiff in Le Havre an, von wo die Puccinis noch für zwei Tage nach Paris fahren, glücklich, wieder auf festem Boden zu sein, zumal Elvira an Bord von einer Angina geplagt worden war. Puccini schreibt sofort an Belasco, er denke neu über »The Girl of the Golden West« nach, das mit einigen Veränderungen doch als Oper tauge, und bittet ihn um ein Exemplar des Stücks, das er dann zum genaueren Studium ins Italienische übersetzen lassen wolle. Über Mailand kehrt er, endlich, nach Torre del Lago zurück, dessen Idylle er dringend zur Erholung braucht nach den fünf turbulenten Monaten von Paris und New York samt den langen Reisen.

Sein Entschluß, »Conchita« nicht zu komponieren, erzwingt neue Überlegungen sowohl auf seiner Seite wie auf der des Verlegers und anderer Interessenten. Noch einmal greift Puccini die Idee eines Gorki-Tryptichons auf, vielleicht aber mit anderen, neuen Geschichten des Dichters, der inzwischen im italienischen Exil auf Capri lebt. Aus Paris meldet sich wütend Pierre Louÿs und verlangt Schadenersatz für die verlassene »Conchita«. Puccini nimmt das ziemlich ungerührt zur Kenntnis, viel mehr interessieren ihn Sybils Geschenke, Schreibfedern und bunte Krawatten, und ein neues Auto, das er kauft.

Täglich erhält er Vorschläge für künftige Libretti. Sogar D'Annunzio meldet sich wieder, seit Carduccis Tod im Februar nun endgültig Italiens Dichter Nummer 1: mit dem Frühling sei seine alte Nachtigall wieder erwacht und möchte für Puccini singen. Der schmiedet aber noch das Gorki-Eisen: alle Epochen seien ihm für die Handlung gleich lieb, nur sollten die Stücke nicht im Orient spielen, weil man dort eine Musik mit genauem Lokalkolorit brauche. Wir erfahren jetzt auch, daß Fontana, der alte »Villi«- und »Edgar«-Librettist, für Puccini ein Buch aus Oscars Wildes anderem Versdrama, der frühen »Herzogin von Padua«, angefertigt hatte.

Anfang April reagiert Giulio Ricordi zornig auf Puccinis »Conchita«-Verzicht (wo das Libretto trotz seinen eigenen Bedenken jetzt doch ziemlich gut geworden sei). Puccini stellt hinhaltend einen baldigen Besuch in Mailand in Aussicht. Vielleicht könne ja die »schöne Übertragung« (ins Italienische) seinen Eindruck korrigieren. Und Ricordi feuert ihn noch einmal an: er sei »ein neuer Hamlet, und der Zweifel tötet und belebt nicht«. Puccinis Zögern mag auch mit seiner allmählich zunehmend schwierigen rechtlichen Lage zusammenhängen: nicht nur verlangen Louÿs, Vaucaire und Ricordi die Komposition der »Conchita«; auch der Textdichter Arturo Colautti ist der Meinung, er habe einen von Puccini zu bezahlenden Auftrag für ein Libretto der »Florentinischen Tragödie« gehabt. Und aus vergangenen Tagen meldet sich sogar Soldani, der Ansprüche wegen der »Margherita da Cortona« oder wegen des ihm einmal angebotenen »Conchita«-Projekts geltend macht. Das alles aber hält Puccini für Mist und unterschreibt seinen Klagebrief darüber mit »Giacomo ohne Arbeit«.

In Mailand kommt er zur unvermeidlichen Diskussion mit Ricordi mit einer ganz neuen Idee an, die zugleich ganz alt ist: die Wiederauferstehung der »Maria Antonietta«. Aber er will daraus nun kein großes historisches Stück mehr machen, sondern auf die gewöhnliche Opernkonvention verzichten, sogar den Tenor (den Liebespartner der unglücklichen Königin) weglassen – praktisch ein Solo für die Sopranistin mit Chören, inhaltlich in ihrer sentimentalen Figur eine Versöhnung von Absolutismus und Revolution. Der so kühne wie schwierige Gedanke hat ein Jahrzehnt später seinen formalen Niederschlag in der »Suor Angelica« gefunden, den politischen Konflikt allerdings gegen einen moralischen ausgetauscht. Mit dem neuen Plan überzeugt Puccini nach mehreren Tagen schließlich Ricordi, und Louÿs' »La femme et le pantin« verschwindet endgültig in der Versenkung. Statt »Maria Antonietta« schlägt Puccini übrigens einen neuen Titel vor, um den Verzicht auf das Historienstück zu verdeutlichen: »L'Austriaca« soll es nun heißen, »Die Österreicherin«, was unter den gegenwärtigen politischen Umständen auffällig genug ist – besitzt Österreich doch noch immer Südtirol und Istrien, ein Stachel im Fleisch des italienischen Nationalbewußtseins. Vielleicht zielt Puccinis Versöhnungsbemerkung in einem anderen Sinn auch auf diesen Tatbestand. Jedenfalls soll das Stück aus drei relativ kurzen Bildern von nicht mehr als zwei Stunden Spieldauer bestehen: Gefängnis, Gerichtsverhandlung, Exekution, »die gefolterte Frau«.

Illica macht sich umgehend an die Arbeit, während erneut ein Konkurrent aus dem Feld geschlagen werden muß, der Puccini den Stoff vor zehn Jahren als erster vorgeschlagen hatte und jetzt alte Ansprüche auftischt: der Pariser Impresario Schürmann, dazumal Agent der berühmten Sarah Bernhardt.

Es scheint, als habe Puccini zu dieser Zeit schon Musik für diese »Österreicherin« geschrieben: manche seiner szenischen Vorschläge klingen, als besitze er schon die Noten dafür. Vielleicht entstehen in dieser zweiten

Hälfte des Mai 1907 tatsächlich die ersten musikalischen Passagen der späteren »Fanciulla del West«, die ursprünglich der letzten Königin von Frankreich galten.

Illicas Arbeit geht Puccini dabei viel zu langsam voran, und er entschließt sich zu einer raschen Reise mit Elvira nach London, um »Luft zu schöpfen«. In der Aeolian Hall besucht er offenbar das Konzert einer amerikanischen Diseuse namens Kitty Cheatham und widmet sich dabei besonders seiner Sybil, der er wie immer kaum versteckte Liebeserklärungen macht: »Wie gut verstehe ich Diebe! Wie glücklich müssen sie sein! Welch göttliches Gefühl muß es einem vermitteln, einen Safe aufzubrechen, ein Haus zu plündern, eine Frau zu überfallen, die mit Diamanten behängt ist!« Puccini hat diese Sätze auf die Rückseite des Diseusen-Programms geschrieben, das Sybil Seligman aufbewahrt hat. Im Scherz drückt er offen genug aus, wie sehr er sich danach sehnt, aus den ordentlichen Formen der bürgerlichen Gesellschaft ausbrechen zu dürfen, und wie sehr er an seiner Mutlosigkeit leidet, die ihn daran hindert. Daß der von ihm oft betriebene Ehebruch für ihn eine Form des Diebstahls ist, manifestiert sich auf diesem Blatt so deutlich, weil er es im Spaß schnell hingeschrieben hat und also ohne vorsichtig nachzudenken.

Auf der Rückreise von London macht er Station in Paris. Kurz hintereinander schickt er Briefe und Telegramme an Sybil in London, die halbe oder fast ganze Liebesbezeugungen sind. In der Opéra comique sieht er das neueste Stück, Paul Dukas' einzige Oper »Ariane et Barbe-Bleue«, die er »unmöglich« findet. Am 15. Juni schließt er mit einem »Amerikaner« einen Vertrag über Belascos »Girl« – es ist unklar, wer dieser Partner ist, vielleicht Belasco selbst. Am Schluß der wenigen Tage in der französischen Hauptstadt aber ist Puccini jedenfalls sicher, daß er außer der »Österreicherin« auch das »Girl of the West« komponieren wird. Er wartet noch Tito Ricordis Ankunft in Paris ab und redet mit ihm über Musik der Revolutionszeit, die Puccini hier anscheinend in einschlägigen Buchhandlungen gefunden hat (das betrifft also die »Österreicherin«). Voller Glück über die zwei sicheren Libretti, die ihm gefallen und die seine überlange Kompositionspause beenden sollen, reist er nach Mailand zurück.

An Sybil schreibt er ein neues Liebesgedicht und verhandelt offenbar bei Ricordi über den Librettisten für das »Girl«. Das soll nämlich nicht Illica sein, sondern Carlo Zangarini, der für den Verlag auch einige andere Aufträge auszuführen hat. Es ist überraschend, daß ein ziemlich unbekannter und unerfahrener Autor, der damals nichts als einige wenige erfolglose Dramen verfaßt hatte, diese große Aufgabe erhält – aber vielleicht ist es gerade das, was Puccini will, damit er mit weniger Widerstand gegen seine szenischen Vorstellungen rechnen muß.

Noch aber fehlt überhaupt die Vorlage, die italienische Übersetzung des amerikanischen Originals, um die Sybil sich in London kümmern wollte. Schließlich treffen die ersten beiden Akte dieser Übersetzung Anfang Juli ein, und Puccini erklärt sofort, daß sie einige Veränderungen nötig hätten. Puccini richtet sich auf einen August-Aufenthalt droben in Boscolungo ein.

Natürlich denkt er dabei an einen raschen Kompositionsbeginn. Dem dient auch die Bitte an Sybil, ihm ältere und neue amerikanische Musik zu schicken, damit er sich besser auf die Atmosphäre des ungewohnten Stoffs einstellen könne. Als er dann die noch fehlenden Akte 3 und 4 erhält, bemerkt er einmal mehr, welch umfangreicher Arbeit sie noch bedürften. Insbesondere will er sie zu einem Akt zusammenfassen, den er schon deutlich beschreibt – ziemlich genau so, wie wir ihn heute kennen. Vor allem aber braucht er wegen der schlechten Übersetzung das Original: Zangarinis Mutter stamme nämlich aus Colorado, mit dem Amerikanischen kämen sie deshalb gut zurecht.

Gleichzeitig kümmert Puccini sich um eine für ihn wichtige Privatangelegenheit. Seinen Eltern hat er neue beieinanderliegende Gräber auf dem Friedhof von Lucca gekauft und sie dorthin umbetten lassen. Nun wünscht er von Giovanni Pascoli auch neue »dichterische« Grabinschriften. Der Poet macht sich sogleich an den Entwurf, aber seine Vorschläge scheinen Puccini nicht gefallen zu haben; denn die Sache zieht sich noch fast zwei Jahre hin, und die heutigen Inschriften haben mit Pascolis Texten nichts gemein.

Inzwischen schickt Sybil die gewünschten »Indianerlieder« an Puccini, dem es aber vor allem mit dem Belasco-Original eilt, damit er das Libretto fertig hat, bevor Illicas »Österreicherin« kompositionsbereit ist. Auch macht es ihm einige Sorge, daß er das bestellte Auto erst Ende Juli bekommen soll, weil sein »kleines Auto« (wohl das im letzten November in Paris gekaufte) kaputt und er deshalb zum Fußgänger heruntergekommen sei.

Endlich wird das neue Auto geliefert, hat aber noch keine amtliche Zulassung, so daß Puccini die von ihm eingeladenen und mit der Bahn ankommenden Seligmans bitten muß, per Kutsche nach Torre del Lago zu fahren – den Gebrauch des Autos wagt er zunächst nur im Schutz der Nacht, »die für Geheimnisse und Verbrechen gemacht« sei – noch immer spielt er die Rolle von Sybils anzüglichem Liebhaber.

Sie bleiben ein paar Tage zusammen in Torre del Lago und fahren dann gemeinsam mit dem neuen Auto nach Boscolungo hinauf. Von dort schreibt Puccini sofort an Giulio Ricordi: nach wie vor gibt es rechtliche

Probleme mit Vaucaire wegen dessen »Conchita«-Libretto, und Puccini bittet den väterlichen Verleger-Freund um einen Rat, weist aber vorsichtshalber (Vertrauen ist gut, Kontrolle besser) darauf hin, daß er auch seinen eigenen Anwalt Nasi eingeschaltet habe, der sogar deshalb nach Boscolungo kommt. Denn die finanziellen Risiken wegen der Aufgabe der Oper sind erheblich: Vaucaire verlangt immerhin 30000 Lire als Schadenersatz, und der Anspruch richtet sich gegen Puccini selbst, weil der sich vertraglich dazu verpflichtet hatte, wenn er die Oper nicht binnen vier Jahren komponiere.

Daneben arbeitet Puccini an der Konzeption der Wildwest-Oper. Dem leichtgewichtigen Zangarini suggeriert er, wie der dritte Akt auszusehen habe, den es in Belascos Stück so gar nicht gibt, und er liefert dem Librettisten Fotos eines kalifornischen Mammutbaum-Walds; der Wortlaut des Briefs läßt es denkbar erscheinen, daß er selbst diese Aufnahmen gemacht hat (dann wäre er also Ende Februar in Kalifornien gewesen, wofür es auch andere Indizien gibt). Zangarini kommt für einige Tage nach Boscolungo, und Puccini verspricht Ricordi ein effektvolles »Girl«-Libretto, das allerdings eines beträchtlichen szenischen Aufwands bedürfe: auf der Bühne sollen acht bis zehn veritable Pferde erscheinen.

Puccinis Aufmerksamkeit ist noch geteilt. In der dritten Augustdekade beschäftigt ihn die in Lucca nach mehr als einem Jahr Vorbereitung anstehende »Butterfly«. Mehrmals ist er dort zu den Proben, die sogar Caruso besucht. Natürlich singt der nicht mehr in dieser Provinz, aber der Dirigent ist immerhin Puccinis alter Gefährte Leopoldo Mugnone. Puccini, der sich mit den Proben viel Mühe macht, findet die durchweg unprominenten Sänger recht gut und lobt ihre frischen Stimmen. Am 8. September ist die Premiere, zu der wiederum Caruso kommt.

Gleich darauf macht Puccini sich sofort wieder an die Arbeit. Vom »Girl« verspricht er sich »eine zweite Bohème«, während er Illicas ersten »Austriaca«-Akt »zu lakonisch« nennt – was heißen soll: Illica fallen ohne Giacosa nicht genug gute Verse ein. Konsequenterweise schlägt er ihm vor, wie zu Giacosas Zeiten einen Koautor zu beschäftigen, was Illica tief gekränkt zurückweist: vielleicht brauche vielmehr Puccini einen »guten Musiker als Mitarbeiter«. Es dauert nur noch wenige Wochen, bis angesichts solcher persönlichen Spannungen das »Österreicherin«-Projekt auch offiziell begraben wird. Puccini mag erleichtert gewesen sein, aber es ist ein Mißklang nach mehr als fünfzehn gemeinsamen Jahren, in denen die drei erfolgreichsten Puccini-Opern entstanden und die halbe »Manon Lescaut«. In den zwölf Jahren bis zu Illicas Tod hat Puccini noch den einen oder anderen Versuch unternommen, die alte Zusammenarbeit wiederaufleben zu lassen, aber es wurde nie mehr etwas daraus.

Viel mehr interessiert ihn die Arbeit mit Zangarini, der nach einem Treffen in Chiatri Entwürfe für den ersten und dritten Akt des »Girl« gemacht hat und nach der Berücksichtigung von Puccinis Wünschen wiederkommen will. Puccini meint, er solle bleiben, bis das ganze Libretto fertig ist. Daraus wird aber nichts, weil Puccini es plötzlich doch für wichtig hält, sich die dritte »Butterfly«-Premiere auf deutsch (nach Berlin und Prag) nicht entgehen zu lassen; denn sie findet im ersten deutschsprachigen Haus statt, in der Wiener Hofoper. Er erkundigt sich nach den letzten Proben und bricht eilends ganz allein nach Wien auf – zu dem Theater, das Gustav Mahler ihm früher so lange verschlossen hatte.

Die Inszenierung in den Bühnenbildern von Alfred Roller findet er ausgezeichnet, viel poetischer als in London, die Stimmen der Sänger allerdings »etwas alt« – anscheinend hat das lucchesische Nachwuchs-Ensemble ihn intensiv beeindruckt. Auch Selma Kurz, die die Titelrolle singt und ein Star in Mahlers Ensemble ist, gefällt ihm nicht besonders. Die Wiener Premiere ereignet sich übrigens zu einem atmosphärisch prekären Zeitpunkt. Mahler hatte schon vor ein paar Wochen seinen Rücktritt vom Amt des Hofoperndirektors erklärt und sich auf eine Konzertreise nach Rußland begeben – weshalb er (entgegen manchen Meinungen in der Puccini-Literatur) auch diesmal wieder nicht dirigierte, sondern natürlich der italienische Kapellmeister Spetrino. Das verhindert allerdings nicht den glänzenden Erfolg am 31. Oktober, vielleicht im Gegenteil: nach Mahlers strengem Regiment freut sich das undankbare Wiener Publikum um so heftiger über Puccinis vergleichsweise leichte Zugänglichkeit. Zehnmal wird er nach dem ersten Akt, fünfzehnmal nach dem zweiten und fünfzehn- bis zwanzigmal nach dem dritten vor den Vorhang gerufen.

Die Königinmutter von Spanien empfängt ihn und teilt ihm mit, daß ihre königliche Schwiegertochter ständig »Butterfly« singe und spiele. Die Wiener Klavierfabrik Ehrbar verspricht ihm ein Piano, dessen gelbe Modefarbe Puccini ganz attraktiv erscheint. Er lernt Ludwig Karpath und Julius Korngold kennen, zwei wichtige Wiener Musikkritiker. Vor allem den letzteren mag er besonders, weil er nie so böse mit seiner Musik umgegangen sei wie sein Vorgänger, der berühmte Wagner-Gegner Eduard Hanslick.

Aus Wien korrespondiert Puccini mit seinem Librettisten Zangarini: der dritte Akt des »Girl« gefalle ihm überhaupt noch nicht, man brauche einen besonderen Effekt wie am Ende des zweiten »Butterfly«-Akts, etwas bisher noch nie Gehörtes. Mit all diesen Zweifeln reist Puccini sogleich nach der Wiener Aufführung nach Mailand zurück. Er findet den ersten Akt fertig vor (man müsse später aber noch einmal daran arbeiten), den zweiten fast fertig, und für den dritten soll nun die »herrliche Szene im großartigen kalifornischen Wald« geschrieben werden.

Das zu Ende gehende Jahr ist Puccinis bisher erfolgreichstes. Für die Spielzeiten 1906/07 addiert er 500 Vorstellungen der vier Opern in aller Welt. Auf einem neuen Flügel »präludiert« er in Torre del Lago »zu Minnie«, er beginnt also noch ohne fertiges Libretto ganz zaghaft mit der »Girl«-Komposition, seine ersten ernsthaften Opern-Noten seit der »Butterfly«-Vollendung vor fast vier Jahren. Immer ungeduldiger wartet er auf Zangarinis Libretto, setzt ihm ein Ultimatum und erhält den Text schließlich Ende Januar 1908. Zusammen mit dem Autor und Tito Ricordi macht er sich sofort an einen Vertrag, hält auch eine Überarbeitung für notwendig, obwohl ihm das Buch als ganzes gut gefällt.

Unmittelbar danach bricht er mit Elvira zu einer ganz exotischen und schon einmal vor drei Jahren geplanten Reise auf: nach Ägypten. Zunächst fahren sie mit dem Zug nach Neapel. Hier besucht Puccini die Premiere der »Salome«, die Richard Strauss selbst dirigiert, wofür Puccini aber nur Spott übrig hat: »Die orchestrale Ausführung war eine Art schlecht angemachter russischer Salat«, und zum Orchester habe Strauss bei einer Probe gesagt: »Meine Herren, hier handelt es sich nicht um Musik, das muß ein zoologischer Garten sein: blasen Sie laut in Ihre Instrumente!« Dennoch feiert Puccini mit Strauss und anderen Bekannten den Erfolg der modernsten deutschen Oper bis um zwei Uhr in der Nacht. Zum Glück erscheint ein Interview, das Puccini unterwegs auf dem Bahnhof in Rom dem Giornale d'Italia gegeben hat, erst am nächsten Tag; darin wirft er Strauss Eintönigkeit durch den ständigen Gebrauch starker Gegensätze vor, während Debussy ganz neue musikalische Farben gefunden habe. Zwar bewundere er Strauss wie Debussy, bleibe jedoch als Italiener »überzeugter Parteigänger der Melodie«. Puccini brauchte immer diese konservative Selbstbehauptung gegen sein nervöses Interesse an den Entwicklungen der neuen Musik.

Natürlich fühlt sich Elvira auf dem Schiff nach Ägypten wieder schlecht, worüber Puccini boshaft spottet. Vom Land, in das sie fahren, macht er sich möglichst abenteuerliche Vorstellungen: morgen seien sie in der Wüste, läßt er Sybil noch von Bord wissen. Die »Wüste« heißt Alexandria, wo sie zwei Tage bleiben. Dabei sind übrigens die Sängerin Salomea Krusceniski und ihr Mann Cesare Riccioni, der Bürgermeister-Freund aus

Viareggio. In Kairo absolvieren sie dann ein übliches Touristenprogramm, fahren mit dem Schiff auf dem Nil, besuchen im Auto die Wüstenstadt Heliopolis, lassen sich bei den Pyramiden auf Kamelen fotografieren, speisen im europäisch gesitteten Hotel Savoy. Elvira gefällt das alles übrigens überhaupt nicht, es ist ihr zu anstrengend und zu ungewohnt; Puccini beklagt sich bei der fernen Fosca heftig über die Unleidlichkeit ihrer Mutter.

Nach ein paar Tagen reisen sie mit der Bahn nach Luxor, besuchen den Tempel von Karnak und die Gräber im Tal der Könige. Ursprünglich wollten sie noch bis Assuan, aber darauf verzichten sie aus Zeitgründen. Am 20. Februar verlassen sie bereits von Alexandria aus das Land, das Puccini in einem überschäumend kuriosen Brief an Ramelde würdigt, der nichts anderes ist als die Aneinanderreihung von über 60 Begriffen, die sich für ihn jetzt mit Ägypten verbinden.

Während Puccinis Abwesenheit hat sich in Mailand Einschneidendes für das Musikleben der Stadt ereignet: die New Yorker Metropolitan Opera hat von der Scala den Direktor Gatti-Casazza und den Musikchef Toscanini abgeworben, was aber zugleich heißt, daß der italienische Einfluß am führenden Haus Nordamerikas zunehmen wird gegenüber der stark deutsch geprägten Ära Conried. Sicher hat die auch für Puccinis künftiges Werk wichtige Veränderung eine Rolle bei seinen Geschäftsgesprächen in Mailand gespielt.

Seine Diabetes macht ihm wieder zu schaffen (er erhält schmerzhafte Injektionen), mehr noch aber Zangarini, dem er einen guten dritten Akt, wie er ihn sich vorstellt, inzwischen kaum mehr zutraut. In diesen Tagen stirbt in Lucca Assunta Momoni, die alte Dienerin der Familie Puccini und Kindermädchen des kleinen Giacomo – jetzt gedenkt er ihrer in aller Eile mit einem einzigen bedauernden Satz und fährt gleich darauf nach Rom ab.

Die dortige »Butterfly«-Premiere am 25. März im Teatro Costanzi ist der übliche Erfolg, und Puccini findet auch die Sänger sehr gut. Gar nicht zufrieden ist er jedoch mit Leopoldo Mugnones Dirigat: er sei zu laut und zu schnell und habe die Aufführung verdorben, die sonst ideal gewesen wäre. Die »Internationale künstlerische Gesellschaft« gibt für Puccini ein Festbankett, an dem zweihundert Personen teilnehmen, »nur der Papst fehlte«, schreibt er, und es findet auch ein Gala-Abend in Anwesenheit des Königs und der Königin statt.

Gleich danach bricht der Streit mit Zangarini offen aus. Der will nämlich partout keinen Koautor akzeptieren, den Puccini für dringend notwendig hält. Der Komponist setzt sich natürlich durch: in harten Verhandlungen unter Einschaltung des Ricordi-Anwalts zwingt er Zangarini zur Kapitulation. Der Koautor ist Guelfo Civinini, 35 Jahre alt, ein Toskaner aus Livorno, Dichter, Erzähler, Theaterautor und vor allem Journalist. Als solcher war er später Berichterstatter des »Corriere della sera« von allen Kriegsschauplätzen: im libyschen Krieg 1911, im ersten Weltkrieg, dann in Äthiopien. Auch D'Annunzios Freischar-Abenteuer in Fiume 1919/20 machte er mit. Valleroni deutet an, daß Civinini bald nach der Bekanntschaft mit Puccini ein Liebesverhältnis mit Fosca hatte, die um diese Zeit die Villa Grottanelli in Torre del Lago kaufte und bewohnte, in der vor einem Jahrzehnt ihre Eltern als Mieter gelebt hatten, bevor sie ihre eigene Villa bauten.

Puccini jedenfalls, der Civinini noch gar nicht kennt, bittet ihn, sobald wie möglich nach Torre del Lago zu kommen, um den ersten Akt des »Girl« zu kürzen und klarer zu machen. Civinini gehorcht sofort. Ende Mai hat der neue Autor die beiden ersten Akte überarbeitet, und Puccini ist mitten in der Komposition. Die Skizze des ersten Akts mit der Überschrift »La Girl« ist am 24. Mai 1908 in Mailand datiert – die neue Oper ist nun richtig begonnen, fast auf den Tag genau vier Jahre nach dem ersten Erfolg der vorigen.

Mitte Juni fährt Puccini für mehrere Wochen nach Chiatri. In Torre del Lago haben ihn noch Toscanini und Gatti-Casazza besucht, das neue Team der Metropolitan. Sie wünschen natürlich einen spektakulären Einstand für ihren Beginn in New York im Winter, und was hätte da besser sein können als die nächste Puccini-Uraufführung? Auch für den Komponisten lag selbstverständlich der Gedanke nahe, einen amerikanischen Stoff zuerst in Amerika zu präsentieren, aber so schnell ist das aussichtslos. Immerhin spielt er den beiden aus seiner bisherigen Komposition vor, zum Beispiel das Lied des fahrenden Sängers Jack Wallace, was ihnen gut gefällt.

In Chiatri arbeitet Puccini am »Girl« weiter, mit vielen Schwierigkeiten. Die Komposition scheint ihm auf einmal komplizierter, als er gedacht hatte. Er meint, das liege am »charakteristischen Ausdruck«, den er der Oper geben wolle – eine hilflose Formulierung dafür, daß sie nach der langen Schaffenspause und nach Erlebnissen wie »Salome« und »Pelléas et Mélisande« notwendigerweise ein ganz anderes musikalisches Aussehen haben wird als noch die schon ziemlich fortgeschrittene »Butterfly«. Zugleich beklagt Puccini sich bei Sybil über sein schreckliches Vaterland, wo jeder den anderen nur beneide und Größe nicht anerkannt werde, schon gar nicht künstlerische Größe.

Dabei kann Puccini über seinen Ruhm wahrhaftig nicht klagen, jedenfalls soweit er sich in Geld messen läßt. Obwohl Ricordi ihm regelmäßig Abschlagszahlungen für seinen Lebensunterhalt schickt und auch sonst allerlei Rechnungen bezahlt, beträgt sein am Ende des ersten Halbjahrs vom Verlag überwiesener Konto-Überschuß rund 50000 Lire, schon doppelt soviel wie um die Jahrhundertwende, und im nächsten Halbjahr gar 84000 Lire – in heutiger Kaufkraft sind das rund zweieinhalb Millionen Mark (Überschuß in einem Jahr!). Die Monatsrente für seine arme Schwester Nitteti erhöht er am Ende dieses Jahres auf 150 Lire.

Caselli und der junge lucchesische Musiker Gustavo Giovannetti kommen nach Chiatri, und Puccini spielt ihnen aus dem ersten Akt des »Girl« vor, nicht singend, sondern mit markierender Sprechstimme, was alle tief bewegt; aber sie werden bei Puccinis dürftigen Vortragskünsten, auch am Klavier, nur einen sehr ungenauen Eindruck von der künftigen Oper gewonnen haben. Puccini fühlt sich danach auf einmal besser, dennoch: »Wie schwer ist es, heutzutage eine Oper zu schreiben!«

Die nächsten zwei Wochen vergehen in völliger Ruhe und bringen ihn mit der Komposition voran, wenn auch nur langsam. Erst danach meldet er sich wieder bei der Außenwelt: der erste Akt enthalte zu viele Details, bei denen man kürzen müsse; er brauche dazu die Librettisten, die sich aber nicht rührten. Und er wiederholt: »Dieses ›Girl‹ ist eine entsetzlich schwierige Arbeit.« Übrigens scheut er den italienischen Titel »Fanciulla«, weil die letzten beiden Silben im Dialekt so etwas wie Dummkopf bedeuten, und das möchte er nicht auf sich bezogen wissen.

Anfang August fliehen die Puccinis vor der Hitze höher hinauf nach Boscolungo. Dorthin schickt Civinini endlich seinen Entwurf des dritten Akts, der Puccini aber natürlich nicht zufriedenstellt. Als es auch noch ununterbrochen regnet, verläßt er das Gebirge. Seine Überlegungen, wie die neue Oper heißen soll, sind inzwischen bei »La Figlia del West« (»Die Tochter des Westens«) oder »L'Occidente d'oro« (»Der goldene Westen«) angekommen. Zutiefst berührt ihn Carusos Trennung von dessen langjähriger Freundin Ada Giacchetti – es liegt nahe, daß er da an seine eigene Situation gedacht hat. Nur wenige Tage später spitzt die sich nämlich in höchst dramatischer Weise zu: es beginnt die schwerste Krise in Puccinis Privatleben, weit schlimmer als die Corinna-Affäre und als alles spätere.

Die Geschichte beginnt anscheinend Anfang Oktober, und zwar damit, daß Elvira das Dienstmädchen Doria Manfredi unter wüsten Beschimpfungen davonjagt. Sie verdächtigt sie intimer Beziehungen mit Giacomo, weil Doria noch spät abends Wäsche bügelt, wenn Elvira schon schläft und

Giacomo nach seiner Gewohnheit komponiert. Über die Entlassung des Mädchens kommt es zu heftigen Auseinandersetzungen zwischen den Ehegatten. Giacomo an Sybil: »Es gibt Tage, da möchte ich mein Heim verlassen – ... aber mir fehlt die moralische Kraft dazu ... ›The Girl‹ ist vollständig versiegt – und Gott weiß, wann ich den Mut haben werde, meine Arbeit wieder aufzunehmen!«

Doria Manfredi stammte aus Torre del Lago selbst, wo ihr Familienname damals wie noch heute dutzendfach vorkommt – auch unter Puccinis alten See-Kumpanen gab es mehrere Manfredis. Sie war schon seit längerer Zeit im Haushalt der Puccinis beschäftigt, offenbar zuerst als Helferin nach dem Autounfall von 1903. Ein kleines Mädchen war sie zur Zeit des großen Skandals allerdings längst nicht mehr (wie man oft lesen kann), sondern mit 23 Jahren fast schon eine reife Frau. Das Foto auf ihrem Grabstein zeigt ein resolutes, aber auch hübsches Gesicht. Manche Indizien sprechen eher dagegen, daß Elviras Vorwürfe berechtigt waren, ganz von der Hand zu weisen sind sie aber nicht. Denn wenn Puccini vermutlich auch kein Verhältnis mit Doria im sexuellen Sinn hatte, so wird er doch mit der attraktiven jungen Frau zunehmend geflirtet haben, und es ist wahrscheinlich, daß Doria selbst in den netten, berühmten, 27 Jahre älteren Mann verliebt war.

Gewiß aber war Puccini nach Elviras subjektivem Empfinden schuldig. Seit zwanzig Jahren sah sie nun zu, wie er sich mit mehr oder weniger weiten Seitensprüngen erotische Freuden verschaffte, die sie sich nicht gönnen konnte und wollte. Sie hatte einen unermeßlich großen Schritt getan, als sie ihren ersten Mann verließ, um in Armut mit Puccini zu leben, fast zwanzig Jahre lang in einem illegitimen Verhältnis, das die Gesellschaft Konkubinat nannte und ihr mehr vorwarf als ihm. Elvira liebte Giacomo noch immer, und sie kannte nichts anderes. Auch Giacomo liebte Elvira noch immer, aber er kannte vieles andere: jüngere und schönere Frauen und vor allem seine Musik. Mit dieser hatte Elvira so gut wie nichts im Sinn, sie verstand nichts davon, in künstlerischen Dingen war sie ihrem Mann alles andere als eine Partnerin.

Sie war, wie ihre wenigen erhaltenen Briefe zeigen, eine intelligente, sprachlich gewandte Frau. Aber sie war eine Kleinbürgerin geblieben, die sich vor Puccinis Ausflügen in die Welt des Großbürgertums und der Aristokratie fürchtete. Ebensowenig mochte sie Puccinis geliebte Gegenwelt: die Bauern, Jäger und Fischer um seine Landvillen in Torre del Lago, Chiatri, Boscolungo, später Torre della Tagliata. Sie war eine biedere und bequeme italienische Stadtfrau, bescheiden im Anspruch, familienbezo-

*Friedhof Torre del Lago: Das Grab Dorias
und ihrer Mutter*

gen, ohne besondere Ambitionen – genau das, was Puccini verachtete, so sehr es seiner eigenen Herkunft entsprach.

Mit den Jahren hatte auch Elviras Aussehen gelitten. Die bekannten Fotos zeigen sie als kräftige Matrone, während Giacomo immer mehr das geworden war, was man einen »schönen Mann« nennt. Überraschenderweise gibt es ein ganz spätes Bild von ihr, auf dem sie wieder eine wirkliche Schönheit ist – aber da war Giacomo längst tot. Es ist, als hätte nur seine Anwesenheit sie häßlich gemacht. Gegen Puccinis Untreue kämpfte sie nicht mit gleichen Waffen, was sie vielleicht gerettet hätte, sondern mit

*Puccini 1908, um die Zeit
der Doria-Tragödie*

dem immer falschen Mittel der Eifersucht, was alles noch schlimmer machte. Der Fall Doria Manfredi war, selbst wenn Elvira mit ihren Vorwürfen recht gehabt hätte, bei weitem nicht der krasseste, aber er war anscheinend der berühmte Tropfen, der das Faß ihrer Enttäuschungen, Übellaunigkeit, Kränkungen zum Überlaufen brachte.

Elvira reagiert in einem extremen Übermaß. Sie nennt Doria eine Hure und beschimpft auch Giacomo so heftig, daß der es schließlich nicht mehr aushält und in den ersten Oktobertagen nach Paris flieht. Im ersten Brief von dort an Sybil gesteht er, daß er sogar an Selbstmord gedacht habe. Zu allem Überfluß hat der Sohn Antonio seine Absicht mitgeteilt, weder sein Examen zu machen noch seine Studien fortzusetzen – die Familie Puccini ist auf dem tiefsten Punkt seit ihrer Gründung angekommen.

Paris ist willkommene Ablenkung. In der Opéra comique kann Direktor Carré Puccini zu Ehren drei seiner Opern auf den Spielplan setzen: zweimal »Tosca« und je einmal »La Bohème« und »Madame Butterfly« – sie sind alle ausverkauft, was Puccini guttut. Seine Beliebtheit und sein Ruhm übertreffen hier jede Vorstellung – anders als in Mailand, wie er bitter anmerkt.

Elvira fragt über einen Freund an, ob sie nach Paris kommen solle. Sie hat wohl begriffen, daß sie überzogen hat. Aber der tief gekränkte Puccini weist die sicher als Versöhnungsangebot gemeinte Geste entschieden zurück, womit er gewiß zum Fortgang der Tragödie beiträgt. Er kehrt auch nicht wie versprochen am Ende der Woche nach Torre del Lago zurück, sondern entschließt sich zuvor zu einem Ausflug nach London, zu Sybil, die ihn schon brieflich aufzurichten versucht hat – wie auch Giulio Ricordi, der voller Schreck über die möglichen produktionstechnischen Folgen zunächst einmal seine Partei ergreift: Puccinis Kunst sei wichtiger als seine Aufregung über »bestimmte Personen«.

Bei der Rückkehr nach Mailand benutzt Puccini dort nicht die eigene Wohnung, sondern zieht zweihundert Meter weiter ins Hotel Regina. Von da schreibt er an Doria: er bedaure, wie ungerecht ihr mitgespielt werde, weil er sie schätze und weil sie immer gut zu ihm gewesen sei. Elvira kommt nach Mailand, sie sprechen lange miteinander, dann geht sie in die Wohnung, er ins Hotel. Puccini sieht ein, daß auch Elvira unter der Situation schwer leidet, wohl gar das »Opfer anderer« sei (welche anderen meint er?); aber er ist zu einer Versöhnung nur bereit, wenn Elvira sich ändert, er will der Herr sein (»padrone«) und keine Schmerzen mehr haben, nicht »italienisch« leben, was die eigene Frau betrifft – soll wohl heißen: sich nicht der Herrschaft der mamma fügen. Er fühlt sich Elvira gegenüber stark, sicher deshalb, weil er diesmal ausnahmsweise kein schlechtes Gewissen hat. Was in seiner Frau während der ganzen vergangenen Jahre vorging, hat er nicht begriffen.

Dennoch fühlt er sich natürlich in dieser Situation nicht gut. Schlafen kann er nur, wenn er Veronal einnimmt, und von Arbeit darf überhaupt nicht die Rede sein. Im ganzen scheint er jedoch zu glauben, daß die Affäre beigelegt ist. Er kündigt nicht nur seine Rückkehr nach Torre del Lago an, wo Elvira schon wieder ist, sondern betont auch, an allem seien üble Gerüchte schuld, nicht Elvira!

Elvira Puccini: ein Pracht-Bild

Die spärlichen Zeugnisse bis zum Ende des Jahres lassen kein klares Bild von den folgenden Ereignissen gewinnen. In einem Brief an die Mutter Manfredi erklärt Puccini, »schlimme Menschen« hätten seiner Frau den Kopf verdreht, er habe Doria immer als Mitglied seiner Familie empfunden. Danach arbeitet sie wieder bei den Puccinis. Und Puccini arbeitet wieder an seiner Oper.

Aber beides geht nicht gut. Elvira stellt sofort nach Dorias Rückkehr fest, daß Giacomos freundliche Stimmung ihr gegenüber vorbei ist. Noch am selben Abend bricht er einen Streit vom Zaun und schlägt sie sogar. Wahrscheinlich verläßt Doria daraufhin sehr schnell wieder das Haus, und alles wird noch schlimmer als zuvor. Elvira verfolgt Doria nun öffentlich. Auch Puccini treibt ein gefährliches Spiel: heimlich trifft er sich einige Male mit Doria, angeblich weil sie ihm leid tut – vielleicht aber auch beginnt erst jetzt bei ihm eine ernsthafte Zuneigung zu der jungen Frau. Nebenbei geht seine Arbeit so langsam voran, daß er zweifelt, ob zuerst sie am Ende sein wird oder er.

Ende Dezember attackiert Elvira zum ersten Mal Doria auf offener Straße, weitere solche peinlichen Begegnungen sind aktenkundig. Unter Zeugen nennt sie sie »eine Schlampe, ein Liebchen, sie sei eine Hure, weil sie die Geliebte ihres Mannes sei, jetzt gehe sie gerade zum See, um ihn zu treffen, bei Jesus und der Madonna werde sie sie früher oder später im See ertränken«.

Verblüffend ist, daß Puccini in dieser Zeit einen ganz unbekümmerten Ton anschlägt, wenn er an Freunde schreibt, die nicht unmittelbar an den skandalösen Vorgängen in Torre del Lago beteiligt sind. Offenbar hofft er noch immer, das ganze Ausmaß des Desasters verschleiern zu können. Auch seinen öffentlichen Pflichten als prominenter Italiener kommt er nach: am 12. Januar 1909 schreibt er eine Notenseite nieder für eine Autographensammlung zugunsten der Opfer des schweren Erdbebens von Messina, bei dem es zwei Wochen zuvor 83000 Tote gegeben hatte. Es sind zehn Takte aus dem ersten Akt der neuen Oper, und die Stelle endet sinnigerweise mit dem Ausruf des Sheriffs Rance »verfluchte Erde!«

Die Eingeweihten wissen, wie es wirklich um Puccini steht. An Sybil schreibt er: »Ich möchte nicht mehr leben, jedenfalls nicht mir ihr.« Eigentlich möchte er, daß Elvira weggehe; denn er selbst wisse ja nicht wohin, aber hier würde er allein gern bleiben, weil er »an die Bequemlichkeit meines Hauses gewöhnt« ist. Seine Wehleidigkeit nimmt, bei allem Verständnis für seine Situation, allmählich groteske Züge an. Elvira verhält sich nicht weniger grotesk: sie verkleidet sich nachts als Mann und versucht

Doria und Giacomo bei einem Rendezvous zu erwischen, Erinnerungen wohl an die Corinna-Zeit, aber ergebnislos. Oder doch mit einem Ergebnis: Puccini flieht vor der unerträglichen Spannung nach Rom. Er hält das zunächst für ein ähnliches Unternehmen wie die Paris-Reise im letzten Oktober, mit dem er sich dem größten Druck entzieht; diesmal bittet er sogar Elvira, hierherzukommen, und er gedenkt, in ein paar Tagen schon wieder zurückzufahren.

Doch dann kommt alles ganz anders, weil das wahre Opfer der Puccinischen Ehekrise das Spiel nicht mehr mitmacht. Doria Manfredi kauft einen Tag nach Puccinis Flucht in der Apotheke ein Desinfektionsmittel (»Sublimat«) und nimmt davon drei Tabletten ein. Man bemüht sich um die Selbstmörderin, und sie lebt auch noch ein paar Tage.

Als Puccini in Rom die schreckliche Nachricht erhält, schickt er ein entsetztes Telegramm an den Ginori-Verwalter und Jagd-Kumpan Bettolacci in Torre del Lago mit der dringenden Bitte um weitere Informationen und gleich hinterher einen längeren furchterfüllten Brief. Bettolacci ist in diesen Tagen Puccinis »Agent« in Torre del Lago und, mehr noch als die sonst so vertraute Schwester Ramelde, Adressat für Puccinis Verzweiflungsausbrüche. Er schreibt an Sybil: »Ich bin ruiniert! ... Das ist das Ende meiner Familie, das Ende von Torre del Lago, das Ende von allem.«

Am nächsten Tag, dem 29. Januar, trifft die gefürchtete Nachricht ein: Doria Manfredi ist an ihrer selbstzugefügten Vergiftung gestorben. Für Puccini ist die Konsequenz klar: nie mehr möchte er etwas mit Elvira zu tun haben. Zugleich nimmt er sie aber auch in Schutz gegen die angekündigte Klage durch Dorias Familie: sie sei nur teilweise für den Selbstmord der jungen Frau verantwortlich; man müsse einen Prozeß abwenden, der ernste Folgen für sie hätte und moralisch auch für ihn selbst. Der Kommentar des väterlichen Freunds Giulio Ricordi hat ihn sicher auch beeindruckt: zwar höre Puccini ja nie auf ihn, aber er müsse nun wirklich sein Leben ändern.

Natürlich hat Dorias Tod Puccini tief getroffen. Aber er ist auch bewußt genug, um den Schaden zu begrenzen. Er beauftragt Bettolacci, Blumen für die Beerdigung zu besorgen, ohne daß sie als von ihm bestellt erkennbar sind, bittet ihn zugleich aber auch, mit Dorias Bruder Rodolfo darüber zu verhandeln, daß der nichts juristisch Relevantes gegen Elvira oder ihn unternimmt. Gespannt ist er auf das Ergebnis der Untersuchung von Dorias jungfräulicher Unversehrtheit, die sie selbst zwischen Vergiftung und Tod verlangt haben soll. Tatsächlich bestätigt der torrelaghesische Dorfarzt Giacchi, daß Doria Jungfrau gewesen sei. Das muß nicht stimmen. Denn der Arzt ist Puccini freundschaftlich verbunden, unter anderem hat er ihm vor fünf Jahren als Trauzeuge gedient – ein Gefälligkeitsgutachten wäre ihm durchaus zuzutrauen. Jedenfalls aber befriedigt das Ergebnis sowohl Dorias Familie als auch Puccini: es beweist für alle Öffentlichkeit, daß es keine sexuellen Beziehungen gegeben hatte.

Wie er damit moralisch freigesprochen ist, so gerät zugleich Elvira um so mehr unter Anklage. Klugerweise hat sie sofort nach Dorias Vergiftung Torre del Lago verlassen und ist nach Mailand gefahren, denn die Stimmung im Dorf ist aggressiv gegen sie gerichtet. Dorias Mutter Emilia erstattet beim Präfekten von Viareggio Anzeige gegen Elvira.

Um auch dieser gegenüber alles klarzumachen, schreibt ihr Puccini, das Beste für sie beide sei, sich zu trennen: »Zwischen uns steht eine Leiche.« In Mailand verhandelt schon sein Anwalt Carlo Nasi mit ihr und empfiehlt ihr einen anderen Advokaten, der ein Verehrer Puccinis ist. Offenbar werden die Weichen für eine Puccini nicht allzu schwer treffende vermögens- und versorgungsrechtliche Regelung gestellt. Tatsächlich liegen die Hauptschwierigkeiten in Elviras finanziellen Forderungen, während sie zugleich in verzweifelten Briefen an den gemeinsamen Freund Caselli die Trennung beklagt – Elviras Verwirrung der Gefühle ist in diesen Tagen gewiß nicht geringer als die Giacomos. Der korrespondiert inzwischen auch mit dem Sohn Tonio, mit dem es Spannungen gibt, weil er sich nicht einfach auf des Vaters Seite schlägt. Zu Recht weist er auf seine »sehr delikate und heikle Position« hin.

Mitte Februar entscheidet sich Puccini für einen Aufenthalt im nahen Capalbio. Natürlich wird das keine entspannende Erholung, denn seine »Affäre« verfolgt ihn überall. Er erhält Briefe und Telegramme von Dorias Bruder, die er bedrohlich findet. Er stiftet Geld für wohltätige Zwecke in Torre del Lago, wohl um ein besseres Klima für seine Rückkehr zu schaffen, die er für dringend hält, um Schlimmeres zu verhüten. Sorgen macht ihm das fehlende Hauspersonal, schließlich bewegt er eine Schwester, wahrscheinlich die verwitwete Nitteti, ihm den Haushalt zu führen, und fährt Ende Februar endlich wieder nach Torre del Lago.

Aber die erhoffte Rückkehr seiner Ruhe und Schaffenskraft findet nicht statt. In Alpträumen erscheint ihm immer wieder das schreckliche Schicksal der armen unschuldigen Doria. Puccini ist müde und sieht noch immer keine Aussicht für sein weiteres Leben: »Ich bin völlig unfähig zu arbeiten, und vielleicht werde ich nie mehr arbeiten. Ich glaube, mein Leben ist zu Ende, vorbei – ich möchte nur sterben.« Überraschenderweise beginnt seine harte Haltung gegenüber Elvira sich aufzuweichen: »Ich stehe fest zu meinem Vorschlag einer Trennung – es wird keine dauernde Trennung sein, aber im Augenblick muß sie sich dieser Strafe unterwerfen.«

Mitte März ist Puccini, vielleicht gerade wegen dieses neuen Gedankens, etwas optimistischer: »Wenn meine Gesundheit es erlaubt, werde ich bald mein vernachlässigtes Werk wiederaufnehmen.« Er bemüht sich, sich nicht von »Mitleid und Erbarmen« einnehmen zu lassen, als er hört, daß Elvira »niedergeschlagen, abgemagert und unglücklich« sei. Er trifft sie nicht bei einem Besuch in Mailand, sondern nur Tonio, und überlegt vielmehr, ob er sich in London oder Paris niederlassen soll.

Gleich nach der Rückkehr nach Torre del Lago erhält Puccini einen Brief von Elvira, der ein einzigartiges Dokument zu ihrer Beziehung darstellt. Mit geradezu psychoanalytischer Schärfe interpretiert sie ihren Mann. Er sei ein großer Egoist, der nichts tue, um sie vor dem bevorstehenden Gerichtsverfahren zu bewahren – was sie umgekehrt seinerzeit im Rechtsstreit mit der Torinesin (Corinna) getan habe, obwohl er damals, anders als sie jetzt, wirklich schuldig gewesen sei. Elvira bekennt freimütig ihre augenblickliche völlige Verwirrung, sie wisse nicht, was sie sage, und schon gar nicht, wie sie sich vor Gericht verhalten und wen sie alles beschuldigen werde. Das hört sich wie ein Erpressungsversuch an, aber es klingt auch sehr ehrlich. Und dann kommt es ganz dick: »Für allzu lange Zeit hast Du aus mir Dein Opfer gemacht, hast meine guten und liebevollen Empfindungen für Dich mit Füßen getreten, indem Du mich immer in meinem Gefühl als Mutter und leidenschaftliche Liebhaberin beleidigt hast, die ich immer war.« Mit seinem Egoismus habe Giacomo eine ganze Familie zerstört, und dafür werde er zahlen müssen, spätestens dann, wenn er im Alter einsam sei. Er solle endlich aufhören zu lügen, vor allem auch sich selbst zu belügen.

Der brillant formulierte Brief, der eine Menge Wahrheit enthält, ist in Einzelheiten sicher übertrieben; aber die gründliche Charakterisierung Puccinis mag ihn zum Nachdenken gebracht haben – er ist völlig sprachlos, weil sein die ganze Zeit über vorhandenes selbstgerechtes Bewußtsein ins Wanken gerät. Vielleicht bezeichnet dieser Brief den Beginn einer Umkehr, den Anfang einer Versöhnung, der die nächsten Wochen dienen.

Interessanterweise reagiert Puccini nämlich nicht mit erneuter Wut und völliger Verzweiflung, sondern sehr »konstruktiv«: er wendet sich wieder seinem Werk zu, indem er noch einmal Debussys »Pelléas«-Partitur studiert. Deren musikalische Entdeckungen werden die gerade entstehende »Fanciulla«-Komposition erheblich beeinflussen, obwohl Puccini Debussys Oper offiziell »zu grau und eintönig« findet. Wie aus einer längst vergangenen Zeit erreichen ihn plötzlich Pascolis Inschriften für die Grabplatten seiner Eltern, er bedankt sich knapp.

Am selben Tag fährt er nach Mailand zur italienischen Erstaufführung von Richard Strauss' ganz neuer Oper »Elektra«, die am 6. April in der Scala stattfindet, nur ein Vierteljahr nach der Dresdner Uraufführung. Das Stück jagt ihm einen wahren Schreck ein: »Salome mag noch angehen, aber Elektra ist zuviel!« Dennoch hat er natürlich sehr gut gehört, was sich da musikalisch abspielt und welch kühnen Schritt in die Nähe der Atonalität Strauss damit gewagt hat. Dieser Schritt war vielleicht für Strauss selbst zu groß und erst recht für Puccini. Aber Erfahrungen davon sind durchaus auch in die »Fanciulla« eingegangen.

Zu seiner Überraschung trifft Puccini in Mailand Tonio nicht an, weil der inzwischen nach München gezogen ist. Puccini schreibt dem Sohn einen Tag nach der »Elektra« einen langen gekränkten Brief: wie könne er nur, ohne ihn zu informieren, seinen Arbeitsplatz beim Autohändler Minetti verlassen? Schließlich habe er als sein Vater jahrelang ohne Zögern seine Ausbildung bezahlt, die immerhin 10000 Lire gekostet habe. Was Tonio von den häuslichen Ereignissen wisse, seien Lügen; Puccini wünsche die Versöhnung mit Elvira, aber nur wenn sie zur Wahrheit zurückkehre und von ihrem »hartnäckigen Hochmut« ablasse. Vor allem aber solle Tonio zurückkehren, sein Arbeitgeber werde ihn gern weiterbeschäftigen.

Der Sohn aber hat statt dessen in seiner Verzweiflung den Plan entwickelt, nach Afrika auszuwandern. Entsetzt widerspricht der Vater: das mörderische Klima sei nichts für seine physische Konstitution, dort krepierten 99 von 100.

Bemerkenswert genug bleibt, daß Puccini in dieser privaten Atmosphäre seine Arbeit vorantreiben kann. Am 28. April beendet er die Kompositionsskizze des ersten »Fanciulla«-Akts. Außerdem hat er umfangreiche Reisepläne. Mitte Mai reist er nach London. Er fährt über Mailand, wo er sich mit Elvira trifft. Kein sehr erfolgreiches Unternehmen: Elvira, so schreibt Puccini an den inzwischen doch in die Mailänder Familienwohnung zurückgekehrten Sohn, wolle noch immer nicht einsehen, daß sie die Ursache allen Übels sei. Zwar werde er gern das gemeinsame Leben wiederaufnehmen, aber nicht wenn er sich unterwerfen müsse. Vor allem solle Elvira sich vor Gericht schuldig bekennen und nicht die »beleidigte Königin« spielen. Puccini ist zu dieser Zeit vor allem daran interessiert, die Lage zu beruhigen, den unausweichlichen Prozeß möglichst rasch und ohne öffentliches Aufsehen abzuwickeln, und dazu braucht er Elviras Einverständnis. Aber das ist im Augenblick nicht zu erhalten, Puccini macht sich auf den Heimweg.

Aus seinem Mailänder Hotel schreibt er sofort an Elvira in der Via Verdi, sie solle zu einer Aussprache zu ihm kommen. Das tut sie auch, aber erneut ist das Ergebnis eher ein Rückschlag. Elvira verlangt von Puccini eine Entschuldigung, was der empört zurückweist: »Du bist verrückt!« Er spielt sehr hoch, indem er ihr erklärt, nach dem Prozeß sei er bereit, sie »zurückzunehmen«, er habe nichts zu befürchten.

Ende Juni schreibt Puccini zum ersten Mal nach langer Zeit an Giulio Ricordi, nachdem das öffentliche Aufsehen viel zu groß geworden ist, um den geliebten wie ob seiner Strenge gefürchteten Verleger aus der Sache herauszuhalten. Verzweifelt wirbt er um Verständnis für seine Situation, aber der väterliche Freund nennt ihn in seiner Antwort eine »Sphinx« – keine schlechte Bezeichnung, auch wenn Puccini sie kopfschüttelnd zurückweist. Immerhin trägt seine stetige Politik gegenüber Elvira endlich Früchte: sie schreibt ihm plötzlich einen »unterwürfigen, reuevollen, herzlichen Brief« – worauf Puccini prompt Zweifel äußert, ob nach dem Prozeß ein Leben mit Elvira wieder möglich sein werde. Er sei statt dessen auch bereit, für immer seine Freiheit zu wählen.

Dann kommt das große Ereignis: am 6. Juli spricht die Strafkammer in Lucca das Urteil gegen die (sicher klugerweise) abwesende Elvira. Sie wird schuldig befunden, Doria Manfredi öffentlich als Geliebte ihres Mannes sowie als »Sau, Hure, Dreck, Klatschweib und ähnliches« bezeichnet und sie mit Verfolgung und Tötung bedroht zu haben. Da sie keinerlei Beweise vorgelegt habe, könne Eifersucht nicht als schuldmindernd anerkannt werden. Die Gesamtstrafe beträgt fünf Monate und fünf Tage Gefängnis zuzüglich 700 Lire, der Familie Manfredi wird ein zivilrechtlich einzuklagender Schadenersatz zugesprochen, die Prozeßkosten hat Elvira zu tragen.

Puccini findet das Urteil überaus hart und niederschmetternd. Elvira legt sofort Berufung ein. Eindringlich weist sie Puccini auf die Folgen hin, die ihr Auftritt vor Gericht haben könnte: die Wahrheit würde ihm nur schaden. Und wie könne er vor der Öffentlichkeit verantworten, nichts gegen ihre Inhaftierung getan zu haben? Puccini versteht die Hinweise offenbar genau, besser als wir es heute nachvollziehen können. Elviras Andeutungen sind ihm anscheinend unangenehm, und es ist sicher nicht nur Mitleid mit ihr, wenn er einen neuen Versuch macht, mit einer großen Geldsumme die Manfredis zur Rücknahme der Klage zu bewegen.

Schließlich fährt er nach Mailand. Sybil gegenüber behauptet er zwar, das sei wegen einer Krankheit Tonios geschehen; in Wahrheit aber scheint es, als habe er Elvira noch einmal im direkten Gespräch überzeugen müssen, daß sie ihre Gemeinsamkeit fortzusetzen haben. Und endlich gelingt die lange verfolgte Absicht: Elvira und Tonio kehren mit Giacomo in seinen Ferienort Bagni di Lucca zurück. Nach einem über alle Maßen erregenden und anstrengenden halben Jahr der definitiven Trennung von Tisch und Bett ist das Ehepaar zum ersten Mal wieder vereinigt, wenn auch nicht im eigenen Haus.

Nun kann Puccini auch wieder arbeiten. Carignani, der Klavierauszug-Anfertiger und Freund, kommt nach Bagni, auch Zangarini, der erste und nach und neben Civinini noch immer tätige »Fanciulla«-Librettist. Puccini entschließt sich, länger als geplant hierzubleiben und nicht nach Boscolungo zu gehen, wie er es ursprünglich vorhatte – ja er beabsichtigt sogar, das Haus droben in den Apenninen zu verkaufen, das er noch nie übermäßig geliebt hat. Am 22. August teilt er Sybil mit, daß auch seine privaten Anstrengungen Erfolg hatten: das Urteil gegen Elvira sei annulliert und die Zivilklage zurückgezogen. Puccini soll den Manfredis dafür 12000 Lire gezahlt haben – das ist eine Menge Geld, ein knappes Zehntel eines Puccinischen Jahreseinkommens oder zwölf Jahreseinkommen eines italienischen Arbeiters. Dorias Familie soll sich mit dem Geld ein Haus in der Nähe gebaut und den eindrucksvollen Grabstein auf dem Friedhof von Torre del Lago bezahlt haben. Puccini – so will es die Legende – habe das Grab an jedem Jahrestag von Dorias Tod besucht und Blumen gebracht. Mit so rührenden Assoziationen endet die größte Krise in Puccinis Leben, ein knappes Jahr nachdem sie begonnen hat.

Anfang September verläßt Puccini Bagni di Lucca. Mit seiner Arbeit an der »Fanciulla« ist er ziemlich zufrieden, am 30. September teilt er Sybil aus Torre del Lago mit, er sei mit dem zweiten Akt fast fertig, nämlich mit dem Liebesduett – wonach in dem Akt allerdings noch ein ziemlich großer und wichtiger Teil folgt. Im Oktober nennt er zum ersten Mal den endgültigen Titel: »La Fanciulla del West«, und die jüngsten Ereignisse grollen im Hintergrund: »Vergessen wir die sehr bittere Vergangenheit!«

Mitte November ist er mit der Komposition fertig, denn da beginnt er mit der Ausführung der Partitur. Der Verlag hat ihn hierfür aufs beste bedient: er liefert ihm Notenpapier, in dem nicht nur wie bisher üblich die Instrumente vorgedruckt sind, sondern das auch exklusiv mit Puccinis Monogramm und dem Titel der Oper versehen ist. Am 22. November beginnt Puccini, nachdem er sich Platz für das Vorspiel gelassen hat, mit der Instrumentierung der ersten »Fanciulla«-Szene (bei Ziffer 5). Er arbeitet hart, kommt auch schnell voran, was bei der opulent und differenziert instrumentierten Partitur immerhin bemerkenswert ist. Während der langen Entstehungszeit muß in seinem Sinn sich doch schon viel davon vorgebildet haben, wie diese »Fanciulla« klingen sollte.

Eine Bemerkung in einem Brief an Sybil zeigt, daß trotz der Versöhnung mit Elvira noch keineswegs der ersehnte Frieden eingekehrt ist – mehr denn je ist die Arbeit im wahren Wortsinn Puccinis Fluchtpunkt: »Ich habe Minnie – der Rest ist Leere.« In diese Arbeit vertieft er sich so intensiv, daß er nach zwei Monaten mit der Instrumentation des umfangreichen ersten Akts fertig ist: am 21. Januar 1910 um Mitternacht.

Er gönnt sich keine Pause, aber seine Stimmung ist depressiv: »Leiden ist unser aller Schicksal«, schreibt er an Sybil, und: »(Minnie) ist von nun an das einzige Vergnügen, das mir geblieben ist; ich denke mit Schrecken an den Tag, an dem meine Arbeit beendet sein wird und ich einem einsamen ›tête-a-tête‹ mit mir selbst überlassen bin ... Mein Werk ist nur eine kleine Sache, eine viel zu kleine; aber noch ist es wenigstens etwas!« Anfang Februar erklärt Puccini, daß er Mailand satt habe und die freie Luft von Torre del Lago brauche. Das fast völlige Fehlen von Briefen in den nächsten Wochen weist darauf hin, wie konzentriert er arbeitet, während er den zweiten Akt instrumentiert. Zeitweise ist Carignani da, der wohl schon den Klavierauszug vorbereitet.

In dieser Situation überkommt Puccini wieder sein üblicher Einsamkeits-Horror. Er wirft Elvira vor, sich eine schöne Zeit in Mailand zu machen und ihn zu vernachlässigen. Dabei pflegt sie dort die kranke Tochter Fosca und beschwert sich ihrerseits, daß Puccini sich nie nach deren Befinden erkundige. Wenigstens solle er ihr etwas Geld schicken, damit Fosca nicht immer ihren Mann darum bitten müsse – anscheinend ist die Entfremdung auch des jüngeren Paars schon fortgeschritten. Puccini folgt der Bitte natürlich, aber Elvira hat ihm auch noch etwas anderes mitzuteilen, was Puccini sicher eher stört, weil es tief in ihr altes und äußerlich gerade bewältigtes Problem hineinreicht: »Ich denke so viel an dich, und du fehlst mir so sehr. Vielleicht fehle ich dir nur wegen der Bequemlichkeit deines Lebens. Aber du fehlst mir in einer ganz anderen Art!« Und sie unterschreibt mit dem erotischen Kosenamen ihrer früheren Liebeszeit: »Deine Topizia« (kleine Maus). Jedenfalls verspricht sie, Anfang März nach Torre del Lago zu kommen – so wird der übellaunige Puccini das nun wieder nicht gemeint haben.

Ein anderes Familienproblem dieser Tage ist der Sohn Tonio. Statt seiner wohl eher bescheidenen Beschäftigung beim Autohändler Minetti sucht sein Vater für ihn eine ansehnlichere und selbständigere Tätigkeit, schwer genug bei einem jungen Mann ohne Studienabschluß oder Berufsausbildung. Puccini versucht Tonio die Vertretung der Turiner Autofirma S. P. A. für die Lombardei zu verschaffen und wendet sich deshalb Protektion suchend an den Präsidenten dieser Firma, Cesare Gamba, den er aus Torre del Lago kennt (Gamba kaufte dort ein Jahr später Foscas Haus, die ehemalige Villa Grottanelli). Allerdings scheitern alle diese Bemühungen. Tonios berufliche Tätigkeit bleibt immer eine unbehobene Sorge für seine Eltern.

Natürlich bessert auch dieser Vorgang Puccinis Laune nicht, die er als »schwarz wie ein Kamindeckel« beschreibt. In solcher Stimmung stellt er die Instrumentation des zweiten »Fanciulla«-Akts fertig, und er datiert das Ende der anspruchsvollen Arbeit genauestens: 24 Minuten nach 12 in der Nacht vom 7. zum 8. April. Zugleich denkt er über eine angemessene repräsentative Widmung der Oper nach. Nachdem die vorige der italienischen Königin galt, soll es nun die englische Alexandra sein, Edwards VII. Frau.

Anfang Mai, nachdem er sicher schon ein gutes Stück des dritten Akts instrumentiert hat, begibt Puccini sich nach Mailand. Das war eigentlich nicht vorgesehen, aber es sind zwei wichtige Entscheidungen zu treffen, nämlich erstens: Puccini soll trotz seiner Arbeitsbelastung aus Public-relations-Gründen zur ersten Aufführung der »Manon Lescaut« in Paris fahren, und zweitens: die Uraufführung der »Fanciulla« soll Ende November in New York stattfinden. Beides wird tatsächlich bereits in den ersten Mai-Tagen so fixiert, und nach einem Mailänder Monat fährt Puccini mit Elvira und Tonio nach Paris.

»Manon Lescaut« hatte man in der französischen Hauptstadt trotz Puccinis Beliebtheit bisher vermieden, wohl wegen der Konkurrenz mit Massenets französischer »Manon«. Puccinis erstes Erfolgsstück wird jetzt auch nicht von einem der ortsansässigen Opernhäuser und auf französisch gespielt, sondern im Rahmen eines Gastspiels des Metropolitan-Ensembles unter seinem Chefdirigenten Toscanini. Dessen vielumjubelten Auftritt im Châtelet-Theater nennt Puccini den »größten Erfolg meines Lebens«. Dazu gehört wohl auch, daß er in Paris mit dem Metropolitan-Manager Gatti-Casazza die endgültige schriftliche Vereinbarung über die Uraufführung der »Fanciulla del West« getroffen hat. Sie soll am 6. Dezember stattfinden, Puccini wird zwei Wochen vorher für die Inszenierung und zwei Wochen danach für den Besuch der Aufführungen seiner Opern in New York zur Verfügung stehen; die Metropolitan zahlt ihm dafür alle Aufenthaltskosten: Wohnzimmer, Schlafzimmer, Bad, Verpflegung, Autos, sowie die

Reise für ihn und seine Frau und zusätzlich ein Honorar von 20000 Lire – es ist ein Vertrag, wie ihn nur der berühmteste und erfolgreichste lebende Opernkomponist erwarten kann.

Am 20. Juni nimmt er an der Einweihung der neuen Druckfabrik Ricordis im Mailänder Industriegebiet im Osten der Stadt teil. Längst kann Italiens größter Musikverlag seine Geschäfte nicht mehr nur in den Räumen des feinen Palazzo der innerstädtischen Galleria abwickeln. Die Veranstaltung ist prominent besetzt: der alte Boito, Giordano, Alfano, Puccinis früherer Librettist Praga und Simoni, sein späterer, sind da und viele viele andere. Als Musik werden unter anderem das Finale des dritten »Manon«-Akts und Ausschnitte aus Giulio Ricordis neuester Operette »La secchia rapita« (»Der gestohlene Eimer«) aufgeführt – eine erfolgreiche Geschäftsfamilie feiert sich angemessen. Möglicherweise ist bei dieser Gelegenheit und nach dem neuen Pariser Erfolg beschlossen worden, endlich zum ersten Mal eine Partitur der »Manon Lescaut« zu veröffentlichen, und zwar mit Toscaninis Korrekturen und Ergänzungen der Vortragsbezeichnungen. Der Komponist überläßt es also seinem besten Dirigenten, die Aufführungsdetails der Partitur für eine »definitive ›Manon‹« zu bestimmen – bei der Subtilität und Genauigkeit von Puccinis Notierungen ein bemerkenswertes Zugeständnis, wenn auch an einen fanatisch »werktreuen« Praktiker.

Am folgenden Wochenende kehrt Puccini nach Torre del Lago zurück, um die »Fanciulla« zu Ende zu bringen. In London arbeitet der Dirigent Ettore Panizza bereits an einer vereinfachten Orchesterfassung für kleinere Theater, die sich zum Beispiel die bei Puccini einmalige vierfache Holzbläserbesetzung nicht leisten können.

Schließlich kommt am 28. Juli der erlösende Ausruf: »Die Oper ist fertig!« Auf Puccinis Briefumschlag hat Giulio Ricordi seine telegrafische Antwort zu dieser »schönen Nachricht« entworfen: »Hosanna Hosanna Hosanna«. Es folgt noch die restliche Instrumentation, und zwar schon in Viareggio, wo Puccini ein Ferienhaus gemietet hat. Am 6. August datiert er um ein Uhr in der Nacht den Abschluß der Partitur. Gleich danach präsentiert er das Werk, das er jetzt für seine beste Oper hält, zum ersten Mal einigen Freunden: dem Journalisten und seinem späteren Biographen Fraccaroli, vor allem aber Toscanini, mit dem er sich um die Monatsmitte in Viareggio trifft, um gemeinsam die Tempi in der Partitur festzulegen. Befreit öffnet Puccini sich nun auch wieder seiner Großfamilie: seine Nichten, Rameldes Töchter Albina und Nina, kommen nach Torre del Lago zu Besuch, und er freut sich herzlich darüber. Aber er sehnt sich auch nach einem Ortswechsel. Schon fühlt er sich wieder »unbeschäftigt und ein wenig unzufrieden mit dem Leben, das ich führe«.

Mit einem neu erworbenen Auto bricht er Mitte September zu einer kleinen Reise auf, zusammen mit Elvira und Tonio. Die erste Etappe ist der Simplonpaß, wo sie den Versuch des Peruaners Jorge Chavez beobachten, zum ersten Mal mit einem Flugzeug die Alpen zu überqueren. Das spektakuläre und hochdotierte Unternehmen (es gelang ein paar Tage später, endete aber mit einer Bruchlandung bei Domodossola) war offenbar der Hauptgrund für die Route, die der Technik-Freak Puccini für seine Reise wählte. Dann sind sie in Lausanne und ruhen sich von der Reise aus – sie muß ohne geteerte Paßstraßen und mit schlechten Federungen bei den damaligen Autos überaus strapaziös gewesen sein.

Nach der Rückkehr erkundigt sich Puccini bei Sybil Seligman nach Maeterlincks neuem Stück »Der blaue Vogel«, das in London gespielt wird, das ihm als Buch sehr gefällt und das er gern auf der Bühne sehen möchte: wie üblich ist Puccini schon wieder auf der qualvollen Suche nach seinem nächsten Opernstoff, kaum daß er den vorigen bewältigt hat. Für den übrigens ist nach der Welturaufführung auch schon die europäische Premiere vereinbart: im nächsten Mai in London. Zum ersten Mal wird eine neue Puccini-Oper nicht nur im Ausland uraufgeführt, sondern auch im Ausland nachgespielt, bevor sie in Italien erscheint. Das heißt: sein Werk ist nun endgültig ein internationales Phänomen, längst nicht mehr an den ihm ohnehin suspekten heimatlichen Boden gebunden.

Sybil Seligman gibt ihm inzwischen Hinweise auf mögliche künftige Stoffe, so auf die spanischen Autoren Angel Guimera und die Brüder Alvarez Quintero – Puccini bestätigt, daß er sich einmal vor Jahren für des ersteren »Tiefland« interessiert habe, das aber dann zu d'Alberts Erfolgsoper geworden sei; die Quintero-Stücke hingegen lägen ihm nicht besonders. Aber er bittet sie dennoch, ihm die Texte zu besorgen, obwohl er noch immer am meisten an dem Maeterlinck-Stoff interessiert ist.

Ende Oktober macht Puccini sich auf die vertraglich fixierte Reise nach New York, allerdings nicht mit Elvira, der Puccini (vielleicht unter Hinweis auf ihre Seefahrt-Probleme) das Mitkommen ausgeredet hat. Statt für sie benutzt er die von der Metropolitan Opera bezahlte Schiffspassage für den Sohn Tonio. Ihr Schiff, auf dem sie Tito Ricordi begleitet, ist die erst ein Jahr alte »George Washington«, die dem Norddeutschen Lloyd gehört. Wieder ist der dafür so empfängliche Puccini vom Luxus des 26000-Tonnen-Dampfers begeistert. Tonio und er bewohnen die »Kaiser-Suite« mit drei Zimmern und Bad, die für die einfache Fahrt 8000 Lire kostet –

was ihn besonders freut, weil er sie nicht zahlen muß: »Lob sei der Metropolitan!« Er schläft viel, spaziert auf dem riesigen Schiff herum, ißt gut, spielt Karten, macht Erinnerungsfotos, muß ständig Autogramme geben und wird von der feinen Schiffsgesellschaft als »Genie« gefeiert. Am 16. November kommen sie in New York an.

Hier setzt sich der Schiffsluxus auf festem Boden fort. Die Metropolitan finanziert Puccini ein Vier-Zimmer-Appartement mit zwei Bädern samt »lukullischen Mahlzeiten« im Hotel Knickerbocker am Broadway, dessen 15 Stockwerke Puccini besonders beeindrucken. Von daheim beklagt sich allerdings Elvira bitter über ihre Vernachlässigung und Einsamkeit, während Giacomo sich ein schönes Leben mache. Die Briefe zeigen, daß ihr Verhältnis weit entfernt ist von einer neuen Übereinstimmung: »Du bist jetzt ein großer Mann, und verglichen mit dir bin ich nichts als ein Pygmäe.«

Am meisten beschäftigt ihn aber natürlich die Arbeit, zu der er nach New York gekommen ist. In Interviews betont er seine Neigung, eine Komödie zu komponieren, die von großer Schlichtheit sein müsse – nicht à la Wagner, sondern à la Gluck, die »Meistersinger« seien einmalig und nicht wiederholbar. Der Hinweis auf Gluck klingt einigermaßen sonderbar; denn es fällt schwer, an eine tiefere Beschäftigung Puccinis mit dem Opernreformator des vorvorigen Jahrhunderts zu glauben, erst recht im Zusammenhang mit einer musikalischen Komödie. Zu der Bemerkung hat ihn vermutlich die Aufführung von Glucks »Armide« veranlaßt, mit der Toscanini die Saison der Metropolitan eröffnet hatte.

Währenddessen arbeitet das Ensemble der Metropolitan am Ereignis der Saison: der bevorstehenden Puccini-Uraufführung, der ersten seit fast sieben Jahren. Mit den Proben ist der Meister äußerst zufrieden: Belasco, der Stofflieferant und bedeutende Regisseur, kümmert sich selbst um die aufwendige Inszenierung und versucht den Sängern mühsam ein natürliches Benehmen beizubringen, was damals sicher nicht leichter war als heute. Puccini findet Caruso wunderbar, der »nicht schlechten« Emmy Destinn mangele es ein wenig an Kraft, aber Toscanini sei »Spitze, herzlich, gut, anbetungswürdig«. Und das bei seinem sowohl musikalisch wie szenisch »schrecklich schweren« Stück, obwohl er einige Kürzungen im ersten Akt und Änderungen der Instrumentation vorgenommen habe.

Dann endlich ist es soweit, am 10. Dezember findet das große Ereignis statt: die Uraufführung der »Fanciulla del West«. Zum ersten Mal überhaupt ist Amerika das Premierenland für die Oper eines bedeutenden Komponisten. Der Sensationscharakter des Ereignisses reflektiert sich angemessen in den Umständen der Veranstaltung. Die Eintrittspreise waren auf zehn Dollar verdoppelt worden, auf dem schwarzen Markt wurden Karten gar für 150 Dollar gehandelt. Das reiche New York gibt sich abends ein Stelldichein in der Metropolitan. Das Auditorium ist mit amerikanischen und italienischen Flaggen geschmückt, und nach jedem Akt toben enthusiastische Beifallsstürme: 14 Vorhänge nach dem ersten, 19 nach dem zweiten, wieder 14 nach dem dritten. Nach dem zweiten Akt krönt Gatti-Casazza auf der Bühne Puccini mit einem silbernen Lorbeerkranz. Anschließend gibt die Oper im Foyer einen Empfang für geladene Gäste, dem sich eine private Party bis in den frühen Morgen im Haus der Eisenbahn-Dynastie Vanderbilt anschließt.

Puccini ist überwältigt von dem unermeßlichen Reichtum der amerikanischen Millionäre, bei denen Rembrandts und Holbeins an den Wänden hängen. Es scheint bei diesem Fest gewesen zu sein (wenn die Geschichte überhaupt stimmt), daß Puccini einem reichen Verehrer ein Autograph des Musetta-Walzers für 500 Dollar verkaufte – der Preis für ein Motorboot, das er in der Stadt gesehen hat und nun von diesem so leicht verdienten Geld erwirbt.

In Telegrammen an Sybil und an die Schwester Otilia und in einem Brief an Elvira spricht Puccini von einem »großartigen Triumph«. Nun, nach dem »furchtbaren Abend« und der langen anschließenden Nacht, die für ihn bis acht Uhr morgens dauerte, gehe es ihm wieder gut, obwohl er vorher tagelang an einer Nierenkolik gelitten habe. Die Aufregung ist ihm also geradezu buchstäblich an die Nieren gegangen.

Die amerikanische Kritik reagiert zwiespältig auf das neue Werk, das nicht zuletzt deshalb besonderes Interesse erregt, weil es eine »amerikanische« Oper zu sein vorgibt. Puccini selbst allerdings hatte schon in den Interviews nach seiner Ankunft darauf hingewiesen, daß die Musik der »Fanciulla« »nicht wirklich amerikanisch« genannt werden könne, »denn Musik hat keine Nationalität – sie ist entweder Musik oder nichts«. Er habe für dieses Stück jedoch Musik komponiert, »die den Geist des amerikanischen Volks reflektiert und besonders die starke, kräftige Natur des Westens«. Die Kritiker gehen über diesen vorgeblichen Amerikanismus mit gelindem Spott rasch hinweg; viel mehr fällt ihnen die musikalische Verwandtschaft mit Debussy auf. Dazu mag beigetragen haben, daß Puccini selbst erklärt hatte, die Musik der »Fanciulla« verdanke einiges dem französischen Kollegen. Der bedeutendste New Yorker Rezensent, Richard Aldrich, lotet in seiner ausführlichen Besprechung in der New York Times allerdings tiefer: er sucht keine Vorbilder, sondern hört als das Neue in der

»Fanciulla« die Fähigkeit, im Stereotyp der italienischen Oper ein Drama zu komponieren, musikalisch dem Dialog zu folgen und nicht sich von Gesangsnummer zu Gesangsnummer zu hangeln. Diese »Modernität« der neuesten italienischen Oper schlägt ihr allerdings nicht zum besten aus. Ihr Erfolg bleibt auch an der Metropolitan weit zurück hinter der populären Trias Bohème-Tosca-Butterfly. In Puccinis New Yorker Zeit wird »Fanciulla« überhaupt nur noch zweimal gespielt.

Er besucht noch die Niagarafälle, wofür ihm drei Jahre zuvor die Zeit nicht gereicht hatte. Toscaninis Frau Carla hilft ihm beim Packen, er schenkt ihr einen bei Tiffany gekauften Silberleuchter für 300 Dollar. Dann verläßt er am 28. Dezember New York, die Stadt, die ihn so enthusiastisch gefeiert hat und die er nie mehr wiedersehen wird. Er bringt Geschenke für die Schwestern und Nichten mit und freut sich noch immer über die gigantischen Einnahmen. Die Neujahrsnacht verbringt er auf dem Schiff in ziemlich gedämpfter Stimmung. Um drei Uhr in der Frühe schreibt er einen melancholischen Brief an Carla Toscanini: »Ich beneide Euch, auch ich möchte wie Ihr sein, mit Eurer gemeinsamen Familie, mit Euren Kindern, die Euch so sehr lieben, mit den Freunden, die Euch umgeben und an Euch glauben. Ich fühle mich leider allein auf der Welt und bin darüber immer traurig, und ich habe auch immer versucht, Gutes zu wollen, und bin nie verstanden worden, das heißt ich wurde immer schlecht interpretiert. Jetzt ist es spät, ich bin leider alt, zu alt.« Es ist Puccinis übliche und charakteristische Depression nach dem Abschluß einer Epoche seines Lebens, verstärkt noch durch die sentimentale Situation am Beginn eines neuen Jahres, während alle um ihn herum auf dem Schiff fröhlich feiern.

Am Abend des 2. Januar 1911 trifft Puccini in London ein. Von der Exkönigin Alexandra erhält er einen persönlichen Brief, der ihm zum Erfolg der ihr gewidmeten »Fanciulla« gratuliert. Der berühmte Marconi, Pionier des drahtlosen Funks und Nobelpreisträger für Physik, lädt Puccini zum Essen in seiner Firma ein. Er ist auf dem aboluten Höhepunkt seines Ruhms und zugleich ohne rechte Aussicht auf sein weiteres Werk. Nach der in so langer und krisenreicher Zeit so mühsam entstandenen und so neuen »Fanciulla« gibt es einstweilen keine Perspektive für die nächste Zukunft.

Eine neue Welt:
»La Fanciulla del West«

»La Fanciulla del West« spielt in Puccinis Œuvre vor allem wegen ihrer Musik eine besondere Rolle. Sie sperrt sich über weiten Strecken den melodischen Gefälligkeitserwartungen des international-italienischen Publikums, indem sie Puccinis neuere Erfahrungen mit anderem zeitgenössischen Komponieren reflektiert. Was in »Madama Butterfly« noch als vorgeblich japanischer Exotismus verschleiernd legitimiert wurde, tritt jetzt offen ins Licht: ein neuer musikalischer Stil, der die Kenntnis von »Salome«, »Elektra« und »Pelléas et Mélisande« verrät und vor allem durch

Carlo Zangarini, der Librettist

einen bemerkenswerten Verzicht auf die klassische Kantabilität der italienischen Oper charakterisiert ist.

Puccinis schon immer vorhandene Tendenz der Zurücknahme des großen melodischen Bogens und der distanzierten Floskelhaftigkeit erreicht jetzt ihren Höhepunkt. Ohne Zweifel trägt das die Hauptschuld am Mißerfolg des Werks – ein Mißerfolg, der Puccini von nun an treu bleibt (abgesehen von der posthumen »Turandot«, die er nicht mehr erlebte):

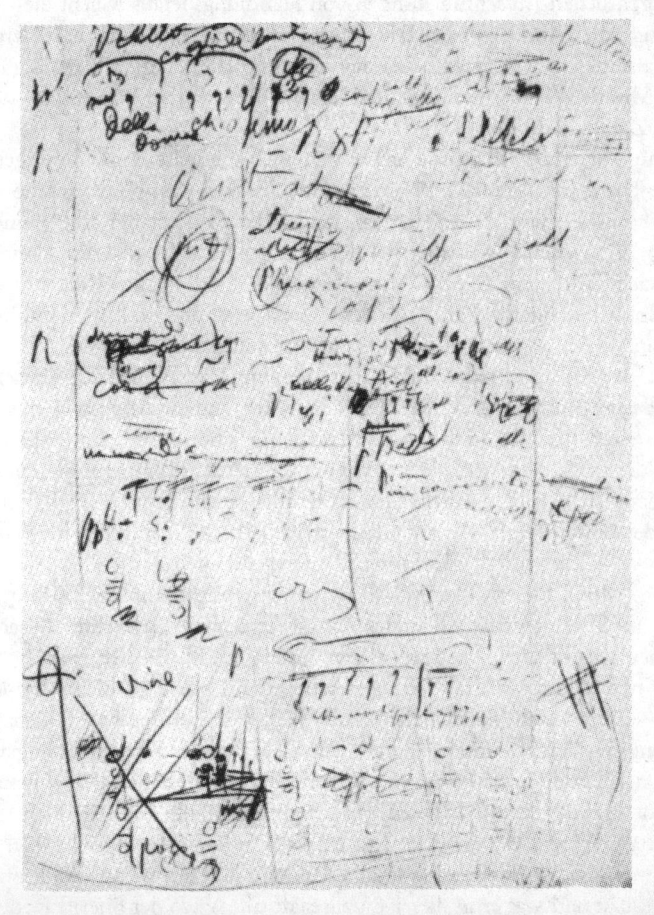

Skizzenblatt Puccinis zur »Fanciulla del West«

weder die folgende »Rondine« noch das »Trittico« erreichen auch nur entfernt die Aufführungszahlen der vorigen Opern seit der »Bohème«. Puccinis immer bewußterer und konsequenterer Umgang mit seinen musikalischen Mitteln kostet ihn die nur wohlfeil zu erringende Gunst des Publikums.

Die Adaption der Belasco-Vorlage geschieht auf relativ einfache Weise. Außer in einigen Akzentverschiebungen bei der Personencharakterisierung, im Abschwächen von Belascos komödiantischen Elementen und in gelegentlichen Ausschmückungen von Handlungsdetails weicht die Oper wenig von dem Drama ab. Die Opern-Bearbeiter haben das harte Milieu der amerikanischen Goldsucher ein wenig nostalgisch gemildert, die Heldin Minnie italienisch sentimentalisiert und dem Sheriff Rance seine bösesten Züge genommen.

Für Puccinis Verhältnisse halten sich auch die späteren Änderungen in überschaubaren Grenzen. Im ersten Akt, der dem Komponisten schon bei der Uraufführung zu lang schien, hat er per Saldo später rund hundert Takte gestrichen – was aber bei dem immer noch langen Akt kaum ins Gewicht fällt –, im zweiten Akt – abgesehen von winzigen Korrekturen – 16 Takte hinzugefügt (am Ende des Liebesduetts) und im dritten minimale Ergänzungen angebracht – bei ebenso minimalen Kürzungen. Die Substanz der Komposition wurde dabei, ganz im Unterschied zur vorhergehenden »Butterfly«, praktisch nicht angetastet, und die Änderungen waren auch ein gutes Jahr nach der Uraufführung schon vollzogen, abgesehen von der Ergänzung im zweiten Akt, die erst 1922 erfolgte. Im ganzen sind es ziemlich harmlose Retuschen; trotz allen komplizierten Verhältnissen bei der Entstehung der »Fanciulla« besaß das Stück für Puccini eine bemerkenswerte künstlerische Konsistenz.

Die Musik dieser Oper rechtfertigt die Rücksichtnahme des Komponisten auf ihre Integrität, aber auch das Libretto, dessen schlichter Zuschnitt keinen wesentlichen Verbesserungen zugänglich ist. Eine so einfache und von psychologischen Erwägungen weitgehend freie Geschichte hat Puccini seit den »Villi« nicht mehr komponiert. Die Autoren haben nicht den geringsten Versuch unternommen, den Charakter und die Handlungsweisen der Personen zu erklären. Von dürftigen Andeutungen abgesehen bleibt offen, wie und warum die Jungfrau Minnie (sie hat noch nicht einmal je einen Mann geküßt) in ein kalifornisches Goldgräberlager gekommen ist, wo sie ihre literarische Bildung her hat, warum Johnson ein Bandit ist und was er in dieser Eigenschaft tut, wieso der Sheriff Rance in dieser rechtsfreien Umgebung dennoch eine Art Polizeigewalt besitzt. Es läuft einfach eine Liebesgeschichte ab vor dem atmosphärischen Hintergrund eines großen Bühnenspektakels, das wiederum keine konstruktive Bedeutung für die Liebesgeschichte besitzt: ein Märchen aus tausendundeiner neuen Welt. Beiläufig sei angemerkt, daß die »Fanciulla« Puccinis erste und einzige Oper ist (neben der folgenden ursprünglich als Wiener Operette geplanten »Rondine«), in der das Publikum keine Leiche beweinen muß: das Märchen fordert seinen Tribut sogar von der blutrünstigen Umgebung des Wilden Westens.

Es verbietet sich, »La Fanciulla del West« zu Puccinis »exotischen« Opern zu zählen. Anders als »Madama Butterfly«, für deren Handlung die Lokalisierung in Japan von entscheidendem Sinn ist, könnte die »Fanciulla« überall spielen. Ihr amerikanisches Kolorit ist bloß aufgesetzt und in zahlreichen Einzelheiten eher unfreiwillig komisch. Auch die Musik hat wenig mit dem Ort zu tun, an dem die Oper spielt. Viel seltener als in der »Butterfly« hat Puccini »Originalmelodien« verwendet, obwohl er sich mit solchen beschäftigt hatte. Die Ganztonleiter als häufiges Charakterisierungsmittel verdankt Debussy viel mehr als irgendwelcher Indianer- oder Folk-Musik und ist sehr allgemein als progressives Grundelement der Komposition eingesetzt, nicht zur exotischen Kolorierung. Am ehesten »amerikanisch« sind die wenigen rhythmischen Anklänge an die Spielweise des Ragtime (den es zur Handlungszeit der Oper, um die Mitte des 19. Jahrhunderts, allerdings noch nicht gab) sowie das mit dem Banditen Johnson verbundene Leitmotiv in einem schnellen Tango-Rhythmus (der aber ebenfalls anachronistisch und sowieso südamerikanisch ist).

Nein – in der »Fanciulla del West« kam es Puccini nicht besonders auf die musikalische Schilderung einer amerikanischen Szenerie an. Hätte er zur gleichen Zeit »Notre-Dame« komponiert oder »Maria Antonietta« oder »Conchita« oder »Margherita da Cortona« – sie hätten wohl fast genauso geklungen. Der gegenüber »Madama Butterfly« veränderte Tonfall seiner Musik ist nicht vom Libretto der »Fanciulla« inspiriert, sondern beruht auf einem Stilwandel in Puccinis Komponieren. Dem endgültigen Bruch mit der Melodienseligkeit der klassischen italienischen Oper korrespondiert eine für Puccini ganz neue Behandlung des Orchesters: es geht nicht mehr prinzipiell parallel mit den Singstimmen, entfaltet vielmehr ein intensives Eigenleben, ja ist sogar der eigentliche Träger des musikalischen Geschehens, während die Sänger überwiegend »rezitativisch« dialogisieren. Puccini gewinnt damit (und bemerkenswert spät) den Anschluß an die zeitgenössische Opernmusik von Richard Strauss bis Debussy.

In der anhaltenden Spannung zwischen »italienischem« Belcanto und

»deutscher« Orchester-Oper sucht Puccini einen eigenen Weg, den zum ersten Mal »La Fanciulla del West« repräsentiert und der in Wahrheit zu schwierig für ihn war. Die Frage, wie man heute eine Oper schreiben könne, beschäftigte Puccini bis in seine letzten Tage – er wird keine Antwort darauf finden und sich von seinem Publikum zunehmend mißverstanden fühlen, das ihn immer nur als Verdis Nachfolger sieht und damit – von heute aus betrachtet – als letzten großen Vertreter der italienischen Belcanto-Oper. Damit mußte »La Fanciulla del West« als Abweg erscheinen, obwohl sie tatsächlich der Versuch eines Neubeginns ist, dem aus einem Vielerlei von Gründen kaum Zukunft beschert war.

Die Oper beginnt bei geschlossenem Vorhang mit einer kurzen Introduktion, die den neuen Klang gewissermaßen herausschreit: Arpeggien im Fortissimo des vollen Orchesters zu zwischen Dur und Moll schillernden Akkorden, unter denen leiterfremd dissonierende Baßtöne liegen und denen in Ganztönen fallende Akkord-Ketten folgen. Daraus entwickelt sich das drängende Liebesthema der folgenden Oper, das mit Johnsons Tango-Motiv abbricht. Dann mischen sich ferne Singstimmen, in ihren Rufen ohne genaue Tonhöhen-Fixierung, in ein idyllisch-sentimentales Wiegenlied der Holzbläser und Streicher.

Die Handlung beginnt mit dem Eintreffen der Goldgräber in ihrer Kneipe namens »Polka« – die Musik des Orchesters ist von gekonnter Lockerheit über federnden Ostinato-Bässen und spielt mit ein paar Ragtime-Imitationen. Dann tritt der »fahrende Sänger« Jack Wallace auf und trägt ein nostalgisches Sehnsuchtslied nach der Heimat vor, das gängiger Meinung zufolge auf dem Folklore-Song »Old Dog Tray« von Stephen Foster beruhen soll, was aber nicht der Fall ist. Jedenfalls entwickelt sich die Melodie zu einem der häufigsten leitmotivischen Themen der ganzen Oper, deren Schluß sie sogar beherrscht. Hier, bei ihrem ersten Erscheinen, bestimmt sie eine szenisch wie musikalisch eher peinlich rührselige Episode, untermalt vom Chor der Goldgräber, die dabei rhythmisch auf die Tische schlagen. Das ganze endet mit dem schon in »Madama Butterfly« bewährten textlosen Chorgesang bei geschlossenem Mund, allerdings weit entfernt von der so eindringlichen Atmosphäre der vorigen Oper. Interessanter ist ein anderer Klangeffekt: um Jack Wallace' Banjo nachzuahmen, schreibt Puccini eine Harfe hinter der Bühne vor, zwischen deren Saiten Papierstreifen geschoben werden sollen. Und verblüffenderweise findet sich in der ganzen schwachen Passage eine Stelle, die einen »gleichsam zwölftönigen Geschmack« hat (so Carner): im Orchester-Baß erklingen zehn der zwölf Reihentöne.

Aber es ist der atmosphärischen Episoden noch nicht genug. Die endlich auftretende Minnie hält für die Goldgräber eine Bibelstunde ab (in Belascos Stück dient statt der Bibel ein populäres Witzbuch als Unterrichtsstoff, und zwar erst im dritten Akt) – in der Oper eine sonderbare Mischung aus Karikatur und Religiosität, die mit Hilfe des 51. Psalms (über die Reinheit vor Gott und der Welt) musikalisch verblüffend beim Nostalgie-Thema landet. Puccini hat die Passage bald kräftig gekürzt, indem er eine weitere Szene strich: da überredete Minnie den ihr dienenden Indianer Billy Jackrabbit, seine Gefährtin Wowkle ordentlich zu heiraten!

Danach erst beginnt ganz allmählich die eigentliche Handlung. Es kommt zur ersten Begegnung zwischen Minnie und Rance, dem Sheriff. Sein Liebesbekenntnis (in einer rudimentären Arienform) wird sehr ungewöhnlich von einem Rezitativ Minnies eingeleitet: realistische Dialoggestaltung und traditionelles Schema verbinden sich auf originelle Weise. Mit einem ganz kurzen ähnlichen Dialogrezitativ wird Minnies unmittelbar anschließende Erzählung über ihr glückliches Elternhaus vorbereitet, die im Gesang ekstatisch bis zum hohen c führt, als Minnie ihre Hoffnung auf den Mann bekennt, den sie lieben wird.

An dieser Stelle tritt (in schlichter Symbolik) Johnson auf, der pseudonyme Bandit Ramerrez. Minnie ist sofort mit ihm durch Liebe auf den zweiten Blick verbunden, denn sie haben sich vor einiger Zeit schon einmal in den Bergen getroffen – worüber das Orchester beredt zu erzählen weiß.

Kompositorisch ist ihr Gespräch ein Meisterstück. Im Grundtempo eines Walzers entfaltet sich ein ganz frei artikulierter Dialog über höchst differenziert gesetzten Orchesterstimmen. In seinem Bemühen, den langen Akt publikumsverträglicher zu machen, hat Puccini hier übrigens gleich nach der Uraufführung eine Passage gestrichen, deren Text sich auf die unmenschlich schwere Arbeit der Goldgräber bezieht – es ist verwunderlich, daß ihm die Stelle entbehrlich schien: anscheinend gilt in der »Fanciulla« sein Interesse ausschließlich der Musik und noch weniger als früher einer psychologisch einsehbaren Handlung. Auf die Komposition nämlich hat er äußerste Sorgfalt verwandt: am Schluß mischen sich in das in dreifachem Piano spielende Orchester Singstimmen, die als solche nicht erklärt werden und nach einer ausdrücklichen Bemerkung in der Partitur auch nicht als Chor erkennbar sein sollen – Puccini sucht den akustischen Raum ohne Rücksicht auf realistische Bedingungen der Handlung zu erweitern. Der Akt schließt mit einem über drei Takte ausgehaltenen Klang, der der gewöhnlichen Tonika von C-Dur noch h und d zusetzt – ein nach Auflösung verlangender, aber unaufgelöst bleibender Nonenakkord, die verlöschende Lautstärke verschleiert (ähnlich wie am Ende des ersten »Butterfly«-Akts) seinen dissonanten Charakter.

Der zweite Akt spielt in Minnies Behausung hoch oben in den Bergen über dem Goldgräberlager und wird eröffnet mit einer wieder bloß atmosphärischen Szene des Indianerpaars. Das monotone Lied, das Wowkle dabei singt, soll samt Text indianischen Ursprungs sein. Interessanter als diese vergleichsweise belanglose Frage ist, daß Puccini dabei keineswegs seine Technik ändert – auch hier basiert die Musik auf völlig unindianischen Ganzton-Skalen, ballt sich einmal sogar in einem ganztönigen Sechsklang zusammen (bei Ziffer 6: b – c – d – e – fis – gis – b), einem europäischen Modernismus am äußersten Rand der gewöhnlichen Tonalität.

Die anschließende Szene zwischen Minnie und Johnson beruht zunächst auf der Musik des Walzers und geht dann, bei Minnies Erzählung von ihrem idyllischen Leben in den Bergen, in einen merkwürdigen Koloraturgesang über. Das wirkt hier wie ein eigenartiger Fremdkörper, als sei die Passage einmal zu einem ganz anderen Zweck geschrieben worden, vielleicht für die Rokoko-Königin Marie Antoinette, als sie noch die Hauptfigur von Puccinis nächster geplanter Oper war? Mit einem ebenso unverständlichen ekstatischen Aufschwung zum hohen h endet die sonderbare Stelle.

Johnsons Verlangen nach Minnies erstem Kuß bringt die Musik wieder in ihre gewohnte Wallung. Als Minnie sich in des Mannes Arme wirft, springt die Tür auf, der Schneesturm weht in die Hütte (Carner fühlt sich dabei zutreffend an den ersten Akt der »Walküre« erinnert), Minnies Stimme steigt fortissimo zum hohen c, im Orchester toben Pauken und eine Windmaschine. Die Musik des Duetts hält dem Anspruch dieser Erregung nicht stand. Puccini selbst fand den Zwiegesang »ziemlich steif«, als er ihn instrumentieren mußte. Er hat ihm deshalb über ein Jahrzehnt später 16 Takte hinzugefügt, die ihn effektvoller abschließen, mit dem hohen c für beide Sänger, denen zuvor nur das gemeinsame as erlaubt war. Aber diese einzige nennenswerte spätere »Fanciulla«-Ergänzung bleibt konventionell, glättet den Konversationsstil in Richtung auf eine gewöhnliche italienische Oper hin und macht das wenig gelungene Duett im ganzen auch nicht besser.

Danach erreicht die Musik wieder ihre gewohnte Höhe. Leitmotivdurchzogen kommentiert sie Minnies und Johnsons Liebe, die Suche der Goldgräber nach Johnson und (über einem zwanzig Takte langen Orgelpunkt der Orchesterbässe) die Enthüllung, daß er mit dem Banditen Ramerrez identisch ist. Auf einem ähnlichen Orgelpunkt, rhythmisch geschärft durch synkopische Akzente jeweils auf dem dritten und sechsten Viertel des 6/8-Takts, steht Johnsons Erzählung von seiner Banditen-Jugend und von seiner Erlösungshoffnung durch die Liebe zu Minnie. Die aber verstößt ihn, voller Enttäuschung über seinen Betrug, läßt ihn jedoch wieder herein, als er draußen vom Sheriff angeschossen wird: den Verwundeten will sie retten (noch einmal eine Assoziation an die »Walküre«), weil sie ihn eben liebt. Die inhaltlich erregte Passage stellt die Musik in schnellen, unregelmäßig punktierten Pianissimo-Rhythmen dar, die an die gleichzeitigen Arbeiten des jungen Strawinsky erinnern. Und als Minnie Johnson die Leiter hinauf hilft, um ihn auf dem Dachboden zu verstecken, spielen dazu Geigen und Holzbläser eine langsame, quälend chromatische Ostinato-Figur, die zehnmal wiederholt wird und zwischen den weit auseinander liegenden Tonarten es-Moll und a-Moll pendelt: ein bedrohlich großer Klangraum von höchster Ausdruckskraft, deutlich innerhalb der tonalen Möglichkeiten und doch dabei, sie zu sprengen.

Der Auftritt von Rance, sein Forschen nach Johnson und sein Versuch, Minnie mit Gewalt zur Liebe zu zwingen, sind musikalisch von äußerster Plastizität, mit schrillen Akkord-Rückungen und einem Aufschrei des Soprans bis zum cis, dem höchsten Ton ihrer Partie. Zwar kann sie sich so des Sheriffs erwehren, aber dafür entdeckt der den Banditen, weil ihm von oben dessen Blut auf die Hand tropft. Dieses Tropfen wird durch Harfen-Glissandi dargestellt, die der kurzen Stelle einen bitonalen Charakter geben. Johnson steigt herab und fällt am Tisch sitzend in Ohnmacht, während Minnie dem Sheriff eine Poker-Partie um ihre Liebe und Johnsons Freiheit anbietet. In der ganzen Passage bewährt sich der von Puccini nun vollendet entwickelte Stil des frei artikulierten Dialogs, den das Orchester in großer Selbständigkeit begleitet.

Höhepunkt des in seinem zweiten Teil musikalisch brillanten Akts ist die folgende Kartenspiel-Szene. Der vereinbarte Preis – wenn Minnie gewinnt, soll Johnson frei sein; verliert sie, wird sie dem Sheriff gehören – verursacht ein Spiel mit ungewöhnlich hohem und pervers unmenschlichem Einsatz. Die musikalische Gestalt der Szene ist wie meistens in der »Fanciulla« die des Sprechgesangs. Nie verlassen die beiden Stimmen diesen Gestus, auch dann nicht, wenn von anderem als dem Kartenspiel die Rede ist, etwa von Minnies für Rance unbegreiflicher Liebe zu Johnson. Die musikalische Artikulation folgt dem Ausdruck gesprochener Sprache, verzichtet auf jede melodische Verschleierung der brutalen Situation. Noch in

Sybil Seligman, Freundin und Vertraute über zwanzig Jahre

Minnies Ausbruch gegen Ende der Szene verhindern die in der Partitur rhythmisch genau notierten Lacher jedes Ausschwingen einer Melodie. Die musikalische Entwicklung geschieht nur im Orchester, aber auch hier aufs Sparsamste: zunächst mit gebrochenen thematischen Floskeln, denen dann ein pochender Baß unterlegt wird, der den Dialog fast über die gesamte Strecke grundiert, in harmonisch und rhythmisch einfacher, aber atmosphärisch äußerst eindringlicher Bewegung. Die chromatisch absteigenden schneidenden Fanfarensignale der Bläser – melodische Bewegungen auf engstem musikalischem Raum – kehren unregelmäßig in immer gleicher Form wieder, bis ihre rhythmische Gebärde am Schluß das ganze Orchester erfaßt. Der in den letzten Takten eintretende Stillstand jeder melodischen und harmonischen Entwicklung könnte gewissermaßen beliebig lang dauern, er wird nur durch die Theaterkonvention des schnell fallenden Vorhangs beendet, den die Partitur wie immer genau verzeichnet.

Puccini hat dieses überwältigende Stück im September 1909 komponiert, nach der Wiedervereinigung mit Elvira, also in einer Situation der Erleichterung über sein künftiges persönliches Leben, geprägt jedoch von den schrecklichen Erfahrungen der vergangenen Monate, während derer er sich am Rand eines Abgrunds fühlte.

Der dritte »Fanciulla«-Akt hält nicht ganz die Höhe des vorigen. Der Anfang noch ist wunderbar: über einem langen Ostinato der Kontrabässe aus nur zwei sich wiederholenden Tönen ein kleines Signal der Fagotte und Hörner, lichte Akkorde der Streicher, ein Flöten-Lauf und eine fast instrumental geführte Tenorstimme – diese Musik zu einem winterlichen Sonnenaufgang beschreibt nichts, sondern ist äußerst dichte Stimmung – welch eine Steigerung gegenüber dem Beginn des dritten »Tosca«-Akts, der für seine Zeit stark genug war!

Die anschließende Jagd auf Johnson ist die szenisch spektakulärste Aktion der Oper, sie ist Puccinis eigene Erfindung und ohne Vorbild in Belascos insofern ziemlich langweiligem Original. Die Musik ist jedoch interessanter als das ganze Brimborium mit Pferden und Pistolen: die Disposition der Chorstimmen auf und hinter der Bühne und die Hörnerbegleitung erinnern so intensiv an Berlioz' Jagd- und Sturmszene aus den »Trojanern«, daß man sich kaum vorstellen kann, Puccini habe dieses geniale und damals so gut wie unbekannte Stück nicht im Sinn gehabt (immerhin gab es davon seit 1863 einen gedruckten Klavierauszug, wenn auch keine Partitur).

Danach nimmt die Inspiration und Konzentration des Komponisten hörbar ab. Das bekannteste und einzige Wunschkonzert-fähige Stück der Oper, Johnsons kurze Arie »Ch'ella mi creda«, fällt ganz aus dem Rahmen des »Fanciulla«-Stils, weil es Puccinis alter erfolgreicher Technik folgt: mit einer weit ausschwingenden Melodie in der Singstimme, zu der das Orchester parallel geführt wird. Anders sogar als fast immer in den früheren Opern wird die Arie deutlich vom übrigen abgesetzt: sie hat einen richtigen Anfang und ein beinahe ungestörtes Ende.

Der Schluß immerhin besitzt wieder eine gewisse Originalität. Über die lange Strecke des Finales artikulieren Minnie und Johnson ihren Abschied von Kalifornien auf einem einzigen Ton, während darunter der Chor der Goldgräber noch einmal das Nostalgie-Lied vom Anfang der Oper zitiert. Mit dem letzten Ton des hinter der Bühne verschwundenen Paars endet die Musik ohne die übliche lang ausgehaltene Fermate – eine idyllische reine E-Dur-Harmonie steht in einem durch die kompositorische Gestaltung verschleierten Kontrast zu einem atemlosen Abbruch: der Schluß der »Fanciulla del West« repräsentiert geradezu symbolisch den Gegensatz von Puccinis heimlichem Anspruch und der Scheu, ihn hier oder irgendwann später offen einzulösen.

Im Angesicht des Kriegs
1911–1915

Nach seiner Amerikareise trifft Puccini am 7. Januar 1911 wieder in Mailand ein. Einen alten Freund, der den Klavierauszug der »Fanciulla« inzwischen offenbar voller Schrecken studiert hat, beruhigt er: »Keine Angst. Im Orchester ebnet sich alles ein, mildert sich ab, die Gegensätze aus verschiedenen Klangfarben sind etwas anderes als am Klavier.«

Anscheinend gibt es bereits ein etwas ernster ins Auge gefaßtes neues Projekt, nämlich ein Stück, das in Holland spielen soll. Darüber haben Puccini und Tito Ricordi schon in Amerika gesprochen; denn Tito schickt ihm in diesen Tagen eine signierte Fotografie, die den Verlegersohn in Cowboy-Kleidung zeigt und den schriftlichen Zusatz trägt: »in Erwartung eines holländischen Kostüms«. Aber für Puccini steht das natürlich längst nicht fest, er ist wie immer weiträumig auf der Suche.

Nach wie vor ist Sybil seine wichtigste Ratgeberin. Sie soll die für ihn von vornherein unbrauchbaren Vorschläge abschlägig bescheiden (Gerhart Hauptmanns »Elga« ist dabei) und ihn mit neuem Stoff versorgen. So liefert sie ihm die Übersetzung eines »Fuochi di S. Giovanni«, wahrscheinlich Sudermanns Drama »Johannisfeuer« von 1900. Aber auch das wird sogleich verworfen. Bei Toscanini beklagt sich Puccini, wie schwer es sei, einen geeigneten Stoff zu finden. »Das ist die schwierigste Sache der Welt«, schreibt er an Sybil, »es wäre einfacher, den Pol zu erreichen... wie Koock.«

Im März verfaßt er, offenbar noch unter dem Eindruck seiner Nordamerikareise, einen merkwürdigen Text über die Bedeutung der »Negermusik« auch in harmonischer Hinsicht; anscheinend hat er in New York Eindrucksvolleres gehört, als seine eigene »Fanciulla« für ihn in dieser Hinsicht bedeutete. Wer weiß, wie sehr solche Erfahrungen seine folgenden Stücke beeinflußt haben.

In Ermangelung professioneller Arbeit leistet er sich wenigstens ein anderes Glück: er bestellt eine hochseetüchtige Motorjacht, die er im Sommer erhalten soll. Das ist die berühmte »Cio-Cio-San«, ein luxuriöses Fahrzeug für 40000 Lire, das zwanzig Personen Platz bietet, über einen 100-PS-

Motor verfügt, 16 Knoten schnell ist und sogar ein eigens dafür auf sechs Oktaven verkürztes Klavier an Bord hat.

Anfang Mai begibt Puccini sich nach London. Die Proben für die erste europäische »Fanciulla«-Aufführung gehen ihm etwas langsam, sie müssen Rücksicht nehmen auf das umfangreiche Repertoire der Covent-Garden-Oper. Inzwischen werden wie üblich »La Bohème« und »Madama Butterfly« gespielt, mit der Melba, die Puccini zu Recht »die alte« nennt (diese Mimi zählt jetzt bereits fünfzig Jahre), und mit Emmy Destinn, immer mit großem Erfolg. Als ebenso großen Erfolg aber betrachtet Puccini eine Einladung, die ihn schon vor der London-Reise erreichte: Lady de Grey, eine Bekannte Sybils am Hof, hat ihn zu einem Essen mit dem vor einem halben Jahr gestürzten jungen Ex-König Manuel II. von Portugal gebeten, der im englischen Exil lebt.

Mehr wissen wir nicht über diesen Londoner Aufenthalt, der bedauerlich dürftig kommentiert ist. Natürlich noch, daß schließlich am 29. Mai die »Fanciulla«-Premiere stattfindet, wie in New York mit der Destinn, aber ohne Caruso und ohne Toscanini, Campanini ist der Dirigent. Toscanini nämlich bereitet schon in Rom die erste »Fanciulla« auf italienischem Boden vor, wohin auch Puccini sofort nach der Londoner Premiere reist. Noch von Mailand aus teilt er Toscanini Striche mit, die er in London vorgenommen hat und die in die endgültige Fassung eingehen. Am späten Abend des 5. Juni trifft er mit Elvira in Rom ein, »halb zerstört von der Sonne, vom Staub ... Oh die Freuden des Autos!«

Die Aufführung im Teatro Costanzi ist am 12. Juni, und der Erfolg beim Publikum ist groß, Puccini nennt das wieder einmal einen »absoluten Triumph«. Am nächsten Tag sind sogar die Zeitungskritiken freundlich, obwohl sie die Modernität des Klangs und die Veränderungen gegenüber Puccinis bisherigem Stil mit gelinder Irritation bemerken. Königin Elena schreibt ihm einen komplimentereichen Brief, widmet ihm ein Foto und schenkt ihm einen Diamanten und eine Rubinnadel. Genüßlich kann er eine explosionsartige Fastverdopplung seiner Tantiemenüberschüsse registrieren: 130000 Lire im ersten Halbjahr 1911. Die Suche nach neuen Opernstoffen scheint ihn nach den Londoner und römischen »Fanciulla«-Anstrengungen weniger zu beschäftigen. Uninteressiert schiebt er Hauptmanns »Hanneles Himmelfahrt« beiseite, mit der er sich schon einmal Jahre zuvor befaßt hatte – jetzt anscheinend ein neuer Vorschlag seines Freunds Riccardo Schnabl-Rossi: Puccini findet das Stück weiterhin ungeeignet für seine Zwecke.

Beim Freund Clausetti in Neapel erkundigt er sich nach der Erzählung

»I zoccoletti« (»Two little wooden shoes«) der Engländerin Marie Louise de la Ramée, die unter dem Pseudonym Ouida geschrieben hatte – dieses Thema wird Puccini noch lange beschäftigen. Vielleicht ist es auch das, worauf Tito Ricordis Holland-Erwähnung vor ein paar Monaten anspielte. Mehr noch aber hofft Puccini im Augenblick auf Clausettis Freund Bracco, den süditalienischen Autor.

Entgegen seiner Gewohnheit flieht Puccini in diesem Jahr nicht vor der Hitze in die Berge, sondern beschränkt sich auf Fahrten mit seinem kleinen Motorboot, dem »Ricochet«, auf dem Meer, besucht auch den Dichter Pascoli droben in Castelvecchio. Noch immer wartet er auf die große Jacht, und davor will er allenfalls eine Autoreise durch die Alpen unternehmen. Die findet dann tatsächlich statt. Mit Elvira geht es über Bormio und das Stilfser Joch nach Südtirol. Hier bleiben die Puccinis eine Woche und kehren über Brescia (dort ist am 23. August die zweite italienische »Fanciulla«-Premiere) nach Mailand zurück.

Von dort bittet er Schnabl, wegen »Hanneles Himmelfahrt« an Gerhart Hauptmann zu schreiben: er will nun doch die Opernrechte haben und den Dichter zur Mitarbeit am Libretto auffordern. Allerdings brauche das Stück Ergänzungen, und man müsse Raum schaffen für sinfonische Musik (»sinfonismo rappresentato«), auch solle die »immer so traurige« Titelfigur etwas fröhlicher und glücklicher werden – man ahnt, wie rasch ein solcher Plan zum Scheitern verurteilt sein wird.

Inzwischen hat Puccinis Vaterstadt gegen seinen langen Widerstand nun doch erreicht, daß sie das neueste Stück ihres großen Sohns bereits als dritte Stadt Italiens aufführen darf, wahrscheinlich in der vereinfachten Orchesterfassung, die gerade sogar als gedruckte Partitur erschienen war. Am 10. September ist die erste Vorstellung in Lucca, die Puccini überraschenderweise sehr gut findet. Auch hat er jetzt endlich die schon lange bestellte und ersehnte Hochseejacht erhalten – sein Traum von einem Schiff.

Kurzfristig entschließt sich Puccini zur ersten englischsprachigen »Fanciulla« nach Liverpool zu fahren. In London hält er sich nur wenige Stunden auf, weil Sybil nicht da ist. Auch Liverpool sieht ihn nur kurze Zeit: gerade zur Premiere in der vereinfachten Fassung am 6. Oktober und zu einem Festbankett des Bürgermeisters am 7., am Tag darauf reist er zurück. Wieder in Torre del Lago gibt er endgültig die »Hannele«-Idee auf: zu traurig und gleichförmig sei der Stoff, dafür interessiere sich »unser tripolitanisches Temperament« nicht.

Das ist eine Anspielung auf *das* politische Ereignis dieser Wochen: auf den Krieg, den Italien seit Ende September in Libyen führte. Nach den mäßigen Erfolgen in Abessinien war das der zweite Versuch des noch immer jungen Staats, auch eine Kolonialmacht zu werden. Als passender Gegner erschien diesmal die politisch und militärisch schwache Türkei, die auf dem Balkan so viele Probleme hatte, daß Italien im abgelegenen Nordafrika leichtes Spiel zu haben glaubte, zumal sich im tripolitanischen Küstengebiet seit Jahren viele Italiener angesiedelt hatten. Aus den unterschiedlichsten Gründen stand die Stimmung in fast allen politischen Gruppierungen auf Krieg – von den klerikalen Kreuzzüglern über die tatendurstigen Militärs (Italien unterhielt fast eineinhalb Millionen Soldaten) und die präfaschistischen Reichsphantasten bis zu den gemäßigten Liberalen und den bürgerlichen Humanisten, die mehr Raum für ihr Volk zu brauchen glaubten (so zum Beispiel Puccinis Freund Pascoli). Nur die Republikaner und die Sozialisten verhielten sich als Parteien pazifistisch; der Sozialist Mussolini versuchte einen Generalstreik gegen den Krieg zu organisieren und mußte dafür ins Gefängnis. Aber selbst unter den radikalen Linken und den Antimonarchisten gab es Kriegsbefürworter.

Aber dann stellte sich alles als viel schwieriger heraus. Der Krieg zog sich teuer und verlustreich immer länger hin. Schließlich errangen die Italiener eine De-facto-Hoheit über Libyen und die Dodekanes-Inseln vor der kleinasiatischen Südwestküste, wofür Italien einen beträchtlichen Teil der türkischen Staatsschulden bezahlte. Insgesamt über eine Milliarde Lire kostete das neue Kolonial-Prestige. Aber das Wir-sind-wieder-wer-Gefühl zählte mehr und trieb das Land wenige Jahre später ebenso unnütz und noch weit teurer und blutiger in die Teilnahme am Weltkrieg.

Als Puccini seine Aufgabe von »Hanneles Himmelfahrt« auch mit dem »tripolitanischen Temperament« seines Lands begründet, ist die spätere Entwicklung noch längst nicht abzusehen; noch überwiegt offenbar auch bei ihm der Stolz auf Italiens kriegerische Taten, obwohl der ironische Unterton nicht zu überhören ist, mit dem Puccini das Imponiergehabe der Politiker immer begleitet.

Sybil weist ihn auf Max Reinhardts spektakuläre Pantomime »Sumurun« hin, die der große Bühnen-Zauberer in diesem Jahr im Londoner Coliseum inszeniert hatte – zu seinem jetzt größten Bedauern war Puccini im Mai nicht hingegangen. Allerdings ist er, obwohl er sich das Buch übersetzen läßt, skeptisch: »Der Orient ist nichts für mich.« Während der italienische Staat ihn zum »Großoffizier der Krone« ernennt, geht Puccini ganz unpatriotisch einem anderen Tip Sybils nach und sucht Übersetzungen von Richard Blackmores Romanen, besonders der berühmten »Lorna Doone«. Dann denkt er wieder einmal an eine Komödie als Opernstoff:

»Ich habe Lust zu lachen und Lachen zu machen.« Anscheinend reicht ihm dafür das Stück nicht, das Giulio Ricordi ihm vor ein paar Tagen empfohlen und geschickt hat: »Anima allegra« von den zeitgenössischen spanischen Brüdern Alvarez Quintero.

Bald danach besucht er die nächsten »Fanciulla«-Proben, diesmal in Neapel unter Leopoldo Mugnone. Mit der Aufführung am 5. Dezember ist Puccini allerdings wenig zufrieden: das Orchester des Teatro San Carlo sei ein Haufen von Invaliden und bedürfe dringend einer Erneuerung; seinem alten Gefährten Mugnone gibt er unmittelbar vor seiner Abreise noch detaillierte Instruktionen, wie einzelne »Fanciulla«-Stellen auszuführen seien, das ganze müsse »kraftvoll und lebendig« klingen – für einen so erfahrenen Dirigenten gleichsam eine Ohrfeige. Seine Vorbehalte schreibt Puccini offen an Sybil: Mugnone sei schlaff und verschleppe die Tempi, während diese Oper doch Leben brauche. Trotzdem, und das sei das Wichtige: die Vorstellungen sind immer überfüllt. Als mögliches Thema zieht er jetzt doch die »Anima allegra« der Quinteros in Betracht – ein Stoff, der ihm allerdings noch immer zu »leicht« erscheint, wo er so gern »moralische Leiden« ausdrücken möchte.

Zu Beginn des neuen Jahrs 1912 verschlimmert sich die schon seit Monaten sich hinschleppende Krankheit seiner Lieblingsschwester Ramelde. Dringend rät er ihr, sich nicht aufzugeben und eine »Radiografie« machen zu lassen; offenbar hat sie Krebs, und ihre Tage sind gezählt. In der zweiten Januarhälfte hält sich Puccini für eine gute Woche in der Toskana auf, merkwürdigerweise aber nicht in Torre del Lago, sondern mit Carignani im Hotel Regina in Viareggio, von wo sie Ausflüge nach Torre und Lucca unternehmen wollen: ein sonderbar unpraktischer und am ehesten mit einer heimlichen Liebschaft erklärbarer Vorgang; vielleicht gilt das Versteckspiel schon der deutschen Baronin Josephine von Stengel, von der bald ausführlich die Rede sein wird.

Immerhin aber hat Puccini in Viareggio Zeit, an das jetzt bevorzugte Opernsujet zu denken. Es ist bei aller Skepsis die »Anima allegra« der Quinteros. Der verständlich ungeduldige Giulio Ricordi hat wieder einmal die Sache forciert, weil sein wichtigster Komponist sich denn doch allmählich an ein neues Stück machen sollte. Als Librettisten hat er bereits den 34jährigen Bühnenautor Giuseppe Adami verpflichtet, den Puccini noch nicht persönlich kennt, aber dennoch akzeptiert. Er schlägt jedoch vor, nach seiner üblichen Praxis einen Koautor hinzuzuziehen, vielleicht Illica, vielleicht Zangarini, vielleicht seinen Neffen Carlo Marsili, den er so ins Geschäft zu bringen gedenkt. Jedenfalls entwirft Puccini schon ein

Szenario für drei Akte, die ihm »eine gute und schöne Sache« zu sein scheinen.

Es ist schwer zu begreifen, daß Puccini die seit 1909 auch in Italien erfolgreiche sentimentale Boulevardkomödie der Quintero-Brüder gereizt hat – es sei denn, es wäre gerade dieser Erfolg gewesen. In dem spanischen Stück geht es darum, daß ein heiteres junges Mädchen Glück und Helligkeit ins finstere Haus ihrer strengen Tante bringt. Am Schluß hat sich auch diese samt ihrem hagestolzen Haushofmeister selig verwandelt, ihr nichtsnutziger Sohn ist kein Taugenichts mehr und bildet mit der Nichte ein edles Paar, dazu kommt ein buffoneskes aus einer Kammerzofe und einem Dichter. Puccinis Szenario klingt zwar etwas farbiger als der öde Salon-Dialog des Originals, aber es fragt sich, wie er das hätte komponieren wollen. Sicher steht sein alter Komödien-Wunsch im Hintergrund. Es scheint immerhin, daß manche dramaturgischen Details der »Anima allegra« Anregungen für das »Rondine«-Libretto gegeben haben, als Puccini sich zwei Jahre später anschickte, für Wien eine Operette zu schreiben.

Zunächst aber muß er zur »Fanciulla« nach Budapest, einer seiner Hochburgen. Aus London hört er, daß der Chef des dortigen »His Majesty's Theatre« und berühmte Schauspieler Herbert Beerbohm-Tree eine Dramatisierung von George Du Mauriers Roman »Trilby« spiele – die Sache interessiert ihn, er möchte das Stück auf der Bühne sehen. Illica bittet er, sich zusammen mit Tito Ricordi vorsorglich um die Rechte zu kümmern, schließlich habe es in London schon vierhundert Vorstellungen davon gegeben.

Mit der Arbeit an der Budapester »Fanciulla« ist Puccini ganz unzufrieden, er fühlt sich von Theater- und Hofintrigen verfolgt, die Sopranistin scheint ihm eine Katastrophe. Das ist Elsa Szamosy, die 1906 die erste Budapester Butterfly gesungen hatte und dann dieselbe Rolle bei der nordamerikanischen Tournee der Savage Company. Damals soll sie zu Puccinis Geliebten gehört haben, jetzt aber scheint dieses Verhältnis deutlich abgekühlt. Die stimmlich offenbar überforderte Sängerin zog sich schon im Jahr darauf von der Bühne zurück. Trotz seinen harschen Einwänden hat Puccini sie in einer Fotowidmung angeblich als seine beste Cio-Cio-San und Minnie gepriesen und das damit entschuldigt, daß alles, was man aus momentaner Liebe äußere, für diesen Augenblick wahr sei.

Dabei drücken ihn heimatliche Sorgen. Giulio Ricordi, der verehrte väterliche Verleger, ist schwer krank, ebenso die liebste Schwester Ramelde, die sich in diesen Tagen einer Leberoperation unterziehen muß. Am 29. Februar endlich ist die Budapester Premiere, und mit einer Verspätung von einer Woche reist Puccini am nächsten Tag ab nach London, um »Trilby« zu sehen; danach ist von dem Stück nicht mehr die Rede. Es ist gut möglich, daß Puccini über Berlin gefahren ist, zumal er für dort die deutsche »Fanciulla«-Erstaufführung vereinbart hatte. Jedenfalls wäre das seine einzige Möglichkeit gewesen, Max Reinhardts Inszenierung von Carlo Gozzis »Turandot« kennenzulernen, die im Deutschen Theater seit vier Monaten mit großem Erfolg gespielt wurde. Es ist in der Literatur umstritten, ob Puccini diese Aufführung kannte und damit so früh schon den Stoff der letzten Oper seines Lebens; immerhin hat er sieben Monate später behauptet, er habe Reinhardt-Inszenierungen gesehen (was sich allerdings auch auf andere beziehen könnte) und seine Bühnenkunst bewundert.

Lange hält Puccini sich nicht in London auf, sicher auch weil Sybil wieder einmal eine ihrer vielen Auslandsreisen unternimmt. Er muß gewissermaßen auf dem Absatz kehrtgemacht haben, denn am 11. oder 12. März besucht er zusammen mit Elvira schon Ramelde nach ihrer

Ramelde Franceschini, Puccinis liebste Schwester

Operation in einer Klinik in Bologna. Vom Arzt getröstet, hofft die Großfamilie auf ihre baldige Genesung.

Nebenbei, aber begierig, interessiert Puccini sich für den Erfolg von Zandonais »Conchita« in Rom – verständlich bei der langen Mühe, die er vor Jahren auf das Libretto von Vaucaire verwandt hatte. Jetzt war es vom »Fanciulla«-Librettisten Zangarini für den jüngeren Komponistenkollegen ins Italienische übertragen worden: der Verlag Ricordi wollte seine finanziellen Investitionen begreiflicherweise nicht als verloren abschreiben.

In Mailand trifft Puccini in Ricordis Büro zum ersten Mal seinen mutmaßlichen nächsten Librettisten Adami, der für ihn ja schon länger am »Anima-allegra«-Textbuch arbeitet. Aber zugleich wird die geplante Arbeitsatmosphäre von zwei traurigen Ereignissen verdunkelt: am 6. April stirbt Giovanni Pascoli, der befreundete Dichter, mit dem Puccini sich tief verbunden fühlte, obwohl es nie zu einer wirklichen Zusammenarbeit gekommen war; und gleich danach, am 8. April, verscheidet Ramelde an den Folgen ihrer Operation. Der Tod der erst 52jährigen Schwester trifft Puccini so sehr, daß er mit der üblichen depressiven Sprachlosigkeit reagiert: erst eine Woche später schreibt er einen Kondolenzbrief an Rameldes älteste Tochter Albina, die Nichte, auf die er sein enges Vertrauensverhältnis zu ihrer Mutter nun überträgt. Der karge Text betont noch diese Sprachlosigkeit: »Worte des Trostes gibt es nicht« – und kündigt seinen Besuch in Pescia in den nächsten Tagen an, an der Beerdigung hat er offenbar nicht teilgenommen.

Anfang Mai reist die ganze Familie, Fosca eingeschlossen, nach Paris. Als erste Puccini-Oper findet die »Fanciulla« auf der Bühne der feineren Opéra im Palais Garnier statt und nicht in der Opéra comique, allerdings als Gastspiel des Opernhauses von Monte Carlo, das für die erste seiner drei Vorstellungen prominente Hauptdarsteller engagiert hat: Carmen Melis, Caruso und den Bariton Titta Ruffo. Auch der neue Dirigent Tullio Serafin ist ganz nach Puccinis Geschmack. Aber es gefällt ihm in Paris diesmal nicht besonders. »Ich bin traurig, und es geht mir nicht gut, gern reise ich ab, und besonders gern vergrabe ich mich in Torre... Die Welt ist wirklich grausam, ich fühle mich ganz schlecht und in schwärzester Laune... Ich spüre die Jahre, das wird es sein, und dann habe ich einen anderen heimlichen Grund, den ich dir mündlich sagen werde, im ganzen: auch ich habe an nichts Freude« (so an Albina Franceschini).

Die dunkle Anspielung auf den »anderen heimlichen Grund« ist nicht eindeutig zu entschlüsseln. Vielleicht bezieht sie sich auf sein neuestes heftiges Liebesverhältnis zu Josephine von Stengel, die er spätestens hier

Giulio Ricordi, der große Verleger

Der Sohn: Tito Ricordi – von Puccini ungeliebt

kennengelernt haben muß. Vielleicht war sie der Grund für Puccinis langen Aufenthalt in Paris.

Möglicherweise hat er in diesen Pariser Tagen im Théâtre Martigny eine Aufführung des Stücks »La Houppelande« von Didier Gold gesehen, das ihn bald intensiv beschäftigen und schließlich der erste Teil des »Trittico« werden wird. Sehr wahrscheinlich sieht er in diesem Mai auch zum ersten Mal Strawinskys »Petruschka«, das vor einem Jahr uraufgeführte Ballett steht mehrmals auf dem Spielplan von Diaghilevs »Saison russe«. Der Komponist wird ihm vorgestellt, und der findet den Italiener sehr nett, aber zu »dandyhaft«.

In den letzten Maitagen begegnet Puccini in Paris auch wieder D'Annunzio, besucht den Kollegen Massenet und reist dann nach Mailand, »ziemlich traurig, ziemlich krank und ziemlich gelangweilt«. Nach wenigen Tagen trifft ihn dort der nächste Schlag: am 6. Juni stirbt Giulio Ricordi, Puccinis verlegerischer Über-Vater, der seine Karriere seit den »Villi« bestimmt und gesteuert hatte. Was sein Tod für Puccini bedeutet, läßt sich kaum in Worte fassen, geschweige denn von Puccini selbst, von dem nichts weiter als die Mitteilung von Ricordis Tod bekannt ist und seine daraus folgende Sorge über die weitere Verlags-Betreuung durch den von ihm wenig geschätzten Verlegersohn Tito. Im unverhofften Augenblick aber hat Puccini wenig Zeit, über die Konsequenzen dieses Ereignisses nachzudenken. Er nimmt noch an der Beerdigung teil und fährt dann sofort nach München.

Angesichts der scheinbaren Grundlosigkeit dieser Reise hält er sich bemerkenswert lang in der bayerischen Hauptstadt auf: mindestens eine Woche. Der wahre Grund für die Reise nach München ist ohne jeden Zweifel der Wunsch, Josephine von Stengel wiederzusehen, mit der er sich in seinem Hotel Marienbad in der Barerstraße trifft – zwölf Jahre später bezeichnet er dieses Haus als Ort des »ersten Rendezvous mit Josi«, womit wohl eher eine intensivere Form der schon bestehenden Bekanntschaft gemeint ist als ihre erste Begegnung überhaupt.

Josephine von Stengel stammte aus der wohlhabenden bayerischen Offiziersfamilie Damboer und wurde am 19. März 1886 in Augsburg geboren. 1906 heiratete sie den neun Jahre älteren Leutnant Arnold von Stengel, dessen Familie zwar weniger reich, aber um so vornehmer war: sein Vater war Hofbeamter, er selbst hatte als Page am Hof gedient und wurde dann Offizier im königlichen Infanterieleibregiment. Als Josephine Puccini kennenlernte (1911 oder 1912), hatte sie bereits zwei kleine Töchter, die 1907 beziehungsweise 1908 geboren worden waren.

Für Puccini handelt es sich um ein heftiges und glückliches Liebesverhältnis, das ihn wie üblich inspiriert, wieder an sein künftiges Werk zu denken. Aus München nimmt er Kontakt zu dem verflossenen Fast-Librettisten Soldani auf, vor allem aber zu D'Annunzio, von dem er »immer durstiger« einen Stoff erhofft: »großen Schmerz in kleinen Seelen«.

Für den ganzen Juli siedelt Puccini nach Viareggio über, als Feriendomizil mietet er eine Villa unmittelbar an der Uferpromenade. Der Daueraufenthalt hat sicher mit Josephine zu tun, die allem Anschein nach zu einem Ferienaufenthalt nach Viareggio kommt: Puccini braucht eine Bleibe direkt am Meer, um nicht immer abends nach Torre del Lago zurück zu müssen. Aus diesen Tagen verschickt Puccini Ansichtskarten der Jacht und benutzt Briefpapier mit dem aufgedruckten Absender »Cio-Cio-San«. Das Schiff und seine vielfältigen Möglichkeiten (Elvira mochte das Meer bekanntlich nicht) scheinen jetzt sein ganzes Glück zu sein, obwohl er an Sybil auch von Langeweile schreibt: ihm fehle die Arbeit. Dann aber kommt sein eigentliches Problem: die Familie laste auf ihm, vor allem seine Frau, und er müsse sein Haupt beugen: »Ein Scheißleben! Es lebe die Anarchie!« Das ist deutlich genug. Offenbar stört Elvira seine Vergnügungen mit Josephine in Viareggio und auf dem Meer davor. Er entwickelt deshalb einen weiteren Plan: er will allein zu einer Kur ins böhmische Karlsbad, das heißt natürlich mit Josephine.

Am 1. August reist er ab, zunächst nach München. Hier ist er zweifellos in engem Kontakt mit Josephine und schreibt zwei Briefe an Illica, in denen der alte Gedanke von Wildes »Florentinischer Tragödie« wiederauflebt. Jetzt soll es ein abendfüllender Zweiakter werden, mit einem dem Wilde-Fragment vorangestellten selbst entwickelten ersten Akt, den Puccini ausführlich beschreibt. Aus Mailand aber warnt Tito Ricordi, der Nachfolger seines Vaters als Verlagschef, es könne daraus mit Puccini kaum etwas werden. Dieser reist über Nürnberg, wo er vielleicht einen Tag geblieben ist, weiter nach Bayreuth, zum ersten Mal seit 23 Jahren in »Wagners Heiligtum«. Dort verbringt er »drei Tage völligen Zaubers«, hört »hohe, erhabene, göttliche Musik«, die aber »jene Sorgfalt und Religion« brauche, die es nur in Bayreuth gebe.

Es ist nicht nur die Musik des »Parsifal«, die Puccini bewegt. Mit höchster Wahrscheinlichkeit ist Josephine von Stengel bei ihm, und zusammen wohnen sie unter Pseudonymen im Hotel Goldner Anker. Dort nämlich ist in dieser Zeit ein »Grase, Avocatto, Turin« eingetragen, zusammen mit einem weiteren Advokaten namens Cracotti und einer Frau, beide ebenfalls aus Turin. Das paßt zusammen mit einer von Lucio D'Ambra überlie-

Josephine von Stengel, langjährige Geliebte

ferten Geschichte, wonach der Puccini-Freund Aristide Granchi (= Cracotti?) mit dem Komponisten und dessen schöner Freundin in Bayreuth gewesen sei. Puccini habe sich als »Antonio Grassi« ausgegeben, was dem »Grase« verdächtig ähnlich klingt. Die rätselhafte Frau schließlich heißt im Melderegister »Giovani, Aglioria«, ein handgreiflicher Sprachscherz gegenüber dem des Italienischen unkundigen Hotelpersonal, zu deutsch etwa »zur Ehre der Jugend« – das könnte die 26jährige Baronin Stengel meinen gegenüber dem mehr als doppelt so alten Puccini. Im übrigen sind einige Details in D'Ambras Bericht weniger glaubwürdig als in der parallelen Erzählung Marottis. Danach hat Carlo Placci, ein italienischer Wagner-Propagandist, während einer »Parsifal«-Vorstellung Puccini im Publikum erkannt und Cosima Wagner auf ihn aufmerksam gemacht (Placci war in dieser Zeit tatsächlich in Bayreuth). Cosima bat Puccini in ihre Loge, aber der ließ sich verleugnen, um das Incognito seiner Begleiterin zu schützen: Placci solle Cosima sagen, er habe sich geirrt.

Es ist also so gut wie sicher, daß Josephine mit Puccini in Bayreuth war. Ziemlich wahrscheinlich hat sie ihn auch nach Karlsbad begleitet. Das kalte und regnerische Wetter dort gefällt Puccini überhaupt nicht, und er führt es auch darauf zurück, daß ihm die Kur nicht bekommt. Immerhin hat er nun genug Zeit, über seine nächste Oper nachzudenken – dabei ist die »Florentinische Tragödie« mit dem noch neu zu schreibenden ersten Akt seine Favoritin. Andere Projekte, wie sie ihm anscheinend nach wie vor zahlreich angeboten werden, weist er höflich zurück, drängt aber zugleich D'Annunzio, ihm endlich ein Libretto zu liefern.

Neben den geschäftlichen Problemen nimmt ihn mehr noch sein privater Zustand in Anspruch. Verschleiert an die Nichte Albina Franceschini und offen an die anscheinend eingeweihte Sybil Seligman teilt er mit, es sei nicht das Wasser von Karlsbad, das ihm gut tue, sondern eine andere Art von Kur, worüber er aber nicht schreiben, sondern sich nur mündlich äußern möchte – ein recht deutlicher Hinweis auf die Anwesenheit Josephines in Karlsbad.

Am 31. August verläßt Puccini den böhmischen Kurort und kehrt nach Torre del Lago zurück. In der Diskussion um die vielen unentschiedenen Opernprojekte kommt nun ein weiteres hinzu: mit Illica erwägt er wie schon vor Monaten erneut die »Zoccoletti« der Ouida, originell seien sie, aber vielleicht ein etwas zu kleiner Stoff.

Den Freund Schnabl benutzt er, um sich ein Alibi zu konstruieren, vielleicht für ein Treffen mit Josephine: er möge ihm für November eine »Einladung zum Vorzeigen« schicken, »die überzeugend sein soll«. Das Unternehmen kommt dann aber zunächst nicht zustande, weil Puccini andere Reisepläne entwickelt. Als erstes will er für acht bis zehn Tage nach Paris und London.

Es ist nicht ganz klar, was der Zweck dieser Reise ist: vielleicht das Treffen mit D'Annunzio, vielleicht die Hoffnung, in den beiden Metropolen ein Theaterstück als Opernstoff zu finden, kaum jedoch das Wiedersehen mit Sybil – Puccini bleibt nur zwei Tage in London und versetzt die alte Freundin sogar wegen eines Treffens mit einem Bekannten aus Karlsbad: die neue Josephine hat sie einstweilen verdrängt. Am ehesten ist es ein Vergnügungsausflug, weg von zu Hause, wo ihm das Zusammensein mit Elvira seit der Rückkehr aus Karlsbad überhaupt nicht gefallen hat.

Ihr geht es umgekehrt genauso, und sie schickt ihm einen langen vorwurfsvollen Brief hinterher: seit Karlsbad herrsche ein eisiges Klima zwischen ihnen, weil er sie nicht mehr als seine Frau behandle, sondern wie einen Einrichtungsgegenstand. Schon im letzten Juli habe sie in Viareggio unter Puccinis vertraulichem Umgang mit der Nichte Albina gelitten, wodurch sie zurückgesetzt worden sei. Und jetzt habe er sie nicht einmal nach Paris mitgenommen, das sie doch auch so liebe und wohin sie gern gegangen wäre. Instinktiv hat Elvira also Puccinis Veränderung unter dem emotionalen Druck seines Verhältnisses mit Josephine wahrgenommen, ohne daß sie den genauen Grund durchschaute – ihre gerechtfertigte Eifersucht zielt bloß auf die insofern recht harmlose Nichte Albina. Aber die Situation spitzt sich zu, drei Jahre nach dem Abschluß der letzten großen Krise.

Anfang November entschließt sich Puccini, zur ersten »Fanciulla«-Aufführung in französischer Sprache nach Marseille zu fahren und sich mit D'Annunzio in Paris zu verabreden; der aber lädt ihn offenbar statt dessen auf seinen gewöhnlichen Wohnsitz in Arcachon am Meer bei Bordeaux ein, und dorthin fährt Puccini auch sofort am Tag nach der Marseiller Aufführung. Die beiden diskutieren mögliche neue Stoffe, und D'Annunzio macht Puccini wieder einmal enthusiastische Zusagen für ein Stück namens »La crociata degli innocenti«, »Der Kinderkreuzzug«.

Puccini nutzt die Rückfahrt für einen weiten Umweg über München, D'Annunzio ist offensichtlich in den Grund dieser Abschweifung eingeweiht worden, damit er notfalls als Alibi-Gastgeber für die nächsten Tage dienen kann. Aus München schreibt Puccini an D'Annunzio, er sei hier »zu einem kleinen Glück, das mir so gut tut!« Ein großes Glück erwartet er dagegen von dem Dichter: »Du wirst das Wunder tun, den Durst dieser meiner Seele zu stillen, die so sehr die frische und gesunde Quelle erwartet« – D'Annunzios Schwulst hat Puccinis sonst so nüchterne Briefsprache hörbar angesteckt.

Zwei Tage später schreibt Josephine von Stengel selbst das erste dokumentarische Zeugnis ihrer Beziehung zu Puccini nieder: im Nachsatz zu einem Brief des Geliebten bedankt sie sich in deutscher Sprache und Schrift für ein signiertes Buch, das D'Annunzio dem Komponisten für sie mitgegeben hatte. Nach drei Tagen verläßt Puccini München, schreibt zuvor aber noch einmal an den Dichter: er höre im Geist schon die Klänge, die den Chor begleiten, und er mache sich Gedanken über eine fragile Instrumentation aus Harmonium, gedämpften Trompeten und Hörnern, durch Stoff und Papier vor dem Mund verschleierten Singstimmen, aus hohen und tiefen Flöten, Bratschen, Okarinen, kleiner Orgel, mit der Hand angeschlagenen Glasscheiben. Während er diese Vision formuliert (die in seinem künftigen Werk unverwirklicht bleibt), liebkost ihn »eine zarteste Hand«: »Wie viele und schöne Dinge könnte ich unter solchem Zauber machen! Schreibe mir nach Torre del Lago, aber sprich dabei nie von *Ihr.*«

Danach meldet sich D'Annunzio bei Tito Ricordi: mit dem »Kinderkreuzzug« glaube er einen Stoff für Puccini gefunden zu haben. Zugleich erkundigt er sich schon einmal vorsorglich, wie der Vertrag aussehen soll. Puccini dagegen beruhigt Illica: er solle nur weiterarbeiten, die Sache mit D'Annunzio sei unsicher genug. Deshalb weigert er sich auch (aus schlechten Erfahrungen), jetzt schon einen Vertrag zu schließen, ohne das vollständige Libretto in Händen zu haben.

Mitte Januar 1913 schickt D'Annunzio schließlich einen Entwurf des ersten Akts. Vorsichtig merkt Puccini an, daß trotz »deinen schönen Versen« für »meine häßliche Musik« eine textliche Ökonomie notwendig sei, weniger Worte also, aber darüber könne man ja reden. Gleich darauf löst D'Annunzio diese Mahnung auf unerwartete Weise ein: seine folgende Skizze der anderen Akte ist ganz knapp, er habe sie nicht so weit ausführen können, weil er niemanden zum Schreiben habe. Aber alles werde sehr schön und »eindrucksvoll«, wenn es erst einmal fertig sei – eine lockende »Versuchung« für Puccini als »Poet der Sümpfe und des Waldes«, der »die Melodien des Himmels, des Wassers und der Erde« höre.

Puccini ist bestürzt. D'Annunzios sonderbare Schmeichel-Hymne täuscht ihn über die Dürftigkeit der Arbeit nicht hinweg. Er vermißt jede Handlungslogik in dem wohl reichlich mystischen Entwurf, »einem kleinen unförmigen Monstrum« (so an Sybil), und voller Verzweiflung (weil er ganz auf ihn gesetzt hatte) gibt er auch für diesmal wieder die Zusammenarbeit mit D'Annunzio auf; schon Ende Januar ist die Episode des »Kinderkreuzzugs« beendet.

Puccini neigt nun Golds »La Houppelande« zu, die ihm gefalle, obwohl sie ein Schauerdrama sei, das ein Gegenstück brauche; er habe sich schon nach den Rechten erkundigt. Hier ist also, am 9. Februar 1913, zum ersten Mal von einem Stück die Rede, das Puccini dann tatsächlich komponieren wird, als erstes des »Trittico« mit dem ins Italienische übersetzten Titel »Il Tabarro«, »Der Mantel«.

Zugleich setzt Puccini aber sogar seinen bemühten, aber unerfahrenen Neffen Carlo Marsili auf zwei Themen an: eines aus dem mittelalterlichen Florenz (noch einmal Wilde oder gar schon das künftige Dante-Motiv des »Gianni Schicchi«?) und ein anderes aus einem französischen Roman, den er gelesen hat (?). Tito Ricordi, mit dem er im Zusammenhang mit der D'Annunzio-Geschichte in heftigen Streit geraten war (weshalb er da schon erwägt, den Verlag zu wechseln), bittet er inständig, in drei Briefen an einem Tag (!), etwas für seinen Freund Carignani zu tun, dem es finanziell schlechtgehe – anscheinend sind die Tantiemen aus dem Vertrieb von Klavierauszügen für den, der sie angefertigt hat, nicht gerade opulent bemessen. Zugleich hat er bereits eine personelle Lösung für das »Tabarro«-Libretto: Illica und dazu den Journalisten Renato Simoni, für Puccini ein bißchen die Wiederbelebung der früheren »Giacosa-Ehe«.

Überraschenderweise bittet er den unseligen Valentino Soldani, ihm noch einmal die heilige »Margherita da Cortona« zu schicken, weil er prüfen möchte, ob sie sich als Einakter an den »Tabarro« anfügen ließe. Er verfolgt den Gedanken noch lange, und Soldani macht sich die übliche vergebliche Mühe, Puccinis Wünschen zu entsprechen. Tatsächlich spielt später der zweite Teil des »Trittico« in religiösem Milieu und mit ähnlichen Handlungsmotiven wie die »Margherita«, aber zu einem ganz anderen Libretto.

Anfang März fährt Puccini mit Carlo Clausetti nach Berlin, wo die erste deutschsprachige »Fanciulla« vorbereitet wird, und zwar in dem erst ein paar Monate zuvor eröffneten neuen Deutschen Opernhaus an der Charlottenburger Bismarckstraße, einer bürgerlichen Gegengründung zur benachbarten Hofoper Unter den Linden. Es ist ein in seinen künstlerischen Mitteln eher bescheidenes Haus und der deutschen Premiere von Puccinis jüngster Oper eigentlich unwürdig. Aber es scheint, daß es ihm vor allem darum ging, endlich eine Aufführung in der dritten wichtigen Opern-Fremdsprache zustande zu bringen. Gleich nach der Ankunft erreicht ihn ein Brief Elviras, die sich wieder bitter beklagt, weil er sie nicht mitgenommen habe. Er antwortet schroff: Was wolle sie hier? Er habe zu arbeiten, und dabei behindere eine Frau den Mann nur, wo sie doch die Empfänge und Bankette so hasse, zu denen er gehen müsse. Sie solle ihn endlich verstehen – auch daß er bei ihrem häufigen Zusammensein in Torre del Lago und Mailand gelegentlich ein wenig Freiheit brauche, gerade weil sie immer so pessimistisch sei und nichts im Leben genießen könne. Aber schließlich könne sie tun, was sie wolle – auch hierherkommen.

Das ist der gleiche harte Ton wie in den Briefen aus der Zeit der Doria-Tragödie vor vier Jahren. Aber bei allem Recht, das Elvira sicher zur Klage über Giacomos Verhalten hat, läßt sich auch dessen Stimmung nachvollziehen: Elvira muß oft genug ekelhaft zu ihm gewesen sein und abstoßend. Und so erzeugen beide gewissermaßen in Schraubenwindungen eine Ehekrise nach der anderen oder besser: eine einzige anhaltende Ehekrise. Ihr Verhältnis ist seit der Corinna-Affäre vom Jahrhundertanfang eigentlich nie mehr richtig ins Lot gekommen, obwohl beide sich immer wieder darum bemüht haben, jeder auf seine Art und fast nie in Übereinstimmung. Die selbstquälerische Hoffnungslosigkeit von Puccinis Opern seit »Madama Butterfly« und bis hin zu dem burlesken Zynismus des »Gianni Schicchi« reflektiert gewiß auch diese seine private Lebenserfahrung.

In dem Brief an Elvira ist auch von den gerade begonnenen Berliner »Fanciulla«-Proben die Rede. Er ist von ihnen durchaus nicht begeistert und erwägt sogar eine Verschiebung der Aufführung in den Herbst. Ein paar Tage später – alle Darsteller und der Dirigent erscheinen ihm völlig unzureichend – befinden sich seine künstlerischen und menschlichen Depressionen auf einem selbst für ihn ungewöhnlichen Tiefpunkt: »Mein Gott! Was für ein Leben! Überall bin ich unglücklich und leide, leide so viel! Ich wünschte, daß mein Leben zu Ende wäre. Ich werde glücklich sein, wenn ich für immer zur ewigen Ruhe und zum ewigen Frieden gelangt sein werde. Ich habe ein solches Verlangen nach Frieden und Gleichgewicht. Der Tod ist ein großer Freund... Ich bin jetzt alt, und wie immer ich versuche, nicht alt zu scheinen, und wie sehr auch immer ich wünsche, nicht alt zu sein – ich bin es eben doch. Ich habe in meinem Leben so gelitten, daß ich nun fertig bin... Ich habe kein Libretto, ich habe keine Arbeit, mein Verleger ist mein Feind... Verwandte – oh Gott! Tonio ist alles Mögliche, aber nicht der meine... Was tun? Leiden und dem Teufel eine Vorwarnung schicken, um so mehr als es kein Heilmittel weder für meinen Charakter noch für meine Schwäche gibt.«

Das klingt sehr ernst, ist aber bei Puccini dennoch nicht so ernst gemeint. Je dramatischer er sich äußert, desto schneller kann seine Stimmung wechseln. Als nämlich am 28. März die »Fanciulla« endlich doch zur Premiere gelangt und mit siebzig Vorhängen triumphal gefeiert wird (zwanzig deutsche Theater wollen das Stück sofort nachspielen), ist Puccini gleich ganz anderer Meinung und schreibt an Elvira: »Ich versichere Dir, daß ich nie einem solchen Erfolg beigewohnt habe... Die Aufführung war wirklich schön und die Inszenierung wunderbar, der dritte Akt außergewöhnlich, die Pferde benahmen sich so natürlich, daß es eine Freude war... Alle lieben mich, alle feiern mich, und die Frauen – sei nicht eifersüchtig – sie tun mir nichts!«

Vielleicht bezieht sich die letzte Anspielung auch auf eine junge Frau, die Puccini hier in Berlin trifft, die er aber schon aus Italien kennt: die 28jährige Margit Veszi, eine Malerin und Karikaturistin aus Budapest, die sich auch als politische Zeitungsjournalistin betätigte und sich auf langen Studienreisen in Deutschland und Italien aufhielt. Mit ihr besucht er eine »Rosenkavalier«-Vorstellung in der Hofoper. Vielleicht verschiebt er seine Abreise aus Berlin der »Carissima signora Margherita« zuliebe von Tag zu Tag. Nach der Rückkehr schreibt er ihr einen kaum verhüllten Liebesbrief: wie sehne er sich, bei ihr zu sein, wie sehr brauche er sie als Ratgeberin, wie häßlich sei es hier in diesem Mailand! Es ist eine jener heftigen kurzen Beziehungen, wie Puccini sie einzugehen liebte, und aus denen dann (zu seinem Glück?) nichts wurde. In gemäßigterem Ton hat er allerdings noch jahrelang mit Margit Veszi korrespondiert – eine der wenigen Bekanntschaften, die er nicht sofort nach dem Scheitern seiner erotischen Wünsche abbricht.

Währenddessen wird im fernen München Josephine von Stengel am 9. April von ihrem Mann geschieden, und zwar »aus Verschulden der Frau«. Damit ist sicher ihre Beziehung zu Puccini gemeint, denn noch heute wird in ihrer Familie erzählt, Arnold von Stengel habe den Komponisten mehrfach zum Duell gefordert, wozu dieser aber verständlicherweise keinerlei Neigung zeigte. Allerdings wächst mit Josephines für ihr bürgerliches Leben bedrohlichem Schritt Puccinis Verantwortung für ihrer beider Verhältnis; er pflegt es auch tatsächlich so intensiv, wie es die Entfernung zwischen München und der Toskana erlaubt.

Bei einer Blitzreise Mitte April nach London trifft Puccini in Paris Didier Gold, den Autor der »Houppelande«, um vielleicht von ihm einen Hinweis auf ein weiteres Thema zu erhalten. Aber das alles bringt nichts. Weiterhin klagt er, daß er keine Stoffe habe und darüber traurig sei. Clausetti berichtet immerhin Tito Ricordi, Puccini sei nun zur Komposition der »Houppelande« entschlossen.

Anfang Mai kommt Elvira nach Torre del Lago. Aber ihre von Puccini längst gewünschte Anwesenheit ist ihm auch sogleich wieder lästig. Sein Familienleben sei schrecklich, schreibt er an die Freundin Veszi in Berlin. Wie schön sei es doch bei ihr gewesen, aber sie solle vorsichtig in ihren Äußerungen sein, denn Elvira spioniere in seiner Post. Einen Vorschlag, den Frau Veszi ihm gemacht hat, schiebt er als »zu romantisch« von sich: der Graf von Gleichen sei nichts für ihn – sehr wahrscheinlich handelt es sich dabei um das Lustspiel »Schirin und Gertraude« von Ernst Hardt, eine Berliner Novität dieses Jahres und die neue Version des legendären mittelalterlichen Stoffs über einen Mann zwischen zwei Frauen – Margits Hinweis entbehrt nicht einer gewissen banalen Pikanterie.

Ende Mai tritt Puccini eine schon länger geplante Reise mit Elvira nach

Paris an. Zunächst ist er sehr an einem Treffen mit D'Annunzio interessiert. Durch die mehrmaligen Mißerfolge offenbar immer noch nicht entmutigt, erhofft sich Puccini von ihm einen Einakter in »hohem Stil«. Er spricht auch mit den erfolgreichen Boulevard-Lustspielschreibern de Flers, de Croisset und Tristan Bernard – die Absicht ist, einen Opernabend aus drei Einaktern zu konstruieren: die Kolportage »Houppelande«, ein sentimentales zweites Stück und zum Schluß eine Komödie. Der Struktur nach ist dieser Plan tatsächlich im »Trittico«, dem übernächsten Werk, beibehalten worden.

Im Theater sieht Puccini Gustave Charpentiers Oper »Julien« – er findet sie »ein Chaos von schlechtem Geschmack, keinerlei Handlung und eine Musik mit so einem Bart, überhaupt keine Leidenschaft«. Viel mehr bewegt ihn Strawinskys neues Ballett »Le Sacre du Printemps«, man hört das an seinem berühmten schwankenden Urteil: »... eine lächerliche Choreographie, die Musik eine äußerste Kakophonie, jedoch merkwürdig und mit einem gewissen Talent gemacht, aber im ganzen verrücktes Zeug. Das Publikum pfiff, lachte und... klatschte.«

Über seine erste Begegnung mit diesem sensationellsten Werk des frühen 20. Jahrhunderts gibt es in der Puccini-Literatur ausführliche Berichte. Danach soll Puccini das Stück zusammen mit Debussy gegen die empörte Mehrheit des Publikums verteidigt haben. Wenn der Vorgang überhaupt so stattgefunden hat (was nicht recht zu Puccinis üblicher öffentlicher Zurückhaltung paßt), dann gewiß nicht in der Uraufführung am 29. Mai; denn die Zeitungsberichte darüber erwähnen den doch immerhin sehr berühmten Italiener nicht unter den Zuschauern. Er hat wohl eine der nächsten Vorstellungen gesehen. Strawinsky selbst erinnerte sich, daß Puccini ihn nach der »Sacre«-Uraufführung besucht habe, als er mit Typhus im Bett lag: eine bemerkenswerte Geste der Wertschätzung für einen ihm musikalisch so fremden jungen Komponisten. Sie seien Freunde gewesen, meinte Strawinsky sogar in sicher erheblicher Übertreibung, und hätten in ihren starken Akzenten miteinander gesprochen: Puccini in italienischem, Strawinsky in russischem Französisch.

Puccinis eigene Angelegenheiten entwickeln sich inzwischen zäh, aber nicht hoffnungslos. Tristan Bernard schlägt zwei Stoffe vor, sein Stück »Die Haut des Bären« (Puccini scheint es zu nahe bei »Hänsel und Gretel«) und eine in Afrika spielende satirische Geschichte über einen Forschungsreisenden, der unter Kannibalen gerät. Auch D'Annunzio schwört Stein und Bein, daß er eine »gehobene Sache« suchen und finden werde, erinnert jedoch noch einmal an seinen »Kinderkreuzzug« – was Puccini nicht besonders zuversichtlich stimmt. Das hindert ihn natürlich nicht, D'Annunzios neues Stück »La Pisanelle«, höflich zu bewundern, obwohl er die Premiere am 12. Juni nicht einmal ganz gesehen hat; er entschuldigt sich zwar mit einem anderen Termin, aber wahrscheinlich war er auch froh, früher gehen zu können.

Nach weiteren Gesprächen mit dem inzwischen eingetroffenen Tito Ricordi und mit D'Annunzio ist Puccini zuversichtlich, daß er von ihm das mittlere »Trittico«-Stück erhalten wird. Tatsächlich aber endet damit ihre unglückliche Zusammenarbeit für immer. Für den sich bald in einen Kriegsfanatiker und Frühfaschisten verwandelnden D'Annunzio hat Puccini dann nur noch verhaltenen Spott übrig gehabt. Und jener hat sein Urteil über den Komponisten verschlüsselt seinem »Libro segreto« anvertraut:

»Da ist der Lago di Massaciuccoli,
so reich an Jagdbeute
wie arm an Inspiration.«

So vorsichtig immerhin gingen die beiden auf ihren jeweiligen künstlerischen Gebieten größten Italiener ihrer Generation miteinander um: sie wußten wohl zuviel voneinander, vor allem von ihren Schwächen.

In den letzten Pariser Tagen erwähnt Puccini zum ersten Mal den Namen Giovacchino Forzano: der habe ihm geschrieben, daß er bei der Arbeit sei – eine bescheidene Art von Arbeit, aber es wird nicht lange dauern, bis Forzano Puccinis Librettist ist. Jetzt hat der noch ziemlich unbekannte Journalist offenbar nur den Auftrag, das Libretto zu übersetzen, das der schon früher an Puccini gescheiterte Maurice Vaucaire aus Golds »Houppelande« anfertigt. Natürlich geht das auch diesmal nicht gut, und Forzano, der sich die Arbeit anscheinend selbst nicht zutraut, bringt Ferdinando Martini ins Gespräch, den schon 72jährigen Schriftsteller und Politiker (er war Minister gewesen und italienischer Gouverneur in Eritrea), der im vorläufigen Ruhestand in seinem toskanischen Heimatort Monsummano bei Montecatini wohnt. Aber nach einem Besuch Puccinis und Forzanos bei ihm läßt Martini zunächst nichts mehr von sich hören und sagt dann endgültig ab. Übrigens ist in diesen Tagen auch vage von einem Filmprojekt die Rede, aus dem jedoch nichts wird.

Daneben komponiert Puccini aber anscheinend auch schon für die »Houppelande«, obwohl er immer noch kein richtiges Textbuch hat. Übrigens tut er das nicht in Torre del Lago, sondern in Viareggio, wo er sich im feudalen Grand Hotel Royal eingemietet hat. Offenbar sind die Spannungen mit Elvira zu groß, als daß er zu Hause die nötige Ruhe hätte. Es ist aber auch nicht ausgeschlossen, daß die frisch geschiedene Josephine wieder ihre Sommerferien in dem feinen Seebad verbringt und Puccini ihr ungestört nahe sein möchte.

Er erwägt eine Reise nach Hamburg zur Premiere der »Fanciulla«, jedenfalls aber nach Wien aus dem gleichen Anlaß. Da er von Tristan Bernard außer Versprechungen nichts hört, setzt er allmählich nicht mehr nur auf die »Trittico«-Idee, sondern sieht sich nach neuen Stoffen um. Ein englisches Stück namens »Mollie«, das auch in Mailand gespielt worden war, sticht ihm ins Auge, und er bittet Adami, ein Szenario dafür zu entwerfen.

Offenbar ist Puccini Ende September tatsächlich nach Hamburg gefahren, um an seinem ersten fremdsprachigen Aufführungsort von 1892 seine jüngste Oper zu sehen. Vielleicht auch bezieht sich hierauf die von Dante Del Fiorentino berichtete Geschichte, wie Puccini nach dem Premierenerfolg am 1. Oktober ziellos durch die Straßen der Hansestadt läuft und schließlich einem fliegenden Händler begegnet, der aus der heimatlichen Toskana stammt, weshalb Puccini ihm voller Rührung ein erhebliches Trinkgeld gibt.

Um den 7. Oktober kommt Puccini in Wien an, ohne Elvira, aber mit Carlo Clausetti, der ihn bei den Proben unterstützen soll, und wahrscheinlich auch mit Josephine von Stengel. Er frischt die Bekanntschaft mit dem Kritiker Julius Korngold auf und lernt vor allem dessen 16jährigen Sohn Erich Wolfgang kennen, der in Wien seit Jahren als kompositorisches Wunderkind gehandelt wird. Er spielt Puccini aus seinem Opus 1 vor, dem Klaviertrio von 1909, und auch Partien aus der »Fanciulla«. Dann setzt Puccini sich selbst ans Klavier, spielt zur allgemeinen Überraschung dasselbe Stück viel langsamer als der junge Österreicher und singt dazu »mit einer heiseren Komponisten-, nein, Vorbeterstimme«, wie Julius Korngold sich erinnerte.

Auch Franz Lehár trifft er jetzt zum ersten Mal, den berühmten Operetten-Komponisten. Puccini hat in diesen Wiener Tagen zumindest eine Lehár-Operette selbst gesehen: »Die ideale Gattin« im Theater an der Wien, die ihm gut gefällt. Das wird Folgen haben. Lehár soll die konsequenzenreiche Bekanntschaft mit Siegmund Eibenschütz und Emil Berté vermittelt haben, der eine Direktor des Carl-Theaters, einer der führenden Wiener Operettenspielstätten, der andere ebenfalls Theaterunternehmer und vor allem Musikverleger.

Die »Fanciulla«-Proben strapazieren Puccini wie fast immer aufs äußerste. Er schenkt weder sich noch den Sängern etwas, verlangt eine ungewohnte Intensität von ihnen, wogegen sie sich zunächst natürlich wehren. Zwei junge Darsteller aber beginnen von hier aus ihre internationale Puccini-Karriere: Maria Jeritza und Alfred Piccaver. Die Aufführung am 24. Oktober wird nach einem verhalten aufgenommenen ersten Akt schließlich ein großer Erfolg, die Jeritza bricht unter Tränen der Erschöpfung zusammen.

Nach der Rückkehr erkundigt Puccini sich bei seinem Wiener Vertrauten Angelo Eisner, ob der Direktor des Carl-Theaters, dessen Namen ihm entfallen ist, das Angebot ernst gemeint habe, daß Puccini für 200000 Kronen eine komische Oper schreiben solle. Möglich sei das nur, wenn die Rechte jenes Direktors sich auf Österreich beschränkten. Damit kommt unerwartet das Geschäft in Gang, das tatsächlich zur nächsten Oper führt. Vorerst werden über Eisner als Vermittler die Vertragsbedingungen diskutiert. Puccini verlangt außer den 200000 Kronen 40 Prozent der Tantiemen, 40 Prozent der Material-Leihgebühren, 25 Prozent der Verkaufserlöse für Textbücher und Noten sowie die Rechte für Italien, Frankreich, Belgien, England und Nordamerika. Vor allem aber wünscht Puccini das Libretto zu sehen. Denn wenn das nichts sei, bringe ihn nicht einmal eine Million dazu, es zu komponieren.

Einstweilen jedoch geht er ausführlich auf die Jagd, zunächst in Torre del Lago, dann in der zweiten Novemberhälfte auch in Capalbio, wo anscheinend Josephine bei ihm ist, ebenso wie bei einer folgenden Autofahrt durch Mittelitalien. Als er dann Mitte Dezember aus Wien das Buch erhält, scheint es ihm »eine zu dünne Sache, ohne großen szenischen Wert«. Es sei nur »die gewöhnliche Operette, schlampig und banal, mit dem üblichen Orient und Okzident als Kontrast, Bälle und Anlässe zum Tanzen, ohne Vertiefung der Charaktere, ohne Originalität und schließlich ohne Interesse«. Adami teilt er mit, Willners Arbeit sei jämmerlich und komme für ihn nicht in Frage. Alfred Maria Willner: das ist der führende Wiener Operettenlibrettist, Autor unter anderem von Lehárs »Graf von Luxemburg«, »Eva«, »Zigeunerliebe«. Mehr wissen wir nicht von diesem ersten Wiener Libretto-Vorschlag. Puccini aber weiß danach: er wird keine Operette komponieren, höchstens eine komische Oper wie den »Rosenkavalier«, »aber unterhaltsamer und organischer«. Seine österreichischen Partner bittet er, ihm einen entsprechenden Vorschlag zu machen, der ihres Geldes und seiner Musik würdig sei.

Von der ganzen Geschichte ist er so wenig überzeugt, daß er nun auch Sybil in die Erwägung jener »Mollie« einbezieht. Sie soll herausfinden, was ihr Autor, ein Anthony Wharton, verlangen würde, wenn Puccini das

Stück unter vielen Änderungen und Erweiterungen (»denn das Original ist eine armselige kleine Sache«) in eine Oper verwandelte. Und weil die Geschichte mit Wien nicht recht weitergeht, bietet er seinerseits dafür die »Anima allegra« an. Im selben Brief bittet er übrigens Eisner, ihm in Wien nikotinfreie Zigaretten zu besorgen: der starke Raucher Puccini beginnt anscheinend Probleme mit seiner Lunge und seiner Kehle zu spüren.

Inzwischen haben die Wiener ein neues Libretto entworfen, das Puccini dringend sehen will. Wenn es gelinge, sei es ihm lieber als sein eigenes. Denn in Wahrheit ist »Anima allegra« ja weder fertig, noch hat Puccini allzu großes Vertrauen in den Stoff. Sogar in der Frage der Rechte gibt er nach: Italien, Frankreich und Rußland würden ihm nun reichen, wenn die Geschichte nur endlich zustande käme. Er kann sich solche Großzügigkeit leisten: schon wieder beträgt sein Tantiemen-Überschuß aus dem zweiten Halbjahr 1913 115 000 Lire – Puccinis Vorkriegsvermögen muß nach heutiger Kaufkraft bereits viele Millionen Mark betragen haben.

Während er Anfang 1914 auf den neuen Wiener Text wartet und Golds »Houppelande« in der Hinterhand hält, beginnt er mit aller Energie, sich um die Rechte an Ouidas Roman »Two little wooden shoes« zu bemühen. Die englische Autorin Marie Louise de la Ramée, die unter dem Namen Ouida seinerzeit vielgelesene Gesellschaftsromane geschrieben hatte, war 1908 dennoch in Armut gestorben, und obwohl sie zuletzt in Massarosa gelebt hatte, nur fünf Kilometer von Puccinis Torre del Lago entfernt, haben sie sich persönlich offenbar nicht gekannt. Sein jetzt plötzlich so heftiges Interesse scheint wie im Fall der Leoncavallo-»Bohème« erst richtig durch die Nachricht entzündet worden zu sein, Mascagni wolle den Stoff veropern. Puccini will sich zunächst auf einen Wettbewerb einlassen, wie bei »Manon«, wie bei »Bohème«, und er beauftragt sofort Adami, ein Szenario unter dem Titel »I zoccoletti«, »Die Holzschuhe«, zu entwerfen.

Es ist inhaltlich nachvollziehbar, weshalb Puccini sich für den Ouida-Roman interessiert hat, aber gleichwohl »programmstrategisch« schwer verständlich: der Stoff liegt emotional und strukturell ganz nahe bei der Handlung von »Madama Butterfly«. Bébée, ein entzückendes flämisches Waisenkind, das am liebsten mit Blumen und Tieren umgeht und von allen seinen Mitmenschen zutiefst geliebt wird, lernt in Brüssel, wo sie auf dem Markt täglich ihre Blumen verkauft, einen erfolgreichen jungen Maler kennen, der jedoch bereits ein welt- und liebeserfahrener Zyniker ist. Er weckt in ihr eine unbewußte, bedingungslose und selbstzerstörerische Liebe und flieht davor nach Paris in sein gewohntes Lotterleben, weil er mit dem überwältigenden Ansturm von Bébées reinen Gefühlen nichts anfangen kann. Sie aber folgt ihm nach, wobei sie (daher der Titel) ihre Holzschuhe bis auf die Füße durchläuft. Entsetzt wird sie dort seines verdorbenen Charakters gewahr und ertränkt sich darauf in einem Fluß ihrer flandrischen Heimat.

Die überaus sentimental erzählte Geschichte besteht zu einem großen Teil aus der Schilderung von Bébées Warten auf die lügnerisch versprochene Rückkehr des Malers, bevor sie sich auf den Weg zu ihm macht. Die überwältigend unschuldige Frau als Opfer des Mannes, wie er nun einmal ist: das Thema liegt Puccini natürlich, erst recht jetzt, wo er mit Josephine erneut in eine ihm vielleicht vergleichbar scheinende Situation gerät. Aber es ist schwer vorstellbar, wie Puccini daraus eine Oper machen zu können glaubte, die kein Selbst-Plagiat der »Butterfly« gewesen wäre.

Puccini spielt dabei übrigens gegen Mascagni und Tito Ricordi gleichzeitig: anscheinend will er das Geschäft allein machen, ohne seinen alten Verlag. Seit Giulios Tod empfindet er diese Bindung längst nicht mehr als selbstverständlich.

Ende März gehen die Händel und Verhandlungen auf mehreren Ebenen weiter. Sybil ist in London als seine Agentin tätig, bis hin zu der Erwägung, sie solle die Ouida-Rechte als Puccinis »Strohfrau« erwerben. Adami treibt er an, so schnell wie möglich den Entwurf zu Ende zu bringen, weil ihm der Stoff immer besser gefällt – sogar eine Melodie hat er schon dafür geschrieben. In Viareggio konferiert er mit dem Testamentsvollstrecker der Ouida und schaltet sogar den englischen Konsul in Livorno ein.

Anfang April erhält er den Beginn des neuen Wiener Stücks, das er unter dem Titel »La Rondine«, »Die Schwalbe«, komponieren wird. Um es zu besprechen, reisen Willner von Wien und Puccini von Torre del Lago nach Mailand, denn natürlich muß die »Ware« verbessert werden. Adami, der die italienische Fassung herstellen soll, ist mit dabei, und er zeigt Puccini auch seinen »Zoccoletti«-Entwurf, der dem Komponisten gefällt, obwohl er selbstverständlich noch einiger Änderungen bedürfe. Der Wiener Musikverleger Herzmansky, bei dem auch Lehárs Werke erscheinen, bietet ihm die Übernahme der »Zoccoletti« an, für 400000 Kronen und 40 Prozent Tantiemen. Puccini bringt das in skrupulöse Schwierigkeiten: einerseits sieht er hier eine Möglichkeit, sich von dem ungeliebten Tito Ricordi zu befreien, andererseits hängt er doch an seinem vertrauten und wahrhaftig bewährten Verlag. Puccini will seinem Mailänder Verleger vorschlagen, in das lukrative Herzmansky-Angebot zu gleichen Bedingungen einzutreten. Er hofft, daß der das ablehnt und er sich damit auch moralisch frei fühlen kann.

Adami übergibt ihm Anfang Mai den ersten »Rondine«-Akt in seiner italienischen Fassung, und Puccini beschließt, die Hauptrolle für eine Koloratur-Soubrette zu schreiben, um der Sentimentalität des Stücks abzuhelfen, »die sonst Langeweile und wenig Freude hervorrufen könnte«. Am 14. Mai teilt er Sybil mit, er habe mit der »Rondine« begonnen und werde bald zu intensiverer Arbeit aufs Land fahren, zumal die »Zoccoletti«-Angelegenheit noch immer nicht klar ist. Seine unruhig schwankende Situation in jeder Hinsicht reflektiert ein wie üblich halb ironischer Brief an die geliebte Nichte Albina: »Ich lebe in einer Periode der Kräfte, des Kampfs, der Arbeit, der Sehnsucht, der Ängste, der Unverschämtheit, der Gleichgültigkeit, der Leidenschaften, der Höhen und Tiefen, des Weiß und Schwarz, der Jugend, des Alters, der Befürchtungen, der Hoffnungen.«

Endlich faßt Puccini den Entschluß, sich nicht mehr um alle möglichen in der Luft hängenden Optionen zu kümmern, sondern sich ganz auf die »Rondine« zu konzentrieren, obwohl ihm das Libretto längst nicht das verspricht, was er davon erhofft hatte. In Mailand sieht er die italienische Aufführung von Lehárs jüngster Operette »Endlich allein«, deren Libretto (von seinem eigenen Erst-Autor Willner) er stupide findet und die Handlung erbärmlich. Das läßt ihn für die »Rondine« das Schlimmste befürchten: schließlich sei Lehárs Musik hübsch, wie er auch an seiner eigenen nicht zweifelt, aber was nützt das am Ende bei einem schlechten Buch?

Als er Mitte Juli in Viareggio eine als Feriendomizil gemietete Villa bezieht, ist er entschlossen, vor allem zunächst die »Rondine« zu beenden, für die er bereits »reizende« Musik schreibe. Solle doch getrost jetzt Mascagni die »Two little wooden shoes« komponieren, er komme nach, und dann gebe es eben wie zwei »Manons« und zwei »Bohèmes« »vier Kleine Holzschuhe«. Er ist sogar so mild gestimmt, daß er statt des opulenten Herzmansky-Angebots für »Zoccoletti« mit Ricordi zum halben Preis abschließen will – aus sentimentaler Anhänglichkeit an seinen uralten Verlag, wie er sagt, gewiß aber auch aus der Puccini eigenen verständlichen Bequemlichkeit: bei Ricordi weiß er, woran er ist, selbständige unternehmerische Aktionen mit unbekannten Partnern mögen ihn allmählich eher geschreckt haben.

Deshalb schlägt er schließlich definitiv seine Wirtschaftsinteressen in den Wind. Seinen Wiener Partnern spiegelt er vor, Ricordi habe schon die »Zoccoletti«-Rechte »exklusiv für die ganze Welt« erworben, so daß er selbst das Geschäft mit Herzmansky nicht mehr machen könne. In Wahrheit findet die zur Schuldentilgung dienende Versteigerung der Rechte an dem Roman der unglücklichen Ouida erst acht Monate später statt. Das ganze ist ein Puccini-Ricordisches Täuschungsmanöver, um den Komponisten von dieser zweiten österreichischen Bindung zu befreien.

Es liegt auf der Hand, daß diese Manipulation von den weltgeschichtlichen Ereignissen dieser Wochen zutiefst beeinflußt ist, von der größten nichtprivaten Katastrophe zu Puccinis Lebzeiten: dem Beginn des Ersten Weltkriegs. Italien befand sich dabei in einer besonders schwierigen Situation. Einerseits war es seit Jahrzehnten durch den Dreibund mit Deutschland und der Donaumonarchie verknüpft, andererseits schloß dieser Dreibund die Unterstützung bei Angriffskriegen aus, und zugleich schob das frankophile Mittelmeerkönigreich den Konflikt mit Österreich wegen dessen Gebieten südlich der Alpen ungelöst vor sich her.

Der ausbrechende Krieg schuf Fronten quer durch alle Lager, insbesondere durch das bürgerliche. Während die offizielle Politik an der italienischen Pflicht zu einer wohlwollenden Neutralität gegenüber Deutschland und Österreich festhielt, fand der Krieg in manchen Kreisen eine geradezu metaphysische Sympathie. Beinahe ganz losgelöst von seiner Realität wurde ihm – ähnlich wie in Deutschland, Frankreich und England – bei der jungen intellektuellen Rechten der Charakter eines Reinigungsprozesses angelogen: er sei eine Quelle neuen Lebens, man müsse ihn lieben. Aber auch nüchternere Italiener, denen solche schwärmerische Phantastik fernlag, sympathisierten mit dem Kriegseintritt ihres Landes, weil sie sich davon die Lösung vieler innerstaatlichen Probleme erhofften, von der ökonomischen Not des Südens über die Kirchenfrage bis zur »Befreiung« Tirols. Auch spielten bei ihnen moralische Gesichtspunkte eine Rolle, vor allem als Deutschland in den ersten Kriegstagen das kleine Belgien ohne Rücksicht auf dessen Neutralität als Aufmarschgebiet gegen Frankreich mißbrauchte. Bis zum Ende des Jahrs bekannten sich daraufhin sogar einige bis dahin notorisch pazifistische Sozialisten zur Notwendigkeit des Kriegs.

Puccini ist von dieser Situation auch in seinem persönlichen Bereich berührt. Mit Toscanini diskutiert er in diesem Sommer heftig über die politische Lage. Toscanini ist für ein Engagement auf der Seite Frankreichs und Englands, Puccini haßt nicht nur überhaupt jeden Konflikt, sondern denkt natürlich auch an seine Gemeinden in Deutschland und Österreich (einschließlich seiner Freundin Josephine) und vor allem an das vertragliche Geschick der »Rondine«. Was soll aus dieser Wiener Oper werden, wenn seine Geschäftspartner feindliche Ausländer sind?

Puccini begreift diesen Krieg, der für Italien trotz allen damit zusammenhängenden inneren Konflikten zunächst noch ein fernes Phänomen war, von allem Anfang als eine bedrohliche neue Qualität: kaum ein Brief dieser späten Sommerwochen 1914, in dem er ihn nicht erwähnt. Sehr früh versteht Puccini, was sich hier Ungeheuerliches ereignet: das ist nicht mehr vergleichbar mit den großmannssüchtigen italienischen Feldzügen in Abessinien und Libyen. Sensibel spürt Puccini, daß mit diesem Weltkrieg in Europa eine neue Zeit angebrochen ist, und zwar eine unerhört schlimme.

Mitten darin beschäftigt er sich mit der »Rondine«, die einmal als seine erste heitere Oper, gar als eine Operette, konzipiert worden war. Aber Puccini arbeitet selbst für seine Begriffe ungewöhnlich langsam und ohne große Begeisterung: allzu tief beunruhigen ihn der Krieg und seine Perspektiven. In einem Kondolenzbrief zum Tod von Sybils Vater begründet er seine schlechte innere Verfassung außer mit dem Krieg auch mit privaten »Unerfreulichkeiten«, die er Sybil schriftlich nicht erläutern will. Vielleicht handelt es sich um Probleme mit Josephine, vielleicht ist sie wieder in Viareggio, vielleicht stört Elvira ihr Zusammensein.

Mitte September hat Puccini den ersten Schock des Kriegs überwunden und macht sich mit größerer Freude an die »Rondine«, deren Charakter er Sybil Seligman nun zum ersten Mal etwas genauer beschreibt: »Die kleine Oper wird im Frühjahr vollendet sein; es ist eine leichte Oper, sentimental und ein bißchen komisch – aber sympathisch, hell, sangbar, mit kleinen Walzern und mit fröhlichen und anrührenden Klängen. Wir werden sehen – es ist eine Art Reaktion gegen die unangenehme moderne Musik, die, wie ihr sagt, dem Krieg ähnlich ist.«

Die gute Stimmung hält nicht lange. Bald gefällt Puccini das Libretto gar nicht mehr, vor allem dem zweiten Akt fehle der notwendige Abwechslungsreichtum, er müsse nicht lachen, sei nicht interessiert, also müsse das alles umgearbeitet werden; Labiche (der französische Boulevardkomödienautor des vorigen Jahrhunderts) könne ein Vorbild sein. Man sieht, wohin Puccini zielt: auf leichtfüßiges Unterhaltungstheater, seit einem Jahrzehnt schon sein heimlicher Traum, jetzt ausdrücklich als psychische Entlastung vom Schrecken des Kriegs gemeint.

Eine politische Aktion beschäftigt Puccini womöglich noch mehr, weil sie ihm für die Zukunft seines Werks besonders heikel scheint. Mitte Oktober war die belgische Regierung mit König Albert an der Spitze ins französische Exil gegangen, nachdem der deutsche Überfall auf Belgien inzwischen zur fast völligen Besetzung des Lands geführt hatte. Der britische Schriftsteller Hall Caine versuchte einen internationalen Künstler-Protest gegen diesen deutschen Völkerrechtsbruch zustande zu bringen und forderte auch Puccini mit Briefen und Telegrammen auf, sich daran zu beteiligen. Der läßt sich ein paar Tage verleugnen, um Zeit zu gewinnen, und korrespondiert inzwischen mit seinem Verlag darüber, wie er sich verhalten soll. Ganz pragmatisch und sehr wenig moralisch stehen für Puccini die Folgen im Vordergrund, die sein Verhalten haben könnte. Unter allen Umständen möchte er vermeiden, daß seine Opern in Deutschland boykottiert werden, wie es Leoncavallo geschehen sei. Bereits eine »menschliche Bemerkung«, die die Kriegsexzesse beklagt, scheint ihm den Deutschen gegenüber zu riskant, am liebsten wäre ihm ein allgemeiner Friedensappell. Schließlich schickt er Tito Ricordi zur Begutachtung den unsicheren Entwurf für eine Antwort an Caine: zwar habe auch ihn »das traurige Schicksal Belgiens« bewegt, und er habe »den heldenhaften Widerstand dieses Volkes« bewundert, aber er möchte nicht, daß sein Name in der Öffentlichkeit genannt werde; er wolle sich weder an Glorifizierungen noch an Protesten gegenüber der einen oder der anderen Seite beteiligen. Das ist die perfekte Neutralität, aber sie ist reichlich eigennützig gemeint, obwohl sie sich mit dem vermeintlichen Recht des Künstlers tarnt, in die Händel dieser Welt nicht verwickelt zu werden.

Mit der »Rondine« geht es indessen ganz gut voran. Schon ist Carignani in Torre del Lago, sicher um mit der Arbeit am Klavierauszug zu beginnen. Puccini arbeitet mit äußerster Intensität, geht zwischendurch natürlich auf die Jagd und rast mit seinem neuesten Auto, einem Lancia, in der Gegend herum, wovon ihm wegen der Schnelligkeit die Augen brennen. Aber während der lange so fragwürdige zweite Akt schließlich in der Komposition fertig wird, erscheint ihm nun der dritte so schlecht und sein Schluß geradezu unmöglich, daß er pathetisch das Bild einer in zwei Akten unvollendeten Oper beschwört und droht, den Wiener Vertrag zu kündigen, weil diese »Rondine« »eine große Schweinerei« sei.

Währenddessen holen ihn wieder die Ereignisse des ihm so schrecklichen Kriegs ein. Ihm wird von der einen Seite vorgeworfen, er habe sich dem Protest gegen die deutsche Beschießung von Reims nicht angeschlossen, und von der anderen Seite, er habe Manifeste gegen Deutschland unterschrieben. Beides bestreitet er heftig, aber es hilft ihm wenig: für die antideutsche Kriegspartei ist er ein Freund der Deutschen (wozu er sich sogar heimlich bekennt), in Deutschland dagegen gilt er als Sympathisant der Feinde, weshalb tatsächlich seine Opern von den Spielplänen abgesetzt werden. Puccinis verzweifelter Versuch, öffentlich neutral zu bleiben, verhilft ihm lediglich zu einem äußerst unbequemen Platz zwischen allen Stühlen.

Seine sehr persönlichen Gefühle faßt er in einem Brief an Sybil Seligman unspektakulär in Worte – ihre Bescheidenheit macht sie überaus ehrlich; aber in einer ideologisch so aufgeheizten Atmosphäre hätten sie damals wie heute keine Chance gehabt gehört zu werden: »Der Krieg ist zu schrecklich: welches Ergebnis er auch haben möge, sei es Sieg oder Niederlage, es werden Menschenleben geopfert. Wir sind in einer furchtbaren Welt, und nichts deutet auf ein Ende dieses grausamen Zustands hin!« Was aus seiner zu zwei Dritteln fertigen Oper werden soll, weiß Puccini gleich gar nicht. Die Wende zum Jahr 1915 verbringt er in tiefer Depression.

Anfang Februar erscheinen in französischen Zeitungen heftige Angriffe gegen ihn, weil er sich nicht an dem Belgien-Projekt Hall Caines beteiligt und vor allem nicht die Protestresolution gegen die Beschießung von Reims unterschrieben habe. Gegenüber Freunden und Verwandten verteidigt Puccini sich verzweifelt und nicht ganz korrekt: er habe nichts unterschrieben, weil er überhaupt nicht danach gefragt worden sei; seine Haltung sei strikte Neutralität, wie sie einem Italiener zukomme – und erst recht einem Komponisten, der sich freue, wenn seine Werke überall aufgeführt würden, in Frankreich, England, Österreich und Deutschland. Die Kampagne gegen ihn sei nichts als der Neid der französischen Kollegen wegen seines Erfolgs. Puccini kann in seiner Naivität tun, was er will: seine politische Enthaltsamkeit schützt ihn nicht vor der politischen Einsortierung durch andere – und die ist nicht ungefährlich für ihn in einem Land, das immer mehr einen Kurs hin zum Kriegseintritt gegen Deutschland und Österreich steuert.

Endlich entscheidet sich wenigstens die »Zoccoletti«-Angelegenheit: die Rechte werden öffentlich versteigert, und Ricordi erwirbt sie am 22. März für Puccini zum vergleichsweise hohen Preis von 5300 Lire. Gleich danach kommt Adami nach Torre del Lago, um das Szenario der Oper zu besprechen, die Puccini komponieren will, sobald die »Rondine« fertig ist.

Während alles dies geschieht, nimmt Puccinis Verhältnis zu Josephine von Stengel eine dramatische Wende. In einem Gefecht im Elsaß wird ihr geschiedener Mann so schwer verwundet, daß er am 1. März stirbt. Mit Unterstützung eines Münchner Anwalts klärt Josephine, daß sie ihre beiden Töchter am besten in der Obhut der Schwiegereltern lasse, dann aber frei sei, nach Italien überzusiedeln. Puccini hat dafür schon Vorkehrungen getroffen: seit Wochen sucht er heimlich in Viareggio ein Grundstück zu kaufen, und schließlich erwirbt er an der Ecke Via Buonarotti/Via Marco Polo ein Gelände, das damals noch ganz im Pinienwald liegt, wenige Meter vom Meer entfernt. Ganz offensichtlich haben Josephine und Giacomo vereinbart, daß sie dort für sich ein gemeinsames Domizil bauen. Im März korrespondieren sie fast täglich darüber, und die bekannten drei Briefe Josephines, in einem einfachen aber ziemlich korrekten Italienisch geschrieben, atmen tiefe Zuneigung und innigste Vertrautheit. Sie bestätigen auch, daß Josephine vor nicht allzu langer Zeit in Viareggio war, mit Puccini nach Torre del Lago gefahren ist und dort am Kamin seines Hauses gesessen hat – und gewiß nicht nur da. Vielleicht bezieht sich das auf die Situation im August des letzten Jahrs.

Nach Josephines Formulierungen scheint es so gut wie ausgemacht, daß Puccini demnächst mit ihr zusammenleben wird – ohne die Heimlichkeiten, unter denen sie sich in den letzten Jahren begegnen mußten. Aber Josephine täuscht sich in Puccini wie 15 Jahre zuvor schon jene Corinna. Zwar treibt er die Geschichte auch jetzt wieder ungewöhnlich weit und erwägt anscheinend ziemlich ernsthaft die Trennung von Elvira, aber dann läßt er es eben doch nicht dazu kommen. Die größte Liebesgeschichte seines Alters bleibt eben das: eine Liebesgeschichte – für eine Ehe ist ihm das zu wenig, da verläßt er sich lieber auf die nörglerisch vertraute Elvira, damit er auch selbst etwas zu nörgeln hat. Dennoch bleibt das Verhältnis mit Josephine noch einige Jahre bestehen.

Die angenehmen persönlichen Aussichten inspirieren Puccini endlich zu einer intensiveren Arbeit an der nicht vollendeten »Rondine«. Anfang April ist er sicher, daß er bald fertig sein wird. Seine Familie kommt zu Ostern nach Torre del Lago, den nach wie vor bestehenden Familienkonflikt nennt er jetzt »leicht«. Es ist eine vergleichsweise unbeschwerte Zeit. Puccini besucht zusammen mit Tonio die Lieblingsnichte Albina in Pescia, um ihren Verlobten Lelio Del Panta kennenzulernen, der ihm gefällt. Aber das Glück des jungen Paars läßt ihn in melancholische Reflexionen über seine eigene Einsamkeit versinken, der die Liebe nicht geschenkt sei. Was in seiner privaten Sphäre so idyllisch klingt, spielt in Wahrheit in Wochen höchster politischer Erregung: in der Zeit unmittelbar vor dem Eintritt Italiens in den Krieg.

Seit dem vergangenen Jahr schon hatten sich Deutschland und Österreich bemüht, Italiens Neutralität durch territoriale Zugeständnisse zu erhalten. Das aber war nicht nach dem Geschmack der italienischen Nationalisten. Sie wollten die »unerlösten« Gebiete aus eigener Kraft gewinnen und nicht als österreichisches Geschenk. Die öffentliche Meinung stand nun einmal auf Krieg, den Italien am 23. Mai gegen Österreich-Ungarn erklärte, am 24. rückte sein Heer gegen die schwachen Kräfte des Gegners am Isonzo vor, um in Kroatien einzumarschieren.

Puccinis erste Reaktionen auf den nun auch für sein Land heiß gewordenen Krieg sind zurückhaltend, obwohl auch er ein bißchen von der allgemeinen Begeisterung über die bescheidenen ersten militärischen Erfolge angesteckt wird: »Möge Gott uns beschützen, und möge Italiens Stern über dem endgültigen Sieg leuchten!« Sein Sohn meldet sich als Freiwilliger zu den Motorradfahrern, soll aber als Sanitäter eingesetzt werden; er ist offenbar nicht militärisch ausgebildet, hat also keinen Wehrdienst geleistet und landet schließlich als Leutnant im Mailänder Militärhospital. Am meisten bekümmert Puccini jedoch, daß seine »österreichische Oper« nun »zum Teufel geht«, und nebenher ist er besorgt, was mit seinen amerikanischen Petroleumaktien werden wird.

Leider sind aus den Monaten Mai bis Juli 1915 nur ganz wenige Briefe bekannt. Puccini hält sich anscheinend überwiegend in Torre del Lago auf und arbeitet wenig. »La Rondine« ist weitgehend fertig, und für die Feinarbeit braucht er Adami. Inzwischen betreibt er zusammen mit Tito Ricordi die Auflösung des österreichischen Vertrags, um die Oper jetzt schon aufführen zu können, aber auch um den Vorwürfen zu begegnen, er kollaboriere mit dem Feind. Aus dem Vertrag müsse man um jeden Preis herauskommen, meint Puccini, was wohl um so leichter gehe, als von Willners ursprünglichem Entwurf nur wenige Szenen des ersten Akts übriggeblieben seien. Für Ende August plant Puccini ein Treffen mit den Wiener Verlegern im neutralen Zürich.

Elvira schickt ihm auf die Reise dorthin einen Eilbrief nach – voller eifersüchtigen Verdächtigungen, die ja nicht ganz von der Hand zu weisen sind. Puccini protestiert jedoch: er werde in Zürich nur seinen Geschäften nachgehen und »diese Person« nicht sehen – sicher ist Josephine von Stengel gemeint, mit der er sich seit Italiens Kriegseintritt natürlich nur noch auf neutralem Boden treffen könnte, da weder sie nach Italien noch er nach Deutschland reisen darf. Wieder einmal legt Puccini seiner Frau ausführlich dar, daß sie ihn mit ihrer Eifersucht verschonen solle, aus jeder Mücke mache sie einen Elefanten. Ein Mann und erst recht ein Künstler brauche nun einmal solche kleinen Abwechslungen, aber seine Ehefrau sei nur sie allein. Es beleidige ihn, daß sie weder ihn noch seine Kunst verstehe, sonst würde sie dafür sorgen, daß er Frieden in seinem Haus finde. Und was (die ungenannte) Josephine angehe: »Der lange Krieg hat Hindernisse und Barrieren gesetzt. Laß die Zeit arbeiten und die Umstände...« Der Brief ist eine merkwürdige Mischung aus hochmütig anspruchsvollem Egoismus und kühlem Realitätssinn, der die vor kurzem noch so intensive Beziehung zu Josephine schon fast abgeschrieben hat. Puccini rechnet anscheinend nicht mit Josephines Hartnäckigkeit, die es mit der seinen durchaus aufnehmen kann.

Im Zürcher Hotel National verhandelt Puccini mit Berté, dem einen der Wiener Verleger, der bereit ist, »die Hälfte« der Rechte an der »Rondine« abzutreten, worüber er aber noch mit seinen Partnern reden müsse. Ganz klar ist dieser Vorschlag nicht, da Puccini sich ja schon immer einen großen Teil der Rechte geographisch vorbehalten hatte; wahrscheinlich geht es eher darum, daß der italienische Verleger Geld für das Recht der Uraufführung in Italien statt in Wien zahlen soll. Auf einem Umweg über Interlaken kehrt Puccini nach Mailand zurück; vielleicht haben ihm die zwei zusätzlichen Tage doch zu einem Treffen mit Josephine gedient.

Puccinis Stimmung ist nicht gut. Doppeldeutig schreibt er an Adami: »Ich wollte Schluß machen« (»volevo finire«), und zeichnet dazu eine Selbstkarikatur mit einem Strick um den Hals. Vordergründig heißt das natürlich auch, daß er die »Rondine« zu Ende bringen möchte, obwohl er im Augenblick, schon wegen des Kontrasts, lieber den »Tabarro« komponieren würde. Das düstere Stück liegt ihm in diesen Zeiten wieder etwas näher als die flandrische Sentimental-Idylle.

Jedenfalls liegen sowohl für den »Tabarro« wie für die »Zoccoletti« ziemlich fortgeschrittene Libretti vor, die einen Beginn der Komposition in beiden Fällen möglich erscheinen lassen. Die größten Probleme bestehen darin, daß die »Tabarro«-Sprache Puccini nicht »pöbelhaft« genug und zu »süßlich« scheint und daß ihm der letzte »Zoccoletti«-Akt noch zu unklar ist. Hierfür gibt er Adami eine szenische Anregung, die der einzige bekannte Hinweis darauf ist, wie diese Oper vielleicht ausgesehen hätte: »sechs impotente greise Faulpelze« kommentieren die Geschichte der kleinen Bébée, während ihr Leichnam von jungen Mädchen quasi metarealistisch zu Grab getragen wird. Das nimmt dramaturgische Vorstellungen vorweg, wie Puccini sie Jahre später in den Chorszenen und den Masken-Ensembles der »Turandot« und im Arrangement von Liùs Tod verwirklicht hat.

In den letzten Oktobertagen beginnt Puccini jedoch statt dessen mit der Komposition des »Tabarro«. Zwar ist die »Rondine« noch immer nicht ganz druckreif; aber vor allem die neuerliche Weigerung der österreichischen Verleger, eine italienische Uraufführung vor Wien zuzulassen, veranlaßt ihn, das so gut wie fertige Stück einstweilen beiseite zu legen: die »Rondine« werde wohl erst nach dem Krieg fliegen. Das sei die eine Schwalbe, sagt er zu seinem späteren Biographen Fraccaroli, die noch keinen Sommer mache.

17

Wien, nicht du allein:
»La Rondine«

»La Rondine« ist so unbekannt wie die von Puccini selbst nicht mehr ernst genommenen beiden ersten Opern. Sie ist das einzige seiner reifen Stücke, das nach den frühen Aufführungen bis heute praktisch ohne jeden Erfolg geblieben ist. Gründe dafür sind zwar zu finden, aber alles erklären sie nicht.

Die größte Schwäche des Stücks ist ohne Zweifel seine Handlung, deren eigentlicher Autor sich nicht ohne weiteres identifizieren läßt. Zwar stammt der erste Entwurf sicher von Willner, aber Adamis italienische Versfassung scheint davon erheblich abzuweichen. Jedenfalls arbeiteten Puccini und Adami während der Entstehung des endgültigen Librettos ganz unabhängig von den Wiener Autoren, erst recht bei den späteren inhaltlichen Änderungen. In der italienischen Erstausgabe von 1917 wird als Librettist denn auch nur Adami genannt, in der deutschen von 1920 fehlt er dafür, und statt dessen erscheinen Willner und Heinz Reichert (letzterer war später auch Willners Koautor bei den Lehár-Operetten »Wo die Lerche singt« und »Frasquita«). Von der zweiten deutschen Ausgabe (1929) an bis heute werden alle drei als Librettisten aufgeführt, aber das sagt wenig über die tatsächliche Autorschaft.

Wenn man sich an Puccinis heftigen Einspruch gegen den ersten Wiener Stoff-Vorschlag (jenen mit dem teilweise orientalischen Ambiente) erinnert, dann verblüfft um so mehr, daß er den zweiten, eben diese »Rondine«, akzeptierte. Denn sie ist ein ziemlich schamloses Plagiat der »Kameliendame« von Dumas, also auch von Verdis berühmter »Traviata«, und scheut sich nicht einmal, am selben Ort zu spielen (Paris) und ungefähr zur gleichen Zeit: um 1850 bei Verdi, während des zweiten Kaiserreichs bei Puccini. Nicht sehr zugunsten der Nachahmung wirken sich die Abweichungen aus, die sicher dem ursprünglich intendierten Operettencharakter dienen sollten: die weibliche Heldin, die hier Magda heißt, stirbt nicht an Tuberkulose, sondern sie und ihr junger »sauberer« Liebhaber Ruggero trennen sich, weil Magdas Kurtisanenvergangenheit eine bürgerliche Beziehung zu sehr belasten würde. Ferner wird in der »Rondine« ein zweites

Liebespaar eingeführt, das Dienstmädchen Lisette und der Dichter Prunier, deren komisches Verhältnis die sentimentale Hauptgeschichte auflockern und heiter spiegeln soll – ein schon klassisch gewordenes Klischee der neueren Wiener Operette vom Lehárschen Typus.

Vor allem der Schluß entbehrt ziemlich jeder dramatischen Logik. In der ersten Fassung verläßt Magda Ruggero, weil sie sich wegen ihres früheren Lebenswandels nicht würdig fühlt, seine Frau zu werden, und seiner Zukunft nicht im Weg stehen will. Nach den ersten Aufführungen des Jahrs 1917 entschloß sich Puccini zu einer Umarbeitung, weil der dritte Akt ihm als »schwere Last« erschien: zunächst wollte er ihn nun in Ruggeros Vaterhaus in Montauban bei Toulouse verlegen (er spielt im Original und auch später in einem Landhaus über der französischen Riviera); aber der für diese tiefgreifende Handlungsänderung vorgesehene Sommer 1918 reichte nicht, weil Adami in der Endphase des Kriegs nicht genügend Urlaub von der Armee erhielt. So beschränkte Puccini sich erst einmal auf kleinere musikalische Retuschen, vor allem Kürzungen, verwandelte den Dichter Prunier (der parodistische Züge D'Annunzios trägt) vom Operetten-Buffotenor in einen Bariton und schrieb eine ganz neue Romanze für Ruggeros Auftritt im ersten Akt – wofür er sonderbarerweise das traurige Kriegslied »Morire?« verwendete. Erst ein Jahr später, im Sommer und Herbst 1919, wurde dann auch der dritte Akt inhaltlich umgeschrieben, und in dieser Form erlebte die Oper im Oktober 1920 in Wien ihre deutschsprachige Premiere. Prunier und Lisette überreden nun Magda, in ihr altes Pariser Leben zurückzukehren, weil die ländliche Idylle mit dem bürgerlichen Ruggero doch nichts für sie sei; mit gebrochenem Herzen schließt sie sich dieser These an.

Doch kaum hatte Puccini diese Fassung in Wien gesehen, war er zu einer erneuten Umarbeitung entschlossen, die sich wieder stärker an der ersten Version orientieren, aber den dritten Akt noch einmal gründlicher ändern sollte: jetzt erscheint Rambaldo, Magdas früherer reicher Liebhaber, im Riviera-Landhaus, hinterläßt der nun anständigen, aber mittellosen ehemaligen Geliebten einen Beutel Geld, was Ruggero den gleichsam tragischen Irrtum vermittelt, Magda sei noch immer eine ihn belügende Kurtisane. Er verläßt sie und produziert damit das gleiche traurige Ergebnis wie in den beiden vorigen Fassungen, allerdings mit einer besseren, weil einleuchtenderen Motivation.

Diese dritte Version der »Rondine« wurde zwar Ende 1921 als Klavierauszug gedruckt, anscheinend jedoch nie veröffentlicht. Sie ist aber jedenfalls Puccinis definitive Fassung. Es ist bedauerlich, daß die heute erhältliche

Ausgabe davon keine Notiz nimmt, sondern fast präzise die Ur-Ausgabe reproduziert. Das hat seinen Grund in verwickelten verlegerischen Problemen: als einzige von Puccinis Opern erschien die »Rondine« nicht in seinem lebenslangen Verlag Ricordi, sondern bei dessen Konkurrenten Sonzogno, während die deutschen Rechte, dem alten Vertrag entsprechend, dem Wiener Verlag Eibenschütz & Berté gehörten. Der brachte 1920 die zweite Version in deutscher Rückübersetzung heraus und kehrte 1929, fünf Jahre nach Puccinis Tod, zur ersten Version zurück, offenbar weil der Komponist die Wiener Erstaufführungsfassung verworfen hatte. Daß die von Sonzogno inzwischen hergestellte dritte und letzte Version existierte, war dabei den Österreichern entweder nicht bekannt oder wurde aus wirtschaftlichen Gründen negiert: sie hätte eine neue Übersetzung und neues Notenmaterial nötig gemacht. Im Zweiten Weltkrieg wurde schließlich das Mailänder Verlagsarchiv Sonzognos vernichtet und damit anscheinend auch Puccinis Partitur-Autograph; eine Partitur existiert nur noch als Kopisten-Reinschrift der ersten Version.

Das macht es nicht leicht, Puccinis definitive Fassung in allen Einzelheiten sicher zu rekonstruieren, weil eben nur der Klavierauszug bekannt ist. Vor allem gilt das für den dritten Akt, wo neue Musik hinzukomponiert und der Handlungsablauf erheblich verändert wurde. Dennoch wäre es nicht nur ein Akt philologischer Pietät, Puccinis Fassung letzter Hand wiederherzustellen, sondern das bedeutete auch eine hilfreiche Verbesserung der Dramaturgie dieser Oper. Ihre musikalische Qualität rechtfertigt nämlich ihre Vergessenheit nicht.

Allerdings leidet die Musik mit der problematischen Handlung. Ihr Reiz nimmt mit deren Fortschritt hörbar ab: von einem brillanten ersten Akt (der ahnen läßt, daß Puccini die besten Operetten der Welt hätte schreiben können) über einen mühsamen zweiten bis zu einem ganz unglücklichen dritten. Immerhin befindet sich die Komposition durchaus auf der technischen Höhe der vorangehenden und der folgenden Werke Puccinis, auch wenn sie in ihrem musikalischen Charakter ziemlich abweicht von dem, was man als seinen »Stil« im Ohr zu haben glaubt. Das ist übrigens bemerkenswert genug; denn vielleicht gerade wegen ihrer sonderbaren Historie, eingeschlossen ihre schwierige Entstehungszeit am Anfang des Weltkriegs, bedeutet »La Rondine« ein wahrhaft merk-würdiges Stück Musikgeschichte: ein Walzeralptraum zwischen den verlogenen Gefühlstrümmern der großbürgerlichen Vorkriegsgesellschaft.

Schwungvoll beginnt die Oper mit einem kurzen Vorspiel, das den Ort der Handlung atmosphärisch charakterisiert: das Pariser Haus der Lebedame Magda, die, umgeben von Freundinnen und Freunden, ihrer Zofe Lisette und ihrem Liebhaber, dem Bankier Rambaldo, mit dem Dichter Prunier plaudert – locker komponierte Salongespräche über die Liebe, die in den Vortrag eines Gedichts durch Prunier münden. Puccini gestaltet das zunächst als die Fiktion eines Kunstlieds, für eine Oper sehr ungewöhnlich von einem Klaviersolo präludiert und auch weiterhin vom Klavier mitbegleitet; schließlich wechselt der Tenor zwischen ariosen Kantilenen und Sprechpassagen hin und her: Pruniers Lied, das von Magda ekstatisch fortgesetzt wird, hält eine raffinierte Mitte zwischen Gesangsnummer und szenisch-realistischer Improvisation.

Man spürt der Stelle und den umgebenden Konversationsteilen noch die Herkunft aus dem ursprünglichen Operettenkonzept an, das von gesprochenen Texten zwischen den Nummern ausging – Puccini hat den geplanten Dialog in ein musikalisch sehr elegantes Parlando verwandelt, das immer wieder fast unmerklich in Melodiephrasen übergeht, so im plötzlichen Auftauchen eines Walzerfragments (bei Ziffer 16), dem ersten von vielen, die natürlich eine Reverenz vor dem gedachten Wiener Uraufführungspublikum sind.

Dieser Walzer wird schroff unterbrochen durch eine burleske Episode der Lisette, die den Besuch eines jungen Mannes ankündigt, des Sohns eines Freundes von Rambaldo. Die Einleitung dazu (bei Ziffer 18) besteht aus einem polytonalen Martellato in Holzbläsern und Streichern, die in vier Takten alle zwölf Töne der chromatischen Leiter spielen, was zu scharfen Dissonanzen führt. Die Stelle fällt ziemlich aus dem Rahmen; sie klingt, als habe Puccini halb ironisch einmal die harmonischen Funde seiner fortschrittlicheren Zeitgenossen ausprobieren wollen.

Danach gewinnt der Walzer immer mehr an Raum, zunächst apart gebrochen durch metrische Bindungen über die Taktgrenzen hinweg, so daß ein gleichsam schwebender Rhythmus zwischen Zweier- und Dreiertakten entsteht, dann in Magdas großer Erzählung über ihre erste Jugendliebe und ihr Erwachen zur Frau – der unterlegte schlichte reizende Walzer (ab Ziffer 24) wird zu einem wichtigen Leitmotiv für die weitere Oper. Zunächst endet er jedoch (bei Ziffer 31) in einer sich quasi auszehrenden Orchesterbegleitung.

Prunier bekennt nun, daß nur aufregende Frauen ihn interessieren wie Galatea, Berenice, Francesca oder Salome. Zur Erwähnung dieses letzten Namens zitiert Puccini das berühmteste Motiv aus der berühmten Strauss-Oper, ein hübscher ironischer Gedanke, zugleich aber auch eine Verbeugung vor dem mal geschätzten, mal gehaßten Zeitgenossen. Ruggeros

Auftritt (er ist jener Sohn von Rambaldos Freund) wird umspielt von Magdas Walzer in einer verdüsternd instrumentierten Fassung, während parallel dazu eine Art Marionetten-Musik erklingt, die die Aura viel späterer »Turandot«-Passagen vorwegnimmt. Sie begleitet die Szene, in der Prunier Magda ein schweres Geschick aus der Hand liest: wie eine Schwalbe werde sie vielleicht ins Land der Träume fliegen. Die leitmotivisch sehr dichte, aber dennoch nicht aufdringliche Musik löst sich in einem gemeinsamen Preisgesang auf die Freuden und Reize, die Paris zu bieten hat.

Die Handlung bietet nun plötzlich noch zwei Überraschungen: Magda, die Ruggero bei seinem kurzen Auftritt kaum beachtet hat (er singt in diesem ersten Akt insgesamt auch nur zwölf Takte), entschließt sich, ihm verkleidet in das Tanzlokal von Bullier zu folgen, weil sie sich noch einmal an ihre erste Liebe erinnert, die ebenfalls dort entbrannte; und Prunier singt unvermittelt ein Liebesduett mit Lisette, über die er sich zuvor sehr abfällig äußerte. Daß Puccini mit so unerklärten Vorgängen einverstanden war, verweist wieder einmal auf seine Vorliebe für eine episodenhaft zersplitterte Dramaturgie. Im übrigen ist dieses Duett ein ganz eigenartiges Stück Musik. Unter seiner gemachten scheinbaren Emotionslosigkeit bebt eine fiebernde Erregung: die einfache ostinate Oktav-Begleitung des wenige Töne umspielenden Gesangs hat den schwülen Reiz neuerer »minimal music«.

Im zweiten Akt, der in Bulliers Kneipe spielt, hat Puccini in den späteren Fassungen kaum etwas am kompositorischen Profil geändert und das ist leider so schmal wie das Libretto. Dem Pariser Nachtlokal-Trubel fehlt der frische Schwung des atmosphärisch ähnlichen zweiten »Bohème«-Akts, aber auch weitgehend die musikalische Raffinesse des vorausgehenden Salon-Bilds. Die einleitende Chorszene ist blaß und uninspiriert, ebenso Magdas Begegnung mit Ruggero, in den sie sich beim Tanz eines neuen und etwas langweiligen Walzers innig verliebt.

Das alles sucht in verzweifelt krampfhaftem Schwung die Wiener Walzer-Operette mit ihren Ballszenen nachzuahmen, aber das Plagiat bleibt hinter der Originalität seines Vorbilds, besonders wohl des zweiten »Fledermaus«-Akts, deutlich zurück. Nur wo Puccini seine eigenen Mittel verwendet, etwa im rhythmisch gebrochenen Walzertakt des kleinen Ferngesangs des Liebespaars vom Balkon (nach Ziffer 19), gewinnt die Musik die vom ersten Akt gewohnte Qualität zurück – und verliert sie sogleich wieder in einem banalen Slowfox-artigen Duett (ab Ziffer 29), das die dramatisch wichtige Situation an den formalistischen Tanzcharakter der gewünschten Operettenseligkeit verrät. Selbst das offensichtlich der »Fledermaus« entlehnte Motiv der verkleideten Herrin, die nicht erkannt wird und sich darüber amüsiert, daß ihre Zofe ihre eigenen Kleider trägt, entbehrt entschieden des originalen Witzes.

Gewaltsam löst Puccini die öde Situation in einem Trinklied auf, zu dem Champagner konsumiert wird – die äußeren Umstände entsprechen wieder der »Fledermaus«, die musikalische Gestalt ist anstelle des spritzigen Couplet-Gestus eines Johann Strauß ins Italienisch-Sentimentale umgefärbt. Dennoch ist dies dank des komplexen Stimmen-Satzes einer der wenigen Höhepunkte des Akts.

Dann erscheint plötzlich Rambaldo – niemand erfährt warum –, und Magda erklärt ihm, daß sie ihn wegen ihrer Liebe zu Ruggero verläßt. Anders als der böse alte Geronte in »Manon Lescaut« nimmt Rambaldo das voller Würde hin und schreitet mit besten aber skeptischen Wünschen davon. In das frostige Chaos des leeren Lokals ertönt eine ferne hohe Sopranstimme von der Straße, die den Sonnenaufgang besingt – eine ganz bezaubernde Stelle mit ihrer Piccoloflöten-Begleitung und der Baß-Figur des Solo-Fagotts. Die kühle Poesie der Szene wird durch ein unnötigerweise angehängtes pathetisches Duett Magdas und Ruggeros leider aufgehoben, das noch einmal die Musik des Trinklieds zitiert.

Wie dieser überflüssige Schluß die Wirkung des zweiten Akts schädigt, so verdirbt erst recht der dritte die ganze Oper. Puccini hat die Langeweile und die geringe Plausibilität dieses letzten Bilds deutlich genug empfunden, ohne durch seine nachträglichen erheblichen Eingriffe wirklich das Stück zu retten. Gewiß ist die Hauptschuld in der törichten Handlung zu suchen, aber auch die Musik trägt das ihre bei. Puccini hat daran soviel geändert wie Adami am Text. Fast neu geschrieben wurde der ganze Anfang, der in der letzten Fassung ein über hundert Takte langes Orchestervorspiel erhielt und in den ein Terzett von Händlern eingefügt wurde, deren Waren Magda wegen ihrer neuen Armut nicht kaufen kann. Das macht das ganze ein wenig lebhafter als die ursprüngliche Fassung und ist weniger banal und ermüdend als das dort vorhandene lange Duett zwischen Magda und Ruggero über ihre problemfreie Liebe auf dem Land.

Wie ein Fremdkörper aus einem anderen Stück wirkt die Nebenhandlung um Lisette und Prunier, die nach einem gemeinsamen künstlerischen Fiasko in Nizza ebenfalls in die ländliche Idylle geflohen sind, wo Lisette nach ihren katastrophalen Erfahrungen in der großen Welt lieber wieder Dienstmädchen bei ihrer früheren Herrin werden will. So wenig das in den übrigen Zusammenhang paßt, so sehr hört man der kompositorisch faszinierenden Passage Puccinis eminente und nach seinem vorangegangenen Œuvre ganz neue Begabung für musikalischen Zynismus an.

Es liegt nicht fern, beide Phänomene auf die Zeitläufe zu beziehen, während derer die »Rondine« geschrieben wurde. Auf der einen Seite hemmte der beginnende und nicht nur für Puccini so entsetzliche Krieg ganz entschieden seine Fähigkeit, unbefangen seine musikalische Vergangenheit erfolgreich fortzusetzen und wenigstens halbwegs logische Handlungsabläufe zu vertonen; auf der anderen Seite setzte diese bedrohlich lähmende Situation in Puccini Kräfte frei, die er zuvor kaum vorzuzeigen gewagt hatte: einen Sinn für bösartige Kommentare zur Welt, in der er lebte. Hier, in der von ihrer Absicht her harmlosen »Rondine«, tritt dieser Sinn – nach flüchtigen Hinweisen in der »Butterfly« und der »Fanciulla« – zum ersten Mal ausdrücklich hervor, ohne allerdings schon zum integralen Bestandteil des Werks zu werden. Erst das »Trittico« und »Turandot« werden diese Ankündigung hörbar und verständlich einlösen.

Nach der Szene zwischen Magda, Lisette und Prunier unterscheiden sich die erste und die letzte Fassung in der Handlung erheblich und in der Komposition weitgehend. Hört man genau hin, ist die Musik in beiden Fassungen durchaus nicht schlecht, aber in der endgültigen Version in ihrer brüchigen Ekstatik überzeugender: Puccini konnte mehr damit anfangen, daß der Mann die Frau verläßt, die ungewöhnliche Umkehrung in der Erstfassung war ihm fremd. Als er das Stück im Herbst 1915, mitten im Krieg, so zu Ende komponierte, wußte er schon, daß es damit nicht sein Bewenden haben konnte: diese in vieler Hinsicht zwiespältige »Rondine« blieb sein liebstes Sorgenkind fast bis ans Ende seines Lebens.

Kriegsjahre
1915–1919

Zum ersten Mal in seinem Leben beginnt Puccini im Oktober 1915 mit der Komposition einer neuen Oper, ohne daß die vorige fix und fertig, geschweige denn aufgeführt ist. Die ungewohnte Situation bereitet ihm die größten Sorgen, zumal die Lust, Musik für diesen »Tabarro« zu schreiben, ihn heftig bedrängt – wie immer am Beginn einer neuen Arbeit.

In dieser künstlerisch hektischen Phase beschäftigt Puccini sich fast ebenso intensiv mit seiner Beziehung zu Josephine von Stengel. In deren Leben ist nämlich inzwischen wieder eine einschneidende Änderung eingetreten: sie hat die kriegsbedingte Trennung von ihrem Geliebten dadurch überwunden, daß sie in die neutrale Schweiz übersiedelte, nach Lugano. Ihre beiden kleinen Töchter brachte sie mit, nachdem sie sie in einer dramatischen Aktion aus der Münchner Residenz entführt hatte – dort hatten sie seit der Scheidung ihrer Eltern unter der strengen Obhut der Großeltern Stengel gelebt. Puccini will Josephine natürlich so schnell wie möglich besuchen und verabredet mit dem Freund Schnabl ein sorgsam eingefädeltes Täuschungsmanöver gegenüber Elvira, scheut dann aber vor deren möglichem Verdacht zurück und fährt statt nach Lugano in sein maremmisches Jagdrevier bei Capalbio.

Er arbeitet dort auch weiter am »Tabarro« und schreibt schon den Monolog des Schiffers Michele an den Fluß. Das bedeutet, daß Puccini Mitte Dezember, zwei Monate nach dem Beginn der Komposition, schon kurz vor ihrem Ende ist – selten hat er unter so unsicheren Umständen so rasch geschrieben.

Sybil Seligman schickt er traurige Neujahrsgrüße: möge dieses kommende Jahr 1916 weniger schrecklich sein als das vergangene – womit Puccini den verhaßten Krieg meint. Spätestens in diese Zeit gehört aber auch seine wenig durchsichtige, aber offenbare Liebesbeziehung zu einem Bauernmädchen aus Torre del Lago namens Giulia Manfredi (der fatale Familienname bedeutet wenig, da das halbe Dorf so hieß und noch heute heißt). Mit ihr scheint Puccini jedenfalls ein mehrere Jahre dauerndes lockeres Sexual-Verhältnis unterhalten zu haben.

Mit der Entwicklung des »Tabarro« ist er so wenig zufrieden, daß er, wie früher schon so oft, die Beteiligung eines zweiten Librettisten vorschlägt, des auch Paris-erfahrenen Stückeschreibers Dario Niccodemi. Darüber hinaus gibt es das noch drängendere Problem: was überhaupt tun mit dem einaktig-einsamen »Tabarro«? Dessen Ur-Autor Didier Gold schickt Puccini einen Zweiakter, der als Aufstockung zu einem ganzen Opernabend dienen könnte; aber der Komponist ist zum gleichen Zweck auch in Verbindung mit Giovacchino Forzano, dem jungen und noch ziemlich unbekannten Autor, der sich ihm vielleicht gerade dadurch empfohlen hatte, daß er zusammen mit Mascagni sein Konkurrent beim Wettbewerb um die Rechte an den »Two little wooden shoes« der Ouida gewesen war.

Am 22. April schließlich teilt er Adami mit, die »Rondine« sei »ganz fertig«, und er instrumentiere jetzt den »Tabarro«, weil er mit der Komposition wegen der fehlenden Textklarheit nicht mehr vorankomme. Auch Adami fordert er bei dieser Gelegenheit auf, ein Sujet zur Ergänzung dringend zu suchen. Bei Sybil beklagt er sich wieder über diesen schrecklichen Krieg, der ihn in seiner geliebten internationalen Freizügigkeit so erheblich einschränkt. Anfang Mai hat er schließlich alles instrumentiert, was bisher komponiert ist, wobei er die Stellen überspringt, die ihn textlich und dramaturgisch noch nicht zufriedenstellen. Jedenfalls aber ist zu diesem Zeitpunkt ein sehr großer Teil des »Tabarro« abgeschlossen, und die Uraufführung wird bereits für Ende des Jahres ins Auge gefaßt.

Inzwischen kann Puccini nicht einmal über seine Tantiemen klagen: sie betragen im ersten Halbjahr 1916 zwar nur halb soviel wie früher, aber immerhin mehr als 50000 Lire. Das tröstet ihn nicht darüber hinweg, daß es nach seiner Einschätzung wenig Hoffnung für die Rückkehr des Friedens gibt: mit »Pauvre Jack« unterschreibt er Mitte Juli einen Brief an Sybil, und in verzweifelter Ironie kündigt er Schnabl seine Emigration nach Feuerland an. Vielleicht nutzt Puccini die Gelegenheit einer Abwesenheit Elviras, um endlich Frau von Stengel in Lugano zu besuchen. Aus dieser Zeit existieren zwar keine dokumentarischen Belege, aber Josephines jüngere Tochter Margot erinnerte sich doch sehr gut daran, daß Puccini öfter in Lugano zu Besuch war – ihre Schwester und sie mußten ihn Jacques nennen.

Mit seinem angestammten Verlag Ricordi entwickelt sich währenddessen ein sehr ernster Konflikt: dessen Konkurrent Sonzogno erbietet sich, die italienischen Rechte an der noch unveröffentlichten »Rondine« zu übernehmen und sich um die völkerrechtlich verwickelten Hindernisse ihrer Uraufführung zu kümmern.

Als Puccini Anfang September wieder in Torre del Lago ist, macht er sich an die Instrumentation des zweiten »Tabarro«-Teils und denkt in einem Monat damit fertig zu sein. Adami weist er deshalb erneut auf die »Zoccoletti« hin, obwohl er offensichtlich nicht recht davon überzeugt ist, daß das lange erwogene Rührstück nun der rechte Stoff für ihn sei. Das geht auch daraus hervor, daß er bereit ist, sich von Ricordi den für die »Zoccoletti« erhaltenen Vorschuß von 25000 Lire auf die für den »Tabarro« verlangten 50000 Lire anrechnen zu lassen. Damit ist dann übrigens das »Zoccoletti«-Projekt definitiv beerdigt. Es bleibt nun doch allein in Mascagnis Händen, für den Forzano das Libretto geschrieben hat: die Uraufführung unter dem Titel »Lodoletta« ist bereits ein gutes halbes Jahr später.

Für den »Tabarro« fordert Puccini von Ricordi 45 Prozent der Tantiemen und verspricht, die neue Oper für den Winter zur Aufführung in Monte Carlo fertig zu machen, während er wegen der »Rondine« inzwischen mit Sonzogno handelseinig geworden ist. Natürlich führt das zu einigermaßen heftigen Konflikten mit Tito Ricordi, aber Puccini hält ihm mit Recht entgegen, daß er ihm das Wiener Stück lange genug angeboten habe. Immerhin ermäßigt er seine Tantiemen-Forderung für den »Tabarro« auf 40 Prozent – Tito hatte 30000 Lire und 35 Prozent geboten, schließlich gibt er Puccini nach.

Mitte Oktober bricht der zu einer Reise auf, deren Umstände er ausdrücklich verschleiert. Unterwegs wohnt er im Mailänder Hotel du Nord, also nicht in seiner eigenen Stadtwohnung, und bittet im voraus den Freund Redaelli, das zu verheimlichen. Solche Vorsicht hat wohl weniger (wie sich denken ließe) mit seiner Liebesaffäre zu tun als vielmehr wahrscheinlich mit einem politisch heiklen Manöver. Denn Puccini fährt mit dem Verleger Renzo Sonzogno nach Zürich. Die Vermutung liegt nahe, daß sie im neutralen Ausland mit den Wiener Vertragspartnern und »Kriegsfeinden« neue Regelungen für die »Rondine«-Uraufführung aushandeln wollten. Interessanterweise ist auch Giovacchino Forzano dabei, was offensichtlich bedeutet, daß Puccini auf den jungen Mann als Berater (und als seinen möglichen nächsten Autor) besonders stark setzt.

Als Puccini wieder in Torre del Lago ist, häufen sich die Probleme. Das merkwürdigste ist ein Zerwürfnis mit Carignani, dem Freund seit ihrer gemeinsamen frühesten Jugend, der die Klavierauszüge aller Puccini-Opern nach den »Villi« hergestellt hatte. Anscheinend handelt es sich um eine Meinungsverschiedenheit über eine Carignani zustehende und für Puccini ziemlich läppische Summe von knapp 2000 Lire – aber in Geldangelegenheiten war der Meister immer besonders empfindlich und kannte dabei weder Feind noch gar Freund. Anders als bei manchen anderen Differenzen mit alten Freunden dauert dieser Bruch allerdings nicht sehr lange: Puccini braucht Carignani einfach als den einzigen Spezialisten für die mühsame Arbeit an seinen schwer lesbaren Autographen.

Unklar sind weiterhin die meisten geschäftlichen Dinge. Jedenfalls soll eines der beiden fertigen Stücke im März in Monte Carlo gespielt werden – aber welches? Während er mit den Verlegern und dem monegassischen Theaterimpresario Raoul Gunsbourg verhandelt, schreibt Puccini ein weiteres seiner wenigen Gelegenheitswerke: ein kleines sechzehntaktiges Klavierstück ohne Titel mit der Tempobezeichnung »Calmo e molto lento«, das er am 19. November an die »Associazione Stampa Subalpina Torino« schickt als besondere Gabe anläßlich einer Wohltätigkeitsaufführung der »Bohème« für Kriegsopfer in Turin. Das bescheidene improvisatorische Stückchen ist fast schon Puccinis einziger patriotischer Beitrag zum Weltkrieg. Der Zeitgeist flößte ihm keine unmittelbare Inspiration ein; was seine Zeit ihm bedeutete, prägte immer sehr mittelbar die Hauptwerke und läßt sich nur dort auffinden.

Am 25. November beendet Puccini die Partitur des »Tabarro«, fixiert den Vertrag mit Ricordi und bestätigt in einem als privat deklarierten Brief an Tito – gleichwohl nach dem »Rondine«-Streit sicher ein Teil des offiziellen Handels –, daß der Verlag einen vorrangigen Zugriff auf Puccinis künftige Arbeiten besitze. Als Ort für eine denkbare »Tabarro«-Uraufführung schlägt er Rom vor, nur dort gebe es eine geeignete Sänger-Besetzung.

Einer von Puccinis ältesten Freunden stirbt in diesen Tagen just in der Stadt, die der »Tabarro«-Premierenort sein sollte: Paolo Tosti, mit dem er seit fast drei Jahrzehnten aufs engste verbunden war, mit dem er selbst seine intimsten Probleme erörtert hatte. »Armer Tosti« und mehr nicht steht in den Briefen dieser Tage.

Inzwischen gibt es auch von Forzano einen Vorschlag für eine »Tabarro«-Ergänzung. Vermutlich ist das schon die dann tatsächlich ausgeführte »Suor Angelica«; denn Ende Januar 1917 steht auf einmal definitiv fest, daß der von Forzano vorgeschlagene klösterliche Stoff die »mystische« Ergänzung zu dem brutal-realistischen Pariser Flußschiffer-Drama abgeben wird. Aus den bekannten Dokumenten ist die Genese dieses Themas nicht völlig sicher, aber mit einiger Wahrscheinlichkeit zu rekonstruieren. Danach hat Forzano wohl Anfang Dezember 1916 Puccini den Vorschlag unterbreitet, und der gibt ihn im Januar in Mailand an Tito Ricordi weiter. Der Verleger ist darüber äußerst erstaunt (»sbalordito«): seit den ganz fernen »Villi« hat Puccini schließlich ernsthaft kein Libretto erwogen, das die Grenzen der handfesten Wirklichkeit überschreitet, während hier am Ende ein überirdisches Wunder auf der Opernbühne dargestellt werden soll.

Bei seiner bekannten Libretto-Skepsis ist es erstaunlich, wie schnell nun alles geht. Sicher ist der wichtigste Grund dafür in der Qualität seines neuen Textdichters zu finden. Denn dieser Giovacchino Forzano, der ihm zwar schon seit einigen Jahren bekannt war, aber gerade erst ein einziges publiziertes Opernlibretto verfaßt hatte (»Notte di Legenda« für Franchetti), ist ohne Zweifel Puccinis handwerklich bester Autor, der einzige auch, an dessen Büchern der sonst immer unzufriedene Komponist fast nichts zu ändern wünschte. Übrigens ist Forzano eine äußerst farbige Figur im literarischen Leben des neueren Italien: ein studierter Jurist, der als Journalist arbeitete und später noch eine Fülle von Theaterstücken und Operntexten schrieb, nachdem er durch seine Libretti für Puccini berühmt geworden war. Daneben arbeitete er als Bühnenregisseur, drehte später auch einige Filme, darunter zwei nach eigenen historisch-patriotischen

Giovacchino Forzano, Puccinis bester Librettist

Dramen, deren stoffliche Szenarien der ihm befreundete Mussolini geliefert hatte.

Forzano hat später behauptet, die Idee mit den drei Einaktern sei von ihm gekommen. Das ist gewiß falsch (wie Forzanos Erinnerungen überhaupt wenig zuverlässig sind); denn Puccinis einschlägiger Plan stammt bekanntlich schon aus einer Zeit, als Forzano noch zur Schule ging. Aber es mag sein, daß er den Gedanken am Leben erhalten hat, als Puccini sich von den anderen Autoren verlassen oder enttäuscht fühlte.

Im Februar kümmert sich Forzano, der um diese Zeit in Viareggio lebt, also ganz nahe bei Puccini, schon um das dritte Stück der so lange gesuchten Trilogie, nämlich um die Komödie über Gianni Schicchi, die den geplanten Einakter-Abend quasi als Satyrspiel abrunden soll. Dabei handelt es sich um eine legendäre Episode aus dem Florenz des 13. Jahrhunderts, auf die Dante in seiner »Divina Commedia« anspielt (Inferno, 30. Gesang). Es könnte sein, daß der am 1. März 1917 von Puccini zum ersten Mal ausdrücklich erwähnte Stoff schon viel länger zur Diskussion stand, nämlich seit dem Frühjahr 1913, als Puccini bereits nach Ergänzungsstücken für Golds »Houppelande« suchte; denn schon da gibt es Hinweise auf einen florentinischen Stoff und sogar auf eine Dante-Szene. Indirekt bestätigt das auch Forzano selbst mit der Behauptung, er habe Puccini den Schicchi-Vorschlag unterbreitet, als der aus London und Paris zurückgekehrt sei, wo er bei Shaw, de Flers, Caillavet und Sacha Guitry vergeblich Stoffe gesucht habe. Das aber kann sich nur auf die Reisen im April und Mai/Juni 1913 beziehen, die solchen Zwecken dienten. Damit wäre also auch halbwegs erklärt, warum Puccini scheinbar so plötzlich von diesem Stoff so begeistert ist: er trug ihn schon lange mit sich herum.

Anfang März beginnt er bereits mit der Komposition der »Suor Angelica«, in enger Zusammenarbeit mit Forzano in Viareggio. Der hat auch schon eine Skizze des »Gianni Schicchi« fertig, als Puccini sich mit Elvira und Fosca auf den Weg nach Monte Carlo macht, zu den Proben für die Uraufführung der »Rondine«. Sehr wohl ist ihm nicht dabei, er wäre jetzt lieber an der neuen Arbeit in Torre del Lago geblieben – zumal die aktuellen politischen Implikationen der »Wiener« Oper samt ihrer Premiere im formal neutralen Ausland des Mini-Staats Monaco ihn beunruhigen. Auch ist die Sängerin der Titelrolle nicht seine erste Wahl: die 25jährige Gilda Dalla Rizza, fast noch eine Anfängerin. Aber dann freundet er sich schnell mit der unverbrauchten Stimme und vor allem mit deren Trägerin an: sie wird ein inniger Flirt seiner nächsten Jahre.

Seine Sorgen beruhigen sich. Der Klang des Orchesters und seiner eigenen Instrumentation, die für ihn ja in gewisser Weise Neuland war, befriedigt ihn außerordentlich. Dazu kommt, daß Tito Ricordi von Forzanos »Schicchi«-Entwurf angetan ist: nun könne er sich also bald an die Arbeit für den Einakter-Abend machen, den er »Triolet« nennt – was eine Gedichtform bezeichnet.

Am 27. März ist die Premiere der »Rondine«, und sie hat den gewohnten großen Erfolg samt der üblichen Ordensverleihung durch den monegassischen Operettenfürsten. Getrübt wird für Puccini das ganze allenfalls durch die beharrliche Abneigung seines diesmal ausgeschalteten Hausverlags: Tito Ricordi nennt die Oper »schlechten Lehár«, und das kränkt den Meister, obwohl er angeblich von Titos künstlerischen Urteilen nicht viel hielt.

In Mailand holt Puccini die politische Problematik der »Rondine«-Entstehung ein. Léon Daudet, Sohn des »Tartarin«-Autors und einer der Köpfe der chauvinistisch-royalistischen »Action française«, hatte die Aufführung der in seinen Augen in Feindesland geborenen Operette heftig attackiert und Puccini gleichsam Vaterlandsverrat vorgeworfen. Der antwortet in einem überaus maßvollen offenen Brief, der die Fakten weitgehend korrekt wiedergibt – bis auf einen: Puccinis Behauptung, der Verlag Sonzogno habe die vollständigen Rechte an dem Stück von den österreichischen Verlegern übernommen, ist so nicht richtig. Eibenschütz & Berté waren in einer offenbar komplizierten juristischen Konstruktion weiterhin an den deutschsprachigen Rechten beteiligt. Im ganzen aber hat Puccini sich sogar aus nationalistischer Sicht untadlig benommen, und es ehrt ihn eher, daß seine französischen Gegner antisemitische Präfaschisten waren.

Nach einer fast zweimonatigen Pause macht er sich Anfang Mai wieder an die »Suor Angelica«. Den geistlichen Gewährsmann Don Pietro Panichelli, der schon bei der »Tosca« hilfreich war, bittet Puccini dafür um lateinische Liturgietexte. Dann aber muß die Arbeit erneut unterbrochen werden, denn Sonzogno war eifrig genug, um sein prominentestes Verlagswerk gebührend unterzubringen: Anfang Juni soll die noch frische »Rondine« in Bologna gespielt werden.

Diese erste Aufführung auf italienischem Boden wird von Ettore Panizza dirigiert, unter den Protagonisten ist die junge Toti Dal Monte als Lisette, bald eine der führenden italienischen Sopranistinnen. Einen anderen aufsteigenden Gesangsstern hatte Puccini wegen seiner Figur abgelehnt: Beniamino Gigli. Die Premiere findet schließlich am 5. Juni statt. Natürlich ist es ein großer Erfolg, über den Puccini stolz und in der Hoffnung auf eine Londoner Inszenierung an Sybil Seligman berichtet, als er ihr, kaum zurück in Torre del Lago, den gerade erschienenen Klavierauszug schickt: es sei eine melodische Oper, und die Walzermusik dürfe sie nicht erschrecken.

Während die »Angelica« gut vorankommt, scheint Puccini etwas skeptisch über den »Gianni Schicchi« zu sein. Vielleicht steht ihm der Sinn jetzt nicht nach einer Komödie, aber auch der »antike Fiorentinismus« sei nichts für ihn, schreibt er an Adami, und der solle doch schon einmal nach einem guten und neuartigen dreiaktigen Stoff suchen. Forzano dagegen betont in Briefen an den Verlag, wie gut Puccini der »Schicchi« gefalle und daß man bald mit dem Libretto fertig sei. Der Komponist drängt noch einmal Panichelli wegen eines lateinischen Texts für die himmlische Apotheose am Schluß der »Angelica«, und der gebildete Pfarrer findet schließlich das richtige in einem Marien-Hymnus des römischen Breviergebets.

Die Komposition dieses Finales hat Puccini noch recht lange beschäftigt, nämlich fast den ganzen Juli. Anscheinend ist ihm dieser Ausbruch aus der Welt einer realistischen Handlung und die dazu gehörende Verklärungsmusik nicht leicht gefallen, das war nicht seine Welt. Ein wenig Inspiration dafür hat er sich gewiß durch häufigere Besuche bei seiner Schwester Iginia im Kloster von Vicopelago geholt, wovon fast alle Biographen zu berichten wissen. Schließlich soll er den dortigen Nonnen sogar das fertige Stück vorgespielt haben, worüber die frommen Frauen so tief gerührt gewesen seien, daß sie ihrer fiktiven Mitschwester Angelica sogar den amourösen Fehltritt vor ihrer Klosterzeit verziehen hätten – die bizarre Geschichte ist, wenn auch dokumentarisch nicht sicher zu belegen, nicht ganz unwahrscheinlich.

Um den 20. Juli ist Puccini mit der Komposition fertig, denn am 25. beginnt er mit der Instrumentation. Dafür mietet er sich wieder in Viareggio ein, nicht weit von seinem eigenen noch unbebauten Grundstück. Mitte August unternimmt er einen kurzen Autoausflug in die Alpen, an die »Front«, wie er in nervenkitzelnder Beschwörung einer mutmaßlichen Gefahr den heimischen Freunden mitteilt. Das ist stark übertrieben. Zwar hält er sich in Südtirol auf, am Monte Pasubio im Osten des Gardasees, aber die eigentliche Kriegsfront am Isonzo ist zu dieser Zeit tatsächlich noch fast 200 Kilometer entfernt. Dann arbeitet er wieder, teils in Viareggio, teils in Torre del Lago, wohin er immer mal zurückkehrt.

Ende August stirbt Tomaide, Puccinis zweitälteste Schwester. Für die Trauer hat er wenig Zeit, denn die »Suor Angelica« geht ihrem Ende entgegen: am 14. September schließt er um ein Uhr nachts in Viareggio die Partitur ab. Schon stellt er Überlegungen für eine Uraufführung der beiden Einakter im Winter in Rom an – vom »Gianni Schicchi« ist nicht die Rede.

Ende September reist er nach Mailand zu den letzten Proben der dortigen »Rondine«, die deprimierenderweise nicht an der Scala gegeben wird (übrigens nie zu Puccinis Lebzeiten), sondern »nur« im Teatro Dal Verme. Mit dessen Leistungen ist Puccini auch noch aufs äußerste unzufrieden, vor allem mit dem alten Dirigenten-Freund Leopoldo Mugnone, dem er schon seit Jahren nicht mehr viel zutraut. Jetzt, anläßlich dieser »Rondine«, zerstreiten sie sich für immer. Die Aufnahme der Premiere am 7. Oktober ist zwiespältig: die Kritik lobt die Interpreten, kann aber mit Puccinis Stück wenig anfangen, weil es weder leicht genug für eine Operette noch hinreichend gewichtig für eine Oper sei. Vielleicht spielen dabei aber auch weiterhin patriotische Vorbehalte zur Entstehungsgeschichte des Werks eine Rolle. Puccini hingegen schiebt alles Negative auf die Qualität der Aufführung, die grob, wirr, unsensibel, farblos und schwerfällig gewesen sei; ihr fehle jede Finesse, jede Nuance, jede Eleganz – also jene drei Dinge, die für die »Rondine« so notwendig seien.

Es spricht vieles dafür, daß Puccini recht hatte. Nicht nur bei der »Rondine« liegt unendlich viel daran, *wie* man seine Opern spielt. Solche Musik auf dem schmalen Grat zwischen Geschmack und Banalität ist äußerst abhängig von ihrer Interpretation, die sie faszinierend machen kann oder peinlich. Daß in den meisten Fällen die zweite Möglichkeit näherliegt, bestimmt noch immer das öffentliche Schicksal von Puccinis Opern.

In diesen Mailänder Tagen spitzt sich auch ein privater Konflikt zu. Offenbar hat Puccini in den letzten beiden Jahren so häufig Reisen zu Josephine von Stengel in die Südschweiz unternommen, daß der italienische Konsul in Lugano sich jetzt weigert, ihm weitere Visa dafür auszustellen. Es scheint, daß Elvira längst hinter den Zweck dieser Reisen gekommen war und Giacomo in einem anonymen Brief an die Grenzpolizei der Agententätigkeit bezichtigt hat. Das wird Puccini bekannt, während andererseits Elvira den Brief des Konsuls sieht und damit eine quasi amtliche Bestätigung ihres Verdachts erhält. Wieder einmal geht es hoch her in der Mailänder Wohnung des Ehepaars Puccini, und Giacomo beklagt sich sogar bei dem relativ fernstehenden Forzano, daß Elvira keinerlei Rücksicht auf seine wegen der schlechten »Rondine«-Aufführung üble seelische Verfassung nehme: »Immer ihr Egoismus, ihre sogenannte Liebe und ihre krankhaften und lächerlichen Eifersüchteleien! Könnte ich sterben, mein Gott, wie ruhig wäre ich! Verflucht sei mein scheußliches Leben voller Schmerzen und Dornen!«

Völlig überraschend stürzt er sich auf die Komposition des »Gianni Schicchi«, den er entgegen seinem seit Jahrzehnten üblichen Arbeitstempo in wenig mehr als einem Monat fertigzustellen gedenkt. Dieser Entschluß fällt, wie man sieht, in eine Zeit tiefer Depression: die Komödie, Puccinis einzige, wird ein bitterböses Stück über den unter einer dünnen konventionellen Schicht sich austobenden Haß innerhalb einer wohlhabenden Familie. Puccini schreibt in den nächsten Wochen seine vielleicht engagierteste Musik, der ihre tiefempfundene Bosheit Brillanz gibt.

Es ist zugleich die Zeit, in der Italien seine schwerste Niederlage in diesem Krieg erlebte. Die von einem deutschen Korps verstärkten österreichischen Truppen durchbrachen am 24. Oktober bei Kaborid (deutsch Karfreit, italienisch Caporetto) die Isonzo-Front, und die auch bisher wenig erfolgreiche italienische Armee wurde nach einer kopflosen Flucht 150 Kilometer weit bis an den Piave-Fluß zurückgeworfen. Die militärische Katastrophe, die den hochfliegenden Weltmacht-Träumen einstweilen ein Ende setzte, löste in der nationalen Öffentlichkeit einen Bewußtseinsschock aus. Zwar mußte man jetzt um so mehr zusammenstehen, aber auch eingefleischte Kriegsfreunde begannen allmählich am Sinn des ganzen Unternehmens zu zweifeln, das skeptischen Agnostikern wie Puccini schon immer fragwürdig gewesen war.

Wahrscheinlich stammt aus dieser Zeit das Lied »Morire?«, für das Adami den Text geschrieben hat und das der Verlag Ricordi zusammen mit Stücken der bedeutendsten zeitgenössischen italienischen Komponisten in einem Album zugunsten des Roten Kreuzes veröffentlichte. Der ziemlich unkonventionell angelegte Gesang ist neben dem kleinen Klavierstück vom Vorjahr ein sentimentaler Beitrag Puccinis zu Italiens kriegerischen Nöten.

Die schreckliche Lage der Nation kommentiert Puccini mit den üblichen verzweifelten Ausrufen (»was für Zeiten! was für Schmerzen!«), beschäftigt sich aber dennoch mit den szenischen Vorbereitungen für die Uraufführung der beiden fertigen Einakter. Schließlich aber sieht er ein, daß dies keine Zeit für eine Opernpremiere ist, storniert deshalb Mitte November die Pläne und denkt an eine Premiere für alle drei Einakter zusammen im folgenden Mai, wofür er bereits intensive szenische Vorgespräche führt.

In dieser ganzen Zeit komponiert Puccini weiter am »Gianni Schicchi«, der natürlich längst nicht innerhalb des einmal vorgesehenen Monats fertig geworden ist. Schon allein die professionellen Verpflichtungen zwischendurch machten das unmöglich. So muß er sich um die römische »Rondine«-Premiere kümmern. Gilda Dalla Rizza, seine Lieblings-Magda seit der monegassischen Uraufführung, singt wieder die Sopranpartie, Ettore Panizza dirigiert wie in Bologna, und der junge Beniamino Gigli darf nun trotz seiner Figur als Ruggero debütieren. Das Stück selbst aber (das heißt seine Dramaturgie) befriedigt den Komponisten immer weniger – hier in Rom entsteht die Absicht einer gründlichen Neufassung.

Überhaupt ist Puccinis Stimmung nicht die beste. Renato Manganella, der unter dem Schriftstellernamen Lucio D'Ambra schrieb, erinnerte sich, daß Puccini davon sprach, wie schwer ihm seine Arbeit falle: »Komponieren, schaffen, ist für mich nie eine Freude gewesen und wird nie eine sein. Es ist eine fortwährende Qual, eine Anstrengung, ein Schmerz, eine unsägliche Mühe.«

Eine Woche nach der Premiere am 10. Januar 1918 kehrt Puccini nach Viareggio zurück, wo er die »Schicchi«-Komposition wiederaufnimmt. Große Lust dazu hat er nicht, wie er Sybil gesteht: er werde leider und verachtenswerterweise alt. Als Ersatz für das wegen Benzinmangels nicht benutzbare Auto verfügt er jetzt wenigstens über einen sparsameren »sydecar«, ein Motorrad mit Beiwagen, mit dem er oft zur Jagd nach Torre del Lago fährt. Ein weiterer Trost ist Tonios Stationierung in einem ruhigen Kriegsgebiet am Gardasee; auch die gelegentliche Nahrungsmittelknappheit berührt die Puccinis nicht allzusehr. Am 3. Februar beginnt er mit der Instrumentation des »Schicchi«, vielleicht ohne schon ganz mit der Komposition fertig zu sein. Als gemeinsamen Obertitel für den Druck der drei Stücke schlägt Tito Ricordi »Trittico« vor, was Puccini aber zunächst nicht gefällt – er zieht zu dieser Zeit anscheinend »La Triade« vor, die »Dreiheit«, auch die heilige Dreifaltigkeit.

Ende März zweifelt Puccini erneut, ob er den »Gianni Schicchi« angesichts dieser schlimmen Zeit überhaupt zu Ende bringen werde, selbst wenn er dazu vertraglich verpflichtet sei. Düster stimmt ihn auch der Tod Claude Debussys (am 25. März), den er so sehr bewundert und dessen Harmonik er manches zu verdanken hatte. In einem Brief an den Giornale d'Italia beklagt er, daß der französische Kollege keine Zeit mehr gehabt habe, sich aus den Fesseln des »Debussysmus« zu befreien und damit einen musikalischen Umsturz herbeizuführen – gewiß denkt Puccini dabei daran, wie sehnsüchtig er selbst sich um einen ähnlichen Durchbruch bemüht und wie schwer, ja fast aussichtslos das für einen Komponisten in dieser musikgeschichtlichen Situation erscheinen muß.

Vielleicht hätte es ihn getröstet, hätte er den Brief gekannt, den in diesen Tagen der junge Prager Opernkapellmeister und Komponist dichtester neuer Musik, Anton von Webern, verwirrt an seinen Wiener Freund und Lehrer Arnold Schönberg schrieb, nach dem Besuch einer Aufführung der »Fanciulla del West«: »eine Partitur von durchaus ganz *originellem* Klang. Prachtvoll. Jeder Takt überraschend. Ganz besondere Klänge. *Keine Spur von Kitsch!* Und ich habe den Eindruck aus erster Hand. Ich muß sagen, daß es mir sehr gefallen hat. Wie ist es nun? Irre ich mich so ganz und gar?« Schönbergs Antwort ist nicht bekannt, aber auch er sollte noch seine Begegnung mit Puccini haben.

Als sich im April die militärische Lage Italiens erneut verschlechtert, sagt Puccini abermals die Uraufführung der Einakter ab, auch weil er von der in Rom verfügbaren Besetzung nicht völlig überzeugt ist. In düsterer Stimmung verflucht er diesen Krieg, dessen Ende noch immer nicht in Sicht ist. Für die Zukunft und vor allem für die Zukunft seiner Kunst ist Puccini ohne jede Hoffnung. Es ist diese Stimmung, in der er den Schluß des »Gianni Schicchi« komponiert, jenes turbulente und boshaft-heitere Gauner-Finale, das man mit anderen Ohren hört, wenn man sich die Zeit seiner Entstehung vergegenwärtigt. Am 20. April beendet Puccini die »Schicchi«-Partitur.

In den letzten Tagen dieses Viareggio-Aufenthalts macht Puccini die Bekanntschaft der venezianischen Malerin Lina Rosso, die dem Krieg an die toskanische Riviera entflohen ist, die er auch nach Torre del Lago einlädt und mit der er bis an sein Lebensende freundschaftlich verbunden bleibt, ohne daß mehr daraus geworden wäre (wie es der Dorfklatsch wissen wollte). Die begabte junge Künstlerin hat den Komponisten mehrfach porträtiert, darunter in einigen melancholischen Zeichnungen dieses Jahres 1918.

Mit Clausetti erörtert Puccini die schließlich nicht unproblematische Aufführungsweise der Einakter: bei den ersten drei Vorstellungen müßten sie auf jeden Fall zusammen gespielt werden, danach könnten sie alternieren – Puccini wird in den nächsten Jahren noch viel darunter leiden, daß die Theater sein »Trittico« nach Belieben zerstückeln.

Im Mai wird ziemlich überraschend eine neue Vereinbarung über die Uraufführung geschlossen. Die New Yorker Metropolitan bietet dafür neben den Tantiemen 7000 Dollar, und ein solches Angebot, findet Tito Ricordi, könne man in diesen Zeiten nicht zurückweisen. Im November also soll das »Trittico« unter der Leitung von Roberto Moranzoni, einem Schüler Mascagnis, zum ersten Mal in Amerika zu hören und zu sehen sein. Das ist insofern verwunderlich, weil Puccini bisher keine Aufführung zulassen wollte, bevor er die drei Stücke selbst einmal gehört hätte. Und nach New York, so weiß er, wird er während des Kriegs jedenfalls nicht reisen. Der Vertrag enthält die üblichen opulenten Konditionen; aber er zeigt auch, daß eine Teilung des Einakter-Zyklus von vornherein ins Auge gefaßt war: pro Aufführung stehen Puccini 400 Dollar zu, für einen Abend mit nur zwei Stücken soll es 300, für ein einziges 200 Dollar geben.

Schlecht steht es in Puccinis Familie. Zwar verlebt Tonio einen langen Urlaub zu Hause, der ihn vor Kriegsgefahren bewahrt; aber statt dessen verliebt er sich unglücklich in eine, wie sein Vater schreibt, »schlechte Frau« und unternimmt ihretwegen einen Selbstmordversuch, indem er anscheinend eine Überdosis eines Schlafmittels (»laudano«) trinkt. Aber er über-

Puccini 1918 (Zeichnung von Lina Rosso)

lebt und kann wieder an die Front zurück, wo es sich unfreiwillig viel leichter stirbt.

Puccini korrigiert weiter an den Druckfahnen der drei Einakter und fühlt sich in einem so schlechten Verhältnis zu seinem Verlag, daß er für die nächste Oper wieder einmal ernsthaft an einen Wechsel denkt (trotz dem Ricordischen Vorkaufsrecht). Sybil bittet er, in aller Heimlichkeit zu erforschen, ob ein englischer Verleger bereit sei, dafür 250000 Lire und die üblichen Tantiemen zu zahlen; die geplante Oper habe ein »Thema voller Emotion«, und die Hauptdarsteller seien zwei Knaben, die von Frauen in Hosenrollen gespielt werden sollten – ein für Puccini recht merkwürdiger Stoff, von dem nichts Näheres bekannt ist. Tatsächlich spitzt der Konflikt mit Ricordi sich dermaßen zu, daß ihm Tito zeitweise Abhebungen von seinem Tantiemenkonto verweigert. Puccini erfreut sich derweilen an Kuriositäten: gerührt kolportiert er, daß ein Soldat im Militärhospital von San Remo seine verlorene Sprachfähigkeit wiedergefunden hat, als er den dritten »Bohème«-Akt auf dem Klavier spielte (zwei Monate später meldet der glückliche Musiker sich bei Puccini und bittet ihn um ein paar Klavierauszüge).

Energisch protestiert er gegen den »Trittico«-Vertrag, der dem Verlag alle Rechte und ihm keine einräume: statt »ohne daß Maestro Puccini irgendeinen Einspruch erheben kann«, soll es nach seinem Willen an den entsprechenden Stellen heißen: »im Einvernehmen mit Maestro Puccini, wobei aber immer das künstlerische und moralische Wohl der Werke zu wahren ist« – die Kontroverse bezeichnet den ewigen Konflikt zwischen den Interessen des Autors und des Verwerters, wobei Puccinis Behauptung, er wolle damit nur einem Besitzerwechsel im Verlag vorbeugen, die pure Ausrede ist – seine Sorge gilt gerade Tito Ricordi, dem derzeitigen Besitzer.

Um diese Zeit versöhnt er sich dagegen wieder mit Carlo Paladini, seinem ersten Hof-Biographen, den er nach einer angeblich abfälligen Äußerung über die »Butterfly« seit fast eineinhalb Jahrzehnten geschnitten hatte – so streng pflegte Puccini fast nur zu Freunden zu sein.

Der »Trittico«-Dirigent Moranzoni erscheint Ende August in Viareggio, und Puccini macht ihn oberflächlich mit den drei Stücken vertraut, die der Maestro in knapp vier Monaten uraufführen soll. Gründlich arbeiten können sie nicht, weil weder die fertigen Partituren noch die endgültigen szenischen Entwürfe vorliegen. Puccini erhebt deshalb heftige Vorwürfe gegen Tito Ricordi, hat aber im großen und ganzen offenbar wieder seinen Frieden mit ihm geschlossen.

Im September ist Adami kurz da, aber sein Urlaub von der Armee genügt nicht, um die geplante »Rondine«-Neufassung zu Ende zu bringen; die »Zukunft«, für die sie nun ins Auge gefaßt ist, interpretiert Puccini depressiv als eine »ferne Ewigkeit«. Dafür lernt er um diese Zeit die Sängerin kennen, die bei der römischen »Trittico«-Premiere die Giorgetta im »Tabarro« singen wird: Maria Labia. Sie ist die Schwester von Adamis Frau und glaubt sich wohl nicht zuletzt deshalb bei einem Besuch in Viareggio Kritik erlauben zu können: Puccini schreibe ungünstig für die Sopran-Stimmlage, was sie an Beispielen aus »Fanciulla« und »Angelica« demonstriert. Der sonst jeder Sänger-Kritik gegenüber unempfindliche Puccini ist von diesen professionellen Hinweisen angetan und bringt Frau Labia von nun an überall für die Giorgetta-Partie ins Gespräch. Noch immer verzweifelt er an dem nicht endenwollenden Krieg, obwohl die Erfolgsaussichten für die westlichen Alliierten (und damit auch für Italien) allmählich besser werden.

Um diese Zeit wohl schlägt Forzano ein Sujet für eine nächste Oper vor. Unter dem Titel »L'Orco« (der Riese, das Ungeheuer) soll sie in der französischen Revolution spielen, die Puccini vor Jahren schon einmal anläßlich der »Maria Antonietta« interessiert hat. Aber der Libretto-Entwurf, den Forzano eines Abends vorliest, gefällt Puccini wenig: das sei ein Stoff für Mascagni, und der hat ihn bald darauf auch komponiert, unter dem neuen Titel »Il piccolo Marat«.

Ende September nimmt Puccini noch einmal eine wichtige Veränderung an der fertig gedruckten und in wenigen Exemplaren sogar schon ausgelieferten »Suor Angelica« vor: erheblich erweitert er die Arie »Senza mamma« – sie ist nun fast doppelt so lang geworden und viel gewichtiger. Die Neufassung wird in letzter Minute (mit Doppelnumerierungen) in den Druck einsortiert und extra nach New York geschickt, wo bereits die Klavierproben begonnen haben. Anfang Oktober telegrafieren Gatti-Casazza und Ricordis nordamerikanischer Vertreter Maxwell, sie seien von den drei Opern begeistert, was Puccini jedoch durchaus nicht von weiteren Änderungswünschen für die Aufführung abhält, die musikalische Details betreffen, aber auch nachdrücklich in die szenische Realisierung eingreifen.

Gatti-Casazza und der Dirigent Moranzoni melden sich wieder Ende des Monats und bestätigen, daß die Leseproben des Orchesters sehr zufriedenstellend seien, während zu Hause nun endlich auch die italienische Armee ihre ersten Erfolge in diesem Krieg errang: sie nutzte die Gunst der allseitigen Auflösung der Donaumonarchie, drang über den Piave vor und eroberte die Stadt Vittorio Veneto, nach der seitdem der italienische »Sieg«

im Ersten Weltkrieg und viele Straßen benannt sind; am 3. November war ganz Südtirol besetzt und Triest eingenommen, und mit Österreich wurde ein Waffenstillstand geschlossen.

»Ein plötzlicher Sieg!« schreibt Puccini an Sybil Seligman, »es gleicht einem Traum!... Es lebe Italien! und es leben die Alliierten!« Dann aber überwältigt ihn zu Recht die übliche Trauer: der alte Freund Angeli ist in Florenz der landesweiten Grippeepidemie erlegen, aber auch in nächster Nähe sterben die Menschen an der Grippe wie die Fliegen – 80 Opfer allein in Torre del Lago, wo der Krieg nach Puccinis Angaben nur 15 Tote gefordert hat. Wenn es doch wenigstens noch Frieden gebe, »bevor wir krepieren!« Und dann er selbst: »Welche Ungerechtigkeit das Altern ist! Darüber bin ich besonders wütend – verdammt! Und zu sagen, daß ich mich dem nicht fügen will und mich manchmal als der Alte aus vergangenen Jahren fühle! Illusionen und doch ein Zeichen von.... Kraft.......!«

Am Tag des allgemeinen Waffenstillstands, der die Niederlage der Mittelmächte besiegelt, am 11. November, schreibt Puccini noch einmal äußerst patriotisch »Es lebe unser Italien vom Gipfel des Brenner bis zum Meer!!«, aber es ist nur das Postscriptum zu einem langen Brief, der sich ansonsten ausschließlich mit seinem Werk beschäftigt: mit Besetzungsfragen des römischen »Trittico« und mit einer Abwehr von Clausettis anscheinend vorausgegangenem Vorschlag, für das nächste Opernprojekt noch einmal an eine Zusammenarbeit mit dem gerade jetzt hochgefeierten Nationaldichter D'Annunzio zu denken: bei dem fehle immer das Wahre und das menschliche Gefühl, alles sei überspannt und aufs äußerste übertrieben – Puccini läßt sich selbst in einer Situation, wo um ihn herum alle chauvinistisch Amok laufen, von seinem humanen Liberalismus nicht abbringen, ein seltener Fall der politischen Immunität eines Musikers.

Er bedauert sehr, daß er auf die Reise nach Amerika zur Uraufführung verzichtet hat: hätte er den plötzlichen Zusammenbruch der »Feinde« vorausgesehen, so teilt er Gatti-Casazza mit, so wäre er sicher zum »glorreichen Sieg« in New York gekommen.

Während Puccini sich ab Anfang Dezember in Rom um *seine* erste Aufführung des »Trittico« müht, findet die wirkliche Uraufführung also ohne ihn am 14. Dezember in New York statt, mit Geraldine Farrar als Angelica und Giuseppe De Luca als Schicchi. Gatti-Casazza versorgt Puccini telegrafisch mit Nachrichten über den vermuteten und dann über den tatsächlichen Erfolg, den er als außerordentlich groß darstellt. Die Wahrheit aber ist, daß nicht nur die Kritik distanziert blieb, sondern schließlich auch das Publikum: nach dieser ersten Saison wurde nur noch der »Schicchi« häufiger an der Metropolitan gespielt, oft als Vorstück zu Strauss' »Salome« (!), während »Tabarro« und »Angelica« fast sofort völlig vom Spielplan verschwanden. So erging es diesen beiden ersten »Trittico«-Teilen bald auch sonst überall, von Buenos Aires bis London und Mailand.

Die New Yorker Kritiker, die ersten, die Puccinis Weltkriegs-Arbeiten zu hören und zu sehen bekamen, waren sich ziemlich einig. Alle fanden den »Gianni Schicchi« überwältigend komisch, den »Tabarro« eindrucksvoll, aber wenig sympathisch, und die »Suor Angelica« unerträglich und unglaubwürdig. Das Publikum und die Theaterspielpläne sind diesem Urteil trotz dem einhelligen Uraufführungs-Jubel im großen und ganzen bald gefolgt: das »Trittico« wurde nie ein wirklicher Bestandteil des Repertoires.

Puccini hört in Rom zunächst natürlich nur die positiven Reaktionen, und sie stimmen ihn für die Italien-Premiere zuversichtlich. Freunde aus der Heimat sind bei ihm: der torrelaghesische Kumpan Bettolacci, Maria Bianca Ginori, die Tochter des ehemaligen Besitzers des Massaciuccoli-Sees, Lina Rosso, die Malerin aus Viareggio. Elvira kommt anscheinend erst später, kurz vor der Premiere, die schließlich am 11. Januar 1919 stattfindet.

Es ist ein glanzvolles Ereignis in Anwesenheit der Musikprominenz des Landes (Mascagni allerdings entschuldigt sich wegen einer Erkältung) und der königlichen Familie – schließlich handelt es sich um das erste Erscheinen des neuesten Werks des berühmtesten italienischen Komponisten auf einer italienischen Bühne nach dem gewonnenen Krieg. Der Beifall erreicht das Puccini-übliche Maß, aber er ist nicht sensationell, außer ganz am Schluß, nach dem »Schicchi«, der auch hier dem Publikum und der Presse am besten gefällt. Allerdings zogen beide – anders als in New York – die »Angelica« dem »Tabarro« vor: die konventionelle Rührseligkeit des Klosterstücks und seine scheinbare Naivität lagen den Italienern offenbar mehr als den Nordamerikanern. Puccini ist an diesem Abend äußerst nervös und süchtig nach einem großen Erfolg – kein Wunder bei diesem Anlaß. Edward Johnson (in Italien nannte er sich Edoardo Di Giovanni), der die Tenorrollen des »Tabarro« und des »Schicchi« sang, erinnerte sich später, daß Puccini ihn veranlaßt habe, den scheinbar Widerstrebenden vor den Vorhang zu ziehen, damit der Beifall ihn gebührend treffe. Einen Tropfen Wermut im Erfolgswein bedeutet es für den Komponisten, daß der als Musiker von ihm so hochgeschätzte Toscanini die Vorstellung schon nach dem »Tabarro« verließ und seine Abneigung gegen das Werk unüberhörbar zu verstehen gab; soviel ich weiß, hat er es auch später nie dirigiert.

Die Premierenfeier findet im Restaurant Castello dei Cesari auf dem Aventin statt, und Puccini küßt voller Begeisterung abwechselnd seine beiden Hauptsopranistinnen Maria Labia und Gilda Dalla Rizza, zwischen denen er sitzt. Am Tag danach soll der König ihn zu sich in die Villa Ada eingeladen haben; am selben Abend besucht er ein Konzert im Augusteo, wo er unter anderem Alfredo Casellas Orchesterwerk »Pagine di guerra« hört und den Komponisten, einen Neoklassizisten und Schönberg-Anhänger zugleich, freundlich lobt; mit solcher Musik konnte Puccini gewiß wenig anfangen, aber er war ihr gegenüber immer aufmerksam. Puccini bleibt noch eine ganze Weile in Rom, nimmt auch höflich teil an einigen Orchesterproben für die Oper »Jacquerie« seines »Trittico«- und »Rondine«-Uraufführungs-Dirigenten Gino Marinuzzi, deren »beharrliche Kakophonie« ihm aber wenig gefällt.

Beim Festbankett im Grand Hotel hält der Kultusminister eine Rede, Puccini bekommt wieder einmal einen Orden, und der römische Bürgermeister bittet ihn, eine Komposition zu Ehren der Stadt zu schreiben, eine »Hymne an Rom«. Der Gedanke klingt absurd; aber Puccini, der sich bereits wieder vor der absehbaren Arbeitslosigkeit zu fürchten beginnt, akzeptiert ihn überraschend schnell – vielleicht bewegt ihn denn doch auch der nationalistische Überschwang nach dem quasi siegreichen Kriegsende. Im ganzen aber ist er müde und erschöpft von den acht römischen Wochen. Anfang Februar kehrt er endlich wieder in sein »Gehäuse« nach Torre del Lago zurück.

Auf der Suche nach der verlorenen Einheit:
»Il Trittico«

Das dramaturgische Kernproblem des »Trittico« ist die Frage, ob seine drei Stücke überhaupt als »Werk« eine Einheit bilden. Der gemeinsame Titel »Trittico« ist verhältnismäßig spät festgelegt worden. Aber der der bildenden Kunst entlehnte Begriff wurde »offiziell« überhaupt nicht verwendet. Die beiden Gesamtausgaben des Klavierauszugs (1918 und 1919) tragen selbst auf dem Titelblatt nur die drei Einzeltitel und nicht den gemeinsamen, ebenso die deutsche Gesamtausgabe von 1920. Danach veröffentlichte Ricordi die Einakter ohnehin nur noch in getrennten Ausgaben.

Nimmt man hinzu, daß Puccini schon vor der Uraufführung bereit war, einer Trennung der drei Stücke zuzustimmen, und daß er noch früher sogar die Kombination des »Tabarro« mit den uralten »Villi« erwog, so bleibt für die Behauptung eines inneren Zusammenhangs kaum mehr Raum. Tatsächlich besteht weder musikalisch noch thematisch eine Verbindung zwischen den Einaktern, auch wenn versucht worden ist, die inhaltliche Verknüpfung in Variationen über das Thema des Todes zu sehen – aber das verbindet mindestens zwei Drittel aller jemals geschriebenen Opern.

Auf der anderen Seite verfolgte Puccini seit vielen Jahren den Gedanken eines Opernabends aus drei Einaktern, und das »Trittico« war keineswegs die zufällige Zusammenstellung dreier vorhandener Kurzopern, sondern das Ergebnis einer zur meisten Zeit sehr gezielten Stoffsuche. Der Sinn dieses Unternehmens ist also anders und tiefer zu verstehen. Auf seine besondere und seither nicht mehr wiederholte Art ist es ein ausdrücklicher Abschied von der konventionellen Handlungsoper. Puccini geht mit dem »Trittico« ein halbes Jahrhundert nach Wagners »Ring« den umgekehrten Weg: während dessen epischer Zyklus das Publikum nicht nur ein paar Stunden, sondern gleich vier aufeinander folgende Abende lang an eine einzige Handlung zu fesseln beabsichtigt, zerstückelt das »Trittico« den einen Opernabend in drei unverbundene Handlungen – Kurzgeschichten anstatt eines geschlossenen Dramas und erst recht anstatt eines weiträumigen Romans.

Puccinis schon immer vorhandene Vorliebe für eine episodische Dramaturgie erreicht hier ihren Gipfel. Das ist ein anderer Ansatz als die zeitgenössische Einakter-Neigung, die mit Mascagnis »Cavalleria rusticana« begonnen hatte, auch nicht vergleichbar mit den abendfüllenden Einaktern »Salome« und »Elektra« von Richard Strauss, die das Prinzip der ununterbrochenen Sinfonie auf die Bühne übertragen. Bei allen offenkundigen Differenzen des historischen Hintergrunds läßt sich Puccinis Verfahren eher mit dem des jungen Alban Berg vergleichen, der fast zur gleichen Zeit die diskontinuierlich zerstückelten Szenen von Georg Büchners »Woyzeck«-Fragment als pausenlose Oper komponierte.

Die Einheit des »Trittico« wird also weder durch die Inhalte seiner drei Stücke gestiftet noch durch irgendeine gemeinsame kompositorische Motivik, sondern eigentlich gerade im Gegenteil durch ihre äußere Unverbundenheit. Dabei stellt ihr musikalischer Charakter absichtsvoll eine Identität her: Puccinis Musik klingt in allen drei Opern stilistisch gleich, obwohl die erste in der Gegenwart, die zweite am Ende des 17. und die dritte am Ende des 13. Jahrhunderts spielt – was Puccini im Bühnenbild und in den Kostümen sorgfältig beachtet wissen wollte. Seine daraus resultierende Stilsicherheit läßt sich optisch aus den Partitur-Autographen der drei Opern ablesen: anders als alle vorigen enthalten sie kaum Korrekturen, sie sind fast ohne Änderungen in einem einzigen Schwung hingeschrieben.

Il Tabarro

Der »Tabarro« ist das einzige der drei Stücke, das auf einer kompletten literarischen Vorlage beruht, wie Puccini sie nach seiner allerersten Oper immer als Fundament suchte, um sich darauf stützen zu können. Das Drama des Didier Gold ist ein bellangloses Schauerstück aus der Tradition des Pariser »Grand Guignol« und des französischen Naturalismus. Puccini hat es von Adami nur wenig aber geschickt ändern lassen, wobei das Libretto der Oper selbst schon ein besserer Text geworden ist als Golds Original.

Nachträgliche Änderungen sind im »Tabarro« selten: sie beschränken sich gleich nach der Doppel-Uraufführung vor allem auf nicht sehr umfangreiche Kürzungen einzelner Takte. Der stärkste Eingriff geschieht in Micheles Monolog »Scorri, fiume eterno«, der um mehr als ein Drittel reduziert wurde, bevor ihn Puccini ein paar Jahre später durch einen wieder längeren mit neuem Text (»Nulla! Silenzio!«) ganz ersetzte, die Musik dabei aber weitgehend beibehielt.

Der Einakter hat eine für Puccinis Verhältnisse bemerkenswert ausführliche Orchester-Introduktion; dramaturgisch ist dies jedoch eigentlich kein Vorspiel, denn der Vorhang öffnet sich bereits vor dem ersten Takt, so daß die Musik die sichtbare stumme Handlung des Anfangs begleitet: das Entladen von Micheles Lastkahn, der am Pariser Seineufer vor Anker liegt, und die hausfraulichen Aktivitäten seiner Frau Giorgetta. Es ist ein zunächst harmlos klingendes Stück musikalischer Atmosphäre, das in seinem wiegenden Rhythmus aus Zweier-, Dreier- und Vierer-Takten (6/8, 9/8, 12/8) wohl den Fluß charakterisieren soll, plakativ ergänzt durch die rhythmisch genau fixierten Töne einer Dampfschiffsirene und einer fernen Autohupe – beide ertönen auch später noch einmal, aber sie sind nie als quasi naturalistische Geräusche eingesetzt, sondern dienen eher der atmosphärischen Klangerweiterung des Orchesterinstrumentariums. Mit dem Fortgang der Musik unter dem kurzen Alltagsdialog des Schifferpaars und dem dumpfen Chor der Schauermänner aus dem Bauch des Lastkahns tritt ihr verborgen bedrohlicher Gestus immer mehr hervor, instrumentale Einzelfarben (etwa die Bratschen vor Ziffer 5, die Flöten vor 6) brechen den scheinbar gleichmäßigen Fluß der Musik auf und enthüllen ihre ruhige Monotonie als eine Figur der Angst.

Nach einem harten Schnitt erklingt im Walzertakt ein Trinklied, dessen Harmonisierung über raffiniert einfachen Holzbläser-Orgelpunkten jedoch keinerlei Fröhlichkeit aufkommen läßt, sondern eher von nahem Unheil kündet. Das gleiche gilt für den anschließenden Auftritt eines Drehorgelspielers, zu dessen Musik Giorgetta mit den Ladearbeitern tanzt. Die absichtlich »verstimmte« Orgelpassage (sie wird von Flöten und Piccolo, Klarinetten und Baßklarinette nachgeahmt) hat viele Interpreten zu Recht an die ähnliche Stelle in Strawinskys »Petruschka« erinnert.

Eine weitere atmosphärische Episode ist das Erscheinen eines »Liederverkäufers«, der als neuesten Schlager einen Gassenhauer über »die Geschichte der Mimi« anbietet, wozu Puccini deren Thema an seiner eigenen »Bohème« zitiert. Alle diese Episoden sind musikalisch perfekt in die Handlung und ihre ganz andere Musik eingeschmolzen; sie isolieren sich nicht, sondern grundieren den musikalischen Hauptstrang in bewundernswerter Selbstverständlichkeit. Puccini gewinnt hier eine neue Dimension des musikalischen Sprechens wie nie zuvor in seinem Werk. Samt der zum ersten Mal ganz selbständigen Führung des Orchesters zeigt Puccini hier eine Meisterschaft, über die unter seinen Zeitgenossen auf dem Feld der Oper nur noch Richard Strauss verfügte – und der junge Alban Berg (was man aber erst Jahre später erfahren konnte).

Nach dieser langen atmosphärischen Einleitung folgt ein scherzoartiger Mittelteil, in dem zunächst »La Frugola« auftritt, die abfallsammelnde »Umherstreiferin«, Frau eines der älteren Schauermänner. Ihre Musik hat eine starre Marionettenhaftigkeit, die zugleich an die rhythmischen Exzesse Strawinskys erinnert, etwa in den Schlußtakten ihres ersten Gesangs (ab Ziffer 38). Ihr zweites Lied, das ihre Sehnsucht nach einem eigenen Haus beschreibt, wird in einem eigenartigen Staccato vorgetragen, das in seinen einzelnen Phrasen jeweils nur einen Ton umspielt, wozu Ostinato-Figuren des Orchesters einen dunklen Untergrund bilden: die unheimliche Hoffnungslosigkeit dieser Sehnsucht tönt hörbar aus dem gehetzten Stück.

Zwischen beiden Liedern steht der erste der wenigen ariosen Ausbrüche des »Tabarro«, aber auch er ist von fahlen Orchester-Orgelpunkten grundiert und in seinem c-Moll weit entfernt von irgendwelcher Melodienseligkeit: Luigi, Giorgettas heimlicher Liebhaber, klagt über das elende Schicksal des Pariser Proletariats. Auf das anschließende zweite Lied der Frugola folgt der zweite Ausbruch: ein Duett zwischen Giorgetta und Luigi über die Schönheit von Paris. Die weit ausschwingenden Bögen bilden den denkbar schärfsten Kontrast zu Luigis voriger Klage und zu Frugolas trauriger Marionettenmusik. Während sie und ihr Mann mit einer gemeinsamen Wiederholung des Sehnsuchts-Staccatos sich entfernen, erklingt als Nachspiel die Musik des Flusses vom Anfang, diesmal vokal gefärbt durch die Soli eines Soprans und eines Tenors hinter der Szene, worauf ein langer Ton der Dampfschiffsirene in fernstem Pianissimo diesen Mittelsektor beschließt.

Der Schlußteil, der ungefähr die Hälfte des Einakters ausmacht, kennt keine Nebenfiguren mehr, sondern nur noch die Handlung zwischen den drei Hauptpersonen Giorgetta, Michele und Luigi. Der Klang färbt sich noch düsterer, die Melodik erhält stark chromatische Züge, bevor die Musik in dem etwas langatmigen cis-Moll-Liebesduett Giorgettas mit Luigi zum ersten Mal in dem ganzen Stück ein wenig von ihrer bisher durchgängigen Qualität verliert. Daß das Anzünden eines Streichholzes das Zeichen der Liebenden dafür sein soll, daß die Luft rein ist, wirkt wie ein unfreiwillig komischer Reflex des Wagnerischen »Tristan« (dort handelt es sich bekanntlich um eine Fackel) – der »Tabarro« gibt sich als gleichsam entmythisierter »Tristan« für kleine Leute zu erkennen. Puccinis Kraft reicht nicht ganz, um aus der alltäglichen Eifersuchtsgeschichte einen modernen Mythos zu machen; vielleicht hat ihn die Assoziation zu seiner eigenen Liebesbiographie (hier mit der Umkehr, daß der Mann der Eifersüchtige ist) dabei eher behindert.

Das Duett endet mit einem chromatischen Absturz im Orchester über zwei Oktaven hinweg (vor Ziffer 71) – eine abermalige kompositorische »Tristan«-Reverenz, bevor das Duett des »bürgerlichen« Ehepaars Giorgetta-Michele beginnt. Dieses hat wieder eher den spätpuccinischen Parlando-Stil und hebt sich damit deutlich von dem Liebesduett mit seinen konventionelleren Zügen ab – sollte das ein Hinweis darauf sein, daß Puccini sozusagen musikalisch auf der Seite der angeblichen Konvention steht, der bürgerlichen Treue, während der überschwengliche Ehebruch als (musikalisch) rückschrittlich erscheint? Jedenfalls tut man diesem kompositorischen Verfahren wohl wenig Zwang an, wenn man es insofern in Verbindung bringt mit Puccinis privaten Verhältnissen in der Zeit, in der der »Tabarro« entstand: seiner leidenschaftlichen Liebe zu Josephine von Stengel und seinem schlechten Gewissen dabei.

Das Duett endet inhaltlich mit Giorgettas Verweigerung gegenüber Micheles sexueller Sehnsucht und musikalisch mit dunklen Orchester-Ostinati, in die der dumpfe Glockenschlag einer fernen Kirchturmuhr hineintönt, neunmal – es ist Nacht. Michele ruft seiner ins Schiff hinabsteigenden Frau »wie gesprochen« »Du Hure!« nach, von der Straße erklingt das Echo-Duettino eines Liebespaars (harmonisch sich in zwei alten Kirchentonarten bewegend) und von noch weiter her das B-Dur-Trompetensignal aus einer Kaserne, das ganze über einem a-Moll-Orgelpunkt der tiefen Streicher und mit einer C-Dur-Begleitung von Harfe und Celesta: die zarte und zugleich grauenerregende Polytonalität der Stelle gehört zu Puccinis kompositorisch fortgeschrittensten Passagen.

Es schließt sich der gewichtige Monolog Micheles an. In seiner ersten Fassung ist er textlich eine Anrede an den »ewigen Fluß« und eine Betrachtung über die eigene traurige Aktualität. Puccini erschien das so retardierend, daß er das Stück zunächst beträchtlich kürzte und später ganz austauschte. Die dritte und endgültige Version reflektiert handlungsnäher die Frage, wer denn Giorgettas Liebhaber sei, und kündigt an, den Unbekannten zu ermorden. Musikalisch hat sich das Stück dabei nicht allzusehr verändert; aber weil die Urfassung weniger vordergründig ist, würde ich ihr dramaturgisch den Vorzug geben. Hier hat Puccinis nachträglicher Eingriff (wie in vielen anderen Fällen) das Stück nicht verbessert – die Urfassungen besitzen meistens die unmittelbarere Wirkung, weshalb sie (von Ausnahmen wie der »Rondine« abgesehen) für heutige Aufführungen ernsthafter als bisher in Erwägung gezogen werden sollten.

Nach Micheles düsterem Monolog kommt das Stück zu einem schnellen Schluß. Der Kapitän erwischt Luigi auf seinem Weg zu Giorgetta, zwingt ihn zum Geständnis und erdrosselt ihn. Als Giorgetta voller Unruhe nach oben kommt und Michele ihre Sehnsucht nach körperlicher Nähe kennt, öffnet er seinen Mantel, aus dem Luigis toter Körper herausrollt. Die Musik folgt der grausigen Handlung mit rascher und düsterer Gestik und schreit die Katastrophe am Schluß mit wilder Brutalität heraus.

Suor Angelica

Der Stoff von Puccinis Kloster-Einakter wird begreiflicherweise immer in Verbindung gebracht mit dem Nonnendasein seiner zwei Jahre älteren Schwester Iginia. Daß ihm deshalb ein solches Ambiente am Herzen gelegen hätte, erscheint jedoch mehr als zweifelhaft. Schließlich lebte Iginia schon rund vierzig Jahre im Kloster, als Puccini Forzanos Themenvorschlag aufgriff. Der Kern dieses Stoffs ist im übrigen auch nicht das klösterliche Leben, sondern die moralische Frage, ob mit der außerehelichen Liebe einer Frau und ihrer Konkretion in Gestalt eines unehelichen Kinds Schuld verbunden ist.

Das berührte Puccini gewiß sehr viel stärker – war es doch fast zwanzig Jahre lang ein Problem seines illegalen Zusammenlebens mit Elvira und ihrem gemeinsamen Sohn Antonio, der erst als fast erwachsener junger Mann legitimiert werden konnte. Dennoch bleibt es verblüffend, wie kritiklos Puccini anscheinend das Libretto des jungen Forzano akzeptiert hat; die sentimentale Rührung des alten Mannes über die Vergangenheit seiner eigenen Familie mag dabei durchaus eine Rolle gespielt haben.

Formale Aspekte des Ungewöhnlichen dürften aber gewichtiger gewesen sein. Puccini suchte seit langem eine mystische und idyllische Ergänzung zum naturalistischen Schauerdrama des »Tabarro«, und was hätte dabei eindringlicher sein können als eine Oper, in der ausschließlich Frauenstimmen vorkommen? Schließlich kann dann auch Puccinis (durch die Besuche bei seiner Schwester) auf eigener Anschauung beruhende Kenntnis des Klostermilieus in die Waagschale gefallen sein – ziemlich undistanziert übernahm er Forzanos Konzept, und das nicht gerade zum Glück des Stücks.

»Suor Angelica« leidet dramaturgisch überwiegend daran, daß die atmosphärischen Kloster-Teile und das eigentliche Thema der moralischen Schuld oder Unschuld der unbürgerlich unbedingten Liebe nicht recht zusammengehen – konkret: der bloß stimmungsvolle Anfang des Nonnenalltags ist zu ausgedehnt und langweilt deshalb, weil nicht erkennbar ist, wohin die Geschichte zielt. Überraschenderweise haben Puccinis spätere Kürzungen nicht in dieser Gegend stattgefunden, sondern in den viel späteren großen Soli der Schwester Angelica.

Die Musik der »Suor Angelica« beginnt mit einem viertaktigen Glockengeläut aus sechs Tönen, bevor der Vorhang sich öffnet. Das Orchester nimmt in Streichern und Celesta dieses Motiv auf, bevor es sich als ein »Ave Maria« entpuppt, das von den Nonnen hinter der Szene gesungen wird, begleitet von einem Fern-Instrumentarium aus Orgel, Glocken und einer äußerst virtuos geführten Piccoloflöte. Die anschließende Genreszene der naiv-gläubigen und allzeit bußfertigen Nonnen ist ganz kammermusikalisch gearbeitet und demonstriert die satztechnische Meisterschaft des alten Puccini. Teile dieses Stücks hat er ursprünglich bereits für die geplante Oper nach Ouidas »Zoccoletti« geschrieben. Eine Passage fällt aus dem Zusammenhang: Angelicas erster solistischer Ausbruch, der in einem Fortissimo des Orchesters gipfelt und in einem die spätere Entwicklung vorwegnehmenden Bekenntnis: »Der Tod ist schönes Leben!«

Ihre Mitschwestern erklären darauf in einem knappen chorischen Dialog, daß diese Angelica adliger Herkunft und wohl nur zur Strafe im Kloster sei. Ihre herausgehobene Stellung wird in der folgenden Szene deutlich (die Puccini trotz der Länge dieser ganzen Exposition nur ungern zum Streichen freigegeben hat): sie versorgt eine von Wespen zerstochene Nonne mit pflanzlichen Heilmitteln, wofür sie die Kloster-Expertin ist. Ein schrilles Signal der Bläser leitet zum Bericht der von draußen kommenden Almosensammlerinnen über, vor der Pforte halte eine vornehme Kutsche, was Angelica zu Recht vermuten läßt, jemand aus ihrer feinen Familie besuche sie endlich nach sieben langen Jahren. In ihren fiebrigen Gesang, den fahle Akkorde des Orchesters begleiten, tönt vom Friedhof der Trauerchor der Nonnen für eine kürzlich verstorbene Schwester; sein Duktus ist Puccinis dreißig Jahre älterem Requiem aus dem dritten »Edgar«-Akt eng verwandt. Mit dieser musikalisch äußerst dichten Szene endet die immens lange Einleitung (sie macht wie im »Tabarro« etwa die Hälfte der Oper aus).

Die eigentliche Handlung des Einakters beginnt mit dem Auftritt von Angelicas Gegenfigur, der Tante Fürstin. Über einem Pizzicato-Baß entwickelt sich eine bedrohliche chromatische Figur der Hörner, die zum beginnenden Gesang der Fürstin allmählich auf das ganze Orchester übergreift. Puccini hat die angstvolle Situation überwältigend in einem kleinen Trauermarsch formuliert, samt dessen hier ganz eingeschmolzenem rhythmischen Klischee der gestopften Trompeten (nach Ziffer 46). Die Fürstin berichtet in düstersten musikalischen Farben von ihrer familiären Verantwortung, bis es aus Angelica herausbricht: in einem Aufschrei des vollen Orchesters verlangt sie Auskunft über ihren Sohn. Hier erst kommt das Motiv der Handlung zum Vorschein: wegen dieses unehelich geborenen Kinds wurde Angelica von ihrer Familie zur Buße ins Kloster gesteckt. Aber die Fürstin vernichtet Angelicas Hoffnung auf eine Frucht der langen Sühne: ihr kleiner Sohn ist bereits vor zwei Jahren gestorben, und der Fürstin Besuch dient nur dazu, Angelica endgültig zum Verzicht auf ihr Erbe zu bewegen. Den stummen Vollzug dieses juristischen Akts beschreibt eine elegische Passage des Orchesters.

Dem Abgang der Fürstin folgt Angelicas große Arie »Senza mamma«, die Puccini unmittelbar vor der Uraufführung noch erweitert hatte. Es ist eine der wenigen in sich geschlossenen Nummern in seinem ganzen Werk, aber musikalisch durchaus überzeugend in den atmosphärischen Zusammenhang des Stücks eingebettet. In der anschließenden ätherischen Musik Angelicas und des Chors der Schwestern samt dem langen folgenden Orchesterintermezzo bereitet sich das Wunder des Schlusses vor. Puccini hat sich durch die praktischen Probleme der Bühnenaufführung bewegen lassen, in der Folge einige Striche vorzunehmen. Gleich nach der römischen Premiere verkürzte er Angelicas Vorbereitungen auf den Giftselbstmord um ein paar Orchestertakte. Aber er hat immer den rabiaten Kürzungen widersprochen, die bald darauf in Angelicas sogenannter Blumen-Arie üblich wurden und die nach seinem Tod in der noch heute vertriebenen Partiturfassung bewahrt sind. Mögen sie auch eine raschere Bewegung zum Ende hin fördern, so nehmen sie doch der Figur der Angelica viel von ihrer personalen Tiefe. Es wäre an der Zeit, die von Puccini eindeutig gewünschte Fassung wiederherzustellen.

Es ist kein Wunder, daß Puccini das Finale nicht gelingt: das war wahrhaftig nicht seine Welt. Angelicas Suizid und ihre anschließenden Selbstvorwürfe in der kurzen Zeit, bevor sie stirbt, sind noch halbwegs überzeugend, nicht jedoch die folgenden Engelchöre, zu denen Angelicas verstorbener Sohn höchstpersönlich in aller Verklärung auftritt. Unter aufrauschenden Orchesterklängen, denen neben der Orgel auch noch zwei Klaviere beigemischt sind, endet die Oper deutlich unter dem Niveau, das sie bis kurz zuvor besitzt. Puccini hat sich hier eines seiner handwerklich souveränsten Stücke ganz zuletzt noch verdorben.

Gianni Schicchi

Eine komische Oper hatte Puccini bekanntlich schon lange schreiben wollen. Dennoch nimmt diese musikalische Komödie in seinem Gesamtwerk ungefähr den gleichen Sonderplatz ein wie der »Falstaff« im Œuvre Verdis.

Wieder ist es wie in der »Suor Angelica« ein Libretto ohne literarisch ausgeformte Vorlage, das Forzano ihm anfertigte, anknüpfend an eine alte, sich im historischen Halbschatten verlierende Geschichte, die Dante im »Inferno« seiner »Göttlichen Komödie« aufgreift: ein Testamentsbetrug im mittelalterlichen Florenz, für den dessen Drahtzieher Gianni Schicchi in die Hölle wanderte, wo Dante ihm auf seiner Wanderung begegnet, sein Schicksal moralisch durchaus billigend.

Während bei dem Nonnen-Stück jedermann rasch auf das vergleichsweise banale Faktum stößt, daß eine Puccini-Schwester in einem Kloster lebte, sind die biographischen Bezüge des »Gianni Schicchi« bisher überhaupt nicht gesehen worden. Und doch sind sie handgreiflich. Keineswegs nämlich haben Puccini/Forzano den Dante beschäftigenden juristisch-moralischen Aspekt der Verwerflichkeit einer betrügerischen Urkundenfälschung behandelt, sondern allein die bösartige Habgier einer wohlhabenden Großfamilie. Es ist eine zynische Abrechnung Puccinis mit der Umwelt, in der er aufgewachsen war und in der er bis zu seinem Tod lebte, eine Abrechnung mit der ambivalent geliebten und gehaßten eigenen Familie und in einem weiteren Sinn mit dem ihm so sehr vertrauten allgemeinen Bewußtseinszustand seiner unmittelbarsten »Gesellschaft«.

Daraus ist ein geniales Stück geworden, von höchster kompositorischer Meisterschaft, voller Witz und dabei im Grund tieftraurig wie alle großen Komödien der Weltliteratur. Daß Puccini seine einzige komische Oper besonders problemlos geschrieben und danach fast nichts mehr daran verändert hat (ein fast einmaliger Vorgang in seinem Werk), spricht um so mehr für die überwältigende Befriedigung, die ihm dieses boshafte Exempel bereitete. Neben »Falstaff« mit seiner verklärt-resignativen Amoral ist dabei der weithin tragende Einfluß von Wagners »Meistersingern« sicher nicht zu unterschätzen, eines ähnlich hinterhältigen Stücks, das Puccini bekanntlich seit seiner frühen Zeit vertraut war.

Schon die ersten Takte des »Gianni Schicchi« kündigen an, was die folgenden fünfzig Minuten dem Publikum an musikalisch Vertracktem zumuten werden. Der schwer darstellbare Synkopen-Rhythmus des »Tumultuoso«-Vorspiels mit pianissimo hineingemischten parodistischen Trauermarsch-Schlägen der kleinen Trommel redet auf metrisch komplizierte Art von dem traurigen Ereignis, das die Handlung des Einakters in Gang setzt: der reiche Buoso Donati ist gerade gestorben, und die Hinterbliebenen beklagen sowohl seinen Tod als auch ihre Ungewißheit über die Verteilung des Erbes. Im Parlando-Dialog der Verwandtschaft, in dem das Orchester eine gleichgewichtige und überaus selbständige Rolle spielt, exponiert Puccini diesen komödiantischen Zwiespalt. In knappen ariosen Phrasen gliedert er einen der neuen Verwandten hörbar aus: Rinuccio, Neffe einer Cousine des Verstorbenen, ist am Erbe vor allem deshalb interessiert, weil er damit unabhängig genug würde, um Lauretta heiraten zu können, die Tochter des allgemein verachteten ländlichen Emporkömmlings Gianni Schicchi.

Alle Hoffnungen ersterben, als das aufgefundene Testament enthüllt, daß Buoso sein ganzes Vermögen der Kirche vermacht hat. In einem hektischen Ensemble bricht sich die Wut der Erbschleicher Bahn und fegt alle scheinbare Pietät drastisch hinweg. Rinuccio weist nun auf den einzig möglichen Helfer hin: den verschlagenen Gianni Schicchi. Das geschieht in der ersten der beiden quasi ironischen »Nummern« der Oper, einer veritablen Tenor-Arie (»Firenze è un albero fiorito«). Inhaltlich preist die Arie Florenz und seine »neue Gesellschaft«, die in dem modernen Aufsteiger Gianni Schicchi gegen die alte Oligarchie repräsentiert erscheint – sicher ein Gedanke des sozialfaschistischen Librettisten Forzano –, musikalisch wirkt sie dennoch ein wenig wie ein Fremdkörper innerhalb der bitteren Komödie, als ob Puccini dem vordergründigen Optimismus aufs tiefste mißtraute.

Danach wird der gesellschaftliche Konflikt zwischen Alt und Neu in einem brillanten Dialog zwischen dem von Rinuccio herbeigerufenen Schicchi und seiner Tochter Lauretta ausgetragen: Schicchi verweigert empört seine Hilfe, weil die alte Zita, gewissermaßen das künftige Familienoberhaupt, Rinuccios Verbindung mit Lauretta als unwürdige Mesalliance ablehnt. Laurettas anschließendes Arioso »O mio babbino caro«, das einzige berühmte Stück der Oper, bringt die Wende: die Tochter droht mit Selbstmord, wenn der Vater nichts tut, damit sie ihren Rinuccio kriegt. Mehr noch als dessen vorangehende Arie ist diese zweite deutlich als »Nummer« abgesetzt: mit dem weiten Puccini-typischen Gesangsbogen und einem korrekten Schluß in der Musik, ein Liedchen aus den guten alten Opernzeiten, die der »Gianni Schicchi« in Wahrheit längst hinter sich gelassen hat – man hört das dem wehmütigen kleinen Stück in diesem Zusammenhang durchaus an.

Über einem durch Sekund-Reibungen dissonierenden Orgelpunkt erklärt der überredete Schicchi seinen Betrugsplan: er wird sich als noch lebender Buoso verkleiden und dem Notar ein neues Testament diktieren. Seine Absichten formuliert er zum ironischen Rhythmus eines Foxtrotts, der gerade erst seit wenigen Jahren zu einem Modetanz geworden war und auf das zeitgenössische Publikum in dem mittelalterlichen Ambiente noch komischer gewirkt haben muß, als er das heute tut. Daraus entwickelt sich ein boshaft schrilles Ensemble über die Schönheit familiärer Liebesbindungen, wonach sich alle heftig in die Haare geraten.

Die folgende Testamentsszene ist ein wahres Meisterwerk voll von librettistischem Witz, Musikalität und brillanter Instrumentation, bis hin zu jener Stelle (vor Ziffer 78), wo Strawinsky in den leiernden Quinten der Orchesterbegleitung sich zu Recht an seinen eigenen »Petruschka« erinnert fühlte. Natürlich vermacht Buoso/Schicchi die wertvollsten Stücke sich selbst und jagt schließlich die räuberische Verwandtschaft aus dem Haus, das nun ihm gehört – unter überwiegend nur noch unartikuliertem und in der Tonhöhe nicht mehr fixiertem Geschrei.

In einem winzigen Largo-Duett fallen die glücklichen Liebenden Lauretta und Rinuccio sich in die Arme – zum einzigen Mal in einer Puccini-Oper ein Liebespaar in Nebenrollen –, und dann folgt das 17 Takte kurze Finale, das so ungewöhnlich ist wie die ganze Oper. In einem gesprochenen Text, mit Streichern und einem Klarinettenmotiv unterlegt, wendet Schicchi sich direkt ans Publikum: »Sagen Sie mir, meine Herrschaften, ob Buosos Geld besser als auf solche Weise enden konnte! Für dieses Schelmenstück hat man mich in die Hölle gejagt, nun gut; aber, mit Erlaubnis des großen Vaters Dante, wenn Sie sich heute abend unterhalten haben, gestehen Sie mir zu: mildernde Umstände!« Mit einem trockenen Fortissimo-Signal des vollen Orchesters endet abrupt die Musik.

Ihre hinreißende Brillanz hat Puccini nie zuvor und auch nicht mehr danach erreicht. Die mitten im Krieg entstandene Komödie ist seine größte Annäherung an den Gestus neuer Musikdramatik und zugleich die Summe seiner kompositorischen Technik. Darüber konnte er nicht hinaus, und dieses Bewußtsein hat ihn in den folgenden letzten Jahren seines Lebens gequält, während derer er sich um einen für ihn wiederum neuen Operntypus mühte, der ein ganz alter war: die »Große Oper«, die er mit den Vokabeln seiner Musiksprache zu formulieren suchte. Vom »Gianni Schicchi« führt eigentlich kein Weg zur »Turandot«. Der novellistische Stil des »Trittico« ist für Puccini ein avantgardistischer Schluß und kein neuer Anfang. Die nächste Oper hat er in geradezu symbolischer Konsequenz nicht mehr zu Ende gebracht.

Not des Alters

1919–1924

Nach der Rückkehr von der römischen Erstaufführung des »Trittico«, Anfang Februar 1919, gelten Puccinis erste Tage in Torre del Lago der Erholung, der Langeweile und den bescheidenen Änderungen an der Partitur für den künftigen Neudruck des Klavierauszugs. Häufig fährt er nach Viareggio, wo er mit seinen Freunden in Erinnerung an den alten Bohème-Club nun den »Club Gianni Schicchi« gründet, dessen Präsident er natürlich selbst ist, Forzano der Vizepräsident, und Mitglieder sind alle die alten Freunde aus der Gegend, darunter Panichelli, Paladini, Pagni, Fanelli, Marotti, und einige neue, vor allem Angelo Magrini, der dem Komponisten in den folgenden Jahren besonders nahesteht.

Drei Ereignissse der nächsten Wochen bewegen Puccini tief. Das erste: Tito Ricordi wird gezwungen, die Leitung seines Verlags niederzulegen, wahrscheinlich wegen einiger geschäftlichen Mißerfolge bei der Akquisition neuer Werke. An seine Stelle treten Carlo Clausetti und Renzo Valcarenghi – der renommierte Verlag ist nach mehr als hundert Jahren nicht mehr in den Händen der Familie Ricordi. Obwohl die beiden neuen Direktoren mit Puccini seit langem befreundet sind und obwohl sein Verhältnis zu Tito seit ebenso langem denkbar schlecht war, trauert er nun doch dem Sohn seines väterlichen Freunds Giulio Ricordi ein wenig nach. Eine Epoche geht damit zu Ende, für Puccini symbolisch auch eine Epoche seines eigenen Lebens, jetzt ist er endgültig ein alter Mann aus einer anderen Zeit.

Das zweite Ereignis ist der Tod seines Schwagers Massimo Del Carlo, des langjährigen Bürgermeisters von Lucca, der mit Puccinis ältester Schwester Otilia verheiratet war – er stirbt am 1. März.

Zum dritten stirbt am 5. März Carlo Carignani. Der Jugendfreund, Studienkollege und Dirigent war seit dem »Edgar« Puccinis engster musikalischer Mitarbeiter gewesen, hatte seine eigenen Ambitionen weitgehend zurückgestellt hinter die Interessen Puccinis, für den er nicht nur alle Klavierauszüge der Opern anfertigte, sondern dem er in den Schlußphasen der Komposition sicher auch als Ratgeber in manchen Zweifelsfragen beistand. In blankem Entsetzen zieht Puccini seine Trauer über den Tod des fast lebenslangen Begleiters seines Werks wieder in einem einzigen Satz zusammen: »Armer Carignani! Wieviel Schmerz und Leere mir das gemacht hat!« Von der Teilnahme an der Beerdigung befreit ihn eine eigene Influenza.

All das hindert Puccini eine ganze Weile, sich mit dem schon besprochenen Plan einer »Hymne an Rom« zu beschäftigen. Einen Brief des Fürsten Colonna, des römischen Bürgermeisters, läßt er unbeantwortet und reagiert erst auf einen zweiten, und zwar mit deutlicher Abneigung gegenüber dem vorgeschlagenen pathetischen Text von Fausto Salvatori. Sicher hat ihn aber auch ebensosehr die bürgermeisterliche Absicht geschreckt, das Werk schon Ende April aufführen zu lassen: morgens im Freien von einem Kinder-Massenchor und abends quasi professionell im Opernhaus – mit einem solchen Spektakel konnte Puccini denkbar wenig anfangen. Er wäre wohl noch ungehaltener gewesen, hätte er gewußt, daß das Projekt schon fast ein Jahr alt war, zuerst von Mascagni vertont werden und dann der Gegenstand eines Kompositions-Wettbewerbs sein sollte.

Der erschrockene römische Bürgermeister schickt ihm einen neuen, kürzeren und weniger ekstatischen Hymnentext, den der äußerst bereitwillige Dichter Salvatori in wenigen Stunden hergestellt haben muß. Puccini läßt sich nicht lumpen: er erklärt noch einmal seine Bereitschaft, das Stück zu komponieren, und wünscht sogar, daß bei der dritten Strophe das ganze Publikum mitsingen solle, gestützt von einem vorbereiteten Soldatenchor. Er hält das Vorhaben zwar für eine Verrücktheit, beendet es aber doch innerhalb von zwei Tagen, nennt es »eine schöne Schweinerei«, läßt es sauber abschreiben und schickt es nach Rom. Das alberne Stück hat wenige Jahre später, kaum überraschend, Karriere im faschistischen Italien gemacht und 1942 sogar eine nazideutsche Ausgabe erlebt, deren Text von dem auch später noch unsäglich tätigen Schlager-Reimer Ralph Maria Siegel stammt.

Anfang April unternimmt Puccini einen ganz kurzen Ausflug in die Maremmen, sehr wahrscheinlich zu seinem neuesten Domizil, der Torre della Tagliata, einem alten Turm direkt am Meer bei Ansedonia, den er seit einiger Zeit dem Staat abzukaufen sucht. Das auf etruskischen Ursprüngen gegründete Gemäuer wird in den nächsten Jahren sein (problematisches) Refugium sein.

Nach der Rückkehr erreicht ihn die Bitte des Fürst-Bürgermeisters Colonna um Puccinis Teilnahme an dem großen Spektakel mit der »Hymne an Rom«, wofür dieser inzwischen wahre Heerscharen zusammengebracht hat: 4000 Kinder und 500 Soldaten, dazu alle professionellen Klangkörper Roms, sogar die königliche Familie will dabei sein. Puccini erklärt seine Bereitschaft, sich einzufinden, und wird am 21. April Augenzeuge eines Fiaskos, das nicht von seiner patriotischen Musik, sondern leider von einem Unwetter verursacht wird, vor dem die Tausende von Mitwirkenden, die Zehntausende von Zuschauern und die paar königlichen Familienmitglieder eiligst aus dem Park der Villa Borghese fliehen. Auf der Rückreise besucht Puccini seinen neuerdings so geliebten etruskischen Turm, den er dem Mailänder Freund Luigi Pieri begeistert beschreibt.

Die Uraufführung findet schließlich am 1. Juni statt, im römischen Nationalstadion (bei der Via Flaminia, nicht zu verwechseln mit Mussolinis Stadio Olimpico jenseits des Tibers) und nun vom Wetter nicht mehr gestört – diesmal ohne des Komponisten Anwesenheit, aber dennoch mit der erwartungsgemäßen Begeisterung der »überzeugten und bewegten Menge«.

Puccini hat sich inzwischen entschlossen, nach London zu reisen, obwohl die dort geplante »Trittico«-Aufführung nicht zustande kommen wird. Aber London: nach Jahren der durch den Krieg erzwungenen Beschränkung sehnt Puccini sich über alle Maßen, endlich wieder die geliebte Metropole zu besuchen – und die Freundin Sybil Seligman, die er ebenfalls seitdem nicht mehr gesehen hat.

Dort, in seiner alten Hochburg, finden zu dieser Zeit nur recht bescheidene Puccini-Feiern statt: je eine Vorstellung der »Bohème« und der »Tosca«. Statt dessen stürzt er sich ins Leben der so lange vermißten Weltstadt, besucht mit Sybil allabendlich die Theater, darunter Gastspiele des russischen Balletts und *den* Londoner Bühnenerfolg aus der Kriegszeit, eine auf der Geschichte von Ali Baba beruhende Art Operette mit dem Titel »Chu Chin Chow«, die ab 1916 in His Majesty's Theatre über zweitausend Vorstellungen erlebte. Die Musik stammt übrigens von Frederic Norton, der als Sänger ein Schüler von Puccinis Freund Tosti gewesen war.

Puccini konferiert mit Thomas Beecham, dem neuen musikalischen Leiter des Covent Garden, über die aufs nächste Jahr verschobene »Trittico«-Premiere, kauft wie ein Besessener Kleidungsstücke und Mitbringsel für Elvira ein und kommt kaum zum Schlafen. Zwischendurch kümmert er sich auch noch um den schon zuvor in die Wege geleiteten Kauf seines ersten Nachkriegsautos, eines Fiat 501, der 21 000 Lire kostet – das ist etwa ein Fünfzehntel seiner derzeitigen Jahreseinnahmen. Am 28. Juni nimmt er an einem »Friedensbankett« im Hotel Savoy teil, auf die Speisekarte schreibt er lakonisch, was ihn bewegt: »während die Kanonen für den Frieden tönen«; denn draußen feiert London den Abschluß des Versailler Vertrags vom selben Tag.

Sein Glücksgefühl über das Ende des europäischen Großkriegs ist allerdings durchaus nicht ungetrübt. Auf der Rückreise hat er in Paris eine melancholische Begegnung mit dem alten Freund-Feind Tito Ricordi und gerät in Pisa in eine Demonstration gegen die Lebensmittelpreise, die ihm wie eine Revolution erscheint. Ziemlich fassungslos steht er vor den sozialen Konflikten, die Italien erschüttern und zu denen ihm zunächst nur eines einfällt: die »Bolschewiken« könnten ihm vielleicht sein Auto wegnehmen.

Tatsächlich hatte der äußere Frieden dem Land längst keinen inneren beschert. Viel später bezifferte die Regierung die Kriegskosten mit 148 Milliarden Lire, doppelt soviel wie die gesamten Staatsausgaben in dem halben Jahrhundert von der Gründung des Königreichs bis zum Kriegsausbruch. Die Demobilisierung erzeugte nun ein Heer von arbeitslosen ehemaligen Soldaten, die teilweise als bewaffnete Banden marodierten. Puccini war mit Recht besorgt: gehörte er doch zu den Reichen, da er mit seinem Grundbesitz und seinen Auslandseinkünften von der rasanten Lira-Abwertung sogar profitierte – ein unfreiwilliger Kriegsgewinnler sozusagen, der vom wachsenden Sozialismus der Massen alles zu fürchten hatte.

Bei der Maler-Freundin Lina Rosso beklagt sich Puccini über die zunehmende Unruhe, die die neue Torffabrik in Torre del Lago verursache (die Firma hatte den See vor einiger Zeit der Familie Ginori abgekauft). Auch soll es ihn sehr gestört haben, daß ein Arbeiter drohend seine Faust gegen ihn als einen der Besitzenden erhob. Aber er hat schon begonnen, sich eine Ausweichmöglichkeit zu schaffen: auf dem Grundstück, das ihm in Viareggio seit vier Jahren gehört, entsteht Puccinis nächste (und letzte) Villa, wobei die Arbeiten zu seinem Ärger wegen der vielen Streiks nur langsam vorankommen.

Ende Juli taucht zum ersten Mal ein neues Opernprojekt auf: »Sly« auf ein Forzano-Libretto, das vom Prolog zu Shakespeares »Der Widerspenstigen Zähmung« angeregt ist.

Anfang August erreicht Puccini die Nachricht, daß Leoncavallo, der frühere Freund und langjährige (aber längst erfolglose) Rivale, am 9. August ganz in seiner Nähe gestorben ist, in Montecatini. Puccini läßt es sich diesmal nicht nehmen, zur Beerdigung zu fahren: wer gewonnen hat, kann sich Großmut leisten. Bei dieser Gelegenheit trifft er auch mit einem anderen alten Freund-Konkurrenten zusammen, mit Pietro Mascagni.

Mit Forzano erwägt Puccini währenddessen andere mögliche Stoffe als den »Sly«, vielleicht ein legendenhaftes Sujet aus dem alten Lucca oder seiner Umgebung – eine Anknüpfung offenbar an den Erfolg des mittelalterlich-italienischen »Schicchi«. In der zweiten Augusthälfte kommt endlich Adami wegen der »Rondine«-Neufassung nach Torre del Lago. Auf Einladung des reichen neuen Freunds Angelo Magrini fahren sie zusammen mit Marotti in Magrinis Ferienhaus in Cutigliano unterhalb von Abetone, wo sich einst auch Puccinis Gebirgsdomizil von Boscolungo befand.

Mit dem geänderten »Rondine«-Textbuch ist Puccini sehr zufrieden und macht sich in Torre del Lago an die dadurch notwendigen musikalischen Änderungen. Die Neufassung aber fällt ihm nicht leicht, und sein Urteil darüber schwankt. Er hofft, daß es nicht nur »aufgewärmte Suppe« werde, und er nennt die Oper am selben Tag doch auch seine vielleicht beste Musik.

Die Stoffsuche kommt nicht voran: »Ich möchte eine Sache mit großem Schmerz, mit Gefühl!! Aber wird man das finden?« Er schreibt an Renato Simoni, den er seit langer Zeit kennt, und lädt ihn dringlich zu einem Jagdaufenthalt nach Torre del Lago ein. Mit keinem Wort ist von einer gemeinsamen Oper die Rede, aber wenige Wochen später liefert Simoni den Vorschlag, den Puccini dann ausführt: Turandot.

Simoni besitzt als Journalist und Theaterautor manche Ähnlichkeit mit dem ein knappes Jahrzehnt jüngeren Forzano. Auch er war äußerst kultiviert und belesen, tanzte auf vielerlei Hochzeiten, hatte zu dieser Zeit nur eine einzige Erfahrung als Librettist (»Madame Sans-Gêne«, 1915, für Umberto Giordano) und wurde später einer der führenden Regisseure Italiens. Bereits 1903, als 28jähriger, hatte er ein Stück über Carlo Gozzi, den Rokoko-Autor der »Turandot«, veröffentlicht; es liegt nahe, daß er es gewesen ist, der Puccini auf Gozzis Commedia-dell'arte-Welt aufmerksam machte.

Noch ist die aber für Puccini fern; vielmehr wünscht er sich von Thomas Beecham aus London elisabethanische Musik, was sicher dem Sly-Stoff gilt. Vor allem jedoch wünscht er sich die Torre della Tagliata und setzt noch einmal Himmel und Hölle in Bewegung und alle seine Beziehungen ein, um endlich mit den Umbauarbeiten beginnen zu können. Bitter klagt er darüber, daß unter den neu ernannten sechzig Senatoren (für die zweite

Kammer des Parlaments) kein einziger Künstler sei, also auch nicht er. Und ein Libretto fehle ihm ebenfalls noch immer.

Mitte Oktober aber sind Simoni und Adami schon zusammengespannt, um gemeinsam an eine Arbeit für Puccini zu denken. Der ist mittlerweile kurz in Torre della Tagliata und schließt endlich den Kaufvertrag. Für billige 10000 Lire erhält er das historische Gebäude und ein kleines Stück Land, verpflichtet sich aber auch, allerlei denkmalpflegerische und archäologische Einschränkungen seiner Eigentumsrechte in Kauf zu nehmen. Nach der Rückkehr mahnt er sogleich das neue Librettistenpaar, ihm etwas zu schaffen, »das die Welt weinen lassen möge. Man sagt, Sentimentalität sei ein Zeichen von Schwäche. Mir gefällt es sehr, schwach zu sein! Den sogenannten Starken lasse ich die Erfolge, die verfliegen: uns jene, die bleiben!« Puccinis Bekenntnis zur »Schwäche« ist sicher auch ein Reflex auf die politische Diskussion im Italien dieser Tage – es wird nicht mehr lange dauern, bis sogar er seine Hoffnung auf den starken Mann setzt, der das Land ordnen möge.

In diesem Monat, fast ein Jahr nach Kriegsende, kümmert Puccini sich auch um die Fortsetzung seiner unterbrochenen Beziehungen zu der ehemals »gegnerischen« Stadt Wien. Mit der Staatsoper schließt er einen Vertrag über die deutschsprachige Erstaufführung des »Trittico«, in dem schon im voraus vereinbart wird, daß »Suor Angelica« von den beiden anderen Stücken abgetrennt werden darf – was jedoch im Unterschied zu vielen anderen Theatern gerade in Wien jahrelang respektvoll vermieden wurde. Schließlich schreibt er dem alten Bekannten Lehár einen Brief, in dem er dessen jüngste Operette »Wo die Lerche singt« in den höchsten Tönen lobt, die Hoffnung äußert, bald mit einem seiner eigenen neuen Stücke (also »Rondine« und/oder »Trittico«) nach Wien kommen zu können, und bedauert, daß er nichts für Lehárs in Italien kriegsgefangenen Vetter tun könne.

Für die schwierigen Verkehrsverhältnisse rund um seinen neuen Maremmen-Turm kauft er einen amerikanischen Ambulanzwagen, wohl eine Art Jeep. Finanziell ist Puccini also durchaus flüssig, trotz der schlechten wirtschaftlichen Lage seines Landes – kein Wunder, da er als Steuer-Einkommen nur lächerliche 11 508 Lire angibt, rund 3 % seiner tatsächlichen Tantiemen: der exzessive Steuerbetrug gehört zum historischen Inventar Italiens. Gleichwohl stört es ihn außerordentlich, daß es mit der Senatorenwürde nicht geklappt hat – in Fortsetzung seiner gewohnten Verfolgungs-Wahnideen schiebt er die Schuld daran nun Forzano zu, der schließlich »Livorneser« sei (das heißt wohl: ein Anhänger des aus Livorno stammenden Mascagni) und außerdem der Wahlhelfer eines sozialistischen Abgeordneten – für den misanthropischen Puccini liegt es immer nahe, gerade von Freunden das schlimmste zu erwarten. In dieser Stimmung schimpft er zugleich über die jungen italienischen Komponisten, die »unsere heilige Melodie« verachteten. Ausdrücklich nennt er Ildebrando Pizzetti, den mit D'Annunzio befreundeten Neoklassizisten.

Das musikalisch durchaus nachvollziehbare Urteil hat wie vieles, was Puccini in dieser Zeit äußert, einen unverkennbaren politischen Hintergrund. Im September nämlich hatte D'Annunzio mit einem Freikorps Fiume besetzt, um auf eigene nationalistische Faust die Ergebnisse des internationalen Versailler Friedens für Italien zu korrigieren. Über ein Jahr lang demonstrierte der politische Poet dort den gewaltsamen Bruch von Verträgen und machte sich zum Vorbild für die bevorstehende faschistische Übernahme der staatlichen Gewalt. Bald nach D'Annunzios Handstreich fanden am 16. November die ersten Parlamentswahlen seit Kriegsbeginn statt. Sie stärkten erheblich die Sozialisten und die katholische Partei und führten zu einem Fiasko für Mussolinis Sozialfaschisten, für die übrigens kurioserweise auch Toscanini kandidierte, der wenige Jahre später einer der wenigen prominenten italienischen Faschismus-Gegner war. Mussolini, als Opportunist immer äußerst begabt, zog aus dem Desaster sofort seine Lehren und begab sich flugs ins restaurativ-konservative Lager, das ihm allein die Chance für einen Machtgewinn bot. Er lernte von Puccinis altem Freund D'Annunzio das populistische Rezept, und nachträglich noch ist zu begreifen, warum Puccini als naives Weltkind in der Mitten nie mit dem menschheitserlösenden Pathos D'Annunzios zurechtkam.

Anfang November berichtet Puccini stolz über die wiedererstandenen Nachkriegserfolge seiner Opern im ehemals feindlichen Ausland, wobei er sich unter anderem auf einen Bericht aus München beruft. Es ist sehr naheliegend, darin einen neuen Kontakt mit Josephine von Stengel zu vermuten; denn außer ihr ist niemand bekannt, mit dem er in dieser Zeit in München korrespondiert haben könnte. Josephine war dort seit kurzem; im September hatte sie ihren Wohnsitz in Lugano aufgegeben, um nach München zurückzukehren, wo sie im erinnerungsträchtigen Hotel Marienbad wohnte. Allerdings beantragte sie schon vier Monate später wieder einen »Auslandsheimatschein« für sich und ihre Töchter zur Umsiedlung nach Italien und zog nach Casalecchio di Reno bei Bologna. Es ist zu vermuten, daß sie Puccini nach den komplizierten Kriegshindernissen wieder näher sein wollte, aber der baute das vor Jahren gemeinsam geplante Haus inzwischen für sich allein – und höchstens noch für Elvira.

Zurück in den November 1919. Sorgen machen Puccini öffentlich erhobene Vorwürfe, er sei während des Kriegs defätistisch gewesen. Es ist die alte Geschichte von seiner Deutschlandfreundlichkeit, die gerade jetzt natürlich überhaupt nicht in die politische Landschaft paßt. Puccini wehrt sich mit den alten Argumenten: er sei nicht neutralistischer gewesen als der König, Tito Ricordi habe ihm außerdem aus geschäftlichen Gründen dazu geraten, und Defätismus habe er nur persönlich besessen und nicht öffentlich geäußert. In einem Interview mit Paladini will er die Vorwürfe zurückweisen, insbesondere auch die Behauptung, er habe durch den »Rondine«-Vertrag mit dem »Feind« viel Geld verdient.

Während er sich im Dezember vor allem mit der Einrichtung seines neuen alten Turms beschäftigt, den er nach Weihnachten beziehen will, stirbt am 16. Dezember Luigi Illica, der letzte der alten Gefährten aus der Zeit von Puccinis frühen Erfolgen, mit dem er seit Jahren kaum noch Kontakt hatte, obwohl er der Koautor seiner drei nach wie vor und bis heute meistgespielten Opern war. Puccini ändert seine Pläne nicht – etwa um an Illicas Beerdigung teilzunehmen –, und in seiner üblichen lakonischen Totenklage bedauert er gegenüber Adami mehr sich selbst als den Verstorbenen: »Armer Illica! Noch ein Dahingeschiedener! Das alles ist eine traurige Serie, die sich fortsetzt, erbarmungslos! Das verlangt eine große Resignation, aber man ballt die Faust in der Tasche. Oh das Leben!« Demselben Brief ist zu entnehmen, daß Adami mit dem Entwurf eines neuen Sujets bereits sehr weit ist. Jedenfalls handelt es sich dabei noch nicht um »Turandot«, sondern wahrscheinlich um den Dickens-Stoff »Fanny«.

Um Weihnachten nimmt er einer Anekdote zufolge auf scheu-sarkastische Weise wieder Verbindung mit dem seit fast einem Jahr gemiedenen Toscanini auf: er schickt ihm einen Panettone, den traditionellen italienischen Feststollen, und läßt ein Telegramm folgen: »Panettone irrtümlich geschickt.« Worauf Toscanini geantwortet haben soll: »Panettone irrtümlich gegessen.« Wenn die Geschichte erfunden ist, so ist sie es auf geniale Weise, charakterisiert sie doch unübertrefflich das Verhältnis zwischen dem erfolgreichsten Komponisten und seinem besten Dirigenten.

Puccinis Stimmung am Ende dieses ersten sogenannten Friedensjahres ist im übrigen von einer vagen Depressivität: »Und Fiume? und der Dichter [D'Annunzio]? und unsere Alliierten? und die Steuern? und die Banalitäten des heutigen Lebens?« Anfang 1920 meldet ihm sein Verlag den neuesten Halbjahres-Überschuß: es ist mit 206000 Lire der höchste, den es je gab, und dabei fehlen noch 17000 Mark, die in Deutschland derzeit nicht einzutreiben sind. Puccini pendelt zwischen Mailand, Turin und Torre della Tagliata und schickt Simoni einen seiner üblichen Hilferufe: »Jeden Tag, der vergeht, fühle ich mich immer nutzloser für diese Welt. Ich brauche Arbeit! Ich langweile mich.. es ödet mich an....« Und an Adami: »Verlaßt mich nicht. Es drängt.«

Schließlich aber entscheidet sich in den ersten Märztagen, was Puccinis nächste und letzte Oper sein wird. Fraccaroli hat sehr lebendig geschildert – sicher mit phantasievollen Ausschmückungen, aber im ganzen glaubhaft –, wie Simoni an einem Nachmittag unmittelbar vor Puccinis Abreise aus Mailand den Vorschlag machte, einen Gozzi-Stoff zu erwägen, und Puccini daraufhin »Turandot« vorschlägt, die er in Max Reinhardts Inszenierung in Berlin gesehen habe. Simoni läßt ihm ein Exemplar von Schillers Bearbeitung des Gozzi-Originals in der italienischen Rückübersetzung von Andrea Maffei an den Bahnhof bringen, und Puccini nutzt die Reise nach Viareggio, um das Stück zu lesen. Eine »ausländische Dame« spricht mit ihm in Rom über die seinerzeitige Reinhardt-Inszenierung mit ihren tiefenpsychologischen Implikationen – die schwache Frau zwischen lauter starken Männern – und sagt zu, Fotos davon zu besorgen. Puccini ist von dem Gedanken jedenfalls ganz begeistert: »eine Turandot aus modernem Geist«. Er ahnt, was das für eine Arbeit ist, zunächst vor allem für die Librettisten, denen er signalisiert, sie müßten eine ganze Menge an der Vorlage verändern, damit sie dieses »moderne« Stück wird.

Die beiden Librettisten sind inzwischen am Szenario der »Turandot«. Natürlich erhebt sich sogleich die grundsätzliche Frage nach dem Charakter des Stücks. Soll es wie bei Gozzi Elemente der Commedia dell'arte enthalten, gleichsam italienisch-historisch? Oder soll es ein strikt chinesisch-exotisches Märchen sein, »realistischer« also gewissermaßen, und damit, wie Puccini sagt, zum »Manierismus« gehören? Er ist selbst noch unentschieden, und im Grund bewahrt die fertige Oper einen Großteil dieser Unentschiedenheit.

Der Stoff von der männermordenden schönen Prinzessin, die alle Bewerber um ihre Hand der Prüfung der drei Rätsel unterwirft und die daran Scheiternden enthaupten läßt, ist uralt. Im 18. Jahrhundert hatte ihn Carlo Gozzi mit den stereotypen Formen der italienischen Commedia dell'arte und ihren Masken-Figuren verknüpft, Schiller wiederum kurz nach 1800 Gozzis Stück für die Weimarer Bühne im Stil der deutschen Klassik neu gefaßt: die Masken zum Beispiel sind jetzt zwar noch handelnde Personen, aber ohne ihren vormaligen komödiantischen Stegreif-Sinn. Max Reinhardts Berliner »Turandot«-Produktion von 1911, die Puccini vermutlich gesehen hatte, beruhte auf der deutschen Übersetzung des

Die letzten Mitarbeiter: Simoni und Adami

Gozzi-Originals von Karl Gustav Vollmoeller (ein Freund Stefan Georges und D'Annunzios); Ferruccio Busoni hatte dazu die Bühnenmusik geschrieben, aus der er später eine zweiaktige Oper entwickelte (Zürich 1917), die Puccini vielleicht auch kannte – ganz abgesehen von der »Turanda« (1867) seines Mailänder Konservatoriumslehrers Bazzini, die ebenfalls auf Gozzi beruhte.

Bei all diesen verworrenen und verwirrenden Vorlagen mag es ein Zufall sein, daß Puccini und seine Librettisten zuerst Schillers Gozzi-Bearbeitung benutzen. Jedenfalls geraten sie so mitten hinein in eine psychologisch tiefsinnige Auseinandersetzung über matriarchalisch-emanzipatorischen Feminismus und seine sentimental-idealistische Auflösung durch ein märchenhaft überraschendes Happy-End. Daß der italienische Mann Puccini vom Hauptteil der Handlung fasziniert war, versteht sich von selbst; daß der Schluß den realistischen Opernkomponisten nicht befriedigte, läßt sich ebenso begreifen. Er hat auf ihn eine jahrelange Mühe verwandt und ihn trotz allen dramaturgischen Korrekturen nicht endgültig finden können – die rätselhafte Prinzessin gab ihm ihr märchenhaftes Geheimnis nicht preis. Aber in der ersten Zeit seiner Begeisterung für den neuen und ja tatsächlich faszinierenden Stoff konnte er das zu seinem Glück noch nicht wissen.

In der Zeit, die Puccini bis zum Besuch des ersten europäischen »Trittico« außerhalb Italiens, in London, bleibt, erhält er von Adami einen Entwurf des ersten »Turandot«-Akts, der ihm sehr gut scheint, aber er treibt die Librettisten zu schneller Weiterarbeit an, damit er sich eine Vorstellung vom ganzen machen könne. Die Reise nach London verzögert sich noch ein bißchen, und schließlich trifft Puccini Anfang Juni in der englischen Hauptstadt ein, ohne Elvira, aber mit Forzano, der sich um die Inszenierung kümmern soll.

Sein fortwährender Erfolg in seiner Lieblingsstadt freut ihn über alle Maßen. »Manon Lescaut«, »La Bohème«, »Tosca« und »Madama Butterfly« stehen auf dem Spielplan des Covent Garden, während das »Trittico« geprobt wird, und das Liceum Theatre gibt die Trias Bohème—Tosca— Butterfly zugleich auf englisch. Der Daily Express nennt ihn den »König der Melodien«, was er stolz gleich mehrere heimische Freunde durch Kopien wissen läßt: er befinde sich also in seinem Königreich. Das bringt ihn erneut auf den Gedanken, daß er längst die italienische Senatoren-Würde verdient habe, er allein unter den Komponisten seines Landes.

Während Puccini mit seinen Londoner Freunden, vor allem natürlich mit Sybil, umgeht, korrespondiert er ganz intim mit Giulia Manfredi in Torre del Lago; offensichtlich unterhält er mit ihr noch immer ein sehr vertrautes Verhältnis, das es auch zuläßt, daß sie in eine im übrigen unbekannte Affäre des Puccini-Sohns Antonio eingeweiht ist, sicher eine von dessen vielen Liebesgeschichten.

Die Londoner »Trittico«-Proben sind mühsam, denn Puccini ist durchaus nicht zufrieden mit den Leistungen des Ensembles, das von Gaetano Bavagnoli geleitet wird und in dem nur Gilda Dalla Rizza seine Wunschbesetzung ist. Während der Premiere am 18. Juni ist er äußerst nervös, und das legt sich erst, als der Beifall von Stück zu Stück zunimmt. Immerhin ist die Aufführung ein Ereignis, wie man es sich glanzvoller kaum denken kann. In einer Pause empfängt das anwesende Herrscherpaar Puccini in der königlichen Loge, und er nennt das Ergebnis am nächsten Tag einen Riesenerfolg. Puccini ist auf damals einmalige Weise in der Tat der König der zeitgenössischen Komponisten. Schon gibt es Schallplatten-Gesamtaufnahmen seiner drei populärsten Opern – das hat keiner seiner lebenden Kollegen aufzuweisen.

Zu Hause in Torre del Lago kommt ihm das ganze italienische Nachkriegselend so recht zum Bewußtsein, nachdem er gesehen hat, wie schön es sich in London leben läßt. Er erwägt, sein Vaterland zu verlassen – was aber kaum völlig ernst gemeint sein dürfte. Andererseits beunruhigt ihn die heimische innenpolitische Entwicklung zu Recht. Trotz der Regierungsübernahme durch den altbewährten liberalen Politiker Giolitti kulminierten in diesem Sommer die wirtschaftlich bedingten Unruhen. Es kam immer häufiger zu Streiks und sogar zu Fabrikbesetzungen durch die Arbeiter in Mailand, Turin, Genua und Livorno.

Ärger hat Puccini auch mit dem Schicksal seines »Trittico« in London. Bereits nach der zweiten Vorstellung wird dort »Suor Angelica« aus dem Programm genommen (und zu seinen Lebzeiten dort nie mehr gespielt), dann auch noch »Tabarro« und »Schicchi« auseinandergerissen und teilweise zusammen mit der von Ottorino Respighi neu instrumentierten Ballett-Oper »Le astuzie femminili« von Cimarosa aufgeführt, einer Produktion von Diaghilevs russischer Tanztruppe. Puccini droht, alle seine Opern für London sperren zu lassen, aber ohne Erfolg.

Mitte Juli erhält er von Adami den Entwurf des zweiten und dritten »Turandot«-Akts und ist nur im ersten Moment zufrieden, dann bemerkt er die Mängel. Vor allem Turandots Verwandlung in eine Liebende gefällt ihm nicht, das müsse »heftig« sein, »wie die Explosion einer Bombe«. Man müsse sich so schnell wie möglich treffen, um alles zu besprechen. Dafür sucht Puccini einen kühleren Ferienort in den Bergen und trifft endlich eine Entscheidung für Bagni di Lucca. Er erwartet dort Simoni und Adami, da ihm »Turandot« angeblich täglich besser gefällt. Aber an Sybil schreibt er noch immer, daß er diese Oper nur »vielleicht« komponieren werde, obwohl er abends am Klavier schon »möglichst chinesische Akkorde« sucht.

Anfang August kommen tatsächlich Adami und Simoni und bleiben drei Tage. Ausführlich diskutieren sie über »Turandot« und besuchen gemeinsam einen Bekannten Puccinis, den Baron Fassini Camossi, der als Diplomat einige Zeit in China gelebt hat und ein Glockenspiel besitzt, das zwei chinesische Melodien wiedergibt; beide, darunter die Kaiserhymne, gehen später in die »Turandot«-Komposition ein. Puccini ist mit dem Ergebnis ihrer Gespräche sehr zufrieden, zu dem offenbar auch die Einfügung der Sklavin Liù gehört, eine völlig anders motivierte Umwandlung von Gozzi/Schillers Adelma; hoffnungsvoll erwartet Puccini schon für die nächste Zeit den in Verse gesetzten ersten Akt.

Ein wichtiger Punkt ist für ihn natürlich die Gestalt der Musik für seine nächste Oper. Begierig liest er Schnabls Informationen über neue Stücke, die in München gespielt werden (Strauss' »Frau ohne Schatten« und Pfitzners »Palestrina«). Der Krieg hat Puccini gehindert, internationale, vor allem deutsche Novitäten kennenzulernen; jetzt will er das nachholen und plant, Schnabl nach München zu begleiten, zumal seine eigenen Erfolge ihm einen enormen Reichtum bescheren und er längst nicht mehr auf die Reisespesen des Verlags angewiesen ist: seine Jahreseinnahmen betragen jetzt 600000 Lire, dazu kommen beträchtliche Auslandsguthaben. »Man verhungert also nicht«, schreibt er in stolzer Untertreibung an Schnabl,

»aber beim heiligsten Gott, das Unglück ist, daß ich altere.« Halb im Spaß und halb im Ernst erwägt er eine Frischzellenbehandlung, wie sie gerade modern ist.

Das München-Projekt zerschlägt sich schließlich. Wieder bricht er in Klagen über die italienische Unordnung wegen der Industriearbeiterstreiks aus: das sei nun einmal ein »Agrar- und Kunstland – ... lassen wir die Industrie denen, die keine Landwirtschaft und wenig Genialität haben – ... so werden wir gut leben können und mit weniger Unruhen«. In seinem politischen Denken verhält Puccini sich so hörbar bequem wie in seinem privaten Leben: er sucht immer nur nach den Rosinen im Kuchen und übersieht bereitwillig, daß die von ihm so bewunderte Stärke des nördlichen Europa gerade auf dessen Industrialisierung beruht, wofür es auch den Preis der verlorenen Idylle zu zahlen hat. Puccini aber will immer beides zugleich: Aufregung und Geborgenheit, Ordnung und Chaos, Wohlstand und Primitivität, je nach momentanem Bedarf. Er ist ein unverbesserlich illusionärer Egoist, was sympathische Aspekte hat.

Aus Amerika schickt der berühmte Edison ein signiertes Foto und ein handschriftliches Glaubensbekenntnis: »Menschen sterben, und Regierungen wechseln, aber die Lieder von ›La Bohème‹ werden für immer leben.« Der höchst berühmte und so weltweit verehrte Komponist aber wird langsam ungeduldig. Noch immer hört er nichts von seinen Librettisten, deren erster »Turandot«-Akt nun schon seit mehr als einem Monat überfällig ist; gegenüber dem Verlag Ricordi weigert er sich, irgendeine Zusage zu geben, bevor er nicht das ganze Libretto kennt. Dabei hat er schon »einige Notenblätter mit Entwürfen und Stichworten gefüllt, mit Akkorden und Fortschreitungen«, und er hat sich Bücher bestellt, wahrscheinlich solche mit authentischer chinesischer Musik.

Anfang Oktober fahren die Puccinis nach Wien. Dort findet am 9. Oktober in der Volksoper die deutschsprachige Premiere der »Rondine« statt – ein denkwürdiges Ereignis, war die Oper doch ursprünglich für diese Stadt und ihren Verlag Eibenschütz & Berté geschrieben. Zum ersten Mal erklingt das Stück in der Neufassung, die Puccini bald durch eine dritte ersetzt. Denn diese Wiener »Rondine« gefällt ihm überhaupt nicht. Voller Verzweiflung bittet er sogar den jungen Erich Wolfgang Korngold, das Stück zu bearbeiten – nach einem Teenachmittag im Haus von dessen Vater Julius. Neben Elvira sind Schnabl und Clausetti dabei, als der Sohn Korngold aus seiner bereits aufgeführten Erstlingsoper »Violanta« und aus der bevorstehenden neuen vorspielt, der »Toten Stadt«, die kurz darauf sein größter und ein sensationeller Erfolg werden wird.

Sohn Antonio Puccini und sein starker Vater

Fosca, die liebe (Stief-) Tochter (Gemälde von Leonetto Cappiello)

Im übrigen ist Wien wieder Puccinis Stadt, zum ersten Mal nach der langen Kriegspause. Die Staatsoper spielt »Bohème«, »Tosca« und »Butterfly« und bereitet die deutschsprachige »Trittico«-Erstaufführung für den 20. Oktober vor, in der unter Franz Schalks Leitung ein Spitzenensemble auftritt: Maria Jeritza singt die Giorgetta, Alfred Piccaver den Luigi, Lotte Lehmann die Angelica. Vor allem von den beiden Frauen ist Puccini begeistert und empfiehlt sie wärmstens nach London. Für die »Tosca« vermittelt die Jeritza ihm eine befreiende Erkenntnis: als sie bei einer Probe zufällig stolpert und ihr Solo »Vissi d'arte« am Boden liegend singt, begreift Puccini, daß diese Arie, die er dramaturgisch immer für retardierend hielt, ein szenisch sinnvoll realisierbarer Bestandteil des alten Stücks sein kann, und dankt es der Sängerin, die ihm seine Schwächen sogar so weit nachsieht, daß sie als passionierte Raucher-Feindin Puccini eine Zigarette in ihrer ansonsten rauchfreien Wohnung gestattet.

In vollen Zügen genießt Puccini seinen Ruhm, für den er bei seinem ersten Aufenthalt im ehemals feindlichen Ausland über alle Maßen gefeiert wird. Sogar außerhalb der Oper widmet man ihm einen »Puccini-Festabend« im Konzerthaus. Folgt man den bekannten Dokumenten, so spielt sich eine familiäre Tragödie wie nebenbei ab: die Verlobte Tonios, der auch in Wien ist, stirbt, was schon länger erwartet wurde und Puccini, so grausam es klingt, nicht ungelegen kommt. Außerdem teilt er der Hin- und-wieder-Geliebten Giulia Manfredi in Torre del Lago mit, er könne die Stunde seiner Rückkehr kaum erwarten, aber inzwischen finde sie wenigstens ein bißchen Ruhe: Puccinis Berufung auf seine sexuellen Ansprüche besitzt manchmal auch noch für einen großzügigeren heutigen Betrachter ein bedenkliches Maß an rücksichtsloser Obszönität.

Einen Tag nach der »Trittico«-Premiere sieht Puccini in der Staatsoper die von ihm so lange gespannt erwartete »Frau ohne Schatten« von Richard Strauss; aber seine Unsicherheit, ob das nun die Musik der Zukunft sei, scheint so groß, daß er sich zunächst gar nicht und Wochen später irritiert äußert: ob Strauss das Stück wohl ernst gemeint habe?

Mit einem anderen Zeitgenossen kommt er besser zurecht: er speist mit Franz Lehár in »Hübners Kursalon«; auf die Menükarte setzen die beiden und Carlo Clausetti ihre Autogramme. Lehárs Bruder Anton erinnert sich außerdem an ein gemeinsames Abendessen im Haus von Franz, wo die beiden Komponisten am Klavier zu zweit, aber nur je einhändig über ihre Melodien phantasierten. Jedenfalls widmet Lehár als »sein treuester Anhänger« Puccini ein Foto.

Und noch für einen dritten Komponisten interessiert sich Puccini, für den ungewöhnlichsten: Arnold Schönberg, von dem er gern ein Stück hören möchte. Mindestens zweimal, am 13. und 23. Oktober, hätte Puccini während seines Wien-Aufenthalts Gelegenheit gehabt, Kammermusik von Schönberg zu hören, und vielleicht hat er die Gelegenheit auch genutzt.

In den letzten Wiener Tagen kommt Adami, um an den Verhandlungen mit den ursprünglichen Inhabern der »Rondine«-Rechte teilzunehmen; denn Puccini ist entschlossen, eine dritte Fassung der Oper herzustellen, die (von Änderungen des Librettos abgesehen) wieder mehr der ersten folgen soll. Nach Adamis Abreise teilt Puccini ihm stolz mit, daß es bereits dreißig Anfragen von deutschen Theatern gebe, wodurch eine neuerliche Bearbeitung sich also auch ernsthaft lohnt. Anfang November verläßt Puccini nach mehr als einem Monat überwältigender Wertschätzung die österreichische Hauptstadt und begibt sich wieder in sein bescheidenes Toskana-Dorf.

Ein paar Tage danach schreibt er einen ausführlichen depressiven Brief an Adami, erstaunlich gerade nach den Wiener Erfolgen – es muß so etwas wie ein horror vacui gewesen sein: »Ich habe immer einen großen Sack von Melancholie getragen. Ich habe keinen Grund dazu, aber so bin ich, und so sind die Menschen, die Herz haben und denen eine kleine Dosis Oberflächlichkeit fehlt. Ich denke, daß ›Turandot‹ nie zu Ende kommen wird. So arbeitet man nicht. Wenn das Fieber nachläßt, endet es, um zu erlöschen, und ohne Fieber gibt es kein Schaffen, weil die empfundene Kunst eine Art Krankheit ist, ein seelischer Ausnahmezustand, Überreizung jeder Faser, jedes Atoms, und so könnte man ad aeternum fortfahren... Über ein Libretto für mich scherzt man nicht... Werde ich die Kraft haben, euch zu unterstützen? Wer weiß? Werde ich müde sein, verzagt, beschwert von den Jahren und von den Seelenqualen und von der ewigen Unzufriedenheit? Wer weiß? Arbeitet, als ob ihr für einen Jüngling von 30 Jahren arbeiten würdet, und ich werde mein Bestes tun, und wenn es nicht gelingt, wird es meine Schuld sein!«

Die Mißstimmung steigert sich in den nächsten Tagen in neue Tiefen der Schaffens-Depression: »Ich lege die Hände aufs Klavier und beschmutze sie mir mit Staub! Mein Schreibtisch ist ein Meer von Briefen – aber es gibt keine Spur von Musik. Die Musik? eine nutzlose Sache. Da ich kein Libretto habe, wie mache ich Musik? Ich habe diesen großen Mangel, nur zu komponieren, wenn meine Marionetten aus Fleisch und Blut sich auf der Bühne bewegen... Ich bin vor so vielen Jahren geboren, so vielen, zu vielen, fast ein Jahrhundert... und der heilige Gott berührte mich mit dem kleinen Finger und sagte: ›Schreibe für das Theater: hörst du – nur für das Theater‹, und ich habe den höchsten Rat befolgt. O ihr, die ihr zu arbeiten behauptet und statt dessen alles andere macht, hier Filme, dort Theaterstücke, hier Gedichte, dort Artikel... und nicht denkt, wie ihr denken solltet, an einen Mann, dem der Boden unter den Füßen brennt und der jede Stunde, jeden Tag den Grund wegbrechen spürt wie bei einem Erdrutsch, der ihn davonreißt!«

Traurig sei er wie nie, alles auf der Welt sehe er schwarz, schreibt er im Hinblick auf die unbekannte »Turandot«-Zukunft an Sybil Seligman. Für die bekanntere Zukunft protestiert er gegen den jungen Dirigenten Victor De Sabata, der demnächst in Monte Carlo das »Trittico« leiten soll: der sei gut für die neue Schule, aber nicht für seine Musik. Intensiv interessiert er sich für die Wirkung von Forzanos »Sly«, der am 20. November im Mailänder Teatro Olimpia als Schauspiel Premiere hatte. Noch immer also will er sich diese Option offenhalten, obwohl es merkwürdig bleibt, daß er die Aufführung nicht selbst besucht. Aber in seiner ganzen Frustration denkt er auch noch einmal darüber nach, was er denn anderes hätte tun können als Opern zu komponieren, und er verwirft alle diese Möglichkeiten: Lehrer, Organist, Dirigent.

Kurz vor Weihnachten besuchen ihn Adami und Salvatore Leonardi, Foscas Mann, in Torre della Tagliata. Als Adami Puccini den ersten »Turandot«-Akt vorliest, ist dieser entsetzt; das Libretto sei endlos lang, eine »Konferenz«, die man unmöglich komponieren könne. Über Nacht streicht Adami den Text gehörig zusammen, und Puccini schreibt an Simoni, der Akt brauche zwar noch erhebliche Kürzungen und Verdichtungen, gefalle ihm nun aber in seiner Substanz. Dem wieder abgereisten Adami schickt er sogleich einen Brief nach, in dem er ihm noch einmal die »Turandot« und die ebenfalls erneut besprochenen »Rondine«-Retuschen ans Herz legt. Bei letzteren handelt es sich besonders um die einschneidenden Handlungsänderungen im dritten Akt, die dann zur definitiven, aber nie aufgeführten Version wurden.

Trotz seinen Ermunterungen gegenüber Adami und Simoni ist Puccini höchst skeptisch. Er glaubt schon nicht mehr, daß aus der »Turandot« je ein vernünftiges Libretto für ihn werden könne. In äußerster Depression verbringt er die Weihnachtstage mit Leonardi als einzigem Mitglied seiner Familie und schreibt am letzten Tag des Jahres ein todtrauriges Gedicht über den »falschen Frühling der Maremma« mit dem Titel »Scirocco!«. Zu Anfang des neuen Jahres 1921 fühlt er sich im Mailänder Getriebe viel wohler als in der einsamen Torre della Tagliata: er ist bereits entschlossen, sie wieder zu verkaufen, für 60000 Lire, und er tut das noch im selben Jahr.

Der Londoner Verlag Curtis Brown fragt in diesen Tagen bei Puccini an, ob er nicht seine Memoiren schreiben wolle – nun ist er wirklich alt –, und er stimmt zu: Paladini, vor fast zwanzig Jahren schon sein erster ausführlicherer Biograph, soll sie für ihn in der Ich-Form verfassen. Leider wird aus der Sache nichts, wahrscheinlich wegen der Puccini bald ganz in Anspruch nehmenden »Turandot«-Komposition, und so fehlt uns eine kompetente Selbstdarstellung Puccinis aus seiner reifen Zeit.

Von einem Ausflug nach Brianza im Norden von Mailand schickt er einen Scherzbrief an Simoni: ein Blatt mit chinesischen Schriftzeichen, das er fiktiv aus Peking datiert und mit »Caterina Turandot« unterschreibt. Die Freude am objektbezogenen Jux signalisiert, wie zufrieden er mit dem endlich zum Thema der nächsten Oper erklärten Stoff ist. Am selben Tag bestätigt er das auch seinem römischen Kontaktmann Alfredo Vandini; nun gilt »Turandot« als Puccinis offizielles Projekt.

Anfang Februar trifft ein Brief Schnabls aus Hamburg ein, der ein ziemlich chaotisches Bild von den dortigen »Trittico«-Proben (für die deutsche Erstaufführung) malt. Die Sängerin der Angelica bezeichnet Schnabl als »die schwächste von allen«, aber sie ist biographisch die interes-

santeste: Rose Ader, die bald danach eine von Puccinis unaufgeklärten
Altersliebschaften sein wird. Zunächst macht er, obwohl es längst zu spät
ist, sehr detaillierte Vorschläge für die Inszenierung des Wunders am Ende
der »Angelica« – sie sind recht primitiver Natur und können die problematische Angelegenheit natürlich auch nicht szenisch retten. Zwischendurch
befreit er sich von den religiösen Assoziationen gleichsam durchs gerade
Gegenteil: dem Schwager Franceschini schickt er eine für die Zeit geradezu
pornographische Postkarte, die ein libysches Mädchen mit bloßem Oberkörper zeigt. Weiterhin aber gehört die Hauptarbeit dieser Zeit den Gesprächen mit den Librettisten über »Turandot«. Er schickt ihnen ein anfeuerndes Gedicht: sie sollten nachts Kaffee trinken, damit sie mit der Oper
vorankämen.

Eine Aufführung der »Fanciulla«, die er in diesen Tagen im Teatro Dal
Verme heimlich besucht, jagt ihm Entsetzen und Abscheu ein, aber das
Nachkriegspublikum sei so dumm, das auch noch gut zu finden. Nostalgisch erinnert er sich an Faccio und Mancinelli, die Dirigenten seiner
Jugend – auch das ein untrügliches Zeichen des geistigen Alterns. Lange
zögert er, ob er zu einer großen Puccini-Retrospektive einschließlich der
»Trittico«-Premiere nach Monte Carlo fahren soll. Neben der dortigen
Versammlung von »Neureichen« stört ihn der Dirigent De Sabata, der
bekanntlich nicht seinem Geschmack entspricht. Trostreich scheint ihm in
aller Bosheit, daß die schon 60jährige Nellie Melba erkrankt ist: »Mimi
wird zufrieden sein, von ihr totgeschwiegen zu werden« (die Melba sang
sie dann allerdings doch wenigstens in einer Vorstellung). Ihn reizt an der
Monte-Carlo-Geschichte allein, daß er Sybil treffen kann, die dort ihre
Frühjahrsferien verbringt.

Seine Gesundheit wird um diese Zeit in Zweifel gezogen, als Renato
Fucini auf den Tod erkrankt. Durch einen Übermittlungsfehler geht die
Nachricht um die Welt, Puccini sei am Sterben. Das Mißverständnis amüsiert ihn offiziell, aber im stillen bedrückt ihn der Gedanke an den möglichen eigenen Tod wahrscheinlich mindestens ebensosehr wie die Trauer
um den wenige Tage späteren Tod des alten Freunds, der die Texte seiner
Lieder »Avanti Urania!« und »E l'uccellino« geschrieben hatte.

Der junge Erich Wolfgang Korngold, inzwischen Dirigent am Hamburger Stadttheater, bietet an, dort die Neufassung der »Rondine« erstaufzuführen, aber das Projekt kommt nicht zustande, weil der Verlag das
dafür notwendige Orchestermaterial offenbar nie hergestellt hat. Puccini
empfiehlt die »Rondine« auch Schalk für eine Neuinszenierung an der
Wiener Staatsoper – ebenso vergebens. Er schreibt noch einen hinhalten-

den Liebesbrief an Giulia Manfredi, in dem er seine baldige Abkehr von Torre del Lago als Hauptwohnsitz erläutert, und fährt Mitte März dann doch nach Monte Carlo, um an den »Trittico«-Proben teilzunehmen.

Auch von dort diskutiert er brieflich mit Adami über Details des »Turandot«-Texts und über die Bedeutung dieser Oper für ihn: »Ich denke Stunde für Stunde, Minute für Minute an ›Turandot‹ und an alle meine bis jetzt geschriebene Musik. Sie scheint mir eine Lappalie zu sein und gefällt mir nicht mehr. Wird das ein gutes Zeichen sein? Ich glaube ja.« Man hört: er möchte endlich etwas ganz Neues schreiben und aus seiner eigenen Tradition ausbrechen.

Das alles geht ihm viel näher als das gesellschaftliche Ereignis, dem er an der Côte d'Azur beiwohnt. Aber vor allem um das muß er sich kümmern; denn er ist mit der musikalischen Vorbereitung des ungeliebten De Sabata erwartungsgemäß wenig zufrieden und erst recht nicht mit der Inszenierung vor allem der »Angelica«. Nach der Premiere am Nachmittag des 24. März mit seiner Gilda Dalla Rizza als Angelica und Lauretta verliert er beim Spiel im Casino 12000 Lire (das sind zu dieser Zeit zwei Jahreseinkommen eines italienischen Arbeiters) und fährt am nächsten Tag nach Torre del Lago zurück. Bis Ventimiglia nimmt er im Auto die Dalla Rizza und drei ihrer Freundinnen mit und flirtet mit ihnen allen aufs heftigste – das tut seinen 62 Jahren gut.

Während einer Reise nach Rom stellt er sich endlich dem eigentlichen Problem: während er dort dem einen oder anderen von fünf Konzerten Arthur Nikischs beiwohnt, fängt er ernsthaft an mit der Niederschrift der »Turandot«-Musik. Am 14. April, wieder in Mailand, teilt er Maria Bianca Ginori mit: »Turandot ist begonnen!« Puccini ist um diese Zeit krank, physisch (er hat Zahnschmerzen), vor allem aber psychisch: »Ich bin völlig niedergeschlagen. Mir scheint, daß ich kein Selbstvertrauen mehr habe, ich verliere den Mut für die Arbeit, ich finde nichts Gutes. Es scheint mir jetzt ein zunichte gewordenes Dasein zu sein – und es wird für mich so sein – ich bin alt – das ist wirlich wahr – und es ist sehr traurig – besonders für einen Künstler.« Dennoch setzt er trotzig den Ausruf »Cambronne!« an das Ende des Briefs – das meint jenen napoleonischen General, der gesagt haben soll: »Die Garde stirbt, doch sie ergibt sich nicht!« Ende April geht Puccini nach Torre del Lago und ist plötzlich wieder guter Dinge. »Turandot« macht Fortschritte, Puccini komponiert bereits an der Maskenszene des ersten Akts und will demnächst bei den Rätseln sein, die zu diesem Zeitpunkt also noch im ersten Akt gestellt und gelöst werden sollten.

Hoffnungen setzt Puccini auf die bevorstehenden Parlamentswahlen, die zweiten seit Kriegsende. Aber er täuscht sich gewaltig. Der von ihm geschätzte liberale Regierungschef Giolitti versuchte, durch einen »nationalen Block«, der sogar die Faschisten umfaßte, die Sozialisten und die Katholiken zu schwächen und seine Koalitionspolitik zu retten. Das Rezept half nichts. Die Katholiken gewannen Sitze dazu, die Sozialisten hielten sich, und der nationale Block errang wenig mehr als hundert Mandate, darunter 35 für die Faschisten, die damit endgültig hoffähig wurden. Schon im Wahlkampf und erst recht danach führten sie einen buchstäblichen Privatkrieg gegen die Sozialisten, wobei der faschistische Terror vor allem in der Toskana und in der Romagna zu spüren war. Teilweise fanden sie dabei sogar die heimliche oder offene Unterstützung von Militär und Polizei. In der bekannten Wahnvorstellung des bürgerlichen Lagers, der Feind stehe immer links, verbündete dieses sich mit dem wirklich gefährlichen Gegner, der es schließlich zerstörte. In Deutschland geschah bald darauf das gleiche, aus dem italienischen Beispiel lernten nur die Nazis.

Puccini dachte kein bißchen anders als die weitaus meisten Angehörigen seiner sozialen Schicht, also der viel Besitzenden. Sicher war er nicht, wie Adami später aus durchsichtigen Gründen behauptete, »vom ersten Augenblick an ein überzeugter Anhänger des Faschismus«, aber dem »starken Staat« gehörte seine ganze Sympathie, ohne nach der Legitimation solcher »Stärke« zu fragen. Den faschistischen Aufstieg seit den Wahlen des 15. Mai 1921 wird er jedenfalls mit distanziertem Wohlwollen betrachtet haben.

Trotz allem steht ihm natürlich das eigene Werk näher. Am meisten bewegt ihn nun die Sorge, wie der dritte »Turandot«-Akt mit seiner Verwandlung der Titelheldin in eine liebende Frau zu gestalten ist. Ende Mai ist Puccini am Mondchor und an dem Trauermarsch vor der Hinrichtung des persischen Prinzen. Erneut bemerkt er, wie schwer ihm die Komposition der »Turandot« fällt – es ist das musikalische Problem seiner späten Jahre. Ungefähr am Ende des heutigen ersten Akts angekommen, vergleicht Puccini seine Anstrengung mit der eines antiken Sklaven.

Seine wirtschaftlichen Verhältnisse sind dagegen nach wie vor blendend: ungefähr 300000 Lire Tantiemen zahlt ihm Ricordi für das erste Halbjahr 1921.

Wieder taucht der Gedanke einer Reise nach München auf, die im Vorjahr nicht zustande gekommen war. Um Elvira zu besänftigen, soll Schnabl ihn dazu auffordern und allerlei geschäftliche Gründe fingieren. Vielleicht hat die Mühe, die Puccini sich mit der eigentlich überflüssigen Täuschung Elviras macht, doch auch einen anderen Hintergrund, nämlich den üblicherweise gerechtfertigten ihrer Eifersucht, wobei es sich wieder um Josephine von Stengel handeln könnte. Sie lebte mit ihren beiden Töchtern wie gesagt etwa seit dem Frühjahr 1920 in Casalecchio di Reno und hatte in dieser Zeit mit Sicherheit Kontakt zu Puccini. Den Beweis dafür liefert der Bericht des Dante Del Fiorentino, nach dem Weltkrieg Kaplan in Torre del Lago und mit Puccini ehrfurchtsvoll bekannt. Danach besorgte Puccini ihr die Wohnung in Casalecchio und unterstützte sie finanziell. Eines Tages habe der dortige Pfarrer mitgeteilt, Josephine unterhalte ein Verhältnis mit einem italienischen Hauptmann, worauf Puccini die Beziehung abgebrochen habe – was durch die Stengelsche Familienüberlieferung bestätigt wird, wonach die Beziehung »kurz nach dem 1. Weltkrieg beendet war«. Jedenfalls zog Josephine im Sommer 1921 ins benachbarte Bologna. Del Fiorentino berichtet, Puccini habe ihm eines Abends einen Brief der »Deutschen« gezeigt, in dem diese um 10000 Lire für die Eröffnung eines Hotels in Bologna bat. Der Priester riet ab, aber Puccini habe sich nach einigem Nachdenken anders entschieden: »Wenn ich an die schönen Augenblicke denke, die sie mir schenkte, dann scheint mir, daß ich kein Recht habe, für ihre Bitte taub zu sein. Siehst du, sie bittet um 10000 Lire und verspricht sie zurückzuzahlen, wenn ihr Geschäft erfolgreich ist. Sie bittet um ein Darlehen, aber an so etwas glaube ich nicht, und es ist sowieso höchst unwahrscheinlich, daß sie mit ihrem Hotel Gewinn macht. Deshalb werde ich die Investition verlieren. Schwarzrock, ich glaube, es ist am besten, ihr 5000 Lire als Geschenk zu schicken, und dann muß ich nie mehr an das Geld denken.« Und so, sagt Del Fiorentino, habe Puccini auch gehandelt.

In Puccinis mir bekannten Briefen finden sich danach kaum noch Spuren der einmal heftigen Beziehung zu der schönen deutschen Baronin, mit der er fast ein Jahrzehnt lang aufs fernste und innigste verbunden war. Um die an tragischen Zügen reiche Geschichte von seiten der Frau rasch zu Ende zu erzählen: Sie hat Puccini nicht lange überlebt. Knapp zwei Jahre nach ihm starb sie am 25. September 1926, erst vierzig Jahre alt, an einer qualvollen Urämie. In einem noch heute vorhandenen bescheidenen Grab auf dem Bologneser Certosa-Friedhof ist sie beigesetzt.

Kehren wir zurück in Puccinis Geschichte. Am 1. August teilt er Schnabl mit, er sei mit dem ersten »Turandot«-Akt fertig. Inmitten dieser hoffnungsfrohen Stimmung erreicht ihn die Nachricht von Carusos Tod am 2. August. 48 Jahre nur hat er gelebt, Puccinis enger Freund, der dessen Aufstieg zum erfolgreichsten Komponisten dieser Zeit mit dem eigenen Aufstieg zum berühmtesten Sänger unseres Jahrhunderts begleitet hatte.

Puccinis fassungslose Trauer schlägt sich wieder nur in ein paar kargen Zeilen an Sybil Seligman nieder.

In diesen ersten Augusttagen ist auch Adami in Torre del Lago, dem Puccini zu dessen pflichtschuldiger Begeisterung den ersten Akt der »Turandot« vorspielt. Umgekehrt zeigt Puccini sich von dem mitgebrachten Libretto des zweiten Akts sehr befriedigt und erklärt sich damit einverstanden, daß nun der Vertrag mit Ricordi geschlossen wird.

Gleich darauf begibt er sich nach München. Sein Aufenthalt dort ist nicht gut dokumentiert. In der Oper sieht er Inszenierungen, die er »schön« findet, weshalb man sich für »Turandot« noch Besseres überlegen müsse als den bisherigen Entwurf des zweiten Akts; anscheinend sollte der im wesentlichen aus den bei Gozzi/Schiller wichtigen Szenen in Calafs Gefängnis bestehen, was eine zu dieser Zeit noch ziemlich enge Anlehnung an das dramatische Vorbild bezeugt.

Der spektakulärste Vorgang der Münchner Tage ist ein Interview, das Puccini einem Journalisten der Wiener Neuen Freien Presse gibt. Darin äußert er sich ziemlich abfällig über Pfitzners »Palestrina«, Franz Schrekers »Spielwerk und die Prinzessin« und Richard Strauss' »Josephslegende« – die beiden letzteren Stücke standen während seines Aufenthalts nicht auf dem Münchner Spielplan, obwohl Puccini dem Interview zufolge behauptet, er habe sie hier gesehen. Hinterher distanziert er sich mit Schnabls Hilfe (er war als Dolmetscher dabei gewesen) von diesem Interview, das vermutlich tatsächlich eher ein Stück Musikpolitik ist als eine journalistisch korrekte Wiedergabe von Puccinis Ansichten.

Während seiner Abwesenheit stirbt am 15. August einer seiner ältesten Freunde, Alfredo Caselli, der lucchesische Kaffeehausbesitzer und Puccinis engster Vertrauter in seiner Vaterstadt. Immerhin vermeidet Puccini so ohne eigene Schuld die ihm immer peinlichen Begräbnisrituale.

Kurz nach der Rückkehr aus München löst sich seine seit Tagen latent schlechte Laune mit einem Paukenschlag: er wünscht eine nur noch zweiaktige »Turandot«, womit sich etwas Ähnliches wiederholt wie seinerzeit bei der »Butterfly«. Das heißt hier: die Szenen in Calafs Kerker und die endliche Überwältigung Turandots durch die Liebe sollen – nach der Rätselszene – in einem einzigen zweiten Akt zusammengefaßt werden. Wie in Wagners »Parsifal« sei das vielleicht durch einen Szenenwechsel zu bewerkstelligen, um also das Finale in einem »heiligen chinesischen Graal« zu erreichen. Recht detailliert entwickelt Puccini sofort danach in fast gleichlautenden Briefen an Adami und Simoni die Dramaturgie dieses neuen zweiten Akts, der im großen ganzen dem heutigen dritten entspricht. Daß »Turandot« mitten in der Komposition noch einmal so grundlegender Libretto-Änderungen bedarf, deprimiert ihn zutiefst und läßt ihn das Schlimmste befürchten. Er entschließt sich zu einer Reise zu den Librettisten nach Mailand und teilt der vertrauten Sybil skeptisch mit, er werde »Turandot« aufgeben, wenn sie dabei nicht eine befriedigende Fortsetzung für den schon komponierten ersten Akt fänden.

Danach klafft zwischen den dokumentierbaren Daten die erhebliche Lücke von einem ganzen Monat. Man darf annehmen, daß Puccini in dieser Zeit einigermaßen ausführlich mit den Librettisten den Fortgang und das Schicksal der Oper diskutiert hat, sei es in Simonis Landhaus in Viggiù, sei es in Mailand, sei es in Torre del Lago. Als Puccini sich vom Massaciuccoli-See wieder bei Sybil meldet, ist er noch immer in der vorigen skeptischen Stimmung: »›Turandot‹ liegt darnieder – ich habe den zweiten Akt noch immer nicht, wie ich ihn möchte, ich habe keine Lust, Musik zu komponieren; wenn ich einen niedlichen Stoff hätte, leicht, gefühlvoll und auch schmerzlich und mit ein wenig Burleskem, dann, glaube ich, könnte ich noch etwas Gutes machen, aber ernste Dinge – und gar im Tragischen – nein.« Nach dem Vorbild so manchen anderen Projekts scheint »Turandot« damit praktisch aufgegeben.

Danach fährt Puccini zu einer weiteren »Trittico«-Premiere nach Bologna. Dort findet er Zeit, noch einmal über »Turandot« nachzudenken. Immer deutlicher wird ihm, daß das große Duett zwischen der Prinzessin und Calaf nach Liùs Opfertod die problematischste Stelle der Oper ist wie ja auch schon in der literarischen Vorlage: auf welche Weise läßt sich Turandots Wandlung überzeugend darstellen, wenn man mehr Realismus will, als ihn ein Märchen braucht? Zum ersten Mal kommt Puccini auf den Gedanken, daß (abweichend von Gozzi/Schiller) Calaf die Prinzessin Turandot in einem langen Kuß »überwindet« und ihr selbst seinen Namen verrät, womit er sich freiwillig in ihre Hand gibt – eine sehr männliche und chevaleresk-italienische Lösung.

Die Premiere des »Trittico« in Bologna unter Tullio Serafin wird am 27. Oktober anscheinend nur ein mittelmäßiger Erfolg. Puccini klagt plötzlich selbst über das »Trittico«: in der Aufführung sei es ihm so lang vorgekommen »wie ein Transatlantik-Kabel«. Vor allem will er nun das »philosophische Solo«, den Fluß-Monolog des Michele im »Tabarro«, durch einen »menschlichen Ausbruch« ersetzen und bittet Adami um Verse dafür – im nächsten Jahr wird daraus der neue Monolog »Nulla! Silenzio!«.

Ärger macht ihm die Nachricht aus London, Ricordi vertreibe dort eine Bearbeitung von Puccini-Melodien für Tanzkapellen. Was ein ganz ungewöhnlicher Ausweis von Popularität ist, erscheint Puccini jedoch zu Recht als geschmacklose Herabwürdigung seiner Musik. Noch lange wird er mit dem Verlag über diesen Vorgang streiten; als Lebender war er zu seinem Glück in der Lage, sich wenigstens zu wehren (was den seitdem ähnlich gefledderten Bachs und Beethovens und so weiter leider nicht möglich ist).

Mitte Dezember fährt Puccini wieder nach Torre della Tagliata, mit mehreren Freunden, zum letzten Mal, bevor der Turm endgültig im Besitz eines neuen Eigentümers ist. Vielleicht sind Adami und Simoni dabei oder wenigstens einer von beiden; denn Puccini teilt dem Freund Schnabl mit, daß »Turandot« nun doch wieder drei Akte haben werde, wobei der bisherige und bereits komponierte erste in zwei geteilt sei. Die definitive Form von Puccinis letzter Oper ist damit konzipiert. Kurz vor Weihnachten kehrt er nach Viareggio zurück und bezieht, anscheinend zum ersten Mal, seine neue Villa an der Kreuzung der Via Michelangelo Buonarroti mit der Via Marco Polo.

Das letzte Haus, das Puccini gebaut und in dem er die längste Zeit seiner noch folgenden drei Lebensjahre verbracht hat, ist sein düsterstes. Die roten Backsteinwände zwischen hohen Pinien vermitteln eher das Bild einer verschlossenen Festung als einer toskanischen Villa, der Bau läßt auch an fernöstliche Bungalows denken – was dem »Turandot«-Komponisten sicher paßte. Mehr noch lag dem Technik-Fan Puccini an der mechanischen Ausstattung: das Haus verfügte über eine Empfangsanlage für das junge Radio, über eine Fernbedienung der Eingangstür und über eine automatische Berieselungseinrichtung für den Garten. Es ist ein schwaches Gebäude der italienischen Moderne ohne den brüchigen Charme der umständlichen und unbequemen Villen in Torre del Lago oder Chiatri.

Als Puccini in dieses Haus einzieht, liegt die änderungsbedürftige »Turandot« wie ein Klotz vor ihm und macht ihm angst. Noch immer denkt er an einen ganz anderen Stoff, etwa über den Grafen Cagliostro, aus dem man ein »heroisch-komisches und auch phantastisches« Bühnenwerk machen könnte. Aber er spielt an Weihnachten auch mit dem Pianisten Ernesto Consolo seine »Turandot«-Komposition durch und ist davon einigermaßen befriedigt.

In den ersten Tagen des Januar 1922 wartet Puccini noch immer auf den Text des Final-Terzetts für den ersten Akt (Liù – Calaf – Timur, durch die drei Masken später zum Sextett erweitert) und fährt schließlich nach Mailand zu »Trittico«-Proben. Zufrieden hört er vom Erfolg des ersten französischsprachigen »Schicchi« in Brüssel, aber zum ersten Mal auch wird dort der erfolgreichste der drei Einakter von vornherein allein aufgeführt, ohne die beiden anderen Stücke.

Die Mailänder Proben mit dem Dirigenten Ettore Panizza und mit Forzano als Regisseur gehen nur langsam voran, und die Premiere verschiebt sich bis zum 29. Januar. Die Aufnahme durch das für Puccini heikle Mailänder Publikum ist ein wenig kühl, mit acht Aufführungen wird das »Trittico« nicht gerade ein enthusiastischer Erfolg.

Puccinis Verstimmung hält noch aus anderen Gründen an. Simoni hat sich nicht einmal bei der Premiere blicken lassen und schweigt selbst brieflich so gründlich, daß man an eine neue Krise des »Turandot«-Librettos eher glauben muß als an einen Zufall. Auch spitzt sich der Rechtsstreit mit Ricordi über die Tanzmusik zu: Puccini verlangt für die Foxtrotts »Cio-Cio-San« und »Avalon« nach »Butterfly« beziehungsweise »Tosca« 300000 bis 400000 Lire Schadenersatz und erwägt wieder einmal, mit »Turandot« den Verlag zu verlassen und sie bei der »Società degli Autori ed Editori« zu publizieren.

Was die Vollendung der Oper angeht, ist er dann wieder etwas zuversichtlicher. Er glaubt an einen sehr schönen dritten Akt und wird den neuen zweiten mit einem »komisch-grotesken« Terzett der Masken vor dem Vorhang eröffnen. Aber ein paar Tage später schreibt er an Sybil auch über Forzanos »chinesisches Stück« – offenbar dessen Vorschlag für ein neues Libretto. Obwohl die Londoner Freundin ihm zur Komposition unter Verwendung der schon vorhandenen »Turandot«-Musik rät, weist er das von sich: er könne nun nicht wechseln, und seine Musik sei immer ans Wort gebunden (was so strikt nicht zutrifft, wie wir wissen). In diesem Brief findet sich auch ein leises Echo der vergangenen Beziehung zu Josephine von Stengel: »Die Deutsche! Nichts –«, er habe jetzt »diesen Sachen« entsagt – es ist in der erhaltenen Seligman-Korrespondenz der einzige deutliche Hinweis darauf, daß Sybil von diesem Verhältnis wußte.

Daß Puccini um diese Zeit in Rom ist, hat einen offiziellen Anlaß: die Musikkommission, der er nun seit über zwanzig Jahren angehört, und daneben sehr persönliche Gründe: Rose Ader ist gekommen, die in der deutschen »Trittico«-Erstaufführung vor einem Jahr in Hamburg die Angelica (schlecht) gesungen hatte und mit der Puccini inzwischen anscheinend eine intime Beziehung unterhält – es ist unbekannt, seit wann. Jedenfalls setzt er durch, daß sie in einer »Bohème«-Serie von der zweiten Vorstellung an die Mimi singt, während die viel berühmtere Premieren-Mimi Carmen Melis in die geringere Partie der Musetta ausweicht. Entgegen dem Urteil aller Fachleute hält Puccini daran fest, daß Rose Ader eine

»gleichmäßige und sympathische«, wenn auch »kleine« Stimme habe, verläßt aber Rom sofort nach ihrem ersten Auftreten, das ein Mißerfolg gewesen sein soll, begleitet sie auch nicht nach Palermo, wo sie anschließend die Angelica singt – eine Rolle, die sogar Puccini ihr nicht zutraut.

Sofort nach der Rückkehr nach Viareggio bittet er den Ricordi-Direktor Clausetti um Notenpapier von besonderem Umfang; es soll Platz für ein Kontrafagott, zwei Xylophone und eine Bühnen-Blasmusik bieten: der Instrumentationsbeginn der »Turandot« steht bevor, und Puccini bezeichnet sich deshalb als »freiwilligen Märtyrer«.

Tatsächlich fällt ihm die Arbeit nicht leicht, allzu lang zieht sie sich nun schon hin, er fürchtet, »ein wenig die Liebe dazu verloren zu haben«. Er fühlt sich einsam und traurig und hätte Rose Ader gern nahe bei sich. Seine sexuelle Sehnsucht und seinen Haß auf die Fesseln der Ehe bekennt er ganz offen in einem Brief an Schnabl. Seine Depression läßt ihn zu einem wirren Rundumschlag ausholen: »Die Musik ist ein geordnetes und gelehrtes Geräusch, aber in der ekelhaften gegenwärtigen Welt ist sie eine nutzlose Sache, wie die Poesie nutzlos ist – nützlich sind Bargeld und Banknoten.« In dieser Stimmung beginnt er am späten Abend des 21. März mit der Instrumentierung des ersten »Turandot«-Akts, deren klirrende Anfangskälte wie inspiriert scheint von seinem Seelenzustand. So schwer ihm die Arbeit fällt, so hoffnungsvoll stimmt sie ihn: »Turandot« werde »bemerkenswert« und »außergewöhnlich«. Mit Gatti-Casazza in New York korrespondiert er bereits über eine mögliche Aufführung, für die Titelrolle komme nur die Jeritza in Frage. Er empfiehlt ihm auch, seine Rose Ader für die Metropolitan zu engagieren, aber Gatti-Casazza weist den protektionistischen Vorschlag kühl zurück: solche Sängerinnen gebe es in Amerika genug.

Dann tritt wieder ein Rückschlag ein: schon Anfang April ist Puccinis Inspiration erschöpft, er arbeitet kaum noch.

Erneut formuliert er eine Philippika gegen die zeitgenössische Musik, das Räsonnieren eines alten Mannes im selben Stil, wie vierzig Jahre früher auch gegen den jungen Puccini räsonniert worden ist: »Du glaubst vielleicht, daß ich für die Nutzlosigkeit arbeite. Das kann auch wahr sein. Das Publikum hat jetzt nicht den richtigen Geschmack für die neue Musik; es liebt, es unterwirft sich unlogischer Musik, ohne gesunden Menschenverstand. Die Melodie gibt es nicht mehr, oder wenn es sie gibt, ist sie vulgär. Man glaubt, daß der Sinfonismus herrschen sollte, und ich hingegen glaube, daß er das Ende des Opernthearters ist. In Italien wurde gesungen, jetzt nicht mehr. Gags, Mißklänge, falscher Ausdruck, Diaphanismus,

Opalismus, Lymphatismus. Alle Lustseuchen, wahrhaft ultramontane Syphilis.« Und dann der Hilferuf an Simoni: »Ich höre nichts mehr aus Mailand. Ich bitte dich, Adami, mir irgend etwas zu sagen, wenigstens damit ich weiß, ob Turandot noch unsere Prinzessin ist oder wie die Tochter des Himmels im Chaos untergegangen ist.«

Einen Tag darauf trifft ein Brief Adamis mit der Ankündigung ein, der dritte Akt sei bald fertig. Bereitwillig schöpft Puccini Hoffnung und enthüllt dabei den Hintergrund seiner heftigen Attacke von gestern: »Ich habe eine Krise in bezug auf meine Musik durchgemacht. Ja – denn alles bereitet mir wirklich Ekel. Aber vielleicht noch mehr Ekel machen mir die Ausgetüfteltheiten der Musik von heute.«

Mit den Ricordi-Direktoren streitet er über seine Tantiemen-Abrechnung (die 400000 Lire für das letzte Halbjahr beträgt) und klagt, daß sie erst auf Mahnungen hin seinen berechtigten Forderungen nachkämen – es ist der notorische Konflikt des Autors mit seinem Verlag und der ebenso notorische Verdacht des ersteren, daß er ständig betrogen werde, obwohl ja er es eigentlich sei, der dem Verlag zu seinem Geschäft verhelfe – beide Seiten haben auf ihre Weise nicht unrecht. Wichtiger ist für ihn, daß in der zweiten Junihälfte endlich Adami und Simoni mit dem fertigen vollständigen »Turandot«-Libretto eintreffen, und zwar zu seiner »völligen Zufriedenheit«, was sich bald als der übliche Irrtum herausstellen wird. Heiter verbringt er seine Tage unter anderem mit den Toscaninis – ein kurioses Foto zeigt ihn in korrektem Anzug samt Hut und Krawatte am Strand zwischen den in züchtige Badekleidung gehüllten Damen Carla und Wally Toscanini und einer weiteren Freundin.

Endgültig schließt er Anfang Juli die Instrumentation des ersten Akts ab und sehnt sich nach einem gründlichen Ortswechsel, wobei er ironisch zwischen Norwegen und Polynesien schwankt, jedenfalls wünscht er sich einen Platz, »wo ein wenig Idealismus, Aufrichtigkeit, Normalität, Ordnung, Respekt, vor allem Einfachheit wäre«. Da stirbt am 10. Juli, mitten in diesen Puccini-Träumen, Carlo Paladini, einer seiner ältesten Freunde und einer seiner wichtigsten Propagandisten. Als prominentester Sarg-Begleiter nimmt Puccini an der Beerdigung im nahen Massa Pisana teil. Danach erkrankt er selbst an einem »mysteriösen Fieber«.

Von Ricordi erhält er einen Vertragsentwurf für die künftige »Turandot« und verspricht kühl, ihn zu prüfen. Endlich einigt man sich: Puccini erhält einmalig 250000 Lire für die ganze Oper, 40 Prozent der Tantiemen und Material-Leihgebühren und allerlei günstige Nebenrechte. Die monatliche Unterstützung für seine Schwester Nitteti verdoppelt er auf

300 Lire. An die Stelle der nur halb ernsthaft geplanten Norwegenreise tritt nun das Projekt einer Autofahrt mit dem Sohn Tonio quer durch Mitteleuropa. Mit gemischten Gefühlen nimmt er zur Kenntnis, daß zum ersten Mal in Deutschland eine Biographie über ihn erschienen ist; er fürchtet, daß darin über ihn »gefrotzelt« wird. Aber Adolf Weissmanns kleines Büchlein ist in Wahrheit eine auf seltene Weise einfühlsame kritische Studie über den Menschen und den Komponisten Puccini, eine Ausnahme unter den sonst nur hagiographischen frühen Freundesschriften.

Am 20. August beginnt Puccini seine große Europareise. Mit Tonio fährt er zunächst nach Cutigliano, wo sich Angelo Magrini mit Frau und Sohn und noch ein Magrini mit Frau anschließen. Die sieben Touristen reisen mit zwei Autos am frühen Morgen des nächsten Tags nach Bozen und von da über Cortina d'Ampezzo nach Innsbruck. Die nächste Etappe ist Oberammergau: Gelegenheit, die weltberühmten Passionsspiele zu besuchen. Der Meister knapp formulierter Opernhandlungen findet das stundenlange Laientheater-Pathos im oberbayerischen Nazarener-Stil äußerst langweilig. Ein Berliner Journalist spricht ihn auf Heinrich Mann an, den nicht ganz so weltberühmten Bruder von Thomas und zugleich einer seiner größten Verehrer in Deutschland, aber Puccini hat den Namen noch nie gehört.

Nur kurz hält die Reisegruppe sich in München auf und trifft schon am 28. August in Ingolstadt ein. Hier ereignet sich ein berühmter Zwischenfall: beim Abendessen bleibt Puccini ein Gänseknochen im Hals stecken und muß von einem eilends herbeigerufenen Arzt extrahiert werden. Im Freundeskreis ist das später gelegentlich als Beginn der Krankheit zum Tode interpretiert worden; aber Puccinis zwei Jahre später tatsächlich tödlicher Kehlkopfkrebs könnte durch eine solche Verletzung schlimmstenfalls in seiner Entwicklung beschleunigt worden sein, ursächlich war sie gewiß nicht. Die Reise geht weiter nach Nürnberg.

Am 1. September sind die sieben in Wiesbaden, von wo es am Rhein entlang nach Holland geht. Von Den Haag aus, wo Puccini von den Holbein-Bildern im Museum tief beeindruckt ist, beginnt die Rückreise. Einige Tage scheinen die Touristen sich in Köln aufgehalten zu haben; dann ist Puccini nach einer Fahrt durch die Schweiz spätestens am 12. September wieder in Viareggio. Das selbst für heutige Verhältnisse respektable Reiseunternehmen über rund dreitausend Kilometer ist unter den damaligen Bedingungen – ohne Autobahnen, mit technisch anfälligen Fahrzeugen – eine vergleichsweise abenteuerliche Leistung, typisch für den begeisterten Modernisten Puccini, aber auch typisch für seine Fluchtbegierden mitten in der Arbeit an seiner letzten Oper, an die er seine höchsten Ansprüche stellt.

Ende September bietet Luigi Motta, vor Jahren der Übersetzer der »Anima allegra«, Puccini ein »Casanova«-Libretto an; aber obwohl das zu seiner neuesten Idee eines venezianischen Mantel-und-Degen-Stoffs anstelle von »Turandot« auch zeitlich paßt, gefällt Puccini das Buch wenig, er sei auch mit anderem beschäftigt. In Wahrheit kann davon jedoch keine Rede sein. Während er Sybil gegenüber seine Autoreise-Leistung mit viertausend Kilometern ein wenig übertreibt, bekennt er, er habe »keine Note der Turandot« mehr geschrieben und wolle auch erst gegen Jahresende daran weiterarbeiten, »keine Lust – ich bin es leid, müde und alt«.

Am nächsten Tag will er wie häufig in der letzten Zeit seine schwerkranke Schwester Iginia im Kloster von Vicopelago besuchen; damit sie weicher liegen kann, hat er ihr kürzlich mit Erlaubnis des Erzbischofs von Lucca ein bequemeres Bett geschenkt. Aber sie stirbt an diesem Tag, dem 2. Oktober 1922, im Alter von 66 Jahren. Nun leben nur noch zwei der Puccini-Schwestern, und eine von ihnen, Nitteti, ist so krank, daß man ihr tagelang Iginias Tod verheimlicht. Aber sie wird die einzige sein, die auch noch den Bruder überlebt, um mehrere Jahre.

Puccini betäubt seinen Schmerz durch die Beschäftigung mit einer alten Oper. In diesen Tagen komponiert er den Schluß des Duetts aus dem zweiten »Fanciulla«-Akt neu, indem er die 16 Takte hinzufügt, die das Stück zu einer geschlossenen Nummer machen und einen größeren Effekt hervorbringen sollen. Er nimmt alle Widrigkeiten zum Anlaß, wieder den Zustand der Musik in Italien zu beklagen, wo man jetzt nur noch den Foxtrott und »Giovinezza« kenne, die faschistische Hymne.

In Wien stirbt in diesen Tagen der zweite seiner beiden »Rondine«-Verleger, Emil Berté, nachdem Eibenschütz schon seit einigen Monaten tot ist. Das dämpft die Hoffnung auf eine neue Wiener »Rondine«, und wer sollte sie auch singen? Die Kurz ist zu alt, die Jeritza inzwischen zu berühmt und verdient ihr Geld in Amerika.

Währenddessen »schläft« »Turandot«. Nach wie vor hat Puccini nur den ersten Akt instrumentiert, aber ohne das neue Finale, im weitgehend bereits komponierten zweiten Akt fehlt ihm noch die große Arie der Turandot, und vom dritten existiert keine einzige Note. Auch schmerzt ihn, daß er wegen Elviras Wunsch nach mehr Licht zwölf Pinien in seinem Garten fällen lassen muß: »Mir blutet das Herz.« Für sich selbst faßt er eine medizinische Behandlung nach der Methode des Physiologen Eugen Steinach ins Auge, dessen Hauptwerk »Verjüngung durch experimentelle

Neubelebung der alternden Pubertätsdrüse (1920) eine zeitgenössische Sensation war – es ist begreiflich, daß eine auf die Geschlechtsorgane zielende Kur als Mittel gegen das Alter Puccini besonders einleuchtend erschien.

Ende Oktober bricht er nach Paris auf, zur französischen Erstaufführung des wieder isoliert gespielten »Gianni Schicchi«. Am Vorabend dieser Reise erwähnt er zum ersten Mal in den uns bekannten Dokumenten den Mann, der in dieser Woche für die nächsten zwanzig Jahre die Macht in Italien übernimmt: Benito Mussolini. »Möge er der sein, den wir wollen! Möge es ihm gelingen, daß er unser Land verjüngt und ihm ein wenig Ruhe gibt!« – so steht es am 30. Oktober in einem Brief an Adami. Es ist der Tag, an dem der berühmte faschistische »Marsch auf Rom« endet und an dem Mussolini dort eintrifft, um die Ministerpräsidentschaft zu verlangen.

Es ist nicht besonders schwer, Puccinis Haltung zu alledem zu beschreiben, obwohl manche Fakten ungeklärt sind. Während des Faschismus galt es als sicher, daß Italiens populärster Komponist selbst Mitglied der faschistischen Partei gewesen sei, zumindest Ehrenmitglied auf deren Wunsch, und seine zeitgenössischen Biographen (Marotti, Adami) haben sich bemüht, das gehörig herauszustreichen. So läßt Marotti Puccini sich folgendermaßen äußern: »Ich glaube nicht an die Demokratie, weil ich nicht an die Möglichkeit glaube, die Massen zu erziehen. Es ist dasselbe, als wollte man mit einem Korb Wasser schöpfen! Wenn es keine starke Regierung gibt mit einem Mann mit einer eisernen Faust an der Spitze, wie Bismarck einst in Deutschland, wie Mussolini jetzt in Italien, dann besteht immer die Gefahr, daß das Volk, das die Freiheit nicht zu begreifen weiß, es sei denn in Form von Zügellosigkeit, die Disziplin zerstört und alles umstürzt. Deshalb bin ich Faschist: weil ich hoffe, daß der Faschismus in Italien zum Wohl des Landes das deutsche Staatsmodell der Vorkriegszeit verwirklichen möge.«

Das klingt dem Sinn nach plausibel, in den Details zweifelhaft, allzusehr hingeschrieben auf das Erscheinungsjahr des Marotti-Buchs, 1926. Zwar galt Puccinis größter Abscheu jeglicher »Unordnung«, und das hat ihn gewiß für den Faschismus eingenommen, der sie zu beseitigen versprach. Aber zugleich waren ihm die Erscheinungsweisen faschistischer Politik von allem Anfang an suspekt. Kurz vor dem Marsch auf Rom schrieb er an Schnabl: »Hier wollen die Faschisten, wie Du wissen wirst, die Macht – wir werden sehen, ob es ihnen gelingt, dieses unser schönes und großes Land wieder in Ordnung zu bringen – aber ich fürchte nein.« Er war ein ängstlicher kleiner Opportunist, was die Politik betraf – er wollte nichts als seine Ruhe. Wie viele Künstler, die sich von den »Niederungen« der Politik glauben fernhalten zu können, hat er durch sein Schweigen einen Teil Schuld für die diktatorische Knechtung seines Landes und seines Volks auf sich geladen, ohne es zu wissen: er ist früh genug gestorben, um nicht mehr alle verheerenden Folgen mitzuerleben.

Als das »neue« Italien in seinen Grundzügen sich herauszubilden beginnt, ist Puccini weit weg: in Paris. Die Aufführung des »Schicchi« in der Opéra comique gefällt ihm nicht besonders, abgesehen von Vanni Marcoux, dem Sänger der Titelrolle. Vor allem hat es für seine Begriffe zu wenige Proben gegeben. Zur Premierenfeier trifft man sich im Café de Paris, wo das Orchester zu seinen Ehren Melodien aus der »Butterfly« spielt. Auch in den Geschäften, die er betritt, wird er hofiert, muß Autogramme geben, und alle stellen sich am Ausgang auf, um ihm die Hand zu drücken, jedoch: »Kurz und gut, wir sind populär, aber... alt.«

Mit seiner Oper kommt Puccini weiterhin nicht zurecht: »Ich beginne mir Sorgen über meine Faulheit zu machen! Sollte ich China satt haben, nachdem der erste Akt fertig ist und der zweite beinahe? Es ist eine Tatsache, daß es mir nicht gelingt, etwas Gutes zusammenzubringen. Ich bin auch alt! Das ist sicher... In Mailand werde ich irgend etwas entscheiden, vielleicht erstatte ich Ricordi das Geld zurück und mache mich frei... Es gelingt mir nicht, das Vorspiel zum zweiten Akt zu machen – so viele Versuche ich auch gemacht habe – und in China scheint es mir schlechtzugehen.« Noch einmal bittet er Adami dringend um den Entwurf des venezianischen Stoffs, von dessen bescheidenem Zuschnitt er sich mehr verspricht als von der Anstrengung der »großen Oper« »Turandot«.

Die psychische Not mündet in eine physische Erkrankung, die seine beabsichtigte Reise nach Mailand zu den Proben für die »Manon«-Neuinszenierung der Scala verzögert. Dort ist er dann begeistert von Toscaninis musikalischer Interpretation: »Er ist jetzt als Dirigent der beste in der Welt, weil er alles hat – Seele, Poesie, Geschmeidigkeit (»souplesse«), Ordnung, Schwung, Feinheit, Dramatik – alles in allem ein wahres Wunder.« Niemals, findet Puccini, hat er seine Musik so gut gespielt gehört. Man kann es glauben.

Die Premiere am 26. Dezember löst alle seine Erwartungen vollständig ein. Nach dem dritten Akt umarmt er Toscanini voller Rührung. Die Kritik ist von der Wirkung des Stücks so überrascht, daß sie sogar eine instrumentale Neufassung vermutet. Aber Puccini kann zu Recht in einem offenen Brief an den Corriere della sera darauf hinweisen, daß er an der dreißig Jahre alten Oper so gut wie nichts geändert hat; es sei nur Toscaninis überwältigend genaue Interpretation, die das Werk wie neu klingen lasse, während gewöhnliche Theateraufführungen es üblicherweise verdürben.

Am 23. Januar 1923 verfaßt Puccini ein handschriftliches Testament – wie oft hat er schließlich in der letzten Zeit betont, daß er nun alt sei. Darin setzt er seinen Sohn Antonio als Universalerben ein und gewährt seiner Frau Elvira den halben Nießnutz, solange sie lebt. Das Dokument konstatiert zugleich den offiziellen Zeitwert der Puccinischen Immobilien: 400000 Lire für die Villa in Viareggio, 40000 für die in Torre del Lago, 10000 für die Geburtswohnung in Lucca, 50000 für die Villa in Chiatri. Nach italienischem Notariatsbrauch sind das um mindestens drei Viertel nach unten korrigierte Beträge – was den Reichtum des alten Puccini demonstriert. Geht man nämlich davon aus, daß der Wert seiner Häuser und der zugehörigen Grundstücke in Wahrheit rund zwei Millionen Lire betrug, so sind das rund 350 Arbeiter-Jahreseinkommen – nach heutiger deutscher Kaufkraft fast zehn Millionen Mark.

In diesen Tagen erhält er auch ein neues Auto, einen Lancia-Achtzylinder, den berühmten »Trikappa«, der 90000 Lire kostet, immerhin rund die Hälfte seiner Einkünfte des Jahres 1923. Man habe nur ein einziges Leben, entschuldigt er sich bei Sybil Seligman für den Kauf des überaus teuren Gefährts, das er den »Roll Roice italiana« nennt, und kündigt an, er wolle sich im März in Wien von »jenem Arzt« (wohl dem schon erwähnten Professor Steinach) operieren lassen, damit er sich wieder jung fühle. Ein Südamerikaner, den er in Viareggio getroffen hat, habe ihm nämlich bestätigt, daß die Operation harmlos sei: »Also? ich habe solche Angst und solches Entsetzen vor dem Altern!«

Puccini kehrt nach Mailand zurück, um bei der Festvorstellung der »Manon« zum dreißigjährigen Jubiläum ihrer Uraufführung am 1. Februar dabeizusein. Das Ereignis bewegt ihn tief, erneut vor allem Toscaninis Dirigat, in dem er die kühnsten Vorstellungen seiner jugendlichen Komposition verwirklicht hört. Der Verlag veranstaltet zu Puccinis Ehren ein Festbankett für 500 Personen im Restaurant Cova direkt bei der Scala, die Gerichte des Menüs tragen natürlich die Namen von Personen und Situationen aus »Manon Lescaut«. Puccini ist rundum fast glücklich.

Hin und her gerissen zwischen dem Genuß seines überwältigenden Ruhms und der Sorge über sein zunehmendes Alter, nimmt er wieder den Gedanken an eine quasi offizielle und autorisierte Biographie auf, die mit dem im Vorjahr gestorbenen Paladini zunächst beerdigt worden war. Nun soll Arnaldo Fraccaroli sie schreiben, ein 39jähriger Journalist des Corriere della sera, der sich dort unter anderem als flotter Kriegsberichterstatter bewährt hatte – er lieferte seine (wenig zuverlässige) Erinnerungsarbeit schon im Jahr nach Puccinis Tod.

In dieser Zeit, am 3. März, schreibt Puccini, passend zu seinen Alters-Erwägungen, ein tieftrauriges Gedicht, ganz für sich und ohne einen Adressaten – es wurde erst in seinem Nachlaß gefunden:

> »*Ich habe keinen Freund*
> *ich fühle mich allein*
> *auch die Musik*
> *ekelt mich an.*
> *Wenn der Tod*
> *mich zu finden kommt*
> *werde ich glücklich sein*
> *mich auszuruhen.*
> *O wie hart ist*
> *mein Leben*
> *obwohl es vielen*
> *glücklich scheint*
> *aber meine Erfolge?*
> *sie vergehen und ... es bleibt?*
> *sehr wenig.*
> *Es sind vergängliche Dinge*
> *das Leben vergeht*
> *es schreitet zum Abgrund hin*
> *wer jung lebt*
> *erfreut sich der Welt*
> *aber wer bemerkt*
> *das alles?*
> *Schnell vergeht*
> *die Jugend*
> *und das Auge blickt*
> *in die Ewigkeit.*«

Diese depressive Stimmung ist sicher vor allem dadurch hervorgerufen, daß Puccini mit dem derzeitigen Stand des »Turandot«-Librettos zutiefst unzufrieden ist: »Nein! nein! nein! ›Turandot‹ nein! Ich habe einen Teil des dritten Akts. So geht es nicht. Vielleicht, und auch ohne vielleicht, bin auch ich es, mit dem es nicht mehr geht! Aber auch dieser dritte kann so nicht gehen. Ich will nicht sagen ›So sterb' ich in Verzweiflung‹, aber es fehlt wenig daran... Ich bin ein armer ganz trauriger Mann, enttäuscht, alt, nichts, niedergeschlagen. Was tun? ich weiß es nicht.« Mit solchen Gefühlen kehrt Puccini nach den Mailänder Jubelfeiern in den ersten Märztagen nach Viareggio zurück.

Wieder schreibt er an Adami einen dieser in den letzten Jahren häufigen Briefe der Hoffnungslosigkeit, deren Ton gerade in der »Turandot«-Zeit ernster zu nehmen ist als bei den früheren Gefühlswechselbädern: »Ich verwünsche ›Turandot‹! Ich brauche eine süße kleine Sache – einfach – verständlich – nach unserer Art. Wenn nicht, erkläre ich mich für ex. Hier Sonne, Grün, aber Schwärze in meiner Seele!« Adami tröstet ihn telegraphisch, und tatsächlich macht Puccini sich brav wieder an die Arbeit, ohne daß sie ihm besonders gut gelingt – es handelt sich immer noch um das dem zweiten Akt vorangestellte Terzett der drei Minister vor dem Vorhang.

Ganz unerwähnt bleibt in diesen Briefen, daß am 9. März seine älteste Schwester Otilia gestorben ist, die seit langem schwer kranke und fast blinde Witwe des langjährigen Bürgermeisters Del Carlo. Nun lebt außer ihm nur noch Nitteti. Der familienbewußte Giacomo mag die Einsamkeit seines Alters immer bedrohlicher empfunden haben, was seine Schaffensfreude durchaus nicht beflügelt. Er sei »heiter wie eine Zypresse«, schreibt er an die adlige Freundin Ginori, bei der er sich für ihren Kondolenzbrief bedankt, während er ihr zugleich mitteilt, er habe nun die alte »Inno a Roma« für die Prinzessin abgeschickt – es ist sicher die endlich vom Verlag Sonzogno publizierte Ausgabe, die der ältesten Königstochter Jolanda gewidmet ist. Seine Moral sei »schwarz, schwarz«, schreibt Puccini ein paar Tage später an Sybil, er arbeite wenig oder eher fast nichts, wahrscheinlich werde er »Turandot« nicht vollenden.

Ende des Monats nimmt Puccini sich endlich zusammen: am 25. März befaßt er sich noch einmal mit dem Mondchor im ersten Akt, und am selben Tag teilt er Adami mit, er habe die Arbeit wieder aufgenommen und brauche sehr bald den dritten Akt. Er schreibt die große Arie der Turandot im zweiten Akt fast zu Ende und kommt auch mit dem Minister-Trio am Aktbeginn voran, obwohl ihm das nach wie vor schwerfällt.

Anfang Mai reist Puccini mit dem Sohn Antonio und dem Freund Angelo Magrini im Auto (dem großen neuen Lancia) über Udine und Tarvisio auf einer »schrecklichen« Straße nach Wien zur so lange ersehnten ersten »Manon«-Inszenierung der Staatsoper. Gleich nach der Ankunft sieht er Strauss' »Josephslegende«, die für das Pariser Diaghilev-Ballett geschriebene Pantomime auf ein Buch von Hofmannsthal und Harry Graf Kessler. Er freut sich an den vielen »nackten Evas, die selbst den heiligen Franziskus verrückt gemacht hätten«. Zusammen mit Lehár besucht er eine Vorstellung von dessen neuester Operette »Die gelbe Jacke« im Theater an der Wien – ein nicht sehr erfolgreiches Stück, das erst Jahre später als umgearbeitetes »Land des Lächelns« Weltruhm errang. Die beiden Komponisten werden vom Publikum frenetisch gefeiert, und der Italiener mag sich besonders für das chinesische Ambiente der Lehár-Operette interessiert haben, so unendlich weit sie auch von seiner entstehenden »Turandot« entfernt ist.

In seiner eigenen Angelegenheit bahnt sich allerdings eine Enttäuschung an: Lotte Lehmann, die die Manon singen sollte, ist krank. Puccini genießt deshalb einstweilen das Wiener Musikleben, sieht »Elektra« und eine »Walküre« unter dem jungen Clemens Krauss, der ihm als Dirigent aber wenig gefällt. Überall fühlt Puccini sich behandelt wie »der Kaiser oder der Kronprinz« und amüsiert sich über die österreichischen Inflationspreise, die die italienischen weit übertreffen: sein Hotel-Appartement kostet 500000 Kronen am Tag. Er besucht noch und noch Empfänge zu seinen Ehren, macht Autoausflüge in die Umgebung, erwägt sogar eine Kurzreise nach Budapest per Flugzeug – wozu Tonio aber keine Lust hat und Puccini damit um die Sensation bringt, wenigstens einmal in seinem Leben zu fliegen. Anscheinend ist der Sohn wieder einmal unglücklich verliebt, eine gewisse Mitzi spielt dabei eine nicht ganz deutliche Rolle. Puccinis Stimmung ist bestens. Den Gedanken der Verjüngungskur gibt er vorläufig auf und baut statt dessen auf das gerade neu entwickelte Diabetes-Medikament Insulin.

Dann fällt die Entscheidung, »Manon Lescaut« auf den Herbst zu verschieben, weil die Probenzeit für die laufende Saison zu knapp erscheint. Puccini entschließt sich, Wien so zu verlassen, daß er noch zur »Bohème«-Premiere der Scala in Mailand zurechtkommt, von der er sich nach Toscaninis »Manon Lescaut« eine ähnlich musterhafte Interpretation verspricht. Aus Hamburg schreibt ihm in diesen Tagen die kürzliche Geliebte Rose Ader, die einen jungen Baron geheiratet hat. »Wird sie glücklich sein?« fragt Puccini skeptisch – und melancholisch über sein eigenes Alter. Er veranstaltet eine Klavierprobe mit allen für die Herbst-»Manon« vorgesehenen Sängern, um ihnen Hinweise für ihr Rollenstudium zu geben, und verläßt am Tag darauf Wien nach nur zwei Wochen.

Anders als geplant hält er sich nicht in Mailand auf, weil die »Bohème«-

Premiere verschoben ist und weil Toscanini sie auch gar nicht dirigiert. Aus Viareggio schickt er dem Maestro ein empörtes Telegramm: »Wenn du nicht dirigierst, spüre ich kein Interesse, anwesend zu sein. Wenn du kannst, werde ich überglücklich sein, mein Werk wieder so zu hören, wie es bei der allerersten Aufführung in Turin war.« Aber Toscanini reagiert nicht; er läßt »Bohème« in den Händen des zweiten Kapellmeisters der Scala. Trotz dem ordentlichen Erfolg der Forzano-Inszenierung am 2. Juni ist Puccini wieder einmal verstört über die ihm unverständliche Rücksichtslosigkeit des alten Freunds: wenn der nicht dirigiere, verringere das die Bedeutung einer Aufführung – »das Schwein Toscanini« nennt er ihn wie schon früher.

Auch »Turandot« kommt entgegen seinen kürzlichen Hoffnungen nicht recht voran: »Alle Musik ekelt mich, angefangen mit meiner eigenen – es ist wirklich eine nutzlose Kunst in den gegenwärtigen prosaischen Zeiten.« Gegen Ende Juni geht es jedoch wieder besser: er hat bereits im dritten Akt den Anfang mit dem Fernchor und die Arie des Tenors (»Nessun dorma«) komponiert, der er eine ähnliche Popularität prophezeit wie Cavaradossis »E lucevan le stelle« in »Tosca«. Aber die neue Oper macht ihm auch immer mehr Sorgen: wer soll die Titelrolle singen können, der er wagnerische Heldinnen-Qualitäten abverlangt, etwa in der großen Arie des zweiten Akts? Eine solche Partie ist in Italien bisher noch nicht geschrieben worden.

Den Sommer verbringt Puccini reichlich mißmutig in Viareggio, arbeitet ein wenig (und quantitativ wirklich wenig) an der »Turandot« und schlägt die Zeit mehr oder weniger gelangweilt tot.

Den »bekanntesten Italiener auf dieser Welt« besucht am 30. September der Journalist Ugo Ojetti für ein Interview. Er beschreibt einen eleganten, reichen, alten Mann, der sich durchaus auch als solcher darstellen will: »Er ist grau gekleidet ohne einen störenden Farbton: graue Haare, tiefliegende stahlgraue Augen, schwarze Augenbrauen, eine etwas höher als die andere, eine schwarzweiße Krawatte, schwarzweiße Halbschuhe, Socken aus grauer Seide, desgleichen das Taschentuch. Sein Gesicht von lebhafter Farbe ist eckig, von kräftigem Knochenbau und wie gemeißelt.«

Anfang Oktober steht die neue Wienreise an, wo die »Manon«-Erstaufführung in der Staatsoper nachzuholen ist. Gerade davor schließt Puccini die Komposition von Liùs Tod im dritten »Turandot«-Akt ab und steht damit unmittelbar vor dem seit Monaten gefürchteten großen Duett, das ihm nach wie vor Sorgen macht, weil ihm die dramaturgische Situation weiter ungelöst erscheint. Als er mit Elvira in Wien eintrifft, ist er von den letzten Proben zu »Manon Lescaut« sehr angetan, vor allem von Lotte

Lehmann, die er als seine beste Sängerin bezeichnet, während er gegenüber Franz Schalks Dirigat offenbar Vorbehalte hat. Dennoch und trotz Toscaninis Scala-»Manon« bekennt er später, noch nie einen so guten vierten Akt gehört zu haben. Die Premiere am 15. Oktober wird ein »großer Triumph«. Zum letzten Mal trifft Puccini dabei Franz Lehár. Bei der Lehmann bedankt er sich überschwenglich und beim Wiener Publikum überhaupt, das drei Puccini-Vorstellungen pro Woche auskauft, insgesamt in diesem Oktober fünfmal »Manon Lescaut« und je einmal »Tosca«, »La Bohème« und »Madame Butterfly«. Gegen Ende des Monats zieht Puccini sich mit Elvira heimlich zu einer Kur gegen seine Diabetes in das Cottage-Sanatorium im Außenbezirk Währing zurück. Er ist davon sehr angetan, vor allem von den schönen Krankenschwestern. Schließlich langweilt es ihn aber doch auch. In der Stadt macht er noch größere Einkäufe, läßt sich sechs Frackhemden und zwei Dutzend Taschentücher mit Monogramm anfertigen, obwohl ihm die Preise im Nachkriegs-Österreich unverschämt hoch erscheinen – aber ausländische Ware hatte für ihn immer einen besonderen snobistischen Reiz. Weil Elvira sich plötzlich einen Hexenschuß holt, muß die Abreise um zwei Tage verschoben werden. Puccini nutzt die unverhoffte Gelegenheit, wieder einmal den »Parsifal« zu hören – »fünf Stunden außerhalb der Welt, in völliger Seligkeit«. Dann verlassen sie Wien nach fast einem Monat. Es war seine letzte Auslandsreise vor der Fahrt zur tödlichen Operation genau ein Jahr später nach Brüssel.

An der Oper arbeitet er »wenig oder nichts«, der Himmel wisse, wann sie fertig werde. Lieber geht er ausgiebig auf die Jagd in Torre del Lago und beschäftigt sich mit dem Kauf von Reitsätteln, besonders kräftigen, da er 93 Kilo wiegt. Schließlich macht er sich noch einmal an Liùs Tod; immerhin scheint ihm die anschließende Trauermusik gelungen, während er das folgende Schlußduett abermals an Simoni zurückschickt, damit es noch einmal neu gefaßt werde. Puccini ist inzwischen seines nur ein paar Monate alten Lancia überdrüssig und will ihn beim Kauf eines Hispano-Suiza-Kabriolets in Zahlung geben (woraus aber anscheinend nichts wird).

Ende des Monats ist Puccini für eine gute Woche in Rom, zur üblichen Kommissionssitzung, begleitet von Marotti. In diesen Tagen begegnet er zum ersten und einzigen Mal dem neuen italienischen Mythos: er hat eine Audienz bei Mussolini. Noch aus Marottis Puccini in den Mund gelegtem profaschistischen Bericht wird die groteske Komik der kurzen Begegnung deutlich: »Als ich den Salon des Sieges betrat, sah ich im Hintergrund einen Schreibtisch und an den Seiten zwei riesige Weltkarten. Ein Mann schrieb über den Tisch gebeugt. Einige Augenblicke blieb ich unentschlossen stehen, dann faßte ich Mut und trat näher. Dieser Mann hob den Kopf, schaute mich an, stand auf, fixierte mich mit zwei großen, runden und schwarzen Augen, die mich zu durchdringen schienen, und sagte barsch: ›Was wünschen Sie?‹ – ›Nichts!... Ich wollte.... einfach das Vergnügen haben, Sie kennenzulernen.‹ Er streckte mir die Hand entgegen und sagte in herzlichem Ton: ›Es ist für mich ein großes Vergnügen, Sie kennenzulernen!‹ Ich war zu Mussolini gegangen, um ihm gewisse Gedanken über die Errichtung einer Nationaloper in Rom zu erläutern. Aber er sagte, den Kopf schüttelnd und den ganzen Körper hin und her bewegend (er war stehen geblieben), dreimal: ›Es gibt kein Geld! Es gibt kein Geld! Es gibt kein Geld! Und für das Projekt braucht man dreißig Millionen!‹ ›Sehen Sie, Exzellenz‹, erkühnte ich mich, ›man könnte meiner Ansicht nach ein bescheideneres Projekt verwirklichen, aber ebenfalls....‹ Er ließ mich nicht ausreden: ›Entweder ein so großartiges Projekt, Roms würdig, oder nichts!‹ Ich begriff aus diesen wenigen Worten seine ganze Hoheit und dachte, daß Italien endlich seinen Mann gefunden hatte.«

Mehr Zeit nimmt er sich für Vater und Sohn Korngold, die in diesen Tagen in Rom sind, weil Erich Wolfgang im Augusteo ein Konzert mit eigenen Kompositionen dirigiert. Puccini besucht schon die Proben, trifft sich mit den beiden in einem kleinen Café bei der Spanischen Treppe und erzählt ihnen von seinen »Turandot«- und sonstigen Nöten – vor allem von dem Gefühl, nicht mehr recht zeitgemäß zu sein und von den jungen italienischen Musikern als Relikt einer konventionellen Kunst verachtet zu werden. Beides hängt natürlich zusammen. Puccinis Schwierigkeiten mit der »Turandot« entstehen ja gerade aus der Unsicherheit darüber, welche Musik »heute« zu schreiben sei.

Da der neue Text für das »Turandot«-Schlußduett noch immer aussteht, beginnt Puccini am 10. Dezember mit der Instrumentation des zweiten Akts, der ja schon lange fertig komponiert ist. Er hat es eilig und arbeitet schnell: das Autograph weist bemerkenswert wenige Korrekturen auf. Allerdings hatte Puccini sich auch seit mehr als einem Jahr nicht mehr um die Partitur gekümmert, was ihm jetzt – nach so viel Beschäftigung damit »im Kopf« – die Instrumentation erleichtert haben mag. Die Librettisten bittet er dringend, das Duett im dritten Akt und das anschließende kurze Chorfinale fertigzustellen; letzteres soll im Metrum der Tenorarie vom Aktanfang sein. Puccini will darauf also keine neue Musik mehr verschwenden, was angesichts der dramaturgischen Bedeutung von Turandots Wandlung im Duett nicht ganz unbedenklich scheint.

In einem Interview dieser Tage äußert er sich explizit zu den Schwierigkeiten, die »Turandot« ihm bereitet, vor allem zum Problem einer realitätsnahen Adaption der »Masken«, die über die barocke Tradition hinausgehend nun die »Vernunft« eines menschlichen common sense verkörpern sollen – eine ironische Brechung, mit der Puccini in seinen bisherigen Werken überhaupt nichts im Sinn hatte. Ganz frei von jeder Ironie ist dagegen seine Bitte um einen englischen Orden: noch immer fühlt der nach Mussolini berühmteste lebende Italiener das Bedürfnis, durch derartig alberne Ehrungen flattiert zu werden. Schamhaft immerhin fordert er Sybil Seligman auf, den Brief zu vernichten, der diese Bitte enthält.

Das neue Jahr 1924 beginnt, wie das alte geendet hatte: Puccini wartet noch immer auf die Duett- und Finale-Verse von Simoni. In sein Drängen schaltet er jetzt auch den Verlag ein, dem er (gewiß zu dessen Schrecken) darüber hinaus mitteilt, er werde für das »Turandot«-Orchester auch noch ein Baßxylophon brauchen, das man einem birmanischen oder siamesischen Vorbild nachbauen lassen müsse – wo Puccinis Instrumentenwünsche doch ohnehin schon alle Möglichkeiten eines normalen Theaterorchesters übersteigen: mit Tam-Tam, Tamburin, Triangel, großer Trommel, Becken, chinesischen Gongs, Glockenspiel, Xylophon, diesem zusätzlichen Baßxylophon, Röhrenglocken, Celesta, Orgel, zwei Harfen, großem Gong, Holztrommel und einem Blasorchester auf der Bühne, das aus zwei Saxophonen, sechs Trompeten, drei Posaunen und Baßposaune besteht – das alles über die gewöhnliche und auch schon große spätromantische Orchesterbesetzung hinaus. Mit seinen subtilen Instrumentations-Orgien (viele dieser Sonderinstrumente haben nur wenige Takte zu spielen) entschädigt sich Puccini für seine Zweifel, ob denn das ganze überhaupt einen musikalischen Sinn gebe.

Am 22. Februar ist Puccini mit der Instrumentation des zweiten Akts fertig. Die Uraufführung kann Puccini sich nur in der Scala vorstellen und nur unter Toscanini – und anschließend eine amerikanische Premiere in der Metropolitan, zu der er auf jeden Fall selbst hinfahren will; denn er könne diese schwierige Oper nicht in seiner Abwesenheit aufführen lassen. Trotz allen Ungewißheiten ist er mit der bisherigen Arbeit recht zufrieden und bietet seiner lieben Gilda Dalla Rizza die Partie der Liù an, die erstrangig sei. Das stimmt: anders als in jeder anderen seiner Opern hat Puccini in der »Turandot« zwei gleichwertige Sopranrollen geschrieben.

Bevor er Anfang März mit der Instrumentation des dritten Akts beginnt, setzt er sich noch einmal für den Bau der leidigen Straße nach Chiatri ein, wofür er 5000 Lire als Eigenbeitrag zu zahlen bereit ist – soviel ist ihm der Verzicht auf Eselsritte zu der abgelegenen Villa jetzt wert. Im übrigen langweilt er sich ziemlich, bis schließlich Adami für ein paar Tage nach Viareggio kommt, um am Text des Duetts zu arbeiten – es ist die fünfte Fassung. Dabei fühlt Puccini sich schlecht. Er hat Halsschmerzen und einen hartnäckigen Husten, die Todeskrankheit macht sich immer nachdrücklicher bemerkbar.

Am 25. März kündigt er Simoni und dem Verlag die Absendung der Partitur des zweiten und der Hälfte des dritten Akts an (nur das Duett fehle noch), damit am Klavierauszug und am Aufführungsmaterial weitergearbeitet werden kann. Das Ergebnis scheint ihm gut, alles in allem: »Nach so vielen Mühen und so vielen Höhen und Tiefen sind wir endlich fast am Ende unserer Arbeit. Laus deo (Lob sei Gott).«

Ein paar Tage später, am 1. April, unternimmt Puccini zusammen mit Marotti eine kurze Reise nach Florenz, die wegen ihres Anlasses bemerkenswert ist, wohl auch wegen ihrer Folgen, und die oft beschrieben wurde. Sein Interesse gilt einem Konzert des Schönberg-Ensembles, das mit dem »Pierrot lunaire« auf einer Tournee durch Italien im Palazzo Pitti gastiert. Das paßt zu Puccinis erneuter Auseinandersetzung mit der »modernen« Musik, nun will er sie gewissermaßen an ihrer Quelle hören: Schönbergs berühmt-berüchtigtes Melodram in freier Atonalität stammt bereits aus dem Jahr 1912. Alfredo Casella macht Puccini mit Schönberg bekannt, die beiden tauschen in französischer Sprache Höflichkeiten aus, und Schönberg überreicht Puccini eine Partitur, damit er das Stück während der Aufführung mitlesen kann. Der tut das in höchster Konzentration inmitten eines unruhigen, ja teilweise vor Empörung über solche Mißklänge johlenden Publikums.

Nach dem halbstündigen Stück bedankt sich Puccini bei Schönberg und nennt den »Pierrot lunaire« immer wieder »interessant«. Schönberg hat sich zweimal schriftlich zu dieser hintersinnigen Begegnung, ihrer einzigen, geäußert, zuerst zwei Monate nach Puccinis Tod in einem Brief an Casella; er nennt Puccini darin einen »großen Mann«, und er sei »stolz darauf, sein Interesse gefunden zu haben«; dann 1930 in seinem Aufsatz »Mein Publikum«: »Ich hatte ... die Ehre, daß Puccini, kein Sachverständiger, sondern ein Sachkönner, der, bereits krank, eine sechsstündige Reise machte, um mein Werk kennenzulernen, und mir nachher sehr Freundliches sagte: das war schön, auch wenn ihm meine Musik doch fremd geblieben sein sollte.«

Letzteres kann man wohl sagen; aber es hat gereicht, um Puccini über seine eigene Musik wieder einmal sehr unsicher zu machen. Marotti hat zwei mündliche Äußerungen Puccinis über Schönberg überliefert, von denen die erste, im Jahr nach Puccinis Tod publiziert, am authentischsten klingt: »Um den Entwurf einer derartigen musikalischen Welt zu erreichen, ist es notwendig, jeden gewöhnlichen harmonischen Sinn überwunden zu haben, das heißt eine von der gegenwärtigen völlig verschiedene Natur zu haben. Wer sagt uns, daß Schönberg nicht ein Ausgangspunkt für ein fernes zukünftiges Ziel ist? Heute begreife ich entweder nichts, oder wir sind so weit entfernt von einer konkreten künstlerischen Realisation wie der Mars von der Erde.«

Nach der Rückkehr aus Florenz breitet sich in Puccini ein Gefühl der Müdigkeit und der Leere aus. Es scheint nicht ausgeschlossen, daß das Erlebnis des »Pierrot lunaire« Puccini beim Weiterkomponieren des »Turandot«-Schlusses ebenso behinderte, wie ein Menschenalter zuvor »Otello« und die »Meistersinger« die Komposition von »Edgar« und »Manon Lescaut« verzögerten. Nur: diesmal trifft es einen alten Mann, dem keine Zeit mehr für neue Einsichten bleibt.

Er langweilt sich in seinem provinziellen Viareggio, und wie eine Erholung scheint es ihm, daß er endlich über Ostern und zur Uraufführung von Boitos »Nerone« nach Mailand fahren kann. Sybil kündigt er seine Absicht an, sich einer Verjüngungsbehandlung durch den berühmten Physiologen Serge Voronoff vom Pariser Collège de France zu unterziehen – Voronoff versuchte solches mittels Verpflanzung von Affenhoden.

In Mailand nutzt er die Gelegenheit, im Gespräch mit den Textdichtern sein Libretto »auszubessern«, bevor ein von ihm als skandalös empfundenes Verhalten Toscaninis sein Wohlbefinden erheblich beeinträchtigt: Puccini will die Generalprobe des »Nerone« besuchen, aber Toscanini, dem das unter seiner eigenen Mithilfe ergänzte nachgelassene Opernfragment Boitos besonders am Herzen liegt, hat von abfälligen Bemerkungen Puccinis darüber gehört (die es in seinen Briefen tatsächlich gibt) und läßt ihm ausdrücklich den Zutritt versagen. Puccini trifft das tief, von neuem ist sein immer problematisches Verhältnis zu seinem bedeutendsten Interpreten schwer gestört. Er braucht ein Vierteljahr, um den ersten Schritt zur abermaligen Versöhnung zu machen, und das sicher nur deshalb, weil er Toscanini für die »Turandot«-Uraufführung für unersetzbar hält.

In Viareggio findet er einen für ihn rätselhaften Brief vor, der durch Maria Bianca Ginoris Vermittlung an ihn gelangt ist und offenbar aus der Königsfamilie stammt: Puccini solle »Turandot« der Prinzessin Mafalda widmen. Marotti zufolge hat Puccini bei einem Treffen mit Mafalda, das im September bei der Marchesa Ginori stattgefunden habe, dieser Widmung zugestimmt, zu der es dann aber wegen seines Todes nicht mehr kam.

Mit seiner eigentlichen Arbeit hat er weiter wenig im Sinn und freut sich mehr über sein neuestes Auto, ein Lancia-Lambda-Kabriolet, das offenbar den nicht mehr geliebten oder schon länger defekten Trikappa ersetzt. Der Lambda ist das modernste Auto seiner Zeit, mit selbsttragender Karosserie, hydraulischen Stoßdämpfern und einer Höchstgeschwindigkeit von 115 Stundenkilometern. Puccini ist davon ebenso begeistert wie von der neuen Hoffnung, daß er nun doch noch bald Senator werde – sicher nicht zuletzt wegen seiner mehr oder weniger offen geäußerten Faschismus-Sympathien, die er mit den meisten Intellektuellen und Künstlern teilt; die prominenteste Ausnahme ist Toscanini, den man auch dafür kaum genug bewundern kann.

In den letzten Maitagen erhält Puccini von Simoni einen neuen Duett-Entwurf, und er bittet die Librettisten, bei der Versifizierung die bereits vorhandene Musik metrisch zu berücksichtigen. Das Ergebnis sollen sie ihm in seinen Kurort Salsomaggiore schicken. Die knapp zwei Wochen dort bringen für seine unaufhörlich schmerzende Kehle keinerlei Besserung, die geschäftsorientierten Ärzte versprechen ihm eine solche als Spätfolge der Kur. Puccini trägt aber auch selbst wenig zur heilenden Entlastung bei: mit großem Genuß raucht er weiter die Abdulla-Zigaretten, die ihm wie immer Sybil Seligman schickt. Von jetzt an sei er wirklich ein alter Mann, nur noch wenige Schillinge wert, schreibt er an sie – zum wie vielten Mal.

Selbst Geld macht ihn nicht mehr glücklich. Der letzte Verlags-Kontoauszug seines Lebens, den er Mitte Juli in Viareggio erhält, ist zugleich der seit je höchste: 454000 Lire beträgt der Überschuß aus dem ersten Halbjahr 1924, eine immense Summe (selbst wenn ein großer Teil der Einmalzahlung für »Turandot« darin steckt), seine Jahreseinkünfte sind jetzt soviel wert wie heute knapp drei Millionen Mark. Aber was kann dem ohnehin steinreichen Puccini um diese Zeit noch Geld bedeuten? Fast ein Viertel dieser Einkünfte stammt übrigens aus Deutschland.

Angesichts solcher Einkünfte läßt sich leicht sagen »Die Musik interessiert mich nicht mehr«. Vermutlich ist der Grund dafür aber eher die immer schlimmer werdende Krankheit, gegen die die Ärzte keinen Rat wissen. Vier Spezialisten, klagt er Schnabl Mitte August, hätten ihn inzwischen untersucht und vier verschiedene Behandlungen empfohlen. Er bittet den Freund, sich dringend nach »wirklichen Spezialisten« in Deutschland und in der Schweiz zu erkundigen. Die seit Monaten chronischen Schmerzen, die ihm allmählich wohl auch angst machen, hält er zumindest nach außen immer noch für die Folgen einer Mandel- oder Rachenentzündung. Er betäubt sich mit dem billigen und ihm sonst ziemlich verhaßten Touristenvergnügen allabendlicher Besuche im Tanzlokal »Kursaal«, »wo sie die amerikanischen Foxtrotts tanzen und hämmern – ich höre sie gar nicht«.

Ende August besucht Sybil ihn für ein paar Tage, und nach der Erinnerung ihres Sohns ist sie die erste, die in Puccinis Krankheit nicht eine vorübergehende Halsentzündung sieht, sondern dabei Schlimmeres fürchtet. Ihren Verdacht soll sie nur Tonio mitgeteilt haben; aber es ist unwahrscheinlich, daß dessen notorisch hypochondrischer Vater nicht selbst schon längst ganz für sich allein begriffen hätte, was mit ihm los war. Die Todesangst auf allen Seiten und ihre gewöhnliche und verständliche Tabuisierung mag verhindert haben, daß man sich darüber offen aussprach. Ebenso nachvollziehbar ist, daß man sich gegenseitig mit Harmlosigkeits-Beteuerungen tröstete, was aber wiederum objektiv zu Puccinis eigener Beruhigung führt.

Der komplizierte menschliche Prozeß der liebevollen Selbsttäuschung hat jedenfalls zur Folge, daß Puccini nach Sybils Abreise wieder mit der Arbeit an »Turandot« beginnt, die fast ein halbes Jahr nahezu völlig geruht hat. Adami teilt er mit, seine Krankheit sei nur eine arthritische Geschichte, und er hoffe nun bald mit »dieser verflixten Prinzessin« zu Ende zu kommen: »Jetzt sehe ich den Horizont in jeder Hinsicht klarer.«

Gleichsam unter die Lebenden zurückkehrend, empfängt er in den ersten Septembertagen den nun endgültig bestimmten Uraufführungs-Dirigenten Toscanini, mit dem er sich nach dem »Nerone«-Zerwürfnis des Frühjahrs endlich wieder einmal vollständig aussöhnt und dem er offensichtlich einiges von der »Turandot« vorspielt – auch vom noch nicht fertigen Duett. Das meiste gefällt dem Dirigenten, das Duett aber nicht, und Puccini nutzt Toscaninis Autorität, um seine Librettisten zu neuen Verbesserungen aufzufordern: das wenige, was noch fehlt, sei leicht zu schaffen. Beziehungsreich fügt er hinzu, das Wasser stehe ihm »an der Kehle«. Aber auch: seiner Kehle gehe es ein bißchen besser, und das Rauchen schade ihm gar nicht.

Am 14. September macht Puccini einen Besuch in Lucca, das an diesem Tag wie jedes Jahr sein höchstes Fest begeht, das vom Heiligen Kreuz. Gustavo Giovannetti, der von Puccini erfolglos protegierte Provinzmusiker, begegnet dem Meister auf der Piazza Napoleone bei einem morgendlichen Konzert der Stadtkapelle. Puccini kommt gerade aus dem Dom und hängt sentimentalen Jugenderinnerungen nach. Sie werden noch verstärkt, als der jüngere Kollege ihm erzählt, er habe bei einem seiner Schüler, dem

Enkel jenes Schneiders Della Nina aus dem benachbarten Porcari, die Orgelstücke gesehen, die der junge Puccini vor fast fünfzig Jahren für den Unterricht von dessen Großvater geschrieben habe. Puccini ist sehr daran interessiert, seine frühesten Werke neu kennenzulernen, aber dazu kommt es nicht mehr.

Kurz darauf trifft die seit Jahren ersehnte, aber jetzt wohl nicht mehr so dringend erwartete Nachricht ein, er sei zum Senator berufen worden, zum Mitglied der (praktisch bedeutungslosen) zweiten Kammer des Parlaments. Melancholisch bedankt er sich bei dem alten Freund Panichelli für dessen Glückwünsche, wobei die erotischen Anspielungen angesichts des geistlichen Adressaten zumindest überraschen: »Wenn in einer Kammer eine Blume wäre, eine von jenen, die gut gedeihen, wäre das nicht besser? Begnügen wir uns also mit den weichen Sesseln aus toter Haut.« Einen Brief dieser Tage unterschreibt er halb scherzend mit »Sonatore del Regno« – »Klangerzeuger« statt »Senator« des Königreichs.

Am 10. Oktober sucht Puccini in Florenz wieder einen der »Spezialisten« auf. Noch immer hofft er, daß es keine »schwere Sache« sein möge und ihm ein noch besserer Spezialist in Lausanne oder Bern helfen könne. Diese Konsultation aber erschreckt ihn doch mehr als alle Befürchtungen zuvor: »Heißt das wirklich, daß ich nicht mehr arbeiten darf? Daß ich ›Turandot‹ nicht vollenden darf? Es war nur noch so wenig zu tun, um das berühmte Duett zusammenzubringen!« Er treibt Adami zu höchster Eile für die paar fehlenden Verse an; am selben 10. Oktober findet sich die einzige Datierung in Puccinis erhaltenen Duett-Skizzen: er macht einen Strich in den ersten Takten wieder rückgängig.

In den nächsten Tagen gibt es nur ein einziges Thema: wo soll die von den italienischen Ärzten für notwendig gehaltene intensive Behandlung, möglicherweise auch eine Operation, stattfinden? Weil die Sache eilt, schlägt Puccini zunächst die Einladung des Bürgermeisters von Pescaglia aus, an einem Fest zu seinen Ehren in Celle teilzunehmen, dem Ursprungsort seiner Familie (der zur Gemeinde Pescaglia gehört), und bittet um eine Verschiebung auf den Mai 1925. Dann nimmt er aber doch am 26. Oktober an dem Festakt in Celle teil, weil die Operationsreise sich hinzieht. Viele Freunde sind hinaufgekommen und natürlich die Amtsträger der Staatsgewalt, der Bürgermeister hält eine Rede, die Dorfkapelle spielt die üblichen Hymnen und ein Potpourri aus Puccini-Opern. Die bei dieser Gelegenheit enthüllte Gedenktafel vermerkt zeitgemäß, daß sie von der »faschistischen Gemeinde von Pescaglia auf Wunsch des Volkes« angebracht worden sei – das unbekümmert sachliche italienische Verhältnis zur

Geschichte hat sie so bis heute erhalten. Auf Augenzeugen macht Puccini einen abwesenden und erschöpften Eindruck.

Als er abends wieder zu Hause in Viareggio ist, schlägt der Freund Marotti wie zufällig auf dem Klavier den »Tristan«-Akkord an. Gemeinsam lesen sie das Vorspiel von Wagners großer Liebesoper, deren Bedeutung für Puccinis ganzes Werk erst jetzt plötzlich deutlich wird; denn er wirft die Noten weg und sagt: »Genug mit dieser Musik! Wir sind Klimperer, Dilettanten: wehe uns, wenn wir uns davon einnehmen lassen! Diese schreckliche Musik vernichtet uns und läßt uns überhaupt nichts mehr fertigbringen!« Dann greift er zu seinen »Turandot«-Skizzenblättern und spielt daraus das Ende des Duetts, das heißt: das Ende der ganzen unvollendeten Oper.

Angesichts der zum Teil kaum lesbaren, kargen Entwürfe, die vom »Turandot«-Finale vorhanden sind (und ausführlichere gab es sicher nicht), scheint die Geschichte obskur. Aber sie wird auf zweifache Weise bestätigt: es existiert sowohl ein Skizzenblatt, auf dem Puccini am Ende notiert hat: »Poi Tristano« – also: »weiter wie im Tristan« (was immer das bedeuten sollte), als auch erinnerte sich Eros Chini, der Sohn des »Turandot«-Bühnenbildners, daß Puccini Ende September 1924 seinem Vater und ihm den Schluß der Oper vorgespielt habe. Puccini hatte also gewiß eine einigermaßen am Klavier spielbare Vorstellung davon, wie der noch fehlende Teil der Oper klingen sollte, ohne daß schon alle Noten dafür vorhanden waren.

Am 28. Oktober konsultiert er in Florenz noch einmal einen Arzt, den Professor Toti. Der beruhigt ihn: seine Beschwerden stammten von einem harmlosen Papillom unter dem Kehlkopf, das jedoch schnell operativ entfernt oder durch Radium-Bestrahlung unschädlich gemacht werden müsse. Marotti und Puccinis Sohn läßt Toti aber wissen, um was es sich tatsächlich handelt, und vielleicht konnte es auch Puccini selbst der Beschreibung entnehmen: Krebs. Die schreckliche Wahrheit wird dem Kranken jedenfalls vorsichtshalber verheimlicht. Tonio teilt Sybil Seligman den Befund mit und bittet um postlagernde Antwort, damit der Vater nichts davon erfahre. Puccini informiert den Verlag über den ihm bekannten Stand der Angelegenheit, gibt sich befriedigt, weil er nun endlich den Grund seiner Krankheit kenne, und schließt mit einem verdächtig hellsichtigen Satz: »Jetzt ist alle Musik in meinem Haus ein schmerzliches Schweigen!« Am Tag darauf, am 30. Oktober, geht er zum letzten Mal in seinem geliebten alten Torre del Lago auf die ebenso geliebte Jagd. Adami teilt er mit, er sei mit dem Duett jetzt sehr zufrieden, und die notwendigen

Korrekturen werde man nach seiner Rückkehr aus Brüssel vornehmen – das ist jetzt also der Ort, wohin gemäß einer letzten »großen Konsultation« in Florenz Anfang November die entscheidende Behandlung verlegt wird.

Aller Wahrscheinlichkeit nach hat zuvor noch einmal eine Begegnung mit Toscanini stattgefunden. Der dirigierte um diese Zeit eine Serie von »Nerone«-Aufführungen in Bologna und machte sich auf die Nachricht von Puccinis schlechtem Zustand mit Forzano, seinem Regisseur, auf den Weg nach Viareggio. Sie treffen einen äußerlich heiteren und gutgelaunten Komponisten, der über seinen möglichen Tod vor der »Turandot«-Vollendung makaber scherzt – da solle dann eben jemand vor den Vorhang treten und zum Publikum sagen: »Die Oper hat kein Ende, weil der Komponist an dieser Stelle gestorben ist.« Daß Toscanini auf der Rückfahrt nach Bologna im Auto weinte, ist sehr vermutlich eine spätere Stilisierung wie alle nachträglichen gefühlvollen Berichte, nachdem man wußte, was kurz darauf folgen sollte.

Jedenfalls steht nun alles fest. Am 4. November fährt Puccini mit dem Lancia Lambda über Torre del Lago nach Pisa, um dort den Schnellzug um fünf Uhr nachmittags zu erreichen. In Viareggio, in Torre del Lago und auf dem Bahnsteig in Pisa verabschieden ihn Verwandte und Freunde. Der Sohn Tonio begleitet ihn nach Belgien, Elvira ist zu »verrückt«, um mitgenommen zu werden, schreibt Puccini am Vortag an Schnabl: »Und Turandot? ach! es schmerzt mich, dieses Stück nicht vollendet zu haben – Werde ich genesen? werde ich es rechtzeitig vollenden? Die Theaterankündigung ist schon veröffentlicht.« Seine Notenskizzen für den Schluß nimmt er nach Brüssel mit.

Leben aus Eis:
»Turandot«

»Turandot« ist ein Fragment, wenn auch ganz in der Nähe der Vollständigkeit. Als Puccini die einigermaßen kontinuierliche Arbeit an seiner letzten Oper im Frühjahr 1924 abbrach, hatte er (am Umfang der Partitur gemessen) fast sieben Achtel des Stücks komponiert, instrumentiert und dem Verlag zur Herstellung des Aufführungsmaterials übergeben. Bis zum Beginn des Schlußduetts ist die uns bekannte »Turandot« also authentischer Puccini. Es bleibt allerdings zu bedenken, daß er keine Gelegenheit mehr hatte, seine Schreibtischarbeit an der Bühnenwirklichkeit zu messen, und wir wissen, daß er da fast immer zu nachträglichen Korrekturen geneigt war. Wie wir »Turandot« kennen, ist sie also jedenfalls ein Stück ohne Puccinis Werkstatt-Erfahrungen und folglich auch eine Art Fragment außerhalb des nicht zu Ende komponierten Schluß-Achtels.

Puccinis letzte Oper ist neben seiner ersten, den »Villi«, die einzige, die nicht in einer konkretisierten Zeit spielt, sondern vielmehr ausdrücklich »zur Zeit der Märchen« – also in jeder und keiner. Aber anders als im eher zufälligen Gespenster-Stück seiner Jugend hat Puccini in »Turandot« ganz explizit den Mythos gesucht, der sich im ewigen Kampf der Frau mit dem Mann um ihre Beziehung zueinander und überhaupt um die Liebe manifestiert. Es bedarf wohl keiner näheren Erörterung, wieviel das mit Puccinis eigener Existenz zu tun hatte; die ihn überwältigende Faszination des Themas gerade gegen Ende seines physischen und schöpferischen Lebens liegt deutlich zutage.

Seine Librettisten und er stützten sich bei der langwierigen und problembeladenen Herstellung des Textbuchs zunächst vor allem auf Schillers Bearbeitung von Gozzis Commedia; aber es ist mehr als wahrscheinlich, daß sie im Lauf des Arbeitsprozesses auch mit dem italienischen Original und teilweise wohl sogar mit dessen noch älteren Quellen vertraut wurden. Aus alledem konstruierten sie ein äußerst eigenständiges Libretto, das in seiner Dramaturgie von der Vorlage stärker abweicht als jede auf ein vorhandenes Drama gestützte frühere Puccini-Oper. Es ist nicht nur die durch die Bedingungen des Musiktheaters notwendige Komprimierung, die Puccinis Oper von Gozzis Werk unterscheidet, sondern auch eine völlige Veränderung des »Klimas«. Die suggestive Eindringlichkeit und Zielstrebigkeit der beiden ersten Opernakte und der ersten Hälfte des dritten Akts weichen völlig ab von der lockeren und episodenreichen Weitschweifigkeit des Schiller-Gozzischen Dramas.

Ohne Zweifel büßen die Personen der Oper dabei an psychologischer Vielfalt ein und nehmen manchmal geradezu marionettenhafte Züge an, wie man sie eher beim Rokoko-Gozzi erwarten müßte. Puccini hat seinem Stück viel von dem selbst schon in den archaischen Märchen-Vorformen vorhandenen Realismus ausgetrieben und sozusagen den »reinen« Mythos angestrebt, in dem die Personen einen gleichsam emblematischen Zuschnitt besitzen. Er gewinnt dadurch eine atmosphärische Dichte, die der Musik einerseits hilft und andererseits durch sie noch verstärkt wird. Bis hin zum nicht komponierten Schluß ist »Turandot« eine in Text und Musik für Puccinis Verhältnisse ungewöhnlich konsistente Oper, selbst noch über die Kurzformen des vorangehenden Einakter-»Trittico« hinaus.

Diese psychologische Verknappung löste allerdings auch die dramaturgischen und logischen Probleme des Schlusses aus, und darin ist zumindest zum Teil Puccinis Schwierigkeit begründet, ein befriedigendes Ende zu finden: warum soll eine (aus von ihr dargelegten guten Gründen) auf ewig männerfeindliche Frau plötzlich in Liebe zu einem Mann entbrennen? Vielleicht hätte Puccini, wäre er nicht gestorben, die Motivation dieses Schlusses an den vorangehenden selbsterfundenen Tod der auf die übliche menschliche Art liebenden Sklavin Liù angeknüpft – wie er es einmal vorhatte, als er diese Figur einführte. Aber irgendwie paßte eine solche psychologisch glaubhaftere Lösung nicht zu seinem ganz persönlichen Konzept von der rätselhaften Macht der Liebe. Und so entschloß er sich, es bei dem überraschenden Ausbruch von Turandots Neigung zu dem Prinzen Calaf zu lassen, was zwar den Schluß nicht recht nachvollziehbar macht, aber den mythisch-marionettenhaften Märchencharakter bewahrt. Die Rätsel werden in Wahrheit nicht gelöst, die Liebe zwischen »dem Mann« und »der Frau« bleibt eine unerklärte Sensation.

Zum mindestens ebenso großen Teil aber ist das Final-Problem eines der Musik. Als Puccini gestorben war, fanden sich 23 Skizzenblätter, die auf 36 Seiten musikalische Notizen für den »Turandot«-Schlußteil enthalten – Blätter, die er nach Brüssel mitgenommen oder zum Teil vielleicht dort noch geschrieben hat. Sie haben später Franco Alfano als Grundlage für die Vervollständigung der Oper gedient und beweisen zweierlei: Puccini hat sich mit der Musik dieses Schlusses unverhältnismäßig lang beschäftigt, und er war bei seinem Tod weit von einer definitiven Gestalt entfernt. Was er besaß, waren Fragmente einzelner Passagen, und aus ihnen mag er manchen Besuchern in den Wochen vor Brüssel ausschmückend vorgespielt haben (woraus einige von ihnen geschlossen haben, die Komposition sei praktisch fertig). Aber noch in der endgültigen Alfano-Fassung stammen nur knapp vierzig Prozent der Musik aus Puccinis Material – ganz zu schweigen von der nicht einmal andeutungsweise vorgegebenen Instrumentation, was beim späten Puccini noch eine ganze Menge ausgemacht hätte.

Alles in allem hat Puccini für den so dringend benötigten Schluß der Oper seit dem Frühjahr 1924 nicht besonders viel zustande gebracht, obwohl es kaum äußere Ablenkungen gab und er normalerweise in solchen Zeiträumen selbst unter schwierigen persönlichen Verhältnissen weit produktiver war. Vielmehr scheint Puccini in den letzten acht Monaten seines Lebens von einer Art Kompositions-Hemmung befallen gewesen zu sein, und die einschlägigen Termine legen nahe, daß das mit dem »Pierrot-lunaire«-Erlebnis am 1. April 1924 in Florenz zusammenhängt. Trotz seiner gegenüber Freunden artikulierten Distanz mag das fremde Stück ihm die Problematik seiner eigenen Musik erneut und geradezu schlagartig verdeutlicht haben – zwar nicht als Auslöser, aber als Bestätigung einer kompositorischen Krise, die er seit fast zwei Jahrzehnten spürte angesichts alles dessen, was um ihn herum geschah.

Die ganze »Turandot«-Musik und nicht nur der unvollendete Schluß ist ein Indiz für diese Krise. Keine andere Partitur Puccinis verbindet sich in zahlreichen Details so eng mit der Musik seiner Zeitgenossen. Bitonale stehen neben heterophonen Passagen, in der Tonhöhe nicht fixierte Artikulationen verweisen auf Schönbergs Melodram-Technik, lange Ostinato-Stellen auf den frühen Strawinsky. Doch diese technischen Einzelheiten erhöhen weder den Wert von Puccinis Musik noch schränken sie ihn ein; vielmehr demonstrieren sie vor allem die enorme Unsicherheit des alten Puccini darüber, wie eine »moderne« Musik denn überhaupt auszusehen hätte. An dieser Unsicherheit ist die Vollendung der »Turandot« letzten Endes gescheitert.

Schwere Fortissimo-Akkorde des vollen Orchesters eröffnen die »Turandot«-Musik, setzen sich in trockenen Orgelpunkt-Akzenten der Streicher und Trompeten fort, die sich an dem gehaltenen d-Moll der tiefen Bläser bitonal reiben. Sobald sich der Vorhang geöffnet hat, setzt die Stimme eines Mandarins ein, die das grausige Gesetz verkündet: Turandot wird den heiraten, der die von ihr gestellten drei Rätsel lösen kann, aber ihn köpfen lassen, wenn er das nicht vermag. Das Volk, gleichsam in der Chor-Funktion einer griechischen Tragödie, kommentiert die vertraute Schreckensbotschaft, daß der Prinz von Persien demzufolge beim Aufgang des Monds von der Hand des Henkers sterben müsse, mit zwei unartikulierten, aber genau rhythmisierten Schreien und einem anschließenden blutlechzenden Ausbruch, aus dem sich fast unmerklich die Solo-Kantilenen Liùs und Calafs herausschälen. Die Sklavin Liù klagt über ihren in dem Tumult gestürzten alten König Timur, und Calaf freut sich, daß er hier seinen Vater wiederfindet: alle drei sind aus ihrer Heimat vertrieben worden und nach China geflohen, um sich anonym zu verbergen. Der Strom des melodischen Dialogs bricht sich in häufigen Wechseln zwischen Zweier- und Dreiertakten, so daß die Stelle einen überaus unruhigen und hektischen Charakter erhält. Selbst als sich das Metrum beruhigt, mischt sich zum gleichzeitigen Auftritt der Henkersknechte ein leiser unregelmäßiger Marschrhythmus der Trommeln melos-störend hinein. Daraus entwickelt sich eine große Chorszene über einem riesigen Orchester-Ostinato mit vollem exotischen Schlagwerk aus Trommeln, Pauken, Becken, Triangel, Glockenspiel, Celesta, Xylophonen und Gongs – ein immer wieder im Tempo abgebremstes und erneut sich beschleunigendes ekstatisches Bekenntnis einer bewußtlosen Masse zu Turandots grausamem Lebens- und Lieblosigkeits-Prinzip.

Am Ende dieser dramaturgisch wie musikalisch äußerst eindrucksvollen Eröffnungsszene, die das thematische Material der Oper im Kern exponiert, steht eine unvermittelt plötzliche Rückung nach D-Dur: leise beschwört der Chor den Mond, der nicht aufgehen will – was eine ganz subtile Bosheit ist, weil ja der Aufgang des so scheinbar harmlos besungenen Gestirns zugleich den Zeitpunkt bedeutet, zu dem der an Turandots Rätseln gescheiterte persische Prinz sterben muß. Die aus der Rolle fallenden schnellen Figuren der Holzbläser und abrupte Fortissimo-Akkorde von Xylophon und Trompeten signalisieren auch musikalisch den bedrohlichen Zusammenhang, bevor der Chor tatsächlich nach dem Erscheinen des Henkers verlangt und ein einstimmiger Gesang von Knabenstimmen über Akkorden eines Summchors die Prinzessin Turandot preist, die Verursacherin all dieser Grausamkeiten. Nie hat Puccini musikdramatisch so raffiniert widerborstig komponiert, eine blutgetränkte Idylle, eine ruhigerhabene Stimmung, die Opfer fordert: der Zusammenhang mit den subtilen Schrecken des frühen 20. Jahrhunderts gleich nach seinem ersten großen Krieg liegt in solcher musikalischer Luft.

In der Fortsetzung wird dieser Eindruck noch verstärkt: als das Volk des gewünschten Opfers ansichtig wird, bittet es plötzlich um Gnade für den Prinzen. Solcher Wankelmut, dem Puccini einen bescheidenen kleinen Trauermarsch unterlegt, ist ihm typisch für die »Masse«, während der Einzelheld Calaf umgekehrt reagiert: er verflucht Turandot als die grausame Urheberin dieser Situation. Doch sogleich kehrt sich auch diese Konstellation wieder um: Turandot erscheint »wie eine Vision« – stumm, eine wohl einmalige Auftrittsart für die Protagonistin einer Oper –, und Calaf bricht in rücksichtslose Bewunderung aus. Die Verwirrung der Gefühle vor der »Schönheit« der Macht über Leben und Tod ist hier anhand des uralten Mythos auf engem Raum, mit erkennbarem Bezug zur politischen Umwelt Puccinis und aus seinen ihm selbst wohl eher undeutlichen Empfindungen darüber, dramatisch zusammengezogen.

Natürlich versuchen Liù und Timur, Calaf von seiner neuen lebensgefährlichen Leidenschaft abzubringen, aber mit den rituellen drei Rufen »Turandot!« begibt sich der uneinsichtig in den Wettbewerb um Herz und Kopf, während in der Ferne der unglückliche Prinz von Persien mit dem gleichen Quartenruf sein Leben aushaucht.

Dann verändert ein harter Schnitt die musikalische Szenerie. Zum ersten Mal treten die drei »Masken« auf, die von Gozzi/Schiller übernommenen Commedia-dell'arte-Figuren, die bei Puccini eine zwiespältige Rolle spielen: einerseits sind sie realistische Charaktere, andererseits bleiben sie als Personen schemenhaft und voller Widersprüche, manchmal sadistisch, manchmal gute Ratgeber, manchmal weise Kommentatoren des grausamen Geschehens. Die Brüche bleiben bis zum Ende spürbar: mal sind die »Masken« wirkliche Menschen mit ihren Nöten und Bedürfnissen, mal aber auch Figuren eines historisch fernen Marionettentheaters.

Bei ihrem ersten Auftritt hebt die Musik in Fünfertaktgruppen (jeweils $\frac{2}{4} + \frac{3}{4}$) zunächst das Improvisierend-Maskenhafte hervor, liefert sogleich aber auch das andere Bild: im Dialog mit den kurzen Einwürfen Calafs wandeln die Masken sich zu weisen Dreivierteltakt-Menschen, die wissen, daß eine nackte Turandot nichts anderes sei als irgendeine Frau. Natürlich kann das den verblendeten Calaf nicht von seinem Vorsatz abbringen, um diese ihn überwältigende Frau zu werben – erst recht nicht, als deren »Knaben« in einem subtil gebrochenen Chorsatz Turandots Preis singen, wozu die Trommel leise einen widerborstigen Marschrhythmus schlägt, der die hartnäckige Grausamkeit der Herrin musikalisch vergegenwärtigt. Noch einmal wenden die Hof-Masken sich rationalistisch gegen das verführerische Bild, das aber sogleich wieder in schillernden Harmonien rekonstituiert wird.

Nach dieser äußerst raffiniert gestalteten Passage fällt Puccini erst einmal in die Notwendigkeiten der italienischen Oper zurück. Er läßt Liù und Calaf je ein sentimentales Arioso singen – beide haben im Hinblick auf das Ende eine dramaturgisch durchaus einleuchtende Funktion, halten jedoch musikalisch nicht den Rang, der den Akt bis dahin bestimmt hat. Erst als am Schluß von Calafs Arioso sich übergangslos die Stimmen von Liù und Timur und den drei Masken hineinmischen, als der wie von irgendwoher kommende Chor dazutritt, als nach schwerem Wechsel von Zweier- und Dreiertakten Calaf schließlich dreimal den Gong schlägt, um gegen alle Einwände seine Bewerbung um Turandot anzumelden, gewinnt die Musik das eindrucksvolle Pathos zurück, das diesem ganzen ersten Akt effektvollen Glanz gibt.

Der zweite Akt beginnt mit einer dramaturgisch sehr ungewöhnlichen Szene, dem langen Terzett der drei Masken vor einem Zwischenvorhang. Das ist eine gegen Puccinis bisherigen Handlungsrealismus sich wendende Situation, die offenbar angeregt ist vom Charakter der Commedia-dell'arte-Vorlage. Die Musik vollzieht die marionettenhafte Starre des szenischen Konzepts nach: sie besitzt, exotistisch angeschärft, den neoklassizistischen Gestus, der seit Strawinskys »Pulcinella«-Ballett von 1920 in Mode war. Im elegischen Mittelteil des Terzetts, wo die drei Hofschranzen die Sehnsucht nach ihren ruhigen Landsitzen artikulieren, konstruiert Puccini ein metrisch gleichsam »irreguläres« Gebilde aus unregelmäßig wechselnden Zweier- und Dreiertakten – die Musik denunziert die harmlose Idylle des Texts als trügerisch, erst recht als sich in das Terzett Chorstimmen hinter dem Vorhang einmischen und einen erbarmungslos präzisen ⅜-Rhythmus formen. Da ist der Strawinsky des »Sacre du printemps« auf einmal ganz nahe, der Puccini, fast ein Jahrzehnt zuvor, enorm beeindruckt haben muß.

Nach einer Rückkehr zur Marionetten-Musik des Anfangs kündigen plötzlich dissonante Blechbläser-Signale (ab Ziffer 25) die Verwandlung der Szene zum zweiten Bild dieses Akts an. Der Zwischenvorhang hebt sich, und dahinter erscheint der Platz vor dem kaiserlichen Palast. Die Musik, die sich zunächst als Nachahmung eines fernöstlichen Ambiente gibt, bricht plötzlich in die Parodie eines österreichischen Militärmarschs aus (»Wir sind vom kuk-Infantrie-Regiment«, sechs Takte nach Ziffer 28) und geht dann in aller Pracht in die chinesische Nationalhymne über, die sehr eindrucksvoll in einem Pianissimo verebbt.

Die nun folgende Ansprache des Kaisers hat Puccini musikalisch überraschend gestaltet. Der alte Mann ist entgegen allen Opern-Klischees ein zerbrechlicher Tenor, der weitgehend unbegleitet singt, stellenweise grundiert von schweren Baßakkorden des Orchesters. Gegen das klagende kaiserliche Rezitativ hebt sich Calafs dreimaliger melismatischer Ruf ab, mit dem er die Zulassung zur Rätselprüfung verlangt. Die erneut pianissimo gesungene Hymne, angstvoll und gar nicht glänzend, beschließt die gerade in ihrer schlichten Form äußerst wirkungsvolle Passage.

Dann endlich tritt Turandot selbst auf und ergreift zum ersten Mal, nachdem die halbe Oper schon vorüber ist, das Wort. So kühn wie dieser dramaturgische Gag ist der Beginn ihres großen Solos »In questa Reggia«: ein hoch liegendes fast unbegleitetes Rezitativ von schwankender Tonalität berichtet über das Schicksal einer sagenhaften Ahnin, die von einem Mann mit Gewalt genommen wurde; ihren Tod rächt Turandot nun an allen Männern. Das grausige Ereignis und seine heutige Folge wird in der Form eines halluzinatorischen Wiegenlieds vorgetragen – der scharfe musikalische Kontrast weckt die Aufmerksamkeit des Hörers für die doppelten Böden, die diese Geschichte hat, und erhöht auch gleichsam den inhaltlichen Schrecken der Stelle. Puccini fährt auf so »desintegrierende« Weise fort: mit wagnerischer Vorauserinnerungs-Technik mischt er in Turandots Schwur, sie werde niemals einem Mann gehören, zum ersten Mal das schwelgerische Liebesthema (Ziffer 47), das musikalisch also schon die künftige Umkehr der exaltiert keuschen Prinzessin ankündigt. Im Orchester sorgen darüber hinaus melodiefremde Signale, vor allem in den Blechbläsern, für weitere Irritationen (siehe etwa die Fortissimo-Sextole von Trompeten und Horn 5 Takte vor Ziffer 48), machen deutlich, daß hier keine einlullende, leicht nachvollziehbare Geschichte abläuft, sondern daß es unter der Oberfläche dieses kaiserlichen Platzes in Peking aufs psychologisch Abgründigste rumort.

Der Übergang zur Rätselszene geschieht in merkwürdig weiten und scheinbar primitiven Tonart-Rückungen, vom h-Moll des Arien-Schlusses nach Es-Dur, Fis-Dur und As-Dur – die großen tonalen Sprünge zum jeweils gleichen Text symbolisieren die Unvereinbarkeit zwischen Turandots und Calafs Auslegung der Situation und ihr verbales Ringen darum (Turandot: »Der Rätsel sind es drei, der Tod ist einer!« Calaf: »Der Rätsel sind es drei, eins ist das Leben!«). Die Rätselszene selbst ist eine der genialsten Stellen der gesamten Opernliteratur: die Synkopen-Rhythmen der Begleitakkorde und die dissonante Lamentofigur der beiden hohen Solo-Violoncelli (eine kleine über einer großen Sekund) schaffen eine durchgehende Einheitlichkeit der äußeren Gestalt, während Einzelstimmen für größte Vielfalt im Detail sorgen.

Nun schon vertraut, aber im Effekt dennoch wieder überraschend ist die Auflösung: als Calaf alle Rätsel richtig geraten hat, bricht kein gewöhnlicher grenzenloser Jubel aus, sondern der Chor intoniert die Kaiserhymne in vorsichtiger Zurücknahme der Lautstärke bis hin zum Pianissimo. Denn die Geschichte ist ja keineswegs zu Ende, sie beginnt jetzt vielmehr erst richtig.

Puccini ist der Einstieg in das nun nötige Wunder schwergefallen. Turandots Bitte, sie nicht dem siegreichen Fremdling auszuliefern, klingt überaus konventionell, uninspiriert und hastig. Auch in der von Calaf fortgesponnenen Umkehr der Rätselszene – nun gibt er Turandot das Rätsel auf, bis zum nächsten Morgen seinen Namen herauszufinden und sich damit vor ihm doch noch zu retten – gewinnt die Musik ihren früheren Rang nicht zurück: allzu unorganisch ist die Vorwegnahme des Namens-Motivs aus Calafs späterer Arie eingefügt. Nur in dem kurzen Erstarren des Kaisers (Ziffer 67) angesichts dieser mutigen Tat Calafs und in der knöchernen Begleitmusik dazu von Trommel, Xylophon, Celesta und Harfe und von einem kleinen Blechbläser-Ensemble aus der Ferne kehrt die atemlose Spannung wieder, die den Akt zuvor beherrscht hatte. Aber diese Stimmung wird sogleich verdorben durch den puren Prunk eines Fortissimo-Schlußchors, der nichts weiter zu bieten hat als die nun oft genug gehörte Kaiserhymne.

Mit dem Beginn des dritten Akts ist das alles wieder anders und die Musik auf ihrer alten Höhe. Ein schattenhaftes Orchestervorspiel führt zum dreimaligen Unisono-Ruf der Herolde, acht Tenören, die Turandots Aufforderung an alle Bewohner der Stadt verkünden, bis zum Morgen den Namen des fremden Prinzen zu entdecken. Die Stelle ist ganz räumlich komponiert: mit einem Orchester im Vordergrund und den sich entfernenden Stimmen der Herolde und des Chors und den ebenfalls immer leiser werdenden Schlägen eines schweren Gongs. Im Vordergrund wieder erhebt sich danach die Stimme Calafs, und er singt eines von Puccinis schönsten Ariosi: »Nessun dorma«, eine wunderbare Mixtur aus melismatischen und quasi rezitativischen Passagen, in herrlich freier Artikulation bei gleichbleibendem Grundtempo – bedauerlicherweise allerdings so nie zu hören, weil die Herren Star-Tenöre sich ohne Rücksicht auf Puccinis präzise Notierung die lächerlichsten Schlampereien erlauben, vor allem jene unerträglichen Verlangsamungen auf hohen Tönen, was inzwischen als »Tradition« gilt. Auch die Dirigenten sind allesamt nicht bereit, den geradezu aufregenden Temponuancen des Arien-Schlusses und des Nachspiels zu folgen, wo Puccini in fünf Takten achtmal eine Veränderung der Geschwindigkeit vorschreibt, ohne daß das Grundtempo verlassen würde.

Jede Beifallsmöglichkeit wird nach dem überwältigenden Stück dadurch abgeschnitten, daß es unvermittelt übergeht in die Szene der drei Masken, die den Prinzen zur Preisgabe seiner Absichten auf Turandot überreden wollen. Puccini und seine Librettisten haben hier auf knappem Raum und dramaturgisch sehr glücklich Gozzi/Schillers ganzen vierten Dramen-Akt zusammengezogen: Verführung durch halbnackte Mädchen (schöner als Turandot) oder durch Reichtum oder durch die Drohung mit der Folter. Musikalisch verdankt die Szene in ihrem Verführungsteil einiges hörbar der Strauss'schen »Salome«, im übrigen merkt man, wie gut Puccini Strawinskys frühe Partituren studiert haben muß. Am Ende werden Timur und Liù herbeigeschleppt, und um ihren alten König zu retten, behauptet die Sklavin, daß nur sie den Namen des Prinzen wisse. Anders als in »Tosca«, wo Cavaradossi außerhalb der Szene gefoltert wurde, geschehen hier nun alle Grausamkeiten vor den Augen des Publikums, und die Musik bildet in sehr realistischen Schreien und »erstickten« Stimmen des Chors den brutalen Charakter der Folter buchstäblich ab.

Auf Turandots verblüffte Frage, was Liù so stark mache, daß sie sich freiwillig dieser Folter aussetze, antwortet die: »Die Liebe!« und führt das in einem zerbrechlich instrumentierten Solo näher aus. Aber noch ist Turandot hart genug, um sich dadurch nicht überwältigen zu lassen. Sie befiehlt, die Folter schärfer denn je wiederaufzunehmen. Liù, nur ihrer hoffnungslosen Liebe zu Calaf, aber keineswegs ihrer selbst sicher, tötet sich am Ende ihres Solos »Tu, che di gel sei cinto«, damit sie den Namen des Prinzen nicht verraten kann. Das Arioso hat bereits den Gestus eines Trauermarschs, dessen Charakter am Schluß durch die rhythmisch genau fixierten Schreie des Chors »Ah! Parla! Parla! Il nome! Il nome!« betont wird.

Der Trauermarsch beherrscht nach einem Liù gleichsam nachweinenden vielstimmig dicht harmonisierten Chorsatz (Ziffer 32) den Schluß dieses Aktteils. Ein Solo des auf den Tod traurigen Timur eröffnet diesen letzten Abschnitt, der die innere Verwandlung aller anwesenden Beobachter (außer Turandots) vorführt: die drei hartgesottenen Masken-Minister sind ebenso bewegt wie die sonst so blutgierige Chormasse. Angespitzt vom extrem hohen Klang der Piccoloflöte verhaucht die Musik sich in einem leisesten es-Moll-Akkord.

Bis hierhin hat Puccini komponiert. Für den bedeutungsvollen Rest der Oper existieren von seiner Hand nur noch die berühmten Skizzenblätter, die Alfano für seine Fassung des Schlusses benutzte. Es ist kein Wunder, daß er daraus keinen authentischen Puccini machen konnte. Soweit wie möglich hat er die Absichten des Komponisten nachvollzogen; aber wer weiß, was Puccini selbst aus seinen Skizzen gemacht hätte. Gewiß hätte sein Stück, hätte er es überhaupt zu Ende komponiert, anders ausgesehen. Gewiß hätte dann das Duett mit Turandots Verwandlung zur liebenden Frau nicht so zusammengestückelt gewirkt wie Alfanos Arbeit – aber was konnte der anderes tun? Gewiß auch wäre es nicht bei dem bewußtlos positiven Final-Chor à la »Meistersinger« geblieben, obwohl es Puccinis eigene Absicht war, dafür die Musik von Calafs »Nessun-dorma«-Arioso zu verwenden – aber vermutlich doch nicht so; schließlich endet keine andere Puccini-Oper derartig unproblematisch hymnisch.

Wäre Puccini geheilt aus Brüssel zurückgekehrt – was wäre mit dem Stück geschehen? Spekulationen darüber sind zwar einigermaßen unsinnig; aber es läßt sich doch denken, daß »Turandot« auch dann ein Fragment geblieben wäre. Puccini war mit seinem Lebenswerk am Ende; er hätte neu beginnen müssen, um Turandots schreckliches Rätsel zu lösen, aber dafür war er zu alt. Sein Weg vom Rand der traditionellen italienischen Oper zu einem modernen Musiktheater mitten im 20. Jahrhundert war zu schmal geworden, es gab keine überzeugende Lösung mehr für die inzwischen offenkundige Diskrepanz zwischen populärem Opern-Tralala und den Ansprüchen der zeitgenössischen musikalischen Sprache. Mit Puccinis Reise nach Brüssel endet definitiv eine Epoche: seine Epoche.

22

Brüssel, November 1924, und das Nachspiel

Puccini trifft mit Sohn Antonio am Nachmittag des 5. November in Brüssel ein. Schon am nächsten Tag untersucht ihn Doktor Ledoux im Institut Médico-Chirurgical in der Avenue de la Couronne Nr. 1, damals eine der noch nicht sehr zahlreichen Einrichtungen in Europa, die sich mit der neumodischen Röntgenstrahlen-Therapie bei Krebserkrankungen befassen.

Er sei jetzt »in der Hand der Ärzte und Gottes«, schreibt Puccini tags darauf nach Hause und beruhigt die besorgten Verwandten und Freunde: er glaube, daß er geheilt werden könne. Elvira geht noch weiter: sie telegrafiert an Sybil Seligman, der Kehlkopftumor habe sich als gutartig herausgestellt.

Als Puccini den Behandlungsplan erfährt und seine Schwierigkeiten (weil der Tumor ganz unten am Kehlkopf sitze), klammert er sich trotzdem an jede winzige Hoffnung. Am 10. November siedelt er vom Hotel in die Klinik über, und die »Kur« beginnt. Sechs Wochen soll sie dauern. »Ich Armer!« schreibt er an Adami, »und ›Turandot‹?« Die Gedanken daran werden ihm schnell vergangen sein, denn schon der Anfang der Behandlung ist grausam genug: Radium enthaltende Kompressen am Hals sollen wahrscheinlich durch eine Vorbestrahlung die Geschwulst verkleinern. Um die Kompressen liegt ein Wachskragen, offenbar zur Abschirmung der Radiumstrahlen nach außen. Das sei eine Art Folterinstrument, schreibt er an Magrini: »Ich bin am Kreuz wie Jesus!« Auch habe sich sein Zustand verschlechtert, er spucke morgens Blut, aber das sei nicht schlimm, sagt der Arzt.

Riccardo Schnabl ist der erste der Freunde, der Puccini in Brüssel besucht, und er berichtet dann Elvira: alles sei ziemlich schrecklich, aber es bestehe doch Hoffnung; vor allem müsse man Puccini gut zureden, weil er in so schlechter Stimmung sei. Auch Sybil Seligman kommt in diesen Tagen nach Brüssel und bringt Puccini unter anderem ein Kopfkissen.

Solche psychologischen Aufmunterungen tun ihm gut, sein Zustand bessert sich, die Blutungen hören auf, er kann nachts schlafen. Er geht sogar mit Tonio außerhalb der Klinik essen. Er schöpft ein kleines bißchen Mut, obwohl ihn die nächsten Tage wegen der Operation über alle Maßen ängstigen. Niemand dürfe von dieser Erniedrigung seines Körpers wissen, beschwört er den Freund Magrini. Am 19. November schreibt Puccini seine letzten bekannten Briefe: »Ich bin zu allem bereit«, »Hoffen wir, daß sie mich retten!« Sohn Tonio schildert am selben Tag seinen Schmerz, den Vater »so niedergeschlagen und aufgeregt« zu sehen. Seine Angst, vor allem um den seelischen Zustand Puccinis, läßt ihn schließlich Magrini nach Brüssel rufen, wohin auch Puccinis Stieftochter Fosca schon gekommen ist, damit möglichst viele Vertraute um ihn sind, wenn, knapp drei Wochen nach seiner Ankunft in Brüssel, die so gefürchtete und alles entscheidende Operation beginnt.

An diesem 24. November öffnet Dr. Ledoux den Kehlkopf und führt die radiumhaltigen Nadeln direkt in den Tumor ein, um diesen durch eine sogenannte Kontaktröntgentherapie zu zerstören. Außerdem wird ein Luftröhrenschnitt vorgenommen, damit der Patient durch eine Kanüle unter Umgehung des Kehlkopfs atmen kann. Zur Versorgung mit flüssiger Nahrung erhält Puccini eine Nasensonde. Er ist wegen seines labilen Gesamtzustands nicht in Vollnarkose, sondern nur lokal mit Morphium betäubt.

Der schreckliche Eingriff beendet Puccinis menschliche Existenz, obwohl er noch fünf Tage am Leben ist. Aber von nun an kann er nicht mehr sprechen, mit Hilfe von Notizzetteln macht er sich seiner Umgebung verständlich. Ein paar davon sind ehrerbietig aufgehoben worden, deprimierende Dokumente eines wehrlos gewordenen Lebens. »Wie viele Tage bleiben die Nadeln?« fragt Puccini schriftlich, als er am Tag nach der Operation seiner Situation gewahr wird. »Das wird sicher schmerzhaft sein«, lautet seine Reaktion auf die Antwort Antonios, und erschrocken erkundigt er sich noch einmal: »3 Stunden Operation?« »Weißt du es jetzt?« fragt er Antonio und ergänzt: »Ich nicht – sie haben eine Öffnung gemacht – es scheint, daß das Radium zu wirken beginnt.« Und dann die Bewertung: »Sie glaubten, die Erkrankung sei geringer – haben sie die Tumore herausgeschnitten? Sie haben mich geöffnet, um den Kehlkopf zu sehen.« Seine größte Angst ist nach all diesen Schrecken: »Ich fürchte, daß die Operation, daß sie am Ende sehen, daß sie nicht vollständig ist und daß sie dann noch eine machen müssen, und darüber bin ich sicher, ich Armer!« Mit dem Arzt korrespondiert er auf französisch: » Ich atme durch die Kehle, und ich verschlucke auch die Auswürfe – sie sind weniger geworden.«

Am Tag nach der Operation telegrafiert Fosca aus Brüssel an Sybil Seligman: Puccini sei ruhig und sein Zustand normal, die Ärzte seien zufrieden. Die hoffnungsvoll gewünschte Besserung hält einige Tage an. Drei Tage nach der Operation teilen Fosca und Tonio den Verwandten und Freunden mit, Puccini gehe es gut, er habe keine Schmerzen mehr. Auch Carlo Clausetti, der auf einer Reise nach London ein paar Tage in Brüssel Station macht, bestätigt, daß überraschenderweise die besten Hoffnungen bestünden; selbst der gewöhnlich eher skeptische Doktor Ledoux sei dieser Ansicht: Puccini werde geheilt aus seiner Klinik entlassen werden können. Das ist am 28. November geschrieben, und am selben Nachmit-

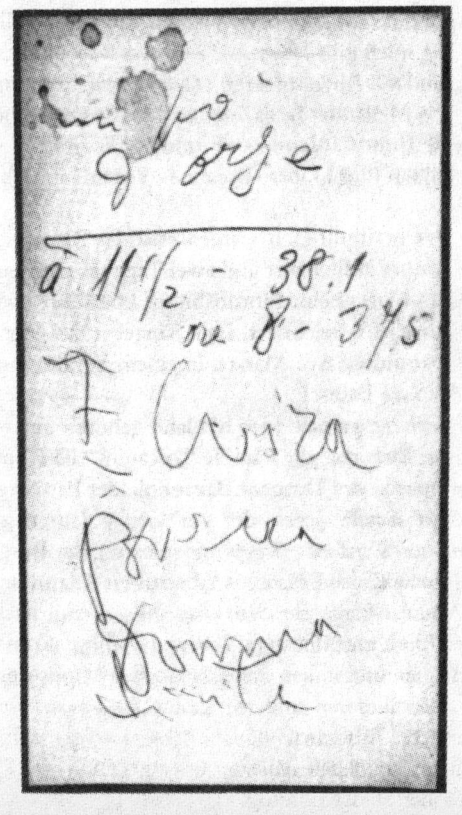

Puccinis letzte Handschrift: Gesprächszettel aus Brüssel

tag informiert Fosca ausführlich Sybil Seligman über Puccinis guten Zustand.

Es ist der gewöhnliche Irrtum unmittelbar vor der Katastrophe. Auf seine Notizzettel schreibt Puccini: »Mir geht es schlechter als gestern – die Hölle in der Kehle – und ich fühle mich verlöschen – frisches Wasser«. Dann vermutlich als allerletztes: »Und Elvira, arme Frau, Ende.« Um neun Uhr abends telegrafiert Clausetti an Adami: »Plötzlich schwere Herzkrise – man befürchtet Katastrophe – wir sind verzweifelt.« Am nächsten Morgen kommt der apostolische Nuntius in Begleitung des italienischen Botschafters in Belgien an Puccinis Sterbebett, um die kirchlich-sakramentale Zeremonie der letzten Ölung zu vollziehen. Und gegen Mittag teilen Tonio und Fosca »gebrochen« der Familie den »kürzlich eingetretenen« Tod des »armen Papa« mit: am 29. November 1924 um 11.30 Uhr.

Am selben Tag noch gibt Mussolini die Nachricht im römischen Parlament bekannt, und die Abgeordneten erheben sich zu Puccinis Ehren von ihren Plätzen. Die Mailänder Scala setzt an diesem Abend die vorgesehene Aufführung von Boitos »Nerone« ab und bleibt geschlossen, die New Yorker Metropolitan fügt in ihre »Bohème«-Vorstellung Chopins Trauermarsch ein.

Die Leiche des berühmtesten zeitgenössischen Komponisten wird in seinem Sterbezimmer aufgebahrt und zwei Tage später in einem Kondukt zur Kirche Sainte-Marie beim Nordbahnhof überführt, wo der Nuntius einen Trauergottesdienst zelebriert. Eine Sängerin des Monnaie-Theaters singt Gounods Schnulze »Ave Maria«. In einem Sonderwagen der Eisenbahn verläßt der Sarg Brüssel.

Zur Trauerempfangsgemeinde in Mailand gehören unter anderen zahlreiche Verwandte Puccinis, die Familie Toscanini, die Komponisten Pizzetti und Montemezzi, der Dirigent Bavagnoli, der Parmiggianer Konservatoriumsdirektor Zuelli (jener, der vor vierzig Jahren gegen Puccinis »Villi« den Einakter-Wettbewerb gewonnen hatte), der Bürgermeister von Lucca, der belgische Konsul, Puccinis Librettisten Adami und Simoni und seine Sänger Amedeo Bassi (der erste »Fanciulla«-Tenor nach Caruso) und Ericlea Darclée (die Uraufführungs-Tosca). Geschmückt mit Kränzen der Könige von Belgien und Italien, des italienischen Ministerpräsidenten, der Familie und vieler anderen und mit einem Kissen aus Veilchen, dessen Widmungsband die Aufschrift »Deine Elvira« trägt, wird der Sarg im Regen zur Kirche San Fedele nahe der Scala gefahren, der Pfarrkirche von Puccinis Mailänder Stadtwohnung.

Am nächsten Tag, dem 3. Dezember, beginnt mittags um halb zwei nach einer familiären Totenmesse in San Fedele die sorgsam und grandios organisierte offizielle Trauerfeier im Mailänder Dom, wofür sogar der Straßenbahnverkehr im Zentrum stillgelegt wird. Der Kardinal-Erzbischof zelebriert den liturgischen Teil, die Kirche ist mit den Dekorationen geschmückt, die schon für die Totenfeier des königlichen Staatsgründers Vittorio Emanuele II. dienten. Das Orchester der Scala spielt unter Toscaninis Leitung das Requiem aus dem dritten »Edgar«-Akt, ein seit vielen Jahren von niemandem mehr gehörtes Stück, das beste aus Puccinis wenig glücklicher frühen Zeit vor den großen Erfolgen. Dann bewegt sich ein unüberschaubarer Trauerzug unter dem noch immer anhaltenden Regen durch die Straßen Mailands, vorbei an schwarz beflorten Häusern, zum Cimitero Monumentale, dem Hauptfriedhof. Auf fast vierzig Wagen werden die Kränze transportiert. Vor dem Sarg marschieren Militäreinheiten, dahinter Antonio, der Sohn, und Fosca, die (Stief-)Tochter. Elvira ist nicht dabei, was wohl eher ihrem psychischen und physischen Entsetzenszustand zuzuschreiben ist, nicht etwa ihrem Desinteresse. Dann folgt alles, was in Mailand Rang und Namen hat, einschließlich der Konsuln von Österreich, Ungarn, Deutschland, Japan, der Schweiz und der Vereinigten Staaten.

Auf dem Friedhof legt Rosina Storchio, Puccinis erste Butterfly, einen Mimosenstrauß auf den Sarg, es sprechen würdevoll ein Minister, die Bürgermeister von Mailand und Lucca, ein Vertreter der Autoren und Künstler und Clausetti für den Verlag Ricordi. Dann wird Puccini im Familiengrab der Toscaninis vorläufig beigesetzt.

Kaum sind seine menschlichen Überreste mit der ihnen gebührenden Feierlichkeit angemessen versorgt, beginnt bereits die Arbeit an seinem künstlerischen Nachlaß. Schon zwei Tage später schreibt Schnabl an den Puccini-Sohn und Alleinerben Antonio, er zweifle, ob Vittadini »den ausreichenden Elan für dieses Finale« habe.

Das heißt: es muß schon unmittelbar nach Puccinis Tod darüber gesprochen worden sein, Franco Vittadini, dem Komponisten unter anderem der »Anima allegra«, die Vollendung der »Turandot« anzuvertrauen. Die Gespräche darüber fanden anscheinend im Familien- und Freundeskreis statt, aus dem auch gestreut wurde, es sei »fast alles vorhanden«, was man für die »Turandot«-Ergänzung brauche. Im Verlag Ricordi dagegen dachte man anscheinend ganz anders. Denn da wurde fast gleichzeitig behauptet, »Turandot« könne »so wie sie ist« noch in der laufenden Saison in der Scala gespielt werden. Offenbar erwog der Verlag allein die Möglichkeit einer Uraufführung der fragmentarischen Version (bis zu Liùs Tod), wie sie bereits gestochen und gedruckt vorlag. Der Gedanke, man könne aus eventuell existierenden Kompositionsskizzen das Finale komplettieren, ist den Verlegern wohl erst gekommen, als Puccinis Familie dessen Hinterlassenschaft gesichtet und die 23 Notenblätter für den Schluß vorgelegt hatte.

In den letzten Wochen dieses Jahres aber war zunächst eine Fülle von anderem zu tun. Zum Beispiel galt es, eine große offizielle musikalische Trauerveranstaltung zu organisieren, losgelöst von den liturgischen Zwängen der Beerdigung. Das war Toscaninis Sache. Am 29. Dezember, dem ersten Monatstag von Puccinis Tod, dirigierte er im Mailänder Konservatorium nachmittags ein Konzert, das mit Gedenkworten des Komponisten Ildebrando Pizzetti eröffnet wurde. Danach spielte das Studentenorchester die Einleitungen zum zweiten Akt der »Villi« und zum dritten der »Manon Lescaut«, und der Hochschulchor sang (sicher zum ersten Mal seit der »geschlossenen« Uraufführung vor knapp zwanzig Jahren) das kleine zu Verdis Gedächtnis komponierte Requiem. Am Abend dirigierte Toscanini in der Scala noch einmal das »Villi«-Stück, dazu Vorspiel und Requiem aus dem dritten »Edgar«-Akt, anschließend folgte eine Aufführung der »Bohème«, die Toscanini seit Carusos Scala-Debut in der Saison 1900/1901 hier nicht mehr geleitet hatte.

Erst lange nach soviel Würde war wieder Zeit für Puccinis offene künstlerische Rechnung, für »Turandot«. Inzwischen war die Entscheidung gefallen, die Oper nicht in ihrer unvollständigen Form aufzuführen, sondern nach Puccinis Skizzen fertigstellen zu lassen. Toscanini soll dafür zuerst Riccardo Zandonai vorgeschlagen haben (wie Vittadini mit Puccini durch die Komposition eines von diesem verworfenen Librettos verbunden, der »Conchita«); aber Antonio Puccini hat ihn angeblich abgelehnt, weil er zu bekannt sei. Daraufhin brachte Toscanini den mit fünfzig Jahren schon recht alten Franco Alfano ins Spiel, der mit seiner Fernost-Oper »La leggenda di Sakùntala« seit 1921 einen gewissen Erfolg erzielt hatte, und der akzeptierte den Auftrag.

Toscanini, inzwischen eine Art Nachlaßverwalter des Freund-Feinds Puccini, mischte sich erheblich in Alfanos Arbeit ein. Sie schien ihm zu selbständig und zu weit entfernt von Puccinis Kompositionsskizzen. Alfano wurde gleichsam in letzter Minute gezwungen, seine Ergänzung, die fast eine eigene Komposition ist, erheblich zu kürzen und von ihm zunächst beiseite gelassene Puccini-Skizzen ziemlich formalistisch einzuarbeiten. Das Ergebnis war schlechter als es hätte sein können; nicht zuletzt der Versuch, soviel authentischen Puccini wie möglich in das Finale der »Turandot« einzubringen, führte zu jener unangenehmen Starre, die dem aufmerksamen Hörer nicht verborgen bleiben kann. Wenn schon »Turandot« nicht als Puccinis Fragment gespielt wird, so sollte man vielleicht Alfanos erste Fassung (sie ist erhalten) der heute gebräuchlichen zweiten vorziehen.

Nach all diesen Querelen fand schließlich die Uraufführung statt: am 25. April 1926 in der Mailänder Scala, fast eineinhalb Jahre nach Puccinis Tod. Sie war zunächst von einem zusätzlichen Problem belastet, das die ohnehin genügend komplizierten Ergänzungs-Sorgen noch vermehrte: Italiens Diktator wollte sich den publizitätsträchtigen Auftritt nicht entgehen lassen und kündigte seine Teilnahme an der Uraufführung an. Mussolini soll verlangt haben, daß am Beginn des Abends »Giovinezza« gespielt werde, die faschistische Hymne; der inzwischen längst antifaschistische Toscanini jedoch habe das abgelehnt und damit gedroht, in einem solchen Fall die Leitung der Aufführung niederzulegen. Da »Turandot« zwar sehr wohl ohne Mussolini, nicht aber ohne Toscanini auskommen konnte, verzichtete der Ministerpräsident schließlich ganz auf den Besuch der Aufführung und ließ als offizielle Begründung mitteilen, »er habe nicht gewollt, daß seine Anwesenheit in irgendeiner Weise die Aufmerksamkeit des Publikums ablenke, die vollständig Puccini gewidmet sein sollte«.

Es wurde einer der bewegendsten Abende in der Operngeschichte – unübersehbar die Schar der Musiker, Interpreten, Kritiker, Prominenten aus Kunst, Gesellschaft und Politik, die die Uraufführung von Puccinis letztem Werk sehen wollten. Die Scala hatte alles aufgeboten, was ihr szenischer Apparat zu leisten in der Lage war. Forzano führte Regie, und Puccini wäre mit dessen Arbeit vermutlich sehr einverstanden gewesen, obwohl die Sänger der Hauptrollen nicht seine liebsten waren: den Tenor Miguel Fleta hatte er schon immer herb kritisiert; Gilda Dalla Rizza, an die er beim Schreiben der Liù-Partie immer gedacht hatte, war nicht dabei; und für die Partie der Turandot hatte er sich nur die Jeritza vorstellen können – er wäre deshalb auch wohl kaum mit der Uraufführungs-Interpretin Rosa Raisa zufrieden gewesen.

Der Erfolg war natürlich groß genug, obwohl die staunende Verblüffung des konservativen Scala-Publikums über Puccinis vergleichsweise schroffe Musik und über die marionettenhafte Dramaturgie des Stücks vielleicht nur wegen des Respekts vor den Pietät gebietenden Umständen dieser Uraufführung nicht zu einer kühlen Reaktion führte. Jedenfalls ist die Zahl der Vorhänge für zeitgenössische italienische Verhältnisse eher ein Indikator für eine nur zögernde Zustimmung: je sechs nach dem ersten und dem zweiten Akt, und es gab auch nicht den üblichen Applaus zwischendrin.

Nach der Szene von Liùs Tod trat bei offenem Vorhang eine völlige Stille aus Unsicherheit über den Fortgang ein, zögernd wandte Toscanini sich zum Publikum und sagte in sichtbar tiefer Bewegung: »Hier endet die vom Maestro unvollendet gelassene Oper, weil der Maestro an dieser Stelle gestorben ist.« Danach fiel der Vorhang, Toscanini verließ das Dirigentenpult, in das Schweigen des riesigen Hauses rief eine Stimme: »Es lebe Puccini!« Aufspringend übernahm das ganze Publikum den traurigen Jubelschrei, Tränen flossen in Strömen, wie Franz Lehár sich später gerührt erinnerte, und auch er selbst weinte.

Erst am zweiten Abend wurde »Turandot« mit Alfanos Ergänzung des Schlusses gespielt, und in dieser Form erschien die Oper noch in diesem Jahr in einigen der wichtigsten Zentren der Puccini-Verehrung: in Buenos Aires, in Dresden, in Wien, in Berlin, in New York (mit Puccinis denkbarem Traumpaar: Maria Jeritza und Giacomo Lauri Volpi). Ein gutes Jahr nach der Uraufführung folgte London und noch einmal ein Jahr später Paris. Mit weitem Abstand zu dem unschlagbaren Trio »Bohème« – »Tosca« – »Butterfly« nimmt »Turandot« seither den vierten Beliebtheitsrang unter Puccinis Opern ein.

Während »Turandot« als das künstlerische Vermächtnis des Komponisten ihren Weg um die Welt antrat, entstand noch eine letzte Auseinandersetzung um seine beinernen Reste. Intensiv bemühte sich die Vaterstadt Lucca, Ort seiner endgültigen Ruhestätte zu werden. Maria Bianca Ginori, die befreundete adlige Nachbarin am Lago di Massaciuccoli, machte der Witwe Elvira jedoch den passenderen Vorschlag: das so lange als Zentrum seines Lebens bewohnte Haus im noch länger geliebten Torre del Lago sollte sein Grab werden. Am 29. November 1926, an Puccinis zweitem Todestag, wurde sein Sarg aus Mailand dorthin überführt, in ein im Erdgeschoß der Villa eigens hergerichtetes kleines Mausoleum.

Simoni und Mascagni, der Freund aus der frühesten künstlerischen Jugend und dann lange sein stärkster italienischer Konkurrent, hielten Trauerreden. Unter des von Puccini geschätzten Gaetano Bavagnolis Leitung musizierten ein 60köpfiges Orchester und ein Chor aus hundert Sängern geistliche Stücke von Mendelssohn und Palestrina und vom Meister selbst das »Crisantemi«-Streichquartett, den »Abbandono«-Teil des »Villi«-Intermezzos, den »Nostalgie-Gesang« aus der »Fanciulla« und den Trauermarsch aus »Turandot«, seine letzte Musik. Dann ist der Weg des lebenden und des toten Menschen Puccini für immer zu Ende.

III Heute – Eine Entfernung

Im öffentlichen Bewußtsein von der Musik des späten 19. und des frühen 20. Jahrhunderts spielt das Werk Puccinis praktisch keine Rolle. Das hängt sicher damit zusammen, daß Puccini zum Fortschritt der musikalischen Kunst wenig beitrug, daß er eher ein charakteristisches Ende zu bezeichnen scheint als einen aufregenden Anfang. Kaum etwas ist geblieben vom Geist, der solche Werke hervorbrachte – will man nicht ihre Motiv-Plünderungen zu Zwecken der Unterhaltungsmusik hierhin rechnen.

Vor allem nachdem Puccini tot war, sind seine professionellen Kollegen herb mit ihm umgegangen. Richard Strauss verglich Puccinis Werk einmal »mit einer delikaten Weißwurst«, die schnell verzehrt werden müsse, während die »kompakter gearbeitete« Salami (= Strauss' eigenes Werk) »eben doch ein bißchen länger vorhält«, und Benjamin Britten sprach von der »Billigkeit und Leere« der »Bohème«-Musik. Mag das noch aus dem berühmten Glashaus geredet sein, aus dem man besser nicht mit Steinen werfen sollte, so trifft sich das doch auch mit Meinungen von gewichtigen Komponisten der avantgardistischen Nachkriegsgeneration, die Puccini schlicht für bedeutungslos halten. Zum Beispiel Luigi Nono: »Die Musik und das Theater Puccinis haben mich nie besonders interessiert, von genauerem Studium ganz zu schweigen.« Zum Beispiel Luciano Berio: »Puccini geht mich nichts an. Ein umfassendes Urteil über Puccini abzugeben, würde mich viel Zeit kosten, und das schiene mir vergeudete Zeit.« Zum Beispiel Pierre Boulez: »Um die Wahrheit zu sagen, ich denke über Puccini überhaupt nichts! Und ich möchte mich weder unter die Anhänger noch unter die Gegner begeben, sondern unter die nicht Vorhandenen.«

Zu den wenigen Abweichlern von dieser Mehrheitsmeinung gehören nur ein paar Autoren sozusagen aus der zweiten Reihe der neuen Musik, die Puccini eine tiefgründige Bedeutung zusprechen: René Leibowitz, Roman Vlad, Sylvano Bussotti. Sie und andere haben in teilweise subtilen Analysen den Nachweis versucht, daß Puccini Kompositionsverfahren der Moderne nahesteht oder doch zumindest ganz auf der Höhe seiner musikalischen Zeit ist. Verwunderlich ist das nicht, und bei genauerer Betrachtung muß jeder sorgfältige Interpret derartige Beispiele finden.

Nicht umsonst schließlich gehörte Puccini zu den aufmerksamsten Beobachtern der zeitgenössischen Musik, deren Partituren er sammelte und studierte, hin und her gerissen zwischen Faszination und skeptischer Distanz. Aber jedenfalls anders als die meisten seines Berufsstands war er kein musikalischer Eigenbrötler: er zeigte sich bereit, die Qualitäten der Konkurrenz zu erkennen und anzuerkennen, pries immer Debussy und (wenigstens teilweise) Richard Strauss, lobte gelegentlich auch seine jüngeren

Landsleute. Von dem heftigen Interesse für Strawinsky und Schönberg war in diesem Buch ausführlich die Rede. Merkwürdig zurückhaltend benahm er sich allerdings gegenüber älterer Musik: die ausdrückliche Verehrung Wagners und einiger Beethoven-Sinfoniesätze ist alles, was bekannt ist – kein Wort zu Bach, Mozart, Berlioz, kaum eines über Verdi. Er muß das alles und noch viel mehr gekannt haben, aber es interessierte ihn wenig. Mag uns aus heutiger Sicht und trotz allen analytischen Bemühungen der Gebildeten unter seinen Nicht-Verächtern seine Musik auch noch so konventionell und traditionell klingen: Puccini interessierte sich nur für das Problem, wie eine *moderne* Oper auszusehen habe, er war und blieb ein Musiker seiner eigenen Zeit, mit einer durchaus nicht traditionalistischen Perspektive.

Das paßt wenig zum angeblich vertrauten Bild seiner Musik, die eben doch weit entfernt scheint vom innovationsfreudigen Hauptweg des 20. Jahrhunderts.

Es hängt eng damit zusammen, daß selbst Puccinis Verehrer sein Werk insgeheim nicht so ernst nehmen, wie es gemeint ist. Zwar leiden eigentlich alle Komponisten unter der üblichen schlampigen Interpretenwillkür, aber im Fall Puccinis übersteigt sie jedes gewohnte Maß. Kein Dirigenten- oder Sängername ist groß genug, um die unerhörte Leichtfertigkeit zu legitimieren, mit der diese Stücke musiziert wurden und werden. Kaum ein prominenter Name fehlt in dieser internationalen Musiksünderkartei: von Mitropoulos bis Karajan, von De Sabata bis Solti, von Callas bis Domingo, von Barbirolli bis Maazel. Neben Toscaninis legendärer »Bohème« von 1946 läßt sich die Zahl der diskutablen Plattenaufnahmen von Puccini-Opern an den Fingern einer Hand abzählen. Da das so ist, kann einstweilen keine Rede davon sein, daß der Komponist Puccini wirklich bekannt wäre.

Bleibt die Frage, ob es sich lohnte, daß er in diesem Sinn »bekannt« würde. Ohne Zweifel ist sein Werk nicht von allererstem Rang. Ihm fehlte der Mut, in einer schwierigen historischen Situation den Sprung aus der konventionellen Musikästhetik in einen bedingungslosen Neuanfang zu wagen. Er suchte seine Probleme als Komponist in einer Zeit des Umbruchs vor dem Publikum zu verbergen und ihm Harmlosigkeit vorzuspielen – was auf fatale Weise gelang. Dennoch rumort dieser Umbruch hintergründig in seinem Werk, während man sich vordergründig dem kulinarischen Genuß »schöner Stellen« hingeben möchte. Die daraus erwachsende hochgespannte Nervosität, die jeglicher Naivität entgegengesetzt ist, macht Puccinis Werk zu einer faszinierenden Erscheinung, die sich freilich nur bei der Lektüre zwischen allen Zeilen erschließt –

die nicht-naive Situation verlangt vor allem auch nicht-naive Hörer und Leser.

Puccini hat die traditionelle Opernästhetik auf hinterhältige Weise zerbrochen, ohne daß dies einem melos-süchtigen Publikum bewußt wurde, und sicher auch nicht einmal dem Komponisten selbst. Da ist einmal das Eindringen des gewissermaßen »gewöhnlichen« Lebens auf die Opernbühne, der Menschen mit Gefühlen von unsereinem, das offene Bekenntnis zu einer Art von spießiger Wirklichkeit, die die Musik zwar sehnsüchtig zu überwinden trachtet, aber in ihrer kurzatmigen Formelhaftigkeit durchaus nicht überwindet. Durch alle noch so exotischen Verhüllungen hindurch scheint die existentielle Wahrheit einer konkreten italienischen (oder sagen wir: europäischen) Situation auf der Schwelle zu unserer Zeit. Puccinis Werk hat so mit uns zu tun, weil es in seinem stofflichen Inhalt sich unserem seelischen Alltag stellt und diesen nicht etwa »überhöht«.

Zugleich hat dieses Werk auch teil an theatralischen Entwicklungen, die erst in Puccinis letzten Lebensjahren Gemeingut der Moderne wurden. Dabei sind einzelne »Modernismen« seiner musikalischen Sprache (die traditionelle Kompositionsverfahren spekulativ brechen, während sie ihnen zu folgen scheinen) weniger wichtig als der Grundriß von Puccinis operndramaturgischem Konzept. Es ist das Konzept einer Diskontinuität, in der nicht mehr leicht zu verfolgende Geschichten erzählt werden (wie etwa noch bei Verdi und sogar bei Wagner), sondern Zusammenhänge in quasi zufällige Einzelsituationen zerlegt erscheinen.

Sein Interesse an Opernstoffen wird gerade von der Möglichkeit bestimmt, die scheinbare Logik einer kontinuierlichen Handlung zu vermeiden. In manchen Fällen (»Manon Lescaut«, »La Bohème«) hat Puccini absichtsvoll Libretto-Teile verworfen, die der »vernünftigen« Verknüpfung von Handlungssträngen dienen sollten. An Belascos »Madame Butterfly«, deren Sprache er überhaupt nicht verstand, hat ihn als erstes die a-logische Raffung einer ganzen Nacht in ein knapp viertelstündiges Licht-Spiel fasziniert. Sogar die beiden Bilder der »Villi« erproben schon diese Dramaturgie: die Verknüpfung geschieht hier außer durch ein musikalisches Zwischenspiel von quasi sinfonischem Charakter auch noch durch gesprochene Verse. Und selbst die Stoffe, die Puccini unter den schließlich nicht komponierten am meisten beschäftigt haben, folgen in ihren Szenarien überwiegend diesem Modell: »Maria Antonietta«, »Conchita«, »Anima allegra«, »I Zoccoletti« – sie alle sollten aus Einzeltableaus bestehen, in der Handlung wenig miteinander verbunden.

Diese Kleinteiligkeit, das den Rahmen der konventionellen Handlungsoper sprengende Bekenntnis zur Kurzform, wird am deutlichsten in dem frühen Gorki-Projekt, das sich endlich – mit anderen Inhalten – im »Trittico« realisierte: drei unverbundene Einakter, die hintereinander gespielt einen Opernabend ergeben. Die so beharrlich über ein Jahrzehnt verfolgte Idee korrespondiert erkennbar dem Modell einer instrumentalen Sinfonie (Allegro – Adagio – Rondo), deren abstrakt-strenge Struktur in die formal eher beliebige Oper eingebracht werden soll. Fast um die gleiche Zeit hat Alban Berg den einzelnen Bildern seines »Wozzeck« die strenge Gestalt von Formen der Instrumentalmusik gegeben.

Es sei nicht übersehen, daß die runde Hälfte des Puccinischen Œuvres unter solchen Gesichtspunkten konventionell bleibt, nämlich nicht nur der früh mißlungene »Edgar«, sondern auch die musikalisch reifen Stücke »Tosca«, »La Fanciulla del West«, »La Rondine« und »Turandot«. Immerhin fällt auf, daß sie mit Ausnahme der ziemlich rasch gefertigten »Tosca« Puccini ganz erhebliche dramaturgische Schwierigkeiten machten, die auch gerade damit zusammenhängen dürften, daß diese Stücke seiner Vorstellung von einer modernen Oper wenig entsprachen.

Man meint der Musik dieser Werk-Gruppe die ambitiöse Anstrengung anzuhören, mit der die zurückgebliebene Dramaturgie des Stoffs gewissermaßen überspielt wird. Ihre Musik ist durchgehend »einheitlicher« als die der dramaturgisch »progressiven« Opern, stark leitmotivisch gearbeitet, »sinfonisch«, wenn man so will. Sie steht eher für sich, braucht weniger die szenische Abbildung der Handlung.

Aber auch bei diesen Opern wie erst recht in den anderen Fällen wäre endlich der Versuch zu unternehmen, Puccinis dramaturgisches Konzept mitzuinszenieren und sich nicht mehr länger historisierend daran vorbeizuschwindeln. Soweit ich weiß, ist bisher nicht ernsthaft versucht worden, Puccinis Opern vom szenischen Plunder der Jahrhundertwende zu erlösen. Dieser Test, dem alle anderen bedeutenden Bühnenwerke der Musikgeschichte längst unterworfen sind und der auch ihre Aktualität prüft, könnte bei Puccini ein unerwartetes Ergebnis bringen: seine Stücke erwiesen sich vielleicht dann erst als die zeitlos aktuellen Chiffren menschlicher Mythen, die sie sind. Denn keineswegs spielt »Manon Lescaut« nur im französischen Rokoko, »La Bohème« nur im Paris der 1830er Jahre, »Madama Butterfly« nur in einem halbkolonialistischen Japan, das »Trittico« nur in irgendwelchen zeitlich weit voneinander entfernten historischen Dekorationen. Vielmehr sind diese Opern wie alles bedeutende Musiktheater Abbilder ihrer eigenen Zeit und damit in einem ernsthaften Sinn jeder Zeit. Es wäre deshalb von Puccini-Inszenierungen zu träumen, deren zeitliche und räumliche Fixierung durchsichtig würde für ihren endlos mythischen Charakter. Was Patrice Chéreau am Welttheater von Wagners »Ring« geleistet hat, steht für Puccinis Seelendramen noch aus – auch wenn ein merklicher Qualitätsabstand erhalten bleiben mag, aber vielleicht ist auch das ein Irrtum, den bloß die schändliche Einfallslosigkeit und Belanglosigkeit aller bekannten Puccini-Inszenierungen verursacht.

Fiele sie weg, dann ließe Puccini sich vielleicht hören als ein Komponist in der Nachbarschaft der neuen Musik, ließe er sich vielleicht begreifen als ein Mensch in der Krise des europäischen Bewußtseins, die sich in Italien oft deutlicher und früher manifestierte als in anderen Ländern. Mit dem dann entstehenden Bild eines anderen Puccini sich zu beschäftigen, hieße auch den Horizont ästhetischer Erfahrung (die immer auch gesellschaftliche Erfahrung ist) neu und anders bestimmen. Denn zumindest kann man an Puccini begreifen, daß Konservatismus und Progressivität keine säuberlich geschiedenen Gegensätze sind, sondern auf komplexe Weise in vielfältiger Beziehung zueinander stehen. Puccinis an ihrer Oberfläche »wohllautende« Musik enthüllt in ihrem Hintergrund jeglichen Wohllaut als nur vermeintlich, sie verharrt nicht im Konservatismus eines schönen Scheins, sondern wird in einem dialektischen Prozeß progressiv.

Ob nämlich ein Künstler konservativ oder progressiv ist, entscheidet sich letzten Endes nicht an seinen künstlerischen Mitteln, sondern am Bewußtsein, mit dem er sich seiner historischen Situation stellt, und an den Konsequenzen, die er daraus zieht. In diesem Sinn sind die Werke »konservativer« Komponisten nicht eigentlich ein Reflex ihrer Zeit, geben wenig wieder von deren Stimmung, erhellen nichts von der historischen Situation, der sie ihre Entstehung verdanken. Sie nutzen ein paar technische Funde der jeweils letzten Jahre und scheinen deshalb auf den flüchtigen Blick »modern« zu sein und auf dem neuesten Stand. Sie bauen aufwendige Fassaden, aber keine Innenräume. Das macht ihre Leere aus, die erst der zweite, genauere Blick wahrnimmt. Konservative Musik, Unterhaltungsmusik im tiefsten Sinn, ist handwerklich meistens ziemlich gut »gemacht«, weil sie die Löcher ihres falschen Bewußtseins besonders gut zudecken muß. Progressive Musik dagegen zeigt ihren Selbstzweifel offen vor, ihr fehlt es häufig an technischer Perfektion, sie ist nie elegant, sie löst selten Probleme, sondern wirft sie auf. Die Frage, die solche Musik permanent stellt, heißt: Wie kann man heute komponieren?

Puccinis Musik *stellt* diese Frage. Ihr Weltbild ist sozusagen das Bild eines neuen Klangs aus traditionellen Mitteln. Ihr Fortschritt besteht darin, daß sie begriffen hat, an welcher historischen Stelle sie sich befindet. Es kann keine Rede davon sein, daß sie die Probleme dieser historischen Stelle gelöst hätte – aber sie war sich dieser Probleme immerhin bewußt. Das macht sie zu fortschrittlicher Musik. Das unterscheidet sie vor allem von Musik, die bewußtlos einen mehr oder weniger zufällig erreichten technischen Stand reproduziert, ohne die Frage nach seinem Grund zu stellen. Die populären Operetten beispielsweise des frühen 20. Jahrhunderts sind deshalb bedeutungslos, weil sie musikalisch so tun, als habe sich seit Beethoven nichts weiter verändert als das Orchester-Instrumentarium und irgendwelche Modulationsweisen. Und manche »neue« Musik ist nicht weniger bedeutungslos, weil ihr vor lauter technischen Problemen der Affekt abhanden gekommen ist. Nicht ihre Mittel machen Musik gut oder schlecht, sondern ihr Bewußtsein. Und da Musik die Kunst des kalkulierten Affekts ist, gehört eben beides dazu: die Kalkulation *und* der Affekt. Die Wahrheit der Musik entsteht aus der unterschiedslosen Verschmelzung von beidem. Weil das so schwer ist, gibt es in diesem Sinn aus allen Jahrhunderten nicht allzuviel wirklich große Musik.

Zweifellos gehört Puccinis Werk nicht dazu, er ist ein zweitklassiger Komponist. Aber einer, den das Problem des Zeitbewußtseins von Musik immer bewegt hat. Und dieses Zeitbewußtsein ist nicht eine Frage des ganz neuen Anfangs, eines Bruchs also mit der Tradition, sondern ihrer Reflexion. Daß Puccini insofern alles andere als ein naiver Künstler war, läßt sich seiner Musik anhören – wenn man nur ein bißchen genauer hinhört.

Puccini von hinten (Zeichnung von Enrico Caruso)

Anhang

A

Zur Quellenlage der Puccini-Forschung

Das wichtigste Fundament jeder seriösen Puccini-Biographie ist die Korrespondenz des Komponisten. Obwohl der leidenschaftliche Briefeschreiber seinen schriftlichen Äußerungen nur sehr wenig darüber anvertraut hat, was ihn menschlich und künstlerisch wirklich bewegte, sind sie bei aller Banalität oft das zuverlässigste Hilfsmittel für die einigermaßen korrekte Rekonstruktion einer Chronik – zunächst einmal die Mindestvoraussetzung einer ernsthaften Beschäftigung mit Puccini.

Da Puccini bereits früh berühmt war, haben viele seiner Korrespondenzpartner glücklicherweise auch früh begonnen, seine Briefe aufzubewahren. Insgesamt sind in diversen Buchausgaben und in (zum Teil abgelegenen) Zeitschriften rund 2000 Briefe Puccinis vollständig oder (häufiger) auszugsweise gedruckt. Etwa ebenso viele unveröffentlichte sind mir darüber hinaus bekannt. Ich schätze jedoch, daß noch einmal an die tausend Briefe irgendwo unbekannt verwahrt werden. Vermutlich sind ferner eine ganze Reihe während des Zweiten Weltkriegs verlorengegangen, auch von den zuvor schon veröffentlichten. Das bleibt bedauerlich genug; denn in aller Regel ist es nicht ratsam, sich auf die publizierten Texte zu verlassen.

Die Veröffentlichungen sind um so unzuverlässiger, je älter sie sind. Das gilt besonders für die bereits 1903 von Puccinis Freund Paladini in einer Artikelserie der Zeitschrift »Musica e Musicisti« des Verlags Ricordi publizierten Familienbriefe aus der Jugend des Komponisten, aber auch für die wenige Jahre nach Puccinis Tod erschienene bedeutende Sammlung von rund 200 Briefen, die von den Jugendjahren bis in seine letzten Tage reichen und die sein späterer Librettist Giuseppe Adami herausgegeben hat. Bis heute gehören diese Briefe selbstverständlich zum Fundus jeder Puccini-Biographie. Aber sie sind in vielen Fällen offensichtlich gekürzt, verändert, zusammengefaßt, falsch datiert. Nur in wenigen Fällen sind die Originale bekannt.

Diesen frühesten Briefausgaben sind spätere mit erheblich solideren Editionskriterien gefolgt. Sie haben jedoch die Probleme nicht immer vermindert, weil auch sie auswählten und unter moralischen oder geschmacklichen Gesichtspunkten kürzten. Wer sich nur auf die veröffentlichten Briefe stützt, ist allzusehr in der Hand ihrer Herausgeber. So ist Puccinis höchst wichtige und umfangreiche Korrespondenz mit seiner innigen Freundin Sybil Seligman nur ungefähr zur Hälfte publiziert und nur in (allerdings recht guter) englischer Übersetzung (1938); ein Blick in die noch vorhandenen Originale demonstriert, was jedem Biographen entgeht, der diese Originale nicht kennt.

Ähnliches gilt für die bisher umfangreichste Ausgabe von Puccini-Briefen, die Eugenio Gara zum 100. Geburtstag des Komponisten vorlegte. Seit dreißig Jahren bilden diese rund 800 Briefe den Grundstock jeglicher Puccini-Forschung. Aber auch diese dankenswert ausführlich kommentierte Ausgabe leistet sich gelegentliche Auslassungen (gerade auch an biographisch wichtigen Stellen), selbst dort, wo sie schon vorher an entlegenen Stellen veröffentlichte Briefe wiedergibt.

Was danach kam, hat solche editorischen Prinzipien kaum mehr akzeptiert, allerdings auch nur selten in der Summe so wichtige Texte zur Verfügung gehabt: Giuseppe Pintorno 1974 in seiner Edition der Sammlung des Dante Del Fiorentino, Arnaldo Marchetti 1976 in seiner Ausgabe von vor allem familiären Briefen aus dem Nachlaß von Puccinis Lieblingsschwester Ramelde und ihrer Familie, Simonetta Puccini 1981 in ihrer Publikation der Briefe Puccinis an seinen Freund Schnabl-Rossi. Neben einigen kleineren Veröffentlichungsserien in Zeitschriften haben vor allem diese jüngeren Briefeditionen viel zur besseren Kenntnis von Puccinis Leben und von der Entstehung seiner Werke beigetragen. Dennoch machen auch sie wie gesagt die Beschäftigung mit den jeweiligen Originalen nicht überflüssig.

Ich habe mich für dieses Buch bemüht, die publizierten Briefe mit den Originalen zu vergleichen und so viele unpublizierte Briefe wie möglich aufzutreiben – was, abhängig von den Besitzverhältnissen, unterschiedliche Schwierigkeitsgrade aufweist. Leider hatte Puccini nicht (wie Richard Wagner) eine Cosima, die alles zusammentrug, was den Meister betraf. So sind wichtige Puccini-Briefsammlungen in der ganzen Welt verstreut. Nur zu einem Teil gehören sie inzwischen öffentlichen Bibliotheken und sind dadurch einigermaßen zugänglich. Als wichtigste sind zu nennen:

- GARDONE (GARDASEE): Il Vittoriale degli Italiani:
  Briefe an D'Annunzio (zum größten Teil veröffentlicht)
- LUCCA: Archivio di Stato, Archivio Storico Comunale und Biblioteca Statale:
  Briefe an verschiedene Empfänger, hauptsächlich aus Lucca und Umgebung
  (zum größten Teil unveröffentlicht)
- MAILAND: Conservatorio di Musica »Giuseppe Verdi«:
  Briefe an Riccardo Schnabl-Rossi (praktisch vollständig veröffentlicht)
- MAILAND: Bibliothek des Museo teatrale alla Scala:
  Briefe an Angelo Eisner und Renato Simoni und wenige andere
  (fast alle veröffentlicht)
- MONTECATINI TERME: Accademia d'Arte:
  Briefe an verschiedene Empfänger aus der Sammlung von Dante Del Fiorentino
  (vollständig veröffentlicht)
- NEW YORK: New York Public Library:
  Briefe an Toscanini (in den wichtigsten Teilen veröffentlicht)
- NEW YORK: Pierpont Morgan Library:
  Briefe vor allem familiären Inhalts (unveröffentlicht)*
- PIACENZA: Biblioteca Passerini Landi:
  Briefe an Illica (zu einem wichtigen Teil veröffentlicht)
- WASHINGTON, D.C.: Library of Congress:
  Briefe an verschiedene Adressaten (unveröffentlicht)
- CAMBRIDGE, MASS.: Harvard University:
  Briefe an Soldani (zum Teil veröffentlicht)

Etwa die Hälfte der mir bekannten Puccini-Briefe befindet sich in Privatbesitz, und ihre Besitzer gehen damit nicht immer so um, wie es im Interesse der Wissenschaft läge. Gelegentlich gewähren sie überhaupt keinen Zugang, oft nur zögernd, oder sie verwischen gar die

---

* Ein Teil dieser Briefe stammt vermutlich aus einem größeren Paket, das gegen Ende des Zweiten Weltkriegs von amerikanischen Soldaten aus der Puccini-Villa in Viareggio entwendet wurde. Der weitaus größere Teil dieses Diebstahls landete zunächst in der New York Public Library (Marek zitierte daraus in seiner Puccini-Biographie), wurde von dort nach Italien zurückgegeben und ist heute im Besitz der Fondazione Giacomo Puccini in Lucca.

Spuren, die zu ihrem Besitz führen (in Italien vielleicht auch aus steuerlichen Gründen, da Puccini-Autographe inzwischen zu absurd hohen Preisen gehandelt werden). Hinzu kommt, daß private Bestände durch Erbvorgänge geteilt oder auch verkauft worden sind (Hunderte allein in den letzten zwanzig Jahren), und nicht immer sind die Käufer bekannt. Wichtige private Sammlungen besitzen folgende Personen und Einrichtungen:

- CELLE DEI PUCCINI: Museum im Haus der Familie Puccini:
Briefe an verschiedene Adressaten aus dem Besitz der schwesterlichen Familie Franceschini (zum großen Teil veröffentlicht)
- FLORENZ: Familie Giaccai:
Briefe derselben Herkunft (z. T. veröffentlicht, mir nur zu einem kleinen Teil zugänglich)
- LUCCA: Familie Bardawil:
Briefe derselben Herkunft (zum großen Teil veröffentlicht)
- LUCCA: Fondazione Giacomo Puccini:
Briefe vor allem an Elvira Puccini sowie an und von Giulio Ricordi – überwiegend wohl aus Puccinis Privatbesitz und nach dem erwähnten Diebstahl hierher zurückerstattet (zum größeren Teil unveröffentlicht). Die Fondazione, die auch die Museen im Geburtshaus und in Torre del Lago betreibt, gibt sich besonders verschlossen, vor allem wohl wegen eines Rechtsstreits mit Simonetta Puccini. Was sonst noch in ihrem Besitz ist, entzieht sich meiner Kenntnis – trotz mehrfachen schriftlichen und persönlichen Interventionen erhielt ich darüber nicht einmal eine vage Auskunft; allerdings durfte ich Fotos von rund 200 Briefseiten erwerben.
- MAILAND: Archiv des Verlags Ricordi:
Briefe an Giulio und Tito Ricordi und an ihre Nachfolger in der Verlagsleitung sowie an andere Verlagsangestellte (zum Teil veröffentlicht); hier sind auch rund 1500 Kopien von Verlagsbriefen an Puccini aufbewahrt (zu einem sehr kleinen Teil veröffentlicht).
- MELBOURNE/DERBYSHIRE: Mrs. Tessa Melen:
Briefe an Sybil Seligman (zum großen Teil veröffentlicht, weitaus überwiegend aber nur in englischer Übersetzung, einige Originalfassungen bietet die italienische Ausgabe von Carners Puccini-Biographie).
- LA PIAGGETTA/LUCCA: Familie Gaddi Pepoli: Briefe an Maria Bianca Ginori Lisci (alle veröffentlicht).

Es bleibt ein bedauerlich großer Rest. Ein Paket von Briefen an Alfredo Caselli, woraus ich nur Einzelstücke gesehen habe und aus dem Greenfeld zitieren konnte, soll demnächst veröffentlicht werden; bei unbekannten privaten Käufern sind rund 400 Briefe an Alfredo Vandini verschwunden, die nur zum Teil publiziert sind, ebenso rund 200 Briefe an Sybil Seligman; mir unbekannt ist der Besitzer der Briefe an Rose Ader (alle unveröffentlicht); die Briefe an Gilda Dalla Rizza (zum Teil veröffentlicht) waren vor kurzem im Besitz eines Münchner Antiquars, der sie jedoch nicht einmal für eine Lektüre freigeben wollte; verschollen sind die äußerst wichtigen Briefe an Adami (sicher nur zum Teil veröffentlicht), an Forzano, Zangarini und Civinini (nur zitatweise veröffentlicht) sowie an Pieri, Giacosa und Sonzogno (zum Teil veröffentlicht) und an viele andere.

Es liegt also nahe, daß durch neu oder wieder auftauchende Briefe manche Vermutungen oder Behauptungen dieses Buchs präzisiert oder korrigiert werden können. Angesichts der beschriebenen Quellenlage muß nämlich auch diese Biographie trotz aller beabsichtigten Sorgfalt ihre Fehler haben. Es ist zu hoffen, daß andere Forscher zu nützlichen Korrekturen beitragen. Um zu sichern, was heute bekannt ist, unterhalte ich ein einige tausend Nummern umfassendes Briefregister, das Ergänzungen zugänglich ist.

Nichts Neues mehr ist dagegen von einer zweiten Art von Quellen zu erwarten: von der umfangreichen und bei aller Ungenauigkeit nicht unwichtigen Erinnerungsliteratur. Denn Freunde und Bekannte Puccinis leben inzwischen nicht mehr, so daß sie künftig seinem in der Geschichte schwankenden Charakterbild weder nutzen noch schaden können. Allerdings sind die zahlreich vorhandenen, überwiegend hymnischen, zum Teil auch in propagandistischer Absicht geschriebenen Erinnerungsdarstellungen nach wie vor als sozusagen sekundäre Quellen von Bedeutung. Gerade in ihrer ziemlichen Distanzlosigkeit bewahrt diese Literatur Schätze ungefilterter Eindrücke und Erfahrungen, die aber einer äußerst kritischen Bewertung unter Gesichtspunkten der Plausibilität bedürfen: es lohnt sich, alle nennenswerten Fakten wie Aufführungsdaten, Reisetermine und dergleichen mit Hilfe anderer Quellen und Dokumente nachzurecherchieren, was dank der zeitlichen Nähe in vielen Fällen noch möglich ist. Allerdings kostet das Mühe, und die muten sich selbst neueste Puccini-Darstellungen im allgemeinen nicht gern zu; sie schreiben oft lieber an den Erinnerungsbüchern entlang und nehmen für bare Münze, was dort nur der skurrilen Verherrlichung dienen sollte. Jeder ernsthaften Beschäftigung mit Puccinis Leben stellt sich im Gegensatz dazu zunächst aber vor allem das Problem, in den Schutthalden falscher Traditionen nach so etwas wie Wahrheitskernen zu graben.

Da dies eine zentrale Aufgabe jeglicher Personal-Monographie ist, gewinnt auch jede gute neue Arbeit in diesem Bereich eine Art von »tertiärem« Quellencharakter. Im Hinblick auf Puccini gilt das für drei Biographien, die allerdings schon in den fünfziger Jahren erschienen sind: 1951 die von George R. Marek in New York, 1958 (in Puccinis 100. Geburtsjahr) die von Mosco Carner in London und von Claudio Sartori in Mailand. Alle drei präsentierten eine Fülle neuen Materials, und zwar noch vor der grundlegenden Briefausgabe Garas, die ebenfalls von 1958 stammt. Daß ihnen vieles unbekannt war, was danach erst zum Vorschein kam, ist kein Wunder; daß sie viele Fehler enthalten, ebensowenig. Aber sie machten sich wenigstens die Mühe, ihren Gegenstand so ernst zu nehmen wie nur irgend möglich. Danach ging's bergab.

Abgesehen von unwesentlichen Ergänzungen haben die späteren Veröffentlichungen nichts Neues mehr gebracht, obwohl ihnen viel mehr Material zur Verfügung stand als der ersten Autorengeneration. Im Gegenteil: der überwiegende Verzicht auf eigene Quellenrecherchen – wohl in der Meinung, es sei ja bereits alles hinreichend aufgearbeitet – hat häufig neue Fehler entstehen lassen. Eher haben kleinere und bescheidenere Arbeiten in den letzten zwei bis drei Jahrzehnten dazu beigetragen, manches Detail von Puccinis Biographie aufzuklären. Sie sind leider gelegentlich in nicht leicht zugänglichen regionalen Zeitschriften erschienen. Hier sind vor allem Gino Arrighi, Giorgio Magri und Arnaldo Marchetti zu nennen, aber auch das neuere Buch des Journalisten Aldo Valleroni, der bei Bekannten Puccinis neu recherchiert und dabei manche überraschende Entdeckung gemacht hat. In jüngster Zeit trägt besonders der Musikwissenschaftler Jürgen Maehder zur Intensivierung der Puccini-Forschung bei; seine angekündigte zusammenfassende Monographie über Puccinis Opern ist leider noch nicht erschienen.

Viel verdankt die Puccini-Forschung der letzten Jahre Simonetta Puccini, der Enkelin des Komponisten. Sie ist eine uneheliche Tochter von Puccinis einzigem Sohn Antonio (der dann nicht Simonettas Mutter, sondern später Rita D'Anna heiratete, mit der er jedoch keine Kinder hatte). Während nach Antonio und Rita Puccinis Tod (1946 beziehungsweise 1979) das Erbe materiell und ideell zerstreut zu werden drohte, erkämpfte Simonetta sich gerichtlich die Anerkennung als Tochter Antonios und ein gewisses Verfügungsrecht über den Nachlaß des Komponisten, soweit er noch im Familienbesitz war. Die rechtlichen Auseinandersetzungen dauern noch immer an. Simonetta Puccini hat sich in zahlreichen eigenen oder von ihr angeregten Veröffentlichungen engagiert und der Puccini-Forschung den größten Auftrieb seit 1958 gegeben.

Zur Quellenlage der Forschung gehört bei einem Musiker ganz besonders auch der Zustand seiner Werkausgaben. Für einen Komponisten des 20. Jahrhunderts ist Puccini dabei vergleichsweise gut bedient: sein für die Opern fast exklusiver Verlag Ricordi bietet alle bei ihm verlegten Werke im Klavierauszug an und die meisten auch als Studienpartituren. Bedenkt man, daß die Partitur eines klassischen Hits wie der Straußschen »Fledermaus« erst fast ein Jahrhundert nach der Uraufführung zum ersten Mal gedruckt wurde, so läßt sich ermessen, wie gut Puccini von seinem Verlag behandelt wurde und wird.

Zwar genügen die Ricordi-Ausgaben keinen strengen wissenschaftlichen Ansprüchen, und eine historisch-kritische Edition ist dort angeblich erst in ihren Anfängen. Allerdings dürfte sie auch kaum die Bedeutung haben, die ihr bei anderen Komponisten zukommen kann. Puccini hat die von Ricordi heute vertriebenen Fassungen im wesentlichen autorisiert, und die vor Jahren gegen den Verlag erhobenen Vorwürfe (vgl. zusammenfassend Bögel, S. 207ff.), seine Puccini-Ausgaben seien ganz unzuverlässig, gehen deshalb wohl einigermaßen ins Leere: es ist mehr als zweifelhaft, ob Abweichungen der Druckfassungen von den im Ricordi-Archiv aufbewahrten autographen Partituren als »Fehler« betrachtet werden dürfen oder Puccinis Zustimmung gefunden haben – akzeptierte er doch selbst Korrekturen Dritter, etwa Toscaninis bei »Manon Lescaut«.

Wichtiger schiene mir, eigenständige Erstfassungen zu publizieren. Das dringendste Desiderat wäre dabei eine Rekonstruktion der Urfassung von »Madama Butterfly«, die Puccini unter äußerlichen Zwängen einschneidend verändert hat und die zumindest als Alternative zur gewohnten Version nicht nur professionellen Puccini-Forschern geläufig sein sollte. Kaum möglich scheint dagegen eine Wiederherstellung der vierakigen »Edgar«-Urfassung – jedenfalls nicht, solange die Partitur des vierten Akts verschwunden bleibt. Oder sollte sie sich doch noch in der der Wissenschaft einstweilen verschlossenen Puccini-Villa in Torre del Lago finden lassen?

Anderes gilt für Puccinis einzige Oper, die nicht im Verlag Ricordi erschienen ist, »La Rondine«. Bis heute vertreiben die Wiener Universal-Edition als Nachfolger von Eibenschütz & Berté und der »Ur«-Verlag Sonzogno gemeinsam nur die Erstfassung, obwohl Puccini viel Mühe auf eine zweite und eine dritte verwandt hat. Letztere ist nie aufgeführt worden, obwohl sie ganz eindeutig dem endgültigen Willen des Komponisten entspricht und eine Verbesserung des im ganzen nicht sehr glücklichen Stücks bedeutet. Zwar ist das Autograph der Partitur seit dem Zweiten Weltkrieg verschwunden und wohl mit dem Sonzogno-Archiv zerstört worden; doch ließe sich diese Fassung letzter Hand aus dem in wenigen Exemplaren erhaltenen Klavierauszug mit vergleichsweise hoher Authentizität rekonstruieren.

Schließlich noch ein kurzer Blick auf Puccinis wenige Werke außerhalb der Opern. Sie sind zwar allesamt von geringerer Bedeutung, aber einige verdienten schon aus historisch-dokumentarischen Gründen eine Veröffentlichung oder eine Neuauflage. Verfügbar sind die Messe (als Klavierauszug) und die Vokalkompositionen (die meisten in der Ausgabe Michael Kayes »Songs for Voice und Piano«, New York 1985/1988); es fehlen vor allem die jugendlichen Orchesterstücke und Puccinis erstes überhaupt aufgeführtes Werk, die Motette von 1878, deren Autograph ich bei der Arbeit an diesem Buch wiederentdeckt habe.

Aus alledem ergibt sich, daß die Arbeit an einer definitiven Puccini-Biographie noch immer gleichsam ein »work in progress« bleibt – vielleicht eine Arbeit für unsinnig spezialisierte Experten. Sie mag die Menschheit nicht weiterbringen (Zitat einer Kollegin); aber sollte es nicht von lohnendem Interesse sein, über den erfolgreichsten E-Musik-Komponisten dieses Jahrhunderts soviel wie möglich zu wissen?

B

Chronologisches Verzeichnis von Puccinis Aufenthalten, Reisen und Theaterbesuchen

Dieses Verzeichnis ist der Versuch, den Nachvollzug von Puccinis umfangreichen Reiseaktivitäten zu erleichtern. Es beruht ausschließlich auf mir bekannten Dokumenten und ist deshalb natürlich lückenhaft.

Alle ausländischen Aufenthaltsorte und die längeren italienischen Aufenthalte (ab etwa zwei Wochen) sind durch Großbuchstaben hervorgehoben, die Aufführungen von Puccini-Opern durch Kursivschrift. Die Daten der Theaterbesuche bezeichnen bei Puccinis eigenen Opern im allgemeinen nur den Tag der Premiere, auch wenn der Komponist mehrere Vorstellungen besucht hat. Die Titel werden auch bei fremdsprachigen Aufführungen in der Regel in der Originalsprache angegeben.

Abkürzungen:

BE	=	Belgische Erstaufführung
DE	=	Deutsche Erstaufführung
EE	=	Englische Erstaufführung
FE	=	Französische Erstaufführung
IE	=	Italienische Erstaufführung
NAE	=	Nordamerikanische Erstaufführung
ÖE	=	Österreichische Erstaufführung
SAE	=	Südamerikanische Erstaufführung
SE	=	Spanische Erstaufführung
T.	=	Teatro, Theater, Théâtre, Theatre
UA	=	Uraufführung
UE	=	Ungarische Erstaufführung

Daten	Orte	Aufführungen
1858—1880		1858—1880
22. 12. 1858—Herbst 1880	LUCCA In dieser Zeit vermutlich im Sommer 1874 Ferienaufenthalt in Mutigliano; 1876 Wanderung nach Pisa Auftritte mit Tanzkapelle in Bagni di Lucca, Ponte a Seraglio, Lerici.	wahrscheinlich verschiedene Aufführungen im T. del Giglio nach 11. 3. 1876 Verdi: Aida (T. Nuovo)
ab Okt. 1880	MAILAND	Nov./Dez. Meyerbeer: L'Etoile du Nord (T. Dal Verme) Auber: Fra Diavolo (T. Carcano) 7. 12. Bizet: Carmen (T. Dal Verme)
1881—1883	Fast immer in MAILAND	1881—1883 vermutlich verschiedene Aufführungen in Mailänder Theatern, sicher: nach 27. 2. 81 Weber: Freischütz (IE T. Scala) eventuell Wagner-Aufführungen in Mailand, Bologna oder Turin nach 17. 3. 83 Catalani: Dejanice (UA T. Scala) nach 28. 3. 83 Gounod: La Rédemption (T. Scala)
ca. 20.—24. 7. 1883 ab ca. 7. 8. 1883	Sicher auch längere Aufenthalte in LUCCA, nachweisbar jedoch nur: Lecco LUCCA von hier Mitte September einige Tage in Mailand	
1884 Ende Jan.—7. 6.	MAILAND	1884 4. 5. Zuelli: La Fata del Nord und Mapelli: Anna e Gualberto (UA T. Manzoni) 31. 5. *Le Willis* (UA T. Dal Verme)
8. 6.—Ende Juni	von hier 4./5. 6. in Bellano LUCCA	

Daten	Orte	Aufführungen
	von hier 15./16. 6. in Florenz	
frühestens 24. 6.–6. 7.	TURIN (Via Sant'Agostino 15)	
7. 7.	Mailand	
8./9. 7.	Bellano	
10. 7.	Mailand	
anschließend	CAPRINO BERGAMASCO	
Mitte–Ende Juli	LUCCA	
Ende Juli–Ende Sept.	MAILAND	7. 9. wahrscheinlich Wagner:
	von hier Mitte Sept. vielleicht	Rienzi (T. Dal Verme)
	in Valcava bei	
	Caprino Bergamasco	
Okt.–Ende Nov.	LUCCA, von hier aus zeitweise in	
	San Martino in Colle	
Ende Nov.–Mitte Dez.	MAILAND	
Mitte–Ende Dez.	TURIN	27. 12. Le Villi (T. Regio)

1885

1885

Jan.–März	MAILAND	24. 1. Le Villi (T. Scala)
ab Ende März	vor allem in LUCCA;	
	von hier Ende Okt./Anfang	
	Nov. in	
	Bologna (Albergo Pellegrino)	Anfang November Le Villi
	zeitweise auch in	(T. Comunale)
	San Martino in Colle	

1886

1886

Juli	VACALLO (San Simone)	
Aug.–Mitte Nov.	SANT'ANTONIO D'ADDA und	
	CAPRINO BERGAMASCO	
	von hier zu einer Aufführung in	
	Fermo	Le Villi
ab 16. 11.	MONZA (Borgo Milano 8,	
	heute 18)	

1887

1887

Ende Jan.–7. 2.	TRIEST	5. 2. Le Villi (ÖE)
7. 2.–März	MAILAND	8. 2. Verdi: Otello (T. Scala)
	von hier in Pisa	März Le Villi (T. Nuovo)
Ende März–ca. April	LUCCA	
spätestens Juni–Anfang Juli	MAILAND	
Mitte Juli–Nov.	CAPRINO BERGAMASCO	
ab Nov.	MAILAND	

Daten	Orte	Aufführungen
1888		1888
Anfang Jan.–16. 1.	NEAPEL	15. 1. *Le Villi* (T. San Carlo)
	Rückreise über Lucca	
19. 1.–Mitte Juni	MAILAND	wahrscheinlich 8. 3. Wagner: Lohengrin (T. Scala)
Mitte Juni–ca. 20. Juli	VACALLO (Pizzameglio)	
Ende Juli–Anfang Aug.	BAYREUTH (Richard-Wagner-Str. 295 bei L. Blass)	wohl 22. 7. Wagner: Parsifal Wagner: Meistersinger
anschließend mindestens bis Nov.	VACALLO	
ab Dez.	MAILAND	
1889		1889
		21. 4. *Edgar* (UA T. Scala)
	von hier Ende Febr. in Reggio Emilia (Albergo Posta)	
ab 5. 5.–Mitte Mai	Cernobbio	
anschließend	MAILAND	
ca. Mitte Juli–ca. Ende Okt.	VACALLO (Pizzameglio) von hier ca. 20. 7.–Ende Juli in BAYREUTH	vielleicht 22. 7. Wagner: Tristan und Isolde vermutlich 24. 7. Wagner: Meistersinger 25. 7. Wagner: Parsifal
	am 8. 9. in Cernobbio Ende Sept.–Mitte Okt. in Mailand	
ab Nov.	MAILAND	Nov. *Le Villi* (T. Dal Verme) 26. 12. Wagner: Meistersinger (IE T. Scala)
1890		1890
	ab 6. 1. wenige Tage in Venedig; um 1. 5. einige Tage in der SCHWEIZ	
Anfang Juli–Ende Nov.	VACALLO	
ab Ende Nov.	MAILAND	

Daten	Orte	Aufführungen

1891
4. 5.–Ende Mai

anschließend
Mitte Juni
Anfang Juli–Ende Sept.

ca. ab Okt.

1892
Mitte Jan.–Anfang Febr.

20. 2.–ca. 26. 3.

Anfang April–Mitte Juli

16. 7.–8. 10.

9. 10.
ab ca. 15. 10.
ca. 18. 11.–1. 12.

ab ca. 10. 12.

1893
1. 1.–Mitte Febr.
anschließend bis Anfang Juli

Anfang Juli–16. 8.
17. 8.–26. 8.

anschließend

Ende Okt.–ca. 2. 11.

———

LUCCA
von hier auch in
SAN MARTINO IN COLLE
Mailand
LUCCA
TORRE DEL LAGO
von hier oft in Lucca
MAILAND

FERRARA
danach wahrscheinlich Mailand
MADRID (Calle de las Fuentes 9)

vielleicht von hier aus in
PARIS
MAILAND
von hier im April vermutlich
kurz in Torre del Lago
VACALLO
von hier Mitte Aug. in
Brescia (Albergo d'Italia)
und Mailand
über Mailand nach Torre del Lago
MAILAND
HAMBURG
Rückreise über BERLIN, DRESDEN
und WIEN
MAILAND

TURIN
überwiegend in MAILAND
von hier Anfang März in Lucca
3.–10. 6. und 28. 6. in TRENTO
TORRE DEL LAGO
Brescia
auf dem Weg dorthin vermutlich
am 17. 8. in Mailand
TORRE DEL LAGO
von hier mehrere Besuche in
Lucca und Bagni di Lucca
über Mailand nach

———

1891

5. 9. *Edgar* (T. del Giglio)

1892
2. 2. *Edgar*

20. 2. Rossini: Wilhelm Tell
19. 3. *Edgar* (SE)

Edgar (T. Grande)

29. 11. *Le Villi* (DE)

1893
1. 2. *Manon Lescaut* (UA T. Regio)

10. 6. *Manon Lescaut* (ÖE)

24. 8. *Manon Lescaut* (T. Grande)

3. 9. *Manon Lescaut* (T. del Giglio)

Daten	Orte	Aufführungen
	Hamburg	7. 11. *Manon Lescaut* (DE, Puccini reist vorher ab)
4. 11.	Bologna	4. 11. *Manon Lescaut*
5. 11.–ca. 14. 11.	Rom	5. 11. *Manon Lescaut* (T. Costanzi)
	Rückreise über Torre del Lago (16./17. 11.)	
ab 18. 11.	Mailand	

1894

1894

ca. 12. 1.–26. 1.	Neapel (Albergo Europa e Oriente)	21. 1. *Manon Lescaut* (T. San Carlo)
27./28. 1.	Lucca und Torre del Lago	
29. 1.–14. 3.	Mailand	7. 2. *Manon Lescaut* (T. Scala)
14./15. 3.	Torre del Lago	
16. 3.	Lucca	
17. 3.	Pisa	17. 3. *Manon Lescaut*
	nach einigen Tagen: Mailand	
13. 4.–20. 4.	Budapest	nach 12. 4. *Manon Lescaut* (UE 17. 3.)
	Rückreise über Wien und München	
21. 4.–ca. 25. 4.	Mailand	
ca. 26. 4.–Anfang Mai	Torre del Lago	
	von hier in Florenz	5. 5. *Manon Lescaut* (T. Pagliano)
spätestens 12. 5.–ca. 20. 5.	London	14. 5. *Manon Lescaut* (EE Covent Garden)
anschließend	Mailand	
Ende Mai–ca. 25. 6.	Torre del Lago	
ca. 26. 6.–3. 7.	Neapel (27. 6.), Catania (Hotel Globo 28. 6.), Malta (1. 7.)	
Anfang Juli–ca. 20. 7.	Torre del Lago	
ca. 21. 7.–30. 7.	Mailand	
31. 7.–ca. Ende Nov.	Torre del Lago	
	von hier Mitte Aug. kurze Reise in die Tiroler Alpen	
ab Anfang Dez.	Mailand	

1895

1895
16. 2. Mascagni: Guglielmo Ratcliff (UA T. Scala)

22. 2.–ca. 25. 2.	Bari	23. 2. *Manon Lescaut*
anschließend	Torre del Lago oder Mailand	
Anfang März	Livorno (Albergo Giappone)	9. 3. *Manon Lescaut*
anschließend	Mailand	
Anfang Mai	Reise über Venedig, Triest und	

Daten	Orte	Aufführungen
	FIUME	*Manon Lescaut*
	nach BUDAPEST	
	und zurück über WIEN (Hotel	
	Stadt Triest) und	
	Venedig	wahrscheinlich *Le Villi*
Mitte Mai–Ende Juni	MAILAND	
ca. 28. 6.–20. 10.	PESCIA (Villa Castellaccio)	
	von hier am 9. 10. in Florenz	9. 10. Sardou: *Tosca*
21. 10.–Mitte Dez.	TORRE DEL LAGO	
ab Mitte Dez.	MAILAND	
1896		1896
spätestens Anfang Jan.–	TURIN	1. 2. *La Bohème* (UA T. Regio)
mindestens 3. 2.	von hier am 24. oder 25. 1. in	
	Mailand	
Anfang Febr.–mindestens	Torre del Lago	
11. 2.		
frühestens 12. 2.–Ende	ROM	22. 2. *La Bohème* (T. Argentina)
Febr.		
ca. Ende Febr.–nach 15. 3.	NEAPEL	15. 3. *La Bohème* (T. San Carlo)
anschließend	TORRE DEL LAGO	
3. 4.–2. 5.	über Neapel nach	
	PALERMO	11. 4. *Manon Lescaut*
		(T. Politeama)
		24. 4. *La Bohème* (ebd.)
2. 5.–13. 5.	FLORENZ	*La Bohème*
14. 5.–ca. Ende Mai	MAILAND	
ca. Anfang Juni–Anfang	TORRE DEL LAGO	
Dez.	von hier kurze Reisen	
	im Herbst in die Maremmen,	
	nach Florenz,	*La Bohème* (7. 11., außerdem
		vorher *Manon Lescaut*)
	nach Lucca	22. 9. *La Bohème* (T. del Giglio)
	am 12. 11. nach Genua	*La Bohème*
wahrscheinlich ab 8. 12.	MAILAND	wahrscheinl. 26. 12. Wagner:
		Götterdämmerung (T. Scala)
	von hier am 27. 12. in Florenz	
1897		1897
	ca. Mitte Jan.–ca. 23. 1. in	
	Capalbio	15. 3. *La Bohème* (T. Scala)
ca. 24. 3.–ca. 1. 4.	Torre del Lago	
	anschließend über Florenz (Hotel	
	du Nord) nach Mailand	

Daten	Orte	Aufführungen
nach 10. 4.–ca. 23. 4.	MANCHESTER (Queen's Hotel) Rückreise mit Aufenthalten in LONDON, BRÜSSEL und PARIS	22. 4. *La Bohème* (EE)
ca. 10. 5.–25. 5.	MAILAND	
26. 5.–ca. 28. 5.	Venedig	*La Bohème* (T. Rossini)
ca. 29. 5.–ca. 14. 6.	TORRE DEL LAGO	
16. 6.–ca. Ende Juni	BERLIN anschließend Levico	22. 6. *La Bohème* (DE, Kroll-Oper)
ab ca. 14. 7.–ca. Ende Aug.	einige Tage in Mailand, anschließend TORRE DEL LAGO	
ca. Anfang Sept.–14. 9.	von hier Mitte Aug. in Livorno Maremmen, anschließend kurz in Torre del Lago	14. 8. *La Bohème*
ca. 17. 9.–8. 10.	WIEN (Hotel Bristol)	5. 10. *La Bohème* (ÖE, T. an der Wien)
9./10. 10.	Mailand	
11. 10.–22. 11.	TORRE DEL LAGO; von hier einzelne kurze Reisen nach Mailand, jedenfalls um 18. 10.	
23. 11.–1. 12.	Rom	
ab 2. 12.	MAILAND	

1898

1898

	von hier Anfang Januar in Capalbio und Rom	vielleicht 11. 1. *La Bohème* (T. Argentina)
	vor 20. und am 28. 1. in Parma Ende Febr.–7. 3. in PARIS (Hotel de Bade) 17. 3.–Ende März in Torre del Lago	28. 1. *La Bohème*
wahrscheinlich 11. 4.–ca. 22. 6.	PARIS (Rue Cambon 35)	13. 6. *La Bohème* (FE, Opéra comique)
	Rückreise wohl über Mailand	
anschließend	TORRE DEL LAGO	
ca. 20. 7.–22. 9.	MONSAGRATI (Villa Mansi); von hier auch kurze Reisen nach Torre del Lago und Chiatri	
22. 9.–Anfang Dez.	TORRE DEL LAGO von hier Reisen im Okt. nach Mailand und ca. 22./23. 11. nach Rom	22. 11. Mascagni: Iris (UA)
frühestens ab 6. 12.	MAILAND	

Daten	Orte	Aufführungen

1899

		1899
9. 1.–17. 1.	PARIS (Hotel des Capucines) Rückreise mit Aufenthalt in MONTE CARLO	11. 1. *La Bohème* (Opéra comique)
19. 1.–18. 2.	MAILAND	
18. 2.–Mitte Mai	TORRE DEL LAGO	
Mitte Mai–mindestens 5.7.	MAILAND	
frühestens 6. 7.– mindestens 17. 7.	TORRE DEL LAGO	
Mitte Juli–ca. Mitte Sept.	vermutlich ABETONE	
ca. Mitte Sept.–Mitte Dez.	TORRE DEL LAGO von hier kurze Reisen wohl nach Mailand; Florenz (15. 10.); Pistoia (Anfang Nov.)	
ab Mitte Dez.	ROM (Via Nazionale 46)	

1900

		1900
	in der zweiten Januarhälfte einige Tage in Capalbio, am 27. 1. zurück	14. 1. *Tosca* (UA T. Costanzi)
28. 1.–Mitte Febr.	TORRE DEL LAGO von hier am 2. 2. in Mailand	
spätestens 15. 2.–22. 2.	Turin (Hotel d'Europe) von hier kurze Reisen nach Mailand und Torre del Lago	20. 2. *Tosca* (T. Regio)
23. 2.–4. 4.	MAILAND	17. 3. *Tosca* (T. Scala)
4. 4.–10. 5.	TORRE DEL LAGO von hier Reisen nach Verona (Ende April) und Genua (Grand Hotel Isotta, April/Mai)	*Tosca* 3. 5. *Tosca*
10. 5.–9. 6.	MAILAND von hier 1. 6.–5. 6. Reise nach Torre del Lago mit Aufenthalt in Genua	
10. 6.–ca. 12. 6.	PARIS	
ca. 13. 6.–19. 7.	LONDON	21. 6. Belasco: Madame Butterfly (Duke of York's T.) 12. 7. *Tosca* (EE, Covent Garden)
19. 7.–ca. 25. 7.	PARIS Rückreise über Mailand	

Daten	Orte	Aufführungen
ca. 27. 7.–Anfang Okt.	TORRE DEL LAGO von hier Reisen nach Lucca (Ende Aug./Anf. Sept.) und Mailand (18.–ca. 22. 9.)	3. 9. *Tosca* (T. del Giglio)
Anfang Okt.	Mailand	
ca. 6. 10.–ca. 26. 10.	BRÜSSEL (Grand Hotel) anschließend vermutlich bis 28. 10. in PARIS und bis 31. 10. in Mailand	25. 10. *La Bohème* (BE, T. de la Monnaie) Charpentier: Louise (UA 2. 2. 1900)
Anfang Nov.–2. 12.	TORRE DEL LAGO von hier um Mitte Nov. in Bologna	17. 11. *Tosca*
ab 3. 12.	über Turin oder Chiatri nach MAILAND (dort am 6. 12.) von hier am 9. 12. in Bologna um 15. 12. und 27.–29. 12. in Torre del Lago	9. 12. *Tosca* 26. 12. *La Bohème* (T. Scala)
1901		1901 17. 1. Mascagni: Le Maschere (UA, T. Scala)
	nach 21. 1. kurz in Rom	
ca. 10. 3.–Mitte März	Torre del Lago	
Mitte März–Anfang April	PALERMO	26. 3. *Tosca* (T. Massimo)
spätestens 7. 4.–ca. 23. 4.	MAILAND	7. 4. De Lara: Messalina (IE, T. Scala)
ca. 23. 4.–26. 4.	Florenz anschließend Torre del Lago	
ca. 4. 5.–12. 5.	Florenz (Grand Hotel du Nord)	
12. 5.	Torre del Lago	
13. 5.	Lucca	
14. 5.–Anfang Juni	MAILAND	
Anfang Juni–Mitte Juli	TORRE DEL LAGO von hier vermutlich am 7. 7. Reise nach Mailand	
um 20. 7.–18. 8.	CUTIGLIANO	
19. 8.–9. 12.	TORRE DEL LAGO von hier kurze Reisen nach Mailand, z. B. um 20. 9., um 18. 10.–23. 10., um 7. 11., um 30. 11.	
ab 9. 12.	MAILAND	

Daten	Orte	Aufführungen
1902		1902
		2. 1. Donizetti: Linda di Chamounix (T. Scala)
	von hier am 4./5. 1. in Cassano d'Adda;	
	eventuell zweimal im Januar in Torre del Lago;	
	Anfang Febr. in MONTE CARLO	*La Bohème*
	Mitte Febr.–22. 2. in Capalbio;	
	Ende Februar in Torre del Lago	
		11. 3. Franchetti: Germania (UA, T. Scala)
12. 3.–15. 3.	Torre del Lago	
	von hier am 13. 3. in Livorno	13. 3. *Tosca*
16. 3.–22. 3.	Rom	19. 3. *La Bohème* (T. Costanzi)
ab 23. 3.	TORRE DEL LAGO	
	von hier kurze Reisen nach Mailand (Ende April);	
	Lucca (um 15. 6.);	
	Mailand (um 20. 6., 9. 8. und um 2. 9.);	
	DRESDEN (Mitte Okt.–nach 21. 10.)	21. 10. *Tosca* (DE)
	Rom (Hotel de Milan, Anfang Dez.–8. 12.)	*Tosca* (T. Costanzi)
		La Bohème (ebd.)
	Mailand (um Weihnachten)	
1903		1903
		3. 1. *Le Villi* (T. Dal Verme)
ca. 10. 1.–21. 2.	MAILAND	22. 1. Smareglia:
	von hier vielleicht 6./7. 2. in Pavia;	Oceana (UA, T. Scala)
	um 10. 2. in Torre del Lago	
22. 2.–31. 7.	TORRE DEL LAGO	
	von hier am 25. 2. in Lucca	
	mindestens 4. 7.–11. 7. in Genua	
1. 8.–4. 9.	BOSCOLUNGO ABETONE	
5. 9.–18. 9.	TORRE DEL LAGO	
19. 9.	Mailand	

Daten	Orte	Aufführungen
20. 9.–26. 10.	Paris (Hotel d'Orient)	13. 10. *Tosca* (FE, Opéra comique) außerdem *La Bohème* (ebd.)
27./28. 10.	wahrscheinlich Turin	
29./30. 10.	Mailand (Hotel Continental)	
ab ca. 31. 10.	Torre del Lago von hier um 27. 11. kurz in Wien	27. 11. *La Bohème* (Hofoper)
1904		1904
6. 1.–25. 3.	Mailand von hier am 25. 2. in Turin (Hotel Bonne Femme et Métropole)	17. 2. *Madama Butterfly* (UA, T. Scala)
26. 3.–4. 5.	Torre del Lago von hier am 3. 5. in Bagni di Lucca	
5. 5.–7. 5.	Florenz	
8. 5.–16. 5.	Mailand	14.–16. 5. Sonzogno-Wettbewerbs-Opern (T. Lirico)
17. 5.–1. 6.	Brescia (Hotel Brescia) anschließend in Florenz	28. 5. *Madama Butterfly* (T. Grande)
7. 6.–19. 6.	Mailand von hier 14. 6.–16. 6. in Brescia	16. 6. *Madama Butterfly* (T. Grande)
20. 6.–1. 7.	Acqui Terme	
2. 7.	Mailand	
3. 7.–31. 7.	Torre del Lago von hier wahrscheinlich 9./10. 7. in Florenz 15. 7. in Boscolungo	
1. 8.–4. 9.	Boscolungo von hier Autoausflüge u. a. nach San Pellegrino, Castelnuovo, Florenz, Torre del Lago	
5. 9.–16. 9.	Montecatini Terme (Hotel Appennino)	
17. 9.–8. 10.	Mailand	
9. 10.–22. 10.	London (Hotel Savoy)	17. 10. *Manon Lescaut* (Covent Garden) 19. 10. *Tosca* (ebd.)
23. 10.–2. 11.	Paris (Hotel Continental)	31. 10. *Tosca* (Opéra comique)
3. 11.–11. 11.	Mailand	
12. 11.–21. 11.	Genua (Hotel Bristol)	19. 11. *Madama Butterfly* (T. Politeama)
ab 21. 11.	Torre del Lago von hier 1./2. 12. in Genua	1. 12. *Madama Butterfly*

Daten	Orte	Aufführungen
	11. 12.–ca. 13. 13. in Rom anschließend bis ca. 18. 12. in Capalbio	

1905
9. 1.–Mitte Febr. MAILAND
Mitte Febr.–ca. 3. 4. TORRE DEL LAGO
 von hier 9. 3. in Lucca
ca. 4. 4.–20. 5. MAILAND
 von hier Mitte Mai vielleicht in Venedig
21. 5.–28. 5. Torre del Lago
29. 5.–31. 5. Mailand
1. 6.–ca. 20. 6. Schiffsreise nach Südamerika (»Savoia«), Ankunft in MONTEVIDEO
23. 6.–8. 8. BUENOS AIRES
 anschließend in MONTEVIDEO
16. 8.–5. 9. Schiffsreise nach Italien (»Umbria«)
6. 9.–2. 10. TORRE DEL LAGO
 anschließend Mailand

spätestens 9. 10.–24. 10. LONDON (Hotel Savoy)

 Rückreise über STRASSBURG und BASEL
28. 10.–30. 10. Bologna (Hotel Baglioni)
30. 10.–Anfang Nov. Mailand
spätestens 8. 11.–ca. 22. 12. TORRE DEL LAGO
 von hier Mitte Nov.–22. 11. in Bolgheri;
 11. 12. in Siena
ab 23. 12. MAILAND

1905

8. 7. *Edgar* (SAE), außerdem *Manon Lescaut*, *La Bohème*, *Tosca*, *Madama Butterfly*

12. 10. *Madama Butterfly* (T. Dal Verme)–Puccini reist vor der Premiere ab
24. 10. *Madama Butterfly*, zuvor außerdem *La Bohème*, *Tosca*, *Manon Lescaut* (alle Covent Garden)

29. 10. *Madama Butterfly*

1906
 von hier 6./7. 1. in Turin
17. 1.–ca. 30. 1. NEAPEL
 anschließend Mailand
12. 2.–ca. 15. 2. Florenz (Hotel Baglioni)

1906
Madama Butterfly (Premiere 2. 1., T. Regio)
24. 1. *Madama Butterfly* (T. San Carlo)

Daten	Orte	Aufführungen
	anschließend TORRE DEL LAGO	
4. 3.–24. 3.	NIZZA (Hotel Royal)	19. 3. *Manon Lescaut* (FE), außerdem *Tosca*
25. 3.–28. 3.	Torre del Lago	
29. 3.–ca. 21. 4.	MAILAND von hier am 8. 4. in Varese	29. 3. Franchetti: La Figlia di Iorio (T. Scala)
ca. 23. 4.–1. 5.	Torre del Lago	
2. 5.–4. 5.	Mailand	
5. 5.–16. 5.	BUDAPEST (Hotel Hungaria)	9. 5. *La Bohème* 10. 5. *Tosca* 12. 5. *Madama Butterfly* (UE)
16. /17. 5.	GRAZ	16. 5. R. Strauss: Salome (ÖE)
19./20. 5.	Mailand	
21. 5.–2. 6.	LONDON Rückreise über PARIS und Torre del Lago	*La Bohème, Tosca, Madama Butterfly* (alle Covent Garden)
ca. 7. 6.–19. 6.	Mailand	
20. 6.–9. 7.	TORRE DEL LAGO von hier Ende Juni–ca. 7. 7. in Chiatri	
10. 7.	Mailand	
11. 7.–nach 15. 7.	PARIS (Hotel Westminster) anschließend TORRE DEL LAGO	
31. 7.–Anfang Sept.	BOSCOLUNGO; von hier am 6. 8. in Pietrasanta	
Anfang Sept.–nach 4. 9.	Bagni di Lucca (Grand Hotel des Thermes) anschließend TORRE DEL LAGO von hier um 10. 9.–13. 9. in Chiatri	
Ende Sept.–30. 9.	PARIS anschließend Mailand	
nach 1. 10.–19. 10.	TORRE DEL LAGO	
20./21. 10.	Mailand	
23. 10.–16. 12.	PARIS (Hotel de Londres)	31. 10. Massenet: Ariane (UA Opéra) 11. 11. Debussy: Pelléas et Mélisande außerdem Erlanger: Aphrodite (Opéra com.)
17. 12.–ca. 20. 12.	Mailand	
21. 12.–ca. 23. 12.	Torre del Lago	
24. 12.	Mailand	
ab 26. 12.	PARIS (Hotel de Londres)	28. 12. *Madama Butterfly* (FE Opéra comique)

Daten	Orte	Aufführungen
1907		1907
9. 1.	Reise über Cherbourg nach Southampton, anschließend Schiffsreise nach Nordamerika (»Kaiserin Auguste Victoria«)	
18. 1.–28. 2.	NEW YORK (Hotel Astor)	18. 1. *Manon Lescaut*, außerdem *Tosca* und *La Bohème* 22. 1. R. Strauss: Salome (NAE) Jan.: Belasco: The Girl of the Golden West 10. 2. *Madama Butterfly* (alle Opern in der Metropolitan Opera)
	von hier vielleicht zwischen 21. und 27. 2. Reise nach SAN FRANCISCO	
29. 2.–7. 3.	Schiffsreise nach Europa (»La Provence«)	
7. 3.–ca. 9. 3.	PARIS (Hotel de Londres) anschließend Mailand	
ca. Mitte März–2. 5.	TORRE DEL LAGO von hier am 2. 5. in Como	
3. 5.–29. 5.	MAILAND	
30. 5.–12. 6.	LONDON (Coburg Hotel)	wahrscheinlich *La Bohème*, *Tosca*, *Madama Butterfly* (alle Covent Garden)
13. 6.–ca. 17. 6.	PARIS (Hotel Bellevue)	14. 6. Dukas: Ariane et Barbe-Bleue
19. 6.–22. 6.	Mailand	
23. 6.–Anfang Aug.	TORRE DEL LAGO	
spätestens 8. 8.–Ende Aug.	BOSCOLUNGO; von hier um 26. 8. in Lucca	
Ende Aug.–ca. 9. 9.	Lucca (Hotel Royal Univers) dazwischen in Torre del Lago	8. 9. *Madama Butterfly* (T. del Giglio)
ca. 9. 9.–ca. 20. 10.	TORRE DEL LAGO von hier Mitte Sept. in Chiatri und 24. 9. in Lucca	24. 9. *Madama Butterfly* (T. del Giglio)
ca. 20. 10.–ca. 2. 11.	WIEN (Hotel Bristol)	31. 10. *Madama Butterfly* (ÖE, Hofoper)
ca. 4. 11.–ca. 7. 11.	Mailand	
8. 11.	Genua (Grand Hotel Isotta)	
ca. 10. 11.–ca. Mitte	TORRE DEL LAGO	

Daten	Orte	Aufführungen
Dez.	von hier ca. 26. 11.–28. 11. in Bolgheri	
frühestens ab 18. 12.	MAILAND	29. 12. *Tosca* (T. Scala)

1908

1908

	von hier vielleicht um 22. 1. in WIEN	vielleicht 22. 1. *Manon Lescaut* (ÖE, Volksoper)
1./2. 2.	Neapel (Hotel Royal des Etrangers)	1. 2. R. Strauss: Salome (T. San Carlo)
3. 2.–5. 2.	Schiffsreise nach Ägypten (»Heliopolis«)	
5. 2.–7. 2.	ALEXANDRIA	wahrscheinlich *Madama Butterfly*
7. 2.–20. 2.	KAIRO (Hotel Continental) von hier 12./13. 2. in LUXOR (Winter Palace), anschließend Rückreise über ALEXANDRIA nach Italien (»Heliopolis«), dort über Neapel und Rom nach Torre del Lago	
26. 2.–4. 3.	Mailand	
5. 3.–14. 3.	Torre del Lago	
15. 3.–ca. 31. 3.	ROM (Grand Hotel)	25. 3. *Madama Butterfly* (T. Costanzi)
ca. 1. 4.–Mitte Mai	TORRE DEL LAGO von hier vor 8. 4.–11. 4. in Mailand, 10. 5. in Montecatini Terme	vielleicht Debussy: Pelléas et Mélisande (IE 2.4. T. Scala)
ca. Mitte Mai–ca. 9. 6.	MAILAND	
ca. 9. 6.–18. 6.	Torre del Lago	
18. 6.–Anfang Aug.	CHIATRI, anschließend kurz in Torre del Lago	
Anfang Aug.–20. 8.	BOSCOLUNGO	
20. 8.–spätestens 9. 10.	TORRE DEL LAGO von hier wahrscheinlich am 6. 9. in Bologna am 14. 9. in Castelvecchio um 30. 9. in Bergamo anschließend in Castellarquato	
spätestens 10. 10.–ca. 23. 10.	PARIS (Hotel Bellevue)	10., 13. u. 21. 10. *Tosca* 14. 10. *La Bohème* 16. 10. *Madama Butterfly* (alle Opéra comique) 13. 10. Bernstein: Israel (UA T. Réjane)

Daten	Orte	Aufführungen

ca. 23. 10.–5. 11.   MAILAND (Regina Hotel)
ab 6. 11.   TORRE DEL LAGO

1909   1909

18. 1.–Mitte Febr.   ROM (Hotel Quirinale)   27. 1. *Madama Butterfly* (T. Costanzi)
Mitte Febr.–ca. 22. 2.   Capalbio
                                           von hier am 20. 2. in Rom
23. 2.–Mitte Mai   TORRE DEL LAGO
                                           von hier ca. 17. 3.–24. 3.
                                           und 5. 4.–8. 4. Mailand   20. 3. *Manon Lescaut* (T. Scala)
                                           (Hotel de la Ville)   6. 4. R. Strauss: Elektra (IE,
                                                                                          T. Scala)

                                           ca. 10. 5. in Livorno
                                           zuletzt mindestens ein Tag in
                                           Mailand
um 20. 5.–ca. 3. 6.   LONDON (Claridge's Hotel)   21. 5. ? (Covent Garden)
                                           anschließend bis 8. 6. in PARIS   4. 6. Ballett Cleopatra (T. du
                                           (Hotel Westminster)   Châtelet)
                                                                                          5. 6. Rimsky-Korsakow:
                                                                                           Iwan der Schreckliche (ebd.)

9. 6.–ca. 12. 6.   Mailand (Hotel de la Ville)
Mitte Juni–8. 7.   TORRE DEL LAGO
                                           von hier wohl 3. 7. in
                                           Bagni di Lucca und 4. 7. in Lucca
8. 7.–ca. 9. 9.   BAGNI DI LUCCA (Grand Hotel
                                           des Thermes)
                                           von hier in Montecatini Terme
                                           und am 16. 7. in Pisa
                                           Ende Juli in Mailand
                                           nach 9. 9. in Brescia
Mitte Sept.–Mitte Okt.   TORRE DEL LAGO
                                           von hier auch in Lucca
nach Mitte Okt.–30. 10.   BRÜSSEL (Grand Hotel)   29. 10. *Madama Butterfly* (BE, T. de
                                                                    la Monnaie)
31. 10.–ca. 3. 11.   Mailand
ca. 4. 11.–Mitte Dez.   TORRE DEL LAGO
ab Mitte Dez.   MAILAND

1910   1910
ca. 10. 2.–Ende April   TORRE DEL LAGO
                                           von hier vermutlich am
                                           27. 4. in Lucca
Anfang Mai–31. 5.   MAILAND
1. 6.–18. 6.   PARIS (Hotel Westminster)   9. 6. *Manon Lescaut* (T. du Châtelet)

Daten	Orte	Aufführungen
19. 6.–25. 6.	Mailand	
25. 6.–Ende Juli	TORRE DEL LAGO	
Anfang Aug.–Mitte Sept.	VIAREGGIO (Villa Alessandri) von hier häufig in Torre del Lago und Ende Aug./Anfang Sept. in Lucca	
nach 15. 9.	über Mailand nach LAUSANNE (Grand Hotel de la Paix, 19./20. 9.) und GENF und zurück	
ca. 23. 9.–29. 9.	Mailand	
30. 9.–Ende Okt.	TORRE DEL LAGO	
spätestens 27. 10.–5. 11.	Mailand	
6. 11.–9. 11.	PARIS (Hotel Westminster) von hier über LONDON Schiffsreise nach Nordamerika (»George Washington«)	
16. 11.–28. 12.	NEW YORK (Hotel Knickerbocker)	zahlreiche Opernbesuche in der Metropolitan Opera, darunter vielleicht 30. 11. Gluck: Armide sowie *La Bohème* und *Madama Butterfly* 10. 12. *La Fanciulla del West* (UA ebd.)
	von hier am 20. 12. in PHILADELPHIA und vermutlich in der zweiten Dezemberhälfte an den NIAGARA-Fällen	20. 12. *La Fanciulla*
ab 28. 12.	Schiffsreise nach Europa (»Lusitania«)	
1911		1911
2.–ca. 5. 1.	LONDON	
7. 1.–ca. 14. 1.	Mailand	
ca. 15. 1.–mindestens 12. 2.	TORRE DEL LAGO	
spätestens 18. 2.–8. 3.	MAILAND von hier ca. 23.–ca. 26. 2. in Venedig (Hotel Danieli)	1. 3. R. Strauss: Rosenkavalier (IE, T. Scala)
9. 3.–ca. Anfang April	TORRE DEL LAGO von hier am 19. 3. in Lucca	

Daten	Orte	Aufführungen
Anfang April	Rom	
spätestens 15. 4.–ca. 6. 5.	MAILAND	
7. 5.–30. 5.	LONDON (Hotel Savoy)	*La Bohème, Madama Butterfly*
		29. 5. *La Fanciulla* (EE) (alle Covent
	von hier am 13. 5. in Mailand	Garden)
1. 6.–4. 6.	Mailand	
5. 6.–23. 6.	ROM (Hotel Regina)	12. 6. *La Fanciulla* (IE, T. Costanzi)
	Rückreise über Monte del Lago	
25. 6.–Anfang Aug.	TORRE DEL LAGO	
	von hier Besuch in Castelvecchio	
ca. 8. 8.–18. 8.	Tiroler Alpen (u. a. Bormio, Stilfser Joch, Grand Hotel Penegal am Mendelpaß)	
19. 8.–23. 8.	Brescia (Hotel d'Italia)	23. 8. *La Fanciulla*
24. 8.–26. 8.	Mailand	
27. 8.–1. 10.	TORRE DEL LAGO	
	von hier mehrere Besuche in Lucca (jedenfalls 10. und 26. 9.)	10. 9. *La Fanciulla* (T. del Giglio)
2. 10.	Mailand	
3. 10.	LONDON	
4. 10.–7. 10.	LIVERPOOL (Adelphi Hotel)	6. 10. *La Fanciulla*
ca. Mitte Okt.	vielleicht einige Tage in Cernobbio	
spätestens 17. 10.–Anfang Nov.	TORRE DEL LAGO	
Anfang–Mitte Nov.	TURIN (Hotel Europa)	11. 11. *La Fanciulla* (T. Regio)
spätestens 19. 11.–ca. Ende Nov.	TORRE DEL LAGO	
ca. Ende Nov.–12. 12.	NEAPEL	5. 12. *La Fanciulla* (T. San Carlo)
13. 12.–23. 12.	Torre del Lago	
ab 24. 12.	MAILAND	
1912		1912
19. 1.–Ende Jan.	VIAREGGIO (Hotel Regina)	
Anfang Febr.	Genua (Hotel de Gênes) anschließend Mailand	3. 2. *La Fanciulla*
8. 2.–1. 3.	BUDAPEST (Grand Hotel Hungaria)	29. 2. *La Fanciulla* (UE)
Anfang März	vielleicht über BERLIN	vielleicht Gozzi: Turandot (Deutsches T.)
	nach LONDON	Du Maurier: Trilby (His Majesty's T.)
11. oder 12. 3.	Bologna	

Daten	Orte	Aufführungen
	anschließend Torre del Lago	
24. 3.	Genua (Hotel de Gênes)	
ca. 25. 3.–4. 4.	MONTE CARLO (Hotel de Paris)	26. 3. *Madama Butterfly*
		2. 4. *La Fanciulla*
5. 4.–ca. Ende April	MAILAND	
	von hier ab 17. 4. einige Tage in	
	Torre del Lago, Pescia und	
	Lucca	
ca. Anfang Mai–30. 5.	PARIS (Hotel Westminster)	16. 5. *La Fanciulla* (FE Opéra)
		De Lara: Nail (T. Gaîté)
		vielleicht Gold:
		La Houppelande (T. Martigny)
		wahrscheinlich Strawinsky:
		Petruschka
1. 6.–ca. 9. 6.	Mailand	
ca. 10./11. 6.	Venedig	
spätest. 13.–17. 6.	MÜNCHEN (Hotel Marienbad)	wahrscheinlich Knoblock:
		Kismet (Künstlertheater)
18. 6.–20. 6.	Mailand	
21. 6.–2. 7.	Torre del Lago	
3. 7.–31. 7.	VIAREGGIO (Villa Giovannini)	
	von hier am 13. 7. in Lucca	
ca. 3./4. 8.	MÜNCHEN (Grand Hotel	
	Continental)	
5./6. 8.	NÜRNBERG	
ca. 7. 8.–ca. 9. 8.	BAYREUTH (wahrscheinlich Hotel	8. 8. Wagner: Parsifal
	Goldner Anker)	
ca. 10. 8.–ca. 31. 8.	KARLSBAD (Haus Osborne)	
2. 9.	Mailand	
3. 9.–12. 10.	TORRE DEL LAGO	
	von hier ca. 12. 9.–19. 9. in	
	Mailand	
	6. 10. in Barga	
14. 10.–22. 10.	PARIS (Hotel Castiglione)	
	von hier 15./16. 10. in	
	LONDON (Claridge's Hotel)	
24. 10.–ca. 4. 11.	Torre del Lago	
ca. 6. 11.–9. 11.	MARSEILLE	8. 11. *La Fanciulla*
10. 11.	ARCACHON	
11. 11.–ca. 15. 11.	MÜNCHEN (Grand Hotel	
	Continental)	
16. 11.	Mailand	
17. 11.–ca. 9. 12.	TORRE DEL LAGO	
ca. 10. 12.–31. 12.	MAILAND	29. 12. *La Fanciulla* (T. Scala)

*aten	Orte	Aufführungen

)13

1913

1.–ca. 9. 1.	Torre del Lago	
10. 1.–9. 2.	MAILAND	
2.–mindestens 6. 3.	TORRE DEL LAGO von hier ca. 18. 2.–nach 24. 2. in Mailand	
10. 3.–1. 4.	BERLIN (Hotel Eden)	28. 3. *La Fanciulla* (DE, Deutsches Opernhaus) außerdem R. Strauss: Rosenkavalier (Königl. Oper)
	Rückreise mit Aufenthalt in STUTTGART	
4.–6. 4.	Mailand	
4.–mindestens 12. 4.	Torre del Lago	
hestens 13. 4.–17. 4.	LONDON (Hotel Savoy)	
./18. 4.	PARIS	
4.–Ende Mai	TORRE DEL LAGO anschließend Mailand (bis mindestens 22. 5.)	
5.–28. 6.	PARIS (Hotel Westminster)	4. 6. Charpentier: Julien (UA) 2. oder 6. 6. Strawinsky: Le Sacre du Printemps 12. 6. D'Annunzio: La Pisanelle (T. du Châtelet)
	anschließend Mailand	
hestens 3. 7.– ndestens 19. 9.	TORRE DEL LAGO und VIAREGGIO (Grand Hotel Royal) von hier Anfang August (jedenfalls 4. 8.) in Mailand; um 11. 8. in Viterbo 14. 8. in Oppio Pistoiese Ende Aug.–ca. 12. 9. in PRUNETTA (Pension Rossini)	
fang Okt.	HAMBURG (Palast-Hotel)	*La Fanciulla*
5. 10.	LEIPZIG	5. 10. *Tosca*
7. 10.–28. 10.	WIEN (Hotel Bristol)	11. 10. *Madama Butterfly* (Hofoper) 19. 10. *La Bohème* (ebd.) außerdem Lehár: Die ideale Gattin (T. an der Wien) 24. 10. *La Fanciulla* (ÖE, Hofoper)
10.–10. 12.	TORRE DEL LAGO von hier Ende Nov./Anfang Dez. in Capalbio	
ca. 10. 12.	MAILAND	15. 12. Mascagni: Parisina (UA, T. Scala)

Daten	Orte	Aufführungen
1914		1914
frühestens 3. 1.–8. 1.	Torre del Lago	
9. 1.–Mitte Jan.	Capalbio	
Mitte Jan.–6. 2.	MAILAND	
7. 2.–9. 2.	Torre del Lago	
10. 2.–ca. 17. 2.	Capalbio	
ca. 18./19. 2.	Turin	19. 2. Zandonai: Francesca da Rimini (UA)
um 20. 2.–um 20. 3.	MAILAND	
um 20. 3.–3. 5.	TORRE DEL LAGO von hier um 9. 4.–11. 4. in Mailand 22. 4. in Lucca	
4. 5.–30. 6.	MAILAND von hier ca. 16. 6.–ca. 19. 6. in PARIS (Hotel Splendid)	Mai Lehár: Endlich allein
1. 7.–ca. Mitte Juli	TORRE DEL LAGO	
ca. Mitte Juli–Ende Sept.	VIAREGGIO (Villa Motta) von hier am 3. 9. in Lucca um 10. 9.–um 20. 9. in Mailand	*La Fanciulla* (T. Dal Verme)
Anfang Okt.–um 20. 12.	TORRE DEL LAGO	
ab ca. 20. 12.	MAILAND	
1915		1915
ca. Anfang März–Mitte April	TORRE DEL LAGO	
ca. 15. 4.–ca. 24. 4.	Rom (Hotel Continental) Rückfahrt u. a. über Assisi (26. 4. Hotel Windsor)	
27. 4.–ca. Ende Mai	TORRE DEL LAGO; von hier am 2. 5. in Pescia	
ca. Ende Mai–mindestens 13. 6.	MAILAND	
ca. Mitte Juni–25. 8.	TORRE DEL LAGO von hier teilweise auch in Viareggio und vielleicht in Mailand	
26. 8.–ca. 30. 8.	Mailand	
ca. 31. 8./1. 9.	ZÜRICH (Hotel National) Rückreise über INTERLAKEN	
3. 9.–spätestens 9. 9.	Mailand	
spätestens 10. 9.–Ende Nov.	TORRE DEL LAGO von hier Anfang Okt. vermutlich in der Schweiz und	

Daten	Orte	Aufführungen
	am 7./8. 10. in Mailand	7. 10. Tosca (T. Dal Verme)
spätestens 30. 11.–ca. 10. 12.	Pescia Fiorentina bei Capalbio	
um 10. 12.–um 20. 12.	Torre del Lago	
ab ca. 20. 12.	MAILAND	

1916

1916
3. 1. La Bohème (T. Scala)

spätestens 17. 1.–ca. 21. 1.	Torre del Lago	
a. 22. 1.–mindestens 3. 2.	Mailand	
frühestens 4. 2.– mindestens 11. 2.	Rom (Hotel Excelsior)	
Mitte Febr.–ca. 20. 12.	TORRE DEL LAGO von hier Ende Febr.–um 10. 3. in Mailand März/April kurz in Pisa Anfang–Mitte Aug. in den Maremmen (u.a. 11. 8. in Acquapendente); anschließend vielleicht in LUGANO; 15. 9.–ca. 17. 9. in Mailand anschließend (jedenfalls 19. 10.) in ZÜRICH	
ab 21. 12	MAILAND	

1917

1917
8. 2. Tosca (T. Scala)

um 10. 2.–7. 3.	TORRE DEL LAGO	
8. 3.–ca. 3. 4.	MONTE CARLO (Hotel de Paris)	27. 3. La Rondine (UA)
spätestens 7. 4.–Anfang Mai	MAILAND von hier Ende April in Monza	
vor 10. 5.–28. 5.	TORRE DEL LAGO	
5.–mindestens 6. 6.	Bologna (Grand Hotel Baglioni)	5. 6. La Rondine (IE)
spätestens 11. 6.–Ende Juli	TORRE DEL LAGO von hier am 12. 6. in Pisa	
Ende Juli	VIAREGGIO (Via Giotto 1, ab Nov. Piazza Principe Amedeo 150) von hier Mitte Aug. in Südtirol u.a. (jedenfalls 20. 8. in Vicenza) Ende Sept.–9. 10. in Mailand Ende Okt. (jedenfalls 26. 10.) in Rom	7. 10. La Rondine (T. Dal Verme)

Daten	*Orte*	*Aufführungen*

1918

		1918
	5. 1.–16. 1. in Rom	10. 1. *La Rondine*
30. 4.–Ende Mai	TORRE DEL LAGO	
Anfang Juni–21. 11.	VIAREGGIO (Via Giotto 1),	
	von hier	
	2. 8.–4. 8. in	
	Chiatri	
	um 20. 8. in Mailand	
21. 11.–8. 12.	TORRE DEL LAGO	
ab 9. 12.	ROM (Hotel Quirinale)	
		(14. 12. UA *Il Trittico* ohne Puccini in der Metropolitan Opera New York)

1919

		1919
		11. 1. *Il Trittico* (IE T. Costanzi)
ca. 5. 2.–Ende April	TORRE DEL LAGO	
	von hier Anfang April	
	wahrscheinlich kurz in Torre della Tagliata	
	21. 4.–ca. 24. 4. in Rom	
	und Torre della Tagliata	
Anfang Mai–um 5. 6.	FLORENZ (Hotel Savoia)	11. 5. *Il Trittico* (T. della Pergola)
um 5. 6.–19. 6.	TORRE DEL LAGO	
um 20. 6.–ca. 4. 7.	LONDON	23. 6. *La Bohème* (Covent Garden)
		2. 7. *Tosca* (ebd.), außerdem weitere Opern- und Ballett-Aufführungen sowie
		Norton: Chu Chin Chow (His Majesty's T.)
	Rückreise über PARIS	
6. 7.–1. 8.	TORRE DEL LAGO	
2. 8.–vor 10. 8.	Monsummano	
frühestens ab 10. 8.	TORRE DEL LAGO	
	von hier um 12. 8. in	
	Montecatini Terme	
	nach 21. 8.–29. 8. in	
	Cutigliano; Mitte Okt.–20. 10. in	
	Torre della Tagliata;	
	6. 11. in Pisa	

1920

		1920
ca. 3. 1.–mindestens 17. 1.	TORRE DELLA TAGLIATA	
	anschließend in Turin	25. 1. *Il Trittico* (T. Regio)
spätestens 28. 1.–3. 2.	Mailand	

Daten	Orte	Aufführungen
4. 2.–ca. 22. 2.	Torre della Tagliata anschließend Torre del Lago	
28. 2.–Anfang März	Mailand anschließend Torre del Lago	
Mitte März–23. 3.	Rom (Hotel Quirinale)	15. 3. *Il Trittico* (T. Costanzi)
24. 3.–20. 4.	Torre del Lago	
21. 4.–26. 4.	Venedig anschließend vielleicht in Brescia	25. 4. *Il Trittico* (T. La Fenice)
Ende April–10. 5.	Florenz	2. 5. *Il Trittico* (T. Politeama)
10. 5.–Ende Mai	Torre del Lago	
3. 6.–mindestens 19. 6.	London (Hotel Savoy)	wahrscheinlich *Manon Lescaut*, *La Bohème*, *Tosca*, *Madama Butterfly* (alle Covent Garden) 18. 6. *Il Trittico* (EE ebd.)
	Rückreise mit Aufenthalt in Paris	Moret: Lorenzaccio (Opéra comique) Gounod (?): Romeo (Opéra)
vor 27. 6.–Anfang Juli	Torre del Lago	
spätestens 5. 7.–ca. 8. 7.	Torre della Tagliata	
ca. 8. 7.–25. 7.	Torre del Lago	
26. 7.–ca. 20. 8.	Bagni di Lucca (Hotel Vittoria)	
ca. 21. 8.–2. 10.	Torre del Lago	
3. 10.	Bologna	
4. 10.–2. 11.	Wien (Hotel Bristol)	9. 10. *La Rondine* (ÖE, Volksoper) außerdem *La Bohème*, *Tosca* und *Madama Butterfly* (alle Staatsoper) 20. 10. *Il Trittico* (ÖE ebd.) 21. 10. R. Strauss: Frau ohne Schatten (ebd.)
	Rückreise über Venedig und Bologna	
Anfang Nov.–5. 12.	Torre del Lago	
ab 6. 12.	Torre della Tagliata	
1921		1921
Anfang Jan.–6. 1.	Torre del Lago von hier in Forte dei Marmi	
7. 1.–mindestens 13. 3.	Mailand von hier am 23. 1. in Brianza	22. 1. Zandonai: Francesca da Rimini (T. Dal Verme) *La Fanciulla* (T. Dal Verme)
Mitte März–24. 3.	Monte Carlo (Hotel de Paris)	22. 3. *La Fanciulla* 24. 3. *Il Trittico* außerdem wahrscheinlich *La Bohème*, *Tosca*, *Madama Butterfly*
25. 3.–1. 4.	Torre del Lago	

Daten	Orte	Aufführungen
2. 4.–um 10. 4.	Rom	
um 10. 4.–Ende April	MAILAND	
	von hier am 15. 4. in Venedig	
Ende April–12. 8.	TORRE DEL LAGO	
	von hier Anfang Mai	
	(jedenfalls am 8. 5.) und spätestens	8. 5. Mascagni: Il piccolo Marat
	29. 6.–ca. 6. 7. in Rom (Hotel	5. 7. Franchetti/Giordano: Giove a
	Quirinale)	Pompei
ca. 14. 8.–ca. 27. 8.	MÜNCHEN (Hotel Regina Palast)	15. 8. Pfitzner: Palestrina
		außerdem wahrscheinlich Wagner-Opern
ca. 28. 8.–Anfang Sept.	Torre del Lago	
Anfang Sept.–10. 9.	zwei Tage in Rom	
11. 9.–ca. 9. 11.	TORRE DEL LAGO	
	von hier wahrscheinlich Reisen	
	nach Mailand und/oder	
	Viggiù	
	ca. 21. 10.–ca. 30. 10. in Bologna	27. 10. Il Trittico
10. 11.–ca. 15. 11.	Rom (Hotel Quirinale)	
	anschließend vielleicht in Torre	
	della Tagliata und Torre del Lago	
um 25. 11.	Rom	
Anfang Dez.	MAILAND	
spätestens 13. 12.–21. 12.	Torre della Tagliata	
	anschließend in Rom	
ab 23. 12.	VIAREGGIO	
1922		1922
spätestens 10. 1.–	MAILAND	29. 1. Il Trittico (T. Scala)
mindestens 16. 2.		außerdem Verdi: Rigoletto und
		Wagner: Parsifal (ebd.)
	anschließend kurz in Viareggio	
25. 2.–mindestens 5. 3.	Rom (Hotel Quirinale)	25. 2. Zandonai: Giulietta e Romeo
		26. 2. Il Trittico (T. Costanzi)
		5. 3. La Bohème
um 10. 3.–19. 8.	VIAREGGIO	
	von hier 25. 4. in Rom	
	Ende Mai–ca. 30. 5. in Mailand	
	Anfang Aug. einige Tage (um	
	8. 8.) in Cutigliano	
20. 8.–spätestens 12. 9.	Autoreise mit den Stationen	
	Cutigliano, Verona, Bozen,	
	Cortina d'Ampezzo, Franzens-	
	feste, Innsbruck, Oberammergau	wahrscheinlich 27. 8. Passionsspiel

Daten	Orte	Aufführungen
	München, Ingolstadt, Nürnberg, Wiesbaden, Köln, Amsterdam, Den Haag, Köln, Trechtingshausen, Schweiz	
spätestens 12. 9.–31. 10.	VIAREGGIO von hier am 13. 9. in Lucca	13. 9. Landi: Pergolese (T. del Giglio)
1. 11.–9. 11.	PARIS (Hotel Lotti)	6. 11. *Gianni Schicchi* (FE, Opéra comique)
10. 11.–18. 11.	Viareggio	
19. 11.–23. 11.	Rom (Hotel Quirinale)	
23. 11.–ca. 6. 12.	FOGLIANO (Villa Caetani)	
spätestens 7. 12.–19. 12.	Viareggio	
ab 19. 12.	MAILAND	23. 12. Pizzetti: Dèborah e Jaéle (T. Scala, UA 16. 12.) 26. 12. *Manon Lescaut* (ebd.)

1923

1923

ca. 17. 1.–27. 1.	Viareggio	
28. 1.–mindestens 6. 3.	MAILAND von hier in der zweiten Februarhälfte in Turin, vielleicht auch in MONTE CARLO	1. 2. *Manon Lescaut* (T. Scala)
frühestens 7. 3.–6. 5.	VIAREGGIO	
ca. 8. 5.–24. 5.	WIEN (Hotel Bristol)	9. 5. R. Strauss: Josephslegende (Staatsoper) 10. oder 12.–14. 5. Lehár: Die gelbe Jacke (T. an der Wien) 11. 5. R. Strauss: Elektra (Staatsoper) 17. 5. Wagner: Die Walküre (ebd.) 18. 5. *Madama Butterfly* (ebd.) 21. 5. *Tosca* (ebd.) 22. 5. *La Bohème* (ebd.)
	Rückreise über AMSTETTEN, SALZBURG, BRENNER und Mailand	
spätestens 28. 5.– mindestens 7. 10.	VIAREGGIO von hier am 26. 6. in Varazze 19. 7.–spätestens 23. 7. in Rom Anfang Aug. eine Woche in Cutigliano; in der zweiten Augusthälfte Autoreise nach ST. MORITZ,	9. 9. *La Fanciulla* (T. Politeama)

Daten	Orte	Aufführungen
	Cortina d'Ampezzo, Bozen im September öfters in Lucca, jedenfalls am 22. 9.	22. 9. *Manon Lescaut* (T. del Giglio)
	27. 9. in Cento	27. 9. *Manon Lescaut*
um 10. 10.–4. 11.	WIEN (Hotel Bristol)	15. 10. *Manon Lescaut* (Staatsoper) außerdem wahrscheinlich *La Bohème*, *Tosca, Madama Butterfly* (ebd.)
		3. oder 4. 11. Wagner; Parsifal (ebd.)
ab 7. 11.	VIAREGGIO von hier Ende Nov./Anfang Dez. einige Tage in Rom (bis 3. 12.)	
1924		1924
	1. 4. in Florenz	Schönberg: Pierrot lunaire (Palazzo Pitti)
19. 4.–mindestens 6. 5.	MAILAND	1. 5. Boito: Nerone (UA T. Scala)
anschließend	wahrscheinlich in Rom	6. 5. Robbiani: Anna Karenina (T. Costanzi)
ca. 10. 5.–ca. 1. 6.	VIAREGGIO	
ca. 2. 6.–ca. 14. 6.	SALSOMAGGIORE (Grand Hotel des Thermes)	
ca. 14. 6.–4. 11.	VIAREGGIO von hier am 14. 9. in Lucca im Herbst öfters in Florenz (jedenfalls am 10. und 28. 10.) am 12. 10. in Lucca im Okt. vielleicht kurz in Mailand am 26. 10. in Celle	
5. 11.–29. 11.	BRÜSSEL (Hotel Metropol und Institut Médico-Chirurgical	vielleicht 18. 11. *La Bohème* und/oder 19. 11. *Tosca* (T. de la Monnaie)

C

Quellennachweise und Anmerkungen

Nicht unerhebliche Teile dieser Biographie beruhen auf einer kritischen Überprüfung von Brieftexten und -daten, auf der Konsultation von amtlichen Dokumenten und auf Recherchen vor Ort und in Archiven. Aus Platzgründen ist es unmöglich, das alles hier im Detail nachzuweisen oder gar daraus entstandene Abweichungen von in der Literatur gängigen Datierungen und Darstellungen einzeln zu begründen. Im folgenden werden deshalb die wichtigsten gedruckten Quellen für jedes Kapitel summarisch und die ungedruckten im einzelnen aufgeführt; danach folgen jeweils die mit der Seitenzahl des Texts und einem Stichwort bezeichneten Anmerkungen.

Die wichtigsten Briefsammlungen sind folgendermaßen abgekürzt:

Carteggi	=	Eugenio Gara (Hrsg.): Carteggi Pucciniani
Epistolario	=	Giuseppe Adami (Hrsg.): Giacomo Puccini – Epistolario
Ginori-Briefe	=	Critica Pucciniana
Lettere inedite	=	Giuseppe Pintorno (Hrsg.): Puccini – 276 lettere inedite
Puccini com'era	=	Arnaldo Marchetti (Hrsg.): Puccini com'era
Schnabl-Briefe	=	Simonetta Puccini (Hrsg.): Giacomo Puccini – Lettere a Riccardo Schnabl

Aufbewahrungsorte von Brief-Originalen und anderen Dokumenten sind folgendermaßen abgekürzt:

AAM	=	Accademia d'Arte Montecatini Terme
ACL	=	Archivio Storico Comunale Lucca
ARM	=	Archiv des Verlags Ricordi, Mailand
ASL	=	Archivio di Stato, Lucca
BPP	=	Biblioteca Passerini Landi, Piacenza
BSL	=	Biblioteca Statale Lucca
CVM	=	Conservatorio di Musica »Giuseppe Verdi«, Mailand
FPL	=	Fondazione Giacomo Puccini, Lucca
HUC	=	Harvard University, Cambridge/Mass.
LCW	=	Library of Congress, Washington D.C.
MPC	=	Museum im Puccini-Haus in Celle dei Puccini/Lucca
MSM	=	Museo teatrale alla Scala, Mailand
PLN	=	New York Public Library
PMN	=	Pierpont Morgan Library, New York
RC	=	Copialettere des Verlags Ricordi, Mailand*
TMM	=	Mrs. Tessa Melen, Melbourne/Derbyshire
VPB	=	verschiedener Privatbesitz (nähere Angaben gegebenfalls auf Anfrage)

* Bezugnahmen auf die im Verlag Ricordi vorhandenen Brief- und Telegrammkopien des Verlags (»Copialettere«) werden mit RC, dem Jahrgang, der Bandnummer und seiner Seitenzahl bezeichnet; so bedeutet also z.B. RC 1887/88-1/54: Seite 54 in Band 1 des Jahrgangs 1887/88 der Copialettere Ricordi.

Bücher und Aufsätze werden, soweit sie im Literaturverzeichnis (Anhang D) aufgeführt sind, nur mit dem Verfassername bzw. mit dem Titel bezeichnet, nötigenfalls zur Unterscheidung mit einem Titel-Stichwort.

Übersetzungen aus Briefen, Libretti, Dokumenten und fremdsprachiger Literatur stammen in der Regel von mir, auch wenn bereits deutsche Übersetzungen existieren.

Seiten- und Studienzifferangaben zu Werken Puccinis beziehen sich auf die gängigen Studienpartituren oder Klavierauszüge.

I Eine Annäherung – Puccini von außen

ZU PUCCINIS VORFAHREN:
Abbrescia/Lera; Arrighi in Quaderni Pucciniani 1982; Baggiani; Bonaccorsi; Corsi in Puccini nel centenario; Lazzareschi; Marchesi in Ceresa.

UNGEDRUCKTE QUELLEN:
Michele Puccini senior an seine Mutter (ASL – Legato Cerù, Band 202)

II Ein Leben und das Werk

1. 22 Jahre in Lucca (1858–1880)

QUELLEN:
L'approdo musicale, S. 28 ff.; Baggiani; Bonaccorsi; Cherubini; Critica Pucciniana, S. 18 ff.; Damerini; Del Fiorentino, Giovannetti; Hopkinson; Landucci; Lazzareschi/Pardi; Lombardi; Mack Smith; Magri: Rime; Musica e Musicisti 1903, S. 78 ff.; Monti; Pacini; Panichelli; Puccini com'era; Rassegna lucchese 1954, Nr. 13; Romani; Thayer.

DOKUMENTE:
Aufführungsliste des Teatro del Giglio Lucca ab 1819 (ACL)
Bevölkerungsregister der Stadt Lucca von 1865 (volume 15, foglio 3725); Geburts- (oder vielleicht auch Tauf-) Daten der Puccini-Geschwister hiernach: Otilia 23. 1. 1851, Tomaide 14. 4. 1852, Nitteti 27. 10. 1854, Iginia 19. 11. 1856, Ramelde 19. 12. 1859, Macrina 13. 9. 1862, Michele 19. 4. 1864 (eine gelegentlich außerdem genannte Schwester Temi gibt es nicht: das war der Kosename von Macrina).
Grabsteine auf dem Friedhof von Lucca für Michele Puccini senior, Nicolao Cerù († 1894), Augusto Michelangeli (1832–1892).
Pensionsgutachten für Albina Puccini (ACL)
Register des Ufficio Anagrafe Lucca
Todesanzeige für Fortunato Magi († 1882) (ASL, Legato Cerù)

31: »*Vexilla regis prodeunt*«: s. Hopkinson, S. 66, und Kaye, S. 13 f., wonach dieses Werkchen für die Kirche von Bagni di Lucca bestimmt gewesen sei. Das Manuskript ist im Besitz von LCW.
32: »*A te*«: s. Hopkinson, S. 65, Kaye, S. 3, und Magri: Rime, S. 293 f. Das Manuskript ist im Besitz von FPL (wie »Vexilla« zum ersten Mal veröffentlicht von Michael Kaye in »Songs for Voice and Piano«, New York 1985/1988).

»Preludio sinfonico« in e-moll: s. Hopkinson, S. 62, und Magri: Rime, S. 294 – Faksimile der letzten Seite in L'approdo musicale, S. 29. Das Autograph befand sich seinerzeit in der Privatsammlung des Mailänder Musikalienhändlers Natale Gallini, die offenbar inzwischen verstreut wurde – sein heutiger Besitzer ist mir nicht bekannt. Das von Gara (L'approdo musicale, S. 82) und Magri: Rime, S. 294f., aufs selbe Jahr datierte »Preludio sinfonico« in A-Dur gehört erst in die Mailänder Zeit.

»I figli dell'Italia bella«: s. Musica e Musicisti 1903, S. 81. Fraccaroli, S. 24, setzt das Werk ins Jahr 1876, und Tarozzi: Grandi, S. 11, meint, es sei eine Komposition zum Tod Vittorio Emanueles gewesen – was angesichts des Texts sicher falsch ist.

Motette: Sie galt seit langem als verschollen. Es ist mir jedoch gelungen, ihren derzeitigen Aufenthaltsort in einer Schweizer Privatsammlung zu ermitteln und das Manuskript einzusehen. Eine ziemlich korrekte, wenn auch nicht ganz genaue Abschrift aus den fünfziger Jahren besitzt AAM. Puccini hat das sehr sauber geschriebene 28seitige Partitur-Manuskript am Ende und auf dem Titelaufkleber des Umschlags »a di 25 aprile 1878« datiert. Der Titel heißt »Motetto per S. Paolino«.

Messe: Zur ziemlich verworrenen Überlieferungsgeschichte vgl. vor allem Hopkinson, S. 75f., und Magri: Rime, S. 296ff. Ein Faksimile aus dem sehr sauber geschriebenen Autograph (heute im Museum des Geburtshauses in Lucca) gibt Puccini nelle immagini, Nr. 23, wieder.

2. Milano Metropolis (1880–1885)

QUELLEN:

L'approdo musicale, S. 31ff.; Basso; Carner: Puccini; Carteggi; Epistolario; Fellerer: Puccini; Fraccaroli; Gatti: Scala; Hopkinson; Kaye in The Opera Quarterly; Leukel: Studien; Magri: Puccini e Torino; Magri: Rime; Marotti/Pagni; Mostra Pucciniana; Paladini in Musica e Musicisti 1903; Puccini com'era; Puccini nel centenario; Puccini nelle immagini; Quaderni Pucciniani 1985, S. 193ff.; Romani; Sartori: L'alunno; Sartori in Nuova rivista musicale italiana 1974, S. 366ff.

UNGEDRUCKTE QUELLEN:

Bazzini an Albina Puccini 2. 1. 1882 (ASL, Legato Cerù Band 202)
Ponchielli an Albina Puccini 14. 7. 1883 (ebd.)
Giulio Ricordi an Puccini 10. 10. 1884 (VPB)
Autograph der »Villi«-Partitur (ARM)

: *Carlo Biagini:* laut Ufficio Anagrafe Milano geboren am 4. 11. 1844.
Unterkünfte: Leider lassen sich die Mailänder Wohnungen Puccinis aus amtlichen Dokumenten nicht mehr nachweisen, weil die Unterlagen im letzten Krieg vernichtet wurden (Mitteilung des Ufficio Anagrafe Milano an den Verfasser). Die meisten von Puccinis Adressen existieren nicht mehr: die Häuser sind den Umbauten des 20. Jahrhunderts im Mailänder Zentrum zum Opfer gefallen.

: *keinen Ton einer Wagner-Oper:* Erst gegen Ende seiner Studienzeit wird Puccini vermutlich zum ersten Mal Wagner-Musik gehört haben: bei einem Gastspielkonzert des deutschen Ensembles von Angelo Neumann am 16. 5. 1883 im Teatro Dal Verme (s. Jung).

: *»Preludio sinfonico« in A-Dur:* Die meisten Biographen datieren dieses Werk irrtümlich auf 1876 – eine Verwechslung mit dem früheren »Preludio sinfonico« in e-moll (s. Magri: Rime, S. 294f.). Das A-Dur-Stück, dessen Manuskript sich im Mailänder Konservatorium befindet, ist am Anfang mit »Juni 1882« und am Ende mit »Juli 1882« datiert. Orchesterstimmen dazu gibt es in der Sammlung des Geburtshauses Lucca (früher Liceo Musicale Luigi Boccherini, s. Hopkinson, S. 64) und Skizzen in MPC (s. Critica Pucciniana, S. 20, Nr. 3 und 4).

43: *»Ad una morta!«* . . . *Autograph:* Faksimile in Puccini nel centenario, Tavola XXV.

44: *»Salve Regina«:* Faksimile des ganzen Lieds und eines weiteren Skizzenblatts in Puccini nel centenario, Tavola XXII–XXIV.
»Melanconia«: Hopkinson erwähnt 1968 das von Fellerer: Puccini, und Magri: Rime, beschriebene Manuskript nicht mehr unter den Beständen von CVM; es ist fraglich, ob die beiden es je gesehen haben.

46: *»Capriccio sinfonico«:* Die ausführlichste Beschreibung bietet Carner: Of men and music, S. 56ff. Faksimiles von Partitur- und Skizzenseiten finden sich bei Specht, vor S. 33, und Puccini nelle immagini, Nr. 37. Das Autograph ist im Besitz von CVM.

49: *»Capriccio«* als Klavierauszug: s. auch Hopkinson, S. 55, Nr. 14. Der Widmungsträger, Principe Carlo Poniatowski (1808–1887), war ein Florentiner adliger Musikfreund aus einem toskanisch-polnisch-österreichischen Fürstengeschlecht (s. Vittorio Streti: Enciclopedia storico-nobiliare italiana, Band 5, Mailand 1937, S. 442). Der Luccheser Marchese Raffaello Mansi hatte Puccini an den Fürsten empfohlen, und der empfing ihn Mitte Dezember 1883 (s. Quaderni Pucciniani 1985, S. 193 f.). Vermutlich war eine finanzielle Unterstützung durch Poniatowski der Preis für die Widmung.

50: *Die . . . Gewinner:* s. Leukel: Studien, S. 166. Zuelli schrieb an Puccini dreißig Jahre später ein Gedicht mit dem Schluß: »Du hast den Wettbewerb von Sonzogno verloren und den Ruhm gewonnen,« aber mir blieb nur ein Traum!« Wofür Puccini sich gerührt ebenfalls mit einem Gedicht bedankte (s. Sartori: Puccini, S. 354 f.).

51: *Marco Sala:* zu ihm s. Casini, S. 65 f., und Carner: Puccini, S. 70. Sala (1842–1901) dilettierte als Komponist und Geiger, wegen seiner populären Stücke wurde er auch der »italienische Strauß« genannt (s. Ricordis Enciclopedia della Musica, Mailand 1964).

52: *Vittoria Augusta di Borbone:* zu ihr s. Saro Giadice: La Villa Reale di Marlia, Lucca 1938; Antonio Archi: Gli ultimi Asburgo e gli ultimi Borbone in Italia (1814–1861), Rocca San Casciano 1965, S. 405 ff.; Dizionario Biografico degli Italiani, Band 12, Rom 1970, S. 488; Burke's Royal Families of the World, London 1977, Band 1, S. 529.

56: *einzelne Nummern sauber kopieren:* Eine solche Kopie des Duetts (Nr. 4) besitzt HUC. Sie ist von Puccini am 22. 6. 1884 in Lucca datiert und signiert, am 4. 8. hat er sie in Mailand der Signorina Emilia Sanpietro gewidmet, die wir schon von den Liedern des letzten Studienjahrs als Abschriftenempfängerin kennen.

58: *die . . . beiden Sätze des Orchesterstücks:* PMN besitzt vom Oktober 1883 datierte Skizzen des ersten Intermezzoteils, was (entgegen der Angabe in Magri: Rime, S. 310) beweist, daß dieser schon zur Urfassung gehörte, wenn auch sicher für die zweite Version revidiert wurde (s. Rigbie Turner, S. 87 f.).

3. Der Anfang: »Le Villi«

QUELLEN:
Heinrich Heine: Sämtliche Schriften, Band 3, Darmstadt 1971, S. 654 f.

63: *Skizzen älteren Ursprungs:* So ist darin ein Scherzo-Fragment für Streichquartett verarbeitet (= Hopkinson, S. 64, Nr. X).

4. Ricordis neuer Mann (1885–1889)

QUELLEN:
Abbiati; Carteggi; Corsi; Del Fiorentino; Fraccaroli; Jung; Mack Smith; Marek: Puccini; Monti; Monza – 25 gennaio 1987; Loewenberg; Puccini com'era; Quaderni Pucciniani 1985, S. 200ff.; Sartori: Casa Ricordi; Sartori: Puccini a Monza.

UNGEDRUCKTE QUELLEN:
RC 1887/88 – 1/54; 1888/89 – 5/173, 9/270, 17/344.
Fremdenliste der Bayreuther Festspiele (Originale im Richard-Wagner-Museum Bayreuth).

Elvira: Sie ist am 13. Juni 1860 in Lucca geboren. Das örtliche Ufficio Anagrafe hat aber keine vollständigen Unterlagen über sie und auch nicht über ihren ersten Mann. Der einzige mir bekannte Beleg für Elviras Geburtsdatum ist der Text des Gerichtsurteils von 1909 gegen sie (s. Valleroni, S. 156 Anm. 1). Die Namen Gemignani und Bonturi kommen allerdings (wie der mögliche Deckname Buchignani) im damaligen Lucca gelegentlich vor, wie ein Gang über den kommunalen Friedhof beweisen kann. Narciso Gemignani selbst ist dort begraben. Der Grabstein nennt Geburts- und Todesjahr (1856 und 1903) und enthält einen etwas sonderbaren Nachruf:
»*Amerika gab er seinen eisernen Geschäftswillen*
Der Familie sein Herz
Den Freunden seine Treue
Lucca seine ganze Kraft«.
Elvira und Gemignani haben am 19. 2. 1880 geheiratet, nur gut sechs Wochen später, am 5. 4. 1880, wurde ihre Tochter Fosca geboren (nach den Unterlagen des Ufficio Anagrafe Lucca). Über den angeblich drei Jahre jüngeren Sohn Renato habe ich keine dokumentarischen Belege gefunden (einer unbelegten Angabe Simonetta Puccinis in »Puccini a Milano« zufolge ist er erst 1885 geboren und 1957 gestorben). Ein nüchtern urteilender (angeheirateter) Großneffe Puccinis, der die über 80jährige Fosca noch kennengelernt hat, hat mir erzählt, sie habe Puccinis Nichte Albina Franceschini Del Panta verblüffend ähnlich gesehen.
»*Sole e amore*«: Faksimile der Zeitschriftenveröffentlichung bei Gatti: Puccini, nach S. 20. Zum Lied s. Magri: Rime, S. 18f. Magris Darstellung läßt es ausgeschlossen erscheinen, daß der Herausgeber der Zeitschrift »Paganini«, Luigi Montaldo, oder seine Frau Attilia Verfasser des Texts seien (so Balestrieri, S. 33).
»*Solfeggi*«: s. Magri: Rime, S. 314; Kaye, S. 223, gibt unter Berufung auf Fellerer als Kompositionsdatum den 20. März 1888 an.

5. Der Irrweg: »Edgar«

QUELLEN:
Carner: Of men and music; Fraccaroli; Marotti/Pagni; Nicolaisen; Ricci; Seligman.

UNGEDRUCKTE QUELLEN:
Autograph der »Edgar«-Partitur (ARM)
Adagietto für Orchester: s. Hopkinson, S. 64, Nr. XXVIII. Die ersten acht Takte zit. Fellerer: Puccini, S. 20. Carner: Puccini, S. 432 Anm. a, bezieht es irrtümlich auf Fidelias spätere Arie »Nel villaggio d'Edgar« und Magri: Rime, S. 302, gar auf Franks Arie im ersten Akt.

Vorspiel: Von diesem Preludio existiert auch ein mit »Madrid 26. Februar 92« datiertes Partitur-Autograph – s. Hopkinson, S. 63, und L'approdo musicale, S. 50f. –, heute im Besitz von PMN. Es handelt sich dabei um eine noch einmal leicht gekürzte Version des damals bereits im Klavierauszug der zweiten Fassung erschienenen und also schon für die Aufführung in Ferrara Anfang Februar bestimmten Vorspiels, das seinerseits wie gesagt nur eine stark gekürzte Übernahme des Vorspiels zum ehemaligen vierten Akt war. Zur Erleichterung der Identifizierung noch einmal die Taktzahlen: 1. Fassung (4. Akt): 147 Takte, 2. Fassung (1. Akt): 113 Takte, Madrider Fassung: 108 Takte.

81: *mehr gelernt:* Eine umfangreiche, aber wenig überzeugende Ehrenrettung der »Edgar«-Musik hat Martinotti versucht, verdienstvollerweise bietet er auch einen ausführlichen Vergleich der drei Fassungen.

6. Um Verdis Nachfolge (1889–1893)

QUELLEN:
Abbiati; L'approdo musicale, S. 49ff.; Arrighi: Contributo; Arrighi: Prima rappresentazione; Basso; Carner: Puccini; Carteggi; Ceresa, nach Nr. 80; Conati; Corsi; Cortopassi; Epistolario; Fraccaroli; Gatti-Casazza; Giovannetti; Hopkinson; Lettere inedite; Loewenberg; Mack Smith; Maehder in »Bohème«-Programm, Salzburg 1989/90; Magri: Puccini e Torino; Marek: Puccini; Marotti/Pagni; Opera Quarterly, S. 5ff.; Panichelli; Puccini com' era; Puccini nelle immagini; Quaderni Pucciniani 1985, S. 210ff.; Sartori: Puccini; Joachim E. Wenzel: Geschichte der Hamburger Oper 1678–1978, Hamburg 1978.

UNGEDRUCKTE QUELLEN:
Puccini an Ramelde Franceschini 7. 2. 1893 (VPB)
Puccini an Illica 27. 3. und 6. 10. 1892 (BPP)
Puccini an Elvira Puccini 3. 6. 1891 (»mercoldi ore 4 pom.«) (FPL)
Ricordi an Puccini 24. 2. 1892 (FPL)
RC 1889/90 – 2/465, 8/79; 1890/91 – 19/350, 20/112, 21/123; 1891/92 – 1/197, 4/291, 4/318, 12/129, 12/157, 12/373; 1892/93 – 3/9, 3/477, 4/58, 11/380, 11/494, 12/456, 13/180.
Autograph der »Manon-Lescaut«-Partitur (ARM)

84: *Wohnung in der Via di Poggio verkauft:* Laut Eintragung im Grundbuch (Conservatoria dei Registri Immobiliari Lucca) ist der Verkauf am 25. 9. 1889 wirksam geworden, der Rückkauf am 26. 9. 1894.

91: *Bürgermeister von Lucca:* Enrico Del Carlo, laut Grabstein auf dem Friedhof von Lucca erster gewählter Bürgermeister der Stadt (von 1888 bis 1896, geboren 25. 2. 1843, gestorben 8. 5. 1920), war ein Bruder von Puccinis Schwager Massimo Del Carlo.

97: *Angelo Eisner:* mit vollem Namen Angelo Franz Victor Eisner Edler (später Freiherr) von Eisenhof, am 24. 1. 1857 in Triest geboren (s. »Wer ist wer« – Lexikon österreichischer Zeitgenossen, Wien 1937, und das Gothaische Genealogische Taschenbuch freiherrlicher Häuser, Jahrgang 1931). Siehe auch RC 1892/93 – 10/118 (6. 12. 1892).

7. Der eigene Weg: »Manon Lescaut«

QUELLEN:
Carner: Of men and music; Carteggi; Critica Pucciniana, S. 80ff.; Del Fiorentino; Hopkinson; Leibowitz: Histoire de l'Opéra; Loewenberg.

8. Weltruhm (1893–1896)

QUELLEN:

Adami: Ricordi; Arrighi: Le prime lucchesi; Carner: Puccini; Carteggi; Ceresa, nach Nr. 80: Del Fiorentino; Fraccaroli; Gatti: Scala; Hopkinson; Illica in La Lettura 1906, S. 873 ff.; Incagliati; Jung; Lettere inedite; Loewenberg; Lunelli; Mack Smith; Magri: Puccini e Torino; Magri: Rime; Marek: Puccini; Marotti/Pagni; Monti; Morini: Bohème; Nardi; Puccini com'era; Puccini nelle immagini; Simonetta Puccini: Pittori; Rigbie Turner; Rosenthal; La Scala, Dezember 1958; George Bernard Shaw: Musikfeuilletons des Corno di Bassetto, Leipzig 1972, S. 238ff.; Joachim E. Wenzel: Geschichte der Hamburger Oper 1678–1978, Hamburg 1978.

UNGEDRUCKTE QUELLEN:

Puccini an ? 24. 5. 1894 (PMN)
Puccini an Bettolacci 16. 8. 1894 (LCW)
Puccini an Ramelde Franceschini wohl 13. 12. 1895 (MPC)
Puccini an Franchetti 24. 2. 1895 (BPP)
Puccini an Illica 22. 8. 1893, 29. 1. 1894 (»Milano lunedì«) und Nr. 42 (alle BPP)
Ricordi an Puccini 29. 11. 1895 (FPL)
RC 1892/93 – 22/21; 1893/94 – 3/395, 7/90, 11/281, 18/243, 20/250, 20/343, 21/363; 1894/95 – 2/50, 15/177, 18/284, 18/357.
Autograph der »Bohème«-Partitur (ARM)
»Schmierzettel« wohl Januar 1894 (BPP Nr. 3)
Widmung von »Manon«-Klavierauszügen an Angeloni (AAM) und C. Villiers Stanford (18. 5. 1894, Stanford University)

16: *Giovanni Verga:* zu ihm s. u. a. Enrico Ghidetti: Verga. Guida storico-critica. Rom 1979, und Giovanni Cecchetti: Giovanni Verga. Boston 1978.

23: *diesen Akt kurz halten:* Zu diesem Thema hat Puccini offenbar fast täglich mit Ricordi und/oder Illica korrespondiert. Die veröffentlichten und fast ausnahmslos undatierten Briefe lassen sich kaum in eine sichere Reihenfolge bringen. Möglich wäre folgende: Carteggi, Nr. 133 – 136 – 138 – Lettere inedite, Nr. 21 (30. 9.) – Carteggi, Nr. 134 – Marek: Puccini, S. 154f. (1. 10.) – Carteggi, Nr. 137 – 135 – Marek: Puccini, S. 155 (4. 10.) – ebd. (8. 10.) – Epistolario, Nr. 48 – Carteggi, Nr. 139 – 140 (8. 10.) – 141 (9. 10.) – 143 – 142 (12. 10.) – 146 – 144 (25. 11.) – 145 (dessen Original BPP inhaltsreicher ist als die Veröffentlichungen).

24: »*Avanti Urania!«:* Magri: Rime, S. 23 und 317, datiert das Lied ganz falsch auf 1888/89, Carner: Puccini, S. 170, auf 1899, was jedoch nur das Datum des Erstdrucks ist, der übrigens nicht bei Ricordi, sondern im Florentiner Verlag Venturini erschien (s. Hopkinson, S. 56, Nr. 20). Gelegentlich wird das Lied auch irrtümlich als Chorwerk bezeichnet. Ein Teilfaksimile des Erstdrucks bietet Rocca, S. 44f. s. auch Critica Pucciniana, S. 191. Das Autograph trägt allerdings erst das Datum des 4. Oktober 1896 (Kaye, S. 63).

9. Das Meisterwerk: »La Bohème«

QUELLEN:
Carner: Puccini; Carteggi; Christen; Foucart; Leibowitz: Bohème; Leibowitz: Histoire de l'Opéra; Magri in Critica Pucciniana, S. 87f.; Sartori: Puccini.

130: *nach der Uraufführung nicht mehr viel geändert:* vgl. Hopkinson, S. 14ff., der allerdings eine Erweiterung des Chors am Schluß des zweiten Akts (zum ersten Mal in Nr. 4C) übersehen hat. Carner: Puccini, S. 471 Anm. b, behauptet, Puccini habe im Frühjahr oder Sommer 1896, also bald nach der Uraufführung, ein neues und ursprünglich nicht vorhandenes Chorfinale für diesen zweiten Akt komponiert; das ist jedoch stark übertrieben: Puccini hat lediglich ein paar Gesangstakte hinzugefügt (kurz vor Ziffer 33 beginnend) und das Orchesternachspiel ein wenig gekürzt – vermutlich hat Carner die in Carteggi, Nr. 159, formulierten Absichten nicht genau genug mit den Klavierauszug-Ausgaben verglichen.

133: *Marschrhythmus einer Militärkapelle:* Nach Sartori: Puccini, S. 155, stammt das Marschthema von Grétry. Obwohl das ein weiteres Indiz für Puccinis Montageverfahren wäre, scheint es mir sehr zweifelhaft, daß Puccini Grétry-Kompositionen kannte. Es mag eine eher zufällige Ähnlichkeit sein.

10. In einem gärenden Land (1896–1899)

QUELLEN:
Arrighi: Inediti; »Bohème«-Programmheft der Bayerischen Staatsoper, München 1979; Carner: Puccini; Carteggi; Cecchi; Ceresa; Cherubini; Dry; Epistolario; Fraccaroli; Gatti: Scala; Incagliati; Julius Kapp: 200 Jahre Staatsoper im Bild, Berlin 1942; Karpath; Key; Herman Klein; La Grange I; Lettere inedite; Lombardi; Loewenberg; Mack Smith; Magri: Panichelli; Magri: Rime; Marchetti: Puccini e Pascoli; Marek: Puccini; Marotti/Pagni; Monti; Neue Zeitschrift für Musik 25. 6. 1897; Panichelli; Pascoli: Lettere agli amici; Pascoli: Lettere a Caselli; Puccini com'era; Puccini nelle immagini; Quaderni Pucciniani 1982, S. 18f.; Rinaldi; Thayer; Valleroni; Bruno und Eleonore Vondenhoff (Hrsg.): Gustav Mahler Dokumentation. Ergänzungsband. Tutzing 1983; Willnauer.

DOKUMENTE:
Kaufverträge für das Chiatri-Grundstück vom 5. 12. 1898 und 1. 12. 1906 in der Conservatoria dei registri immobiliari Lucca
Grabstein für Guglielmo Lippi (ca. 1872–7. 11. 1897) auf dem Friedhof von Lucca

UNGEDRUCKTE QUELLEN:
Puccini an Angeloni 19. 3. 1897 (BSL)
Puccini an Bettolacci 22. 3. 1897 (PMN)
Puccini an Caselli 28. 12. 1897 (ACL)
Puccini an Otilia del Carlo 17. 4. 1897 (MSM)
Puccini an Tomaide Gherardi 25. 1. 1899 (PMN)
Puccini an Illica (alle BPP) 11. 2., Ende Febr. (Nr. 76), 15. 3., 11. 7. 1896; 18. 1., 8. 4., Nr. 466, 26. 5., 2. 7., 29. 7., 6. 8., 28. 8., 15. 9., 23. 9., 22. 11., 29. 11., wohl 2. 12. (Nr. 108) 1897; Nr. 115, 15. 11., 21. 11. 1898; 14. 1., 15. 2. 1899;
Puccini an Mugnone 17. 2. 1897 (PMN)
RC 1896/97 – 1/82, 2/297, 18/234, 19/212, 22/407; 1897/98 – 3/261, 8/198, 8/231, 11/280; 1899/1900 – 2/123, 5/384, 9/434, 11/107, 12/5, 13/92;
Libretto-Manuskript des 1. Akts »Tosca« (ARM)
»Tosca«-Skizze vom 11. 3. 1898 (MSM)
Autograph der »Tosca«-Partitur (ARM)

1: »*Inno a Diana*«: Puccini stand mit Abeniacar schon in den ersten Monaten dieses Jahres 1897 in Verbindung (s. Lettere inedite, Nr. 28 und 29, und die Widmung an Abeniacar vom 25. 2. 1897 – Abbildung bei Pinzauti, nach S. 48). Das Autograph in PMN trägt am Ende das Datum des 12. 12. 1897. Siehe auch Magri: Rime, S. 329f. Carner: Puccini, S. 170, behauptet, der Text stamme von Fausto Salvatori, dem späteren Autor der »Inno a Roma«, und die Musik sei in dieser wiederverwendet worden; beides ist falsch. Der Marsch erschien 1898 zuerst in einer Sondernummer der Jäger-Zeitschrift »Sant'Uberto« und im Jahr darauf einzeln im Florentiner Verlag Venturini, der zugleich auch das ältere Schiffstaufe-Lied »Avanti Urania!« druckte (s. Hopkinson, S. 56).

5: »*E l'uccellino*«: Magri: Rime, S. 330f., datiert es auf den Sommer 1899; da war allerdings Puccini so sehr mit »Tosca« beschäftigt, daß mir eine Gelegenheitskomposition unwahrscheinlich vorkommt. Gedruckt wurde das Lied bei Ricordi spätestens im September 1899 (s. Hopkinson, S. 56). Weitere Informationen zu dem Lied: Panichelli, S. 219f.; Carner: Puccini, S. 170; Magri: Rime, S. 55 und 330f.

»*Scossa elettrica*«: genauere Informationen dazu bei Kaye, S. XVIf., womit die Angaben bei Magri: Rime, S. 329, ergänzt und korrigiert werden.

11. Politik nach Noten: »Tosca«

QUELLEN:
Harold Acton: The Bourbons of Naples (1734–1825), London 1956; Carner: Puccini; Hopkinson; Leibowitz: Histoire de l'Opéra.

1: *Liborio Angelucci*: s. Dizionario Biografico degli Italiani, Band 3, Rom 1961, S. 251 ff. Zur römischen Republik s. auch Antonio Cretoni: Roma giacobina, Rom 1971, und Mario Battaglini: Le istituzioni di Roma giacobina, Mailand 1971.

5: »*Cantata a Giove*«: s. L'Approdo musicale, S. 93; Hopkinson, S. XIV; Magri: Rime, S. 330; Magri in Critica Pucciniana, S. 90.

12. Sehnsüchte und ein Unfall (1900–1904)

QUELLEN:
Adami: Puccini; Adami: Romanzo, Arrighi: Contributo; Barblan; Bögel, S. 227 ff.; Carner: Puccini; Carteggi; Cherubini; De Lara; Del Fiorentino; L'economia italiana, S. 568 ff.; Epistolario; Fraccaroli; Gatti: Puccini; Gatti-Casazza; Giacobetti; Greenfeld; Hadamowsky; Hopkinson; Jackson; Jung; Key; Landucci; Lera; Lettere inedite; Loewenberg; Mack Smith; Magri: Puccini e Torino; Marchetti: Lo »scampanio«; Marek: Puccini; Marotti/Pagni; Melba; Monti; Erich H. Müller von Asow: Richard Strauss. Thematisches Verzeichnis. Band 1. Wien und Wiesbaden 1959; Musica e Musicisti 1903 und 1904; Nardi; Oper in Dresden. Festschrift zur Wiedereröffnung der Semperoper, Berlin 1985; Opera Quarterly; Paladini; Pascoli: Lettere a Caselli; Powils-Okano; Puccini com'era; Quaderni Pucciniani 1982; Ross; Sachs; Sartori: Puccini; Schnabl-Briefe; Schuster; Richard Strauss – eine Welt in Briefen, Tutzing 1967; Thayer; Valleroni; Winter.

DOKUMENTE:
Ehrenbürger-Urkunde der Stadt Viareggio vom 21. 11. 1900 (Museum Torre del Lago)
Heirat von Carlo Del Carlo 15. 6. 1902 (Ufficio Anagrafe Lucca)
Heirat Foscas mit Salvatore Leonardi 16. 7. 1902 (ebd.)
Tod des Narciso Gemignani am 26. 2. 1903, 11 Uhr (ebd.)
Verträge und andere Schriftstücke zur »Tosca« 1900 in Lucca (ACL)

UNGEDRUCKTE QUELLEN:
Puccini an Angeloni-Komitee 11. 9. 1903 (BSL)
Puccini an Bettolacci 10. 7. 1900 (LCW)
Puccini an Borea 4. 3. 1902 (MSM)
Puccini an Carmelita Frette 8. 3. 1903 (CVM)
Puccini an Illica (alle BPP) 28. 5., 29. 12. 1900; 23. 4., 12. 5., 23. 7., 17. 8., 2. 10., 11. 11., wohl 8. 12. (Nr. 170) 1901; 2. 1., 3. 1., wohl 17. 3. (Nr. 175 und 178), 8. 12. 1902; 6. 1., 10. 2., 19. 3., wohl 9. 6. (Nr. 208), 23. 6., 25. 6., wohl 29. 6. (Nr. 219), 30. 7., 27. 8., 31. 8., 2. 9., 16. 9., Nr. 471 und 241, Nr. 145, 30. 11., 27. 12. 1903; 24. 3. 1904.
Puccini an Levi 7. 5. 1900 (MSM)
Puccini an Mahler 6. 11. und 29. 11. 1903 (Österreichisches Staatsarchiv)
Puccini an Elvira Puccini wohl 10. 10. 1900 (FPL)
Puccini an Soldani 10. 5. 1904 (HUC)
Elvira Puccini an Ricordi 6. 12. und wohl 13. 12. 1903 (PMN)
RC 1899/1900 – 14/22, 19/23, 19/364; 1900/01 – 2/308, 7/157, 12/364, 18/1, 20/129; 1901/02 – 7/154, 7/346, 9/320, 9/399, 15/13, 21/492, 22/29; 1902/03 – 20/184; 1903/04 – 5/176, 6/122, 8/168, 9/444.
Autograph der »Madama-Butterfly«-Partitur (ARM)
Autograph von zwei »Butterfly«-Takten, datiert Wien 1903 (Stanford University)

160: *Corinna:* zu ihr s. u. a. Del Fiorentino, S. 77 ff.; Casini, S. 260 ff.; Magri: Puccini e Torino, S. 59 ff.; Valleroni, S. 140; Tarozzi: Grandi, S. 43; Mila.

162: *David Belasco:* zu ihm s. neben den älteren Biographien Carners kurze und treffende Charakterisierung in Puccini, S. 183 ff. Belascos Geburtsjahr wird gelegentlich auch anders angegeben; 1853 nennt Carner nach der Belasco-Biographie von Timberlake.

170: *einen De Dion Bouton:* s. Magri: Rime, S. 81; Magri: Puccini e Torino, S. 63; unveröffentlichter Brief an Illica (Original BPP Nr. 162), der wohl auf den 27. 5. 1901 zu datieren ist; Valleroni, Bildteil Nr. 31. Valleroni meint irrtümlich, seine Nr. 29 sei der De Dion, auch Magri: Puccini e Torino, S. 62 f., verwechselt in den Bildunterschriften die beiden ersten Puccini-Autos. Allerdings ist es selbst für Experten schwer, solche Oldtimer sicher zu identifizieren: verschiedene Fabrikate ähneln sich häufig, und bei der Reparaturanfälligkeit wurden ihnen gelegentlich nicht-originale Ersatzteile angebaut. Übrigens ist die Behauptung, außer Puccini hätte es zu dieser Zeit in Italien nur vier Autobesitzer gegeben (so Valleroni, S. 90 u. a.), wenig glaubwürdig. Magri: Rime, S. 271 Anm. 2, vermutet außerdem, Puccini habe nie einen Führerschein besessen, was wahrscheinlich ist, aber in dieser frühen Zeit sicher niemanden am Fahren eines Autos hinderte.

171: *»Terra e mare«:* s. Hopkinson, S. 56, und Magri: Rime, S. 334 f. Ein Faksimile des ersten Drittels ist bei Sartori: Puccini, S. 351, aus dem Jahrbuch-Druck reproduziert. Zur Datierung s. auch Kaye, S. 85.

178: *Vertrag für eine Schallplattenkomposition:* s. Carteggi, Nr. 346 Anm. 1, und S. 631; Magri: Rime, S. 343; The Opera Quarterly 1984, Heft 3, S. 90 ff. und 100; Kaye, S. 93 ff. Der häufig erwähnte andere Schallplatten-Titel Puccinis, »Ditele«, ist nicht von ihm; wie Kaye (in The Opera Quarterly) nachgewiesen hat, handelt es sich dabei um die Komposition einer russischen Fürstin namens Kochubei. Kaye hält »Canto d'anime« übrigens für den »Prototyp« von Rinuccios Arie in »Gianni Schicchi«, was ich nicht recht nachvollziehen kann.

- *Villa in Boscolungo:* Sonderbarerweise lassen sich in der Conservatoria dei registri immobiliari von Pistoia, wozu Boscolungo gehört, keine Dokumente über Puccinis dortigen Hausbesitz finden.

13. Exotische Moderne: »Madama Butterfly«

QUELLEN:
Carner: Puccini; Carner in Quaderni Pucciniani 1982; Vittorio Gui in L'approdo musicale, S. 72 ff.; Arthur Hobson Quinn (Hrsg.): Representative American Plays, New York und London, 6. Aufl. 1938; Julian Smith in Maehder: Esotismo.

- *Benjamin Franklin Pinkerton:* In der Oper hieß der Leutnant ursprünglich Sir Francis Blummy Pinkerton, was von der dritten Fassung an gottseidank geändert wurde. Seitdem gehen die Initialen des Vornamens F.B. und B.F. wirr durcheinander, wozu es allerlei kuriose Erklärungen gibt (s. Carner: Puccini, S. 524 Anm. a; Ashbrook, S. 112; und vor allem Hopkinson, S. 73 f.). Daß in der deutschen Fassung aus dem Nachnamen Pinkerton gar Linkerton wurde, hat kaum etwas mit der damals berühmten Detektiv-Agentur Pinkerton zu tun (so Carner), sondern wohl eher mit der unerwünschten Assoziation zu »pinkeln«, wie zuerst Hopkinson vermutete.
- *nicht präzise zählbaren Fassungen:* s. hierzu Carner: Puccini, S. 543 ff.; Ashbrook, S. 111 ff.; Werk und Wiedergabe, S. 229 ff.; Puccini: Madama Butterfly, Programmbuch des Teatro alla Scala, Mailand 1985, S. 11 ff. und 63 ff. Die Abweichungen registrieren Hopkinson, S. 24 ff., und sehr detailliert Powils-Okano, S. 32 ff. Am präzisesten beschreiben Julian Smith und Joachim Herz in »Werk und Wiedergabe« den Zweck der Unterschiede; nicht immer genau ist (der dennoch unersetzliche) Hopkinson, unzuverlässig Ashbrook und sehr fehlerhaft Carner, nicht zuletzt weil er die heute übliche (im wesentlichen) Pariser Fassung schon für die von Brescia hält.
- *Aufführung im Teatro Carcano:* Diese Aufführung ist bisher nicht identifiziert worden, sie soll vor oder um 1920 stattgefunden haben (s. Werk und Wiedergabe, S. 236 f.).
- *Melodie eines japanischen Volkslieds:* Carner hat eine ganze Reihe solcher Originalmelodien identifiziert (s. Puccini, S. 526 ff., und zuvor Of Men and Music, S. 70 ff.); s. aber auch Puccini nel centenario, S. 157 ff., und Christen, S. 220 ff., der sorgfältig untersucht hat, in welch differenzierter Weise Puccini die Vorlagen verwendete, und der Carners Identifizierungen gelegentlich zu Recht bezweifelt. Sehr detaillierte Nachweise finden sich bei Powils-Okano, S. 44 ff.

14. Lebenskrisen (1904–1910)

QUELLEN:
Aldrich; Arrighi: Contributo; Arrighi: Le prime lucchesi; Barblan; John Malcolm Brinnin und Kenneth Gaulin: Grand Hotels der Meere, München 1988; Carner: Puccini; Carteggi; Cecchi; Ceresa, nach Nr. 143; Del Fiorentino; Dhiagilev; Eaton; Epistolario; Farrar; Ferrando, S. 286; Fraccaroli; Gallini; Gatti: Puccini; Gatti: Scala; Gatti-Casazza; Giovannetti; Greenfeld; Hadamowsky; Jackson; Kolodin; Lettere inedite; La Lettura 1906, S. 870; Lo

(Nr. 1-5); Loewenberg; Mack Smith; Magri: Puccini e Torino; Magri: Rime; Marchetti: Carezze; Marchetti: Pascoli e Puccini; Marek: Puccini; Marek: Toscanini; Marotti/Pagni; Marx; Monti; Musica e Musicisti 1904-1906; New York Times 28. 2. 1907; Opera Quarterly, S. 27 ff.; Panichelli; Puccini com'era; Puccini nel centenario, S. 90 ff.; Puccini nelle immagini; Quaderni Pucciniani 1982, S. 64; Arthur Hobson Quinn (Hrsg.): Representative American Plays, New York/London, 6. Aufl. 1938; Rassegna lucchese, Nr. 9/10, 1981/82, S. 46 f.; Rosenthal; Ross; Sartori: Casa Ricordi; Sartori: Puccini; Schnabl-Briefe; Schuster; Seligman; Seltsam; Julian Smith in Werk und Wiedergabe; Brief von Richard Strauss an seine Frau 17. 5. 1906; Stuckenschmidt; Timberlake; Valleroni; Winter; Wolff; Zangarini.

DOKUMENTE:
Calendrier der Opéra comique (Bibliothèque et Musée de l'Opéra, Paris)
Dokumente zur »Manon Lescaut« 1910 in Lucca (ACL)
Lloyd's List (Guildhall Library London)

UNGEDRUCKTE QUELLEN:
Puccini an Bettolacci 2. 11. 1904; 6. 5., 19. 5. 1906; 8. 2. 1908 (alle LCW); 27. 10. 1908 (»martedì«) (PMN); 26. 1. 1909 (FPL); Ende Jan., 28. (richtig: 29.) 1., 30. 1., 6. 2. (alle PMN), 15. 2. (FPL), 17. 2. 1909 (PMN); 19. 2. 1909 (FPL); 7. 6., 11. 6., 17. 6., 20. 9. 1910 (alle LCW).
Puccini an Caselli 18. 6., 12. 10., wohl 1. 11. (Ms. 3582,101) 1908; 1. 3. 1909 (alle BSL)
Puccini an Eisner 2. 11., 4. 11. 1907; 9. 5. 1909 (alle MSM)
Puccini an Ginori 26. 7. 1905 (LCW)
Puccini an Illica (alle BPP) 31. 5., 30. 6., 16. 8., 18. 8., 3. 9., 4. 9., 15. 9., Nr. 301, 7. 10., 13. 11., 17. 11., 21. 11., 25. 11., 1. 12., 7. 12., 10. 12. 1904; 14. 3., 31. 3., 5. 9., 29. 11., 14. 12. 1905; 5. 10., 18. 10. 1906; 9. 5., 19. 5., 22. 5., 24. 5., 27. 5., 28. 5., 2. 6., 16. 6. 1907; 30. 9. 1908.
Puccini an Antonio Puccini 7. 4., 19. 4., 22./23. 5. 1909 (alle FPL)
Puccini an Elvira Puccini 21. 1. 1906; 12. 6. 1909; 7. 12. 1910 (alle FPL); wohl 11. 12. 1910 (Musikantiquariat Schneider, Tutzing, Katalog Nr. 192, S. 86).
Puccini an Giulio Ricordi 4. 2. 1909 (VPB)
Puccini an Sybil Seligman (alle TMM) 20. 10., 22. 10. 1904; diverse Billette; 26. 10., 28. 10., 16. 12. 1905; 13. 2., 3. 3., 23. 10., 2. 11., wohl 9. 11. (= Seligman, S. 93 f.), 14. 11. 1906; »domenica ore 5«; »Torre del Lago venerdì«; 6. 1., 3. 2., 6. 3., 24. 4., wohl 29. 5. (»Milano mercoldì«), 14. 6., 15. 6., 23. 6., 27. 6., 5. 7., 7. 7., 4. 9., 7. 9. 1907; 25. 2., 5. 3., 14. 4., 10. 5., 9. 6., 17. 8., wohl 10. 10. (= Seligman, S. 166 f., ungekürzt), wohl 27. 10., wohl 3. 11. (»martedì«) 1908; 21. 3., wohl 22. 3. 1909; 13. 9., 8. 11. (»Hotel Westminster, martedì«), 9. 11. 1910.
Puccini an Soldani (alle HUC) 28. 7., 29. 7., 22. 8., 13. 11. 1904; 9. 1. 1905; 5. 1., 17. 1., 8. 2., 13. 2., 18. 3., 19. 6., 30. 8., 20. 9. 1906; 20. 4. 1907.
Puccini an Toscanini 7. 2. 1908; 18. 9. 1910 (alle PLN)
Puccini an Vaucaire 8. 8. 1906 (PMN)
Carlo Nasi an Sybil Seligman 1. 3. 1909 (TMM)
Elvira an Sybil Seligman 3. 2. 1907 (TMM)
RC 1904/05 – 3/311; 1905/06 – 14/35, 19/344; 1906/07 – 1/61, 3/303, 3/385, 4/10, 9/498, 14/290, 15/14, 16/77, 17/376; 1907/08 – 2/84, 2/253, 13/34, 17/342, 1908/09 – 5/446, 9/78, 9/164, 10/390, 11/103, 17/482; 1909/10 – 14/112; 1910/11 – 2/136.
Autograph der »Fanciulla-del-West«-Partitur (ARM)

Autograph aus »La Figlia (!) del West« (HUC fMs Ital 75)
Bankett-Karte des Hotel Savoy, London (TMM)
Ehrenmitgliedsurkunde des Konservatoriums Montevideo (FPL)
Mitteilungen von Frau Tessa Melen an den Verfasser
Notiz im »Edgar«-Autograph (ARM)
Foto Elviras (TMM)

: *Requiem:* am ausführlichsten darüber Magri: Un lavoro dimenticato und ungenauer ders. in Rime, S. 94ff. und 340f. Entgegen Magri: Rime ist seine frühere und Hopkinsons Angabe (S. 61) richtig, daß das Original sich in MSM befindet, ARM besitzt nur eine Abschrift. Eine Abbildung der ersten Seite zeigt Puccini nelle immagini, Nr. 182. Über die Aufführung berichtet Musica e Musicisti 1905, S. 60. In letzter Zeit ist das Stück gelegentlich wiederaufgeführt und auch auf Schallplatte aufgenommen worden.

: *Blanka Lendvai:* s. Greenfeld, S. 205; von dem Liebesbriefwechsel, den er auf Oktober 1911 datiert und aus dem er sogar zitiert (S. 227f.), habe ich allerdings sonst keine Spur gefunden, auch Greenfeld konnte (oder wollte) mir dazu keine nähere Auskunft geben. Blanka Lendvai soll ihre Briefe teils an ein geheimes Postfach in Viareggio, teils an Carignani geschickt haben.

: *Ägypten:* Es ist nicht ganz klar, welche Aufführungen Puccini gesehen hat: »Butterfly«-Inszenierungen gab es schon seit längerer Zeit sowohl in Alexandria wie in Kairo (s. Loewenberg, Sp. 1256), und zwar in italienischer Sprache und durch italienische Ensembles. Nach Marchetti (Puccini com'era, Nr. 344 Anm. 4) sang die Krusceniski die Butterfly in Alexandria, und Puccini besuchte die sechste Vorstellung einer im Januar begonnenen Serie. Kairo und alles übrige scheint eher ein reiner Touristenausflug gewesen zu sein (Fotos davon in Puccini nelle immagini, Nr. 193 und 194).

: *Guelfo Civinini:* s. den Artikel über ihn im Dizionario Biografico degli Italiani sowie Valleroni, S. 127. Fosca Leonardi verkaufte ihre Villa 1911 schon wieder (s. Valleroni, S. 122f.) und zog mit ihrem Mann nach Viareggio, lebte aber »heimlich« von ihm getrennt. Leonardi starb 1938 (s. Valleroni, S. 135f. Anm. 3) an den Folgen von Schlägen, die ihm ein junger Bursche versetzt hatte, der »die Ehre seiner Schwester« rächen wollte. Im hohen Alter heiratete Fosca 1952 noch einmal, und zwar den Besitzer des Corriere della Sera, Mario Crespi, als dessen Witwe sie sogar einige Jahre Italiens bedeutendste Zeitung führte. Am 23. 1. 1967 starb sie im Alter von 87 Jahren (nach Unterlagen des Ufficio Anagrafe Lucca).

Kompositionsskizze des ersten Akts: Sie ist im Besitz von PMN (Faksimile zweier Seiten in The Opera Quarterly 1984, Heft 3, S. 44f.); Entwürfe einzelner Themen tragen das Datum des 1. 3. 1908 (s. Rigbie Turner, S. 98 und 123).

: *Doria Manfredi:* Zum ersten Mal hat Marek die Geschichte berichtet und kurz danach, unabhängig von ihm, Del Fiorentino mit vielen Details, die zum Teil noch von Puccini selbst stammen. Wesentliche Fakten sind einer Aussage von Dorias Mutter Emilia für die spätere Gerichtsverhandlung zu entnehmen (Marek: Puccini, S. 250f.), wobei allerdings die Zahlenangaben nicht zusammenpassen, sowie aus dem Gerichtsurteil (Valleroni, S. 156ff. Anm. 1). Nach der Inschrift von Dorias Grab auf dem Friedhof von Torre del Lago ist sie am 6. 9. 1885 geboren und am 29. 1. 1909 gestorben.

: *Bei der Rückkehr nach Mailand:* Es existiert ein kurzes Lied mit dem banalen Text »Casa mia, per piccina che tu sia, tu mi sembri una badia« (»Mein Haus, wie klein du auch bist, du erscheinst mir gewaltig«). Das Autograph befindet sich in PMN (MS 173 C) und trägt eine Widmung an einen Edoardo, den Michael Kaye als den Schriftsteller und Verleger de

Fonseca identifiziert hat (s. Songs for Voice and Piano, New York 1985/1988, S. IV). Danach stammt das Lied aus dem Jahr 1908 – vielleicht im Zusammenhang mit Puccinis verzweifelter Abwesenheit von Torre del Lago im Oktober. Die Qualität des Stücks rechtfertigt durchaus Puccinis Vorschlag in der Widmung, die beiden Seiten in den Papierkorb zu werfen.

244: *Zivilklage zurückgezogen:* Laut Casini, S. 334, fand am 21. 7. 1909 eine Berufungsverhandlung statt und wurde am 2. 10. das Verfahren wegen Klagezurücknahme eingestellt; beide Daten konnte ich nicht verifizieren.

251: *verläßt New York:* Bei diesem Aufenthalt soll er auch zwei Klavierstücke (»Foglio d'Album« und »Piccolo Tango«) komponiert haben, die jedoch von mehr als zweifelhafter Authentizität sind (s. Carner: Puccini, S. 231), zumal sie erst 1942 von einem amerikanischen Verlag ohne nähere Auskünfte veröffentlicht wurden (s. Hopkinson, S. 57).

15. Eine neue Welt: »La Fanciulla del West«

QUELLEN:
Carner: Puccini; Christen; Hopkinson; Restagno; Valente.

16. Im Angesicht des Kriegs (1911–1915)

QUELLEN:
Adami: Puccini; Arrighi im »Fanciulla«-Programmheft Lucca 1958; Arrighi: Landi; Balestrieri; Carner: Puccini; Carteggi; Cecchi; D'Ambra; Del Fiorentino; Diaghilev; Epistolario (s. auch englische Ausgabe, nach S. 188); Fraccaroli; Fremden-Blatt, Wien, 26. 10. 1913; Ginori-Briefe; Greenfeld; Hadamowsky; Hopkinson; Heinrich Huesmann: Welttheater Reinhardt, München 1983; Gisela Huwe (Hrsg.): Die Deutsche Oper Berlin, Berlin 1984; Kolodin; Korngold; Lettere inedite; Loewenberg; Mack Smith; Magri: Il »Cio-Cio-San«; Magri: Puccini e Torino; Marchetti: Gui; Leopoldo Marchetti; Marek: Puccini; Marotti/Pagni; Monti; Morini: Sogni, Panichelli; Puccini com'era; Puccini nel centenario; Puccini nelle immagini; Rassegna lucchese Nr. 9/10, 1981/82, S. 47ff.; Programmheft La Rondine, Teatro La Fenice, Venedig 1983; Rosenthal; Sachs; Sartori: Casa Ricordi; Sartori: Puccini; La Scala 72, 1955, S. 29: Schnabl-Briefe; Schneidereit; Seligman; Strasser-Vill in Maehder: Esotismo; Stravinsky/Craft; Thayer; Valente; Valleroni; Wolff; Die Zeit, Wien, 19. 10. 1913.

DOKUMENTE:
Fremdenliste der Bayreuther Festspiele 1912 (Richard-Wagner-Museum Bayreuth)

UNGEDRUCKTE QUELLEN:
Puccini an ? 18. (richtig: 14.) 5. 1911 (MSM C.A.4122)
Puccini an ? 14. 8. 1913 (LCW)
Puccini an Bettolacci 18. 2. 1911; 10. 8., 13. 8., 4. 10. 1911; 30. 5. 1912; 12. 10., 26. 10. 1913 (alle LCW), 14. 12. 1913 (FPL), 23. 4., 27. 4. 1915 (LCW).
Puccini an Caselli 16. 1. 1912 (BSL)
Puccini an Clausetti 11. 2., 30. 9., 3. 10. 1912; 16. 4., 17. 4., 25. 5., 30. 5., 1. 9., 4. 9., 5. 9., 12. 9., 25. 11. 1913; 8. 1. 1914; 14. 7. 1915 (alle ARM)
Puccini an Alfredo Colombo 6. 2. 1914 (ARM)
Puccini an D'Annunzio 28. 5., 10. 7., 9. 11. 1912; 11. 6., 25. 6. 1913 (alle Vittoriale)

Puccini an Massimo Del Carlo 20. 2. 1915 (BSL)
Puccini an Ramelde Franceschini 20. 2. 1911 (MPC); 13. 5. 1911 (VPB)
Puccini an Georg Fuchs 28. 8. 1912 (Stanford University MLM 846A)
Puccini an Cesare Gamba 24. 3. 1912 (VPB)
Puccini an Illica wohl 17. 2. (Nr. 465), 6. 6., 22. 7., 23. 7., 30. 7., 4. 8., 5. 8., 11. 10.,
   12. 10., 14. 10., 20. 10., 4. 11., 16. 11., 20. 12., 31. 12. 1912; 8. 1. 1913; 30. 6. 1914 (alle
   BPP).
Puccini an Charles Henry Meltzer 11. 5. 1911 (College of Charleston, South Carolina, USA)
Puccini an Morlacchi 2. 7. 1913 (ARM)
Puccini an Niemack 1. 4. 1913 (ASL Dono Niemack)
Puccini an Elvira Puccini 8. 4. 1911 (Musikantiquariat Schneider, Tutzing, Katalog Nr. 192,
   S. 87); wohl 13. 3. 1913; 30. 8. 1915 (beide FPL)
Puccini an Tito Ricordi (alle ARM) 14. 2., 11. 7. 1913; 2. 4., 5. 4. (»Lunedi di pasqua«) 1915.
Puccini an Sybil Seligman (alle TMM) 26. 1., 28. 1., 20. 6., 16. 9., 2. 10., 21. 10. 1911;
   13. 7., 16. 7., 29. 7., wohl 27. 8. 1912 (»martedi sera«), 13. 10., 15. 10., 29. 11. 1912;
   27. 4., 23. 8. 1913; 16. 6., 18. 6., 29. 8. 1914; 9. 4., 23. 4., 13. 6., 9. 8. 1915.
Puccini an Soldani (alle HUC) 16. 6., 2. 7. 1912; 24. 2., 6. 3., 4. 4. 1913; 4. 2. 1914.
Puccini an Toscanini wohl 6. 6. 1911 (PLN WT-23)
Puccini an Margit Veszi (alle PMN) 28. 8. 1912; »Eden-Hotel domenica sera«; 5. 4., 5. 5.
   1913.
RC 1911/12 – 1/24, 3/367, 4/194, 5/391, 5/428, 6/17, 10/156, 10/241, 12/11, 13/214; 1912/13
   – 1/182, 17/443, 20/278; 1913/14 – 3/141, 5/331, 10/126; 1914/15 – 2/32.
Auskünfte der Bibliothek der Liszt-Musikakademie Budapest

Stück, das in Holland spielen soll: s. Puccini nelle immagini, Nr. 220; der holländische Stoff wird auch schon in Carteggi, Nr. 573, erwähnt – nach Greenfeld, S. 231, soll es sich dabei um ein Stück über den Maler Frans Hals aus der Feder des Sozialisten Herman Heijermans gehandelt haben.
Josephine von Stengel: In der Literatur wird allgemein angenommen, Puccini habe Frau von Stengel im Sommer 1911 in Viareggio kennengelernt (s. Puccini com'era, Nr. 397 Anm. 3; Magri: Cio-Cio-San, S. 85; Valleroni, S. 142), während in der Stengel-Familie bis heute behauptet wird (Mitteilung an den Verfasser), die beiden hätten sich zuerst in Bad Brückenau in der Rhön getroffen (wo aber kein Puccini-Aufenthalt nachweisbar ist). Immerhin paßt das grob zur frühesten Quelle; dort heißt es: »Er hatte im Ausland eine gebildete und schöne Frau kennengelernt...« (Marotti/Pagni, S. 107f. – in Puccini com'era, Nr. 397 Anm. 3, wird die Stelle übrigens völlig falsch zitiert). Sichere Anhaltspunkte für Puccinis Bekanntschaft mit Josephine von Stengel gibt es erst ab Juni 1912. Die persönlichen Angaben zu ihr (in der Literatur finden sich darüber fast nur Fehler) stammen aus folgenden Quellen: Personalbogen des August Damboer (OP 6158) im Bayerischen Hauptstaatsarchiv; Polizeimeldebogen für Josephine von Stengel aus dem Jahr 1920 (Stadtarchiv München); Otto Freiherr von Waldenfels und Carl August Graf von Drechsel: Die Edelknaben der Churfürstlich und Königlich Bayerischen Pagerie von 1799–1918. München 1959, S. 187f.; Adreßbuch der Stadt München 1907ff.; Gothaisches Genealogisches Taschenbuch der Freiherrlichen Häuser, 1931, S. 505; private Mitteilungen aus der Familie.
Margit Veszi: Knappe biographische Angaben über sie bieten Oskar v. Krücken und Imre Parlagi: Das geistige Ungarn. Wien und Leipzig o.J., Band 2, S. 704f., und Hans Vollmer: Allgemeines Lexikon der bildenden Künstler des 20. Jahrhunderts, Band 5, Leipzig 1941.
Eibenschütz und Berté: Eibenschütz (1856–1922), der in der Puccini-Literatur häufig ungenau

identifiziert wird, war selbst Musiker und lange Jahre Dirigent am Theater an der Wien, bevor er ab 1908 bis zu seinem Lebensende das Carl-Theater leitete (s. Österreichisches Biographisches Lexikon, Band 1, 1957, und S. Wininger: Große Jüdische National-Biographie, Band 2, 1927). Emil Berté (1855–1922), der regelmäßig mit seinem durch die Schubert-Operette »Das Dreimäderlhaus« heute bekannteren Bruder Heinrich verwechselt wird, war als einflußreicher Musikmanager und -verleger im Geschäftlichen sicher die bestimmende Figur bei den Vertragsverhandlungen mit Puccini (zu Emil Berté s. Groves Dictionary of Music and Musicians).

290: *in Viareggio ein Grundstück:* s. den im Katalog 192, 1975, Nr. 138, des Musikantiquariats Hans Schneider, Tutzing, angebotenen Brief an einen Paolo Berchat in Pisa vom 17. 2. 1915; Lombardi, S. 93, der sich wohl darauf bezieht; Sartori: Puccini, S. 332 (16. 3. 1915); Dokumente über den Grundstückskauf in der Conservatoria dei registri immobiliari in Lucca.

17. Wien, nicht du allein: »La Rondine«

QUELLEN:
Carteggi; Epistolario; Ferrando, S. 379; Hopkinson; Mandelli; Schnabl-Briefe; Seligman.

UNGEDRUCKTE QUELLEN:
Puccini an Sybil Seligman 25. 12. 1920 (TMM)

296: *das Verlagsarchiv Sonzognos vernichtet:* Mitteilung des Verlags an den Verfasser; zwei Partitur-Fragmente, sieben Seiten aus dem ersten Akt, befinden sich in der Biblioteca Comunale von Bologna (s. Hopkinson, S. 63).
Fassung letzter Hand wiederherzustellen: Alfredo Mandelli, einer der besten »Rondine«-Kenner, plädierte schon vor vielen Jahren für Puccinis spätere Version anstelle der Urfassung (ausführliche Vergleiche der Fassungen finden sich auch im »Rondine« – Programmheft des Teatro La Fenice, Venedig 1983) – es hat sich bisher kein Verlag gefunden, der den Appell erhört hätte; zuständig ist neben Sonzogno die Wiener Universal-Edition, die in die alten Eibenschütz & Berté-Rechte eingetreten ist.

18. Kriegsjahre (1915–1919)

QUELLEN:
Adami: Puccini; Arrighi: Landi; Ashbrook; Barblan; Barilli; Carteggi; Casella: Segreti; Casini; Corradi Cervi; D'Ambra; Damerini in Puccini nel centenario; Epistolario; Ferrando; Forzano: Conosciuti; Gatti: Scala; Gatti-Casazza; Gigli; Ginori-Briefe; Greenfeld; Hopkinson; Kolodin; Labia; Lettere inedite; Mack Smith; Marchetti: Puccini buongustaio; Marek: Puccini; Opera Quarterly, S. 19f.; Paladini; Panichelli; Puccini com'era; Puccini nelle immagini, Nr. 261; Rassegna lucchese Nr. 9/10, 1981/82, S. 48; Rexroth; Rizzi; Sartori: Puccini; Schnabl-Briefe; Seligman; Valleroni; Weaver.

DOKUMENTE:
Aufenthaltsgenehmigung für Josephine von Stengel in Lugano vom 2. 11. 1915 (Ufficio Controlli Abitanti Lugano)

UNGEDRUCKTE QUELLEN:
Puccini an Bettolacci 22. 1. 1916 (LCW)
Puccini an Gino Cantù 3. 1. 1916 (ARM)
Puccini an Clausetti (alle ARM) 20. 3., 11. 12., 17. 12. 1916; 3. 3., 4. 3., 14. 3., 7. 9.,
   10. 10., 9. 11., 8. 12., 15. 12. 1917; 21. 1., 30. 4., 17. 5., 3. 6., 24. 6., 26. 6., 27. 6., 29. 6.,
   2. 7., 29. 8., 17. 9., 21. 9., 26. 9., 6. 10., 7. 10., 9. 10., 1. 11., 5. 11. 1918.
Puccini an Raffaello Franceschini 9. 2. 1916; 14. 2. 1917 (beide VPB)
Puccini an Tito Ricordi 11. 8. 1916 (ARM)
Puccini an Sybil Seligman (alle TMM) 17. 1., 10. 2. 1916; 8. 8., 2. 9. 1917; 18. 6., 2. 7.,
   4. 8., 1918.
Puccini an Elvira Sonzogno 19. 10. 1916 (MSM)
RC 1916/17 – 1/10, 3/77, 4/433, 5/104; 1917/18 – 4/322, 5/463, 6/235, 8/104; 1918/19 –
   3/308.
Autographen der »Tabarro«-, »Suor-Angelica«- und »Gianni-Schicchi«-Partituren (ARM)

: *Giulia Manfredi:* zu ihr s. die auch nicht besonders hilfreichen Erinnerungen einer Anna
  Manfredi bei Valleroni, S. 256 f.; der dortige frühe Bezug auf Lettere inedite, Nr. 181
  (18. 2. 1912) wird vom Brief-Herausgeber Pintorno selbst in Frage gestellt.
.: *»Calmo e molto lento«:* s. Magri: Rime, S. 346, und Magri: Puccini e Torino, S. 84 f. (mit
  Faksimile).
.: *Überlegungen für eine Uraufführung in Rom:* Sehr vermutlich gehört in diese Zeit der Brief
  Puccini com'era, Nr. 448, aus dem hervorgeht, daß ein Professor Bacci (vielleicht der Florentiner Dante-Forscher Orazio Bacci, der am 12. 12. 1917 starb) von Puccini und Forzano
  eingeschaltet worden war, um dem »Gianni Schicchi« ein authentisches Ambiente zu geben.
  Die Datierung dieses Briefs durch den Herausgeber Marchetti auf den 20. 9. 1918 aus Mailand ist mit Sicherheit falsch (das Original ist mir unbekannt).
.: *»Morire?«:* s. Hopkinson, S. 57; Carner: Puccini, S. 293 Anm. b; Magri: Rime, S. 346.
: *Lina Rosso:* s. Simonetta Puccini: Puccini e i pittori, S. 57 ff., und diess. in The Opera
  Quarterly, S. 18 ff., sowie Valleroni, S. 257, mit dem falschen Namen Rossi.

19. Auf der Suche nach der verlorenen Einheit: Il Trittico

QUELLEN:
Adami: Puccini; Carner: Puccini; Hopkinson; Stravinsky/Craft.

20. Not des Alters (1919–1924)

QUELLEN:
Adami: Puccini; L'approdo musicale, nach S. 106; Arrighi: Inediti; Ashbrook; Barblan;
Bayerische Staatstheater – Almanach für das Spieljahr 1921/22; Carner: Puccini; Carteggi;
Casella: Puccini, Casella: Segreti; Ceresa, nach Nr. 12; Cherubini; Corradi Cervi; Dallapiccola; D'Ambra; Del Fiorentino; L'economia italiana; Epistolario; Ferdinand Feldigl: Oberammergau und sein Passionsspiel 1922, Oberammergau 1922; Fellerer: Puccinis Arbeitsweise; Forzano: Conosciuti; Fraccaroli; Ginori-Briefe; Giovanetti; Greenfeld; Hadamowsky; Hopkinson; Jackson; Jeritza; Karpath; Korngold; Lettere inedite; Lo; Loewenberg;
Lombardi; Mack Smith; Maehder: Esotismo; Magri: Puccini e Torino; Magri: Rime;

Mann; Marchetti: Puccini e Schönberg; Marek: Puccini; Marotti in L'approdo musicale, S. 53 ff.; Marotti/Pagni; Marx; Monnosi; Musica d'oggi 1923, S. 302; Neue Freie Presse, Wien, 2. 9. 1921; Neues Wiener Journal 18. 11. 1919; Arthur Nikisch – Leben und Werk, Berlin 1922; Ojetti; Opera Quarterly, S. 20 ff.; Orselli in Maehder: Esotismo; Paladini; Panichelli; Puccini com'era; Puccini nel centenario; Puccini nelle immagini; Quaderni Pucciniani 1982, S. 41; Quaderni Pucciniani 1985, S. 220 ff.; Ricci: Fleta; Rizzi; Rosenthal; Sartori: Puccini; Schnabl-Briefe; Schneidereit; Schönbergs Verein für musikalische Privataufführungen, Musik-Konzepte 36, München 1984; Schuster; Seligman; Snook in Maehder: Esotismo; Stuckenschmidt; Valleroni; Wessling.

Dokumente:
Erbschafts-Dokument vom 28. 7. 1929 in der Conservatoria dei registri immobiliari Lucca
Grabsteine für Massimo und Otilia Del Carlo auf dem Friedhof von Lucca
Meldezettel für Josephine von Stengel im Ufficio Controlli Abitanti Lugano
Polizeimeldebogen für Josephine von Stengel im Stadtarchiv München
Programmzettel der Opéra Monte Carlo März 1921 (Société des Bains de Mer, Monte Carlo)

Ungedruckte Quellen:
Puccini an Bettolacci 20. 5. 1919; 28. 1. 1920; 18. 8. 1921; 8. 9. (richtig: 29. 8.), 1. 9. 1922 (alle LCW).
Puccini an Clausetti 25. 4., 16. 5., 23. 5., 2. 6., 6. 6. 1919; 25. 11., 30. 11. 1920; 10. 5., 20. 6., 29. 6., 11. 8. 1921; 7. 12. 1922; 30. 3., 23. 6., 12. 8., 6. 9., 12. 9., 22. 9., 7. 10., 4. 11., 18. 11. 1923 (alle ARM).
Puccini an Mario Giaccai Mai 1923 (VPB)
Puccini an Aldo Morando 13. 3. 1921 (MSM)
Puccini an Sybil Seligman 26. 8. 1919; 29. 2., 12. oder 19. 5. (»mercoldì«), vor 2. 6., 27. 7., 20. 9., 17. 10., 22. 11. 1920; 24. 2., 13. 5., 20. 12. 1921; 8. 1., 26. 2., 8. 8., 1. 10. 1922; 29. 5., 5. 6., 12. 9., 14. 10., 8. 11., 20. 12. 1923 (alle TMM).
Puccini an Carla Toscanini 7. 10. 1924 (PLN)
Puccini an Toscanini 23. 8. 1922 (PLN)
Puccini an Valcarenghi 17. 9. 1920 (ARM)
Puccini an Margit Veszi 14. 3. 1922; 21. 5., 9. 11. 1923 (alle PMN)
Antonio Puccini an Sybil Seligman Ende Okt. 1924 (TMM)
RC 1918/19 – 10/165; 1919/20 – 9/72; 1921/22 – 9/53; 1922/23 – 4/386, 5/335; 1924/25 – 1/245.
Autograph der »Turandot«-Partitur (ARM)
Fotos des Festakts in Celle am 26. 10. 1924 (MPC)
Menukarte von Hübners Kursalon, Wien, vom 26. 10. 1920 (MSM)
Mitteilungen des Klosters Vicopelago an den Verfasser
Mitteilungen der Servizi Demografici der Stadt Bologna über Josephine von Stengel an den Verfasser
Speisekarte des Restaurants Cova, Mailand, vom ? 1923 (MSM)
Speisekarte des Hotel Savoy, London, vom 28. 6. 1919 (TMM)

330: *Angelo Magrini:* zu ihm s. zuletzt Magri: Versi inediti (mit nicht ganz korrekten Angaben).
331: *»Hymne an Rom«:* Die ausführlichste und korrekteste Darstellung des Werks und seiner Geschichte hat Arnaldo Marchetti gegeben (Tutta la verità...), dem ich überwiegend folge.

Der oft als »Inno di Roma« falsch zitierte Titel beruht auf dem Erstdruck (s. Hopkinson, S. 57).

vielleicht hat er die Gelegenheit genutzt: Alma Mahler-Werfel erzählt von einer Begegnung mit Puccini anläßlich einer Aufführung von Schönbergs Gurre-Liedern am 12. Juni 1920 in Wien (Mein Leben, Frankfurt am Main 1960, S. 148f.), wobei Puccini sich enttäuscht über diese »wagnerische Musik« geäußert habe, während er doch »etwas Radikales« habe hören wollen. So sehr das zu seinen Ansichten paßt, so ist es doch ganz unmöglich, daß Puccini bei einer der beiden Gurre-Lieder-Aufführungen am 12. oder 13. Juni 1920 in Wien war. Auch eines der wenigen anderen Konzerte mit Schönbergs monumentalem Werk kann Puccini nicht besucht haben. Die Diskrepanz zwischen Alma Mahlers recht detaillierter Erinnerung und der sie ins Unrecht setzenden Terminlage ist einstweilen unauflösbar.

Dirigent: Tatsächlich hat Puccini, eine seltene Ausnahme unter den berühmten Komponisten, nie in seinem Leben öffentlich dirigiert. Panichelli, S. 211f., erinnert sich an eine einzige Situation, wo Puccini es aus Jux während einer Probe der Stadtkapelle von Viareggio tat – also etwa wie ein Politiker im Bierzelt.

Rose Ader: Es existiert eine umfangreiche unveröffentlichte Korrespondenz Puccinis mit ihr, deren Besitzer Simonetta Puccini (die ihn kennt) bisher jedoch nicht nennen wollte (s. Schnabl-Briefe, Nr. 71 Anm. 12).

Mantel-und-Degen-Stoff: Ein paar Andeutungen dazu gibt Adami: Romanzo, S. 264ff.

noch und noch Empfänge: Der in diesen Tagen von Puccini öfters erwähnte Name »Eisenschitz« (Carteggi, Nr. 863; Epistolario, Nr. 216; Puccini com'era, Nr. 464) bezeichnet entgegen allen Kommentaren weder seinen (schon am 19. 2. 1922 gestorbenen) »Rondine«-Verleger noch dessen Schwester, die Pianistin Ilona Eibenschütz, sondern Otto Eisenschitz, den Übersetzer von Adamis Stück »I capelli bianchi«: als »Die Frau mit dem weißen Haar« hatte es gerade um diese Zeit, am 19. 5. 1923, Premiere im Deutschen Volkstheater in Wien (s. Besprechung in der Wiener Zeitung vom 22. 5. 1923). Es ist derselbe Eisenschitz, den Puccini schon viel länger kannte (s. etwa Carteggi, Nr. 103, und RC 1894/95 – 18/357).

Prinzessin Mafalda: s. Marotti/Pagni, S. 203. Mafalda, die zweitälteste Tochter des Königs (geboren 1902), heiratete 1925 den Prinzen Philipp von Hessen, später Landgraf, Oberpräsident der Provinz Hessen-Nassau und als SA-Obergruppenführer ein prominenter Nationalsozialist. Nach dem Sturz Mussolinis und dem Bruch Italiens mit Deutschland wurden beide gleichsam als Geiseln verhaftet; Mafalda starb 1944 im KZ Buchenwald einen frühen und schrecklichen Tod (Daten nach diversen Ausgaben des Gothaischen Hofkalenders).

zum Senator berufen: Laut Fellerer: Puccini, S. 111, erfolgte die Berufung am 18. 9. 1924; einige Danksagungen Puccinis aus den Tagen danach passen zu diesem Datum, als früheste s. unveröffentlichten Brief an Vincenzo Massoni vom 21. 9. 1924 (Original ASL).

Duett-Skizzen: zu diesen Skizzen s. die ausführlichen Arbeiten von Celli (wieder abgedruckt in Quaderni Pucciniani 1985) und vor allem von Maehder (ebd.), auf den ich mich im folgenden hauptsächlich stütze.

21. Leben aus Eis: »Turandot«

QUELLEN:
Carner: Puccini; Snook, Restagno und Orselli in Maehder: Esotismo.

23 Skizzenblätter: Eine genaue Beschreibung gibt nach Cellis erstem Bericht von 1951 Jürgen Maehder in Quaderni Pucciniani 1985, S. 79ff., und ders. in Maehder: Esotismo, S. 145ff. und 168ff.

22. Brüssel, November 1924, und das Nachspiel

QUELLEN:

Ashbrook; Ashbrook in Opera Quarterly, S. 126ff.; Atti parlamentari 1924, S. 995; Barblan; Böhme; Carner: Puccini; Carteggi; Corriere della sera 4. 12. 1924; Epistolario; Fraccaroli; Michel Hainaut im Bulletin du Cercle d'Histoire Locale d'Ixelles, Nr. 23/24, 1986; Hopkinson; Knosp; Lettere inedite; Loewenberg; Maehder in Quaderni Pucciniani 1985; Magri: Rime; Panichelli; Il Popolo d'Italia 3. und 4. 12. 1924; Puccini com'era; Sachs; Schnabl-Briefe; Schneidereit; Il Secolo 4. 12. 1924; Seligman; Tarozzi: Grandi.

UNGEDRUCKTE QUELLEN:

Clausetti an Sybil Seligman 29. 11. 1924 (TMM)
Fosca Leonardi an Sybil Seligman 25. 11. 1924 u.a. (TMM)
Antonio Puccini an Sybil Seligman 9. 11., 17. 11. 1924 u.a. (TMM)
Elvira Puccini an Sybil Seligman 7. 11., 10. 11. 1924 u.a. (TMM)
Akten und Briefe zu Puccinis Grab (ACL)
Amtliche Todesurkunde Puccinis (Fotokopie MSM)

388: *außerhalb der Klinik essen:* Seit Adami (Puccini, S. 192f.) und Del Fiorentino (S. 215) hält sich in der Literatur die Behauptung, Puccini habe in Brüssel als letzte Oper seines Lebens die eigene »Madama Butterfly« gesehen. Nach einer Mitteilung des Théâtre de la Monnaie an den Verfasser gab es jedoch in dieser Zeit keine solche Vorstellung. Die Saison begann erst am 16. November, und an eigenen Stücken hätte Puccini nur »La Bohème« am 18. und »Tosca« am 19. sehen können. Del Fiorentinos Briefzitate (aus unbekannten Originalen?) klingen obskur.

Notiz-Zettel: Die interessantesten sind in Puccini nelle immagini, Nr. 321–327 und 329, reproduziert (Originale bis auf das letzte und darüber hinaus einige andere FPL); einen weiteren Notizzettel reproduziert Tarozzi: Grandi, S. 68.

392: *Franco Alfano:* Ausführlich schildert Maehder die Entstehung von Alfanos Arbeit in Quaderni Pucciniani 1985, S. 107ff.; s. auch ergänzend ders. in Maehder: Esotismo, S. 150ff.

394: *»Hier endet...«:* Der Satz ist in unzähligen Varianten überliefert; die hier zitierte stammt aus Fraccarolis Notizen von diesem Abend und darf deshalb am ehesten als authentisch gelten, wofür auch ihre Schlichtheit spricht.

III Heute – Eine Entfernung

QUELLEN:

Amy, S. 171; Carner in Quaderni Pucciniani 1982; Höslinger, S. 142; Marotti in L'approdo musicale, S. 60ff.; Marotti/Pagni, S. 161ff.; Nuova rivista musicale italiana 1974, S. 356ff.; Titone; Titone in Critica Pucciniana; Valleroni, S. 232ff.; Vlad in Critica Pucciniana.

D

Literaturverzeichnis

Trotz einiger Ausführlichkeit kann dieses Verzeichnis nicht den Anspruch erheben, eine gründliche Puccini-Bibliographie zu bieten. Jedenfalls enthält es alle im Text und in den Anmerkungen genannten Titel (sofern sie dort nicht schon genau bezeichnet sind). Aus Sammelwerken oder ganz Puccini gewidmeten Zeitschriftennummern werden Einzelbeiträge im allgemeinen nicht angeführt.

Franco Abbiati: Giuseppe Verdi. Band 4. Mailand 1959.
Domenico M. Abbrescia und Guglielmo Lera (Hrsg.): Lucca – Chiesa di S. Romano. Lucca 1966.
Arthur M. Abell: Gespräche mit berühmten Komponisten. Garmisch-Partenkirchen 1962.
Giuseppe Adami (Hrsg.): Giacomo Puccini. Epistolario. Mailand 1928 (neuere italienische Ausgabe mit einigen Korrekturen Mailand 1982; englische Ausgabe zuerst 1931, »new edition revised and introduced by Mosco Carner«, London 1974, mit vielen aber unzureichenden Neudatierungen; deutsche Ausgabe mit dem Untertitel »Briefe des Meisters«, Lindau 1948).
Giuseppe Adami: Puccini. Mailand 1935 (deutsche Ausgabe Stuttgart 1943).
Giuseppe Adami: Giulio Ricordi e i suoi musicisti. Mailand und Rom 1933.
Giuseppe Adami: Il romanzo della vita di Giacomo Puccini Mailand 1942.
Richard Aldrich: Concert Life in New York 1902–1923. New York 1941 (2. Auflage 1971).
Dominique Amy: Giacomo Puccini. Paris 1970.
Nori Andreini Galli: Puccini e la sua terra. Lucca 1974.
L'Approdo Musicale: Nr. 6, Jg. 2, 1959 (mit Beiträgen u.a. von René Leibowitz, Natale Gallini, Guido Marotti, Vittorio Gui).
Gino Arrighi: La prima rappresentazione di un' opera pucciniana in Lucca. In: Lucca – Rassegna del Comune, Jg. 1, Nr. 2, September 1957.
Gino Arrighi: Ricordi di musicisti lucchesi, ebd. Jg. 2, Nr. 1, Januar 1958.
Gino Arrighi: Le prime lucchesi di »Manon« e »Butterfly«. In: Programmheft der Stagione Lirica Teatro del Giglio Lucca September 1958.
Gino Arrighi: Un nuovo contributo all'epistolario di Giacomo Puccini. In: Lucca – Rassegna del Comune, Jg. 3, Nr. 1/2, Januar–April 1959.
Gino Arrighi: Michele Puccini nel Sudamerica. In: L'Universo (Florenz); Jg. 1963.
Gino Arrighi: Inediti pucciniani. In: La Provincia di Lucca, Jg. 11, Nr. 4, Oktober–Dezember 1971.
Gino Arrighi: Lamberto Landi (1882–1950), ebd. Jg. 15, Nr. 4, 1975.
Gino Arrighi und Luciano Damarati: Il Codice musicale di Celle, ebd. Jg. 14, Nr. 4, 1974.
William Ashbrook: The Operas of Puccini. London 1969.
Franco Baggiani: Organi e organisti nella cattedrale di Lucca. Lucca 1982.
Luigi Baldacci: Naturalezza di Puccini. In: Nuova Rivista Musicale Italiana, Jg. 9, 1975.
Giuliano Balestrieri: Musetta è nata in barca. In: La Scala, Nr. 15, Januar 1951.
Guglielmo Barblan: Toscanini e la Scala. Mailand 1972.

Bruno Barilli: Omaggio a Puccini. In: B.B.: Il paese del melodramma e altri scritti musicali. Florenz 1963.
Alberto Basso: Storia del Teatro Regio di Torino. Band 2: 1788–1936. Turin 1976.
Pietro Berri: Amicizie. In: La Scala, Nr. 60, November 1954.
Giuseppe Bianchi: Rievocazioni e ricordi pucciniani. In: La Provincia di Lucca, Jg. 15, Nr. 1, 1975.
Hartwig Bögel: Studien zur Instrumentation in den Opern Giacomo Puccinis. Diss. Tübingen 1978.
Gerhard Böhme: Medizinische Porträts berühmter Komponisten. Band 2. Stuttgart usw. 1987.
Alfredo Bonaccorsi: Giacomo Puccini e i suoi antenati musicali. Mailand 1950.
Leonardo Bragaglia: Personaggi ed interpreti del teatro di Puccini. Rom 1977.
Ferruccio Busoni: Briefe an seine Frau: Erlenbach und Leipzig 1935.
Augusto Carelli: Emma Carelli. Trent'anni di vita del teatro lirico. Rom 1932.
Mosco Carner: Of Men and Music. London 1944.
Mosco Carner: Puccini. A Critical Biography. London 1958 (Second Edition 1974; hier zitiert nach der italienischen Ausgabe, 4. Auflage, Mailand 1981, weil sie zahlreiche Dokumente in der Originalfassung enthält).
Alfredo Casella: Giacomo Puccini. In: Musikblätter des Anbruch, Jg. 7, 1925.
Alfredo Casella: I segreti della giara. Florenz 1941.
Claudio Casini: Giacomo Puccini. Turin 1978.
Pier Giuliano Cecchi: Pascoli-Puccini. Barga 1984 (maschinenschriftlich vervielfältigt).
Teodoro Celli: Scoprire la melodia. (Und:) L'ultimo canto. In: La Scala, Nr. 18, April 1951, und Nr. 19, Mai 1951 (wieder abgedruckt und ergänzt in Quaderni Pucciniani 1985).
Angelo Ceresa: Puccini. Schauplätze seines Lebens. Text von Gustavo Marchesi. Wien und München 1982 (italienische Ausgabe unter dem Titel »Puccini a casa«, Udine 1982).
Bruno Cherubini: A Bagni di Lucca nasce Turandot. In: La Provincia di Lucca, Jg. 14, Nr. 1, 1974.
Norbert Christen: Giacomo Puccini. Analytische Untersuchungen der Melodik, Harmonik und Instrumentation. Hamburg 1978.
Marcello Conati: Mascagni, Puccini, Leoncavallo & C. in Germania. In: Discoteca, August 1976.
John Frederick Cone: Oscar Hammerstein's Manhattan Opera Company. Norman, Oklahoma 1964.
Maurizio Corradi Cervi: Lettere familiari inedite di Giacomo Puccini. In: Aurea Parma, Jg. 15, Nr. 2/3, Mai–Dezember 1971.
Mario Corsi: Tamagno. Mailand 1937.
Rinaldo Cortopassi: Paesaggio Pucciniano. I Bohèmiens di Torre del Lago. Pisa 1926.
Critica Pucciniana: (Sammelband mit Aufsätzen anläßlich des 50. Todestags, enthält u. a. den Briefwechsel mit Maria Bianca Ginori Lisci) Lucca 1976.
Luigi Dallapiccola: Über Arnold Schönberg. In: Beiträge 1974/75, hrsg. von der Österreichischen Gesellschaft für Musik. Kassel usw. 1974.
Lucio D'Ambra (d. i. Renato Manganella): Puccini. Rom 1940.
Adelmo Damerini: L'Istituto Musicale »Giovanni Pacini« di Lucca. Florenz 1942.
Fedele D'Amico: Naturalismo e decadentismo in Puccini. In: F. D'A.: I casi della musica. Mailand 1962.
Fedele D'Amico: Una ignorata pagina malipierana di Suor Angelica. In: Rassegna Musicale Curci, Jg. 28, Nr. 1, 1975.
Isidore De Lara: Many Tales of Many Cities. London 1928.

Dante Del Fiorentino: Immortal Bohèmian. An intimate memoir of Giacomo Puccini. London 1952.

Diaghilev: Les Ballets Russes. Katalog der Ausstellung der Bibliothèque Nationale Paris 1979.

John Louis Di Gaetani: Puccini the thinker. New York 1987.

Peter Dragadze: Found – The »missing« act of »La Bohème«. In: Musical America, Februar 1959.

Wakeling Dry: Giacomo Puccini. London und New York 1906.

Emma Eames: Some Memories and Reflections. New York 1927.

Quaintance Eaton: Opera Caravan. Adventures of the Metropolitan on Tour 1883–1956. New York 1957.

L'economia italiana dal 1861 al 1961. Studi nel 1° centenario dell'unità d'Italia. Mailand 1961.

Geraldine Farrar: Some Sweet Compulsion. New York 1938.

Karl Gustav Fellerer: Giacomo Puccini. Potsdam 1937.

Karl Gustav Fellerer: Von Puccinis Arbeitsweise. In: Die Musik, Jg. 29, 1937.

Karl Gustav Fellerer: Die Musikerfamilie Puccini (1712–1924). In: Archiv für Musikforschung, Jg. 6, 1941.

Enrico Maria Ferrando (Hrsg.): Tutti i libretti di Puccini. Mailand 1984.

Giovacchino Forzano: Comme li ho conosciuti. Turin 1957.

Giovacchino Forzano: »Caro Forzano«. In: La vita e le opere di Giacomo Puccini. Numero speciale della rivista »La Battaglia Antitubercolare«. Rom o.J. (1959).

Claude Foucart: De la conversation romanesque à l'air de l'opéra: d'Henry Murger à Giacomo Puccini. In: Albert Gier (Hrsg.): Oper als Text. Heidelberg 1986.

Arnaldo Fraccaroli: Giacomo Puccini si confida e racconta. Mailand 1957 (frühere teilweise abweichende Ausgabe unter dem Titel La vita di Giacomo Puccini, Mailand 1925 – deutsch Leipzig usw. 1926).

Richard von Frankenberg und Marco Matteucci: Geschichte des Automobils. Künzelsau 1970.

Natale Gallini: Documenti. In: La Scala, Nr. 60, November 1954.

Eugenio Gara (Hrsg.): Carteggi Pucciniani. Mailand 1958.

Carlo Gatti: Puccini in un gruppo di lettere inedite a un amico. Mailand o.J. (1944).

Carlo Gatti: Il Teatro alla Scala nella storia e nell'arte (1778–1963). Mailand 1964.

Giulio Gatti-Casazza: Memories of the Opera. New York 1973 (zuerst 1941).

Luciano Gherardi: Appunti per una lettura delle varianti nelle opere di Giacomo Puccini. In: Studi musicali, Anno VI, 1977.

Tata Giacobetti: Scrivici Giacomo... In: Playboy (edizione italiana), März und April 1976.

Benjamino Gigli: Und es blitzten die Sterne. Die Geschichte meines Lebens. Hamburg 1957.

Gustavo Giovannetti: Giacomo Puccini nei ricordi di un musicista lucchese. Lucca 1958.

Michele Girardi: Puccini – la vita e l'opera. Rom 1989.

Howard Greenfeld: Puccini. Sein Leben und seine Welt. Königstein 1982 (amerik. Ausgabe New York 1980).

Edward Greenfield: Puccini. Keeper of the Seal. London 1958.

Arthur Groos und Roger Parker: Giacomo Puccini: La Bohème. Cambridge 1986 (Cambridge Opera Handbook).

Franz Hadamowsky: Die Wiener Hoftheater (Staatstheater). Teil 2: Die Wiener Hofoper (Staatsoper) 1811–1974. Wien 1975.

Gerhard Haffner: Die Puccini-Opern. München 1984.

Cecil Hopkinson: A Bibliography of the Works of G. Puccini 1858–1924. New York 1968.

Clemens Höslinger: Giacomo Puccini mit Selbstzeugnissen und Bilddokumenten. Reinbek bei Hamburg 1984.

Matteo Incagliati: Il Teatro Costanzi 1880–1907. Rom 1907.
Stanley Jackson: Monsieur Butterfly. The Story of Puccini. London und New York 1974.
Maria Jeritza: Sunlight and Song. A Singer's Life. New York und London 1924.
Ute Jung: Die Rezeption der Kunst Richard Wagners in Italien. Regensburg 1974 (hier benutzt nach Sammelband »Wagner in Italia«, a cura di Giancarlo Rostirolla, Turin 1982).
Ludwig Karpath: Begegnung mit dem Genius. Wien und Leipzig 1934.
Michael Kaye: The Unknown Puccini New York und Oxford 1987.
Pierre V.R. Key: Caruso. Neue Ausgabe. Berlin 1928.
Herman Klein: The Golden Age of Opera. London 1933.
John W. Klein: Puccini's enigmatic inactivity. In: Music and Letters, Jg. 46, 1965.
Gaston Knosp: G. Puccini. Brüssel 1937.
Irving Kolodin: The Story of the Metropolitan Opera 1883–1950. New York 1953.
Julius Korngold: Postludien in Dur und Moll. Lebenserinnerungen eines Wiener Musikkritikers. Hollywood 1942 (unveröffentlicht – Copyright George und Ernst W. Korngold).
Ernst Krause: Puccini. Beschreibung eines Welterfolges. Berlin 1984 (verbesserte DDR-Ausgabe Leipzig 1985).
Maria Labia: Guardare indietro: che fatica! Frammenti di memorie. Verona 1950.
Henry Louis de La Grange: Gustav Mahler. Chronique d'une vie. 3 Bände. Paris 1979–1984.
Luigi Landucci: Carlo Angeloni. Lucca 1905.
Eugenio Lazzareschi: La famiglia Puccini e il diario musicale di Giacomo Puccini sen. In: Atti della reale Accademia Lucchese di Scienze, Lettere ed Arti, N.S. 10, Lucca 1959.
Eugenio Lazzareschi und F. Pardi: Lucca nella storia, nell'arte e nell'industria. Lucca 1941.
René Leibowitz: Histoire de l'Opéra. Paris 1957.
René Leibowitz: Comment faut-il jouer »La Bohème«? In: R.L.: Le compositeur et son double. Paris 1971.
Guglielmo Lera: Lucca – Città da scoprire. Lucca 1980.
La Lettura: Jg. 6, Nr. 10, Oktober 1906 (Sondernummer zum Tod Giuseppe Giacosas).
Jürgen J. Leukel: Wortspiele in Puccinis Briefen. In: Österreichische Musikzeitschrift 36, 1981.
Jürgen J. Leukel: Puccinis kinematographische Technik. In: Neue Zeitschrift für Musik 143, 1982.
Jürgen J. Leukel: Studien zu Puccinis »Il Trittico«. München und Salzburg 1983.
Kii-Ming Lo: »Turandot« auf der Opernbühne. Diss. Heidelberg 1988.
Louis P. Lochner: Fritz Kreisler. New York 1951 (deutsche Ausgabe Wien 1957).
Ivano Lombardi: Puccini ancora da scoprire. Lucca 1976.
Alfred Loewenberg: Annals of Opera. 3. Auflage. New York 1978.
Renato Lunelli: Giacomo Puccini a Trento. In: L'Adige, 11. Juni 1958.
Denis Mack Smith: Italy. A Modern History. Ann Arbor 1959 (hier benutzt in der italienischen Ausgabe Rom und Bari 1982).
Jürgen Maehder: Die konstruierte Emotion. Versuch über die Genesis musikdramatischer Strukturen im Frühwerk Giacomo Puccinis. In: Programmheft »Manon Lescaut« der Bayerischen Staatsoper, München 1981.
Jürgen Maehder: Studien zum Fragmentcharakter von Giacomo Puccinis »Turandot«. In: Analecta Musicologica 22, Laaber 1984 (italienische Fassung in Quaderni Pucciniani 1985).
Jürgen Maehder (Hrsg.): Esotismo e colore locale nell'opera di Puccini. Pisa 1985.
Jürgen Maehder: Il teatro di Giulio Ricordi. Band 2: Edizione critica delle lettere di Giulio Ricordi a Luigi Illica (unveröffentlichtes Manuskript).
Giorgio Magri: Un lavoro dimenticato di Giacomo Puccini: Il »Requiem a 3 voci«. In: La Provincia di Lucca, Jg. 12, Nr. 3, 1972.

Giorgio Magri: Puccini e le sue rime. Mailand 1974.
Giorgio Magri: Il »Cio-Cio-San«, imbarcazione di Puccini. In: La Provincia di Lucca, Jg. 15, Nr. 3, 1975.
Giorgio Magri: Versi inediti di Puccini. In: Versilia oggi, Jg. 17, Nr. 174, August 1982.
Giorgio Magri: Puccini e Torino. Turin 1983.
Giorgio Magri: Don Pietro Panichelli, il pretino di Puccini. Massarosa 1984.
Alfredo Mandelli: Meno sentimento e più denari, sei pagine per »La Rondine«. In: Rassegna Musicale Curci, Jg. 28, Nr. 1, 1975.
Heinrich Mann: Ein Zeitalter wird besichtigt. Düsseldorf 1974.
Claudio Marabini: Un libretto per Giacomo Puccini. In: Nuova Antologia, Band 495, 1965.
Arnaldo Marchetti: Due ricordi di Puccini a Celle. In: Rassegna Musicale Curci, Jg. 24, Nr. 3/4, 1971.
Arnaldo Marchetti (Hrsg.): Puccini com'era. Mailand 1973.
Arnaldo Marchetti: Carezze e graffi di D'Annunzio a Puccini. In: Nuova Rivista Musicale Italiana, Jg. 8, 1974.
Arnaldo Marchetti: Lo »scampanio« della Tosca. In: Rassegna Musicale Curci, Jg. 27, Nr. 1, 1974.
Arnaldo Marchetti: Pascoli e Puccini, una amicizia mancata, ebd. Nr. 2.
Arnaldo Marchetti: Puccini e Schönberg, ebd. Nr. 3.
Arnaldo Marchetti: Gui fra Puccini e Mugnone, ebd. Jg. 28, Nr. 1, 1975.
Arnaldo Marchetti: Tutta la verità sull' »Inno a Roma« di Puccini. In: Nuova Rivista Musicale Italiana, Jg. 9, 1975.
Arnaldo Marchetti: Le variante che Puccini non azzeccò. In: Rassegna Musicale Curci, Jg. 29, Nr. 3, 1976.
Arnaldo Marchetti: Puccini buongustaio a Roma, ebd. Jg. 30, Nr. 1, 1977.
Leopoldo Marchetti: D'Annunzio e Puccini in un carteggio inedito. In: Nuova Antologia 1949.
George R. Marek: Puccini. A Biography. New York 1951.
George R. Marek: Toscanini. New York 1975 und London 1976.
Wolfgang Marggraf: Giacomo Puccini. Wilhelmshaven 1979 (zuerst Leipzig 1977).
Guido Marotti und Ferruccio Pagni: Giacomo Puccini intimo. Florenz 1926.
Carlo Marsili: L'antica famiglia Puccini a Celle. In: Ars et Labor, Oktober 1909.
Sergio Martinotti: I travagliati Avant-Propos di Puccini. In: Il melodramma italiano dell' Ottocento. Turin 1977.
Joseph Marx: Giacomo Puccini. In: Österreichische Musikzeitschrift 13, 1958.
Nellie Melba: Melodies and Memories. London 1925.
Massimo Mila: La »tribù« di Puccini. In: La Stampa, 2. Februar 1974.
Alberto Mioni: Le trasformazioni territoriali in Italia nella prima età industriale. Venedig 1976.
Antonio Monnosi: Puccini a tu per tu. Pisa o.J. (1970).
Antonio Monti: Il Risorgimento. 2 Bände. Mailand 1948.
Monza – 25 gennaio 1987: (Beiträge über Puccini in Monza) hrsg. vom Istituto di Studi Pucciniani, Mailand 1987.
Mario Morini: Come nacque Bohème. In: La Scala, Nr. 77, April 1956.
Mario Morini: Profilo d'Illica, ebd. Nr. 83, Oktober 1956.
Mario Morini: Sogni di Giacomo Puccini, ebd. Nr. 87, Februar 1957.
Mostra Pucciniana: (Ausstellungskatalog) Lucca 1974.
Gianfranco Musco: Musica e teatro in Giacomo Puccini. Band 1. Cortona 1989.
Musica e Musicisti: (Monatszeitschrift des Verlags Ricordi) 1902–1912.

Musica d'oggi: (Monatszeitschrift des Verlags Ricordi) 1919ff.
Piero Nardi: Vita e tempo di Giuseppe Giacosa. Mailand 1949.
Jay Nicolaisen: Italian Opera in Transition 1871–1893. Ann Arbor 1977.
Ugo Ojetti: Gestalten und Bilder. Leipzig 1944 (deutsche Auswahl aus seinen Essay-Bänden »Cose viste«, Mailand 1923–1939).
The Opera Quarterly: Jg. 2, Nr. 3, Herbst 1984: Sonderheft über Puccini.
Kurt Oppens: Von »Butterfly« zu »Turandot«. Romantisches Konsumerlebnis und Idealismus in den Opern Puccinis. In: Opernwelt, März und April 1966.
Charles Osborne: The Complete Operas of Puccini. A Critical Guide. New York 1981.
Giovanni Pacini: Nei funerali de Michele Puccini... (Lucca 1864).
Carlo Paladini: Giacomo Puccini. Florenz 1961 (mit Anhang v. Puccini-Briefen 1919–1922).
Pietro Panichelli: Il »pretino« di Giacomo Puccini. Pisa 1962 (zuerst 1939).
Giovanni Pascoli: Lettere agli amici lucchesi. Florenz 1960.
Giovanni Pascoli: Lettere ad Alfredo Caselli. o.O. 1968.
Giuseppe Pintorno (Hrsg.): Puccini: 276 lettere inedite. Il fondo dell'Accademia d'Arte a Montecatini Terme. Mailand 1974.
Leonardo Pinzauti: Giacomo Puccini. Turin 1975.
Kimiyo Powils-Okano: Puccinis »Madama Butterfly«. Bonn 1986.
Giacomo Puccini nel centenario della nascita. Lucca 1958 (mit Beiträgen von Damerini, Arrighi, Cavalli, Corsi, Miyazawa u.a.).
Puccini nelle immagini: hrsg. von Leopoldo Marchetti. Torre del Lago 1968.
Giacomo Puccini nelle testimonianze di Berio, Bussotti, Donatoni e Nono. In: Nuova Rivista Musicale Italiana, Jg. 8, 1974.
Simonetta Puccini (Hrsg.): Giacomo Puccini: Lettere a Riccardo Schnabl. Mailand 1981.
Simonetta Puccini (Hrsg.): Puccini e i pittori (Ausstellung im Museo Teatrale alla Scala). Mailand 1982.
Simonetta Puccini u.a. (Hrsg.): Puccini a Milano, Mailand 1989.
Quaderni Pucciniani 1982: (Sammelband mit Beiträgen von Arrighi, Pintorno, Gavazzeni, Garboli, Carner, Mandelli, Del Beccaro, Sartori u.a.) Hrsg. vom Istituto di Studi Pucciniani, Lucca 1982.
Quaderni Pucciniani 1985: (Sammelband mit Beiträgen von D'Amico, Carner, Gavazzeni, Maehder, Bussotti, Arrighi u.a.) Hrsg. vom Istituto di Studi Pucciniani, Lucca 1986.
Rassegna Lucchese: Nr. 13, 1954: Sonderheft über das lucchesische Caffè Caselli.
Enzo Restagno (Hrsg.): La Fanciulla del West. Turin 1974.
Dieter Rexroth (Hrsg.): Opus Anton Webern. Berlin 1983.
Luigi Ricci: Puccini, interprete di se stesso. Mailand 1954 (Ristampa 1980).
Luigi Ricci: Fleta e le note filate presente Puccini. In: Rassegna Musicale Curci, Jg. 30, Nr. 1, 1977.
J. Rigbie Turner: Four Centuries of Opera. Manuscripts and printed editions in the Pierpont Morgan Library. New York 1983.
Mario Rinaldi: Due secoli di musica al Teatro Argentina. Florenz 1978.
F.G. Rizzi: Gilda Dalla Rizza. Verismo e Bel Canto. Venedig 1964.
Guido Rocca: Puccini inedito. In: Settimo Giorno, November 1954.
Mario Romani: Storia economica d'Italia nel secolo XIX (1815–1882). Bologna 1982.
Harold Rosenthal: Two Centuries of Opera at Covent Garden. London 1958.
Peter Ross und Donata Schwendimann Berra: Sette lettere di Puccini a Giulio Ricordi. In: Nuova Rivista Musicale Italiana, Jg. 13, 1979.
Harvey Sachs: Toscanini. München und Zürich 1978.

Claudio Sartori: Casa Ricordi 1808–1958. Mailand 1958.

Claudio Sartori: Puccini. Mailand 1958.

Claudio Sartori: Giacomo Puccini a Monza. Monza 1958.

Claudio Sartori (Hrsg.): Giacomo Puccini. Mailand 1959 (= Symposium Nr. 2).

Claudio Sartori: L'alunno Giacomo Puccini. In: Conservatorio di Musica »Giuseppe Verdi« Milano: Annuario 1963/64.

Claudio Sartori: Quisquilie pucciniane e intuizioni bazziniane. In: Nuova Rivista Musicale Italiana, Jg. 8, 1974.

Peter W. Schatt: Exotik in der Musik des 20. Jahrhunderts. München und Salzburg 1986.

Max de Schauensee: The Collector's Verdi and Puccini. Philadelphia 1962.

Otto Schneidereit: Franz Lehár. Eine Biographie in Zitaten. Berlin 1984.

Arnold Schönberg: Mein Publikum (1930). In: A.S.: Stil und Gedanke. Aufsätze zur Musik (= Gesammelte Schriften, Band 1). Frankfurt/Main 1976.

Peter Schuster: Die Inszenierungen der Opern Giacomo Puccinis an der Wiener Oper. Diss. Wien 1970.

Vincent Seligman: Puccini among friends. London 1938.

William H. Seltsam: Metropolitan Opera Annals. A Chronicle of Artists and Performances. New York 1947 (2. Auflage 1949).

Enzo Siciliano: Puccini. Mailand 1976.

Gordon Smith: Alfano and »Turandot«. In: Opera (London), Jg. 24, 1973.

Richard Specht: Giacomo Puccini. Das Leben – Der Mensch – Das Werk. Berlin 1931.

Igor Stravinsky und Robert Craft: Expositions and Developments. London 1962.

Hans Heinz Stuckenschmidt: Schönberg. Zürich und Freiburg 1974.

Giuseppe Tarozzi: Puccini. La fine del bel canto. Mailand 1972.

Giuseppe Tarozzi: I »Grandi«: Puccini. New York 1985.

Rubens Tedeschi: Addio, fiorito asil. Il melodramma italiano da Boito al verismo. Mailand 1978.

John A. Thayer: Italy and the Great War. Politics and Culture 1870–1915. Madison und Milwaukee 1964.

Frank Thiess: Puccini. Versuch einer Psychologie seiner Musik. Hamburg 1947.

Craig Timberlake: The Bishop of Broadway. The Life and Work of David Belasco. New York 1954.

Antonino Titone: Vissi d'arte. Puccini e il disfacimento del melodramma. Mailand 1972.

Richard Valente: The Verismo of Giacomo Puccini. Diss. Fribourg 1971.

Aldo Valleroni: Puccini minimo. Ivrea 1983.

John Waterhouse: Ciò che Puccini deve a Casella. In: Rassegna Musicale Curci, Dezember 1965.

William Weaver: Puccini the Man and his Music. New York 1977.

Werk und Wiedergabe: Musiktheater exemplarisch interpretiert. Hrsg. von Sigrid Wiesmann. Bayreuth 1980 (mit Beiträgen u.a. von Julian Smith und Joachim Herz zu »Madama Butterfly«).

Franz Willnauer: Gustav Mahler und die Wiener Oper. München 1979.

Adolf Weißmann: Giacomo Puccini. München 1922.

Berndt W. Wessling: Lotte Lehmann. Salzburg 1969.

William Winter: The Life of David Belasco. New York 1918.

Stéphane Wolff: L'Opéra au Palais Garnier 1875–1962. Paris 1962.

Carlo Zangarini: Puccini e »La Fanciulla del West«. In: La Propaganda Musicale 1930 (zwei Folgen).

E

Verzeichnis der Abbildungen

Umschlag:	Puccini 1903 (Gemälde von Luigi De'Servi)
Titelseite:	Puccini etwa 1923/24
Seite 14/15:	Puccinis Häuser
22:	Puccini in seiner Schulzeit
23:	Die Eltern: Michele und Albina Puccini
49:	Puccini und Ferdinando Fontana
86:	Nicolao Cerù
87:	Der Bruder: Michele Puccini
110:	Puccini mit Giuseppe Giacosa und Luigi Illica
111:	Gabriele D'Annunzio
126:	Programm der »Bohème«-Uraufführung
127:	Arturo Toscanini
159:	Puccini um 1900
168/169:	Puccinis Fahrzeuge
205:	Autograph des Requiems
234:	Grabstein für Doria Manfredi und ihre Mutter
235:	Puccini 1908
237:	Elvira Puccini
252:	Carlo Zangarini
253:	Skizzenblatt zu »La Fanciulla del West«
260:	Sybil Seligman
268:	Ramelde Franceschini, die Lieblingsschwester
270:	Giulio und Tito Ricordi
273:	Josephine von Stengel
305:	Giovacchino Forzano
313:	Puccini 1918 (Zeichnung von Lina Rosso)
339:	Puccini mit Renato Simoni und Giuseppe Adami
343:	Puccini mit seinem Sohn Antonio
344:	Fosca Leonardi, die Stieftochter (Gemälde von Leonetto Cappiello)
389:	Puccinis letzter Gesprächszettel aus Brüssel
401:	Puccini-Karikatur von Enrico Caruso

Alle Abbildungen stammen aus der Sammlung des Autors.

E

Dank

Angesichts der in Anhang A beschriebenen schwierigen und verworrenen Quellenlage wäre diese Biographie nicht möglich gewesen ohne die in den meisten Fällen überaus freundliche und hilfsbereite Unterstützung durch zahlreiche Privatpersonen und Institutionen. Mein Dank gilt dafür insbesondere:

Luigi Angelini und seinen Mitarbeiterinnen im Archivio Storico Comunale Lucca
Sonia und William Habib Bardawil, Lucca
Mariangela Calubini, Il Vittoriale degli Italiani, Gardone Riviera
D.G. Ciampa und Domenico Cossìga, Accademia d'Arte, Montecatini Terme
Carlo Clausetti, Verlag Ricordi, Mailand
Manfred Eger, Richard-Wagner-Museum Bayreuth
Giocondo Frediani, Casa dei Puccini, Celle
Francesca Gaddi Pepoli, La Piaggetta/Lucca
Giorgio Gamba, Viareggio
Marcella Giaccai, Troghi
Gundhild Grubert, München
Clemens Höslinger, Wien
Walter D. Hunziker, Cranves Sales (Frankreich)
Jürgen Maehder, Bern
Carlo Emanuele Manfredi, Biblioteca Passerini Landi, Piacenza
Stefano Mansi, Monsagrati/Lucca
Tessa Melen, Melbourne/Derbyshire
Simonetta Puccini, Mailand
Bernd O. Rachold, Hamburg
J. Rigbie Turner, Pierpont Morgan Library, New York
Madre Anna Santini, Monastero Agostiniano di Vicopelago/Lucca
Wayne D. Shirley, Library of Congress, Washington
Alberto Tinto, Biblioteca Statale Lucca
Giampiero Tintori, Museo Teatrale alla Scala, Mailand
Vito Tirelli, Archivio di Stato Lucca
Emily C. Walhout, Harvard University, Cambridge/Massachusetts
Agostina Zecca Laterza, Conservatorio di Musica »Giuseppe Verdi«, Mailand

Schließlich danke ich Frau Brandl von der Fernleihstelle der Württembergischen Landesbibliothek Stuttgart; sie hat mit größter Geduld meine zeitweise äußerst umfangreichen Buchbeschaffungswünsche bearbeitet und mit nützlichen und unbürokratischen Ratschlägen die Probleme gemindert, die mit der Besorgung von Büchern und Fotokopien selbst aus Ländern der Europäischen Gemeinschaft noch immer verbunden sind.

G

Register

In das Register wurden alle Namen und Werktitel des Textteils und des Anhangs A aufgenommen, die der Anmerkungen (Anhang C) nur, soweit sie nicht schon auf den entsprechenden Seiten des Textteils vorkommen oder bloße Quellenangaben sind. Die Stellen des Anhangs C werden mit dessen Seitenzahl und der Seitenzahl bezeichnet, die auf den Textteil verweist. Seiten mit Abbildungen sind *kursiv* gekennzeichnet.

I. Personen

A

Abeniacar, Carlo 141
Adam, Adolphe 61
Adami, Giuseppe 120, 266, 269, 282–286, 290, 292–294, 299, 302f., 308, 315, 334f., 337f., *339*, 341, 345, 347, 349, 352–354, 357, 360, 364, 373–375, 387, 390, 404, 406, 455/365
Ader, Rose 348, 355 f., 365, 406
Alaleona, Domenico 332
Albert, König der Belgier 288
Aldrich, Richard 250
Alexandra, Königin von England 209, 246, 251
Alfano, Franco 247, 378 f., 385, 392–394
Alvarez Quintero, Serafin und Joaquin 248, 266 f.
Amedeo von Savoyen, Herzog von Aosta 85, 107
Andreozzi 90
Angeleri, Antonio 36
Angeli, Alfredo 316
Angeloni, Carlo 27, 167
Angelucci, Liborio 151
Anselmi, Giuseppe 207

Antinori, Piero, Marchese 219
Arrighi, Gino 406
Arrivabene, Opprandino, Graf 55
Ashbrook, William 447/191
Auber, Daniel François Esprit 37, 99

B

Bacci, Orazio 453/308
Bach, Johann Sebastian 354, 397
Balzac, Honoré de 148
Bandello, Matteo 186
Barbirolli, John 397
Bardawil (Familie) 406
Barrière, Théodore 129
Barsuglia, Guido 173, 176
Barsuglia, Venanzio 90, 120, 123, 146, 173
Bassi, Amedeo 390
Bastiani, Adriano 147
Bavagnoli, Gaetano 340, 390, 394
Bazzini, Antonio 35 f., 39, 41, 45, 53, 58, 112, 339
Beecham, Thomas 332, 334
Beerbohm-Tree, Herbert 267
Beethoven, Ludwig van 354, 397

Belasco, David 162, 164, 167, 169 f., 174 f., 189–192, 219–223, 225–227, 249, 254, 260, 398
Bellini, Vincenzo 7, 20, 29, 45
Berg, Alban 18, 100 f., 156, 200, 213, 320 f., 399
Berio, Luciano 396
Berlioz, Hector 40, 64 f., 79, 261, 397
Bernard, Tristan 280, 282
Bernhardt, Sarah 123, 224
Berta, Edoardo Augusto 109
Berté, Emil 282, 293, 307, 342, 359
Berté, Heinrich 452/282
Bettolacci, Antonio 239, 317
Biagini, Carlo 35, 40
Biagini, Chiara (geb. Puccini) 35
Biagini, Roderigo 23
Bismarck, Otto von 360
Bizet, Georges 38, 59, 75, 81, 211
Blackmore, Richard 265
Boccherini, Luigi 40
Boito, Arrigo 36, 51, 53, 59, 114, 124, 201, 247, 371, 376, 390
Bondi, Camillo 213
Bonturi, Elvira s. Puccini, Elvira
Bonturi, Maria 70
Bosco, Giovanni 56 f.
Boulez, Pierre 396
Bracco, Roberto 148, 206, 264
Brecht, Bertolt 17
Britten, Benjamin 396
Buchignani 441/67
Büchner, Georg 320
Bülow, Blandine von s. Gravina, Blandine, Gräfin
Bulwer-Lytton, Edward 208
Buonaparte, Elisa 10
Busoni, Ferruccio 339
Bussotti, Sylvano 396

C

Cagliostro, Alessandro Graf 354
Caine, Hall 288–290
Caillavet, Arman de 306

Callas, Maria 397
Cambronne, Pierre Jacques Etienne 349
Campanari, Leandro 205
Campanini, Cleofonte 180, 208, 213, 263
Cappelletti, Medarse 41 f.
Cappiello, Leonetto 344
Caraffa, Contessa s. Sanpietro, Emilia
Carducci, Giosuè 223
Carignani, Carlo 32, 52, 82, 95, 101, 110 f., 122, 244 f., 266, 277, 289, 303 f., 330 f.
Carlo Lodovico, Herzog von Lucca 26, 143
Carner, Mosco 79, 91, 152, 155, 256, 258, 444/130, 445/141, 447/191, 447/195
Carré, Albert 180, 191, 213 f., 216, 236
Carré, Marguerite 214, 216, 219
Caruso, Enrico 13, 140, 165 f., 172, 208, 213, 217, 220, 222, 227, 232, 249, 263, 269, 351 f., 392, 401
Casanova, Giacomo 359
Casella, Alfredo 318, 370
Caselli, Alfredo 28, 98, 144, 146, 162, 176, 232, 240, 352, 406
Casini, Claudio 450/244
Catalani, Alfredo 35, 42, 49, 51, 55, 81, 83, 92, 112, 114 f.
Cavalieri, Lina 220
Cavallotti, Felice 165
Cavour, Camillo 21
Cerù, Angela s. Puccini, Angela
Cerù, Nicolao 24, 32, 34, 41, 46, 51, 57, 86
Charpentier, Gustave 280
Chavez, Jorge 248
Cheatham, Kitty 225
Chéreau, Patrice 400
Chini, Eros 375
Chini, Galileo 167, 375
Cimarosa, Domenico 341
Civinini, Guelfo 231 f., 244, 406
Clausetti, Carlo 117, 122, 148, 185, 263 f., 277, 279, 282, 312, 316, 330, 342, 345, 356 f., 389–391
Colautti, Arturo 224
Colonna, Fürst 331
Conried, Heinrich 216 f., 230

Consolo, Ernesto 212, 354
Constant, Benjamin 165
Cook, Frederick Albert 262
»Corinna« 160 f., 164 f., 170–173, 175, 177–182, 200, 232, 239, 241, 278, 291
Cremonini, Giuseppe 114
Crespi, Mario 449/231
Crispi, Francesco 71, 125
Croisset, Francis de 280

D

D'Albert, Eugen 61, 248
Dalla Rizza, Gilda 306, 311, 318, 340, 349, 369, 393, 406
Dal Monte, Toti 307
D'Ambra, Lucio 272 f., 311
D'Anna, Rita s. Puccini, Rita
D'Annunzio, Gabriele *111*, 117, 139, 160 f., 164 f., 174 f., 182, 210–215, 223, 231, 271 f., 274–277, 280 f., 316, 336 f., 339, 405
Dante Alighieri 160, 276, 306, 327
Darclée, Ericlea 114, 390
Daudet, Alphonse 141, 148, 161, 206
Daudet, Léon 307
Debussy, Claude 128, 171, 199 f., 218, 229, 231, 241, 250, 252, 255, 280, 311, 396
Del Carlo, Carlo 146
Del Carlo, Enrico 91, 442/91
Del Carlo, Massimo 23, 30, 217, 330, 364, 442/91
Del Carlo, Otilia (geb. Puccini) 21, 23, 30, 250, 330, 364
Del Fiorentino, Dante 67, 282, 351, 405
Della Nina, Carlo 27, 373
Della Valle, Carlo 151
Del Panta, Lelio 291
De Lucca, Giuseppe 316
Depretis, Agostino 70
De Sabata, Victor 346, 348 f., 397
De'Servi, Luigi 148
Destinn, Emmy 208, 213, 249, 263
Diaghilev, Sergej 271, 341, 365
Dickens, Charles 337
Di Giovanni, Edoardo s. Johnson, Edward
Domingo, Placido 397
Dominiceti, Cesare 45
Donizetti, Gaetano 7, 12, 29, 45, 115
Dostojewskij, Fjodor 148
Dreyfus (Familie) 217
Dukas, Paul 275
Dumas, Alexandre 148, 294
Du Maurier, George 267 f.
Duse, Eleonora 164

E

Eames, Emma 220
Edison, Thomas Alva 342
Edward VII., König von England 246
Eibenschütz, Ilona 455/365
Eibenschütz, Siegmund 282, 307, 342, 359, 455/365
Eisenschitz, Otto 455/365
Eisner, Angelo 97, 283 f., 405
Elena, Königin von Italien 185, 187, 230, 246, 263
Erlanger, Camille 217

F

Faccio, Franco 45, 49, 57, 59, 67
Fanelli, Francesco 330
Farrar, Geraldine 221, 316
Fassini Camossi, Baron 341
Faure, Felix 144
Favara, Alberto 36, 50
Ferdinand IV., König von Neapel 150
Flers, Robert de 280, 306
Fleta, Miguel 393
Flotow, Friedrich von 29
Fontana, Ferdinando 47 f., *49*, 51, 53 f., 56–59, 61 f., 66–71, 74, 76, 78, 82, 92, 223
Forzano, Giovacchino 281, 302–304, *305*, 306–309, 315, 324, 327 f., 330, 334 f., 340, 346, 355, 366, 376, 393, 406
Foster, Stephen 256

Fraccaroli, Arnaldo 247, 293, 338, 363, 456/394
Franceschini (Familie) 406
Franceschini, Nina 247
Franceschini, Raffaello 23, 42, 58, 66, 70, 84, 111, 114, 120 f., 202, 348
Franceschini, Ramelde (geb. Puccini) 21, 23, 38, 42, 57 f., 66, 71 f., 120 f., 146, 170, 178, 183, 217, 220, 230, 239, 247, 266 f., *268*, 269, 405
Franceschini del Panta, Albina 72, 247, 269, 274 f., 291, 441/67
Franchetti, Alberto 92, 113, 122, 127, 212, 305
Franz von Assisi 186 f.
Freud, Siegmund 156
Fucini, Renato 124, 145, 348

G

Gallini, Natale 439/32
Gamba, Cesare 246
Gara, Eugenio 404, 407
Garibaldi, Giuseppe 20 f.
Gatti-Casazza, Giulio 54, 92, 180, 185, 230 f., 246, 250, 315 f., 356
Gautier, Judith 61
Gautier, Théophile 61
Gemignani, Narciso 67 f., 70, 176
Gemignani, Renato 68, 441/67
George, Stefan 339
Gherardesca (Familie) 209
Gherardi, Enrico 23
Gherardi, Tomaide (geb. Puccini) 21, 23, 39, 84, 89, 146, 177, 308
Ghislanzoni, Antonio 42–44
Giaccai (Familie) 406
Giacchetti, Ada 165, 207, 232
Giacchetti, Rina 207 f., 213
Giacchi, Rodolfo 183, 239 f.
Giacosa, Giuseppe 82, 85, 94, 109, *110*, 112 f., 118–121, 123, 125, 129, 138 f., 143, 146, 152, 163, 166, 168, 172, 175, 179, 184, 186, 192, 209 f., 215, 227, 277, 406

Gigli, Beniamino 13, 307, 311
Ginori, Carlo, Marchese 118, 124
Ginori, Maria Bianca 317, 349, 364, 371, 394
Giolitti, Giovanni 182, 350
Giordano, Umberto 170, 247, 334
Giovannetti, Gustavo 232, 373
Gluck, Christoph Willibald 249
Gold, Didier 271, 276, 279, 281, 284, 302, 306, 320
Goldoni, Carlo 161
Gomes, Carlos 28 f.
Gorki, Maxim 177, 201–203, 211, 218, 223
Gounod, Charles 29, 42, 75, 390
Gozzi, Carlo 268, 334, 338 f., 341, 352 f., 377 f., 381, 385
Gragnani, Arnaldo 167
Gragnani, Giovanni 119
Granchi, Aristide 273
Gravina, Blandine, Gräfin (geb. von Bülow) 116
Grazzini, Anton Francesco 182
Greenfeld, Howard 212, 406, 451/262
Grétry, André 444/133
Grey, Lady de 263
Grottanelli, Graf 123, 142, 146, 246
Guimera, Angel 248
Guitry, Sacha 306
Gunsbourg, Raoul 304

H

Halévy, Jacques 99
Hammerstein, Oscar 217
Hanslick, Eduard 141, 228
Hardt, Ernst 279
Hauptmann, Gerhart 165, 222, 262–264
Heine, Heinrich 61
Herz, Joachim 447/191
Herzmansky (Verlag) 285 f.
Hofmannsthal, Hugo von 365
Hohenstein, Federico Augusto von 123
Holbein, Hans 250, 358
Homer 202

Hopkinson, Cecil 101, 447/189, 447/191
Hugo, Victor 165, 179, 187, 201
Humperdinck, Engelbert 280

I

Illica, Luigi 92–95, 97, 101, 109, *110*, 112–119, 122 f., 125, 129, 138 f., 143, 148, 152, 160 f., 163–165, 168 f., 171, 175, 178, 181 f., 184, 186 f., 190, 192, 201 f., 204, 206, 208–210, 212, 214–216, 219, 225–227, 266 f., 274, 276 f., 337, 405

J

Jeritza, Maria 283, 344, 356, 359, 393 f.
Johnson, Edward 317
Jolanda, Prinzessin von Italien 364
Jugurtha, König von Numidien 148

K

Karpath, Ludwig 228
Karajan, Herbert von 397
Kaye, Michael 441/73, 446/178, 449/236
Kessler, Harry Graf 365
Kipling, Rudyard 209 f.
Knosp, Gaston 173
Kochubei, Fürstin 447/178
Kock, Charles Paul de 161
Korngold, Erich Wolfgang 282, 342, 348, 368
Korngold, Julius 228, 282, 342, 368
Krauss, Clemens 365
Krusceniski, Salomea 187, 229
Kurz, Selma 228, 359

L

Labia, Maria 315, 318
Labiche, Eugène 288
Lauri Volpi, Giacomo 394
Ledoux (Arzt) 387–389
Lehár, Anton 345

Lehár, Franz 7, 61, 171, 207, 282 f., 285 f., 294 f., 307, 335, 345, 365, 367, 394
Lehmann, Lotte 344, 365–367
Leibowitz, René 101, 128, 153, 396
Lendvai, Blanka 212
Lendvai, Ervin 212
Leonardi, Fosca (geb. Gemignani) 68, 89, 142, 149, 160, 162, 164, 170, 173, 215, 230 f., 245, 269, 306, *344*, 347, 388–391, 441/67
Leonardi, Salvatore 164, 173, 245, 347, 449/231
Leoncavallo, Ruggero 84 f., 92, 94–96, 100, 109, 111 f., 115, 130, 140, 175, 284, 289, 333
Levi, Hermann 83
Lippi, Guglielmo 145
Lippi, Memmo 145
»Lola« (Dirne) 28
Long, John Luther 167, 169, 174 f., 188–190, 192, 222
Loti, Pierre 174, 180, 188–190, 192, 209
Louÿs, Pierre 148, 211, 213, 216 f., 223 f.
Lucca, Giovannina 36, 38, 45–47, 51
Luigini, Alessandro 214
Luporini, Gaetano 97

M

Maazel, Lorin 397
Maehder, Jürgen 407
Maeterlinck, Maurice 148, 177, 201, 248
Mafalda, Prinzessin von Italien 371
Maffei, Andrea 338
Magi, Albina s. Puccini, Albina
Magi, Fortunato 23, 25, 27, 35, 167
Magri, Giorgio 407, 441/80, 446/170
Magrini, Angelo 330, 334, 358, 364, 388
Mahler, Gustav 18, 96, 105, 113, 132, 140, 181, 200, 213, 221, 228
Mahler-Werfel, Alma 455/345
Mancinelli, Luigi 67, 71, 93, 348
Mandelli, Alfredo 452/296

Manfredi, Alice 149
Manfredi, Anna 453/301
Manfredi, Doria 232 f., *234*, 235 f., 238–240, 243 f., 277
Manfredi, Emilia *234*, 238, 240, 449/232
Manfredi, Emilio 149
Manfredi, Giulia 301, 340, 345, 349
Manfredi, Rodolfo 239 f.
Manganella, Renato s. D'Ambra, Luigi
Mann, Heinrich 358
Mann, Thomas 358
Mansi, Lucida 186
Mansi, Raffaello, Marchese 142, 144, 440/49
Manuel II., König von Portugal 263
Mapelli, Luigi 50
Marchetti, Arnaldo 405, 407
Marconi, Guglielmo 251
Marcoux, Vanni 361
Marek, George R. 83, 405, 407
Margherita, Königin von Italien 34, 137, 149, 163
Maria (Mutter Jesu) 163
Maria Carolina, Königin von Neapel 149, 163
Maria Christina, Königin von Spanien 93, 228
Maria Theresia, Kaiserin von Österreich 150
Marie Antoinette, Königin von Frankreich 150
Marinuzzi, Gino 318
Marotti, Guido 273, 330, 334, 360, 367, 370 f., 375
Marsili, Alberto 23, 51, 85
Marsili, Carlo 266, 276
Marsili, Nitteti (geb. Puccini) 21, 23, 39, 50, 86, 138, 161, 177, 232, 240, 357, 359, 364
Martini, Ferdinando 112, 281
Martini, Padre 12
Mascagni, Pietro 40, 88, 94, 96, 105, 112, 115 f., 120 f., 127, 140, 185, 284–286, 302 f., 312, 315, 317, 320, 331, 334, 336, 394

Massenet, Jules 97, 99–101, 162, 217, 246, 271
Maxwell (Ricordi-Agent) 315
Melas, Michael Freiherr von 150, 155
Melba, Nellie 172, 213, 263, 348
Melen, Tessa 406
Melis, Carmen 269, 355
Mendelssohn Bartholdy, Felix 394
Mercadante, Giuseppe Saverio 12, 29, 45
Mérimée, Prosper 208
Messager, André 180
Meyerbeer, Giacomo 29, 37, 155
Michelangeli, Augusto 30, 52
Michelucci, Giuseppe 176
Minetti (Autohändler) 245
Minutoli, Graf 142
Mirbeau, Octave 206
Mitropoulos, Dimitri 397
Momoni, Assunta 230
Montaldo, Attilia 441/73
Montaldo, Luigi 441/73
Montemezzi, Italo 390
Moranzoni, Roberto 312, 314 f.
Morichini, Vincenzo 185
Motta, Luigi 359
Mozart, Wolfgang Amadeus 7, 12, 118, 397
Mugnone, Leopoldo 112, 123, 138, 149, 165 f., 207 f., 227, 230, 266, 309
Murger, Henri 109, 117, 119, 128–130, 136
Musolino, Giuseppe 173
Musset, Alfred de 71, 76, 79
Mussolini, Benito 143, 265, 306, 332, 336, 360, 367–369, 390, 393

N

Napoleon I. 10, 150 f., 155
Nasi, Carlo 109, 227, 240
Niccodemi, Dario 302
Nietzsche, Friedrich 156
Nikisch, Arthur 115, 123, 349
Nomellini, Plinio 148, 182

Nono, Luigi 396
Norton, Frederic 332
Novaro (Arzt) 179

O

Ojetti, Ugo 366
Olghine, Olga 115, 121
Oliva, Domenico 85, 89 f., 92, 95
Ouida 264, 274, 284–286, 325

P

Pacini, Giovanni 24 f.
Paganini, Nicolo 12
Pagni, Ferruccio 118, 142, 161, 165, 207, 330
Paisiello, Giovanni 12, 155
Paladini, Carlo 92, 173, 185, 314, 330, 337, 347, 357, 404
Palestrina, Giovanni Pierluigi da 394
Panichelli, Pietro 28, 141, 144, 147, 307 f., 330, 374
Panizza, Arturo 204
Panizza, Ettore 204, 247, 307, 311, 355
Pantaleoni, Romilda 59
Panzacchi, Enrico 171
Panzini (Professor) 45
Pascoli, Giovanni 139, 178, 226, 241, 264 f., 269
Pelloux, Luigi 142, 149, 163
Pfitzner, Hans 341, 352
Philipp IV., König von Frankreich 77
Philipp, Landgraf von Hessen 455/371
Piccaver, Alfred 283, 344
Pieri, Luigi 144, 182, 332, 406
Pigna, Alessandro 51 f.
Pintorno, Giuseppe 405
Pius VI., Papst 150
Pizzetti, Ildebrando 336, 390, 392
Placci, Carlo 273 f.
Pomè, Alessandro 112, 159
Ponchielli, Amilcare 39 f., 42, 45–50, 55, 81
Poniatowski, Carlo, Principe 440/49

Powils-Okano, Kimiyo 447/195
Praga, Marco 85, 89, 92, 100, 211 f., 247
Prévost, Antoine-François, Abbé 82, 99 f., 106, 108, 129
Puccinelli, Giuseppe 146, 167
Puccini, Albina (geb. Magi) 12, 21 f., *23*, 24 f., 36–39, 42, 45–53, 55–57, 72, 89, 226, 242
Puccini, Angela (geb. Cerù) 22
Puccini, Antonio (junior) 68 f., 89, 170, 176, 181, 201, 205, 208, 219, 236, 240–246, 248, 269, 278, 291 f., 311, 313, 324, 340, *343*, 344, 358, 362, 364 f., 373, 375 f., 387–391, 407
Puccini, Antonio (senior) 11 f.
Puccini, Chiara s. Biagini, Chiara
Puccini, Domenico 11 f., 22
Puccini, Elvira (geb. Bonturi) 13, 66–70, 89 f., 93, 98 f., 113, 119, 123, 125, 142, 145 f., 149, 160–162, 164 f., 170, 172 f., 176–178, 180–183, 186, 201, 203, 206 f., 211, 213, 216 f., 219–223, 229 f., 232–236, *237*, 238–246, 248–250, 260, 263 f., 268 f., 272, 274 f., 277–279, 281 f., 288, 291 f., 301 f., 306, 309, 317, 324, 332, 340, 342, 350, 359, 362, 366 f., 376, 387, 390 f., 394, 406
Puccini, Iginia 21, 23, 30, 177, 183, 308, 324, 359
Puccini, Giacomo (senior) 11 f.
Puccini, Macrina 21, 30
Puccini, Michele (junior) 24–26, 40 f., 51, 53, 68, 70, 72, 84, 86, *87*, 89, 145, 207
Puccini, Michele (senior) 11 f., 21 f., *23*, 24 f., 167, 226, 242
Puccini, Nitteti s. Marsili, Nitteti
Puccini, Otilia s. Del Carlo, Otilia
Puccini, Ramelde s. Franceschini, Ramelde
Puccini, Rita (geb. D'Anna) 407
Puccini, Simonetta 405–407, 455/348
Puccini, Temi s. Puccini, Macrina
Puccini, Tomaide s. Gherardi, Tomaide

Q

Quevedo, Francisco Gomez de 202

R

Raisa, Rosa 393
Ramée, Marie Louise de la s. Ouida
Razzi, Giuseppe 183
Razzi, Ida (geb. Bonturi) 70, 177, 183
Redaelli, Riccardo 303
Reger, Max 213
Reichert, Heinz 294
Reinhardt, Max 265, 268, 338
Rembrandt 250
Respighi, Ottorino 341
Riccioni, Cesare 166, 183, 229 f.
Richepin, Jean 148
Ricordi, Giuditta 54, 212
Ricordi, Giulio 45, 49 f., 54 f., 57–59,
  66–69, 71 f., 74, 76, 82–85, 87, 89–91,
  93–97, 101, 111–113, 115, 117–120,
  122–124, 137–139, 141, 147 f., 152,
  157, 160, 163 f., 166, 168, 170 f., 175,
  178–181, 184, 186, 202–204, 209–216,
  218 f., 221, 223–227, 232, 236, 239,
  243, 247, 266 f., 269, 270, 271, 285, 330,
  406
Ricordi, Luigi 212
Ricordi, Manolo 212
Ricordi, Tito (junior) 83, 139, 148 f.,
  179 f., 202, 213 f., 217, 225, 229, 248,
  262, 264, 267, 270, 271 f., 276 f., 279,
  281, 285–287, 289 f., 302–304, 307,
  310–312, 314, 330, 333, 337, 406
Ricordi, Tito (senior) 54
Rodenbach, Georges 186
Roller, Alfred 228
Romani, Felice 44
Rossini, Gioacchino 7, 29, 45, 55
Rosso, Lina 312 f., 317, 333
Rostand, Edmond 165
Rothschild (Bankier) 161
Rovani, Giuseppe 160
Ruffo, Titta 269

S

Sala, Marco 51, 59
Saladino, Michele 45
Salvatori, Fausto 331, 445/141
Sanpietro, Emilia 43, 440/56
Sardou, Victorien 82, 113, 123, 143 f., 146,
  150–152, 155, 180, 203 f.
Sartori, Claudio 407, 444/133
Savage, Henry 217, 267
Schalk, Franz 344, 348, 367
Schiller, Friedrich 338 f., 341, 352 f., 377 f.,
  381, 385
Schillings, Max von 213
Schnabl-Rossi, Riccardo 219, 263 f., 274,
  301 f., 341 f., 347, 351 f., 354, 356, 360,
  372, 376, 387, 405
Schönberg, Arnold 18, 105, 156, 213, 312,
  318, 345, 370 f., 379, 397
Schreker, Franz 352
Schuch, Ernst von 174
Schürmann (Agent) 141, 224
Scotti, Antonio 208
Seligman, David 204, 214 f., 226
Seligman, Sybil 76, 203 f., 208–216,
  219, 221, 223, 225 f., 229, 231, 233,
  235 f., 238 f., 243–245, 248–250, 260,
  262–266, 268, 272, 274, 276, 283, 285 f.,
  288, 290, 301 f., 307 f., 311, 314, 316,
  332, 340 f., 346, 352 f., 355, 359, 362,
  364, 369, 371–373, 375, 387, 389 f.,
  404, 406
Seligman, Vincent 212, 214 f., 226, 373
Sembrich, Marcella 220
Serafin, Tullio 208, 269, 353
Sercambi, Giovanni 186
Shakespeare, William 186, 218, 222, 333
Shaw, George Bernard 115, 306
Siegel, Ralph Maria 331
Simoni, Renato 247, 277, 334 f., 338, 339,
  341, 347, 352–355, 357, 367, 369 f., 372,
  390, 394, 405
Smith, Julian 193, 447/191
Soldani, Valentino 186, 201 f., 206, 210,
  213 f., 224, 272, 277, 405

Solti, Georg 397
Sonzogno, Renzo 302 f., 307, 406
Spetrino, Francesco 50, 181, 228
Stabili, Francesco 165
Staël, Germaine de 165
Steinach, Eugen 359 f., 362
Stengel, Arnold von 271, 279, 290
Stengel, Josephine von (geb. Damboer) 160, 266, 269, 271 f.,273, 274–276, 279, 282 f., 285, 287 f., 290–293, 301 f., 309, 323, 336, 351, 355
Stolz, Teresa 59
Storchio, Rosina 137, 184 f., 187, 207, 391
Strauß, Johann 8, 298 f.
Strauss, Richard 165, 174, 200, 211–213, 215, 219–222, 229, 231, 242, 252, 255, 279, 283, 297, 317, 320 f., 341, 345, 365, 385, 396
Strawinsky, Igor 259, 271, 280, 321 f., 329, 379, 382, 385, 397
Sudermann, Hermann 262
Szamosy, Elsa 267

T

Tamagno, Francesco 92 f.
Tennyson, Alfred 210
Thomas, Ambroise 38
Tolstoi, Lew 208
Toscanini, Arturo 80, 85, 94, 101, 115, 125 f., 127, 138, 141, 161, 166, 180, 183, 185, 209, 230 f., 246 f., 249, 251, 262 f., 287, 317, 336 f., 357, 361 f., 365–367, 369, 371–373, 376, 390–394, 397, 405
Toscanini, Carla 251, 357
Toscanini, Wally 357
Tosti, Berthe 212
Tosti, Paolo 115, 203, 212, 304, 332
Toti (Arzt) 375

U

Ugolino della Gherardesca 160
Umberto, König von Italien 163

V

Valcarenghi, Renzo 330
Valleroni, Aldo 407, 446/170
Valletta, Conte 57, 59
Vanderbildt 250
Vandini, Alfredo 147, 347, 406
Vandini, Guido 144
Vanzo, Vittorio 124
Vaucaire, Maurice 214–216, 224, 227, 269, 281
Verdi, Giuseppe 7, 27–29, 38, 40 f., 51, 55, 59 f., 64, 66, 69 f., 75, 81, 84, 88 f., 91 f., 95, 97 f., 105, 114 f., 123, 128, 134, 161, 164, 166 f., 204–206, 222, 294, 327, 371, 397 f.
Verga, Giovanni 114, 116 f.
Veszi, Margit 278 f.
Victoria Eugenia, Königin von Spanien 228
Vigna, Arturo 221
Vimercati 51
Vittadini, Franco 391 f.
Vittoria Augusta di Borbone 52, 91, 150
Vittorio Emanuele II., König von Italien 20, 85, 391, 439/32
Vittorio Emanuele III., König von Italien 122, 163, 177, 187, 230, 318, 337
Vlad, Roman 396
Vollmoeller, Karl Gustav 339
Volta, Alessandro 145
Voronoff, Serge 371

W

Wagner, Cosima 274
Wagner, Richard 16 f., 38, 40 f., 44, 47, 61, 63–65, 67, 69, 72, 74, 81, 83 f., 87 f., 91, 95 f., 102–107, 116, 125, 127, 133, 141, 171, 183, 197–199, 228, 249, 258 f., 272, 319, 322 f., 327, 352, 365–367, 371, 375, 383, 386, 397 f., 400
Weber, Carl Maria von 38, 40, 63

Webern, Anton von 18, 312
Weissmann, Adolf 358
Wharton, Anthony 283
Wilde, Oscar 215–217, 223, 272
Willner, Alfred Maria 283, 285 f., 292, 294

Y

Yacco, Sada 172

Z

Zanazzo, Luigi 147
Zandonai, Riccardo 269, 392
Zangarini, Carlo 225–232, 244, *252*, 266, 269, 406
Zemlinsky, Alexander von 213
Zenatello, Giovanni 207 f.
Zola, Emile 119, 148, 162
Zuelli, Guglielmo 50, 58, 390

II. Werke Puccinis

Opern

(Bloße Erwähnungen sind nicht aufgeführt;
der Entstehungszeitraum und
die genaueren Beschreibungen der einzelnen Opern sind
durch kursive Seitenzahlen gekennzeichnet.)

La Bohème 46, 73, 94, 97, 101, *109–136*, 137–144, 146, 164–166, 172, 181, 213, 250, 263, 298, 304, 314, 321, 340, 342, 348, 355, 365 f., 390, 392, 396–399, 456/388
Edgar 33, 43, 46, 58, 63, *66–81*, 82–85, 90–92, 120, 147 f., 154, 157, 164, 166–168, 171, 206 f., 325, 391 f., 399, 408
La Fanciulla del West 203, 221, 223, *225–261*, 262–264, 266 f., 269, 277 f., 282 f., 312, 315, 348, 359, 394, 399
Gianni Schicchi 218, 276, 278, *306–320*, *327–329*, 334, 341, 354 f., 360 f., 447/178
Madama Butterfly 125, 162, 165, *168–200*, 204, 207–209, 212–214, 216–219, 221 f., 227 f., 230, 252, 255 f., 258, 278, 284 f., 314, 355, 361, 398 f., 408, 456/388
Manon Lescaut 30, 33, 45, 73, *82–108*, 110–113, 115, 117 f., 120–122, 130, 135, 171, 215, 220, 246 f., 361 f., 365–367, 392, 398 f., 408

La Rondine 254 f., 267, *285–300*, 302–304, 306–311, 315, 323, 334 f., 342, 345, 347 f., 359, 399, 408
Suor Angelica 186, 224, 277, *304–320*, *324–326*, 335, 341, 347–349
Il Tabarro 203, 218, 271, 276 f., 279, 281, 284, 293, *301–324*, 341, 353
Tosca 80, 82, 99, 122, 125, *138–158*, 159–166, 169, 174, 180, 182, 185, 210, 212 f., 261, 344, 355, 366, 399, 456/388
Il Trittico (s. auch unter den einzelnen Stücken) 254, 276, 280, 282, 300, *319 f.*, 332, 335, 340 f., 344, 346–349, 353, 378, 399
Turandot 7, 80, 268, 293, 298, 300, 334, *337–386*, 387, 391–394, 399
Le Villi 42–44, 46, *47–65*, 66–69, 72, 76, 78, 81, 83, 85 f., 95–97, 105, 185, 204, 305, 377, 392, 394, 398

Vokalmusik

Ad una morta! 43 f.
A te 32
Avanti Urania! 124 f., 145, 348
Cantata a Giove 155
Canto d'anime 178
Casa mia 449/236
Credo 32
Ditele (nicht von Puccini) 446/178
E l'uccellino 145, 348
I figli dell'Italia bella 32
Ideale (Scena lirica) 44 f., 102
Inno a Diana 141
Inno a Roma 318, 331 f., 364, 408, 445/141

Melanconia 43 f.
Mentia l'avviso s. Ideale
Missa 32–34, 41, 43, 47, 63, 104, 194, 408
Morire? 310
Motetto per San Paolino 32, 47, 408
Requiem 167, 205 f., 392, 408
Salve del ciel Regina 43 f.
Sole e amore 73, 134 f.
Solfeggi 73 f.
Storiella d'amore 43 f., 48
Terra e Mare 171
Vexilla regis prodeunt 31
Vokalstück (»Noi pel piano« – Skizze) 41 f.

Orchesterwerke

Adagietto 80
Capriccio sinfonico 45–47, 49, 56–58, 80, 120, 128, 130
Preludio sinfonico A-Dur 41, 439/32
Preludio sinfonico e-Moll 32, 439/41
Scossa elettrica 145

Instrumentale Kammermusik

Calmo e molto lento 304, 310
Crisantemi 85, 107, 394
Foglio d'album (zweifelhaft) 450/251
Fuge für vier Instrumente 44
Menuette für Streichquartett 52 f., 101 f., 104
Piccolo Tango (zweifelhaft) 450/251

Nicht komponierte Projekte

(Aufgeführt sind nur die über eine gewisse
Zeit tatsächlich verfolgten Projekte)

Abbé Mouret (Zola) 119, 148, 162
Anima allegra (Alvarez Quintero) 248, 266f., 269, 284, 359, 391, 398
L'Austriaca s. Maria Antonietta
Cecco d'Ascoli (D'Annunzio) 165, 174
Conchita (Louÿs) 211, 213–216, 218 f., 221–224, 227, 255, 269, 392, 398
La crociata degli innocenti (D'Annunzio) 275–277, 280
Cyrano de Bergerac (Rostand) 165, 174
Fanny (Dickens) 337
La femme et le pantin s. Conchita
A Florentine Tragedy (Wilde) 216–219, 224, 272, 274
Gorki-Tryptichon 202 f., 206, 209, 212, 218, 223, 399
Hanneles Himmelfahrt (Hauptmann) 263–265
La Lupa (Verga) 94, 116 f., 131

Margherita da Cortona (Soldani) 186, 201f., 206, 210, 224, 255, 277
Maria Antonietta (Illica) 141, 163 f., 206, 208–210, 224–227, 255, 258, 315, 398
Mollie (Wharton) 282–284
Notre-Dame de Paris (Hugo) 179, 187, 201–204, 255
Le Nozze di Nane (Illica) 97
Parisina (D'Annunzio) 214
La Rosa di Cipro (D'Annunzio) 214
Sly (Forzano) 333 f., 346
Tartarin de Tarascon (Daudet) 141, 148, 161
Tartarin sur les Alpes (Daudet) 206
Two little wooden shoes s. I Zoccoletti
(Venezianischer Stoff) 359, 361
I Zoccoletti (Ouida) 264, 274, 284–286, 290, 293, 303, 325, 398

Musik zum Lesen

Eine Auswahl aus dem Programm der DVA

Malcolm Boyd · **Johann Sebastian Bach**
Leben und Werk
376 Seiten mit 20 Abbildungen und 41 Notenbeispielen
sowie einem vollständigen Werkverzeichnis

Winton Dean · **Georges Bizet**
Leben und Werk
398 Seiten mit 12 Abbildungen und 65 Notenbeispielen

Dietrich Fischer-Dieskau
Wenn Musik der Liebe Nahrung ist
Künstlerschicksale im 19. Jahrhundert
456 Seiten mit 35 Abbildungen

Edward Garden · **Tschaikowsky**
Leben und Werk
272 Seiten mit 32 Abbildungen und 23 Notenbeispielen

Kurt Honolka · **Hugo Wolf**
Sein Leben, sein Werk und seine Zeit
336 Seiten mit 22 Abbildungen und 22 Notenbeispielen

Konrad Küster · **Mozart**
Eine musikalische Biographie
448 Seiten mit 17 Abbildungen und 16 Notenbeispielen

Dieter Schickling · **Giacomo Puccini**
480 Seiten mit 41 Abbildungen

Michael Talbot · **Antonio Vivaldi**
Der Venezianer und das barocke Europa
319 Seiten mit 26 Abbildungen, 32 Notenbeispielen
und einem Werkverzeichnis

DVA

Knaur

Biographien

(2315) A. Stassinopoulos – Die Callas – Mit zahlreichen Abbildungen

(2371) Hans A. Neunzig – Lebensläufe der deutschen Romantik – Komponisten

(2379) Rudolph Sabor – Der wahre Wagner – Mit einem Vorwort von Wolfgang Wagner

(2391) Stefan Siegert / N. F. Hoffmann – Mozart – Die einzige Bilderbiographie

(2397) Karajan oder die kontrollierte Ekstase – Eine kritische Hommage von Zeitzeugen – Herausgegeben von Peter Csobadi

(2418) Kurt Honolka – Hugo Wolf – Sein Leben, sein Werk, seine Zeit – Mit einem Vorwort von Dietrich Fischer-Dieskau